日本比較法研究所翻訳叢書
77

ディートリッヒ・ムルスヴィーク論文集
基本権・環境法・国際法

ディートリッヒ・ムルスヴィーク 著
畑尻 剛 編訳

Grundrechte, Umweltrecht und Völkerrecht

Von
Professor Dr. Dietrich Murswiek

中央大学出版部

装幀　道吉　剛

著者まえがき

　基本権ドクマーティク，環境権の原則問題そして国家組織法の原則問題は，数十年来私が集中して取り組んできた研究領域である．本書の編者は，私の著作の中から，このような領域において私にとって重要であることを認識させるものを選んだ．すなわち，変遷する諸関係の下でそして新たな脅威に対抗して個々人の自由を守ること，同時に個人の自由を保護する法秩序において人間の自然的生活基盤を保持すること，そして根本的な憲法原理の保護によって国民主権を保障することである．

I．

　基本権は個人の自由を保護すべきであり，基本権ドクマーティクは，この保護が，法的な決定基準の合理性を失うことなく，変遷する諸関係の下でも新たな危機に対しても継続して保障されることに配慮すべきである．それゆえ私は，確立された自由権のドクマーティクを，第三者の介入に対する保護が問題となる場合にも応用することを考察してきた（第1章「基本権保護義務の環境保護にとっての意義について」1986年）．私は第一次的保護義務と第二次的保護義務を分けることによって基本権保護の有効性を強化することを意図している．判例は，国家に形成自由な領域を与え明白性の統制にとどまることによって，第三者の介入に対する保護を相対化する．私はこのことが第二次的保護義務に関してのみ適切であることを指摘する．──基本法のほとんどの基本権は自由権であり，国家の給付，処置あるいは手続に参加する権利は，自由権から状況に応じて導き出される．しかしながらこれには常に理由づけが必要である（第2章「配分参与権としての基本権　社会的基本権」2011年）．私が特に関心をもつのが，自由と参加を厳格に分離することである．すなわち，自由は国家の行為なしに存在

し，そして国家のあらゆる自由の制約は正当化を必要とする．他方，国家の給付や公共のあるいは第三者の財の使用への参加の要求は，直ちには自由権によっては保護されえない．―国家が社会に影響を与えるのは要請や禁止によってだけではなく，間接的な行動制御という手段によるものもあり，これは近年増加している．基本権ドグマーティクは，たとえば，高権的警告，価値評価および批判を基本権介入と理解することによって，これに対処しなければならない（第3章「基本権介入としての国家による警告，価値評価，批判 ― 国家の情報提供行為を通じた経済・意見誘導―」1997年）．連邦憲法裁判所もまた二つの判決においてこのことを行っている．しかしながら（これに関して公表されたほとんどの国法学者の見解と同様に）私見によれば理由づけには失敗している（第4章「連邦憲法裁判所と間接的基本権介入のドグマーティク―2002年6月26日のグリコール裁判とオショー裁判について」2003年）．第5章「基本権ドグマーティクの転換点？」(2006年)は，連邦憲法裁判所の新しい判決へのリアクションであるが，これらの判決が自由権の適用を「保障領域」というドグマーティク上の形象を用いて制限しようとしているがゆえに，文献において鋭く批判された．私は中間的な位置取りで，連邦憲法裁判所の位置の正しい本質を際立たせようと意図する．

II.

環境権は人間の生命と健康―したがって特別な基本権の保護法益―を実効的に保護することに有益である．これには，新たな技術的リスクに対する有効な保護が含まれる（第7章 「科学技術の発展に対する行政法による対処」1990年）．有効な環境保護は，環境汚染の原因者が自ら基本権に依拠する可能性があることで，損なわれることはない．国家は―環境保護においても―自由を限界づける規律によって自由を守らなければならない．これは一見するとパラドックスである（第6章「環境法における自由と自主性―より少ない規制によるより多くの環境保護？―」1988年）．―私見によれば，環境権の理解にとって重要なのは環境財を利用する際に（消費や有害物質を伴う負荷によって）乏しい財の利用への参加が問題となることである．それゆえ環境権はこのような財の利用についての分配ル

ールを，特に利用資格という形において作らなければならない．これについて検討したのが私の持続可能性原理に関する論稿（第9章「損害回避・リスク処理・資源管理 ―環境法原則としての保護原則，事前配慮原則および持続可能性原則の関係について―」2004年）と，経済的手段による環境利用の制御についての論稿（第8章「資源利用料―賦課金による環境保護の法的問題―」1994年）である．この後者の論文において私は国家が公共の代弁者として，公的な環境財を管理し，その利用について価値を高める権限を有していることを（すでに第6章においても）根拠づけている．これは当時では反主流の意見であった．連邦憲法裁判所は，私の見解を取り上げその「Wasserfpennig」判決において正当なものと判断した[1]．

Ⅲ.

憲法制定と憲法改正の区別およびにそこから帰結される憲法改正の法的限界は，「連邦共和国基本法による国民の憲法制定権」についての博士論文（1978年）以来，私が繰り返し取り組んできたテーマである．基本法は根本的な憲法原理を変更できないものと宣言している．基本法79条3項によれば，憲法改正は，特に民主主義原理，法治国原理そして人間の尊厳の保障に触れてはならない．憲法改正のこのような限界はヨーロッパ統合との関係において特別な意味をもつ．なぜなら，これら根本的な諸原理は，ドイツ連邦共和国がEUに権限を委譲する場合にも保持され続けなければならないからである．私が指摘してきたように，基本法の条文においては明示的に挙げられてはいないが，主権国家性という原則もまた変更できない憲法原理に含まれる（第10章「改正できない憲法原理としての主権国家性の原則」2010年）．このことは，連邦政府および連邦議会があまりに多くの高権をEUに委譲し，これによってEUが一つの連邦国家となり，構成国は主権国家としての地位を失う結果となってはならないことを意

---

[1] Vgl. BVerfG, Beschluss vom 7.11.1995, BVerfGE 93, 319; これについて，*D. Murswiek*, Ein Schritt in Richtung auf ein ökologisches Recht. Zum "Wasserpfennig"-Beschluß des BVerfG, NVwZ 1996, S. 417 ff. (SV. Ⅱ 53)

味する．このような見解は連邦憲法裁判所がリスボン判決[2)]において採用した（第11章「訴訟代理人の見地からのドイツ連邦憲法裁判所のリスボン判決 ― 欧州における民主主義と主権についての考察―」2011年）．――本書の最後の論文（第12章「憲法を保護する憲法上の行為義務」 2013年）において展開された私のテーゼもまた，連邦憲法裁判所の採用するところとなった．すでに述べたように，変更できない憲法原理は憲法改正の限界を形作り，政府と議会はこのような限界を越えてはならない．しかし，変更できない憲法原理によって描かれた「憲法アイデンティティ」が他の主体によって侵害される場合には，政府と議会は積極的に活動するように義務づけられてもいるのである．EUの機関が，たとえば非民主主義的な機構をEUの中に作り，あるいはこれによってドイツにおける民主主義を損なう決定を下すというような事態も考えられる．私が論文において示したのは，このような場合においてドイツの国家機関には，憲法を保護するために活動することが義務づけられているということである．連邦議会の代表は，このような観点において争われた欧州中央銀行の国債買取りプログラムをめぐる訴訟で，このような義務は存在しないと主張した．これに対して連邦憲法裁判所は憲法の保護のための憲法諸機関の作為義務の存在を肯定した[3)]．

Ⅳ．

私の日本語の論文集が公刊されることは大きな喜びである．編者である畑尻剛教授と小山剛教授のお二人には，本書の出版計画を提案し実施されたことに心から感謝する．私は，翻訳の労をとってくれた同僚のすべてにも感謝したい．日本の同僚が多大の労をいとわずに私の論文を日本の学界に紹介してくださったことは，私にとって非常に光栄なことである．日本の国法学者がいかに集中

---

2) BVerfG, Urteil vom 30.6.2009, BVerfGE 123, 267.
3) Vgl. BVerfG, Beschl. v. 14.1.2014, BVerfGE 134, 366 (Rn. 46 ff.) – OMT-Vorlagebeschluss. この決定における判示はたしかに直接は，EUの権限踰越にのみ関連する．しかし判示は意味上はいずれにせよEUによる憲法アイデンティティの侵害（Rn.102f. 参照）に妥当する．

してドイツの憲法にも取り組んでいるかを，私は永年にわたり驚きをもってみてきた．したがって，本書にまとめて掲載された諸論稿が，日本の憲法思想にとっても有益となる問題提起を含んでいることを願っている．

ディートリッヒ・ムルスヴィーク

目　　次

著者まえがき

第Ⅰ部　基本権
Grundrechte

第 1 章　基本権保護義務の環境保護にとっての意義について
Zur Bedeutung der grundrechtlichen Schutzpflichten für den Umweltschutz
訳・解題　松原光宏 ……………………………………………… 3

第 2 章　配分参与権としての基本権，社会的基本権
Grundrechte als Teilhaberechte, soziale Grundrechte
訳・解題　柴田憲司 ………………………………………………49

第 3 章　基本権介入としての国家による警告，価値評価，批判
──国家の情報提供行為を通じた経済・意見誘導──
Staatliche Warnungen, Wertungen, Kritik als Grundrechtseingriffe: Zur Wirtschafts- und Meinungslenkung durch staatliches Informationshandeln
訳・解題　土屋　武 ……………………………………… 129

第 4 章　連邦憲法裁判所と間接的基本権介入のドグマーティク
──2002 年 6 月 26 日のグリコール裁判とオショー裁判について──
Das Bundesverfassungsgericht und die Dogmatik mittelbarer Grundrechtseingriffe: Zu der Glykol- und der Osho-Entscheidung vom 26.6.2002

　　　　　　　　　　　　　　　　　　　　　　　　目　次　vii

　　　訳・解題　根森　健 ……………………………………… 163

　第5章　基本権ドグマーティクの転換点？
　　　　Grundrechtsdogmatik am Wendepunkt?
　　　訳・解題　小山　剛 ……………………………………… 197

第Ⅱ部　環境法
　　　Umweltrecht

　第6章　環境法における自由と自主性
　　　　—より少ない規制によるより多くの環境保護？—
　　　　Freiheit und Freiwilligkeit im Umweltrecht: Mehr Umweltschutz
　　　　durch weniger Reglementierung?
　　　訳・解題　玉蟲由樹 ……………………………………… 239

　第7章　科学技術の発展に対する行政法による対処
　　　　Die Bewältigung der wissenschaftlichen und technischen
　　　　Entwicklungen durch das Verwaltungsrecht
　　　訳・解題　米田雅宏 ……………………………………… 273

　第8章　資源利用料
　　　　—賦課金による環境保護の法的問題—
　　　　Die Ressourcennutzungsgebühr: Zur rechtlichen Problematik des
　　　　Umweltschutzes durch Abgaben
　　　訳・解題　島村　健 ……………………………………… 301

第9章　損害回避・リスク処理・資源管理
　　　　―環境法原則としての保護原則，事前配慮原則および持続可能
　　　　性原則の関係について―
　　　　Schadensvermeidung – Risikobewältigung – Ressourcen-
　　　　bewirtschaftung: Zum Verhältnis des Schutz-, des Vorsorge-
　　　　und des Nachhaltigkeitsprinzips als Prinzipien des Umweltrechts
　　　　訳・解題　中原茂樹 ………………………………………… 333

第Ⅲ部　国家組織 / 国際法 / 諸原則
　　　Staatsorganisation / Völkerrecht / Grundsätzliches

　　第10章　改正できない憲法原理としての主権国家性の原則
　　　　Der Grundsatz der souveränen Staatlichkeit als unabänderliches
　　　　Verfassungsprinzip
　　　　訳・解題　工藤達朗 ………………………………………… 371

　　第11章　訴訟代理人の見地からのドイツ連邦憲法裁判所のリスボン判決
　　　　―欧州における民主主義と主権についての考察―
　　　　Das Lissabon-Urteil des Bundesverfassungsgerichts aus der Sicht
　　　　eines Prozessvertreters: Reflexionen zu Demokratie und
　　　　Souveränität in Europa
　　　　訳・解題　中西優美子 ……………………………………… 423

　　第12章　憲法を保護する憲法上の行為義務
　　　　Verfassungsrechtliche Handlungspflichten zum Schutz der
　　　　Verfassung
　　　　訳・解題　畑尻　剛 ………………………………………… 455

　　　　　　　　　　　　　　　　　　　　目　次　ix

編訳者あとがき ………………………………………………… 483

著作一覧 ………………………………………………………… 487

索　引
　事項索引 ……………………………………………………… 512
　判例索引 ……………………………………………………… 518

第Ⅰ部

基本権
Grundrechte

第 1 章

基本権保護義務の環境保護にとっての意義について

Zur Bedeutung der grundrechtlichen Schutzpflichten
für den Umweltschutz

訳・解題　松原光宏

「基本権保護義務の環境保護にとっての意義について」

小目次

I．はじめに

II．基本権保護義務のドグマーティク上の基礎
　1．第一次的な保護義務
　2．第二次的な保護義務
　3．社会的な給付義務

III．保護の実効性：危険に対する保護
　1．危険防御への義務
　2．主観的および客観的な個別的・集団的リスク
　3．危険と認識
　4．具体化の問題

IV．立法義務として基本権保護義務
　1．立法義務？
　2．執行の授権による立法者の負担軽減
　3．蓄積された（summiert）イミッシオンに対する保護の問題

V．執行にとっての基本権保護義務の重要性

VI．客観的な保護義務および主観的な保護請求権

VII．詳細部分について
　1．保護義務の時間的な次元
　2．エミッシオン最小限命令
　3．情報（Information）および情報提供（Auskunft）の義務
　4．因果および証明の問題
　5．外国に対する保護

VIII．国家責任への帰結
　1．職務上の責任（Amtshaftung）

2．公用収用としての（enteignend）介入・公用収用に等しい（enteignungsgleich）介入

Ⅸ．むすび

解　題

I. はじめに

　私経済に基づく経済構造を備え，自由主義をもって構想される共同体にあっては，環境保護とは，とりわけ，自由を行使する私的な活動がもたらす，環境破壊的結果に対する保護となる．発電所，鉄鋼生産施設もしくは化学施設による有害物質の排出に原因する，または個人の家庭による油の燃焼もしくは自家用自動車の往来に由来する大気汚染，工場または小産業として廃液を流す者による水質汚染，農業における過剰な肥料投与による地下水汚染，有害物質による食品汚染，化学製品の危険等は――多くの他の環境問題が大抵そうであるように――私人によって引き起こされている．我々の国家が――外国に由来する重大な環境負荷についても，直接の責任を負うことはありえない――，たとえば原子力エネルギーの（財政的）援助またはアウトバーン建設によって，自ら環境破壊を引き起こす主体となることは，ごく僅かな部分においてのみ，認められるに過ぎない．従って，国家はどの程度，環境破壊的な第三者の行為に対し保護を提供するよう義務づけられているのかという問いは，実体的な環境憲法 (materielles Umweltverfassungsrecht) における核心的問題であり，保護対象を基準にすれば，問題を二つの領域へと区分することが可能である．すなわち，憲法上の共同体利益 (Gemeinschaftsgüter) の保護[1]，とりわけ国民を，その自然における総体的な生活基礎において保護すること，ならびに，特に生命，健康および財産といった，基本権における個人的法益 (Individualrechtsgüter) の保護である．国家の基本権保護義務は，この二番目の領域に関わる[2]．

　基本権保護義務が，環境法の多様な領域にとり，かなり異なった実践的意義をもっているということは，明らかである．環境破壊 (Umweltbeeinträchtigungen)

---

1) *D. Murswiek*, Die staatliche Verantwortung für die Risiken der Technik. Verfassungsrechtliche Grundlagen und immissionsschutzrechtliche Ausformung, 1985, S. 225ff. (SV. I 2)
2) とはいえ第一の領域もまた基本権にとって重要性を持ちうる．S. u. II. 3.

の回避が個人的法益にとって問題となる場合には，基本権保護義務は，環境法における憲法的マイルストーンである．他方，環境破壊が個人的法益に対し，有害な影響を直接にもたらすことが考えられない場合には，基本権保護義務は——第三者の介入（Eingriffe）に対して，基本権享有主体を保護する義務として——作用することがない．たとえば，防御権としての基本権は，自然の保護（とりわけ動物保護および種の保護），資源の保護，景観の保存，または人間の環境への作用に由来する，海洋汚染もしくは大気・気候の影響のような，グローバルな環境問題の処理といった領域にあっては，全く関係がないか，またはせいぜい周辺的に関わるに過ぎない．生命，健康または財産の直接的な保護は，その他の領域にあっては中心的な課題となるが，原子力法，およびとりわけ環境法の中心領域であるイミッシオン保護法は，その例である．これからの記述において，とりわけイミッシオン保護法が扱われる場合にあっても，環境法における他の領域，例えば水質法（Wasserrecht）または危険物質法（Gefahrstoffrecht）にとっての，基本権保護義務の意義を否定する意図がむろんあるわけではない．基本権上の保護利益（grundrechtliche Schutzgüter）が，第三者による環境への作用によって介入（Beeinträchtigung）される余地のある場合には何処でも，基本権保護義務により，環境保護に対する国家の責任[3]は基礎づけられる．

連邦憲法裁判所は，基本権保護義務についての自らの判決を，とりわけ環境にとって重要な事例を手がかりに発展させてきた[4]．このことが，審級裁判所における環境法上の裁判にとって，今までのところ有益な成果をなおもたらしてはいないのだとすれば，おそらくはその特段の理由としては，連邦憲法裁判所自ら，保護義務の要件およびその帰結について，決して厳密には定式化して

---

3) 環境（Umwelt）概念が厳密さを欠いていることを理由に，国家責任の輪郭が，拘束力のないものへとぼやけてしまうようなことがあってはならない．つまり，保護義務は，第三者による基本権上の保護利益に対する一切の介入について妥当する．

4) BVerfGE 49, 89—「カルカー決定」; 53, 30—「ミュールハイム＝ケルリッヒ原発判決」; 56, 54—「航空機騒音決定」; BVerfG (Vorprüfungsausschuß), 14. 9. 83, NJW 1983, 2931 = UPR 1983, 2931 = EuGRZ 1983, 572 = BayVBl. 1984, 14 – Immissionsschutz.

こなかったこと[5],他方,学問上の著作にあっては,保護義務というテーマが長らくの間無視され,裁判に対し,保護義務のドグマーティク上の構造を把握するために必要とされる,オリエンテーション的な助けがほとんど提供されなかったこと[6]が,考えられる.従って,以下の記述では,環境保護にとって特別に重要な詳細部分に立ち入る前に,基本権保護義務のドグマーティク上の基礎について,簡潔に素描することにしたい[7].基本法において明示的に規範化されているのは,人間の尊厳保護への義務にとどまる(基本法1条1項)が,これは環境破壊によって影響を受けないことが通例である[8].このため本稿では,基本法1条1項によって支えられることができず,それゆえ理由付けに困難のある保護義務についてのみ,取り扱うことにしたい.

II. 基本権保護義務のドグマーティク上の基礎

第三者による介入(Eingriffe)に対して,基本権上の保護利益を保護すべき国家の義務(基本権保護義務)は,二つのグループへと分類することが可能である.すなわち (1) 第一次的な保護義務としての,第三者による基本権介入

---

5) Vgl. BVerfGE 49, 89 (141f.): 基本権への些細ではない危険をもたらす規律は,基本法と相容れない可能性がある.客観法的な価値決定より,憲法上の保護義務が生じうる.
6) このテーマについての最初の体系的な研究は,*J. Isensee*, Das Grundrecht auf Sicherheit. Zu den Schutzpflichten des freiheitlichen Verfassungsstaates, 1983, および, *D. Murswiek*, Die Pflicht des Staates zum Schutz vor Eingriffen Dritter nach der Europäischen Menschenrechtskonvention, in: *H.-J. Konrad* (Hrsg.) Grundrechtsschutz und Verwaltungsverfahren unter besonderer Berücksichtigung des Asylrechts Internationaler Menschenrechtsschutz, 1985, S. 213-242. (SV. II 8) である.現時点において,包括的・体系的な記述ということであれば,*Murswiek* (Fn. 1), S. 88-287.
7) より詳細な基礎づけということであれば,上記の注(1)をもって引用された論考を指示する必要がある.
8) これに対し,人間の尊厳保護への義務は,人間が生まれる際の遺伝子工学または医学上の処置の法的判断に際し,重要な役割を演じる.Vgl. z. *B. E. Benda,* aus politik und zeitgeschichte B3/85; ders., NJW 1985, 1730 (1732f.); *W. Graf Vitzhum*, JZ 1985, 201ff.; *Ch. Starck*, 56. DJT, Gutachten A, 1986, m. w. N.

（Grundrechtsbeeinträchtigung）を禁止する義務，(2) 介入（Beeinträchtigung）禁止の執行に仕える，第二次的な保護義務の二つが，それである．(3) 社会的な給付義務（Leistungspflichten）は，双方から区別されなければならない．保護義務論をめぐる判例にみられる不安定さは[9]，たいていの場合，これらの異なる義務カテゴリー間の区別を，意識的に行っていないことに基づいている．

1．第一次的な保護義務

住宅地における産業騒音に対するイミッシオン限界値として，法の規定により，60 デジベル（A）の等価的な持続的騒音レベルが規定されている旨，想定する．この規定によるならば，これ以上の騒音を生み出すことの禁止が表明されているのはもちろんであるが，騒音を受けている者は，このレベルの騒音を甘受しなければならないことにもなるだろう．こうした規制があるとすれば，それは憲法上，どのように判断されるべきであろうか？

第二次的な保護義務は，第三者による私的法益への違法な介入（Eingriffe），第三者による違法な介入（Beeinträchtigung）に対する実効的な保護を要請する．だが，国家は，基本権によって保護された法益への第三者による介入が，原則的には違法と評価されるよう，単純法律の次元において自己の法秩序を形成するよう，第一次的な義務づけを受けている．別の言い方をするならば，立法者は，第三者による基本権法益への介入を原則的に禁止し，「他者を害する事なかれ（neminem laedere）」を原則（Gesetz）とするよう義務づけられている[10]．つまり，立法者は，生命，自由または財産等の個人的な法益を，第三者による介入に対して法的に保護し，基本権によって国家の介入（Eingriffe）に対してのみ保護されている利益を，単純法律の次元において，第三者による侵害（Verletzung）が——正当化を要する例外が許容されない限り——違法となる法益とするよう，義務を負っているのである．立法者は——とりわけ BGB および

---

9) Vgl. z. B. O. OLG München, 5. 6. 86, NVwZ 1986, 691 (693).
10) 私的な介入の禁止義務は，更に基本権上の保護利益への危険（Gefährdung）へと拡張されている．S. u. III.

StGB によって，既に憲法に先行する立法者もまた——こうした義務を，その全般にわたって自明の事項として実現しており，法律家は，もはや義務を意識できないほどである[11]．だが，そのことも，立法者がこのルールより逸脱し[12]，環境問題に対し徐々に高い感受性を持ち始めた一般的意識によって，すでに長期間にわたり現行法上埋められないままであったにも関わらず，世論における問題意識の欠如ゆえ，気づかれることのなかった欠陥 (Lücke) が，言い換えれば，不十分なまたは少なくとも多くの者により不十分として非難されていた，環境上の有害作用に対する法律による保護が発見されることになれば[13]，話は別となる．

　大抵の環境破壊は合法的な行為の結果であることから，第一次的保護義務は，環境保護にとって極めて重要な保護義務である[14]．合法的な介入に対する法的保護は存しない．それゆえ問題はこの次元にあっては，国家はどの程度，介入を禁止するよう義務づけられているのか？　ということになる．

　第一次的保護義務は，確かに——第二次的保護義務も同様である——基本法上，明示的に規定されているわけではない（但し，人間の尊厳，およびそこから生じる，個別的な基本権における「人間の尊厳の核心事項」を保護すべき，特別な義務を除く）が，基本権より，論理—体系的に演繹されうる．自由の個々の領域は，国家の法秩序によって相互に画定される．国家法は，一方の者が他方の者との関係上，何をすることを許されまたは何を控えなければならないかについて，規律する．禁止されていない事項は，全て許可されている以上，他者の法益の禁止された介入のみが違法なのである．だが当事者は，違法な介入についてのみ，これを法的手段によって——やむを得ない場合には，合法的な正当防衛の方法によって——防御することができる．これに対して当事者は，禁止されて

---

11)　Vgl. *Isensee* (Fn. 6), S. 16ff., 33.
12)　「期限モデル (Fristenlösung)」による，出生前の生命への負担については，vgl. BVerfGE 39, 1.
13)　これについては，上記脚注（4）にて引用された連邦憲法裁判所判決を参照．
14)　これゆえ本稿では，とりわけ第一次的保護義務の問題が論じられる．

いない事項，すなわち合法的な介入については，法に基づいて甘受しなければならない．国家がその市民に対して課している平和維持義務（Friedenspflicht），すなわち暴力の私的利用の一般的禁止には，財産または身体的インテグリティへの合法的な介入については，これを抵抗することなく甘受すべき，一般的な義務が含まれるのである．こうした一般的受忍義務（Duldungspflicht）は，国家による基本権制限（Einschränkung）に相当する[15]．一般的受忍義務は，第三者の合法的な行為の全てに関わるため，その具体的な範囲は，どのような行為（他の私人に対する影響力を備える，私人の行為）が合法であり，どのような行為が合法ではないかを規定する，実体法的な規範との結びつきにおいて初めて，明らかにされる．自由は原理上無限定であり——禁止されていない事項は許可されている——以上，受忍義務は，介入行為の禁止によってのみ，限定されうる．個々人が，法に基づいて，他者による介入として何を甘受しなければならないか，この問題は，この他者に，いかなる事項について行うことが許可されているか——法技術的にいえば，禁止されていないか——ということから，裏面として明らかになる．

従って，私人による基本権上の保護利益の介入を禁止し̇な̇いということは，法的にみて，立法者の些細な不作為なのではなく，作為として，すなわち当該基本権への積極的な介入（Eingriffe）として，国家に帰責されなければならない[16]．国家が禁止していない基本権法益への介入について，国家は既に許可を与えており，当事者に対しては，この介入を受忍するよう義務を課しているのである．

合法的な介入を受忍すべき一般的義務は，その具体的な徴表において，当事者の基本権と適合できない限り，基本法に違反する．近隣への健康被害をもた

---

15) これについての詳細は，*Murswiek* (Fn. 1), S. 89ff., 62ff.; ders., in: *Konrad* (Fn. 6), S. 224ff.; *J. Schwabe*, DVBl. 1973, 103ff., insb. 109f.; *ders.*, Probleme der Grundrechtsdogmatik, 1977, S. 213ff. – Zur Problematik der Begriffe „Grundrechtseinschränkung oder" Grundrechtseingriff" *Murswiek* (Fn. 1), S. 95 Fn.20.

16) Vgl. auch *v. D. Suhr*, Ersatz für Waldschäden (noch unveröff. Rechtsgutachten, erstellt 1984 für die Stadt Augsburg und Bayerischen Bauernverband), S. 58 u. pass.

らす濃度レベルにおける，産業施設からの大気汚染物質の排出が禁止されず，それゆえその影響を受ける者によって受忍されなければならないとすれば，受忍義務は，こうした観点のもとでは，身体の不可侵 (Unversehrtheit) を求める基本権 (基本法2条2項) に違反する．健康被害をもたらすイミッシオン排出を禁止する立法者の義務は，この禁止を欠いては，受忍義務の具体的内実が違憲となるということより，導かれる．

この演繹の関連から，第一次的な保護義務の範囲も明らかとなる．何らかの方法をもって基本権の保護法益に介入する行為の全てが，禁止される必要性はない．介入は，それを受忍すべき義務の賦課が当該基本権に抵触する限り，禁止されなければならないのである．逆の言い方をするならば，介入は，受忍義務の賦課に含まれる基本権の制限が憲法上正当化可能である限りでは，禁止される必要はない．つまり，介入は，公共の福祉 (Gemeinwohl) に仕えるものでなくてはならず，この目標達成にとって，必要不可欠でなくてはならない，また，追求される公共目的を顧慮するなかにおいて，関係者に過剰な要求として負担をかけることは許されない (狭義における比例性原則)[17]．

こうした演繹の関連からは更に，第一次的な保護義務を基礎づけるために――連邦憲法裁判所の見解によれば――基本権に含まれる「客観的な価値決定」[18]を論拠に据える必要はないし，基本権を給付請求権 (Leistungsansprüche) へと解釈変更することも不要だ[19]，ということも導かれる．第一次的な保護義務がいかなる守備範囲をもっているか，および，それが具体的な場合に侵害 (verletzt) されているか否かについては，基本権の防御的機能からのみ判明するし，古典的な介入ドグマーティクを手がかりに展開することが可能である．保護義務違反とはこの場合,国家による違憲の基本権制限の裏面に他ならない．

---

17) この要請について，私人による介入に関しては，vgl. *Murswiek* (Fn. 1), S. 140ff., 193ff. (SV. I 2)
18) Vgl. BVerfGE 49, 89 (142) m. w. N.
19) Vgl. auch *Isensee* (Fn. 6), S. 32f.; *Suhr*, in: *W. Baumann* (Hrsg.), Rechtsschutz für unsere Wälder, 1986, II. 2. c, d.

憲法上は，基本権制限の違法性または合法性だけが問題なのである．国家が，第三者による介入に対して，介入禁止を発することを通じて，個々人を保護する義務をどの程度負っているかという問題は，別の問題，すなわち国家が，基本権によって保護された利益への介入について第三者に授権し，この介入を受忍すべき義務を，どの程度，関係者に課すことが許されるのかという問題を，別の形で述べたものに過ぎないのである．従って，実践的な法適用については，この関連にあっては保護義務の概念を完全に放棄し，ただ基本権制限の審査についてのみ考慮するよう，提案される．それというのも，法的な基準が，その意味および射程範囲において，今なお全般にわたって明確に認識されてはいない概念によって，不明確に陥らないようにするためである．例えば，連邦憲法裁判所は環境についての様々な判決において，基本権上の保護利益に介入することについての私人への授権を，当該基本権の国家による制限として扱っている[20]．

2．第二次的な保護義務

第一次的な保護義務の実現のために発せられる介入の禁止は，第三者の介入に対する基本権保護利益の保護の前提条件ではあるが，なお実効的な保護を保障するものではない．介入の禁止は，更に執行されなければならない．国家はこのことへも，すなわち，基本権保護利益を違法な介入に対して保護するよう，憲法に基づいて義務づけられている．基本権介入禁止の執行への第二次的な義務は，この禁止を前提とすると共に，それに依存している．連邦憲法裁判所，およびそれに同調する支配的な見解によれば，この第二次的な義務は，基本権の「客観法的な価値内実」[21]によって基礎づけられているが，究極的には，基

---

20) Vgl. BVerfGE 49, 89 (140f.); 53, 30 (58); 56, 54 (79): dazu *Murswiek* (Fn. 1), S. 89f. (SV. I 2)

21) Vgl. BVerfGE 49, 89 (141f.); 53, 30 (57); 56, 54 (73): *H. Rauschning*, VVDStRL 38 (1980), 183; *E. Klein*, DÖV 1977, 704 (705f.); *K. Hesse*, Grundzüge des Verfassungsrechts der Bundesrepublik Deutschlands, 15. Aufl. 1985, Rn. 350; *P. Badura*, Staatsrecht, 1986, C 20. 連邦憲法裁判所は，第1次堕胎判決（E 39, 1 (41f.)）およびシュ

本法によって前提とされ，同法20条1項に表現されている国家性への義務[22]，つまり合法的暴力の国家における独占および私的暴力の禁止への義務より，生じるものである．国家による暴力独占の存在は，国家がその市民を私的暴力に対して実効的に保護する限りにおいてのみ，正当化されうる．国家がこの保護義務に応じていない場合，それに帰因する基本権保護利益への危険または侵害 (Verletzungen) については，国家に帰責することが可能である．

　第三者による違法な基本権介入について，その全てを阻止することは，国家にとって事実上不可能なことである．すでにこうした理由からも，第二次的な保護義務は，第三者による介入に対する絶対的保護を提供することはできない．この点について裁判例や学説にあっては，次のように説かれている．国家はもとより基本権保護へと義務づけられている．けれども国家が，個々の場合においてこの義務にどのように応じるか，いかなる手段を投じるか，そうしたことについては，法的には指図がなく，それは権限ある国家機関の政治的な形成の余地 (Spielraum) または裁量 (Ermessen)[23]に属する，と．こうした確認は，第二次的な保護義務について一般的に妥当する．だが，この確認は，保護義務相互の区別を欠いていることから，しばしば第一次的な保護義務へも転用されることがあるが，それは誤りである．そこにあっては——このことは強く強調される必要がある——形成および裁量の余地 (Spielraum) は原理上，存しない[24]．更に第二次的な保護義務の次元にあっても，細分化を行う必要は残る．というのは，違法な基本権介入に対する統一的な保護義務というようなものは存せず，この義務は，紛争解決義務および権利執行義務 (Streitentscheidungs- und Rechtsdurchsetzungspflichten)，公共の安全を守る義務ならびに制裁義務 (Sanktionspflichten)[25]へ

　　　ライヤー決定 (E 46, 160 (164)) において生命保護義務の基礎づけを行う際には，基本権の「客観的な価値内実」に特別に依拠することなしに済ませている．
22)　これについて, *Murswiek* (Fn. 1), S. 102 ff.
23)　Vgl. BVerfGE 39, 1 (44); 46, 160 (164); *Hesse* (Fn. 21): *Rauschning* (Fn. 21).
24)　問題の性質より生じる例外については，下記のIV.3を参照．
25)　これについて, *Murswiek* (Fn. 1), S. 111ff.

と，分類することが可能である．例えば，もとより裁判権の組織については，政治的な形成の余地が認められるものの，個人に対し，違法な基本権介入への裁判上執行可能な防御請求権が，およびそれをもって出訴権が容認されなければならないかという問題となると，そうした余地はほとんどない．とりわけ危険への防御（Gefahrenabwehr）という，環境保護にとってきわめて重要な領域にあっては，手段の投入について形成の余地が認められる．生命，健康およびその他の法益への危険を排除するという目的のみ，法的に与えられている場合には，管轄権を有する官庁は，保護義務の観点のもと，目標達成のため投入される手段の選択にあっては，適切な様々な手段が用意されている限りでは拘束されることはない．けれども，この官庁は——このことは，度々問題視される環境法における執行の欠如にとって決定的なことである——目的の追求を完全に取りやめることも，部分的に控えることも許されない．ごく特定の手段の投入が，実効的保護の付与にとって必要不可欠な場合には，手段選択について生じる選択裁量が「ゼロへと削減」されることもあり得る．もっともこうした条件の下にあっても，管轄権ある官庁は，唯一結果が約束されたこの手段の投入へと，常に義務づけられるわけではない．というのは，この手段投入が違法であるとか，または少なからぬウェイトを備えた別の国家任務実現を阻害する等の事情がある場合には，そうした義務づけは認められないからである[26]．

　第一次的な保護義務が本来——法律における規律技術に対応していることだが——消極的な義務，不作為義務の積極的な定式化であるのに対し，第二次的な保護義務は，真正の作為義務である．国家は実効的な法執行のために，あることをしなければならない．例えば，制度を設けて人的・物的手段を備え付ける，法的規制を発する，「妨害者」に対する処置を講ずる，制裁をもって威嚇しそれを科する，裁判判決を強制手段をもって執行する等々が，それである．第一次的な保護義務の次元にあっては，専ら「消極的地位（status negativus）」，国家の介入から自由であること（Freisein）が問題となるとすれば，第二次的な

---

26) Vgl. BVerfGE 46, 160 (164f.) －シュライヤー決定－．こうした制限もその性質上，第二次的な保護義務についてのみ当てはまる．

保護義務の次元では，国家は給付（Leistungen）をしなくてはならない．このように考えれば，第二次的な保護義務は，「積極的地位（status positius）」を構成するが，社会国家的な給付（Leistung）義務または請求権と混同するようなことがあってはならない．それらは別のドグマーティク上の基礎および内実をもつものである．保護義務は，第三者による介入に対する既存の基本権保護利益の保護に仕えるものであり，これに対し，金銭または財貨の給付，すなわち社会的状況の改善に役立つものではない．それゆえ，Isensee は，法治国家的な「自由な積極的地位（status positivus libertatis）」[27]を，社会国家的な「社会的な積極的地位（status positivus socialis）」から区別している．保護義務にあっては，ただこの地位だけが，介入への防御（Eingriffsabwehr）だけが問題とされる[28]．別の表現を借りれば，積極的地位（status positivus）の確立ではなく，消極的地位（status negativus）の保護が問題となっている．

社会的な給付義務がその範囲において不明確であり，その妥当力にあっては景気の動向に左右されるのに対して，保護義務は，無条件かつ，自由権をもって明確に画定されうる内実をもって妥当する．国家は，第三者による介入に対する保護については，その法治国家的な保障機能において活動する．すなわち保護義務は，基本権の防御機能を通じて執行することが可能である．

3．社会的な給付義務

以上に基づいて，真正の（社会的な）給付義務は，介入への防御義務としての保護義務より，厳格に区別されなければならない．その対象は，第三者による介入の防御ではなく，金銭または財貨の給付，制度を利用に供すること，公共財産の利用可能性を付与すること等々，いずれにしても，直接的には，個々人の地位の悪化を阻止することではなく，その改善である．そうした給付義務が，環境保護にとっても重要になることはあり得る．「基本権の前提条件保護」[29]

---

27)　(Fn. 6), S. 21f.
28)　Vgl. auch *Suhr* (Fn. 19).
29)　Vgl. *M. Kloepfer*, Grundrechte als Entstehungssicherung und Bestandsschutz,

という観点から眺めれば，一定の条件の下では，基本権より，たとえば生命および身体の不可侵という法益（基本法2条2項）[30]維持の必要条件として，健康上の懸念がない十分な量の飲料水を供給する義務を導出することも可能である．以下の記述においては，ただ保護義務に絞って取り扱うことにする．

III．保護の実効性：危険に対する保護

1．危険防御への義務

基本権保護義務を実効的に保障しようとするのであれば，その保護を，狙いを定めた介入への防御に限定することは許されない．ちょうど環境破壊について言えば，人間の健康への侵害または物的破壊は，全く別の目的を追求する行為がもたらす，意図されない，更に多くの場合には予期されない結果であることが，典型的である．基本権が，基本権によって保護される個人的な法益の不可侵性について，これを維持することに仕えるのであれば，基本権はそうした望まれない「副次的作用（Nebenfolgen）」に対しても，保護を提供する必要がある．従って，連邦憲法裁判所は，徐々に確立した判例において，既に「基本権への危険（Grundrechtsgefährdungen）」が憲法違反たり得るという見解を明らかにしている．もとより，「単なる基本権への危険は，一般的には，憲法上重要な基本権介入（Grundrechtsbeeinträchtigungen）のなおアプローチ上に」あるとされる．けれども，「特別な条件の下では，基本権侵害（Grundrechtsverletzungen）と同視されなければならない」[31]ということもあり得る，というものである．だが，この特別な条件とは，どのようなものだろうか？　連邦憲法裁判所はこの点について，明確な態度を明らかにしていない．そこで選ばれた言葉遣いは，基本権への危険は，極めて例外的な場合に限って基本権侵害と見なされうる，

1970, S. 15ff., 28ff.; *ders.*, Zum Grundrecht auf Umweltschutz, 1978, S. 20, 29.

30）これについて詳細は，*Murswiek* (Fn. 1), S. 227ff. m. w. N.

31）BVerfGE 51, 324 (346f.); 52, 214 (220); vgl. auch 49, 89 (141f.);] (51, 57); 56, 54 (78).

そうした印象を与えるものである．しかしながら，引用された判例のコンテクストに留意し，基本権の体系的解釈に鑑みるならば[32]，全く別の事柄が明らかになる．リ・ス・ク（Risiken）ある負荷は――公法の趣旨における，危険ある負荷ではなく――通例，「重要な基本権介入のなおアプローチ」上にとどまるということが意図されているのは，明らかである．ドグマーティクに照らし，このことを厳密に表現すれば，次の通りである．基本権上の保護利益へのリスクを受忍すべき義務を伴う負荷が，自由への制約であることは確かである．けれどもこの制約は，人間の共同生活は一般的に，国家による任務遂行はとりわけ，望まれない副次的効果のリスクを一切伴うことなしには不可能であることに留意すれば，直ちに正当化されうる[33]．しかしながら，このリスク――潜在的な損害の範囲および発生の蓋然性を有する産物として――が相当に高く，公共の福祉に基づく一・般・的・な理由ではもはや正当化できず，かつ，危険防御法（Gefahrenabwehrrecht）の趣旨における危険として，これを評価することが必要と考えられる場合には，リスクをもたらすことが公共の福祉に基づく特・別・な目的[34]の達成上必要不可欠ではなく，かつ，追求される公共の福祉に基づく目的の特別なウェイトに鑑み，当事者による危険の受忍が要求可能ではない限り[35]，リスクを受忍すべき義務は，当該基本権に違反するのである，と．従って，基本権上の保護利益への危険をもたらすことは，原則的に禁止されなければならない．生命または健康への危険を受忍する義務を賦課することは，危険の原因が，公共の福祉に基づく特別な目的実現にとって必要不可欠な行為のなかに含まれている場合でさえ[36]，当事者に対して要求可能ではなく，それゆえ憲法に違反

---

32) 基本権によって基礎づけられた，危険への防御義務の詳細については，*Murswiek* (Fn. 1), S. 127ff.
33) こうした介入は通例，憲法違反ではない．
34) つまり，自由の私的行使にとっての最適な条件という，一般的利益だけでは十分ではない．
35) このことは，連邦憲法裁判所の判例からも暗黙に引き出すことが出来る．連邦憲法裁判所は，要請されるリスク防御（Risikoabwehr）の範囲については，危険概念（Fn. 37）の場合と同様に，差し迫った損害の種類および範囲次第と考えている．
36) こうした考え方の例外が考慮されるのは，当事者が違法な行為によって，危険

する.

2. 主観的および客観的な個別的・集団的リスク

　基本権に基づく危険防御への義務が，連邦憲法裁判所による数ある定式化のなかにあって，やや例外的に思われるとすれば，その理由は恐らく，リスクまたは危険の概念が，リスクにさらされている唯一の法益のみならず，危険の原因によって脅かされている法益の総体に関わりうるということに，求められるだろう．損害発生の蓋然性が「危険」を基礎づけるほどに「十分に（hinreichend）」高いか否かは，周知の通り，潜在的な損害の範囲によって左右される[37]．「潜在的な損害が大きければ大きいほど，発生への十分な蓋然性はそれだけ低下する」．多数の人間が潜在的な損害を被る場合には，「集団的リスク（Kollektivrisikos）」（住民リスク）の大きさを理由に，極めて僅かな損害の蓋然性しか認められない場合であっても，危険は認められる．このことは，リスクが，極めて僅かな損害の蓋然性ゆえに，関係する個々人にとって危険の閾値（Gefahrenschwelle）をはるかに下回り，それゆえ彼らに対し全く要求可能とされる場合であるとしても，妥当するのである．高い蓋然性をもって誰かに損害を与える危険の原因が認められるものの，そのことが多数の潜在的な関係者のなかより誰に該当するのか，なお不明という状況は，それに類似している．損害の計算上の蓋

　　　　な状況を自ら引き起こした場合，危険をもたらすことなしには，他者の身体および生命へのはるかにより大きな危険を回避することができない，切迫した事態（Notsituation），またはさもなければ共同体にとって根本的な利益を救済することができない場合，すなわち「非常事態（Notstandslage）」に限られる．例えば，裕福さ（Wohlstand）を高めることを目的とする場合には，認められない．当事者が自由意志に基づき，危険を冒している場合には，例外は存しない．つまりこの場合，国家によってこの者にリスク引受義務（Risikotragungspflicht）が科されている訳ではなく，介入は認められない．

37)　危険の概念については，vgl. z. B. BVerwGE 45, 51 (61); OVG Lüneburg, 28.12.76, DVBl. 1977, 347 (351) m. w. N.; *O. Scholz*, VerwArch 27 (1919), 1 ff., insb. 26; *E. Rehbinder*, BB 1976, 2; *F. Hansen – Dix*, Die Gefahr im Polizeirecht, im Ordnungsrecht und im Technischen Sicherheitsrecht, 1982; *Murswiek*, Stichwort „Gefahr", in: HdUR Bd. I, 1986, m. w. N.

然性は，個々人全てにとって，ごく僅かなものということもあり得る．最初に言及された状況は，（原子力発電所の爆発事故のような）危険施設における重大事故リスクにとって典型的であるのに対し，第二の状況は，事故リスクの場合のみならず，例えば核エネルギー発電による放射能汚染に関する場合のように，規定に基づいた施設運転がもつリスクの場合にも，認められ得る．第二の状況についても「集団的リスク」と呼ばれている．だが，どれだけ多くの数の人間に，総じて被害が及ぶことが見込まれるかではなく，どの程度の蓋然性をもって（何処かの）人間に被害が生じるかが問われる場合には，「客観的な個別的リスク（objektives Individualrisiko）」という表現を用いる方が，より厳密である．これに対し「主観的な個別的リスク（subjektives Individualrisiko）」とは，特定の人間に被害が生じる蓋然性に関わっている[38]．

国家は，客観的な個別的危険および集団的危険に対する保護へも，原則的に義務づけられるとしても，主観的な個別的リスクの場合とは異なり，この場合における「危険の閾値」は，当事者に対する生命および健康リスクが要求不可能なものであり，それゆえに憲法違反とされる限界に直ちに相当するものではない．こうした規模のリスクは，それにも関わらず正当化を求められる．つまりそれは，公共の福祉（Gemeinwohl）に基づく特別な利益に仕える場合であって，この際に不可避的であり，かつ——目指すべき，公共の福祉にとってのアドヴァンテージに関して——リスクの大きさが反比例的ではない場合に限って，許容されうるのである[39]．

以上の記述を整理すれば，以下の通りまとめることができる．国家の法秩序は，特定の基本権上の保護利益に対し危険が生ずること（主観的な個別的危険）について，これを許容することが許されないのが原則である．客観的な個別的危険および集団的危険は——そもそも公共の福祉目的に基づいて正当化が可能

---

38) これら個々のリスク類型については，Murswiek (Fn. 1), S. 151ff.
39) 客観的な個別的リスクおよび集団的リスクに対する保護については，vgl. R. Lukes/ B. Richter, NJW 1981, 1401ff.; Murswiek (Fn. 1), S. 151ff. m. w. N.

な限り——「危険に対する最善防御の要請」[40]に服している．この場合，(技術的・経済的にみて) 事実上可能か否かという基準に照らした，リスク最小化の要請が妥当する．危険の閾値を更に下回りリスク最小化を指図する義務を，憲法から引き出すことは，(客観的な個別的リスクまたは集団的リスクに関しては) できない．

3．危険と認識

新たな環境問題が生じる場合に，次のような話をしばしば耳にすることがある．新種の損害については，その原因が明らかにされるまでは，徹底した対抗措置をとることはできない，と．その後，原因－結果の関係究明の重要性が訴えられるものの，解明が終わる頃までに，関係する生態系はあるいは絶滅するか，または多くの人間が既にガンで亡くなっている．そうした事例にあっては，作用の解明が危険防御にとって必要不可欠な手段であることについては，確かにその通りであるが，それは唯一可能な，法的に許容されかつ要請される手段という訳ではない．法的意味における危険というものは，原因と結果の因果関係について，例えば特定の成分が有するガン発生の適性に関して，なお不確実性が認められる場合にあっても，既に存するのである．損害の蓋然性が十分に高い (hinreichend groß) か否かが，決定的なのである．そうした蓋然性は，なお「証明 (Beweis)」ではない[41]，事実上の根拠 (Anhaltspunkte) から生じることもある．だが，国家は危険に対し，介入することが許されるのみならず，そうしたことをしなければならないのである[42]．

4．具体化の問題

ちょうど，極めて複合的な原因・結果の関係，および——環境法にあってし

---

40) BVerfGE 49, 89 (139) における定式を参照．
41) 基礎付けについて，詳細は，*Murswiek* (Fn. 1), S. 378ff.; a. A. z. B. *A. Hanning/K. Schmieder*, DB 1977, Beil. 14, S. 5; *Martens*, DVBl. 1981, 600.
42) 例外について，s. o. vor Fn. 35 und Fn. 36.

ばしば妥当するように——潜在的な大きな被害が問題となる場合には，一般的な危険防御法（警察法）ではある程度の運用が可能になっている危険概念は，具体化にまつわる重要な問題を提起することになる．それは1つには，評価問題（「…であればあるほど，それだけ～定式（Je-desto-Formel）」を手がかりに，「十分な蓋然性」を探究するために，損害の潜在的範囲を評価）であり，もう1つには予測問題（事故の蓋然性の評価，有害物質がもたらす長期にわたる影響の評価等々）である．本稿では，これについて詳細に取り扱うことはできない[43]．

　裁判が，憲法および法律によって予め決定されていない評価の統制を行う際に，とりわけ立法者に対して抑制的であることは，裁判権とその他の国家機関の間に認められる，任務の作用的配分に対応している．「危険」が存するか否か，またはリスクが依然として「危険の閾値」を下回っているか否かについては，しばしば争いになり得るし，この場合，主張可能な決定には，「変動の幅」が認められるという事情がある．連邦憲法裁判所はこうした事情については，——問題に即し——保護義務違反に関しては，危険の閾値を明示的に超え，確実な理由をもってその主張を覆すことがもはやできない場合に限り[44]，これを認めることによって配慮している．

　学問上争いのある問題の評価，およびこれに基づくリスク評価における裁判官の抑制的態度を支えるのに有利な材料として，裁判官は自らの評価を，権限ある執行機関の評価に代置させることは許されないという作用法上の論拠は，ますます普及している[45]．

---

43)　評価問題の詳細については，*Murswiek* (Fn. 1), S. 165 ff. m. w. N.; 予測問題については，*F. Ossenbühl*, Festg. BVerfG I, 1976, 496ff.; *R. Breuer*, Der Staat 16 (1977), 21ff.; *R. Stettner*, DVBl. 1982, 1123ff.

44)　Vgl.「重大な危険」とする，BVerfGE 53, 30 (51). 著者の解釈について，*Murswiek* (Fn. 1), S. 145f.

45)　Vgl. BVerwG, 19. 12. 85, NVwZ 1986, 208 (212) = DVBl. 1986, 190 (195) = UPR 1986, 107 (111) –Wyhl; zuvor bereits VG Schleswig, 17. 3. 80, NJW 1980, 1296 (1297) – Brockdorf; vgl. auch BVerfGE 61, 82 (114f.)—「ザスバッハ決定」，und z. B. *K.-H. Weber*, Regelungs– und Kontrolldichte im Atomrecht, 1984, S. 207f.

Ⅳ. 立法義務として基本権保護義務

1. 立法義務？

　基本権保護義務がこれまでのところ，環境についての判例を促進することが殆ど無かったことの理由の1つは，おそらく，それが作為義務として解釈されていることに求められるだろう．立法者の作為義務，法律制定の義務は，権力の作用的配分のなかにあっては，異物のように見える．立法義務が裁判によって執行可能であるとすれば，政治的な形成任務は，究極的には裁判所へと割り当てられ，司法権が立法者になる危険が存する．しかしながら，基本権保護義務の統制における抑制的傾向が――環境侵害に対する保護をめぐる判例において現れている通り――実際にこうした考えで正当化されうるか否かについては，問題として提起される．この問題については――その限りではリーディングケースとなった――連邦憲法裁判所の航空機騒音決定（デュセルドルフ－ローハウゼン）[46]を手がかりに明らかにしたい．

　連邦憲法裁判所は航空機騒音決定において，憲法異議について決定しなければならなかったが，異議申立人はこの異議をもって，とりわけ，立法者が航空機騒音からの保護を目的とした十分な規制をしていない旨，主張していた．適法性審査において連邦憲法裁判所が確認したところによれば，これまでのところ立法者の不作為への憲法異議は，ただ例外的にのみ，かつ異議申立人が，立法義務の内実と範囲を本質的に規定する，立法者への明示的な委託を援用できる場合に限って，適法として承認されてきた[47]．だが，こうした要件は，「基本

---

[46] BVerfGE 56, 54. この判決は予備的審査委員会を，イミッシオン保護決定（14. 9. 83, NJW 1983, 2931 (s. auch Fn. 4)）に関して，ステレオタイプのように用いている．この決定は再び若干の審級裁判所により，ディスクロージャーのように読まれている．Vgl. OLG Köln, 16. 9. 85, NJW 1986, 589 (592); OLG München, 5. 6. 86, NVwZ 1986, 691 (693); LG Bonn, 27. 6. 84, NJW 1985, 71.

[47] BVerfGE 6, 257 (264) への指示を伴うものとして，8, 1 (9); 11, 255 (261); 12, 139 (142); 23, 242 (249).

権に体現される基本的決定から，憲法解釈の方法によって初めて演繹されるような」作為および保護義務の場合には，認められない．「というのは，こうした場合にあっては，法律が制定されるべきか，および制定される場合にはいかなる内実をもつべきかについての決定は，一般的には裁判官による事後的審査を受けない，種々の経済・政治・財政法的な所与事項に依存しているからである」[48]．同じ論拠は，理由づけの審査にあっては，保護義務違反の統制を内容上の最低限,すなわち保護義務の「明白な」違反へと限定する結論を導いている．こうした限定は，連邦憲法裁判所が説くところによれば[49]，三つの理由から要請されるようである．(1)「基本権に体現される基本決定から，憲法解釈の方法によって初めて演繹される国家の保護義務が，いかにして立法者の能動的措置によって現実化されるべきかというのは」，通例[50]，「極めて複合的な問題」である．(2) しばしば妥協が要求される，こうした措置についての決定は，権力分立制原理および民主制原理を基準とすれば，国民によって直接正統化される立法者の責任である．(3) 航空機騒音の影響または大気汚染について，「信頼できる学問的な認識」[51]または「当局の調査に基づく,信頼できる認識」[52]がなお認められない限り[53]，経験上および適応上の裁量権の適切な行使は，立法者にこそ相応しい．

　適応上および経験上の裁量が，いかなる手段が目的達成にとって必要不可欠であるかという問題に関わる限り，第三の論拠は，第一のそれを繰り返しているに過ぎない．憲法に基づいて目指すべき目標，すなわち，危険防御義務の認知的な要件に関する限り，この論拠は，既に上述された理由により (Ⅲ. 3. 4.)，こうした言い回しでは説得的とは言い難い．だが，第一および第二の論拠につ

---

48)　BVerfGE 56, 54 (70f.) m. Hinw. auf E 1, 97 (100f.); 11, 255 (261); ebenso NJW 1983, 2931 (2932).
49)　BVerfGE 56, 54 (81); NJW 1983, 2932.
50)　この限定は，NJW 1983 2932 には欠けている．
51)　BVerfGE 56, 82.
52)　NJW 1983, 2932.
53)　これについて，*K. Roth – Stielow*, NJW 1984, 1942f. 参照．

いてはどうであろうか？

a) 明示的および黙示的な立法義務

　さしあたり，明示的な立法委託と，「基本権に体現される基本的決定から，憲法解釈の方法によって初めて演繹され得る」立法者の作為義務との区別は，奇異の念を抱かせずにはおかない．連邦憲法裁判所は，約70巻に及ぶその判決集のなかで，通例，明示的には定められていない立法者の義務を，基本法，とりわけ基本権から演繹すること以外の何をしてきたのだろうか！

　もっとも，明示的に規範化されておらず，漸く解釈によって演繹される義務とは，通例，立法者の不作為義務，権限の限定であったことは確かである．だが，環境法においてとりわけ問題となる第一次的な保護義務は，そのドグマーティク上の構造を基準とすれば，不作為義務に他ならず[54]，裁判所による統制にあっても，これと異なって取り扱うことはできない．第二次的な保護義務の如き，真正な作為義務に関しても，いかなる手段をもって義務が現実化されるべきかという問いが「極めて複合的な問題」か否か，および，この際に政治的妥協の余地が認められるか否かについては，義務が明示的または黙示的に定式化されているかどうかよって，決まることはない．このことはそれどころか，作為義務の内実，とりわけ内容的な特定性（Bestimmtheit）に左右されるのである．憲法から演繹される真正な作為義務は，立法者に対しただ目的のみを予め示し，目的現実化のための手段については，これを明らかにしないのが通例であるため，立法者がその限りでは拘束されていないのは，至極当然のことである．だが，このことは，立法者による作為義務の特殊性なのではなく，目的プログラム的（zielprogrammiert）――結果指向的（erfolgorientiert）・目的指向的（finalorientiert）――な法的義務全てについて，妥当することなのである．この場合，目的・手段関係における複合性の程度は，個々において，極めて異なりうる．何の困難もなく裁判所によって審査が可能な，極めて単純な目的・手段関係か

---

[54] S. o. II. 1.

ら，特定の手段の適切性および必要性について，なんら明示的言明がされておらず，試行——試行錯誤——以外の方法が見当たらない，極めて複合的な関係もある．後者の事情が基本権保護義務に通例妥当する旨，主張することはできないであろう．この場合には，いかなる具体的な保護義務が問題となっているのか，および——（第二次的な）危険防御義務の場合には——いかなる具体的な危険が予防されなければならないか，この相互について，厳密に区別されなければならない．つまり，危険の多くについては，権限ある国家機関よって投入される保護的措置が適切かつ十分であるか，極めて厳密に示すことが可能であるが，他方では，目的・手段関係の複合性ゆえに，明示的な言明が許されない危険もまた，存するのである．ある手段の目的達成にとっての必要性が確定的ではない場合に，——もし一例をあげるとすれば——自家用自動車イミッションの必要な削減のために，隔週日曜における乗用禁止が発せられなければならないのか，または月々における日曜乗用禁止だけで十分であるのか，認識が可能ではない場合には，（経済上および交通上ならびにその他の）政治的考慮および妥協の余地が認められる．連邦憲法裁判所が示す第二の論拠が保護義務に妥当するのは，目的・手段関係が，このような裁量および形成の余地（Ermessens- und Gestaltungsspielräume）を未決定のままにしている場合に限られる．すなわち第二の論拠は，決して独立した論拠なのではなく，第一の論拠が有する特別なアスペクトに過ぎないのである．だが，このことは全て，作為義務が明示的または黙示的に規律されているか否かという問題とは，何の関係もないのである．

b）第一次的および第二次的な保護義務

その論拠を今一度示すならば，連邦憲法裁判所は以下の立場から出発している．立法者が，いかにして——いかなる手段，いかなる規律をもって——自らに課せられた基本権保護義務を実現しなければならないかは，「極めて複合的な問題」であり，「法律が制定されるべきか，および，制定される場合にはいかなる内実をもつべきかについての決定は，多くの経済・政治・財政法的な所

与事項」に依存している以上，この問題についての決定は，しばしば妥協を要請する，と[55]．

この論拠が第二次的な保護義務の次元において，どの程度，なるほどと思わせることができるかについては，すでに示されたところである．これに対しこの論拠は，第一次的な保護義務の次元にあっては，原理上，誤りである．「他者を害する事なかれ（neminem laedere）」について，これを様々な法益に関して，法律上，文言として定式化する義務，すなわちこうした法益の介入を禁止する義務は，財政に関する権利を侵害するものでは全くないし，経済上またはその他の政治上の妥協的考慮（「労働ポスト」）になじむものではない．これらの論拠は，保護義務の要件ではもはや把握できない領域において初めて，その役割を演ずるものである．騒音，臭い，大気汚染による軽度の侵害は，どの程度まで，当事者に対して要求可能とされるのか？ 危険な施設または物質に由来し，市民が引き受けることになる，生命または健康への「残存リスク（Restrisiko）」は，どの程度まで許されるのか？ というのは，その例である．この場合にあっては，危険および要求不可能性についての各々の閾値以下において，政治的形成の余地が認められる．これに対して，基本権によって保護された利益への損害をもたらす行為，または生命もしくは健康への危険をもたらす行為については，立法者はこうした行為を禁止するよう，厳格に義務づけられている．財貨（Sachen）の保護についても，第一次的な保護義務は，無条件で妥当する．財産権保護の場合には，介入を受忍する義務を課すことが，収用的な（enteignend）性格を帯びているか否か問題となる．そうした介入は禁止されなければならないのが原則であるが，そのような介入をもたらす行為の授権は，基本法14条3項の要件のもと，ただ例外的にのみ付与することが許される．

第一次的な保護義務は，厳格かつ裁判上の事後的統制が無制限に可能な立法義務として，定式化することが可能である．司法はそれをもって，立法作用を必ずしも不当に行使することになる訳ではない．というのは第一次的な保護義

---

55) S. o. Fn. 48, 49.

務は，立法者による介入に対する必要不可欠な最終的限界に他ならず，この場合の裁判所による統制とは，自由を制限する立法者に対する周知の統制と変わりが無いからである．それは実際には，立法者の形成自由に対する制限であり，積極的な形成には当たらない．判例上，こうしたドグマーティク上の事態が，保護義務についての区別が欠けていること，および，保護義務を基本権の「客観法的機能」により一括して裏付けようとする試みによって覆い隠されていることは，残念である．

2．執行の授権による立法者の負担軽減

第二次的な保護義務の次元においてしばしばみられることだが，立法者は，違法な介入および危険への保護を目的とした特定の措置および対策について，自らこれを予め規定せず，実効的な危険防御のための制度的および規範的な条件を創設すること，とりわけ，権限ある官庁に対し，必要不可欠な措置をとるよう授権するにとどめることがある．こうした規制技術のプロトタイプは，警察的な (polizeilich) 一般条項である．立法者はそうした規律を通じ，自らの保護義務を果たすことが通例となる．いかなる保護措置が必要不可欠であるか，それについては状況関連的にのみ決定しうることが通常であり，予め一般的・抽象的に規律することはできない．従って，各々規律すべきテーマを基準に考えれば，立法者が多かれ少なかれ個別化された授権に甘んずる場合，そうしたことは事態にとって適切 (sachadäquat) である．

危険防御へのこうした授権は，「可能である (kann)」旨の規定としてしばしば定式化されるが，保護義務に照らすならば「とする (soll)」旨の規定として，読まなければならない．理由ある例外的な場合にのみ，措置を思いとどまることが許される．決定に関する自由な裁量は，保護義務とは適合しない．権限ある官庁にとって，法的に許容される手段によって保護を与えることが，事実上可能な場合，原則的にもそれに義務づけられる[56]．

---

56) 保護を除外するための要件については，本稿では取り扱うことはできない．シュライヤー決定はその一例である．BVerfGE 46, 160 (165). 具体的な場合におけ

これに対し第一次的な保護義務の次元にあっては，立法者は，自らの責任を執行へ押しつけることが許されないのが通例である．第三者による介入または危険の禁止は，法律によって規範化されなければならない．必要不可欠な規律を，法律よりも下位の次元へと移し替えることに賛成する理由は存しないし，そのような場合には，関係者の保護は十分に確保されない．基本権上の保護利益の侵害（Verletzung）または危険を許容し（すなわち禁止せず），ただ執行に対し，ケース毎に適切な措置によって事実上の損害発生を阻止するよう授権するにとどまるならば，立法者は，その保護義務に違反することになるだろう．これに対し，とりわけ安全に関する技術的な法にあっては，法律においてただ一般条項的に，要請される安全水準についての原則的な決定を行い，安全上の義務の詳細な内容形成については，これを執行に委ねるということも，考えられる．

3．蓄積された（summiert）イミッシオンに対する保護の問題

　イミッシオンによる損害は，原因となる個々の者の行為の結果ではないことがしばしばである．例えば，沢山の小さな，それ自体としてみれば全く無害である，（数多くの同種類の原因に由来する）同種類のイミッシオンの作用は，総体としては有害な濃縮イミッシオンへと蓄積する．それは大気中において，（他種類のイミッシオンの原因に由来する）他の有害物質と結合し，化学的な変化のプロセスに関与するが，そこから生じる物は，はるかにより有害に作用する．また，こうした生成物は，その他の有害物質とのコンビネーションにより，人間，動物，植物もしくは建物へと影響を及ぼすことを通じ，損害を生み出すこともある．最後に生じる損害は，多数の，個々的には不明の原作者（Urheber）を有している．例えば，広大なイミッシオンによって生み出された森林の死滅は，その特徴的な例である．現在の認識水準によれば，広大な燃焼施設は――そのSO_2およびNOxイミッシオンによって――，そして自家用自動車交通もまた，

　　る介入の義務については，vgl. z. *B. Isensee* (Fn. 6), S. 53ff.; *Murswiek* (Fn. 1), S. 115ff. m. w. N. – 環境保護の領域における継続的侵害の場合には，そうした例外の要件は実際上，恐らくは認められないであろう．

森の死滅に作用している．だが，このことは，例えば私的な家庭用燃料についても，つまり潜在的には，個々のあらゆる石油暖房について言えることである[57]．

　立法者は，そうした蓄積されたイミッシオンについて，その基本上の保護利益の保護義務をいかにして実現しうるのか，およびいかにして実現しなければならないのか？　この場合，第一次的な保護義務の遂行については，次のような特殊性がある．損害または危険を引き起こす行為の禁止は，そのほかの場合にあっては，当事者に課された，第三者による合法的介入を受忍する義務を，憲法上要請される限度内において保持している．だがこの禁止はこの場合，広範にわたって空洞化する．というのは，結果指向的な要請または禁止（損害または危険を引き起こすことの禁止）がその誘導的作用を果たしうるのは，名宛人に対し，回避されるべき結果を，その行為の帰結として帰責することが可能である場合に限られるからである．このことは規範の名宛人の行為が，結果発生にとって，それを欠いては結果が生じない関係にあること（condition sine qua non）を，前提としている．従って，第三者の健康もしくは財産への損害，またはこうした損害の危険を生み出すことの禁止によっては，多数の小さな排出者（Emittent）は，なんの影響も受けることがない．そのイミッシオンの作用（Beiträge）は，イミッシオンによる総体的負荷を著しく引き上げる訳ではない．この排出者は，自らに由来するイミッシオンの負荷によって，そのイミッシオンの原因が影響をもたらす隣接領域においても——既存のイミッシオンの事前的負荷（Vorbelastung）を考慮に入れたとしても——なんら損害もしくは危険を生み出すことがないし，または損害のリスクを顕著に引き上げる訳でもない．例えば，何百万人ものドライバーは，自家用自動車のイミッシオン総体がもた

---

57)　森の死滅の原因については，vgl. z. B. *Rat von Sachverständigen für Umweltfragen*, Sondergutachten, „Waldschäden und Luftverunreinigen", 1983 = BT-Drs. 10/113; *Bosch*, Die sterbenden Wälder, 1983.「徐々に蓄積された危険」の問題については，さしあたり，*G. Lübbe-Wolff*, in; *J. Hofmann/H. Preier* (Hrsg.), Parlamentarische Souveränität und technische Entwicklung (angekündigt für 1986).

らす環境破壊は確かであるにも関わらず,そうした規範による命令によっては,把握されない.というのは,個々のドライバー全てについて,次の通り発言することは,正当にも可能だからである.私が自ら自動車の運転をしないとしても(運転の頻度を減らす・日曜は乗らない等々),全く何も変わることがない.大気および土地への負荷はこれによって顕著に低下するわけではないし,交通騒音についても,目に見えて減少するわけではない.要するに,原因を作った個々の者に向けられる,結果関連的な(結果指向な)行動義務というものは,問題解決をはかり,当事者を十分に保護するためには不適切である,ということである[58].

立法者はこの問題を,損害および危険を生み出す行為のみならず,総じて損害または危険をもたらすイミッシオンへ作用するものから既に禁止することによっても,解決できない.1つには規範の名宛人にとっても,そのイミッシオンが,有害なイミッシオンへと作用するものであるか否か,例えば,オスナブリュックにある家庭用煙突の煙が,黒い森にて生じる森林破壊へと作用しているか否か,まったく認識ができないことがしばしばである.それは別としても,環境へ有害な影響をもたらすあらゆるイミッシオンの作用に対し,もしこうした一般的禁止を加えるならば,小さな排出者の基本権を侵害することになるだろう.

・イ・ミ・ッ・シ・オ・ンに関わる規制(事前的負荷を考慮の上で遵守されなければならない,イミッシオン基準)が,事実として遵守可能であり,かつ法的にも許容されるような場合であっても,実行可能性という理由により,そうした規制への反論が考えられる.というのは,イミッシオン基準の執行は,測定および算出への相

---

58) 原因を作った者全てに,行為に関わる命令および禁止をもって(等しい)負担をおわせることによって更新されうる,(潜在的な)危険回避義務によって,「小さな原因(Kleinverursacher)」に負担を与えることは,結果指向的な危険回避義務から,区別されなければならない.大気汚染物質の長距離輸送の制圧にとって,イミッシオンに関する規制が不適切であることについては,vgl. auch BVerwG, 17. 2. 84, DVBl. 1984, 476 (478) = E 69, 37 = UPR 1984, 202 = DÖV 1984, 631 = NVwZ 1984, 371.

当な出費を前提としているからである．そうした出費は，施設認可または計画確認手続上，イミッション基準の遵守について審査を受けることがある，大きな排出者の統制についてのみ採算がとれるということが，通例である．小さな排出者に対しては，審査上の出費は通例，あまりに大きすぎるのであり，イミッション回避義務の遵守は，（共同して）原因を作った者にとって，イミッションの状況について十分正確な知識が欠けていることから，極めて難しい．

　結局のところ，立法者は，蓄積された，とりわけ広範にわたって運ばれてきたイミッションの問題を，有害なイミッションをもたらす行為の法律による禁止の方法では，解決することができない．前述された条件の下では，当事者の保護にとって必要不可欠な，エミッション制限を命ずることに甘んじる他はなく，またそうすることも許される．

　従って，法的に許容されるイミッション負荷が，イミッション基準によっては制限されず，エミッション規制によって誘導されるに過ぎない限り，当事者に対し影響を与えるイミッションについては，法的限界は認められない．原因を作る者に対し課せられる，エミッション制限は，理論上（各々の環境状況によっては，実際上も），個々の許容された多くのエミッションの累積により，影響をもたらす地点で生じるイミッションが受忍できないほど高い程度に達する可能性を，排除するものではない．このイミッションは，合法的作用から合計されたものであるから，イミッション受忍義務はその限りでは，上方に向かって開かれている．法律によって，法的に無限定なイミッション負荷の受忍義務を賦課することは，次のような理由によってのみ，正当化されうる．つまり法律による義務の賦課は，この場合，原因をもたらす者に向けられるイミッション回避命令によっては，一部では全く制限されないし，一部では実際的かつ執行可能な方法によっては制限され得ないことから，（とりわけ広範囲にわたり）蓄積するイミッションについては，規制技術上，不可避的である，と．法的に無限定な受忍義務のなかに認められる，生命および身体の不可侵への基本権，または財産権保障に対する無限定な制限は，立法者が，適切な規制を通じて，基本権上の保護利益に影響を及ぼすイミッションの総体的な量が，憲法上許容さ

れる——当事者に対してなお（補償なく）要求可能な——程度を超えないよう確保している場合にのみ，憲法上受忍することが可能である．

　こうした目的達成のためには多様な規制が考えられる以上，立法者はその限りでは，形成についての広範な裁量（Spielraum）を有している．イミッシオン状況の展開，および（例えば）エミッシオン低減のための措置の総体的な負荷への影響については，絶対確実に事前算定することができない以上，立法者には更に，予測についての裁量（Prognosespielraum）も認められなくてはならない．これに対し，憲法上，予め厳格に定められているものは，達成しなければならない目標である．つまり，基本権上の保護利益を害する，または危険にさらすようなイミッシオンの回避がそれである．この目的を，経済政策上の利益または何らかの「妥協」のため，全体的にも部分的にも，犠牲にすることは許されない．

　従って，立法者による，客観的に正しく打ち出された予測に基づくならば，必ずしも予想されない環境破壊が生じた場合，保護義務違反が認められないのは，その通りである．けれども，イミッシオンによって条件付けられた損害が発生し，イミッシオンによる既存の負荷が有害であると判明した場合には，立法者（または立法者により授権された執行）は，イミッシオンによる負荷を，現在の認識を基準として，基本権上の保護利益への危険が排除されるような水準へと引き下げる措置を講ずるよう，義務づけられる．もとよりイミッシオンによって条件付けられた損害はなお証明されてはいないものの，イミッシオンの有害性について，現在の認識を基準とすれば十分な蓋然性が認められるという場合にも，同様の事項が妥当する．

V．執行にとっての基本権保護義務の重要性

　政府および行政の環境保護義務は，単純法律より生じることが通例である．法律によって執行に課される，環境にとって重要な保護義務は，基本権保護義務をはるかに上回る可能性がある．これに対し，基本権保護義務の要請を下回

るような場合には，憲法適合的解釈の方法により，基本権保護義務の要請に適合させることが可能でない限り，当該法律は憲法違反である．行政が，環境および基本権上の保護利益の保護のため，いかなる行為へと義務づけられているのか，その答えは第一次的には，単純法律より引き出されなければならない．基本権保護義務はこの場合，法律の合憲性判断およびとりわけ法律解釈にとっての基準を述べることにより，ただ間接的に影響を与えるにとどまる．その他の場合にあっては，保護義務は，官庁による裁量権行使または計画における利益衡量の枠内において，たとえ法律によっては明示的にそのように指図されていないとしても，顧慮されるべき指針（Direktiven）を形成する．その他，憲法上の保護義務を直接に引き合いに出すことは，恐らくは法律から自由な行政（gesetzesfreie Verwaltung）の枠内においてのみ，可能であると思われる．

　要するに，基本権保護義務は環境保護の領域にあっては，環境法の基本権適合的な形成および解釈への義務として，その中心的重要性をもっているのである．立法者が——環境法にあってはかなり頻繁にみられる通り——規律権限を執行へと委任（Delegation）することによって，負荷軽減を図っている限り，保護義務の実際上の重要性もまた，執行へ，つまり法律より下位の法定立および憲法適合的な法適用の次元へと，移し替えられる．例えば，連邦イミッシオン保護法は，抽象的な環境基準について，基本権上の保護利益の実効的保護が図られるよう，定式化している．執行へ付与された授権は，イミッシオンの実効的制圧にとって十分である．しかしながら，一般条項的な法律の基準（Vorgabe）に鑑みれば，イミッシオン保護の実効性は，環境保護義務について，これを法律よりも下位段階において具体化することに，決定的に依存している．

　その場合，基本権保護義務は，法律よりも下位にある規定の制定に関して，裁量を狭めることにもなる．例えば，個々の排出施設に対する産業監督庁（Gewerbeaufsichtsämter）の個別的措置によるだけでは，広範にわたるイミッシオンの実効的制圧は，全く不可能である．このためには，一般的な，イミッシオン

削減および回避のための構想（Konzepte）が必要とされる[59]．こうした構想は，法規命令，さらには一般的な行政規則（技術的な指導書）のなかに含まれることがある．この場合に決定的なことは，法形式ではなく，問題解決にとって必要不可欠とされる，国家活動のコーディネーションなのである．従って，基本権上の保護利益の実効的保護にとり，必要不可欠な規定を制定することは，基本権によって基礎づけられた義務である．連邦イミッシオン保護法17条に反して，必要不可欠な事後的命令（Anordnungen）を発しない個々の産業監督庁についてはもちろん，広範にわたるイミッシオンに対する実効的保護にとって必要不可欠とされる，法もしくは行政規則を制定しない――または十分な内実を備えたものを制定しない――場合には，連邦政府についてもまた，保護義務違反は認められる．そうしたイミッシオン制圧構想を欠いては，広範にわたるイミッシオンによって影響を受ける者（たとえば，森林所有者）の基本権上の保護利益を，有害なイミッシオンに対して十分に保護することができない以上，こうした義務違反は，その者の基本権を侵害する．当該規定を制定する義務は，まさに広範にわたるイミッシオンによって影響を受ける者――対個々のエミッシオンとなると，防御請求権を有しない――の利益のため，連邦政府に属する．従って，技術的な指導書は一般的行政規則として，対外的拘束力を有しないという立場に与するとしても，その者の保護請求権は，大気の技術指導書（TA Luft）における規律が不十分であることによって，侵害される[60]．

VI．客観的な保護義務および主観的な保護請求権

　客観的な保護義務にはどの程度，個々人が有する，主観的な保護請求権が対応しているのだろうか？　連邦憲法裁判所は当初，この問題について極めて慎

---

59)　配慮義務（Vorsorgepflicht, 連邦イミッシオン保護法5条1項2号）の具体化にとっての，構想の必要性については，vgl. BVerwG (Fn. 58).
60)　これはBVerfG, NJW 1983, 2931 (2932)に対立する．

重な態度をとっていた[61]．だがその後，第三者の介入に対する保護義務違反に依拠した憲法異議について，通例これを許容するようになった．また，保護義務と保護請求権との不一致の可能性について論及することもないまま，許容性を想定するようにもなっている[62]．保護請求権の可能性は，これをもって黙示的に肯定されている[63]．

　本稿にて主張されている考え方によれば，第一次的な保護義務の侵害（Verletzung）は，常に防御権としての機能における基本権の侵害，つまり国家による違法な基本権制限にあたる．基本権は主観的な防御権である以上，第三者による介入について受忍義務を賦課することによって影響を受ける者は，基本権制限が憲法上の要請，とりわけ広義における比例性原則（必要性の基準を含む）を満たさない限り，主観的な防御請求権を有している．この場合主観的な保護請求権は，本来認められている防御請求権を別の形で述べているものに過ぎない．

　この請求権は，その基本権上の保護利益が，受忍すべき介入によって影響を被っている者についてのみ認められるが，それは当然のことである．エミッションの原因に由来する環境破壊が多くの人間に関わるとしても，個々人は，彼自体に関わる，違憲の介入に対する防御を求める請求権をもつにとどまる．積極的に定式化するならば，ただ自己の法益の保護を求める請求権，ということになる．だが，このことは，主観的な防御請求権（保護請求権）が，影響を受ける者にとって要求不可能な（unzumtbar）介入を防御することについてのみ向けられている，ということを意味するわけではない．基本権への介入は，必要不可欠ではない場合にも違法である．イミッションを受忍すべき当事者の義務は，客観的に違法である限りにおいて，必要不可欠ではない．というのは，例えば，イミッションをもたらすエミッションは，イミッション配慮（Vorsorge）

---

61) Vgl. BVerfGE 40, 141 (177f.).
62) Vgl. BVerfGE 46, 160 (163f.); 53, 30 (48ff.); 56, 54 (70ff.).
63) 客観的な保護義務に主観的な保護請求権が対応するという見解に与する学説として，例えば *Benda*, in: *W. Blümel/H. Wagner* (Hrsg.), Technische Risiken und Recht, 1981, S. 6; *E. Klein*, DÖV 1977, 707f.; 慎重なものとして，*Badura*, Festschr. Eichenberger, 1982, S. 481 (491); *E. Schmidt-Aßmann*, AöR 106 (1981), 205 (216).

についての規定に適合しないことがあるし，または，客観的な個別的リスクの大きさに鑑み，もしくは（エミッションの原因の近くに住む）他の当事者に対し要請される保護のみを理由としても[64]，違法とされるからである．

　第二次的な保護義務の次元にあっては，国家による介入ではなく，国家による活動への義務が問題となっている．この義務が，個人の保護利益の保護に仕えている限り，関係する基本権享有主体は，必然的に保護請求権をも有することになる．この請求権は，その範囲を基準とすれば，自らの法益のインテグリティー維持にとって必要不可欠な保護へと向けられているに過ぎない[65]．つまり，この次元にあっては，更に他の多くの者が，同じリスクにさらされている——すなわち客観的に，とりわけ重度な潜在的損害を理由に，重大な危険が存する——という事態から，個人の保護請求権の基礎付けまたは強化が導かれることはあり得ない．

　行政裁判所の手続における原告が，基本権保護請求権の侵害を主張する場合には，行政裁判所法42条2項の趣旨における「その権利（seiner Rechte）」の侵害が援用される．保護請求権によって，出訴権限が基礎づけられる．つまり，基本権保護請求権は，単純法律におけるどの規範が，保護規範説の趣旨における保護規範として見なされるべきかという問いの回答に対し，影響を与える．第一次的な保護義務は，判例によって目下主張されている通り[66]，保護規範理論の修正という考え方を抱かせるものである．

---

[64] A. A. im Ergebnis die Rspr., vgl. BVerwG, 22, 12. 80, E 61, 256 (264ff.) = NJW 1981, 1393 (1394ff.); 22. 10. 82, NJW 1983 1507f.; OVG Lüneburg, 28. 2. 85, DVBl. 1985, 1322 = NVwZ 1985, 357.

[65] ごく特定された手段の発動を求めることができるのは，当然のことながら，客観的な保護義務もまた——裁量の削減を理由に——それに向けられている場合に限られる．

[66] 保護規範理論という，長期にわたって争われるテーマにこの場で立ち入ることは出来ない．vgl. dazu z. B. *G. Schwerdtfeger*, NVwZ 1982, 5ff.; *Breuer*, DVBl. 1983, 431ff.; *W. Henke*, Das subjektive öffentliche Recht, 1968, S. 57ff.; 86ff.; *M. Zuleeg*, DVBl. 1976, 509 (514), sowie die Nachw. bei *D. Marburger*, 56. DJT, 1986, Gutachten C, C 19f. Fn. 47, und bei *M. Ronellenfitsch/R. Wolf*, NJW 1986, 1955f. Fn. 10f.

Ⅶ. 詳細部分について

ちょうど環境保護の専門的問題は,基本権保護義務の射程範囲および帰結に関する多くの問題を提起するのであるが,本稿ではそのうち若干のものについて,簡潔に触れられるに過ぎない.

1. 保護義務の時間的な次元

とりわけ原子力における廃棄物処理,プルトニウム239（半減期は24000年超）のような,極めて毒性の高い放射性物質を何千年も安全に貯蔵する必要性は,基本権保護義務の時間的な次元に対する問いを投げかけてきた.だがこの問題は,その他の人為的な環境変化に関しても提起されるものである.国家は,今日に生きる人間の保護と全く同様に,将来を生きる世代の保護へも義務づけられているというのが,私の見解である.つまり,今日生み出されるリスクに対し「後生を保護」する義務が存する[67].

2. エミッシオン最小限命令

原因を作る者が所有する土地の境界を超え,第三者の法益に介入する合法的なエミッシオンは全て,この影響を受ける第三者により,国家法に基づいて受忍されなければならない.この受忍義務は,全ての基本権制限と同様に,比例性原則に合致しなければならない.基本権の制限は,制限を正当化する目的にとって必要不可欠以上のものは認められないということも,それに属している.受忍義務の適法性に対するこうした憲法上の要請からは,不必要なイミッシオ

---

67) この点に関する自己の見解の基礎付けについては,*Murswiek* (Fn. 1), S. 206ff. このテーマについては, vgl. *H. Hofmann*, Rechtsfragen der atomaren Entsorgung, 1981, S. 224ff., 258-293; *ders.*, Nachweltschutz als Verfassungsfrage, ZRP 1986, 87ff.; *Wagner*, in: P. Wagner/E. Ziegler/K.-D. Closss, Risikoaspekte der atomaren Entsorgung, 1982, S. 163ff.; *Hensler*, Verfassungsrechtliche Aspekte zukunftsbelastender Parlamentsentscheidungen, AöR 108 (1983), 490 (539ff.).

ンを生み出す行為は全て行われない，厳密にいえば，立法者によって禁止されなければならないということが導かれる．ただ必要不可欠な，つまり，不可避的なイミッシオンのみについて，これを認めることが許される．従って立法者は，軽微な性格をもつにとどまらない，大気汚染および騒音のエミッションの全てについて，技術の水準に照らし，最小限度を指図するよう義務づけられている．その場合には，イミッシオン収着措置（Emissionsrückhaltevorkehrungen）の経済上の実現可能性という観点についても，考慮されうる．

技術上および経済上回避可能な介入を回避することへの要請は，ただ新しいエミッションの原因にのみ関わるわけではない．必要とあれば，古いものについても「事後的に増強（nachgerüstet）」されなければならない．もとよりその場合には，排出者に対する経済上の要求可能性という観点について，とりわけ慎重に配慮しなくてはならない．

このエミッション最小限化の義務の実現は，現行の環境法にあっては，——支配的見解の解釈では——なお極めて不完全である[68]．だが，連邦イミッション保護法の解釈に際し，判例および学説上，よく見られるほどに，文言から離れないとしても，この法律は，ここで求められる憲法上の要請——ここで展開されている理由付け関連に照らせば，「第三者保護的な性格」を必然的に帯びるのも，当然のことである——を満たすであろう[69]．

誤解を招かないようにいっておけば，エミッション最小限化命令は，損害および危険をもたらす行為の禁止に対して，付加的に妥当しなくてはならない．これらの禁止は，絶対的に妥当するものであり，技術の水準という基準によることはない．

---

68) 「できる限り少なく（so gering wie möglich）」という原則は，放射線保護命令における放射線最小限化命令上（§§ 28 Abs. 1 Nr. 2, 45 S.1, 46 Abs. 1 Nr. 2），明示的に規律されている．

69) 詳細については，*Murswiek* (Fn. 1), S. 301ff., 336ff.

3．情報 (Information) および情報提供 (Auskunft) の義務

　基本法2条2項により，国家は，個人を，第三者による，身体のインテグリティーに対するその意思に基づかない介入に対し保護するよう義務づけられている．従って立法者は，例えば食料品への添加剤，残量殺虫剤および類似の物質については，これを消費者に対して表記するよう，食品製造業者を義務づけなくてはならない．そうした措置がなければ，消費者はこれらの化学物質――健康上の懸念またはいかなる理由からにせよ，摂取することが望まれないもの――を，回避することができなくなるであろう．伝統的に特定の食品において常に存在し，かつ，それゆえ消費者がその存在を予期しているに違いない物質に限って，例外は許容されうる（ワインにおける硫黄）．

　飲料水の公共的供給への接続・利用強制 (Anschluß- und Benutzungszwang) に服する者は，給水施設の設置者に対し，健康上の懸念のない飲料水を求める権利のみならず，継続的な飲料水分析および分析結果の情報提供を求める権利も有している．こうした方法によってのみ，もとより諸官庁によって懸念なしとされているが，消費者があえて摂取することを望まない有害物質からの保護は可能になる．かような情報提供義務が拒否されるなら，それは水に含まれる有害物質摂取の強制に等しく，基本法2条2項に適合しないであろう．

　産業施設の影響を被る範囲では，住人に対し，施設によって排出される有害物質ならびにエミッシオンおよびイミッシオン測定値について，権限ある産業監督庁に対する，情報提供請求権が認められなければならない．そうすることによってのみ，違法なイミッシオンに対する実効的な権利保護が可能になる．有害性の嫌疑が十分に認められる場合には，しかるべき測定を行うよう求める権利も存する．これに対応し，連邦イミッシオン保護法26条以下の規定には，「第三者保護的な性格」を認めなくてはならない[70]．

---

70)　さらに例えば，*H. D. Jarass*, BImSchG, 1983, Vor § 26 Rn. 3ff.; *Marburger* (Fn. 66), C 71f.; a. A. *G. Feldhaus*, BImSchR 1 A, Vorbem. 1 vor §§ 26-31 BImSchG; *R.v. Landmann/ G. Rohmer/K. Hansmann*, GewO Bd. III, § 26 BImSchG, Rn. 33, 85.

これらの簡潔なテーゼは，環境保護法の多くの領域にて提起される問題について，示唆したに過ぎない．当事者が，自らの法益に影響をもたらす物質について情報を得ている場合に，健康の危険に対する有効な保護が，もしくは同意を欠く異物質の摂取に対しても有効な保護が可能となる場合，または，そうした場合にのみ実効的な権利保護が可能になる場合には，影響を被る基本権より，情報および情報提供請求権が導かれる．

4．因果および証明の問題

健康上のおよび物的な損害が，環境上の作用に還元されうるという点についての証明は，しばしば困難であるか，または，裁判上の手続において一般的に必要とされる確実性をもって遂行することは，全くかなわないか，である．これに対し，特定のイミッシオンが保護利益に作用していると，確実に証明されうることもしばしばである．保護利益に対する，同意に基づかない物的作用は介入にあたる以上，この作用は，その無害性，または，少なくとも有害性の生じる蓋然性が十分に低いことが証明される場合に限り，当事者はこれを受忍しなければならない．

5．外国に対する保護

環境破壊は，その大部分において外国に原因が求められる．基本権の享有主体は全て，基本権によって基礎づけられる，第三者による介入に対する保護については，自らに介入する環境上の負荷が外国に由来する場合であっても，これを保持している．連邦共和国は，連邦共和国において法益に影響を与える，国境を越えるイミッシオンをもたらす国家に対して，基本法上要請される環境基準を，国際法上許容される法的および政治的手段によって貫徹するよう，原理上，義務づけられる．この義務が，他国に対する影響力行使がもつ事実上の限界によって制限されることは，自明のことである．また，更にそれ以上に，外国の権力が国内的法益の保護を，優越する対外的利益よりも後退させること

は，場合によっては許されるということによっても[71]，そうしたことは生じる．

VIII. 国家責任への帰結

1. 職務上の責任 (Amtshaftung)

　基本権保護義務は，基本権上の保護利益の保護，すなわち関係する基本権享有主体の保護に仕える．つまり保護義務は，関係する基本権享有主体全ての利益のため，権限ある職務管理者（Amtswalter）に課せられる．従って基本権享有主体は，民法839条と結びついた基本法34条におけるその他の要件，とりわけ過去（Verschulden）が認められる限り[72]，保護義務違反から生じる損害について，職務上の義務違反を理由とした損害賠償請求権を有する．

2. 公用収用としての (enteignend) 介入・公用収用に等しい (enteignungsgleich) 介入

　国家は，第三者によって引き起こされた介入によって生じる損害について，損害発生を保護義務に基づき阻止しなければならなかった場合には，公用収用に等しい（enteignungsgleich）介入または犠牲という観点のもとでも責任を負う．つまり，作為への法的義務が認められる場合には，不作為についても，これを責任法（Haftungsrecht）の趣旨における「介入 (Engritt)」と見なすことが可能であり[73]，不作為の違法性は，介入が有している，公用収用的 (enteignerd)・特

- 71) 国境を越える環境破壊に対する保護義務の詳細については，*Murswiek*, UPR 1986, S. 370 (373ff.). 外国保護（Auslandsschutz）一般については，vgl. *W. K. Geck*, ZaöRV 17 (1956/57), 476ff.; *K. Doehring*, Die Pflicht des Staates zur Gewährleistung diplomatischen Schutzes, 1959; *E. Klein* (Fn. 21).
- 72) 「合法的なもの（legislatives）」または一般的に「規範的な不法（normatives Unrecht）」に対する責任という論争的問題については，この場では立ち入ることは出来ない．これについては参照，*G. Haverkate*, NJW 1973, 441ff.; *W.-R. Schenke*, DVBl. 1975, 121ff.; OLG Köln (Fn. 46), S. 591f. m. w. N.
- 73) 例えば，*Ossenbühl*, Staatshaftungsrecht, 3. Aufl. 1983, S. 157ff.（この点について，完全には首尾一貫していない判決例）

別の犠牲（Sonderopter）的な性格[74]を示唆している．

第一次的な保護義務の次元にあっては，補償請求権（Entschädigungsanspruch）は更にこれを上回り，保護義務違反に由来しない損害についても，つまり，損害が第三者の合法的な行為に基づく場合であっても，検討の対象になる．当事者は，第三者の合法的な介入を受忍するよう，国家法によって義務づけられている以上，国家はこの介入について，責任法上責任を負っている．例えば特定の濃縮イミッシオンを受忍する義務を課すことが，この濃縮イミッシオンが有する有害な作用について予期することが不可能であったという理由により，合法的であった（つまり，第一次的な保護義務違反はない）としても，受忍義務を課すことが，国家がその帰結について責任を負わなくてはならない介入であることには，変わりがない．当事者は，介入が特別の犠牲という限界を超える限り，公用収用的な介入または特別の犠牲から生じる損失について，補償を求める権利を有する[75]．

IX．むすび

私的暴力に対する市民の保護，第三者による介入に対する，生命，身体の不可侵または財産権の保護は，古典的な国家任務に属しており，自由主義的な国家思想の伝統にあっては，国家の本来的な核心任務である[76]．環境上の有害な作用に対する保護については，この任務は依然，十分には実現されていない．何千人もの市民が，合法的に引き起こされる環境上の作用を理由とする健康上および物上の損害を，（例えば）騒音に由来する要求不可能な侵害を，各々，無防備なままに受忍しなければならないこと，すなわち，国家的保護を欠いた私

---

74) Vgl. *Ossenbühl* (Fn. 73), S. 147ff., 159f.
75) この点についての詳細は，*Murswiek*, Entschädigung für immissionsbedingte Waldschäden, NVwZ 1986, 611ff.; vgl. auch *Isensee* (Fn. 6), S. 55.
76) Vgl. BVerfGE 49, 24 (56f.); *D. Merten*, Rechtsstaat und Gewaltmonopol, 1975; *Isensee* (Fn. 6), sowie die Nachw. bei *Murswiek* (Fn.1), S. 102ff.

的暴力に引き渡されていること,その理由を,保護義務のドグマーティク上の重要性が,判例によってなお十分には把握されていないことだけに求めることができないのは,確かである.けれども,国家の責任について法学的に把握することは,法律家が,環境保護の改善のために行わなくてはならない寄与である.環境保護において,国家は国家としてますます証明されなくてはならない.

解　題

　ここに訳出された論攷は，"Wirtschaft und Verwaltung 1986, S. 179ff."に掲載されたものである．環境保護を特集する，同号巻頭を飾る論文である．もっとも本論文における考察の重点は，原子力法やイミッシオン保護法等の解釈論では無く，ドイツにおける基本権ドグマーティクがこれら環境法の代表的領域に対し，どのような理論的貢献をなし得るかにおかれており，この解題の焦点もそこに置く．

　Murswiek 自ら，本文中にてある設例を出している．再掲すれば，「住宅地における産業騒音に対するイミッシオン限界値として，法の規定により，60デジベル（A）の等価的な持続的騒音レベルが規定されている旨，想定する．この規定によるならば，これ以上の騒音を生み出すことの禁止が表明されているのはもちろんであるが，騒音を受けている者は，このレベルの騒音を甘受しなければならないことにもなるだろう．こうした規制があるとすれば，それは憲法上，どのように判断されるべきであろうか？」（本書9頁）というものだが，基本権ドグマーティクの環境法領域にとっての意義については，この設例に対するアプローチにおいて具体的に明らかにされる．

　Murswiek は，基本権上の保護利益を保護すべき，国家の義務，すなわち基本権保護義務については，これを第一次的なもの・第二次的なものに峻別する．前者は，かの法格言「他者を害することなかれ（neminem laedere）」に由来し，立法者は，刑法・民法制定に代表される通り，生命，自由または財産等の個人的法益について，これを第三者による介入に対し法的に保護する義務を負う．古典的な国家任務として，自由主義的な国家思想の伝統に属するものである．後者は，第三者による私的法益への違法な介入に対する，実効的保護を要請するものであり，合法的暴力の国家による独占・私的暴力の禁止によって基礎づけられている．*Murswiek* 理論の特徴は前者に求められ，国家法による規律の結果，法によって禁止されていない事項は全て許可されている以上，市民は，私人による合法的な介入については，これを受忍しなければならないとされる

(一般的受忍義務). 国家が許可を与え，これを受忍すべきとしている介入については，防御権としての基本権への国家による介入と見なされうるし，比例性原則を中心とした憲法的統制が必要とされる．他方，後者については，実効的な法執行に関わる，真正の作為義務として，基本権保護義務についてしばしば指摘される通り，権限ある国家機関の政治的形成の余地・裁量が容認されている．前者では「消極的地位」が，後者では「給付」が，問題とされる．こうした *Murswiek* 理論に照らすならば，私人による介入の違法・合法は，60 デジベル (A) を基準として判断される．基準を上回る，違法な産業騒音への実効的保護については，第二次的な基本権保護義務によって，基準未満の合法的な騒音については，（例えば）身体の不可侵を求める基本権（基本法 2 条 2 項）への国家による介入という構成によって，各々，基本権ドグマーティクとしての対応が図られることになるであろう．仮に基準未満の場合であっても，例えば比例性原則による正当化が不可能な場合には，更なるイミッシオン禁止を定める立法者の作為義務が導かれるという訳である．*Murswiek* は，敢えてこうした複雑なアプローチに拠ることの理由として，①基本権保護義務論を基礎づけるにあたり，客観的価値秩序論に依拠せずに済み，反面，古典的な防御権ドグマーティクを利用できること，②広範な裁量の余地が認められるのは，せいぜい第二次的な基本権保護義務に限られ，第一次的な保護義務には妥当しない旨，明らかに出来ること等を，指摘する．本論文では (III) 以降，こうした保護義務論に依拠しつつ，主にイミッシオン保護法の問題が取り上げられるが，立法者との関係 (IV)，執行との関係 (V) を検討する章が，重要部分を構成している．とりわけ立法義務統制の検討にあたっては，保護義務の二次にわたる区別が重要な役割を演じる（26 頁以下）．

　さて，戦後ドイツ公法学説史に造詣の深い読者であれば，*Murswiek* 理論が，1970-80 年代，基本権についての包括的な作品を公表し内外の注目を集めた，*Schwabe* の見解より強い影響を受けていることについては，既にご存じかと思う．受忍義務及び帰責 (Zurechnung) の理論を駆使し，防御・保護の二元的対立図式を乗り越えようとした，イノヴェーションに満ちた業績であり (*J.*

Schwabe, Probleme der Grundrechtsdogmatik, 2. Aufl., 1997, S. 213ff. ちなみにその初版 (1977) はタイプ印刷私家版という極めて特異な流通形態のため 900 部, 入手困難な本であったが, 保護義務に限らず 70-80 年代基本権論における重要文献であった. 私事であるが, 更に入手困難な第二版, ドイツ国法学者協会 (デュセルドルフ・2014) にて偶然お会いした著者より頂いたものである.), その後も, 例えば *Poscher* の教授資格論文においても引用がなされている (*R. Poscher*, Grundrechte als Abwehrrechte, 2003, S. 167ff.). もっともただ帰責の理論によるのみでは, 受忍義務と防御権介入の間に横たわる深い溝について, これを埋めるのが困難であることは, 既に *Alexy* によって明らかにされている (*R. Alexy*, Theorie der Grundrechte, 3. Aufl., 1996, S. 415ff.). *Poscher* は, *Hart* により指摘される "protectiv perimeter" (*H.L.A. Hart*, Bentham on Legal Rights, in: *A.W.B. Simpson* (Hrsg.), Oxford Essays in Jurisprudence Second Series, Oxford 1973, S. 179f.) のような保護・補強, 一般的不作為義務に加え,「基本権にとって重要な受忍義務 (eine grundrechtsrelevante Duldungspflicht)」を要件に据えている (*Poscher*, a.a.O., S. 405.). 多極的な法関係を防御権ドグマーティクによって処理するという, *Poscher* 理論の本来目的に留意すれば, あたかも国家・防御の伝統的な二極的法関係の想定を思わせる要件の採用は, 受忍義務の理論的扱いが, 実際には如何に困難であるかを暗示する. この場にて検討する余裕は無いが, 本論文で展開された *Murswiek* 理論もまた (*D. Murswiek*, Die staatliche Verantwortung fur die Risiken der Technik, 1985, S. 91ff. (SV. II2)), 同様の視角から批判的に検討すべき重要問題を含むものである.

第2章

配分参与権としての基本権，社会的基本権

Grundrechte als Teilhaberechte, soziale Grundrechte

訳・解題　柴田憲司

「配分参与権としての基本権，社会的基本権」

小目次

A. 問題の所在と用語法

Ⅰ. 自由と配分参与——問題設定

Ⅱ. 用語法について
  1. 広義の配分参与権
  2. 配分参与権と自由に付随する（Freiheitsakzessorische）給付請求権
  3. 配分参与権と社会的基本権

B. 広義の配分参与権

Ⅰ. 政治的意思形成への配分参与
  1. 国家市民の能動的権利
  2. 国民の政治的意思形成を目指す機能をもつ自由権

Ⅱ. 手続・組織への配分参与

Ⅲ. 保護を求める権利

Ⅳ. 狭義の配分参与権（社会的配分参与権）

C. 配分参与による自由か，配分参与と自由の対置か？

Ⅰ. 「形式的」自由と「現実的」自由
  1. 自由とキャパシティ
  2. 配分参与による自由

Ⅱ. 全体主義的な配分参与の自由

Ⅲ. 配分参与による自由の否定？

D. 社会的基本権

I. 国際的な人権条約およびドイツ連邦共和国憲法における社会的基本権
1. 国際条約における社会的基本権の諸類型とその位置づけ
2. 社会的基本権に対する基本法の決定

II. 保障の形態と保障の問題性
1. 典型的な社会的基本権における不可避的な漠然性
2. 典型的な社会的基本権の具体化の必要性
3. 社会的基本権の基本権概念，法的性格，法的効果
4. 「可能性の留保」

III. 法政策上の議論

E. その他の狭義の配分参与権

I. 公物の使用——配分参与か自由か？

II. 伝来的配分参与権
1. 平等取扱いを求める権利と配分参与権
2. 信頼保護および財産権保障から生じる伝来的配分参与権
3. 伝来的な配分参与権としての自由権？
4. 結 論

III. 始源的な社会的配分参与権としての自由権？
1. 「現実的」自由の構想
2. 客観的な憲法委託の構想
3. 最低限度の保障の構想
4. 法的な憲法上の前提の構想
5. 社会国家原理の主観化
6. 始源的な配分参与権の範囲について

解 題

A. 問題の所在と用語法

I. 自由と配分参与——問題設定

[1]　チューリッヒの市街地のコンクリート壁に，彼がスプレー缶で吹き付けた絵画は，高い価値を有する芸術作品として専門家から讃えられるものであった．それにも関わらず，「チューリッヒのスプレーヤー（Sprayer von Zürich）」として知られるようになっていたグラフィティー・アーティストのハーラルト・ネーゲリ（Harald Naegeli）は，チューリッヒの上級裁判所に器物損壊罪で有罪判決に処せられた．他人の財産の損壊は，ドイツ連邦憲法裁判所が——引渡手続きとの関連で——判断するところによれば，芸術の自由によって保護されないとされる[1]．芸術の自由を自由主義的（liberal）基本権理論の意味における自由権（Freiheitsrecht）として理解する以上，芸術の自由は国家の介入に対する防禦権である．芸術の自由は芸術家を，国家による規制・妨害・禁止から保護する．芸術の自由はしかし，国家に対する（いわんや私人に対する）給付請求権（Anspruch auf Leistungen）を付与するものではない：芸術の自由からは，絵具や刷毛（の無償での提供）を求める画家の請求権や，彩色可能な壁を求める壁画家の請求権，演奏会用のグランドピアノを求めるピアニストの請求権は導かれない．そのような請求権が憲法上保障されるならば，これは社会的な給付請求権（soziale Leistungsansprüche），あるいは国家ないし公共の給付，施設，利益への配分参与を求める権利（Rechte auf Teilhabe）となってしまうであろう．自由主義的な意味における自由とは，個人の任意性である：個々人は，——法律による自由制限の枠内で——自らが望むことを行い，そして望むままにしておくことができる．自由とは，そのように解する以上，個人の発展への制限からの自由であり，防禦的な，消極的に〔妨害を〕排除する自由である：すなわち，（国

---

1)　BVerfGE Vorprüfungsausschuß, Beschl. vom 19. 3. 1984, in: NJW 1984, S. 1293 (1294).

家による)強制の不存在である[2]．

[2] 配分参与 (Teilhabe) は，これに対し，あるものの不在によっても，また，あるものの単なる存在によっても，その特徴は示され得ない．配分参与は，個々人が社会的関係をもつようになる社会的な基盤 (Substrat) の存在を必然的に前提としている．配分参与は，常に1つの社会的な関連への統合である．配分参与，そのような社会的基盤への参与 (Partizipation) は，個々人に，それがなければ閉ざされていた行動可能性を開くものであり，あるいは現存する個人の可能性を拡張するものである．配分参与権は，現存する行動可能性（もしくは現存する財産）の拡張を求める請求権である．これに対し，自由権は，現存する行動可能性（もしくは現存する財産）を制限や侵害から保護するものである．

[3] 自由権と配分参与権は，それゆえ，異なった規律の構造を有している：国家の介入からの (von) 自由は，防禦請求権〔妨害排除請求権〕によって保障される；自由それ自体は，たしかに限界づけられうるが，しかし定義 (definier[en]) され得ない．自由は，立法者によって引かれた限界においてはじめて終わるという意味で，「原理的に無限定」[3]である．配分参与への (auf) 請求権は，ただ内容的に規定された範囲において保障され得る；配分参与は，——法的に貫徹可能な請求権として保障されるのであれば——その内容および範囲に応じて定義されることになる．

[4] もっとも，基本権によって保障された諸請求権を，その規律の構造に基づき適切に具体化するための解釈論上 (dogmatisch) の道具として体系化することは，自由と配分参与との区別が有する最重要の機能というわけではない．配分参与権をめぐる議論の核心には，むしろ根底的な実体的問題が位置する：自由と自由権の適切な理解に関わる問題である．「自由 (Freiheit)」をもってわれわれは，単なる強制の不在以上のもの，すなわち現実的な発展可能性と解すべきであろうか——そうするとわれわれは，自由権というものを，自由の実現

---

2) 憲法上の自由概念について，参照，*R. Alexy*, Theorie der Grundrechte, 1985, S. 309ff.

3) *C. Schmitt*, Verfassungslehre, 1928, S. 158, 164.

の事実的な諸条件の創設への請求権として,すなわち配分参与請求権として解する必要はないのであろうか.自由は配分参与によって初めて可能になるのであろうか.

II. 用語法について

[5] 学説や判例における「配分参与」や「配分参与権」,「社会的基本権(soziale Grundrechte)」という概念の使用法は統一性を欠いており,一部においては混乱も見られる.しかしいずれにせよ一致が見られるのは,配分参与権は,自由権とはその防禦作用において異なっているということ,そして少なくとも社会的給付請求権は配分参与権として特徴づけられるべきこと,である.見解の相違がみられるのは,しかし,その他の給付請求権も「配分参与権」であるのか否か,協働参加権(Mitwirkungsrechte)も配分参与権に属するのか,配分参与権は社会的基本権とどのような関係にあるのか,という点である.

1. 広義の配分参与権

[6] 学説において配分参与権の概念は,しばしば社会的給付請求権の概念[4]と,あるいは給付請求権の概念一般[5]とも,同義で用いられる;その際,給付概念は,一部の論者にあっては広義に解されているが[6],一部の論者にあっては狭義に解され,後者ではその範囲はほぼ社会的請求権のみが視野に入れられている[7].

---

4) Vgl. *I. von Münch*, Grundbegriffe des Staatsrechts, Bd. I, 4. Aufl. 1986, Rn. 169ff,; *M. Abelein*, Die Grundrechte als Teilhaberechte, in: FS für H. Raschhofer, 1975, S. 11 ff.

5) Vgl. *K. Stern*, Das Staatsrecht der Bundesrepublik Deutschland, Bd. I, 2. Aufl. 1984, S. 934ff.

6) Vgl. *M. Sachs*, § 67 Leistungsrechte, in: *K. Stern*, Das Staatsrecht der Bundesrepublik Deutschland, Bd. III/1, 1988, S. 687 (697ff. もっとも,配分参与の概念は狭く解されている. S. 700).

7) Vgl. *H. Sendler*, Teilhaberechte in der Rechtsprechung des Bundesverwaltungsgerichts, in: DÖV 1978, S. 581 ff.

たいていの論者は，現に存在するものから給付を求める権利，もしくは伝来的 (derivativ) な，すなわちあらかじめ給付を承認する国家の行為に依存する給付請求権を, 配分参与権と呼ぼうとしている[8]. たいていの論者は始源的な (originär) 給付請求権を含めているが[9], 論者の中には, 配分参与権を, もっぱら始源的な給付請求権のみの場合に限定して用いようとするものもある[10]. 多くの論者によって黙示のうちに除外されているのは, 手続関与 (Verfahrensbeteiligung) を求める権利や民主的な協働参加権であるが, 他方で, これらにあっても配分参与が問題となっているという見解を主張する論者もある[11]. 幾人かの論者にとっては, 給付〔請求〕権 (Leistungsrechte) の概念は, その下に配分参与権をも含める上位概念である[12]; 他の論者は「配分参与権」を上位概念として用いている[13].

[7] とりわけ, これらの用語上の相違のゆえに,「配分参与権」の用語の使用には批判が向けられている (「霧中の概念 (Nebelbegriff)」)[14]. 適切なのは, 給付請求権 (給付権) の概念が十分に厳密に果たすことのできない機能を, 配分参与権の概念が果たしうる場合のみに, この配分参与権の概念を使用することである. ——すなわち, 今日的な意味においてエルンスト・フォルストホフ (Ernst

---

8) Vgl. *W. Rüfner*, Grundrechtliche Leistungsansprüche, in: FS für G. Wannagat, 1981, S. 379 (380 mit Fn. 7); *Sachs* (Fn. 6), S. 700.

9) Vgl. *Sendler* (Fn. 7), S. 581; *K. Hesse*, Grundzüge des Verfassungsrechts der Bundesrepublik Deutschland, 20. Aufl. 1995, Rn. 289; *K. Redeker*, Zur Ausgleichsfunktion von Teilhaberechten zwischen Freiheit und Bindung, in: FG aus Anlaß des 25jährigen Bestehens des Bundesverwaltungsgerichts, 1978, S. 511 (515).

10) Vgl. *J. Wolf*, Medienfreiheit und Medienunternehmen, 1985, S. 193.

11) Vgl. *P. Häberle*, Grundrechte im Leistungsstaat, in: VVDStRL 30 (1972), S. 43 (80ff.); *Redeker* (Fn. 9), S. 516ff.; *E. Denninger*, Staatsrecht, Bd. Ⅱ, 1979, S. 163ff.

12) Vgl. *Sachs* (Fn. 6), S. 700f. m. weit. Nachw.

13) Vgl. *Häberle* (Fn. 11); *Redeker* (Fn. 9); *Denninger* (Fn. 11).

14) *K. A. Bettermann*, Urteilsanmerkung, in: DVBl 1975, S. 545 (548); 用語使用に対する批判として, 以下も参照. *J. Schwabe*, Probleme der Grundrechtsdogmatik, 1977, S. 241 f. m. weit. Nachw.

Forsthoff）が公法に導入した配分参与概念[15]は，自由主義的な意味における自由の概念との固有の対比を表明することとなる．この点は，——読み取れる限りでは——何人によっても争われていない．これによると，この概念が果たす役割は可能化と尊重との区別である：行動可能性および存在可能性を獲得させ，あるいは積極的に創設すること（これがなければ——その範囲では——存在しない）であり，これは現存する私的な自由の領域の尊重と区別される；また，社会的な総体（国家の給付，制度，施設，手続）への参与（Partizipation）であり，これは国家的強制からの自由とは区別される．この区別は，自由権と配分参与権との保障の様態に反映している：一方は消極的な妨害排除であり，他方は積極的な保障である．

[8] このようなかたちで基本的に区別されるという意味において，配分参与権関係は必ずしも給付〔請求〕権関係とイコールではない．配分参与については，手続への関与や決定プロセスへの関与との関連においても語られうるものである．すなわち，給付が何らもたらされない，あるいは給付が従属的な役割のみを果たすような法関係との関連においても〔配分参与については〕語られうる．すでにこの理由から，給付の概念を配分参与の概念に置き換えることはできない．

[9] もっとも，配分参与概念は，存在配慮の局面において，したがって（社会的）給付の局面において議論に持ち込まれ，そして配分参与権としての基本権についての討議は，とりわけ給付（請求）権としての基本権を通じてもたらされる．この領域——（社会的）給付（請求）権としての基本権——においては，配分参与権の議論において論究される憲法上の個別の諸問題が集中している，ということはできる．社会的な給付（請求）権についての個別の諸問題が議論

---

15) *E. Forsthoff*, Die Verwaltung als Leistungsträger, 1938, 本稿での引用は以下の（抄録的な）再版による；*ders.*, Rechtsfragen der leistenden Verwaltung, 1959, S. 35 ff.; より簡潔なものとして *ders.*, Begriff und Wesen des sozialen Rechtsstaates, in: VVDStRL 12 (1954), S. 8 (18 ff.) があり，ここでも—少なくとも読み取れる限りでは初めて—「配分参与権」の概念が用いられている．S. 20.

されれば，その論者は後者〔配分参与権〕を明らかにすることとなるはずであろう：〔とはいえ〕そこで設定されるすべての問題が，上で展開した意味での配分参与権の全体に関わるわけではないが．自由と配分参与は，たしかに今日，「個々人の国家に対する関係を決定する枢要な概念」[16]である．しかしこれによって，自由権にもさまざまなものがあり，そしてさらには配分参与権にもさまざまなものがあり，これらがさまざまな法的問題を提起していることは否定されない．

[10] それでは，それゆえに，給付請求権が問題となっている場合には，配分参与権の概念を避けるべきであろうか．より詳細な区分の必要性は，これによっても——給付概念の広範性[17]に鑑みれば——免れ得ないところであろう．しかし，「給付」は，ともかくも「配分参与」よりも厳密ではないのであろうか．国家が市民についてもたらす（社会的）給付が関わっている場合には，「給付」と「配分参与」の概念は，同一の法関係について異なった視角から光を当てていることになる：「給付」は請求権の内容に照準を当てるものであり，「配分参与」は保障の様態に照準を当てるものである．「自由」との区別におけるその保障の態様の公法上の特殊性は，給付概念では強調することができない．しかし内容上も，視点における微妙な差異が存する：「給付」が表現するのは給付義務者がもたらすものである．「配分参与」が示唆するのは，援助を受ける者，給付の名宛人が，社会的総体の組織としての国家——あるいは第三者——に割り当てられたあるものの分配を認めてもらう，ということである．かくして（社会的）給付請求権を（社会的）配分参与権と呼ぶことは，十分に正当性を有している

[11] 上述の意味での広い配分参与概念は，自由との構造上の相違を示すために放棄できないものの，他方で学説においては，しばしば配分参与権の概念はただ社会的（「給付国家的」）給付請求権という意味のみにおいて用いられるため，ここでは後者を，「狭義の配分参与権」と呼ぶこととする．

---

16)　*Forsthoff,* Begriff und Wesen (Fn. 15), S. 19.
17)　Vgl. *Sachs* (Fn. 6), S. 687 ff.

[12] Wolfgang Martens[18]にその概念が由来する始源的（originär）配分参与権と伝来的（derivativ）配分参与権の区別は，当該権利の内容ではなく基礎づけに関連している：始源的配分参与権は直接的に基本権から生じる配分参与請求権であり，他方で伝来的配分参与権は，たしかに同様に基本権から導かれるものの，その存続，内容および範囲はしかし，先行する，配分参与を基礎づける国家行為に依存するものである．実務上，伝来的配分参与権は，とりわけ給付国家の領域において一定の役割を果たす；それゆえこの点との関連で，伝来的配分参与権について本稿で取り扱うこととする．このことは，伝来的配分参与権が手続への配分参与や保護請求権の領域においても基礎づけられうることを否定するものではない．

[13] 配分参与権を，Georg Jellinek に由来する地位理論[19]の中に位置づけると，以下のような概観が得られる：広義の配分参与権は，次のようになる．

1. 能動的地位の権利（国家市民の能動的権利）．国政の実施や国の手続きへの参加（Teilnahme）の範囲内のもの（選挙権，公務へのアクセス等）；
2. 積極的地位の権利（広義の給付請求権）；
 a) 積極的自由の地位[20]
  aa) 保護請求権；
  bb) 手続への配分参与，とりわけ権利保護；
 b) 積極的社会的地位（狭義の配分参与権）
  aa) 明文上規定されているもの（社会的基本権）
  bb) 自由権から解釈上展開されるもの

---

18) *W. Martens*, Grundrechte im Leistungsstaat, in: VVDStRL 30 (1972), S. 7 (21).
19) *G. Jellinek*, System der subjektiven öffentlichen Rechte, 2. Aufl. 1905, S. 86 ff.; *ders.*, Allgemeine Staatslehre, 3. Aufl. 1914 (Neudr. 1960), S. 418 ff.; *R. Zippelius*, Allgemeine Staatslehre, 16. Aufl. 2010, S. 272 f.
20) 積極的社会的地位との区別について，*J. Isensee*, Das Grundrecht auf Sicherheit, 1983, S. 21 f.

2. 配分参与権と自由に付随する (Freiheitsakzessorische) 給付請求権

[14] 自由に付随する給付請求権は，ここでは配分参与権に含めない．この自由に付随する給付請求権には，次のようなものがある．公用収用の際の補償請求権（基本法14条3項）や国家責任請求権ないし結果除去請求権，またたとえば，就学義務によってもたらされる親の教育権の制限の埋め合わせとしての，適切な学校教育を求める権利などである[21]．これらにあっても，たしかに給付請求権が問題となっている[22]．これらはしかし，給付〔請求〕権的な基礎ではなく，自由権的な基礎を有するものである．これらの権利は，違法な，あるいは補償なしには正当化されない自由の制約ないし基本権上の保護法益の侵害の埋め合わせに資するものであり，消極的な地位に分類されうるものである．この場合，自由権が，その防禦作用を完全に維持したままで適用される[23]．

3. 配分参与権と社会的基本権

[15] 社会的基本権の概念の使用法も，一義的ではない．たいていの論者は，基本権によって保障されるあらゆる社会的給付請求権や社会的配分参与権を「社会的基本権」と呼ぶが[24]，一部の論者はこれを広義に用い，主観的権利だけではなく憲法で定められた諸要請をも社会的基本権とみなしている[25]．他の論者は，その内容上，社会との特別な関連を有するあらゆる基本権を「社会的基本権」とみなす．ここにあっては，配分参与権が問題となっているかどうかは決定的ではない．防禦権もまた，この理解によれば社会的基本権たりうる．こ

---

21) Vgl. *G. Robbers*, in: *H.v. Mangoldt/F. Klein/C. Stark*, 6. Aufl. 2010, Art. 7 Rn. 31.
22) Vgl. *W. Rüfner*, Leistungsrechte, in: HGR, Bd. II, 2006, § 40 Rn. 5.
23) 受刑者の勤労報酬について，BVerfGE 98, 169 (199 ff.) も参照．
24) Vgl. *Schmitt* (Fn. 3), S. 169f.; *E.- W. Böckenförde*, Die sozialen Grundrechte im Verfassungsgefüge, in: *ders/J. Jekewitz/T. Ramm* (Hrsg.), Soziale Grundrechte 1981, S. 7 ff.; *v. Münch* (Fn. 4), Rn. 169.
25) Vgl. *K. Lange*, Soziale Grundrechte in der deutschen Verfassungsentwicklung und in den derzeitigen Länderverfassungen, in: *O. Böckenförde/O. Jekewitz/O. Ramm* (Fn. 24), S. 49.

の意味で，たとえば職業の自由や団結の自由，所有権保障のような職業・経済生活に関する基本権は，——保障の様態の観点からすれば——自由権が問題となっているにもかかわらず，社会的基本権に分類される[26]．少なくとも「社会的基本権」に分類することに見解の一致が見られるのは，一定の生活財を求める権利を明文で保障する諸規範である[27]．この権利の「中核および典型」[28]は，労働を求める権利である．あらゆる社会的給付請求権は，その内実に従えば狭義の配分参与権である．法的根拠に応じて，以下では，「社会的基本権」と形容されるのは，ただ明文上，労働を求める (*auf*) 権利等々と規定された権利のみを指し，これによって，自由権から導かれるその他の社会的配分参与権と区別することとする．

B. 広義の配分参与権

I. 政治的意思形成への配分参与

1. 国家市民の能動的権利

[16] 国家意思形成への協働参加に関する国家市民の諸権利は，自由権とは根本的に異なった性格を有している．民主的な協働参加と協働決定は，前国家的・国家外的には考えられず，その権利の主体は国家に統合された市民，シトワイヤンである[29]．選挙権および被選挙権 (基本法 38 条 2 項) または国民投票ないし世論調査の際の投票権は，「政治的な地位に基づく権利」[30]であり，強制の不在

---

26) Vgl. *P. Badura*, Das Prinzip der sozialen Grundrechte und seine Verwirklichung im Recht der Bundesrepublik Deutschland, in: Der Staat 14 (1975), S. 17 (27, 31).

27) Vgl. *J. Isensee*, Verfassung ohne soziale Grundrechte, in: Der Staat 19 (1980), S. 367 (373); *Stern* (Fn. 5), S. 937; *J. Lücke*, Soziale Grundrechte als Staatszielbestimmungen und Gesetzgebungsaufträge, in: AöR 107 (1982), S. 15 (17).

28) *Isensee* (Fn. 27), S. 373.

29) *Schmitt* (Fn. 3), S. 168; *K. Stern*, Das Staatsrecht der Bundesrepublik Deutschland, Bd. IV /2, 2011, S. 171 ff.

30) *Schmitt* (Fn. 3), S. 168

という意味での個人の自由からは説明され得ず，〔その権利に〕照応する政治プロセスの体制（Konstitution）を前提としている．国家市民の協働参加権は，いかなる決定に個人が，いかなる方法および範囲において関与するのかが厳密に定義されて初めて，法的に保障された請求権として存在しうる[31]．国家意思形成への協働参加を求めるあらゆる権利は，それゆえ配分参与権である[32]．

2．国民の政治的意思形成を目指す機能をもつ自由権

[17] いくつかの自由権は，国民の政治的意思形成への個々人の関与を保障している限りにおいて，政治的能動的権利に分類されうる：意見表明・プレスの自由，集会・デモの自由，結社の自由，そしてとりわけ政党の自由などがそれである[33]．これらの政治的自由権は，政治的意思形成への配分参与を可能にする：連邦憲法裁判所は，政治的自由権のこの配分参与機能を，当該基本権に特別に重要な意義を認める目的で，常に強調してきた．

[18] 政党寄付の税制上の控除の際の平等取扱いとの関連で，配分参与のトポスが同様に浮上する：連邦憲法裁判所はここでも，基本法3条1項から生じる「政治的意思形成への平等な配分参与を求める権利」について語っている[34]．配分参与は，ここでは政党の財政上の援助を通じた政治的意思形成プロセスへの影響を意味する．

[19] なぜここで，連邦憲法裁判所は配分参与（Teilhabe）について語っているのであろうか．配分参与の概念は，同裁判所によっては熟考されておらず，むしろ単純に「参加（Teilnehme）」という意味に解されている；少なからぬ箇所で，

---

31) Vgl. *Schmitt* (Fn. 3), S. 168 f.
32) 「国家権力の民主的正統化への配分参与を求める権利」について，参照，BVerfGE 123, 267 (332, 340 ff.).
33) → Bd. Ⅲ, *C. Starck*, § 33 Rn. 38, 41〔訳注：以下，「→」に示された文献は，*J. Isensee/P. Kirchhof* (Hrsg.), Handbuch des Staatsrechts, 3. Aufl. 所収のものを指す．巻の指示がないものは，第Ⅸ巻を指す〕; *S. Glaeser*, § 38 Rn. 11 ff.
34) Vgl. BVerfGE 69, 92 (107); 52, 63 (88); 73, 40 (71, 80 ff.). → Bd. Ⅲ, *P. Kunig*, § 40 Rn. 102 ff., 105.

やはりこの参加の語が「配分参与」の代わりに用いられている[35]．両者の概念をもって，明らかに次のことが述べられている．すなわち，全社会的な経過として，個々人がその自由のみの力では創出できない政治的意思形成のプロセスへ個々人が関与する，ということである．この意思形成プロセスへの「配分参与を求める権利」を語ることは，しかしミスリーディングである．このことは，とりわけ連邦憲法裁判所が，デモによる意思形成への「配分参与」を選挙権の行使と同様の「配分参与権」に分類している場面[36]において明らかとなる．この判例にあっては，国家意思形成への協働参加（Mitwirkung）と，国民の意思形成への関与（Beteiligung）とが，その違いを無視して一絡げに扱われている．たとえ両者が，政治的には密接な関連性を有していることはありうるとしても，法的には厳格に区別されたカテゴリーが問題となっている[37]．政治的意思形成への関与を目的に政治的自由権を行使することは，法的意味における配分参与とは何らの関係をもたない：その政治的自由権の行使は，社会的な領域，すなわち国家的に規律されていない領域で行なわれる．選挙の際には何人も，同等の重さをもった一票のみを有しているのに対し，個々人の政治への参加（Engagement）（政党や結社へ参加など）は，一定の配分参与資格についての国家の配分に依拠するものではなく，原理的に無限定である．事案の性質上，上述の判例にあっては参与（Partizipation）の機会の配分は全く問題となっておらず，ただ政治的意思形成に関する自由と平等，そしてこの平等な自由の強化が問題となっていただけである．

[20]　配分参与に関する真正の問題が生じるのは，この関連では，ただ政治的意思形成が国家給付を通じて促進される場合のみである——すなわち，政党助成や政党寄付についての税制上の優遇，政治組織への国家的制度の委託などに

---

35)　Vgl. BVerfGE 73, 40 (LS 1); 69, 315 (360).

36)　BVerfGE 69, 315 (346). → Bd. Ⅶ．*M. Kloepfer*, § 164 Rn. 12ff. 一般的には→ Bd. Ⅲ , *Starck*, § 33 Rn. 38 ff.; *H. D. Horn*, § 41 Rn. 47 ff.; *Kloepfer*, § 42 Rn. 48 ff.

37)　意見と決定との相違を強調する *R. Schnur*, Pressefreiheit, in: VVDStRL 22 (1965), S. 101 (110 ff.) も参照．

よる場合である．これらの諸給付への配分参与は，しかし給付国家的配分参与であり[38]，政治的意思形成への配分参与ではない．

II．手続・組織への配分参与

[21]　広義の配分参与権には，裁判手続・行政手続の遂行を求める権利，もしくはこれらの手続きへの関与を求める権利や，組織における協働参加を求める権利，一定の組織形成を求める権利なども含まれる．1970年代初頭にはじまり，1980年以降に活況をむかえた「手続および組織を通じた基本権保護」のテーマ[39]は，しかし部分的にのみ配分参与権のテーマとなる．というのは手続・組織規定の基本権関連性は，すでにこれらの諸規定が直接的には市民の自由を制限し，またはその制限を授権しているということからしばしば生じているからである．このことが妥当している局面においては，市民はその消極的地位において関わっている[40]．

III．保護を求める権利

[22]　基本権からは，連邦憲法裁判所の判例によれば，国家の介入に対する防禦権のみならず，基本権によって保護された法益を第三者の介入から保護すべき国家の義務も生じる．これに対応する個々人の保護請求権は，広義の配分参与権に属する：この権利は，国家が個々人の利益になるよう活動することに向けられている[41]．社会的配分参与権と保護請求権とは，請求の要件および義務

---

38)　以下の Rn. 71ff. を参照．
39)　手続・組織配分への参与を求める権利をも包含する，手続・組織を通じた基本権行使についての国家的援助について，→以下の *E. Denninger*, § 193 Rn. 59 ff.
40)　Vgl. *D. Dörr*, Faires Verfahren, 1984, S. 137 ff.
41)　第一次的な保護義務，すなわち第三者による介入を禁止する義務の侵害が存在するか否かは，しかし防禦権としてのその機能における基本権に基づいて判断される．この点については，*D. Murswiek*, Die staatliche Verantwortung für die Risi-

付けの効力の相違に鑑み,厳格に区別されるべきである[42]。

IV. 狭義の配分参与権 (社会的配分参与権)

[23]　狭義の配分参与権は,給付の保障を志向する主観的権利である(給付〔請求〕権)[43]。この定義は狭義の給付概念を基礎におくものである。これは,公法において通常用いられているものであり[44],たとえば「給付行政」[45]ないし「給付国家」[46]と呼ばれる時の給付概念である。もちろん,権利保護や警察的保護の保障,基本権保障的な手続・組織規範の発布等々も,広義の給付と解しうる[47]。だが,給付の多様な種類の間での本質的な相違を認識しておく必要がある[48]:第三者の介入からの保護のために,国家は給付国家・社会国家として行

---

　　　ken der Technik, 1985, S. 89 ff. (SV. I 2); *ders.*, Zur Bedeutung der grundrechtlichen Schutzpflichten für den Umweltschutz, in: WiVerw 1986, S. 179 (182 ff.) (SV. II 17)(本書第1章);反対の見解として *Sachs* (Fn. 6), S. 730 ff. ―基本権保護義務の基礎づけの詳細については,*Murswiek*, a. a. O. → *Isensee*, § 191 Rn. 146 ff.

42)　国家の基本権保護義務とそれに対応する主観的な保護請求権について→ *Isensee*, § 191 Rn. 217ff.

43)　「給付」としての財の使用(利用)について,以下のRn. 71f. を参照。

44)　Vgl. *Forsthoff* (Fn. 15); *ders.*, Lehrbuch des Verwaltungsrechts, Bd. I , 10. Aufl. 1973, S. 368 ff.; *H. J. Wolff/O. Bachof*, Verwaltungsrecht, Bd. III , 4 Aufl., 1978, § 137 Rn. 3 ff.

45)　Vgl. *Wolff/Bachof/W. Kluth/R. Stober*, Verwaltungsrecht, Bd. I , 10. Aufl. 2007, § 4 Rn. 16 ff.; § 9 Rn. 7; *Wolff/Bachof* (Fn. 44), § 137; *D. Ehlers*, Verwaltung und Verwaltungsrecht im demokratischen und sozialen Rechtsstaat, in: *H.- U. Erichsen/D. Ehlers* (Hrsg.), Allgemeines Verwaltungsrecht, 14 Aufl., 2010, § 1 VII 1 b Rn. 50.

46)　Vgl. *Martens* (Fn. 18), S. 8 ff.; *G. Haverkate*, Rechtsfragen des Leistungsstaates, 1983.

47)　Vgl. *E. Becker*, Verwaltung und Verwaltungsrechtsprechung, in: VVDStRL 14 (1956), S. 96 (98 ff.); *W. Loschelder*, Die Wahrung der öffentlichen Sicherheit und Ordnung in ihrem Verhältnis zur Leistungunsverwaltung, in: DVBl 1957, S. 819 (820ff.); *Sachs* (Fn. 6), S. 728.

48)　So auch *Isensee* (Fn. 20), S. 22; *K. Stern*, Das Staatsrecht der Bundesrepublik Deutschland, Bd. III /1, 1988, S. 948 m. weit. Nachw.

動するのではなく, 古典的な自由主義的法治国家として行動する. 保護を求める請求権は個人の自由の領域の保持や, 現存する個々人の法益の不可侵性を目指すものである. 給付国家的な意味における給付を求める請求権は, これに対し, 個々人の諸状況の向上を目指すものである[49]. すなわち, よりよい生活状況の創出や国民生産の再分配, あるいは少なくとも, 現存する共同体の財 (Gemeinschaftsgüter) への参与を目指すものである. この共同体の財は, それ自体としては個々人の自由の領域の構成要素ではなく, そのためその〔財への〕参与可能性が個々人の地位の向上となるものである.

[24] 法治国家に位置づけられる自由保障機能と, 社会国家に分類される創設・改善 (Meliorizierung メリオリズム)・配分機能とは, 必ずしも単なる体系的な理由のみから区別されるべきこととなるわけではない. 生命, 身体の不可侵性, 自由および財産の実効的な保護は, 基本法によって厳格に要求されており, これについてもたらされるべき給付は, 予算の状況や景気に左右され得ないものである[50]. これに対し, 生活状況の向上は, 経済の全体状況の可能性に高い程度において左右される[51]. 両者をともに「配分参与」や「給付」という概念の下に位置づけることは, したがって, 狭義の配分参与権との関係で必要となるのと同様の仕方で, 保護を求める請求権を相対化することをもたらすものであってはならない[52].

手続・組織への配分参与を求める権利も, ――これらを広義の「給付請求権」とみなそうとするのであれば――法治国的な積極的自由の地位に位置づけられうるものであって, 積極的・社会的地位に位置づけられるものではない.

---

49) 「向上」〔という概念〕のもとで, 悪化の阻止のための給付, とりわけ現存する参与可能性の保持のための給付も含めて解されうる.
50) *Murswiek* (Fn. 41), S. 124 f.
51) 以下の Rn. 63 ff., 101 を参照.
52) これは, 学説においても一部誤認されており, 参照, *R. Scholz*, Verfassungsfragen zum Schutz des Nichtrauchers, in: DB 1979, Beil. 10/79, S. 1 (13f., 18); *R. Breuer*, Grundrechte als Anspruchsnormen, in: FG aus Anlaß des 25jährigen Bestehens des Bundesverwaltungsgerichts, 1978, S. 89 (93ff.).

[25]　かくして，ただ積極的社会的地位の創設に資する給付のみを含める狭義の給付国家的な給付概念をここでは用いることが，正当だということになる．ここで考慮に入れられる給付請求権は，さらに4つのグループに分類されうる：

(1)　狭義の社会的給付請求権（社会的給付を求める請求権，社会的移転支出を求める請求権），たとえば社会扶助や児童手当，教育援助，年金，等々；
(2)　補助金（Subventionen）を求める請求権（援助（Förderung）を求める請求権．グループ1に含まれないもの）；
(3)　一般的な生存配慮（Daseinsvorsorge）の枠内における請求権．たとえばガス・電気・水の供給，公物や公的施設の利用（学校，道路，鉄道，プール，劇場，等々）[53]；
(4)　共同体の財への配分参与を求める請求権（グループ3に含まれないもの）．たとえば公共財である希少な放送電波や自然資源への配分参与を求める権利．

[26]　グループ1は，社会的給付の再分配の目的によって，他のグループと区別される：グループ1は，財政手段の再分配を通じた社会的正義の創設ないし向上を企図している．補助金（グループ2）にも，たしかに再分配の性格があるが，しかしそれを超えた援助の目的が認められることとなる．グループ3とグループ4にあっては，再配分ではなく，全ての者に対し，社会的な困窮や個別の援助の必要性に関わりなく，給付の調達をすることが問題となる．グループ1および2における給付は直接的な財政的影響（finzazwirksam）を受けるものであり，それに対応する予算手段があらかじめ存在することが前提となっている．グループ3にあっては，当該給付が，ただそれに対応する料金や負担金，代価への反対給付としてのみ——収支に合うかたちで——もたらされる場合，原則として費用中立性（Kostenneutralität）が想定される．配分参与請求権は，このグループにあっては，ただ当該給付が——部分的に——〔予算から〕補助さ

---

53)　この区別は社会行政（Sozialverwaltung），助成行政（Förderungsverwaltung），配慮行政（Vorsorgeverwaltung）の分類に対応するものである．参照，*Wolff/Bachof* (Fn. 44), § 137 Ⅲ．

れる限りにおいてのみ，財政的影響を受ける．このグループにあって配分参与請求権が存する場合でも，それは補助金を求める請求権が存するということを直ちに意味するものではない．グループ4における給付請求権も，原則として費用中立的である．というのは，このグループにおいては，すでに現存する資源の利用が問題となっているからである．さらにこのグループにあっては，国家は免許の付与に関し収入を得ることも考えられる（放送，携帯電話）．国家が自然資源（大気，水）の利用可能性を保障するものの，その保全に費用がかかることとなる場合，間接的な財政的影響が考えられる．この費用はしかし，責任者の原理によれば責任者に帰せしめられうるものであり，したがってグループ4についても原則的な費用中立性が出発点となり得る．

[27]　狭義の配分参与権の枠内においても，それゆえ，拙速に一括的に捉えるべきではない：あらゆる給付請求権が財政的影響を有するわけではない．原則として，ただ社会的給付を求める請求権と補助金請求権のみが財政的影響を有するのであって，グループ3および4における請求権については，これは当てはまらない．計算不可能な財政的な諸効果を指摘し，憲法から配分参与権を導くことに反対する批判論[54]は，ただグループ1および2についてのみ，引き合いに出されうる．

以下の章では，狭義の配分参与権にかかる諸問題を扱う．

C. 配分参与による自由か，配分参与と自由の対置か？

I．「形式的」自由と「現実的」自由

1．自由とキャパシティ

[28]　市民的・自由主義的法治国は，除外（Ausgrenzungen）によって自由を保

---

54)　以下の Rn. 64, 101, 109 を参照．

障している:すなわち,市民が原則的に自らが望んだことを行い,望んだまま
にしうる,前国家的なものと解される私的な自由の領域の承認によって,自由
を保障している.基本権はこの自由の領域を,制限や介入から可能な限り広く
保護するものとされる[55].法治国家的な憲法は,かく解された自由の実効的な
保障と権力の濫用の防止に資する,組織的・手続適合的な予防措置を定めるも
のである[56].自由権としての基本権は,それゆえ,介入や制限に対抗すること
を目指す防禦権である[57].この権利が保障しているのは個人の決定の自由であ
り,その他の個人的な保護法益(とりわけ生命,身体の不可侵性,財産)の不可侵
性である:自由とは,強制や権力が存在しない状態である[58].この意味におけ
る自由は,社会的な組織〔が存在すること〕の帰結ではない;むしろその社会
的な組織に先行するものである[59].このことは,かく解された自由が,法律や
組織的な予防措置,手続,あるいはたとえば警察を通じた保護を必要とする,
ということを否定するものではない.この点を志向する配分参与権は,自由の
創設ではなく,自由の保護に資するものである.

[29] この消極的な地位に基づく形式的な自由と,自由の実際上の行使が,区
別されうる.ある者が法的に「自由」か否か,ということは,その者にとって
ある行動が法的に可能か否か,すなわち禁止されていないか否か,ということ
を示すものである.決定の自由は,もっとも,国家法の限界と衝突するだけで
はない.決定の自由は,事実的な可能性の限界とも衝突する.世界一周旅行を
行うことは禁止されていない;この自由を行使することができるのは,しかし
そのための資金を有している者だけである.法的に保障された自由を実際に行

---

55) Vgl. *Forsthoff*, Begriff und Wesen (Fn. 15), S. 18; *E.- W. Böckenförde*, Grndrechtes-theorie und Grundrechtsinterpretation, in: NJW 1974, S. 1529 (1530).

56) Vgl. *Böckenförde*, (Fn. 24), S. 8; *Forsthoff*, Begriff und Wesen (Fn. 15), S. 16ff.

57) Vgl. *B. Schlink*, Freiheit durch Eingriffsabwehr – Rekonstruktion der klassischen Grundrechtsfunktion, in: EuGRZ 1984, S. 457 ff.; *Sachs* (Fn. 6), S. 558 ff., 620 ff. (Nachw.).

58) Vgl. z.B. *Haverkate* (Fn. 46), S. 68 f.

59) *Böckenförde*, (Fn. 24), S. 8.

使することができる可能性は，数多の事実上の諸状況により，各人について，異なった程度において制限されている．この自由の行使の妨げとなる事実上の諸状況は，個別の事案において，現実の決定の自由のうち残るのはごくわずかか，あるいはおよそ何も残っていないという程度にまで，抗しがたいものとなっていることもあり得る．

[30]　このように個人の決定の自由は，自由の行使の事実的な可能性にも左右されるため，すなわち法的に保障された自由たる「liberté」とは区別される「capicité」（キャパシティ）[60]にも左右されるため，形式的な——ただ外的な（国家的）強制の不在のみを目指す——自由概念に対し，現実的ないし実質的な自由概念が対置されうる：現実的自由は，自身の決定に基づき望むやりかたで行動する事実上の可能性である[61]．

[31]　形式的自由は，それが法的に制限されていない限り素朴に存在し，そして国家の介入の不作為および私人の介入の阻止を求める基本権上の請求権によって，さらに法的保障の実効性に資する手続きおよび組織によって法的に保障される[62]．これに対し，現実的自由は，それ自体としては存在しない：自由行使の現実の可能性たる「キャパシティ」は，しばしば創出されなければならないものである．現実的，実質的自由は，自由行使の現実的諸条件を作り出すことを通じた創設・現実化を必要とする．個々人は，こうした諸条件を自身で作り出せる状況にはないことがしばしばであるため，国家的に組織された共同体の援助や社会的支援を頼りにする．すなわち，一般社会全体の財や給付への配分参与に依拠する[63]．この場合，自由は配分参与によってはじめて可能となるものとされ，これによって配分参与は自由の本質となる[64]．これに対し，自由

---

60)　これについては，*R. Aron*, Essai sur les libertés, Paris 1966, S. 210f.
61)　*G. W. Leibniz*, Philosophische Schriften, hg. v. K. I. Gerhardt, Bd. Ⅶ, 1931, S. 160 は，「事実上の自由」（liberté de fait）と「法的自由」（liberté de droit）とを区別する．
62)　→ *Denninger*, § 193 Rn. 1 ff., 23 ff.
63)　*Häberle* (Fn. 11), S. 91, 104 は，それゆえに，「社会的自由」と称している．
64)　以下の Rn. 91ff. を参照．

主義的な自由は，事実的な可能性には左右されず，介入からの保護のみを必要とし，したがってこれに関連する配分参与[65]は，自由保障の必要条件ではあるが，しかし自由それ自体の構成要素をなすものではない[66]．

2．配分参与による自由

[32] 一方で形式的自由と形式的平等との関連が，他方で現実的自由と現実的平等との関連が，しばしば描写される[67]：内容的に無制限の自由とは，一般的な法律，すなわちその法律の前ではすべての者が平等であり，その規律の内容において恣意的な差別化が行われてはならない一般的法律によってのみ，あるいはその一般的法律に基づいてのみ，制限されうるものである．この内容的に無制限の自由には，宗教の自由や意見表明の自由とならんで，とりわけ職業の自由および経済活動の自由が含まれる．法的に平等な自由は，社会的な不平等をもたらす．なぜならば，人間の自然的・経済的不平等は，自由と法的平等に基づき，異なった経済的帰結をもたらすからである．こうした仕方で，あらかじめ存在する不平等は強化され，状況によっては高められ，そして財産権保障・相続権保障によって固定化される．この実質的な不平等は，少数者の自由行使の現実的な諸条件を改善させ，他方で多数派の「現実的」自由は狭められる；その範例的な限界事例は，マンチェスター〔学派の〕自由主義の諸条件の下での工業プロレタリアートの完全なる零落と無権化である．かくして，――法的に存続する――自由保障は，その実現のための社会的な――所有と教育に関する――諸条件を欠いている場合には，広汎な範囲で空虚な定式へと陥る可能性がある．

[33] そのような展開に国家が社会的な調整政策を通じて対処すべきこと，形式的平等と実質的平等との過度の乖離・遊離が社会的な対抗措置や社会的な再分配を通じて防止されるべきこと，「平等（égalité）」は「友愛（fraternité）」を

---

65) 上述の Rn. 21f. を参照．
66) → *Isensee*, § 191.
67) 以下の概観は，*Böckenförde*, (Fn. 24), S. 8f. による．

通じた補強が必要なこと，この点については，今日では原則として見解の一致が見られる．社会的正義という指導的目標は，ドイツ連邦共和国においては憲法上のランクを有する；多様な社会保障をともなう社会国家[68]——個人の観点からすれば：これらの社会保障への配分参与——は，「自由の実現」，「現実的」自由の創出にも資する[69]．問題となるのはしかし，はたして，またいかなる範囲で，自由の実現の現実的な可能性の創出を要求する，基本権によって保障された請求権が存在し，あるいは存在すべきなのか，という点である．すなわち，これに照応する社会的基本権，ないし自由権から導かれる配分参与権である[70]．

II．全体主義的な配分参与の自由

[34]　配分参与権としての基本権の理念は，市民的法治国的自由の思想に対抗する自由の構想に根差すものである．すでにフーリエ（Fourier）のような初期の社会主義者は，アメリカやフランスの革命の人権宣言に鋭く反対して，「仕事とパンを求める大衆（Volk）の権利」を持ち出した．この権利は個人の人権を補強するものではなく，人権に取って代わるべきものとされた[71]．

[35]　より明確かつ決定的に，マルクス・レーニン主義理論において，反個人主義的な自由の理解が定式化された．マルクスは，人権宣言における人権——他者を害しないあらゆることを行う権利という意味における自由——を，「孤

---

68)　→ Bd. II, *H. F. Zacher*, § 28 Rn. 32ff.
69)　この意味における配分参与は，割り当てられた，マニュアルに応じて適用されるべき国民総生産高における配当への単なる消極的な参与に，自己実現を解消させるものではない．*H. H. Rupp*, Vom Wandel der Grundrechte, in: AöR 101 (1976), S. 161 (180, 183) における，配分参与概念に反対するポレーミックは，その限りで誤りであるが，しかし——同様にありうる——自由に敵対的な配分参与の解釈（これについては以下の Rn. 34ff. を見よ）に対しては的確〔な批判〕である．
70)　以下の Rn. 43ff., 71ff. を参照．
71)　これについて，そして *Lassalle* の自由の理解について：*Haverkate* (Fn. 46), S. 65 ff.

立した，隔絶された単一体としての人間の自由」，「自己限定された個人」の権利と解する．私的所有権を個々人は恣意的に，他の人間との関連なしに行使しうるものだとする．これは「利己心の権利」であり，市民的法治国は「エゴイズムの保障」だという．人権の主体は，利己的な人間以外の何物でもなく，私益と自身の私的な意思に依拠し，共同体から隔絶された個人にほかならないとされる．これと，「真正の個体的人間」とをマルクスは対置する：人間の解放は，人間が「類的存在（Gattungswesen）」となり，そして自己の「固有の力（forces propres）」を社会的諸力として認識し，組織化した時，初めて完遂されるという[72]．

[36] 自由は，この類的存在のために個人の恣意ではあり得ず，エンゲルスがヘーゲルを引き合いに出して定式化したように，「必然性への洞察（Einsicht in die Notwendigkeit）」である：「夢想のうちでの自然法則からの独立性の中に自由は存在せず，この法則の認識の中に自由は存し，かくして一定の目的のためにこの法則を計画通りに実現させる目下の可能性の中に自由は存在する．…意思の自由とは，それゆえ，事柄についての知識をもって決定しうる能力に他ならない」[73]．マルクス・レーニン主義にとって，人類の全史と社会システムの発展は，一定の法則にしたがって進行するプロセスである．この科学的に認識可能だと自称するところの法則適合性は，史的・弁証法的唯物論において記述される．目下の社会の発展に調和的に行動すべく，具体的な歴史的状況において何を行うべきなのかは，その独自の要求に基づきプロレタリアートの前衛としての労働者階級のマルクス・レーニン主義政党が決定する[74]．なぜならば，そこ

---

72) *K. Marx*, Zur Judenfrage (1843), in: *I. Fetscher* (Hrsg.), Karl Marx. Friedrich Engels. Studienausgabe, Bd. Ⅰ, 1966, S. 31 (48ff.).

73) *F. Engels*, Herrn Eugen Dührings Umwälzung der Wissenschaft („Anti-Dühring") (1878), in: Marx-Engels-Werke (MEW), hrsg. v. Institut für Marxismus-Leninismus, Berlin (Ost) 1962, Bd. ⅩⅩ, S. 106.

74) 1968年4月6日のドイツ民主共和国憲法1条1項（1974年10月7日改正版．GBl Ⅰ, S. 437）参照．この点の詳細について，*S. Mampel*, Die sozialistische Verfassung der Deutschen Demokratischen Republik. Kommentar, 2. Aufl. 1982, Art. 1 Rn. 28 ff. → Bd. Ⅰ, *G. Brunner*, § 11 Rn. 17 ff.

においては，歴史的な法則適合性の客観的な必然性を洞察する最も高い意識が，したがって最高位に発展した能力が結集しているからである[75]．個人の自由は，したがって配分参与の中に，すなわちマルクス・レーニン主義政党が統制する社会的なプロセス総体への能動的な配分参与の中に存することとなる．個人の任意性という意味における自由は，これに対し，社会主義社会にとっては，単に非生産的なものとして拒絶されることとなるだけではない：個々人も，社会主義社会の構築への協働参加の中においてのみ，その真正の人格を発展させることが可能となるのである[76]．

[37]　この自由の理解に，社会主義国家における基本権の構想が照応していた[77]．「社会主義的基本権」は，国家の介入に対する防禦権ではなく，その本質において，社会主義的な社会と国家に関連づけられた協働参加権であった．意見表明の自由は，たとえば東ドイツ（ドイツ民主共和国憲法 27 条）においても全ての市民に，「この憲法原則に従って」保障されていた．これはすなわち，「社会主義・共産主義と合致する限りでの保障である．…勤労者（Werktätigen）およびその国家の利益に反する，自由な意見表明を求める権利の濫用は…許されない」[78]．それゆえ自由は，ここにあっては，「客観的な法則適合性」から，正確には：ドイツ社会主義統一党（SED）の政策から生み出される諸要請によって，内容的に定義づけられていたのである．

[38]　これと構造上類似する自由の理解は，国家社会主義（ナチズム）によっても展開された．個々人は，第三帝国の法学文献が述べるところによれば，「自分自身のために価値があるのではない」とされる．個人は「社会に仕える手足であり，そういうものとしてその価値を有し，全体の中での位置付けをもつ」

---

75)　Staatrecht der DDR. Lehrbuch, hrsg. v. der Akademie für Staats- und Rechtswissenschaft der DDR (Autorenkollektiv), Berlin (Ost) 2. Aufl. 1984, S. 109ff.
76)　Vgl. *S. Mampel*, Die volksdemokratische Ordnung in Mitteldeutschland, 3. Aufl. 1967, S. 38 f.
77)　→ Bd. Ⅰ, *Brunner*, § 11 Rn. 75ff.
78)　Staatsrecht der DDR (Fn. 75), S. 194.

とされる[79]．個人は民族共同体によって完全に包含されるとされる[80]．民族共同体への個々人の全面的な人格的吸収に照応したのは，個人の自由権の否定であり，他方で，民族共同体の財や収益への配分参与を求める権利の肯定であった．この配分参与権は，物質的なもの——企業家利潤や賃金，老齢給付金，医療給付など——を超えて，共同体意識の高揚を含めた，精神的領域に存する民族同胞同士の相互関係や，民族同胞と民族共同体との関係も包含するものとされた[81]．

[39] 全体主義的な自由の構想に特徴的なのは，それゆえ，全体への個の溶解，すなわち個々人がその分け前にあずかる統一体——民族共同体，階級——への個の溶解であった[82]．自由は，ここにあってはただ配分参与としてのみ可能であり，そして配分参与が意味したのは，ここでは全体主義的政党によって統制された全体のために個々の人間を完全に手段化〔制度化〕することであった．

Ⅲ．配分参与による自由の否定？

[40] 配分参与権としての自由の全体主義的な理解ほど，自由主義的法治国の自由の構想に対する尖鋭な対照をなすものは，ほとんど考えられない．基本権を配分参与権として理解することは，しかし必ずしも全体主義的な自由の理解と必然的に結びつくものではない．ドイツ連邦共和国における配分参与権の支持者の念頭には，この全体主義的な自由の理解は全く置かれていない．それにもかかわらず，憲法上の配分参与権の理解をめぐる議論の際にも，この全体主義的な配分参与の諸構想を視野に収めておくことは有益でありうるであろう：この諸構想は，基本権がいかなる場合でもかく解されてはならないという仕方

---

79) *H. Lange*, Vom alten zum neuen Schuldrecht, 1934, S. 34.

80) *R. Höhn*, Rechtsgemeinschaft und Volksgemeinschaft, 1935, S. 74 f. → Bd. Ⅰ，*R. Grawert*, § 6 Rn. 19.

81) *H. Rhode*, Arbeitsrecht, Sozialrecht, Gemeinschaftsrecht, 1944, S. 79 f.

82) Vgl. *Haverkate* (Fn. 46), S. 68.

を強固なかたちで示すものであり，そして「現実的」自由を法的に保障しようとする論者が直面する危険を示唆するものである．

[41] 全体主義的な自由の諸構想の特徴をなすものは，自由の概念の内容的な充填である：すなわち——支配的な政党によって定義づけられた——社会の必要性に合致した行動としての自由である．この積極的自由の理解は，個人の自己決定という意味での自由の全否定であり，たとえその自由の内容的決定が民主的に選出された議会の多数派によって行われていたとしても，原理的に状況は何ら変わらないであろう．これに対し，消極的・形式的自由概念の——評価的にいえば——積極的な作用は，自由行使の種類や方法，内容についての決定を個人に委ねている点にある．自由権の作用，すなわち個人の決定の自由を外的強制から保護し，この自由への国家による制限を限界づけ，正当化を要するものとし，法的な統制を受けさせるという自由権の作用は，現実的な自由の保障を得ようとする営為によっても侵されてはならないものである．同様に，自由権を国家による配分のみに従って認めるというかたちで基本権を配分参与権に解釈しなおすことも，基本法と合致しないであろう．また，基本権の防禦権的作用を配分参与権によって置き換えることも問題にはなり得ず，少なくとも補充することが問題となり得るのみである．

[42] さらに念頭に置かれるべきことは，自由行使のための現実的な諸条件の創設のための積極的な国家措置は，消極的な自由への考慮を欠いたままではあり得ないということである．自由制限なしに再配分は不可能であり，そして社会的正義の創出のための他の措置——とりわけ社会的配分の保障のために私的な経済主体に負担をかけること——は自由制限を必要とするため，社会的平等のみならず現実的自由も，形式的自由と緊張関係に立つ．そして，国家が社会的な諸保障によって現実的な自由の実現の可能性を創出すればするほど，傾向的に個々人の国家への依存性は高まり，自由行使の制御を通じた後見化の危険が増す．現実的な自由の可能性を創出しようとする営為は，現実的な依存性を

も生み出す[83].

D. 社会的基本権

[43] 19世紀の市民的・自由主義的法治国家が黙示的に前提としていたのは，個人に帰属する，自己によって支配される生活領域が，法的に保障された自由を事実上展開するための十分な社会的基礎を提供していた，ということである．教育と財産は，市民階級の自由の基礎をなしていた；工業労働者階級には，この前提が欠けていた．幅広い階層の社会的な生活の基礎が，まずもって作られ準備されなければならなかった[84]．たいていの人間にとっての中心をなす経済的な生活の基礎は，今日では従属労働である．これは，他の自由行使の事実上の諸条件と同じく，単純に所与のものとしては想定されえない．住居を有していない者——この者にとって，憲法が住居の不可侵を保障していることがいったい何の役に立とうか．財産のない者にとって，所有権保障はいったい何の役に立とうか．あるいは，職業遂行の規律を法律の根拠にかからしめる基本権規定から，無職者はいったい何を得ることができようか．このような問題設定から，社会的基本権のレトリックは説得力を獲得する．社会的基本権の理念が，その核心において志向するのは，自由行使の社会的諸前提を保障することである．問題となるのはしかし，社会的基本権によって現実的自由が本当に創設されうるのか，それともただ促進されうるのみなのか，という点である．

I. 国際的な人権条約およびドイツ連邦共和国憲法における社会的基本権

1. 国際条約における社会的基本権の諸類型とその位置づけ

[44] 社会権思想の普遍的な引力を例証しているのは，とりわけ経済的，社会

---

83) Vgl. *Isensee* (Fn. 27), S. 384.
84) Vgl. *Böckenförde* (Fn. 24), S. 9.

的および文化的権利に関する国際規約（社会権規約〔IPwirtR〕）[85]が，東西南北の多くの国々によって批准されていることである．西欧的な基本同意を示しているのは，欧州社会憲章[86]であり，そしてリスボン条約（6条1項）によって拘束力を有することとなった欧州連合基本権憲章の連帯の編〔第4編〕である．これらの社会権にかかる諸条約は，ドイツ連邦共和国も加盟しており，多くの社会的基本権を含むものである．それらのうちには，社会的な保護領域をもつ自由権もあれば，社会的な配分参与権も含まれており，それらの対象に応じて4つのグループに分類される[87]：

[45]　1．労働基本権：あらゆる社会的基本権のプロトタイプは，労働を求める権利である[88]（社会権規約6条；欧州社会憲章〔EuSC〕1条）．これは，たとえば相当な賃金，休憩時間，有給休暇，安全かつ社会的な労働条件，適切な職業指導・職業訓練を求める権利，児童および女性のための特別の保護権などによって補われる．

[46]　2．社会保障：社会保障を求める権利（社会権規約9条；欧州社会憲章12条；欧州連合基本権憲章〔GRCH〕34条1項）は，とりわけ「社会保障制度」の導入と維持を含んでいる．さらに，扶助〔援助（Fürsorge）〕を求める権利（欧州社会憲章13条；欧州連合基本権憲章34条2項・3項）のほか，たとえば支援サービス

---

85)　Vom 19. 12. 1966 (BGBl II, 1973, S. 1570).
86)　Vom 18. 10. 1961 (BGBl II, 1964, S. 1262). ―社会的基本権に関する国際条約について，参照．*T. Tomandl*, Der Einbau sozialer Grundrechte in das positive Recht, 1967, S. 16 ff.; *H. Schambeck*, Grundrechte und Sozialordnung. Gedanken zur Europäischen Sozialcharta, 1969; J. P. Müller, Soziale Grundrechte in der Verfassung?, 2. Aufl. 1981, S. 282 ff.; *A. v. Komorowski*, Der Beitrag der Europäischen Sozialcharta zur europäischen Wertegemeinschaft, in: *D. Blumenwitz/G. H. Gornig/D. Murswiek* (Hrsg.), Die Europäische Union als Wertegemeinschaft, s2005, S. 98 ff. (S. V. V a) 9.)
87)　Vgl. *Badura* (Fn. 26), S. 22f.
88)　これについては，*P. Badura*, Grundfreiheiten der Arbeit, in: FS für Friedrich Berber, 1973, S. 11 ff.; *ders.*, (Fn. 26), S. 20; *U. Achten* u. a. (Hrsg.), Recht auf Arbeit – eine politische Herausforderung, 1978; *R. Scholz*, Das Recht auf Arbeit, in: Böckenförde/Jekewitz/Ramm (Fn. 24), S. 75ff.; *H. Ryffel/J. Schwartländer* (Hrsg.), Das Recht des Menschen auf Arbeit, 1983.

の利用を求める権利や医師による処置を求める権利，家族，母親，障害者についての特別な権利などが承認されている．

[47] 3. 社会的・文化的発展を求める権利：この基礎をなす権利は，教育に関する権利である[89]（社会権規約13条；欧州人権条約〔EMRK〕の追加議定書〔第一議定書〕[90]2条）．これには，とりわけ学校教育・大学教育，ないし成人教育を求める権利が含まれる．これとならんで，経済的，社会的および文化的権利に関する国際規約は，特に「科学の進歩およびその利用による利益に配分参与する」権利を含んでいる（15条）．

[48] 4. 十分な生活条件を求める権利：相当な生活水準を求める権利（社会権規約8条）には，十分な食物，衣服，住居を求める権利と，生活条件の恒常的な改善を求める権利が含まれる．健康を求める権利[91]，もしくは健康保護を求める権利（社会権規約12条；欧州社会憲章11条；欧州連合基本権憲章35条）は，同様にこのグループに含まれる；この権利は，とりわけ疾病の原因の除去と，疾病への予防的な対策措置を志向するものである[92]．

[49] これらの国際的な社会権にかかる諸条約における社会権は，──「古典的」な人権，たとえば欧州人権条約や市民的および政治的権利に関する国際規約[93]において保障されているような人権とは異なり──原則として「自動執行性」は有していない：これらの権利は個々の市民の主観的権利を直接に基礎づけるものではなく，国家法による転換および詳細な内容形成を必要とする．こ

---

89) ドイツ連邦共和国について，参照，*I. Richter/B. Schlink*, Überlegungen zur Kodifikation von Grundrechten auf Bildung, in: *Böckenförde/Jekewitz/Ramm* (Fn. 24), S. 119 ff., 129 ff.

90) Vom. 20. 3. 1952 (BGBl Ⅱ, 1956, S. 1880).

91) これについては *O. Seewald*, Zum Verfassungsrecht auf Gesundheit, 1981; *ders.*, Gesundheit als Grundrecht, 1982.

92) 人間の尊厳に値する環境を求める権利も，このグループに分類される：ストックホルム宣言を参照．Die Stockholmer Deklaration vom 16. 6. 1972, United Nations, General Assembly, A/Conf. 48/14, 3 Jury 1972 (GE. 72-13/82). ドイツ語では，in: Umwelt Nr 89 vom 8. 6. 1982, S. 36 ff.

93) Vom 19. 12. 1966 (BGBl Ⅱ, 1973, S. 1534).

れらの諸条約からは，ただ国家の義務が生じるのみである[94]．

2．社会的基本権に対する基本法の決定

[50]　ワイマール憲法の社会権条項の運命は，模範となるものをもたらさなかった：当該条項は，広範な範囲で実現されない空約束のままであった[95]．そして，ワイマール憲法が労働権を――単なる目標であるにせよ――約束していたとき，大勢の無職者の窮乏と困窮は，政治への信頼のみならず，憲法への信頼をも動揺させるものであった．

[51]　それにもかかわらず，1945年以後，基本法より以前に採択されたラント憲法の制定者は，これに揺るがされることなく多くの社会的な保障ないし原則を規範化した[96]．これには，労働権から，相当の労働の対価や休暇，社会保障，扶助，住居，教育を求める権利，そしてさらには「その地方で慣習になっている範囲で野生の森林の果実を取得する」権利（バイエルン州憲法141条3項）に至るまで，さまざまなものがある．再統一の後，新ラントの憲法はこれに従い，同様に社会的基本権を規範化した．もっともこれらは，明確に国家の客観的な義務として（ブランデンブルク州憲法45条，47条以下；メールレンブルク・フォーアポンメルン州憲法17条；ザクセン・アンハルト州憲法36条以下），また一部では明示的に「国家目標」として（ザクセン州憲法7条；チューリンゲン州憲法15条，36条）

---

94)　Vgl. *W. Wengler*, Die Unanwendbarkeit der Europäischen Sozialcharta im Staat, 1969.――ただ各論的な個別的な規定，たとえば児童労働の禁止（欧州連合基本権憲章32条）や無償での職業紹介の提供へのアクセス（同29条）などの個別的な規定のみが，直接的な個人的権利を導出するのに適合的である．Vgl. *J. A. Frowein*, Übernationale Menschenrechtsgewährleistungen und nationale Staatsgewalt, in: HStR Ⅶ, 1. Aufl. 1992, § 180 Rn. 30 ff.

95)　Vgl. *W. Apelt*, Geschichte der Weimarer Verfassung, 2. Aufl. 1964, S. 352, 357; *Forsthoff* (Fn. 44), S. 64. → Bd. Ⅰ, *H. Schneider*, § 5 Rn. 34 f., 38 f.

96)　これについては，*F. Zacher*, Zur sozialen Programmatik der Bayerischen Verfassung, in: FS. zum 25jährigen Bestehen des Bayerischen Verfassungsgerichtshofes, 1972, S. 95 ff.; *B. Beutler*, Das Staatsbild in den Länderverfassungen nach 1945, 1973; *Lange* (Fn. 25), S. 54ff. → Bd. Ⅵ, *M. Herdegen*, § 129 Rn. 2, 6, 74.

定式化された[97]．

[52]　憲法評議会（Parlamentaricher Rat：憲法制定会議）は，より懐疑的であった：同評議会は，経済的・社会的秩序に関する規律を放棄し，かくして社会的基本権の規範化も，以下のわずかな，ごく周辺的な規律を除いて放棄した[98]．すなわち，母親の保護（基本法6条4項）[99]や，嫡出でない子の平等取扱いのための立法委託（基本法6条5項）[100]である．評議会で論者は，基本権を「多様な政党のプログラムの表明」として表すこととなりうる，異質の相互に矛盾しうる諸要請を基本権に組み込むことは，首尾一貫した解決のためには不可能であると考え，これを回避しようとした[101]．論者は，発展の予見不可能性を指摘し，これに鑑み，将来の「社会経済的構造」を憲法の中に書き込むことは，軽率かつ不遜なことであるとした[102]．そして，基本法の暫定的な性格を強調し，この点に鑑み，生活秩序の終局的な形態を得ようとしないほうがよいものとされた[103]．

[53]　憲法評議会は，明らかに「真に明確かつ実効的な個人の権利のカタログを作成すること」[104]に限定しようとしていた．かくして，基本法の基本権の部分は，――Isensee[105]の言葉を用いれば――「冷静な精神（nüchterner Geist）」

---

97)　これについては，*C. Starck*, Die Verfassungen der neuen Länder, in: HStR Ⅸ, 1. Aufl. 1997, § 208 Rn. 51 ff., 55ff.

98)　この点の詳細については，*W. Weber*, Die verfassungsrechtlichen Grenzen sozialstaatlicher Forderungen, in: Der Staat 4 (1965), S. 409 (412 ff.).

99)　これについては，BVerfGE 32, 273 (277); 60, 68 (74); *P. Barura*, in: Maunz/Dürig, Art. 6 Rn. 151 f.

100)　これについては，*Badura* (Fn. 99), Art.6 Rn 179 f. ―婚姻と家族の保護義務（基本法6条1項）も，―自由の保護を超えて―（給付義務をも含む）援助の義務と解釈される．参照，*Badura*, a. a. O., Rn. 75 ff., とりわけ．Rn. 77 での判例の紹介も参照．

101)　*G. A. Zinn* 議員（SPD）の発言．引用は JöR N. F.1, S. 44 による．

102)　*T. Heuss* 議員（FDP）の発言．引用は JöR N. F.1, S. 43 による．

103)　*C. Schmid* 議員（SPD）の発言．引用は JöR N. F.1, S. 43 による．

104)　*Schmid* (Fn. 103), 引用は JöR N. F.1, S. 43 による．→ Bd. Ⅰ, *R. Mußgnug*, § 8 Rn. 56 ff.; →以下の *H. Hofmann*, § 195 Rn. 2 f.

105)　*Isensee* (Fn. 27), S. 370.

によって鋳造されている.「これは,明確な政治的決定と司法的な貫徹可能性を目的とするものであり,かつてのラント憲法にみられたような,内的な一貫性や実践性を不問に付す,ある部分においては高遠な,またある部分においては平凡な国民の教理問答からは一線を画するものである.」

[54] 基本法における社会的基本権の拒絶は,その基礎をなす理念の拒絶ではない.その理念は社会国家〔原理〕において保持されている[106].社会的基本権の規範化に反対する決定は,むしろ次のような認識に基づくものである.すなわち,社会的な給付の保証は,自由権と同様の方法では保障され得ず,これを憲法に位置付けることは,その現実性において,そしてその現実性との連関で,常に失敗のリスクにさらされたままになる,という認識である.

II. 保障の形態と保障の問題性

1. 典型的な社会的基本権における不可避的な漠然性

[55] 直接的に執行可能な市民の請求権をもたらしうるところまで社会的基本権を厳密に定式化することは,法律学上不可能というわけではない.たしかに,年金や最低年金,社会扶助,教育援助を求める概括的な権利を憲法の中に書き込むことは可能であろうし,その憲法は当該諸請求権の要件をも規律することとなるであろう.そのような定めはしかし,1つの憲法のテキストに組み込むと,たいていはあまりに膨大になりすぎ,また複雑になりすぎるであろう;それだけでなく,そうした規律は,変遷する社会的要求や経済関係に絶えず適合させられなければならないこととなろう.社会的基本権は,絶えず変動する現実との関連をもつものであるため,具体的な諸定式は状況の変化によってすぐに時代遅れとなり,特にその必要とされる〔時代への〕適合は,憲法改正の定足数のゆえに,しばしば実現されえないこととなろう[107].憲法制定者にとっては,それゆえに,典型的な社会的基本権を特徴づける,相対的に不確定な定

---

106)　→ Bd. II, *Zacher*, § 28 Rn. 22 ff., 120 ff.
107)　*Isensee* (Fn. 27), S. 377.

式を選択することは合理的であり，きわめて通常なことである．たとえば，「社会保障制度」を保障するという定式を採用し，その具体化はなお開かれたままにするという仕方である．社会的基本権の具体的な表現様式は，それゆえ，給付〔請求〕権が問題となる限り，実践的な理由から考慮の外に置かれることとなる．しかし，たとえば児童労働の禁止や最低限度の休暇期間，最長の労働時間，企業における共同決定にかかる諸規定のような，十分に具体的に定式化された秩序規範は考えられる．

2．典型的な社会的基本権の具体化の必要性

[56]　住居，教育等々を求める権利は，容易には執行可能とならない．これらの諸権利は，たとえばその保障の要件や範囲，およびその資金調達等を確保する通常法律による内容的な具体化・内容形成を必要とする[108]．たしかに憲法制定者は労働を求める権利を，欧州社会憲章第1条でなされているような仕方で具体化することもできる：同条にいわく「労働を求める権利の実効的な行使を保障するため，条約当事国は以下の義務を負う．(1) 完全雇用の実現のために，可能な限り高く安定的な雇用状態の達成と維持を，その最重要の目的設定および任務とすること；(2) 被雇用者が自由に就いた職業活動によって自身の生計を立てる権利を実効的に保護すること；(3) 全ての被雇用者のための無償の職業紹介事業を設置し，または維持すること；(4) 適切な職業指導，職業訓練，および職業上の再統合を保障しまたは援助すること．」しかし，完全雇用を実現するために，被雇用者を保護するために，職業上の再統合を援助するために，何が行われなければならないのであろうか．これらはいずれも規律されておらず，当該規定の単純な解釈のみからも推論され得ない．

[57]　たしかに不確定的な法概念や一般条項を具体化する必要性は，社会的基本権に特別なことではない．しかし，社会的基本権にあっては，この具体化問

---

108)　Vgl. z. B. den (schweizerischen) Schlußbericht der Arbeitsgruppe für die Vorbereitung einer Totalrevision der Bundesverfassung, Bd. Ⅵ, Bern 1973, S. 197; *Böckenförde* (Fn. 24), S. 10.

題は，自由権の場合とは全く異なった位置価値を有している：個人の自由の領域は所与のものであるため，それ自体として直接に法的に保護されうる．国家による作用可能性は原理的に限定されており，このため憲法上の基準に従って審査可能である．たとえ裁判官が，この場合に困難な解釈問題・具体化問題に直面するとしても，国家的介入に対する自由権に照らした審査は，当該国家権能の限界についての——その都度確定されるべき——消極的な決定である．これに対し，適切な完全雇用政策についての決定，たとえば投資計画，企業への課税の引き下げについての決定の場合，または憲法によってはただ抽象的にしか確定されていない基準（「相当な」生計）に基づく，経済状況を考慮した上での具体的な社会の水準の内容や範囲を確定する場合[109]は，政策的な内容形成の任務が問題となっており，その解決のためには，〔自由権の場合に〕類似する十分な法的な基準が用いられ得ない．この任務を裁判官に委譲することは，民主的・法治国的な〔国家〕作用の配分システムを瓦解させることとなる[110]．むしろ，詳細について規律することは立法者の任務であり，法律によって具体化された憲法上の目標の達成のための措置を講じることは，所轄の執政機関・行政機関の任務である[111]．

[58] すでにこうした理由から，典型的な社会的基本権を主観的権利として保

---

109) *H. F. Zacher*, Faktoren und Bahnen der aktuellen sozialpolitischen Diskussion, in: ArchsozArb 3 (1972), S. 241 (256 f.).

110) Vgl. *Böckenförde* (Fn. 24), S. 11 ff.; *Müller* (Fn. 86), S. 193; *L. Wildhaber*, Soziale Grundrechte, in: GS für M. Imboden, 1972, S. 371 (389); *K. Hesse*, in: HdbVerfR, 2. Aufl. 1994, § 5 Rn. 30; 反対の見解として，*W. Schmidt*, Soziale Grundrechte, in: *R. Grawert* (Hrsg.), Instrumente der sozialen Sicherung und der Währungssicherung in der Bundesrepublik Deutschland und Italien (Beihefte zu „Der Staat", Heft 5), 1981, S. 9 (22f.).

111) Vgl. Bericht der Expertenkommission für die Voebereitung einer Totalrevision der Bundesverfassung, Bern 1977, S. 61; *K. Hesse*, Bestand und Bedeutung der Grundrechte in der Bundesrepublik Deutschland, in: EuGRZ 1978, S. 427 (434); *Martens* (Fn. 18), S. 30 f.; さらに *E. Denninger*, in: AK-GG, Bd. Ⅰ, 2. Aufl. 1989, vor Art. 1 Rn. 27.

障することは不可能である[112]．通例，憲法において社会的基本権は，主観的権利として定式化されることは決してなく，国家機関の客観的な義務として定式化されている．あるいは，社会的基本権は，主観的な請求権を否定する規律の留保がともなっている．たとえある社会的基本権が，留保なく，「労働を求める権利」として，あるいはこれに類似するかたちで定式化されていたとしても，この権利は，上述の理由から，出訴可能な主観的権利としては解され得ない．

3．社会的基本権の基本権概念，法的性格，法的効果

[59]　基本法の意味における基本権は，あらゆる国家機関に対して直截な法的拘束力を有し，基本権の保持者としての市民によって裁判上貫徹されうる基本権のみである[113]．この性質が，典型的な社会的基本権には欠けている[114]．だが，この社会的基本権が——社会権に関する国際的な諸条約におけるように——「労働を求める権利」として定式化されている限り，この言語上の表現形式は，基本権が問題となっているということを意図したものという印象を呼び起こす；「社会的基本権」という呼称は，こうした場面では通例である．この呼称は，そのような憲法原則に認められる重要性を強調するものであり，自由主義的基本権に対置されるものとしてのその作用を際立たせることとなる．法律学的・解釈学的な反対論は，とりわけこの用語法が国際的に一般に使われている場合，言語政策上十分に基礎づけられたこの用語法に対する異論を唱える余地はないことになる．古典的な基本権との相違を自覚することは，それだけ重要なことである．

[60]　社会的基本権が，このように通例は法的に厳密な意味での基本権ではないということは，社会的基本権が法的に意味のない，拘束力をもたないプログ

---

112)　Vgl. *Böckenförde* (Fn. 24), S. 10 ff.; *Badura* (Fn. 26), S. 25 f.; *Müller* (Fn. 86), S. 191; *Hesse* (Fn. 111), S. 434.
113)　Z. B. *Hesse* (Fn. 111), S. 429, 434.
114)　これについては，*Müller* (Fn. 86), S. 179 ff.

ラム命題だということを意味するものではない[115]．むしろ社会的基本権は，立法府および執政府にとっての客観的な義務を包含しうる[116]．学説において社会的基本権は，立法委託，国家目標規定，憲法委託，指導原理として性格づけられている[117]．社会的基本権が生み出す法的拘束力の範囲と程度は，とりわけ，それぞれの規範がどれだけ具体的に把握されるのかに左右される．

[61]　同様に，それぞれの個々の社会的憲法委託との関連でのみ，それがもっぱら立法者だけに向けられたものなのか，それとも執政府をも直接に義務づけているのか，すなわち立法によって拘束された執政・行政活動の枠内で得ようと努めた目的を，不確定的な立法上の概念の解釈の指針として顧慮し，あるいは裁量行使の際の要請として顧慮することを執政府に対し直接に義務づけているのかが判断される．

[62]　そのような憲法委託の顧慮についての憲法裁判所のコントロールは可能であるように見えるが，しかし〔執政・行政機関に〕付与された形成の余地・裁量の余地を考慮しなければならず，それゆえ原則として〔絶対的な〕不作為か，あるいは明らかな義務の懈怠のコントロールに限定されることとなる[118]．この限定された範囲内では，裁判上のコントロールを求める主観的な個人の請求権も可能であると解されているが[119]，しかしそのような主観的な請求権についての解釈論上の契機は，当該憲法委託が「～を求める権利」として定式化されていない限り，なお解明されなければならないであろう．

---

115)　「実定法か，それとも拘束力のないプログラムか」という二者択一に批判的なものとして，すでに *C. Schmitt*, Grundrechte und Grundpflichten (1932), in: ders., Verfassungsrechtliche Aufsätze, 1958, S. 181 (219 f.).
116)　*Badura* (Fn. 26), S. 27; *Böckenförde* (Fn. 24), S. 12, 14.
117)　*Lücke* (Fn. 27), S. 21 ff. におけるまとめを参照．
118)　Vgl. *Böckenförde* (Fn. 24), S. 14; vgl. auch *D. Lorenz*, Bundesverfassungsgericht und soziale Grundrechte, in: JBl 1981, S. 16 (25 f.).
119)　*Böckenförde* (Fn. 24), S. 14f.

4.「可能性の留保」

[63] あらゆる社会的給付請求権は,生活財への配分参与とかかわっている.その配分の総量は限界づけられたものであり,かなりの程度まで設計可能性と実行可能性の及ばないところにある[120]. 社会的な配分参与請求権は,それゆえ合理的に考えれば当然のことながら,「可能性の留保」の下においてのみ憲法上保障されうる[121]. 実際上,社会的基本権は,それゆえしばしばあらゆる可能性を利用し尽くすという基準によって(社会権規約2条1項),あるいは単に国家政策の目標として(欧州社会憲章1条1項)定式化されている. 変遷する経済的な諸状況を考慮に入れるその他の可能性としては,あらかじめ社会的基本権の構成要件の文言の用法を通じて,とりわけ「相当な」生計や「十分な」援助のような表現による相対化を通じて,実際上の社会水準を経済の全体状況に適合させるために社会的基本権の構成要件を開いておく,という方法である.

[64] 社会的基本権によって保障された配分参与が,国家の経済的な給付能力ないし経済の全体状況に左右されるということは,社会的配分参与権を古典的自由権と本質的に区別する,さらなるメルクマールの1つである:自由それ自体は何らのコストを生むものではなく[122],経済状況への考慮なしに無条件に保障されうるものである. たとえ特別な経済的諸状況が事情により特別な自由制

---

120) *Isensee* (Fn. 27), S. 381 f. m. weit. Nachw.—請求権の客体(労働の場など)は,かなりの程度まで,自由主義的に組織された国家の直接的な法的処分権能の及ばないところにある. 参照, *G. Brunner*, Die Problematik der sozialen Grunrechte, 1971, S. 14 ff.

121) Vgl. *H. F. Zacher*, Sozialpolitik und Menschenrecchte in der Bundesrepublik Deutschland, 1968, S. 29; *Isensee* (Fn. 27), S. 381; *Böckenförde* (Fn. 24), S. 13. → Bd. V , *P. Kirchhof*, § 99 Rn. 108 ff.

122) とはいえ,見誤ってはならないのは,自由がかなりの社会的コストを生じさせる場合もありうること,そして自由保護の制度はコストを生ぜしめることであり,たとえば参照, *R. Wahl*, Die bürokratischen Kosten des Rechts- und Sozialstaats, in: Die Verwaltung 13 (1980), S. 273 ff.

限を正当化し，そして介入の必要性（最も負担の少ない手段の選択）[123]に関しコストについての考慮が一定の役割を果たしうる場合であっても，自由は無条件に保障されうる．これに対し，社会的配分参与の景気依存性は，始めから社会的基本権の構成要件における保障範囲の不可避的な限界をなす[124]：憲法が国家機関に不可能な給付を行うことを義務づけようとしているわけではないことは疑いないため，社会的配分参与権は原則として，その対象が可能性および相当性の枠内においてのみ保障されると解されざるを得ないこととなる．その際，国家が支払い不能になった場合に初めて可能性の限界に達するわけでは決してない；むしろ立法者は，その形成の自由の枠内で現存する予算手段について決定し，政策上の優先順位を設定する可能性を有している[125]．

[65] 可能性の限界は，直接的な財政上の影響を受ける保障のみに妥当するものではなく，あらゆる社会的な提供請求権（Verschaffungsanspruch）についても妥当する．たとえば労働を求める権利は，もしそれが，各人の能力，資質および教育に応じた職場を求める権利として解される場合には，自由主義的な憲法秩序においては履行され得ない約束となる．当該権利は，解釈論においてはそのユートピア的な内実を奪われ，客観法的な国家への義務づけに還元されざるを得ないこととなる：すなわち，完全雇用を目的とした，失業保険や職業紹介，労働者の保護の諸規律の保障と結び付いた義務である．ただそのようなかたちでのみ，当該権利は法治国家システムの中に組み込まれる．すなわち，私有財産や職業の自由を保障し，完全な経済統制は行なわず，まして憲法に基づき完全な経済統制が義務づけられていることなどあり得ない法治国家システムの中に，当該権利は組み込まれるのである[126]．

---

123) Vgl. BVerfGE 77, 84 (110 f.).
124) *Martens* (Fn. 18), S. 30f.; *C. Starck*, Staatliche Organisation und staatliche Finanzierung als Hilfen zu Grundrechtsverwiklichungen?, in: FG- BVerfG Ⅱ, S. 480 (519 f.); *Isensee* (Fn. 27), S. 381 f.
125) Vgl. *Böckenförde* (Fn. 24), S. 13.
126) Vgl. *Isensee* (Fn. 27), S. 376 f. m. weit. Nachw. → Bd. Ⅷ, *R. Breuer*, § 170 Rn. 16, 38 f.; *ders.*, § 171 Rn 14 f.

[66]　もっとも，法論理的には，社会的配分参与権が無条件に妥当する請求権として憲法上保障されるということは否定され得ない[127]．たとえば請求権規範が，今日においては給付にかかる通常法律の中に置かれているような仕方で，基本法の中に採用される，というかたちである．その配分参与権は，次の限りで妥当性を有する．すなわち，配分参与権が当該通常法律におけるのとまさに同様に無条件に保障されている限り，つまり経済状況が悪化した際にもその保障規範が自動的に妥当性を失うのではなく，立法者によって改正されない限り元のままの請求権を与えている，というかたちで，無条件に保障されている限りである．そのような規律は，しかし実際上は，社会的基本権としては問題にならない[128]．社会的基本権は，その妥当要求はいかなる状況の下でも存在し続けるため経済状況に左右されない，とする論拠[129]は，事実に関する問題を無視するものである．

Ⅲ．法政策上の議論

[67]　社会的基本権が憲法の中に組み入れられるべきなのか否かという問題については，浩瀚な文献が存在する[130]．この際に強調されるべきは，スイスの連

---

127)　これを強調するのは，*Sachs* (Fn. 6), S. 718 ff.; *Wildhaber* (Fn. 110), S. 389; *T. Marauhn*, Das Grundrecht auf Zugang zu den Leistungen der sozialen Sicherheit – Anmerkungen zur Normkategorie der sozialen Grundrechte, in: *F. Matscher* (Hrsg.), Erweitertes Grundrechtsverständnis, 2003, S. 247 (256 ff.).
128)　上述の Rn. 55 を参照．
129)　*Sachs* (Fn. 6), S. 717.
130)　たとえば，*Böckenförde/Jekewitz/Ramm* (Fn. 24) および *Tomandl* (Fn. 86) における諸論考；*W. Brohm*, Soziale Grundrechte und Staatszielbestimmungen in der Verfassung, in: JZ 1994, S. 213 ff.; *Brunner* (Fn. 120); *C. E. Benz*, Die Kodifikation der Sozialrechte, 1973; *F. Honer*, Die sozialen Grundrechte, 1974, S. 211 ff.; *Müller* (Fn. 88); *Lücke* (Fn. 27); *F. Ossenbühl*, Probleme der Verfassungsreform in Deutschland, in: DVBl 1992, S. 468 (475 f.); *H. -J. Wipfelder*, Die verfassungsrechtliche Kodifizierung sozialer Grundrechte, in: ZRP 1986, S. 140 ff.

邦憲法の改正準備である[131]．──本稿では，学説において交わされている多様な諸論拠について鳥瞰することはほぼ不可能である．ここでは中心的な目的設定について若干の示唆を行うことで満足せざるを得ない：

[68] 憲法テキストの中に社会的基本権を採用することに賛成する論者は，次のように主張する．社会的基本権は社会国家目標を具体化し[132]，もって実効的にし，そして憲法の統合作用を強化しうる[133]，と．これに対する反対論は，次のように主張する．具体的にすぎる社会的な保障の表現定式は，社会的な財産状況の固定化をもたらし，明示的には保障されていないが，しかし同様に正当な社会的な〔他の〕目的の無視につながる．そして一般的な内容にとどまるが，しかし内容形成が必要な請求権の保障は，実現しえない期待を呼び起こし，すぐに失望をもたらすこととなる．両者ともすでに崩壊しているように見え[134]，憲法への──その他の構成要素への──信頼を動揺させることとなりうる[135]，と．

[69] 社会的な保障を失望から守るために，しばしば提案されるのは，その保障を社会的「基本権」と呼んだり，何かを「求める権利」と定式化したりするのではなく，国家の客観的な義務（「憲法委託」ないしこれに類する表現）として定式化し，そして主観的な請求権が保障されているわけではないことを明確にする[136]，という仕方である．後者の可能性を，スイスの新たな連邦憲法[137]は採用した．同憲法は，一方では緊急状況での扶助を求める基本権を保障し（12条），他方では社会保障や健康保護，相当な住居について尽力することを連邦と州

---

131) Schlußbericht (Fn. 108); Expertenkommission (Fn. 11).
132) Vgl. *Lücke* (Fn. 27), S. 42 f. m. weit. Nachw.
133) Vgl. *Lücke* (Fn. 27), S. 37 f. m. weit. Nachw.
134) Vgl. *J. P. Müller*, Soziale Grundrechte in der schweizerischen Rechtsordnung, in der europäischen Sozialcharta und den UNO – Menschenrechtspakten, in: *Böckenförde/Jekewitz/Ramm* (Fn. 24), S. 61 (69); *Lücke* (Fn. 27), S. 38 f., 43 f., 50 f. m. weit Nachw.
135) Vgl. *Müller* (Fn. 134), S. 69.
136) Z. B. *Böckenförde* (Fn. 24), S. 14 ff.; Expertenkommission (Fn. 111), S. 61.
137) Bundesverfassung der Schweizerischen Eidgenossenschaft v. 18. 4. 1999, AS 1999 2556

(Kantonen)に命ずる社会〔国家〕目標を保障しているが（41条），ただ利用可能な手段の範囲内のみでの保障であることが明文化されており（同条3項），これは直接的な給付請求権の根拠となるものではないとされている（同条4項）．

[70] ドイツ連邦共和国は，社会権にかかる国際条約において受け入れた種々の義務につき，これを社会的基本権ではなく，通常法律の平面で拡充された，社会保障制度を保障する社会国家〔原理〕を通じてこれまで充足してきた．その保護の水準は，世界中の他の国家のほとんどが達成できていない〔高い〕レベルのものである．仮に社会的基本権があったとしても，より高い水準がもたらされることはなかったであろう[138]．かくして，その遵守が法的に保障され得ない約束によって憲法を悩ますべきではない，という主張の正しさを認めなければならない．

E. その他の狭義の配分参与権

I. 公物の使用——配分参与か自由か？

[71] 公物の使用は，法的には，行動の自由の発現と変わらないのであろうか，それとも共同体の財への配分参与なのであろうか．この問題は，ここであらかじめ解明される必要がある．なぜならば，支配的な，しかし争いのある見解によれば，公物——とりわけ地方自治体の施設——の使用は，配分参与請求権が実務上重要な役割を果たす最も重要な領域の1つだからである[139]．——確立した支配的見解によれば，公物や公的施設の使用は，少なくとも使用の許可が必要とされている場合には，配分参与となる[140]．この見解は，次のような使用〔関

---

138) *Zacher* (Fn. 121), S. 30; vgl. auch *Isensee* (Fn. 27), S. 383; *Lücke* (Fn. 27), S. 58f.; これについて，*Brunner* (Fn. 120) における法比較・法律事実の比較に関する概観も参照．

139) → Bd. Ⅳ, *W. Rüfner*, § 96 Rn. 64.

140) Vgl. *Forsthoff* (Fn. 44), S. 412 ff.; *J. Salzwedel*, Anstaltsnutzung und Nutzung öffentlicher Sachen, in: *H.-U. Erichsen/W. Martens* (Hrsg.), Allgemeines Verwaltungsrecht,

係〕が問題となっている限りにおいて，批判にさらされている．すなわち，その使用〔関係〕の枠内においては，特別な積極的な給付はもたらされておらず，ただ利用者は，現存する物の使用を妨げられないだけである：ここでは「積極的地位」ではなく「消極的地位」が関わっているのだとされる[141]．その利用がある者について禁止された（許可されなかった）場合，支配的見解は基本法3条に基づき，憲法上基礎づけられた許可請求権をその者が有しているか否かを審査する[142]．他方，反対説によれば，自由権に基づき，その防禦権としての機能において判断されるべき自由への介入が存在することとなる．これに対し，次の点については今日，広範な見解の一致が見られる．すなわち，公物の〔自由〕共同使用 (gemeingebräuche Benutzung) の制限を判断する際の判断基準には，防御権が用いられる，という点である[143]．

[72] もっぱら現存する物の使用のみが問題となっており，追加的な（使用者に固有の）役務の給付がもたらされる必要がない場合には，その使用関係は，次の理由から，純粋に自由権的（防御権的）に構成されうる，とすることは正当である．その理由とは，「自然的」な行動の自由は，屋内プールや体育館，図書館の使用可能性を含むものであり，図書館の使用規則や屋内プールの入場料（支払わないと使用が許可されない）は，連邦首相の執務室への立ち入り禁止や庁舎におけるロック祭典の開催の禁止と同様に自由を制限するからだ，というものである．この形式的・作為的に構成された見方は，しかしながら，実体的にはいずれの場合においても，自由権に基づいては個人に認められていない共同体の財の利用ないし使用が問題となっている，ということを見誤っている．

81998, § 44 II ; *H.-U. Erichsen*, Grundrechte und Anstaltsnutzung, in: VerwArch 64 (1973), S. 299 (302); *W. Krebs*, Grundrechtsschutz für Gemeingebrauch an öffentlichen Straßen und Wegen?, in: VerwArch 67 (1976), S. 329 (332 f.).

141) *Schwabe* (Fn. 14), S. 244 ff.; *Sachs* (Fn. 6), S. 701 ff.
142) Vgl z. B. BVerwGE 39, 235 (238 f.).
143) Vgl. BVerwGE 39, 235 (238 f.); BverwG, in: NJW 1988, S. 432 f.; *Sachs* (Fn. 6), S. 702 m. weit. Nachw. ─もっとも公物の特別利用についてはこれとは異なる．BVerwGE 47, 280 (288); *R. Steinberg*, Meinungsfreiheit und Straßennutzung, in: NJW 1978, S. 1898 (1899) m. weit. Nachw.

もちろん，その財産の法的帰属は，次のような法秩序を前提としている．すなわち，「自然的自由」を制限し，そして排他的権能およびそれに対応する〔介入の〕禁止を通じて所有権ないし公物支配を法制度として——そしてこれによって物の使用（消費等々）に関する自由と配分参与との法的な区別を——はじめて可能にする法秩序である．しかし，財産制度の基礎づけのために必要な自由制限的な法秩序の存在は，基本法によっては所与のものとして想定されており，財産制度の保障とともにその核心において憲法上の効力が保障されている．それゆえ，第三者（あるいは国家）の財産への介入を禁止するあらゆる法規範は，たしかに自由制限的であるが，しかしそれは原理的に正当化が不要なものであり，とりわけ比例原則に基づいた審査を必要としない．なぜなら——私的ないし公的な——物の支配を基礎づける「自然的自由」の制限の正当化は，すでに憲法上の制度保障から生じているからである[144]．したがって，公物——ないし私的財産——の使用を求める防禦権的な請求権は，問題とならない．他人の財産の利用を求める憲法上の請求権が存在するならば，この権利は配分参与権によって基礎づけられなければならない[145]．

II．伝来的配分参与権

[73] 伝来的配分参与権[146]は，比較的問題なく基礎づけられうる．その法的基礎は通例は平等取扱いの要請である；これと並んで，法治国家的な信頼保護の原則からの導出や，所有権保障および自由権からの導出が考慮に入れられる．

---

144) *D. Murswiek*, Privater Nutzen und Gemeinwohl im Umweltrecht, in: DVBl 1994, S. 77 (80 f.) (SV. II 43).
145) 以下の Rn. 73 ff., 99 ff. を参照．
146) 概念について，上述の Rn. 12 を参照．

1. 平等取扱いを求める権利と配分参与権

a) 平等原則からの配分参与権の導出

[74] 一般的平等原則（基本法3条1項）と個別的平等権は，給付の保障の際にも平等取扱いを義務づけるものであるため，給付の保障——社会〔福祉〕的給付，補助金，公的施設の使用の許可等々——は，場合によっては一定の市民について，同一の要件を充足する他のあらゆる者が同様に給付請求権を有している，という状況をもたらしうる[147]。だが，Aに対するあらゆる給付が——これと比肩しうる状況にあるように見える——Bの給付請求権を直ちにもたらすわけでは必ずしもない．一般的平等原則は，ただ恣意的な不平等取扱いを禁止するものである．立法者は，そして法律から自由な行政も，さらには法律に拘束された行政も，事の性質に即した諸理由による区別について，多様な範囲における判断の余地を有している．他者に認められているある給付の拒否がただ「恣意的」な場合にのみ，あるいは個別的な差別禁止に違反している場合にのみ，その他の要件を充足している限り，平等取扱いの要請から伝来的な給付請求権が生じる：給付の保障は，平等違反を回避する唯一の可能性でなければならない．このことは，援助を受ける者の範囲の拡張ではなく，援助を受ける者を削減することによっても平等取扱いがもたらされる場合には妥当しない[148]．平等取扱いを求める請求権は，この場合には請求権というよりも，給付への配分参与を求める機会をもたらすものであり[149]，その実現は，援助の一般的（継続的）保障について，所轄の国家機関が決定するかどうかに左右されるものである．給付への配分参与を求める機会と言うかわりに，条件付配分参与請求権と呼ぶこともできるであろう．

原則として立法者は，この点について決定する自由を有している．立法者は，

---

147) これについて，そしてその帰結について，*Martens* (Fn. 18), S. 21 ff.; *Breuer* (Fn. 52), S. 100 ff.
148) *Sachs* (Fn. 6), S. 749 f. m. weit. Nachw.
149) *Martens* (Fn. 18), S. 24.

――例外的に他の憲法原則が対立しない限り――援助の廃止か援助の拡張かの選択を行いうる[150]。

[75] 伝来的給付請求権は，EU 法上の差別禁止からも生じうる．そのような請求権は，実務上はきわめて重要な意義を有している．なぜならば，国内の給付法律は，社会的給付や奨学金，またはたとえば教育施設へのアクセスを，しばしば自国民に留保しており，または外国人について特別な要件にかからしめているからである．この給付を求める配分参与権は，EU 市民についてはとりわけ EU の機能に関する条約 18 条から生じる[151]．国籍を理由とする差別の禁止は，もっとも，EU 条約の「適用範囲において」のみ妥当し，それゆえたとえば自由な商品流通ないし労働者の自由移動の枠内においてのみ妥当する．EU 司法裁判所は，そこから，EU 市民権を引き合いに出して，しかしながら事実上，もはや無限定の配分参与権を創出した[152]．

[76] 給付請求権が給付にかかる通常法律から生じる以上，たしかに法適用の平等原則は，執政機関が援助を受けている者から法律上の給付を奪ってはならない，ということを憲法上の基礎からも導くものである[153]；しかし内容的には，ここから，通常法律から導かれるものを超える給付請求権は発生しない．

[77] 行政機関が法律の拘束なしに，または法律上認められた裁量の余地の範

---

150) Vgl. BVerfGE 8, 28 (36 f.); 52, 369 (379); 55, 100 (113); 72, 1 (6 f.); 74, 9 (28); これについて，たとえば，*Sachs* (Fn. 6), S. 749 f.

151) 大学への無制限のアクセスについて，たとえば参照，EuGH, Urt. v. 7. 7. 2005, Rs. C-147/03 – Slg. Ⅰ -5969 – Kommission/Österreich: 国籍国において妥当している追加的な要請―たとえば入学定員制限の際の最低限度の点数に関する―を志願者が満たしているかどうかにアクセスをかからしめていたある条項の無効性．

152) Vgl. EuGH, Urt. v. 12. 5. 1998, Rs. C-85/96 – Slg. 1988, Ⅰ -2708 – Martínez Sala; Urt. v. 20. 9. 2001, Rs. C-184/99 – Slg. 2001, Ⅰ -6193 – Grzelczyk: フランスの学生がベルギーにおける社会的給付を求める請求権；vgl. auch Urt. v. 15. 3. 2005, Rs. C-209/03 – Slg. Ⅰ -2119 – Bildar. これらの判例に対する正当な鋭い批判として，*K. Hailbronner*, Die Unionsbürgerschaft und das Ende rationaler Jurisprudenz durch den EuGH?, in: NJW 2004, S. 2185 (2186 ff.); *ders.*, Unionsbürgerschaft und Zugang zu den Sozialsystemen, in: JZ 2005, S. 1138 ff.

153) Vgl. *G. Dürig*, in: *O. Maunz/O. Dürig*, Art. 3 Abs. 1 Rn. 415, 423.

囲内で給付を与えることを決定しうる限り，平等原則は裁量統制的な作用を発揮しうる：恒常的かつ均等な配分の実務は，基本法3条1項に基づき，次のようにすることで裁量を拘束している．すなわち，等しい地位にある利害関係者は，——内容および範囲に応じて等しい——給付請求権を有している，というかたちである[154]．これは，これまでの実務を法適合的だということを前提にした場合の話である[155]．この伝来的な配分請求権も，もちろん「絶対的」なものとして存在するわけではない：行政は，事柄に即した理由から，その配分実務の総体を変更する権能を，依然として有している[156]．

b）資格づけられた（tituliert）手段と所与のキャパシティの限界

[78]　一方で，このように立法者は平等原則によって給付の保障を義務づけられておらず，他方で執政府に対しては（無条件の）伝来的な配分参与請求権が生じうる．しかし行政機関は，法的に利用可能なものの範囲内でのみ，給付を行うことを義務づけられうる．平等原則から導かれる配分参与権は，実際に調達される国家給付と結合しており，そしてその点にかからしめられているため，その範囲は，そのために利用可能なものだと資格づけられた手段を使い尽くしたところを超えることはできず（それが法律上固定された法的立場に関わっていない限り），利用された設備のキャパシティを使い尽くしたところを超えることはできない[157]．行政機関は，実際上存在するもの，もしくは行政機関にとって法的に利用可能な状態にあるものの配分・分配に制限されている限り，基本法3条に反することはない．（無条件の）伝来的配分参与権は，それゆえ常に，現

---

154)　Vgl. BVerwGE 2, 163; 4, 161 (162); 14, 307 (309 f.); 15, 190 (196); 44, 72 (74f.); *M. Wallerath*, Die Selbstbindung der Verwaltung, 1968; *F. Ossenbühl*, Verwaltungsvorschriften und Grundgesetz, 1968, S. 514 ff., 550 ff.; *Breuer* (Fn. 52), S. 101 m. weit Nachw.

155)　BVerwGE 5, 1 (8); 34, 278; *Dürig* (Fn. 153), Art. 3 Abs. 1 Rn. 182 ff.m. weit. Nachw., Rn. 437.

156)　*Dürig* (Fn. 153), Art. 3 Abs. 1 Rn. 450ff.

157)　*Martens* (Fn. 18), S. 25 m. weit. Nachw.; 補助金に関して，*V. Götz*, Recht der Wirtschaftssubventionen, 1966, S. 36, 39.

存する,基本権上の義務に拘束された裁量の下にあるものからの給付を求める権利であり[158],それが不足している場合には,平等な(恣意的でない)配分を求める権利に相対化される[159].

[79]　この限界の中に,潜在的な請求権の内容と範囲の明確化が存し,同時に始源的配分参与権との本質的な相違が存する:配分参与権を実行しようとする裁判所と,予算や経済発展,社会〔給付〕的な優先順位の設定について権限をもつ国家機関との対立は,ここでは生じない.

c) 適用事例

[80]　何人も,その利用目的に従い,かつキャパシティの限界の枠内において,公的施設へのアクセスや公物の使用を求める請求権を有する[160].事柄の性質に即応した――施設の設置目的に照らして正当化される――理由からアクセスを制限することは許容される[161].そのような施設の存在に基づく配分参与請求権が存在するのは,たとえば市民会館や屋内プール,劇場の使用や,学校・大学へのアクセスとの関連においてである[162].

[81]　補助金を求める請求権は,とりわけ裁量を拘束する〔羈束的な〕行政規則(補助金規則)から生じる[163].もっとも,補助金法の主要な領域においては,多数の者に向けた均等な給付は問題とならず,各事案が個別の特殊性を示すも

---

158)　Vgl. *Sachs* (Fn. 6), S. 700 m. weit. Nachw.
159)　それゆえこの権利は,原則として「相対的」配分参与権であり,「絶対的」配分参与権と区別される.絶対的配分参与権は,現存する手段やキャパシティに関わりなく存在する.参照, *R. Scholz*, in: *T. Maunz/G. Dürig*, Art. 12 Rn. 443 ff.
160)　少なくとも瑕疵のない裁量判断を求める請求権として,BVerwGE 39, 235 (237 f.); *E. Pappermann/R. P. Löhr/W. Andriske*, Recht der öffentichen Sachen, 1987, S. 134 f.; *Martens* (Fn. 18), S. 24 m. weit. Nachw. → Bd. Ⅵ, *Püttner*, § 144 Rn. 83.
161)　Vgl. *Wolff/Bachof* (Fn. 44), § 138 Rn. 21.
162)　研究の場を求める請求権について,後述の Rn. 85 を参照.
163)　BVerwGE 14, 307 (310); 15, 190 (196); BVerwG, in: NJW 1979, S. 280 m. weit. Nachw.; *Breuer* (Fn. 52), S. 101; *H. J. Wolff/O. Bachof/R. Stober/W. Kluth*, Verwaltungsrecht, Bd. Ⅰ, 12. Aufl. 2007, § 24 Ⅲ 2 Rn. 13. → Bd. Ⅴ, *F. Ossenbühl*, § 104 Rn. 34, 41 ff., 53 ff., 75; *J. A. Kämmerer*, § 124 Rn. 43.

のであり，──経済補助（Wirtschaftssubventionen）や芸術助成の分野で広く行われているように──行政機関による区別化の権能は非常に広汎なため，原則として請求権を根拠づける厳格な裁量拘束は生じず，ただ瑕疵のない裁量行使を求める請求権が生じるのみである[164]．平等原則は，とりわけ「じょうろ原理（Gießkannenprinzip）」[165]によって補助金の付与を行うこと，すなわち現存する手段を申請者全体に対して分配することを義務づけるものではない；そのようなかたちでの補助金の付与は，経済・芸術・学術助成の場合には，たいていはその目的に反することとなろう．

[82] 政党への国家的な財政援助（かつては選挙運動の費用についての課税の免除）は，機会均等を求める政党の権利の要請に服する．基本法21条1項と結び付いた同3条から導かれるこの権利は，一般的平等原則よりも「厳格」であり，原則として厳格な平等取扱いを要請する；立法者は，この場合，区別化を行う広範な判断の余地を有していない．それゆえ政党は，相対的に貫徹力のある条件付きの配分参与請求権を有している：国家による政党への財政援助が行われる場合には，それは機会均等に基づきすべての政党について行われることとなる[166]．同様のことは，その他の政党への給付，たとえば市民会館の使用[167]や，公法上の放送設備を通じた〔政見〕放送時間の配分[168]についても妥当する．

2．信頼保護および財産権保障から生じる伝来的配分参与権

a) 信頼保護

[83] 基本法3条から生じる配分参与請求権は，これを先行して承認する行政

---

164) Vgl. *Martens* (Fn. 18), S. 22 f.; *R. Stober*, Besonderes Wirtschaftsverwaltungsrecht, 14. Aufl. 2007, § 57 Ⅱ.
165) Vgl. *Wolff/Bachof* (Fn. 44), § 138 Rn. 24.
166) Vgl. BVerfGE 20, 56 (113 ff.); 24, 300 (334 ff.); 85, 264 (292 ff.) → Bd. Ⅲ, *Kunig*, § 40 Rn. 93 ff., 102 ff.
167) BVerwGE 32, 333 (335 ff.). → Bd. Ⅲ, *Kunig*, § 40 Rn. 95.
168) Vgl. BVerfGE 14, 121 (131 ff.); 34, 160 (163); 47, 198 (225); 69, 257 (268). → Bd. Ⅲ, *Kunig*, § 40 Rn. 95.

の実施にのみ依拠しうる[169]．給付を認める行政規則が適用されない限り，この実施が欠けることとなる．行政規則（補助金規則）は，支配的な見解によればただ行政内部での効力のみを有するものであるにもかかわらず，判例は，この行政規則に基づく給付の保障を求める請求権を市民に認めている．いくつかの判決は，行政規則の裁量拘束的な効力を，この状況の下においても平等原則に基づかせ，そして予見される行政による実施（antizipierten Vwewaltungspraxis）の擬制をもって，何とかこれに対処している[170]．その他の判例によれば，この給付請求権の法的根拠は信頼保護の要請（法治国原理と結び付いた基本法2条1項）である：給付請求権が存在するのは，特別な事情に基づき，当該行政規則の順守が，先行する適用がない場合でも市民によって期待されうる場合だとされる[171]．このようなかたちで基礎づけられた給付請求権は，伝来的な，先行する信頼によって基礎づけられた行政機関の行動に依拠した請求権である．

b）財産権

[84]　水の使用の許可（Erlaubnis）または特許（Bewilligung）の付与の際には，水管理法（WHG）12条2項に基づき，水道局（Wasserbehörde）の裁量が認められる．水の使用は，公法上の使用制度の下にある共同体の財の利用への配分参与である．土地所有者の権限は，水使用には及ばない．なぜならば，水法上の諸規定がすでに財産権の内容を限界づけているからである[172]．法律に基づく許可は，特許の場合と異なり自由に撤回されるにもかかわらず，許可付与は，許可の維持——もとより無限定ではないが——を求める伝来的権利を基礎づける．しかも信頼保護の側面のみならず，——もとよりこれと密接に関連するが——許可に基づいて投資が行われていた場合には，財産権上の投資保護の側面

---

169)　→ Bd. Ⅳ, *H. Maurer*, § 79 Rn. 122 ff.
170)　Vgl. BVerwG, in: DÖV 1971, S. 748; in: DÖV 1982, S. 76; in: DVBl 1982, S. 195 (197). → Bd. V, *Ossenbühl*, § 104 Rn. 58.
171)　BVerwGE 35, 159 (162); OVG Münster, in: GewArch 1976, S. 290; 同旨として *Breuer* (Fn. 52), S. 102. → Bd. Ⅳ, *Maurer*, § 70 Rn. 123.
172)　BVerfGE 58, 300 (328 ff., 335 ff.).

から，そうした許可の維持を求める伝来的権利が基礎づけられうる[173]．

3．伝来的な配分参与権としての自由権？

a) 養成所の自由な選択を求める権利

[85] 養成所（Ausbildungsstätte）の自由な選択を求める権利（基本法12条1項）は，何よりもまず，国家による規律に対する防禦権である．しかし，国家が一定の養成制度（Ausbildungseinrichtungen）を法的ないし事実上独占している場合（大学での研究 Universitätsstudium），――議論されてきたように――この自由は，これを現存する国家的な養成所へのアクセスを求める権利として解釈しない限り，空転するであろう[174]．そのため，基本法12条1項から，養成〔職業訓練〕，とりわけ研究（Studium）に対する許可を求める請求権が生じる．この権利は当然，一定の条件にかからしめられうるものであり（大学入学資格試験 Abitur），そして伝来的な，現存する財への配分参与を目的とする請求権として，現存するキャパシティの限界のもとにある．養成所が不足している場合，したがって，現存するキャパシティを使い尽くした下での，基本法3条から導かれる配分的正義の基準に従った許可を求める請求権のみが存することとなる[175]．もっとも，この帰結を正当化するために，基本法12条1項を配分参与権に解釈しなおすことは不要となるであろう．なぜならば，伝来的なアクセス請求権はすでに基本法3条から生じており[176]，この請求権はその限りで基本法12条の空転化を阻止しているからである．もちろん，次のような場合に，このことが同様

---

173) Vgl. VGH Mannheim, in: ZfW 1982, S. 240; *R. Breuer*, Öffentliches und privates Wasserrecht, 2004, Rn. 656 m. weit. Nachw. → Bd. Ⅳ, *Maurer*, § 79 Rn. 109 f.; → Bd. Ⅷ, *W. Leisner*, § 173 Rn. 201.

174) BVerfGE 33, 303 (331 f.); 43, 291 (313 f.); *M. Gubelt*, in: *v. Münch/Kunig*, Bd. Ⅰ, Art. 12 Rn. 28 m. weit. Nachw.

175) BVerfGE 33, 303 (332 ff.); 43, 291 (313 ff.); 85, 36 (53 f.); BVerwGE 102, 142; *Scholz* (Fn. 159), Art. 12 Rn. 445 ff. m. weit. Nachw.

176) たとえば参照．*F. Ossenbühl*, Die Interpretation der Grundrechte in der Rechtsprechung des Bundesverfassungsgerichts, in: NJW 1976, S. 2100 (2104); *Isensee* (Fn. 27), S. 372.

に妥当するのかは議論の余地があり得よう．すなわち，基本法3条と合致する配分の構想に基づき，たとえば需要の観点から職業へのアクセスを制御するために，意図的にそのキャパシティが使い尽くされていない場合である：そのような執政機関の許可実務は，しかし配分されるべき財の法律上の目的（公共用物指定目的（Widmungszweck））や，関係する予算手段の目的拘束と合致しないであろう．これに対し，立法者が，一定の財の配分，とりわけ公的な施設へのアクセスを，この財や施設の開設によって元々は追求されていなかった目的の追求のために限定することについては，基本法3条1項によっては禁止されないことになろう．その限りで，基本法12条からは，平等原則から導かれ得ないものが生じる．すなわち，キャパシティの限界からは生じないその他のアクセス制限は，主観的な〔許可条件たる〕資格をもつ応募者に対しては，立法者によっても課せられてはならない，ということが基本法12条から生じる．ここに，実際上，基本法12条のみに認められる配分参与作用が存する．これを根拠づけるのは，ドイツにおける学校・大学教育は国家的な準独占状態にあり，配分に固有のものではない理由による不許可，つまり限界のあるキャパシティによっては根拠づけられない不許可は，個々人の自由に対する介入と同様に作用する，という点である：研究の場が現存するにもかかわらず研究へのアクセスを不許可にすることは，職業へのアクセスの規律と同様に作用する；それゆえ，その不許可が──ここでは配分が問題となっているものの──正当化されるのは，ただ，これに対応する介入が正当化されうるような条件のもとにおいてのみである[177]．そして，需要を志向する客観的な職業の許可の限界は，原則として正当化理由とならない．──判例は，基本法12条1項からさらに1つの──解釈論上は理解しがたく，むしろ手続保障のもとに位置づけられるべき──請求権を導いた．これは，実体的な配分基準に従って付けられた応募者の順位に関わりなく研究の場へのアクセスを求める，資格を有する異議申立人の，

---

177) Vgl. *R. Pitschas*, Berufsfreiheit und Berufslenkung, 1983, S. 335; *G. Manssen*, in: v. *Mangoldt/Klein/Starck*, Bd. 1, 5. Aufl. 2005, Art. 12 Rn. 18 f.

使い尽くされていないキャパシティについての請求権である[178].

b）配分参与に基づく自由

[86] 公物および公的施設の使用の際，配分参与は自由の行使と密接に結びついている．配分参与，すなわち使用は，まさに自由な活動の目的を追求している．たとえば党大会の枠内における政党の政策活動のための市民会館の借用である．その利用が許可にかからしめられている場合，二段階の配分参与・自由関係が問題となる[179]：許可の付与は配分参与の問題である；許可をめぐる法的係争は，配分参与請求権をめぐる法的係争である．その許可はしかし，使用者に対し——使用条件の枠内で——自由の余地を開き，その自由の枠内では，制約や介入は，ただ自由権の尊重のもとにおいてのみ可能である．自由権はこの場合，配分参与関係の枠内で適用されるが，しかしこのことは，防禦権としてのその法的性格に変更を加えるものではない．

[87] 自由共同使用の場合（道路等々），その配分参与は一般的に許容され，特別の許可行為は必要とされない．公共用物指定〔目的〕に適合する利用に対するあらゆる制約——たとえば道路交通法規による制限——は自由の制約とみなされ，そしてその使用を規律する個別の命令——交通巡査による命令など——は，自由への介入とみなされる[180]．それゆえ，一般的な行動の自由によって（場合によっては個別的自由権，たとえば集会の自由によって）認められる——制約可能な——，公共用物の自由共同使用についてその指定〔目的〕に適合的な使用を求める権利が存在することとなる[181]．自由権は，この場合には初めから防禦権

---

178) Vgl. BVerfGE 39, 258 (269 ff.); 39, 276 (293 ff.); これについては, *Breuer* (Fn. 52), S. 115; *Sendler* (Fn. 7), S. 585. → Bd. Ⅷ, *Breuer*, § 170 Rn. 104 ff.
179) この点の詳細について, *D. Murswiek*, Grundrechtsdogmatische Fragen gestufter Teilhabe-/Freiheitsverhältnisse, in: FS für K. Doehring, 1989, S. 647 ff. (S. V. Ⅱ. 29.)
180) Vgl. BVerwGE 4, 342 (346); 27, 181 (185); 32, 222 (225); BVerwG, in: NJW 1988, S. 432 f.
181) Vgl. BVerwG (Fn. 180); *K. Stern*, Die Öffentliche Sache, in: VVDStRL 21 (1964), S. 183 (219); *Salzwedel* (Fn. 140), § 46 Ⅱ 3; *H.-J. Papier*, Recht öffentlicher Sachen, in: *H.-U. Erichsen/D. Ehlers* (Hrsg.), Allgemeines Verwaltungsrecht, 13. Aufl. 2006, § 40

として妥当するにもかかわらず,使用それ自体を求める自由が問題となる限り,この自由権は伝来的配分参与権に位置づけられることとなる[182]：これは,先行するその物の自由共同使用のための公共用物指定に左右される．その公共用物指定が解除された場合,使用権は消失することとなる．自由権からは自由共同使用の存続を求める請求権は生じない[183]．この〔公共用物指定への〕従属性のゆえに,自由共同使用の場合にあっても,段階的な配分参与・自由関係が存在する：すなわち,配分参与を基礎に置く自由である．

[88] 配分参与を基礎に置く自由は,次のような公物の利用の際にも存在する．すなわち,そのアクセスが法律によって制限されていない場合,そしてその限り何人もアクセスすることが「自由な財」として開放されている公物である．その最も重要な例は環境財であり,とりわけ空気,大気圏,および有害物質による汚染に関するその使用などである．公的な設備や公物の使用の場合と異なり,この場合には,自由行使について,法的な配分参与関係の基礎は存せず,ただ事実上の配分参与関係の基礎のみが存する：その利用についての自由は,法によって（個別・具体的には許可によって,一般的には自由共同使用についての公共用物指定と結び付いた法律によって）始めて保障されるものではなく,法律上の制限が存在しないことにより,自由権に基づいてあらかじめ存在するものである[184]．しかし,「自由な」環境財の利用についての自由は,ここでも無限定の自由と両立し得ない財の事実上の不足が生じると,厄介なものとなる．その配分参与への自由の制約は,かくして不可避である[185]．共同体の財の利用への配分参与権を（始源的に）保障する,基本法によって前提とされた核心領域が関

  Ⅳ 1 c, Rn. 62; *Krebs* (Fn. 140), S. 333 f.; *Sachs* (Fn. 6), S. 702 f. m. weit Nachw.
182) *Martens* (Fn. 18), S. 25; *Krebs* (Fn. 140), S. 332 ff.; vgl. auch *Forsthoff* (Fn. 44), S. 392; *Stern* (Fn. 181), S. 219 m. weit Nachw.; 反対の見解として, *Sachs* (Fn. 6), S. 70.
183) Vgl. BVerwGE 32, 222 (225); *Salzwedel* (Fn. 140), § 46 Ⅱ 3; *Papier* (Fn. 181), § 40 Ⅳ 1 d, Rn. 62—もっとも, 以下の Rn. 112 も参照.
184) *Murswiek* (Fn. 144), S. 81 f.
185) *D. Murswiek*, Freiheit und Freiwilligkeit im Umweltrecht, in: JZ 1988, S. 985 (992 f.). (S. V. Ⅱ. 26.)

わっていない限り，自由権はこの場合の制約に対し，何ら保護を与えるものではない[186]．

[89] 配分参与を基礎に置く自由権についてのその他の例は，教授〔教育〕の自由であり（基本法5条3項），この自由は次の者にのみ認められるものである．すなわち，配分参与を承認する行為に基づき，研究および教育における諸作用（教授，講師職）を委任された者である[187]．あるいは，公法上の放送施設におけるジャーナリストの報道の自由も，その例としてあげられる[188]．――そのような配分参与に依拠する自由権は，配分参与権ではない：これらの自由権が保障しているのは，配分参与を求める権利ではなく，配分参与を基礎に置く自由であり，そして配分参与の枠内における自由である．

4．結　論

[90] 伝来的な配分参与権は，その作用によれば社会的給付請求権たりうる．始源的な配分参与権の場合とは異なり，その目的は配分参与それ自体ではなく，その根拠は，自由権を配分参与権へと社会国家的に再解釈することにあるのではなく，法治国的な平等および自由の保障にある：その給付が行われない場合，先行する国家行為は基本法3条1項または同2条1項もしくは同14条に違反することとなる．

Ⅲ．始源的な社会的配分参与権としての自由権？

[91] 自由権を始源的な配分参与権に再解釈することは可能であろうか．自由権は，自由の実現のための現実の条件の創出を求める請求権を保障しているの

---

186) *Murswiek* (Fn. 185), S. 992; *ders*., (Fn. 144), S. 80 f.
187) Vgl. *K. Hailbronner*, Die Freiheit von Forschung und Lehre als Funktionsgrundrecht, 1979, S. 75.
188) ジャーナリストのプレスの自由，あるいは一般的に，従属的な〔労働における〕職業の遂行の自由は，私人の配分参与に基づく．

であろうか．職業の自由（基本法12条）から職場を求める権利が導かれ，住居の不可侵（基本法13条）から住居を求める請求権が導かれるであろうか．配分参与権をめぐる議論[189]は，この中枢をなす問題に対し，その理由づけや結論において微妙な差異はあるものの，核心において1つの統一的な解答を明るみにした．以下の諸節で示すように，自由権から始源的な社会的配分参与権を導くことは，原則として不可能である．ただ特別な財との関連でのみ，配分参与請求権は——しかもただ原則として最低限度の保障としてのみ——基礎づけられうる．すなわち，個々人にとってその財が自由に利用可能なものとなっており，そしてこれについて国家が保障しなければならないということを，基本法が前提としている場合である．

1．「現実的」自由の構想

a）配分参与権的基本権理解に賛成する諸論拠

[92] 始源的配分参与権の基礎づけについて最も広範に行われている構想は，「現実的」自由の構想である．これは，自由概念における自由権の機能を転化しようとするものである：いわく，自由は——「消極的」な介入を防御する自由とは異なり——事実上も実現されうる「積極的」な「現実的」な自由として解されなければならない．もし基本権が「現実的自由」を保障しているのであれば，これが意味するのは，国家がその実現のための事実上の社会的諸条件を保障しなければならず，これを求める請求権を個々人が有している，ということである．と．これについて「社会国家的基本権構想」と呼ぶことも可能であ

---

189) Vgl. *Martens* (Fn. 18); *Häberle* (Fn. 11); *E. Friesenhahn*, Der Wandel des Grundrechtsverständnisses, in: Verhandlungen des 50. DJT, 1974, Bd. II, S. G 1 (29 ff.); *D. Wiegand*, Sozialstaatsklausel und Teilhaberechte, in: DVBl 1974, S. 657 ff.; *Abelein* (Fn. 4); *Schwabe* (Fn. 14), S. 241 ff.; *H. Wilke*, Stand und Kritik der neueren Grundrechtstheorie, 1975, S. 216 ff.; *E. Grabitz*, Freiheit und Verfassungsrecht, 1976, S. 37 ff.; *Rupp* (Fn. 69), S. 172 ff.; *Breuer* (Fn. 52); *ders.*, Grundrechte als Quelle positiver Ansprüche, in: Jura 1975, S. 401ff.; *Redeker* (Fn. 9); *Sendler* (Fn. 7); *Denninger* (Fn. 11), S. 162 ff.; *Haverkate* (Fn. 46), S. 63 ff.; *H. Bethge*, Akutuelle Probleme der Grundrechtsdogmatik, in: Der Staat 24 (1985), S. 351 (372 ff.).

るが[190]，その主観法的な帰結を無制限に引き出す論者は誰もいない．

[93] この（細部においては相当のバリエーションをともない，そして著しい制約や留保をともなう）構想の支持者は，「liberté」（自由）と「capicité」（キャパシティ）の実際上の関連性を引き合いに出す[191]．さらに，現代の産業社会における人間は，特別な程度において国家的給付に，生存に関わるレベルまで依存しており，そして現代の社会国家は，その完全な配分・分配システムを通じ，この依存性を強化している，ということが指摘されている[192]．自由実現の社会的な諸条件への個々人の依存性から，国家はこの条件をも保障しなければならないこと[193]，そして基本権は配分参与権として理解されるべきこと[194]が導かれる．

[94] この依存性論拠についての特別な，より厳格に個別化された形態は，国家が基本権に関する一定の事実上の諸条件を独占している場合，国家はこの諸条件の存在についての保障を引き受けなければならない，とする論拠である[195]．ここからハンブルクの行政裁判所は次のような帰結を導いた．すなわち，

---

190) この構想を述べるものとして，*Böckenförde* (Fn. 55), S. 1535 f.; *Haverkate* (Fn. 46), S. 72 ff.; 構想として整序しこれを主張するものとして，*W. Krebs*, Rechtliche und reale Freiheit, HGR, Bd. Ⅱ, 2006, § 31, insbes. Rn. 97 ff. → *Isensee*, § 190 Rn. 184 ff.
191) 上掲の Rn. 28 ff. を参照．
192) Vgl. *Breuer* (Fn. 52), S. 91.
193) Vgl. *K. H. Friauf*, Zur Rolle der Grundrechte im Interventions- und Leistungsstaat, in: DVBl 1971, S. 674（676 f. 社会国家原理をあわせて持ちだしている）; *P. Häberle*, Die Wesensgehaltgarantie des Artikel 19 Abs. 2 Grundgesetz, 3.Aufl. 1983, S. 15 f.; *Bethge* (Fn. 189), S. 372 ff., 376.
194) Vgl. *Häberle* (Fn. 193), S. 15 f.; *ders.* (Fn. 11), S. 69 ff., insbes. S. 76, 80 ff.; *Wilke* (Fn. 189), S. 216; *M. Borowski*, Grundrechte als Prinzipien, 2.Aufl. 2007, S. 341 ff.— *D. Suhr*, Freiheit durch Geselligkeit, in: EuGRZ 1984, S.529 (537 ff.) は，たしかに自由を包括的な仕方で，社会的に拘束された，すなわち他の人間に依拠したものとして理解し，そして人間相互の「社会的配分参与」を社会的な基本事実として把握しているが，しかしそれに関連する権利要求を否定し，配分参与的自由の「国家主義的な仲介」をも批判している．
195) *Schwabe* (Fn. 14), S. 242, 271, は，正当にも事実的な独占と法的な独占を区別している；後者は自由の制限に起因するものであり，したがって配分参与請求権は自由制限の必然的な埋め合わせとして基礎づけられうる．

基本法12条1項は，大学入学定員のある学科における在籍を求めて応募した者に対し，需要をカバーしうる養成所の創出を求める請求権を保障しているという[196]。

[95] 連邦憲法裁判所は，大学入学定員判決において，この一般的な論拠も個別的な論拠も採用した[197]。現代国家が市民の社会保障や文化助成をより強く志向すればするほど，国家〔的介入〕からの自由保障という基本権の始源的な要請と並んで，それを補う，国家的給付への配分参与という基本権上の保障を求める要請が，市民と国家との関係の中にますます進入してくることとなる，という．とりわけ国家が——たとえば大学制度の領域におけるように——事実上，任意に放棄し得ない独占をそれ自体として必要とする場合，そして——アカデミックな職の養成の領域におけるように——国家的な給付の付与が，同時に基本権の実現のための必要条件となっている場合，受益者の範囲を国家機関の裁量判断にしたがって限界づけること，そして国家市民の一部について優遇措置を排除することについて，もはや国家機関の自由な判断に委ねたままにすることはできない，という．連邦憲法裁判所は，その立論において，今や基本法3条の要請に対応する現存するものの分配を求める要求に満足せず，次のように論じている：「もし憲法上の考察が，…現存するものへの配分参与に狭められた場合，これは…問題の核心部分を無視することとなろう．国家による配分参与の承認に関する通例の場合，すなわち財政上の支援の場合，現存する手段に限定することについてのマイナスの帰結は再配分によって緩和されうる．これに対し，絶対的な入学定員制限は，極度の不平等をもたらす．すなわち，応募者の一部はすべてのものを獲得し，その他の者が獲得できるものはゼロとなる」．基本権上保護された許可請求権は，大幅に空転化する危機に瀕することとなる．それゆえ絶対的な入学定員制限は「憲法上の受容可能性の限界部」[198]に位置づけられる，という．基本法12条1項は，それゆえに始源的な配分参

---

196)　Vorlagebeschluß, zit. nach BVerfGE 33, 303 (315 f.).
197)　BVerfGE 33, 303 (330 ff.). → Bd. Ⅷ, *Breuer*, § 170 Rn. 104 ff.
198)　BVerfGE 33, 303 (332 f.).

与権の作用をはたしているのか否かという問題，そして同条項はこの点を志向する請求権を市民に付与しているのか否かという問題について，連邦憲法裁判所は，しかし未解決のままにしている．というのは，憲法上の結論は，──具体的な当該事案において否定された──この憲法委託の明白な違反があって初めて考慮に入れられるからである[199]．

b）反対論

[96]　自由行使の実体的な諸条件を多様な側面から保障し，創出し，あるいは向上させることが，──まさに上述の依存性にも鑑み──社会国家の本質的な任務であることは，今日は争いのないところであろう[200]．しかし，実体的な諸条件への自由行使の依存性から，はたして，自由権がこの諸条件を保障している，ということが導かれるであろうか．基本権によって保障され，裁判において貫徹可能な，現実的な自由の諸条件の獲得を求める請求権に反対して，以下のような観点が述べられており，これは連邦憲法裁判所が一部，大学入学定員判決における配分参与についての立論に付言していたものである：

[97]　(1)　基本権規定の文言は，古典的な自由主義的理解を支持するものである．自由権は，ともかくも社会的基本権としては──一定の財の獲得を求める権利（労働を求める権利，住居を求める権利等々）としては──定式化されておらず，すでに存在する財（財産，住居，身体の完全性，個人の意思決定を行う可能性としての自由，例えば職業を自由に選択し，もしくは自由に行使し，または人格を自由に発展させる，等々）の保護についての権利として定式化されている．

[98]　(2)　もし，基本権によって保障された自由が積極的自由であり，そして自由権はそれゆえに配分参与権として解されうるのであれば，その場合には，それは社会的基本権となってしまうであろう：職業の自由は労働を求める権利を含み，住居の不可侵の保障は住居を求める権利を含み，平等原則はすべての

---

199)　BVerfGE 33, 303 (333).
200)　→ *Isensee*, § 190 Rn. 184 ff.

者について平等な生活条件または少なくともライフチャンス[201]の創出を求める権利を含むこととなってしまうであろう。憲法評議会〔憲法制定会議〕は，しかし社会的配分参与権を基本法において承認することに明確に反対する言明を示している[202]。それゆえ，基本法に明文で規定された配分参与請求権がごくわずかである[203]ということから，自由権は原則として配分参与請求権としては解され得ないということが，逆推論されるはずである[204]。自由と現実的な自由の諸条件との社会的な相互連関は，憲法評議会にも知られていたのであり，それ以降，基本権の再解釈を正当化しうるほどに本質的な変更が生じているわけではない。

[99] (3) 自由は，基本法によれば，個人の自律である。消極的・防御的自由権の積極的な意義は，いかにして個々人が自己の行動をもって法的に保障された自由を内容的に充足するのかについて，個々人の自由な自己決定に委ねていることにある[205]。もし自由の内容が——マルクス・レーニン主義的な自由の理解におけるように——積極的なかたちで与えられた場合，これは，基本法の意味における自由の否定を意味する。もし，「消極的」自由を「積極的」・「現実的自由」に転換しようとするのであれば，自由概念の内容的な開放性が保たれるのは，ただ次のような場合のみということになろう。すなわち，何が積極的に——事実上の自由の諸条件の創出を通じて，とりわけ国家的給付を通じて——保障されるのかについての決定が個々人に委ねられている，という場合である。「現実的自由」は，その場合には，あらゆるものを求める権利ということになってしまうであろうし，これは事実上のみならず法的にも不可能なもの

---

201) 平等原則の社会国家的理解について，*K. Hesse*, Der Gleichheitsgedanke im Staatsrecht, in: AöR 77 (1951/52), S. 167 (214 ff.); *H. Scholler*, Die Interpretation des Gleichheitssatzes als Willkürverbot oder als Chancengleichheit, 1969, S. 14 ff.
202) 上述の Rn. 52 および *Weber* (Fn. 98) を参照。
203) 上述の Rn. 52 を参照。
204) *Martens* (Fn. 18), S. 29 f.; *v. Münch* (Fn. 4), Rn 174; *Breuer* (Fn. 52), S. 92 f. → Bd. Ⅱ , *Zacher*, § 28 Rn. 114. → *Isensee*, § 190 Rn. 186.
205) *Haverkate* (Fn. 46), S. 69 f., 104.

である．「現実的自由」が法的な構想としておよそ遂行可能なものとなるのは，その自由を特定の限定された内容に確定した場合のみである：もし人間の行動の物質的な基盤を自由概念の中に取り入れるのであれば，配分や分配のために利用可能な資源の限定性が，自由の概念をも限界づけることになる；「現実的」自由が実現可能なのは，その内容と範囲があらかじめ資源の範囲と適合している場合のみである．しかし，もし基本法が統一的な「現実的」自由概念を基礎に置いているとされる場合には，その必然的な限定性は，基本権の形式的・防御的作用に逆の影響を及ぼすこととならざるを得ない：何かについての自由があらかじめその範囲に従って限定されるのみならず，国家的介入による自由も内容的に画定され，そしてその限界づけられた範囲でのみ配分されることとなってしまうであろう[206]．

[100]　(4)　自由権を配分参与権に再解釈することに対するその他の反対論は，この権利の不確定性を引き合いに出す[207]．たしかに自由主義的基本権も，解釈が必要とされる簡潔な命題である．しかし，自由権的基本権を配分参与権に再解釈すると，その不確定性は新たな次元に置かれることとなり，そこから法学方法論および解釈技法は，それを取り戻すことはできなくなってしまうであろう：「積極的自由」が「あらゆるものを求める権利」ではありえないのであれば，どのような給付やその他の配分参与の可能性を個々人が求めうるのかについて，積極的に決定されなければならない：住居を求める権利として解釈された基本法13条は，貸し家や持ち家，4人家族のための3部屋ないし5部屋の住居を，どこで，いくらで，所有することを保障しているのであろうか．同条は，そのような住居の配分や，資金調達のための住居手当の配分を保障しているのであろうか．基本法5条3項は画家にアトリエを保障しているのか，あるいは絵具と画架のみを保障しているのか．移転の自由は，道路が自由に利用できる状態にある場合，積極的に保障されているのであろうか，あるいは国家はフォルクス・ワーゲンを提供しなければならないのであろうか．人格の自

---

206)　自由概念の希釈化に対する懸念として，*Haverkate* (Fn. 46), S. 75 も参照．
207)　Vgl. *Böckenförde* (Fn. 24), S. 11; *Breuer* (Fn. 52), S. 93 m. weit. Nachw.

由な発達を可能にするために必要なすべてとはいったい何なのか．テニスの時間のための財政援助を求める権利から中国への研究旅行を求める権利に至るまで——そのファンタジーには限りがない[208]．基本法によって保障された自由は内容上不確定であるため，必要とされる配分参与権の内容的・範囲的な特定のための基準は，基本法からは導かれ得ない[209]．

[101]　(5)　さらに，個々人が配分参与において要求しうるものは，「個々人が合理的なやりかたで社会から要求しうるという意味で可能性の留保のもとに」[210]置かれることとなる；さもなくば，予算作成者の判断の自由は計算不可能な仕方で制限されることとなってしまうであろう[211]．

[102]　(6)　配分参与権に再解釈された自由権の具体化についての決定は，上述のさまざまな諸理由から，基本法によっては決定されていない政策的な形成判断となろう．もし基本権が，主観的な，裁判で貫徹可能な配分参与権として解されるのであれば，その場合には，経済・社会・文化政策は，広範な範囲で裁判所に引き渡されることとなり，裁判所はこれによって，同時に予算について決定的な影響をもって判断を行うこととなろう．この判断決定は，しかし法治国家的な権限配分システムによれば，政治的な指導機関，とりわけ立法者に認められるべきものである．どの範囲において，そしてどのような具体的な手段をもって，その自由の実現が促進されるべきなのか，可能性と相当性の限界はどこに存するのか，これは政治的にのみ決定されうる．裁判所がこの問題を

---

208)　批判的なものとして，*Ossenbühl* (Fn. 176), S. 2104; *Martens* (Fn. 18), S. 33 f.; *v. Münch* (Fn. 4), Rn. 175 も参照．

209)　*Martens* (Fn. 18), S. 31:「法律の規律がなければ，給付請求権の全体を構成する諸要因は不確定のままである．」

210)　大学入学定員判決において連邦憲法裁判所は，このように述べている．BVerfGE 33, 303 (333)；これに関連し，OVG Berlin, in: NVwZ 1996, S. 1239; VGH Bad.-Württ., in: DÖV 1998, S. 209;「可能性の留保」については上述の Rn. 63 ff. も参照．

211)　Vgl. *M. Sachs*, Verfassungsrecht Ⅱ．Grundrechte, 22003, 1. Teil, A 4, Rn. 22, 25; 異なった傾向を示す見解である *Rüfner* (Fn. 22), § 40 Rn. 15 ff. は，しかし同様に，社会的給付請求権に再解釈された自由権から帰結されるコストの計算不可能性を強調している．A. a. O., Rn. 17．

第 2 章 配分参与権としての基本権，社会的基本権 111

決定することは，法治国家的な権力配分の原理とも，民主制原理とも両立し得ない越権となろう[212]．

[103]　Martin Borowski は，原理理論的な根拠をもって，上述の反対論のいくつかに対し，衡量という方法をもって対処しようと試みている．同氏の構想においては，各人は，自身の事実上の自由を促進するあらゆる国家的給付を求める，憲法裁判において貫徹可能な基本権をいちおう (prima facie) 有しているとされる[213]．そのような給付を与えないことは，同氏の構想においては介入となる．この介入が正当化されるのは，その給付請求権と衝突する原理が衡量において，より高い重要性を示す場合である．確定的な給付請求権の内容の特定にとって決定的なのは，過少保護禁止 (Untermaßverbot) という形態をとる比例原則である[214]．国家の財政上の給付可能性や，立法者の社会政策的な形成権限は，この構想においては個人の需要の緊急性と同様，衡量の際の一観点となる[215]．これらはすべて，多次元的に衡量される．Borowski はその際，合理的な最小限度の解決に達する；他の衡量者は，全く異なった結論に達しうるとされる．そしてここに，問題が存する．さらに，社会給付国家的な基本権の次元についてのそのようなモデルの解釈論上の構成可能性を証明しても，これは基本法の基本権が規範的にこの社会給付国家的な次元を有していることの証明をカバーするものではない．

上に挙げた諸理由から，自由権を，積極的・現実的自由を保障する始源的な配分参与権――裁判で貫徹可能な個人の請求権という意味における――に一般的に再解釈することは，基本法と両立しない[216]．

---

212)　Vgl. *Friauf* (Fn. 193), S. 677; *Martens* (Fn. 18), S. 35 f.; *Böckenförde* (Fn. 55), S. 1536; *Breuer* (Fn. 52), S. 93; *Hesse* (Fn. 9), Rn. 289; *Ossenbühl* (Fn. 176), S. 2105; *Haverkate* (Fn. 46), S. 104 f.; *Manssen* (Fn. 177), Art. 12 Rn. 16; *Sachs* (Fn. 211), Rn. 22; BVerfGE 33, 303 (333ff.); 異なった見解として，*Rüfner* (Fn. 22), § 40 Rn. 12 f.
213)　*Borowski* (Fn. 194), S. 353, 367, これは，*R. Alexy,* Theorie der Grundrechte, 2. Aufl. 1994, S. 465 ff. を範としている．
214)　*Borowski* (Fn. 194), S. 353, 363.
215)　*Borowski* (Fn. 194), S. 353 ff.
216)　否定するものとして，たとえば以下も参照．*C. Starck,* in: *v. Mangoldt/Klein/*

2．客観的な憲法委託の構想

[104] 基本権が現実的自由を保障しているという要請は，それゆえ次のように還元される：基本権からは，これまで論証されてきたように，たしかに主観的権利は生じないが，しかし現実的な自由の条件の創設についての立法府および執政府に対する客観的な義務が生じる[217]。この客観的な憲法委託は，解釈論上は客観的な価値決定としての基本権の理解[218]や基本権の制度的理解[219]，あるいは社会国家原理[220]に基づいている。しかし，「客観的」というマジックワードは，それ自体としては上述の諸問題を解決するものではない：客観的な憲法上の義務も，——異なった前提のもとではあるが——連邦憲法裁判所によってコントロール可能であり，したがって，もしこの憲法委託を，内容において無限定に，現実的自由の諸前提の創出についての委託として解した場合，これに関連する同様の具体化問題や権限問題が生じることとなる[221]。包括的な社会的形成権限が連邦憲法裁判所に移行することを回避しようとするのであれば，その客観的な憲法委託は，基本法が義務内容としてあらかじめ設定しているところまで内容上限定されるべきこととなる。これは，個別的基本権についてさらに進んで個別的に論証され得ない限り，社会的自由の必要的な諸条件の創設と保持に関する一般的な責任を超えるものとはならないであろう[222]。この一般的

  Starck, Bd. Ⅰ, 6. Aufl. 2010, Art. 1, Rn. 188 ff. m. weit. Nachw.; *H. Dreier*, in: *H. Dreier*, Bd. Ⅰ, 2. Aufl. 2004, Vorbem. Art. 1, Rn. 89 ff.

217) Vgl. *Friauf* (Fn. 193), S. 677, 678 f.; *H. H. Rupp*, Diskussionsbeitrag, in: VVDStRL 30 (1972), S. 180 (181); *Müller* (Fn. 86), S. 152 ff.; *Bethge* (Fn. 189), S. 372 ff., 376; *Manssen* (Fn. 177), Rn 11; *A. Bleckmann*, Staatsrecht Ⅱ. Grundrechte, 4.Aufl. 1997, Rn. 53（立法者への指針）．

218) Vgl. BVerfGE 33, 303 (333); *Rüfner* (Fn. 8), S. 386 ff.

219) *Rupp* (Fn. 69), S. 172 ff.

220) Vgl. BVerfGE 33, 303 (333); *Friauf* (Fn. 193), S. 676.

221) さらに，基本権の客観法的内容から再び主観的権利が導かれる．この点の詳細については，*Stern* (Fn. 48), S. 978 ff. *Schmidt* (Fn. 110), S. 18, 22 f. は，まさに「社会的基本権」との関連でも，客観法と主観法との区別を時代遅れと解している．

222) →上掲の *Isensee*, § 190.

第2章　配分参与権としての基本権，社会的基本権　113

な契機から，憲法委託にあっては，せいぜいのところ次のような原則規範が問題となるのみである．すなわち，立法者に対しただ何らかのかたちで自身の責任を果たすよう義務づけ，そしてただ著しい濫用的な不作為の場合にのみ法的に有為的となる規範である．他方で，その憲法委託の実現の種類と方法，手段と範囲の決定は，政治的な給付機関の権限となる[223]．配分参与権はかくして「基準の条件をともなった権利（Maßgaberechte）」[224]に縮減される：この権利は法律の基準に基づいてのみ妥当する．

[105]　連邦憲法裁判所が基本権上の給付請求権を次のようなかたちで根拠付けている判断も，客観的な憲法委託の文脈の中に位置づけられる．いわく，国家には，基本法2条2項1文の法益を保護し促進する義務が課されており，これはたとえば，法律上の〔公的〕健康保険に対し，一定の療法の費用の引き受けを求める請求権の保障を通じて行われる（「特別な事例において」）[225]，と．この保護義務の契機は，しかし基礎づけられ得ない[226]．たしかに国家は，第三者の介入から個々人の法益を保護すべき義務を負っており，個々人にはこれに対応する保護請求権が認められる（積極的自由の地位）．これは，国家性（Staatlichkeit）の原理および法治国原理から導かれうる（平和義務，権力独占，法行使の独占）．しかしながら，個々人の法益を運命の打撃（Schicksalsschlagägen）から保護し，これについて公的手段を導入する義務は，自由権からは生じない．この義務は社会国家原理のみから生じうるものであり，そしてその限りにおいて，関係する自由権を通じて主観化されうるが[227]，しかし最低限度の生存の保障の義務を超えるものではない．

---

223)　Vgl. *Böckenförde* (Fn. 55), S. 1536.
224)　*Häberle* (Fn. 11), S. 113 ff., 139.
225)　Vgl. BVerfGE 115, 25 (44 f.)—「ニコラウス決定」，m. Hinweis auf BVerfG (K), in: NJW 1997, S. 3085; NJW 2003, S. 1236 (1237); NJW 2004, S. 3100 (3101),
226)　同旨．*M. Nettesheim*, Rationierung in der Gesundheitsversorgung, in: VerwArch 93 (2002), S. 315 (324).
227)　以下のRn. 107, 118 f. を参照．

3. 最低限度の保障の構想

[106]　配分参与権としての基本権の理解の一般的な賛成論と全面的な反対論との間の妥協として、Rüdiger Breuer[228]は次のような提案を行っている。すなわち、積極的な憲法上の給付請求権は、それが基本権上の自由の保持にとって必要な場合に限り、承認される、と。その範囲は、社会国家的な配分的正義の最適性の基準に従うものではない。その実現は、立法者の権限である。「そうではなく、基本権上の自由の存続のための国家的支援の必要性の最低限度の基準による」[229]。この不可欠の最低限度の基準は、司法によって、一括的な解決の観念としてではなく、段階的かつ慎重な事例判断（決議論 Kasuistik）の方法において展開させられうる、という[230]。

[107]　この最低限度の基準の承認に関する諸例は、次のようである：

——援助（Fürsorge）を通じた最低限度の生存（Existenzminimum）の保障を求める請求権（社会扶助）[231]。これは、たいていは社会国家原理と結び付いた基本法1条1項から[232]、ならびに/または社会国家原理と結び付いた基本法2条2項および同2条1項から導かれうる；

——私立の代替学校の国家的援助を求める請求権[233]；

---

228)　*Breuer* (Fn. 52), S. 93 f.
229)　同旨、*Sendler* (Fn. 7), S. 589.
230)　これに対し、*Alexy* (Fn. 2), S. 465 ff. は、一般的な最低限度の権利の構想を主張する：いわく、給付〔請求〕権的な法的立場が基本権によって保障されるのは、これを事実上の自由の原理が「きわめて喫緊に」要求し、そして権力分立原理および民主制原理ならびに対立している実体的諸原理が「相対的にわずかな範囲」で侵害される場合である、と。
231)　Vgl. *M. Herdegen*, in: *Maunz/Dürig*, Art. 1 Abs. 1 Rn 121; *U. D. Fabio*, in: *Maunz/Dürig*, Art.2 Ⅱ Rn. 45; *Starck* (Fn. 124), S. 521 f.; *H. Kratzmann*, Grundrechte – Rechte auf Leistungen, 1974, S. 4 ff., 61 ff., 65 f., 72 ff., 87, 121; *Breuer* (Fn. 52), S. 95 ff. → Bd. Ⅳ, *Rüfner*, § 96 Rn. 120 ff.; →以下の *Denninger*, § 193 Rn. 84 f.
232)　BVerfGE 125, 175 (222) はそのように述べる。BVerfGE 40, 121 (133); 45, 187 (228); 82, 60 (85); 113, 88 (108 f.) が示されている。
233)　BVerfGE 75, 40 (62 ff.); 90, 107 (114 f.); 先行するものとして BVerwGE 27, 360

――学問的活動に不可欠な最低限度の施設を求める大学教員の請求権[234]；

――〔道路に隣接して住む〕土地所有者が，自身の土地の利用に必要な道路の隣接使用を求める請求権[235]：

[108] 私立学校の援助を除いて，これらの諸例および学説において挙げられているその他の諸例が示しているのは，「最低限度の水準」〔という観念〕のもとで論者は，基本権が完全に空転化させられないようにするために，そして完全な範囲で無意味とならないようにするために必要な社会的基盤を超えたものを把握している，ということである：個々人にとって，その者が置かれた具体的な状況において，当該基本権が完全に機能不全に陥らないようにするために必要なものを超えている．このことは，さらに，単なる餓えからの救助を超えるものだとされる最低限度の生存を求める請求権についても妥当する[236]．

[109] しかし，もし次のような社会的な最低限度の保障を求めるならば，すなわち，単に（関係する個々人にとっての）基本権の完全な機能不全を阻止するだけでなく，基本権上の保護領域の範囲内で，特定の，個々人が欲する自由行使の可能性を補強することとなる社会的な最低限度の保障を求めるならば，そのような要求は，個々の基本権との関係で追加的な諸論拠をもって基礎づけら

(362 ff.); これについては，*Starck* (Fn. 124), S. 525; *Sendler* (Fn. 7), S. 582 ff.; *F. Müller/B. Pieroth/L. Fohmann*, Leistungsrechte im Normbereich einer Freiheitsgarantie, 1982; *F. Müller* (Hrsg.), Zukunftsperspektiven der Freien Schule, 1988. → Bd. Ⅶ, *Jestaedt*, § 156 Rn. 52, 61. → *Denninger*, § 193 Rn. 86 ff.

234) VGH Bad. - Württ., in: BadWürttVBl 1999, S. 378 (384); *Sendler* (Fn. 7), S. 587 f. は，BVerfGE 35, 79 (115) および BVerfGE 43, 242 (285) に依拠している．BVerwGE 52, 339 (334 f., 348 f.) および *Starck* (Fn. 124), S. 524 によれば，既に設定されている手段への相当な配分参与を求める伝来的な請求権のみが示されている．→ Bd. Ⅶ, *Mager*, § 166 Rn. 26.

235) BVerwGE 32, 222 (225 f.); BVerwG, in: DVBl 1971, S. 180 によって承認されている ; GewArch 1971, S. 59; GewArch 1973, S. 105; DÖV 1975, S. 209; vgl. auch BVerwG, in: NJW 1981, S. 1000; BVerwGE 58, 154; これについては *Sendler* (Fn. 7), S. 588; *Salzwedel* (Fn. 140), § 46 Ⅰ 2 d; *Papier* (Fn. 181), § 40 Ⅳ 2 b, Rn. 65 f.

236) 以下の Rn. 118 を参照．

れうることはあろうし，上述の諸例については実際そうである[237]．しかし一般的な構想としては，かく解された最低限度の要請は無限にふくらんでしまうこととなろう：何らかの任意の仕方で，芸術の自由は実体〔物質〕的な基盤なく行使されうる；個々人が一般的な最低限度の生存を有している限り，芸術の自由は空転化しない．しかしピアニストは少なくとも何かしらのピアノを必要とする；グラフィティー・アーティストにとって彩色可能な家壁は，絶対的な最低限度である．あるいは：プレスの自由の保障（基本法 5 条 1 項 2 文）から，日刊紙の創刊のための最低限度の資金上の前提を求める請求権は生じるであろうか．これをシリアスに主張する論者は誰もいない．

[110] 最低限度の水準についての上述の指摘は，たしかに判例や学説において承認されてきたいくつかの配分参与権の範囲について説明するものではあるが，しかしなぜこれらの権利が，これらの場合に承認されうるのかについてはなにも述べていない．それでは，いかにして明文上規律されていない始源的な配分参与権は基礎づけられうるのであろうか．個別的な基礎づけは，私立学校については基本法 7 条 4 項に基づき[238]，そして最低限度の生存の一般的保障については社会国家原理と結び付いた基本法 1 条 1 項に基づき[239]，展開されてきた．さらに，その他の基本権をカバーしうる一般的な基礎づけは存在するであろうか．客観的な価値決定としての基本権を指摘しても，それ以上のことはもたらされない．というのは，その点について基本権がいったい何を決定したのかが，まさに問題となっているからである．

---

237) 以下の Rn. 112 ff. を参照．これらの諸例はそれゆえ，自由権の行使のための現実的な最低限度の前提の創出についての給付を求める請求権が存在する，という一般的なテーゼの証左としては妥当しない．
238) これについては Fn. 233 で挙げた判例および学説を参照．国家がコストをカバーする授業料の値上げを禁じているために，自由への制限の埋め合わせが問題となっている限り（上述の Rn. 14 を見よ），最低限度の請求権への制限は正当化され得ない．
239) 以下の Rn. 118 を参照．

4．法的な憲法上の前提の構想

[111] 事実上の「基本権の前提」が法的に保障されているという一般的なテーゼは，法的には基礎づけられていない要請だということが判明した．だが，事実上の自由の前提の創出を求める客観的な義務，あるいはそれどころか主観的権利についての法的な基礎づけは，法的な「基本権の前提」から生じることもあり得る：もし憲法がある一定の社会的な所与，特に一定の国家的給付の提供や施設の存在を前提としている場合，そしてもし，ある自由権の保障がこの社会的な諸前提と結合している場合，つまり，自明のものと仮定され，それゆえに明文で規律されていない配分参与を基礎に置く自由を保障している場合，ここから，その保障は社会的な自由の基礎へ拡張している，ということが帰結されうる[240]．

[112] 一例として，整備された道路網の存在，およびその道路網の自由共同使用がある．この配分参与権は，移転の自由（基本法11条）にとっての社会的な前提をなし，より一般的には移動の権利（同2条1項），さらにはデモの権利（8条）の前提をなし，そして所有地の利用可能性が公道へのアクセスに左右されるという側面がある場合には，配分参与権は土地所有権の保障（同14条）の前提をなす．この場合，任意の事実上の自由行使の前提が扱われているのではなく，憲法制定者が所与のものとして見出したもの，そして上述の基本権の行使がそれに左右されるということを憲法制定者が知っていたものが扱われている．それゆえ，自由共同使用（その核心部分）は，これらの基本権の保障に同包されている．もっとも，そこから，あらゆる現存する道路の自由共同使用の保持を求める請求権は導かれないし，いわんや道路の新設を求める請求権も導かれない．また，公共用物指定目的に反するかたちでの公有地の利用を求める権利も存在しない[241]．それにもかかわらず，法的には以下の三つの観点から，

---

240) →上掲 *Isensee*, §190 Rn. 184 ff.
241) Vgl. BVerwGE 91, 135 (138 f.)―「ボン・ホーフガルテン」：基本法8条からは，大規模なデモのために公有の緑地の利用を求める請求権は，その土地がそのよう

現存する自由共同使用への単なる伝来的な配分参与を超えたものが扱われている：第一に，公的な道路網とその自由共同使用は保持されなければならない；これらは，上掲の基本権の制度的基礎をなす[242]。この制度的保障に個人の請求権が対応するのは，しかし，ただ――実際には考慮の対象とはならない――極端な場合，すなわちその自由共同使用が全面的に廃止されるというような場合のみである。第二に，土地所有者は基本法14条により，その土地への相当なアクセスの保持を求める請求権を有する[243]。そして第三に，デモの実施や屋外での集会の開催は，当局の裁量に委ねられたかたちで道路法や道路交通法上の許認可にかからしめられてはならない[244]。

な集会のために設定されいないのであれば，導かれない．

242) Vgl. *Salzwedel* (Fn. 140), § 46 III 3 ; *Papier* (Fn. 181), § 40 IV 1 d, Rn. 63.
243) 上掲の Fn. 235 を参照．
244) 許容されるのはただ，利用の競合の回避ないし減少のための条件のみである．Vgl. *O. Depenheuer*, in: *Maunz/Dürig*, Art. 8 Rn. 162 f,; このテーマの詳細については，*U. B.– Vaslin*, Das Verhältnis der Versammlungsfreiheit zum Straßenrecht und Straßenverkersrecht, 1985 (Nachw.). —— 争いがあるのは，はたして，そしていかなる範囲で，特別利用の許可の付与を求める請求権，または道路もしくは歩行者天国を許可なく使用することを求める請求権が，基本法5条1項――意見表明・プレスの自由（ビラ配布，インフォ・スタンド）に依拠しうるのかという点であり，この点については *Steinberg* (Fn. 143) を参照．――また，基本法5条3項――芸術の自由（路上ミュージシャン，大道絵師）に依拠しうるかという点について，BVerwG, in: NJW 1987, S. 1836 f.; VGH Mannheim, in: NJW 1987, S. 1839 (1842). ――本稿の編集の終了後，連邦憲法裁判所は，2011年2月22日のフラポート判決（BVerfGE 128, 226）– BvR 699/06- において，事案の性質に応じ，基本法8条と同5条1項から，公衆にアクセス可能となっている空港ターミナルの部分を，デモや意見告知のために利用する配分参与請求権を導いた．同判決は，公権力によって支配されていた空港に関するものであったが（Rn. 49 ff.），私的な空港についても同様に判断されるであろうことを示唆している（Rn. 68）．基本法8条から，同法廷の見解によれば，一般公衆が行きかうために開かれている場所で集会を実施する権利が生じるという（Rn. 68）．所有権者の邸宅不可侵の権利はこれに対抗し得ず，ただ空港の機能の利益との衡量における集会の権利の制限との関係で一定の役割を果たすのみである（Rn. 82 ff.）．この判決は，邸宅不可侵の権利に基づく「集会の禁止」を介入とみなしている限りで，解釈論上誤りを犯している．しかし，ここで問題となっているのは，公物の公共用物指定の枠内において，それ自体として許容されうるはずの集会の禁止ではなく，憲法に基づいて，――ここでは私法上形成さ

第 2 章　配分参与権としての基本権，社会的基本権　119

[113]　その他の例は，健康上の危害を及ぼさない飲料水を市民に供給することである．この行政による供給の提供は，たしかに事実上絶対的に必要な「基本権の前提」ではないが[245]，しかし生命の法益（基本法 2 条 2 項）の保護にとって，憲法制定者によって見出され，自明のものとみなされていた前提である．このことは，飲料水の供給の民営化の全てを否定するものではないが，国家には，瑕疵のない十分な量の水の提供について保障する責務が課されている．

[114]　憲法制定者によって見出され，法的に受容されていたのは，公立学校制度である．研究および教育の自由は，実際上は公立大学の枠内においてのみ行使されうるため，これにとって必要な配分参与権は，同時に保障されているものとみなされることとなる[246]．

[115]　また，法的に憲法上の前提とみなされているのは，ある基本権が一般的に実際上行使されうるということである．すなわち，もしある基本権によって保障された自由を行使しうる者が実際上誰もいなければ，基本権は機能しないこととなろう．その限りで，自由行使の個別的な可能性ではなく，一般的な可能性が問題となる．たとえば，私立の代替学校を設立する自由（基本法 7 条 4 項）に関し，議論されているのは，国家的な援助がなければ，大規模に設置された公立学校との実際上の競合状況に鑑み，そして法的な基本条件（Rahmenbedingungen）に鑑み，私立学校は原則として存在不可能となる，ということである．それゆえ，補助金を求める請求権が存在すべきだとされる[247]．

[116]　これに対し，制度的にではなく個人の権利として基礎づけられうるの

　　れた——公共用物指定が集会の実施にも及ぶこととなるのか否か，その限りで始源的配分参与権が存在するのか否か，という点が問題となっているのである．
　　→ Bd. Ⅷ, *Kloepfer*, §164 Rn. 91 f.
245)　*Schwabe* (Fn. 14), S. 253. 絶対的に必要とされる生活条件は，飲用可能な水である．
246)　Vgl. BVerfGE 35, 79 (115 f.); VGH Bad.-Württ., in: BadWürttVBl 1999, S. 378 (384).
247)　Vgl. *H. D. Wall*, Die Einrichtungsgarantien des Grundgesetzes als Grundlagen subjektiver Rechte, in: Der Staat 38 (1999), S. 377 (394); *Rüfner* (Fn. 22), §40 Rn. 56 f., ならびに上掲の Fn. 233 で引用した判例および学説．→ Bd. Ⅷ, *M. Jestaedt*, §156 Rn. 61.

は，訴訟費用の扶助を求める請求権であり，これは，――十分な勝訴の見込みがある場合には――訴訟費用を自身で負担し得ない者に保障されなければならない．この請求権は，たいていは一般的平等原則と法治国家原理に基づいている[248]．この請求権は，次の点によって基礎づけられうる．すなわち，法治国家は私的な法行使（自力救済の権利）を禁止しており，国家による法行使の独占を制度化し，個々人に対し裁判で権利保護を求める基本権上の請求権を保障している，という点である．憲法が前提としているのは，この請求権は，権利保護を求める相当数の者ではなく，権利保護を求める全ての者によって，実際上行使されうる，ということである．

[117] 憲法制定者は，多くの自由な活動が社会的な諸前提に左右されるということを知っており，その諸条件がすでに当時，国家によって保障されていたわけではなく，または全ての市民にとって完全に自明のものとして存在したわけではなく，もしくはアクセス可能であったわけでもない．通例は，したがって，基本権によって保護された自由の行使の事実上の前提は，法的には保障されていない[249]．きわめてわずかな者のみが，報道誌を公刊する手段を有している，ということは，全くもって自明であった；プレスの自由の保障は，この所見を前提としており，そしてこの点に何ら変更を加えようとするものでもなかった．

5．社会国家原理の主観化

[118] 社会国家原理（基本法20条1項）は開かれたかたちで定式化されているだけに，その基礎には，少なくとも歴史的に確立されてきた社会国家の伝統の中で具体化された諸観念が置かれている．その観念によれば，人間の尊厳に値する存在のための実質的〔物質的〕な諸条件について，個々人が自力でその状況に達し得ない場合には，国家が配慮しなければならならいとされる．国家の客観的な社会的義務は，その点で個人的法益の保護に資するため，関係する基

---

248) Vgl. BVerfGE 81, 347 (356 f.) m. weit. Nachw.; *Rüfner* (Fn. 22), § 40 Rn. 63 f.
249) → *Isensee*, § 190 Rn. 186.

本権――考慮に入れられるのは，基本法20条1項と結びついた人間の尊厳の保障（同1条1項）または生命および身体の不可侵を求める権利（同2条2項1文）――は，主観的な給付請求権を基礎づける[250]．しかしその保障は，「人間の尊厳に値する存在の保持のためにぜひとも必要不可欠な」手段に限定される．これは，物質的〔肉体的〕な存在の保持のための手段（食物から，衣服・家具・宿のほか，暖房，医師による処置に至るまで）だけでなく，「人間相互関係の育成の可能性の保持や，最低限度の社会的・文化的・政治的生活への配分参与のための」手段である．というのは，人格としての人間は――連邦憲法裁判所が述べるところによると――「社会的関連の中に必然的におかれて存在する」[251]からである．人間の尊厳に値する生存の最低限度の前提には，社会的なコミュニケーションの可能性も含まれる．しかしこれによって，あらゆる社会的なコミュニケーションのための実質的〔物質的〕な諸条件――劇場や映画館，パーティーへの参加，政党への加入，新聞の定期購読等々――が憲法上保障されるわけではない．その限りで，憲法上前提とされている生存の条件は，個々人が物質的な困窮のために人間の尊厳に値しないかたちで孤立した状態で生活する必要はない，ということを超えるものではない．

[119] 連邦憲法裁判所は，基本法20条1項と結び付いた同2条1項に，法律上の健康保険（GKV）に対する請求権の根拠を置いた[252]．その論証の手がかりとされた点は，自由への介入の埋め合わせである[253]：法律上の〔公的〕健康保険への強制加入は自由への介入であり，この介入は，システムに適合的な給付を求める請求権が個々人に認められている場合にのみ正当化されうる．給付の

---

250) Vgl. BVerfG, Urt. v. 9.2. 2010―「ハルツⅣ」, Rn. 135 = BVerfGE 125, 175; また，すでに BVerfGE 82, 60 (80); *J. M. Soria*, Das Recht auf Sicherung des Existenzminimums, in: JZ 2005, S. 644 ff. m. weit. Nachw.; *M. Wallerath*, Zur Dogmatik eines Rechts auf Sicherung des Existenzminimums, in: JZ 2008, S. 157 ff.; *Maruhn* (Fn. 127), S. 273 ff.; これに対し批判的なものとして，*T. M. Spranger*, Der sozialhilferechtliche Anspruch auf das Existenzminimum aus verfassungsrechtlicher Sicht, in: VR 1999, S. 242 ff.

251) BVerfG, Urt. v. 9.2. 2010―「ハルツⅣ」, Rn. 135

252) BVerfGE 115, 25 (41 ff.)―「ニコラウス決定」

253) 上述の Rn. 14 も参照．

除外は，解釈論上は，自由への介入と同様に扱われうる；その排除は，――社会的な――保険の目的と限られた掛け金の額に基づく正当化が必要とされる．その限りで，社会国家原理を請求権の根拠に関連付ける必要はない．しかし連邦憲法裁判所は，自由権的に基礎づけ可能な請求権を超えて，さらに請求権的な地位を基礎づけようとしている．その限りで，基本法20条1項が社会国家原理の通常法律上の具体化の脈絡で，自由を求める請求権からすでに生じているものを超えたものをもたらしうるのかは，非常に疑わしい[254]．

6. 始源的な配分参与権の範囲について

[120] 一般的な傾向という意味で，基本法から導かれる始源的な配分参与権は，最低限度の水準を保障するものであり，最適な水準を保障するものではない，という点は正当である[255]．とりわけ一般的な生存の前提（基本法20条1項と結び付いた同1条1項）は，ただ人間の生存の保持にとって「ぜひとも必要不可欠な」手段という意味においてのみ解されうる[256]．だが，連邦憲法裁判所の見解によれば，一方で人間の尊厳の保障が社会国家原理と結び付いて，基本法1条1項のみから導かれる請求権よりもはるかに広範な請求権が生じ，他方でしかし，その点について立法者に形成の余地が与えられることとなる．これは一貫していない．立法者の形成の余地が及んでいる限り，社会国家原理の観点のもとでは，ただその形成権限をおよそ行使すべき客観的な義務が存在するのみである．主観的な請求権は，それゆえ，実体的には基本法1条1項から生じる最低限度の水準に限定されたままである．――もっとも，その最低限度の具体化はそれぞれの基本権やそれぞれの事実問題の特殊性によらざるを得ない．たとえば基本法2条2項の観点のもとでは，たしかに自然のままの泉の水の供

---

254) 「ニコラウス決定」の分析について，*H. M. Heinig*, Hüter der Wohltaten?, in: NVwZ 2006, S. 771 ff.; *T. Kingreen*, Knappheit und Verteilungsgerechtigkeit im Gesundheitswesen, in: VVDStRL 70 (2011), およびそれぞれに示されている，大部分において非常に批判的な学説を参照．

255) 上述の Rn. 106 ff. を参照．

256) BVerfGE 125, 175 (223).

給は要請されないが，他方で水を飲むことが直接死につながらないのであればすでに最低限度の水準は充足されている，ということになるわけではない．要請されているのは，危険へのリスクをより高い蓋然性をもって排除しうる質である．

[121] 「可能性の留保」[257]は，たしかに，問題となっている配分参与が，基本法によって前提とされた，現実的自由の行使の最低限度の条件となっている場合にも，原則として妥当する．もっとも，この留保は，財政給付に関しては，実際上はおそらく困窮期においてのみ機能を果たすであろう（他方で，繁栄期には憲法上保障された最低限度の水準は実際上はおそらくほとんど役割を果たす場面はないであろう）．だが，その他の「基本権の前提」に関し，国家には，配分参与の可能性を保持すべき義務が課されうる（たとえば飲料水についての長期にわたる水利上の事前配慮）．

[122] 憲法上要請されるべき最低限度の保障も，基本法によって量的に厳密に画定されていないため，立法者はこの点について一定の具体化の余地を有している[258]．たとえば何が最低限度の生存に属するのかは，経済の全体状況や社会観念の変遷，たとえば技術発展にも左右され，そして立法者は，多様な経済的社会的諸要因を考慮してこれを確定しなければならない[259]．だが，始源的な配分請求権が，直接的に裁判で貫徹可能になるのは，立法者が全く何も行わなかったか，または具体化の余地の限界を一義的に逸脱した場合である[260]．さらに連邦憲法裁判所が要求しているのは，立法者は最低限度の生存を求める請求権を通常法律で保障し，そしてその請求権の具体化の際，生存に必要なあらゆ

---

257) 上述の Rn. 63 ff., 101 を参照．
258) Vgl. BVerfGE 40, 121 (133); 75, 40 (68 f.); 125, 175 (223, 224 ff.)
259) Vgl. BVerfGE 125, 175 (224 ff.); *Dürig* (Fn. 153), Art. 3 Abs. 1 Rn. 71 ff.; *Breuer* (Fn. 52), S. 97; *C. Starck*, in: v. *Mangoldt/Klein/Starck*, Bd. Ⅰ, 6.Aufl. 2010, Art. 1 Abs. 1 Rn. 41.
260) Vgl. *C. Tomuschat*, Güterverteilung als rechtliches Problem, in: Der Staat 12 (1973), S. 433 (450 ff.); *Wiegand* (Fn. 189), S. 662; *Breuer* (Fn. 52), S. 97. Vgl. auch BVerfGE 43, 154 (168); これについては *Lorenz* (Fn. 118), S. 21.

る消費を,首尾一貫したかたちで,透明性のある客観的な手続において,実際上の需要に応じて算定することである.そこで得られた結論は,絶えず審査され,さらに発展させられなければならないとされる.とりわけ,経済的な基本条件の変更——たとえば物価の上昇——に応じ,時代に即して実現されなければならないとされる[261].立法者の形成の余地に鑑み,連邦憲法裁判所は,その内容的なコントロールについては,保障された給付が明白に不十分か否かという点に限定した.他方で,同裁判所は,最低限度の生存の探求のための手続の透明性と一貫性,ならびに基礎におかれた事実調査の完全性と正当性を審査した[262].

[123] 国家が一定の物的な基本権の前提の存在を保障すべく義務づけられている限り,この目的達成の方法や手段についての決定は,原則として所轄の国家機関の裁量に委ねられる.しかし,義務違反および作為を求める主観的な請求権が生じるのは,一定の措置の不作為または不作為それ自体が,保護されるべき基本権の前提にとっての危険を引き起こす場合である[263].

---

261) BVerfG, Urt. v. 10.2. 2010—「ハルツⅣ」, Rn. 140 ff. = BVerfGE 125, 175.
262) BVerfG, Urt. v. 10.2. 2010—「ハルツⅣ」, Rn. 141 ff. = BVerfGE 125, 175.
263) Vgl. —必要な変更を加えて—*D. Murswiek*, Die staatliche Verantwortung (Fn. 41), S. 127 ff. m.weit. Nachw. —連邦憲法裁判所が,財政援助判決において,基本法7条4項から帰結される作為義務を「明白」な危険にかからしめているのは,狭きに失する.BVerfGE 75, 40 (67).

解　題

　社会権の理念を世界に先駆けて憲法に規定したワイマール憲法の社会権条項は，周知のように，その大半が実現されえない空約束となる運命をたどり，このことは，政治と憲法への失望をもたらしうるものであった．そのためもあり，現行のドイツ連邦共和国基本法の起草者（憲法評議会　Parlamentarischer Rat）は，基本権につき，これを裁判で直截に貫徹可能な権利に限定することを企図した．かくして，その基本権の章は，若干の例外を除き，自由権（防禦権）を保障する体系となっている．（本稿 Rn.[50] 以下）．

　国家の不作為を要求する自由権は，個人の自由を制約するあらゆる国家の行為が原則として禁止されるという意味で，明確な保護領域をもつ．その点で司法的な保護にもなじむとされる．これに対し，国家の作為を求める請求権は，不可避的に，その保護領域の不確定性，権利実現手段の多様性をともない，さらには財政上の限界やキャパシティの限界等々の「可能性の留保」の下に置かれる．そのため，この点についての決定は，原則として裁判所ではなく政治部門の判断に委ねるべきことが，権力分立・民主制原理の帰結としてもしばしば指摘される（本稿 Rn.[55] 以下）．

　とはいえ，戦後（西）ドイツの判例・学説では，基本権の作用を防禦権のみに限定するのではなく，積極的な国家の作為義務，場合によってはこの義務に対応する個人の主観的権利（作為請求権）を基本権から導出しようとする営為が，倦むことなく精力的になされてきた．国家への作為請求権にも多様なものがあるが，本稿は，ゲオルグ・イエリネクに由来する地位論を援用しつつ，（1）個人の積極的地位に関わる権利を広義の給付請求権と呼び，これをさらに，①積極的自由の地位（保護義務に対応する保護請求権，手続参加を求める権利など）と，②積極的な社会的地位（公的扶助・社会保障等の諸給付を求める権利など）とに二分している．そして，（2）選挙権等の政治参加にかかわる諸権利を能動的地位の権利と呼び，（1）①②と（2）をあわせて，（広義の）「配分参与権（Teilhaberecht）」という上位概念で括っている．この配分参与権は，国家的・社会的

な制度の存在を前提としつつ,それへの積極的な参加を保障するものとされ,この点で,国家的な強制の不在を求める消極的な妨害排除権である自由権と区別されている（本稿A・B章）.

（1）①保護請求権等の積極的自由の地位は,あくまでも伝統的な自由国家・法治国家原理に根差すものであり,その核心はあくまで防禦作用である.また,（2）政治参加の権利も,国家的な給付それ自体を求める権利ではない.これに対し（1）②積極的な社会的地位は,社会国家原理（基本法20条1項）に根差し,国家的給付を求める権利をその核心とするものである(狭義の配分参与権).こうした社会的給付の実現を国家の任務として導出しようとする見解が,上記のように基本権を自由権カタログに限定した現行基本法の下でも主張され続けていることは,しばしば指摘されるように,注目に値しよう.この点に関し,あるいは,憲法と時代精神との連関を強調するトーマス・ビュルテンベルガーが,社会国家への信頼と期待が高いドイツ国民のメンタリティーを指摘したことが想起されるところかもしれない（*Th. Würtenberger*, Zur Legitimität des Grundgesetzes in historischer Perspektive, in: *W. Brugger* (Hg.). Legitimation des Grundgesetzes aus Sicht von Rechtsphilosophie und Gesellschaftstheorie, 1996）.

とはいえ他方で,最低限度の生存保障を,憲法上の給付請求権として連邦憲法裁判所が明示的に導出するに至るのは,2010年のハルツⅣ判決（BVerfGE 125, 175）を待たねばならなかった.この事情もまた,戦後のドイツ憲法における給付請求権の位相を示す事情として示唆的である.

基本権カタログが原則として自由権に限定されているドイツにおいては,社会的な給付請求権につき,一方で,これが自由権から導かれるかどうかというかたちで議論がなされることもある.これを肯定しようとする論者は,現実的自由,すなわち自由の前提条件の保障という観点から,そうした前提条件を確保すべき国の義務,そしてこれに対応する給付請求権を——その要件については種々の限定を付しながらも——導こうとする.また,たとえば原理理論（Prinzipientheorie）の論者は,自由権は自由保障の前提条件を「一応」保障するものとしたうえで,国家によるその実現の不成就の状態を制約と観念し,その

正当化について「過少保護禁止」という意味での比例原則を通じて統制しようとする.

これに対し本稿は，保護領域の不確定性等，上述の給付請求権の特性を指摘し，さらには自由を配分参与権と再解釈することの危険性を，マルクス・レーニン主義，全体主義，ナチズムを引き合いに出しつつ指摘し，そうした自由保障の前提条件を自由権から導くことの困難性，原則的不可能性を主張する．また，各種国際条約に見られるように，仮に明文で社会「権」と書かれている場合でも，それは原則として裁判で貫徹可能な権利としては観念され得ないとする（本稿 C・D 章）．

そのうえで，そうした自由の前提条件の積極的保障は，社会国家原理の解釈として，客観法的な義務としては成立可能であり，立法等を通じて実現されるべきこと，そして実際，その立法等を通じた社会保障等の保護水準は，国際比較でみればドイツは高水準にあること，しかしこの社会国家原理を憲法上の権利として主観化することは原則として不可能である旨を主張する．他方で，憲法自体があらかじめそうした給付をなすべきことを前提としていると解しうる場合にのみ主観的権利も導出可能とし，その例として，憲法が明文で規定しているもの（母親の保護：基本法 6 条 4 項など）のほか，社会国家原理と人間の尊厳（基本法 1 条 1 項）との結合から導かれる「最低限度」の生存保障を指摘する．だが，この権利の一般化に対する警戒感を示すこともやはり本稿は怠らず，少なくとも裁判所の審査は，ハルツ IV を引き合いに出しつつ，内容統制については明白性の審査に限定され，可能なのは手続・過程統制である旨を指摘する（本稿 E 章 III 以下）．

さらに本稿は，こうした憲法自体があらかじめ決定した給付請求権を始源的（originär）配分参与権と呼び，これと，国家行為による承認があって初めて生じる伝来的（derivativ）配分参与権とを対置する見解に依拠する．後者の典型例として，公物の使用が許可留保に置かれている場合があげられている．この公物の使用許可を求める権利につき，これをたとえば集会の自由の防禦権としての側面として構成する見解も有力ではある．だが本稿は，この権利は自由権

それ自体からは導かれないとしたうえで，この権利を伝来的配分参与権に分類し，その法的根拠を基本的に平等原則（基本法3条1項）に求める．そして，使用許可にかかる管理権者の裁量を前提に，この平等原則が裁量を限定づける規範として作用しうるとする（本稿E章Ⅰ・Ⅱ）．

こうした諸点は，明文で最低限度の生活を保障する日本国憲法（25条）の解釈論との異同を考察する上でも，また公物の使用と表現の自由との関係が議論されている日本法の解釈論等を考察する際にも，一定の示唆を与える部分もあろうかと解される．

本稿は，全体として配分参与権に警戒的な視点を一貫して堅持しつつ，本質的には現在のドイツの判例・学説の大勢に沿う立場から，社会権解釈にかかる諸論点を網羅的・包括的に検討し，同国の社会権解釈論の全体像と到達水準を提供しようとする力作である．

第3章

基本権介入としての国家による
警告，価値評価，批判
―国家の情報提供行為を通じた
経済・意見誘導―

Staatliche Warnungen, Wertungen, Kritik als Grundrechts-
eingriffe: Zur Wirtschafts- und Meinungslenkung durch
staatliches Informationshandeln

訳・解題　土屋　武

「基本権介入としての国家による警告，価値評価，批判―国家の情報提供行為を通じた経済・意見誘導―」

小目次

A. ソフトな措置，ハードな効果

B. 警告，推奨および批判を通じた介入――基準

Ⅰ．間接的な行動制御と基本権介入の「間接性」

Ⅱ．判例による警告，推奨，批判的評価の分類

Ⅲ．情報提供行為の介入への分類の根拠と基準の精緻化
 1．目的的行動制御としての介入
 2．自由権の保護利益としての社会的接触の可能性の現実化の機会
 3．国家による警告と社会のコミュニケーション

Ⅳ．政治的なコミュニケーションの自由と共同作用の自由への介入
 1．政党の自由への介入の際の特殊性
 2．意見表明の自由またはプレスの自由への介入としての国家による批判

Ⅴ．公的な批判と個人の基本権的地位への不利益

C. 基本権に介入する情報提供行為の正当化

解　題

A. ソフトな措置，ハードな効果

　当局による警告や推奨そして官公庁による批判という手段を用いることで，国家は，古典的な秩序法上の手段によっては全くあるいは十分に実効的に達成できない目標をますます範囲を広げて達成しようとする．あるいは推奨や批判的評価という「ソフト」な手段によって，国家は法律の規定や強制により強化された命令という「ハード」な手段を個別事例において投入することを要せずに，制御効果を発生させようとする．最大の実践的効果を持つのが，特定の製品が有する環境を害する効果や健康リスクに関する警告，そして価値判断を伴う情報提供である：ワイン内のグリコール，牛肉内のホルモン，麺内の汚染水分，使い捨てではなく再利用可能な包装，トイレボールによる水質汚染は，国家による警告や推奨の原因ないし目標を例示するものにすぎない．警告と推奨による国家の行動誘導は，ここでは具体的危険の防御のため，あるいはまた法律により規定された環境保護水準を超えて環境の質の改善を助ける環境配慮のために投入され，またそのような行動誘導は一般的な消費者保護に役立つ．良かれ悪しかれ宗教の自由に基づく集団で，この集団がたとえば構成員を搾取し，完全な心的依存状態にし，あるいはまた——サイエントロジーをめぐる論争においてこの非難が前面に出されるのであるが——民主的立憲国家と逆向きの目標を追求するときに，当該集団に対して警告を行うというのは，依然としてアクチュアルである．

　法的な拘束を受けない警告や推奨を用いて活動する国家は，友好的・協働的・サービス提供国家として現れ，——官公庁による命令的に活動する国家の反対像として——市民に近く協力関係にあるものとして勧められることもあるかもしれない．しかしそのような自己推奨は欺瞞の可能性がある．警告，推奨を行う国家は，製品の環境負荷，薬品の有用性，セクトが有する若者にとっての危険性というものを判断する法的拘束力のない意見表明を行うことによって，きわめて後見的・権威的な形であらわれ，当事者にとって不利益的効果を呼び起

こし，この効果は命令や禁止の効果に何ら劣るところがないのである．製麺業者が自社製品は汚染されているとして不当に警告をされた場合（「汚染水スキャンダル」），この業者はこれで散々苦労することになる可能性があるが，これはあるジャーナリストの雑誌が憲法擁護報告において「過激派」と評価されたために他の雑誌の仲間がそのジャーナリストとはもう飲みに行かないというのと同じである．経済的破綻，社会からの排斥──「ソフト」な措置が与えるハードな結果である．「教師的国家」[1]は，ソフトではあるが捉えがたい「情報提供行為」の手段によって市民に望む行動を可能なすべての領域で押し付けるのであるが，このような国家は，事情によっては，拘束的に規律しその点で「官憲的」なものとして現れる国家よりも自由の範囲がはるかに狭いこともありうる．官憲的な国家は，不可欠な任務の履行に限定され，市民の自由には予測可能でコントロール可能な形でのみ介入する〔からである〕．

　したがって，警告，推奨および批判という手段による国家行為がさらに蔓延するとすれば，注意が必要である．自由は教師的国家に対する保護をも必要としており，また法律家の論議において当事者に負担を課す警告や他の価値評価を伴う意見表明の効果に対する基本権保護の問題が前面にあったというのは正しく，また不可欠である．これについては近年数多くの法律学の公刊物[2]が出

---

1) *U. Di Fabio*, Grundrechte im präzeptoralen Staat am Beispiel hoheitlicher Informationstätigkeit, JZ 1993, S. 689 ff.

2) たとえば *F. Ossenbühl*, Umweltpflege durch behördliche Warnungen und Empfehlungen, 1986; *ders*., Informelles Hoheitshandeln im Gesundheits- und Umweltrecht, UTR Bd. 3 (1987), S. 27 ff.; *R. Philipp*, Staatliche Verbraucherinformationen im Umwelt- und Gesundheitsrecht, 1988; *E. Brandt*, Umweltaufklärung und Verfassungsrecht, 1994; *ders*., Warnungen vor Gesundheitsrisiken – öffentlich-rechtliche Probleme, in: *R. Damm/D. Hart* (Hrsg.), Rechtliche Regierung von Gesundheitsrisiken, 1994, S. 187 ff.; *W. Spaeth*, Grundrechtseingriff durch Information, Zur Verfassungsmäßigkeit von verhaltenssteuernden Warnungen und Empfehlungen der Bundesregierung, 1995; *G. Schwerdtfeger*, Verbrauchslenkung durch Information, Die Transparenzkommission beim Bundesgesundheitsamt, in: FS zum 125jährigen Bestehen der Juristischen Gesellschaftshandeln zu Berlin, 1984, S. 715 ff; *G. Lübbe-Wolff*, Rechtsprobleme der behördlichen Umweltberatung, NJW 1987, S. 2705 ff. *M. Heintzen*,

版され,そしてそこでは,我々のテーマに関する裁判所の指導的決定の対象である2つの事例群,略称すれば製品に対する警告とセクト撲滅というテーマがほぼ専ら扱われる.これに対し近年ではほとんど顧慮されないのが,意見誘導的国家行為の問題,政治的意見形成プロセスへの権威的影響の問題である.それが政治実践にとって劣らず重要な意味があるにもかかわらずである.そこでこのような行為に特に注目することにしたい.

B. 警告,推奨および批判を通じた介入——基準

I. 間接的な行動制御と基本権介入の「間接性」

現代の干渉国家は,とりわけ経済誘導のために,さまざまな間接的行動制御の手段を用いる.経済主体の自由な相互作用に基づく経済システムにおいては,命令と禁止によってではなく,望まれる行動のための積極的または消極的なインセンティブを設定する間接的な誘導が,経済的に最も実効的な制御形式であることが多い.拘束力ある行動規則と比較して,そのような間接的な誘導は,場合によっては,望まれる目標を比較的軽微な自由制約によって,そして特に国民経済的に相当少ないコストで達成することができる.例として,環境法上の

Staatliche Warnungen als Grundrechtsproblem, VerwArch 1990, S. 532 ff.; *ders*., Hoheitliche Warnungen und Empfehlungen im Bundesstaat, NJW 1990, S. 1448 ff.; *ders*., Die öffentliche Warnung als Handlungsform der Verwaltung?, in: *K. Becker-Schwarze* u.a. (Hrsg.), Wandel der Handlungsformen im Öffentlichen Recht?, 1991, S. 167 ff.; *ders*., Behördliches Informationshandeln bei ungewissem Sachverhalt, NuR 1991, S. 301 ff.; *C. Gramm*, Prävention durch staatliche Information, ZRP 1990, S. 183 ff.; *ders*., Aufklärung durch Staatliche Publikumsinformationen – Staatshandeln als Aufklärung, Der Staat 30 (1991), S. 51 ff.; *F. Schoch*, Staatliche Informationspolitik und Berufsfreiheit, DVBl. 1991, S. 667; *T. Discher*, Mittelbarer Eingriff, Gesetzesvorbehalt, Verwaltungskompetenz: Die Jugendsektenentscheidungen, JuS 1993, S. 463 ff.; *R. Wolf*, Grundrechtseingriff als hoheitliches Gestaltungsmittel, JuS 1997, S. 1 ff.; *U. Di. Fabio*, Information als hoheitliches Gestaltungsmittel, JuS 1997, S. 1 ff.

誘導税が挙げられる．これは誘導のインセンティブに従うか税金を支払うかを決定する自由を企業に残すものである．

　他方，間接的な行動誘導も自由を制限することについては，疑問の余地がない．課税からして自由への介入，しかも直接的な介入である．税負担を財産権（基本法14条1項）への介入とみないとしても，基本法2条1項の保護領域にかかわる．このことは我々の脈絡では考慮の外に置くことができる．間接的な行動誘導措置が有する市民の基本権上の地位への効果の判断にとって決定的なのは，誘導税を課すことで国家の誘導目標がかかわる自由にも介入するか，つまり生産プロセスにおける原料使用を減少させるという目的の場合であれば職業の自由（基本法12条）に介入するかどうかである．企業は依然として生産プロセスを再編せずに現在と同量の原料を使用する自由を有するがゆえに基本権介入は存在しないという論拠によって，この問題は否定することができるのだろうか？　答えは明白であり――見て取れる限り――争いはない．ノーである．たしかに企業は依然としてとりうる行動の選択肢の間で選択できるが，いずれの選択肢をとるかを決定する企業の決定の自由には財政的圧力という手段によって影響を与えられている．決定の自由に目的的に影響を与えることもまた，自由の制約である．したがって誘導税の賦課は基本権の保護領域への介入でもあり，基本権は課税によって影響される自由の行使を保護する[3]．したがって，当該基本権の保護領域への命令的介入と同一の基準に基づいて正当化されなければならない．

　このような間接的な行動誘導措置を「間接的」介入と呼ぶことによって，判断力は研ぎ澄まされるというよりもむしろ狂わされる．たしかに国家は決定の自由に対し禁止と強制によってではなく，別の圧力手段によって影響を与える．国家は行動に影響を与えるために自由行使のための枠条件を設定し，当事者はこの条件から逃れることができず，枠条件により決定の自由は現実に制約され

---

3) *D. Murswiek*, Die Entlastung der Innenstädte vom Individualverkehr. Abgaben und andere Geldleistungspflichten als Mittel der Verkehrslenkung, Bd. 1, 1993, S. 63 ff. (SV. I 7) 参照．

るのである．ここで，基本権により保護された自由の領域における当事者の負担は，全く別の目的に向けられた国家活動の結果的効果にすぎないものではなく，国家によって公的目標を追求するために投入される．したがって，そのような負担につき，基本権介入の局面で命令的介入とは異なる判断をする根拠は明らかではない．その負担が命令ないし禁止ほど強く自由を制約しないとする限りでは，基本権介入が存在するかという問題には影響を与えない；むしろこれは比例原則を基準とした介入正当化との関連において初めて重要となるのである．

　──誘導税のように──当事者自身に向けられる間接的行動制御措置とは異なり，警告と批判による行動制御は第三者に向けられているのが通常である：消費者は有害物質を含む（とされる）製品について警告がなされる．警告は消費者の行動に影響を与えることを目標とする．基本権（基本法12条）によって保護される生産者の製品生産・販売の自由に対し，それは間接的に，すなわち消費者が国家の警告に反応することによってはじめて影響を与える．国家の措置と生産者の自由領域における負担的効果の間には，因果連鎖の中間項として，国家の警告に反応するかどうかについての消費者の自律的決定がある．このような国家措置の効果に介入が見いだされるとすれば，そもそも介入が存在するとすれば，「間接的基本権介入」について語るのは正しいであろう．

　これまで行ってきた考察に基づいて，行動制御を目指す国家措置が基本権により保護された自由の領域において行動の選択肢の下で選択する具体的可能性を制約する場合，その措置は基本権介入であるということから出発すれば，警告，推奨または批判による行動制御に関して次のような問題が生じる：

　──第三者が警告等に反応することにより自由の領域に消極的な影響を受ける．当の基本権主体の行動を制御することが意図されていることは重要なのか？

　──警告等の名宛人（たとえば製品の消費者）が自らの決定に基づき，国家による誘導刺激に従う状況は，介入の想定に反するのか．因果連鎖はここで，警告の名宛人の行動の結果が国家に帰属することができないという形で中

断されるのか？[4]

II．判例による警告，推奨，批判的評価の分類

透明性リスト判決[5]において，連邦行政裁判所は連邦官報での医薬品リストの公表を職業の自由への介入であると評価した．連邦青少年家族健康大臣に招集された透明性委員会の「透明性リスト」は，医薬品の有効成分，その作用と副作用，価格ならびに取引できるために必要な最低限の要件を超える一定の品質要件を満たす場合に委員会によって与えられることとされている品質記号を含むものとされていた．公表の目的は，市場を透明化することによって価格水準を低下させることであった．基本法12条の保護法益は――連邦行政裁判所が論じるところでは――企業者の自由な活動であり，これには経済競争における企業の活動も含まれるとされる．品質確保証を含む透明性リストの公表は，国家の経済誘導行為としてこの企業者の活動に介入する．医師は経済的でない薬剤を処方しないことが法的に義務づけられる．そのため医師はリストを用い，それを顧慮しなければならないために，高価な薬剤やプラスの品質記号のない調剤の供給者にとって少なからざる売上減となる．リストの公表が間接的な影響を発揮するにすぎず，医師にとっては「決定のための補助手段」であって公権的規律ではないこと，そして医薬品生産者の経済的不利益は第三者，つまり医師や競業者の自律的行動にのみかかわるということは，基本権介入であるとの想定に反しない．とした[6]．

連邦行政裁判所が論じるところでは，企業家は基本法12条から，一度与えられた経済活動の枠的構成が維持されることを求める請求権を有するものでは

---

[4] これをおそらく肯定するものとして，*Wolf* (Fn. 2), S. 347..

[5] BVerwGE 71, 183 (189 ff.).

[6] S. 192 判決は *U. Ramsauer*, Die faktischen Beeinträchtigungen des Eigentums, 1980, S. 121 f., 173 ff.; *H.-U. Gallwas*, Faktische Beeinträchtigungen im Bereich der Grundrechte, 1970, S. 48 を参照している．

第3章　基本権介入としての国家による警告，価値評価，批判　137

ない．企業家にとって不利益な経済関係の変更をもたらす国家措置も，それだけを理由に基本権介入と理解することはできない．しかし国家が一定の企業の負担で公共の利益からして望ましい結果をもたらすために，その目標に向けて枠条件を変更する措置の場合は別である．したがって，連邦行政裁判所にとって決定的に重要なのは措置の目的志向性である．措置が企業側に不利益的効果が発生することを一義的に目指しており，この効果を単に付随的現象としてもたらすにとどまらない場合には，職業の自由への介入が存在する[7]．これは具体的事例については肯定される．というのも，品質確保記号の有無は公式の権威により与えられた価値判断であり，それによって公共の利益のために医薬品市場の新たな秩序が希求されるからである[8]．

グリコール事件において連邦行政裁判所は，連邦青少年家族健康大臣がジエチレングリコール含有ワインのリストをワイン瓶詰業者名とともに公表したことを職業の自由への介入としたが，そこでは経済誘導的意図を否定した．それは大臣が目標指向的に申立人の売上機会を制約しようとするものではなかったからである；とりわけグリコール非含有でリストに挙げられていないワインの販売は妨げられていないのである．連邦行政裁判所がその代わりに着目したのは，国家の権威をもって行われた行為が目的的ではないものの予測可能で甘受された付随的効果として職業活動の自由の深刻な制約をもたらす場合に，当該行為が基本権によって評価されないとすれば基本法の保護が不完全になる，という点である．企業家の職業展開の可能性は，その生産品の価値について国家機関が個別に消極的な意見表明を行うことによって，厳しい制約を受ける可能性があろう[9]．それによれば，目的指向性は公的警告による介入の不可欠な基

---

7)　S. 193 f. ——連邦行政裁判所は「基本権制約」と「基本権介入」をここでは同義として用いている．「基本権特有」の措置が問題でなければならないという追加的に挙げられた基準は真正の追加的基準ではなく，措置が目的指向的であれば満たされるものである．この点で *Lübbe-Wolff* (Fn. 2), S. 2709 f. は適切である．

8)　S. 194 f.

9)　BVerwGE 87, 37 (41 ff.). ——この判決のその後の判示にある矛盾にはここでは立ち入る必要はない；これについては *Schoch* (Fn. 2), S. 673 が必要なことを述べている．

準ではない．決定的なのは国家の権威を主張すること，そして予見可能で深刻な介入が甘受されることである．

このような基準によって，連邦行政裁判所は「若者セクト」判決を承継することができた．そこで裁判所は，一定の世界観運動に対して連邦政府が警告することを，それが自由縮小効果を持つために基本権介入と性格づけ[10]，そしてその際4つの事情に依拠した：(1) 警告についての国家権威の主張，(2) 基本法4条1項によって保護される自由の余地に対して深刻な結果をもたらす可能性，(3) それが意図されており，(4) 予見され甘受された．このような判決理由の定式化は，それが論証のための観点にすぎないのか，それとも——重畳的あるいは択一的に——実現されるべき基準であるのか，はっきり認識することができなかった．

オショー判決において連邦行政裁判所は自らの立場を精緻化した[11]．裁判所は「若者セクト」への警告を目標とする私的団体の財政援助を当事者の基本法4条の基本権への介入と評価し，その際，行政作用の目標方向を，基本権介入を認める1つの主要な基準であるとした．国家にとって重要なのは訴えを提起している世界観共同体に対して不利益を賦課することではなく一定の効果を世間に対してもたらすことである，というのは決定的ではない．しかし，申立人の不利益は必然かつ確実な結果であり，いわば求められる世間への影響の「裏面」である．したがって，基本法4条によって保護される生活領域の制約は，行為の第一次的効果と密接な実質的連関のもとにある．その連関とは，生活領域の制約が，すべての事情を含む客観的考察をした場合には，その生活領域に向けられているように見えるというものである．被告は目的的に基本権に介入しているために，特に深刻な基本権制約であることは重要ではない．この基準は，基本権により保護された自由の領域への国家の影響が単なる事実的なものにとどまる場合に，基本権にとって有意な制約と基本権にとって有意でない制

---

10) BVerwGE 82, 76 (79)—「超越瞑想」；BVerwG, 4. 5. 1993, NVwZ 1994, 162 (163) によって承認される．

11) BVerwGE 90, 112 (118 ff.).

第3章 基本権介入としての国家による警告,価値評価,批判 139

約を区別するのに役立つ.命令的介入は,それと結びついた自由の領域を目的的に縮減するために,その介入がそれほど深刻でないとされる場合でも防御されうる.事実的なタイプの目的的な基本権制約についても,同じことが妥当しなければならない.しかも基準となる作用連関が間接的なものにすぎないが,それにもかかわらず,行為する国家によってその作用連関が全体として支配される場合にも妥当するのである.

連邦憲法裁判所は超越瞑想の事例に関する部会決定において,宗教・世界観の自由への介入が存在するのかどうかの問題には答えず,そして一般的人格権(基本法1条1項と結びついた2条1項)の保護領域への介入を否定するが,他の基本権の場合には介入の側面ではなく介入に対する正当化の側面の下で論じられていることを考慮している[12].実際,名誉保護を解釈論上自由の保護とは別の形でとらえることを支持する者もいる.なぜなら,名誉あるいは社会的な妥当要求は,当事者が踏み入れる社会関係やコミュニケーションのコンテクストから独立にはとらえられないからである.これにより,名誉への介入が認められるのは,当該社会的妥当要求ないし名声の制約が具体的状況からは正当化できない場合のみであるということを支持することができよう——これは,あらゆる介入が,それが認められる場合にはまた同時に当該基本権の侵害となるという結果を伴う.名誉という保護法益の構造によって投げかけられる特別な問題についてはここでは詳論しない.我々の脈絡で決定的に重要なのは,基本権介入の否定はここでは少なくとも国家による警告の間接性ないし作用方法から帰結するものではない,ということである.したがって,部会決定は国家による警告の介入性に関する連邦行政裁判所の判例に反することにはなりえない.

農業会によって実施され結果が公表された商品テストについても,連邦行政裁判所は基本権介入——ここでは基本法12条——と性格づけ,その際に透明性リスト判決とグリコール判決の双方を援用した[13].これは,両判決の介入基準は異なるものではないとされたのではなく,選択的に適用されるべきことを

---

12) BVerfG (1. Kammer des Ersten Senats), 15. 8. 1989, NJW 1989, 3289 f.
13) BVerwG, 7. 12. 1995, DVBl. 1996, 807.

支持する.

　大学教員の学問的著作に対して公式に批判することによる研究の自由（基本法5条3項）への介入を，現在では連邦行政裁判所は肯定した[14]. ある大学の医学部長が，ある教授が展開した診断法の傍証のために公表されたデータが測定結果からずれているとするその教授に対する非難を解明するために「特別委員会」を設置した．この委員会は「確認と決定」を議決した．同委員会は申立人によって展開された診断方法を非難し，申立人に対して結果と言明の修正に関する様々な要求を掲げた．ここに裁判所は——具体的事例において正当化もされない——研究の自由への介入を見いだす．基本法5条3項は，国家による他者決定から自由な各学者の個人の自律的責任の領域と，学問的認識の獲得と仲介のプロセスに国家が影響を与えることからの保護を保障している[15]. 委員会の決定が拘束力あるものではなく，単に≫関係者の学問的良心に訴えるもの≪にすぎないということは，介入としての性格に反しない．そのような事実的ないし道徳的圧力を生みだすことは，基本権により保護される研究の自由への介入である．この種の公式の基準的規律は，同僚による公的批判とは比較できない．

　それゆえまとめると，判例によれば，国家による警告，推奨あるいは公的に表明された批判的評価は，次の場合には基本権により保護された自由の領域への介入と性格づけられるということができる．それは，警告等が

—国家の公的権威の主張の下で行われ，かつ

—保護された自由の領域における行動誘導を意図している（目的指向性）

—もしくは第三者の行動誘導を目的とし，その裏面として基本権により保護された基本権主体の自由の領域に不利益が必然的に発生する（目的指向性との等価性）場合，

—またはその第三者の行動の誘導が保護された自由の領域において重大な（深刻な）不利益をもたらし，これを国家が予見することができ，甘受した

---

14)　BVerwG, 11. 12. 1996, NJW 1997, 1996 ff.
15)　BVerfGE 35, 79 (112, 113); 47, 327 (367); 90, 1 (11)を参照している.

場合

以上の場合である．

III．情報提供行為の介入への分類の根拠と基準の精緻化

　国家による情報提供行為を基本権介入と性格づけることに関して[16]，略説してきた判例は学説において圧倒的多数の賛成を見てきたが[17]，一部には批判がある．この批判には，基本的なアプローチに関するもの[18]，また個別の基準に関するものもある[19]．もっともその際，論者の中には個々の決定の理由づけの要素を一般的な基準としてとらえた（そしてそれを批判した）者もいた．連邦行政裁判所はそれらの要素をそのようなものとして定式化していたわけではなく，——様々な判決の概観が示すように——そのようなものとして考えてはいなかったにもかかわらずである．個別の具体的事例を超える主要な理由づけの側面を背景にして理解すれば，判例は，国家の情報提供行為の基本権解釈論につき，出発点において信頼できる基礎を提供することができる．この背景を以下では明らかにすることにしたい．

1．目的的行動制御としての介入

　今日一般的に受容された見解によれば，基本権介入は「命令的」介入であることを要せず，法的拘束力ある命令ないし禁止であることも要しない．基本権は自由を実効的に保護すべきであり，基本権により保護された領域において一定の方法で行動する自由は，（法的行為とは異なる）事実的措置によっても制限されうる．基本権保護領域に含まれる行動が個人に対し国家行為によって不可

---

16)　いくつかの判決においてそこから引き出される帰結に関してではない．これについては後掲注40．

17)　たとえば *M. Heintzen*, VerwArch. 1990, S. 548 f.; *Schoch* (Fn. 2), S. 699 f.; *Di Fabio*, JuS 1997, S. 1 f. 参照．

18)　*Wolf* (Fn. 2), S. 346 ff.; *Lübbe-Wolff* (Fn. 2), S. 2711 参照．

19)　たとえば *Discher* (Fn. 2), S. 465 ff. m. w. N. 参照．

能にされる場合には，介入が存在することに争いはない——したがって，国家が強制的効力をもって，一定の選択肢に対する賛否の決定に関して個人に選択させない形で個人の決定の自由を制限する場合である[20]．

これに対して法的強制ないし事実上の強制が欠けている場合，国家措置の介入性が問題となり，特に根拠づけが必要である．なぜなら，自由の行使が不可能にされていないからである．

一定の自由の行使についてサンクションが賦課される場合には，理由づけは簡単である．すなわち自由は，その行使がたしかに法的に禁止されず事実上不可能にされないがサンクションを課される場合にも制限される．ある一定の自由の行使が不利益を与えることによって「処罰される」場合，これによってそのような自由を行使させない方向で圧力が行使される．この圧力に耐え，サンクションを甘受する者も，自由は制限されている．したがって，自由を不可能にしていなくても，それを困難にしているだけですでに基本権介入である．一定の自由を行使したために不利益を課すのは個人の自由の負担となるのであり，これは刑罰のように不利益と道徳的非難，倫理的な無価値評価が結びつけられるかどうかや，この不利益がそれ自体として法的に命じられるものかそれとも事実上賦課されるのかにかかわらない．サンクションは間接的強制の手段とみることができる．これが自由への介入であることは一義的に明らかである[21]．すでに上述したように，狭義のサンクションによってなされるのではないとしても，これはあらゆる形態の間接的な行動制御に当てはまるのである．決定的なのは，基本権主体の自由の決定が，望ましくない自由の行使の場合に不利益を課せられることによって困難にされるということである．

公的な批判それ自体がすでにサンクションとしての性格を持ちうることを，連邦行政裁判所は「特別委員会」の事例で妥当であると考えた．裁判所は，委

---

20) たとえば *B. Pieroth/B. Schlink*, Grundrechte. Staatsrecht II, 12. Aufl. 1996, Rdnrn. 259, 265〔15版の翻訳としてボード・ピエロート／ベルンハルト・シュリンク（永田秀樹ほか訳）『現代ドイツ基本権』（法律文化社，2001年）79, 83頁〕参照．

21) *Pieroth/Schlink*, Rn. 265 f.〔訳書83頁〕

員会の決定によって「事実上ないし道徳的な圧力」が生み出され，専門委員会による教授の「学問的有罪判断」が教授の学者としての名声を制約するにふさわしいものであることに着目することによって，そのように考えた[22]．

　「命令的」介入と同様に，間接的に行動を制御する介入は常に，行動成果の実現に向けられた目的指向的な措置である．意図せざる介入はここでは考えられない．目的指向性は，行動制御の概念に内在している．これは，命令的でないそして目的指向的でない措置が同じく自由権の保護領域に介入しうることを排除するものではない．しかし逆に，国家が基本権主体に不利益をもたらすことによって自由権の保護領域に影響を与えようとする（負担措置の目的指向性）場合には常に，当該基本権の保護領域への介入が存在することを確認することができる．目的指向性が肯定される場合には，──連邦行政裁判所が適切に確認したように──介入の間接性は重要ではありえない．

　第三者に向けられた警告，推奨等は，単に名宛人（ワインの消費者，セクトの教義に関心のある者）の行為に影響を与えようとするにとどまらず，この警告によってネガティブな影響を受ける基本権の担い手の行動の変容をも目指す場合には，先の要件を満たすことになる．この目標設定が前面に出ることを要しない．──客観的に見て，生み出される圧力が，保護された自由の領域におけるこれまでの行動の変更に向けられ，第三者の行動への目的的な影響を国家の観点からみて望ましくない当該基本権主体の行動と結びつける場合には，行為する当局の主観的目標設定は重要ではない．その場合には，第三者の警告はサンクションの機能を持ち，そしてサンクションを一定の自由の行使と結びつけることは常に介入である．警告は常に自由権により保護された行動と結びついているがゆえに，求められる警告の名宛人のリアクションが予見可能であり，少なくとも警告の影響を受ける者にとっての不利益が甘受される場合には，常にサンクションの機能を有している．

---

22)　BVerwG, NJW 1997, 1996 (1998).

2. 自由権の保護利益としての社会的接触の可能性の現実化の機会

連邦行政裁判所は，グリコール判決やまた超越瞑想判決，オショー判決において，国家措置の誘導機能があるかどうかとは独立に，職業の自由または宗教の自由への介入を肯定し，その理由として「保護される生活領域」が制約される[23]，「保護される自由の空間にとって」「深刻な効果」ないし「不利益」が惹起されること[24]，あるいは企業家の「競争的地位」が悪化し，売上機会の実現として理解される「職業上の発展可能性」が制約されること[25]のみを挙げているが，この場合，裁判所は実質上，それらの基本権の保護法益が意思決定の自由およびこの自由の活動から区別されることを承認している．この保護法益は厳密には挙げられていない；それは間接的に，介入メルクマールの定式化から解明されなければならない．職業の自由の領域では，保護法益は製品を販売する企業家の機会であり，宗教の自由の領域では自己の宗教の支持者，宗教共同体のメンバーを獲得する機会である．このような機会が基本権により保護される場合には──そしてその場合にのみ──，この機会の実現を目的的に阻止し，困難にすることは，主題的に関連する基本権の保護領域への介入である．これはもちろん，生じた不利益の重大性のいかんを問わず，そして──これは前提であったが──措置が，保護される自由の領域における決定の自由を（も）制約するのかどうかを問わない．一般化していえば，次のようになりうる：この見解によれば，自由権は意思決定の自由とこの自由の活動を保護するのみならず，それぞれ保護される自由の領域における社会的接触の可能性を実現する機会をも保護する．

私は，挙げられた保護法益の暗黙の承認ならびに介入についてこの承認から引き出される帰結を正しいと考えている．個人の自由はそれ自体孤立して存在するものではない．しばしば社会的なコンテクストにおいてのみ実現されうる．

---

23) BVerwGE 90, 112 (121)──「オショー事件」．
24) BVerwGE 82, 76 (79)──「超越瞑想」；90, 112 (119)．
25) BVerwGE 87, 37 (39 ff.)──「グリコール事件」．

自由権は社会的相互作用の存在を前提とする．これは，自由権がこれまで存在した社会的な相互作用の可能性を保障する，あるいは国家にその創出のための設営義務を負うことを意味するものではない．しかし，国家がそれらの可能性を目的的に否定する場合，社会的相互作用の機会の実現を目的的に阻止する場合には，自由を制限することを意味する[26]．

　このことは，社会的相互作用を不可能にする第三者の自由への命令的介入を考慮に入れる場合に特に明らかとなる：企業家に対し製品Xを販売することを禁止するのではなく，消費者に対し製品Xを購入することを禁止する場合には，たしかに禁止の名宛人は消費者にすぎず，決定の自由が直接に制約されているのは消費者のみである．しかし企業家にとっては，企業家に対して禁止されている場合と効果は同一である．そのときには，企業家はたしかに広く製品Xを販売でき，その点で自由を制約されていないが，購入者をもはや見つけることができない．企業家はそのような状況を法的にではないが，事実上強制されている．これによって先の措置は――そのように論じることができるとすれば――必然的かつ予見可能な形で企業家の決定の自由を制約し，したがって企業家の自由をも介入する．しかし次のように論じることもできる：この場合，製品販売の機会が妨げられている．この目標を達成することに鑑みれば，介入が販売禁止によって企業家に対して向けられているのか，それとも購入禁止によって消費者に対して向けられているのかはどちらでもよい．売買契約締結には2つが含まれている．このような状況においては，一方に対する介入は必然的に他方に対しても向けられる．したがって，Aに対する命令的介入は同時にBに対する命令的ではないが目的的な介入となりうる．

　第三者に対して向けられた非命令的措置の場合も，状況は原理的には異ならない．製品の購入が消費者に対して禁止されているのではなく，当局によって当該製品の購入を警告されるにとどまる場合には，消費者は決定の自由を失う

---

26) これについては，思考アプローチにおいて有益な論稿である *M. Albers*, Faktische Grundrechtsbeeinträchtigungen als Schutzbereichsproblem, DVBl. 1996, S 233 ff. を参照．

ものではない．消費者の基本権は制約されていない．これに対し，企業家の製品を販売する機会は，警告に消費者が従う程度で制約される．たしかに，消費者が警告に一貫して従うのではないために，機会が完全に妨げられるということはほとんどない．警告の中には実務上，あまり効果がないとされるものや（たばこの警告），決定的で，禁止が持つ加害的効果を上回りすらするものもある（ビルケルパスタの事例がありうる）[27]．警告が持つ効果は，いずれにしても，社会的相互作用の可能性を実現する機会への意図的な国家的介入の結果である．そしてこの介入が目的的に行われるがゆえに，——連邦行政裁判所がオショー事件において適切に考えたように——当該介入は不利益の強度や深刻さが特に重大なものであることを前提としない．

　ここでは，警告自体がすでに介入である．介入によって意図された消費者の行動は，介入の結果である．警告は，直接かつ目的指向的に警告にかかわる者の保護された自由の領域に介入している．なぜなら，社会的相互作用の可能性を実現する機会を縮小することは，警告の名宛人の目的指向的な影響の必然的な裏面であるからである．国家が消費者に影響を与えようとする場合，同時に生産者の社会的な相互作用の機会に影響を与えようとする．

　これに対して，私見によれば，警告の名宛人に求められる行動あるいは現実に行いすらする行動が，鏡写しに警告の対象者の不利益として現れるかどうかは重要ではない．この不利益の範囲は，国家の介入の結果として，介入の比例性との関連であるいは国家責任の際にはじめて重要となる．

　国家による警告，推奨，批判は，それが目的的に自由権の保護領域に介入するのではなく，そこで単に他の目標を目指す行為の付随的結果として不利益的に作用するだけである——連邦行政裁判所はグリコール事件でこれを認めた——場合にも基本権介入と性格づけることができるかどうかは，ここでは決定しないでおくことができる．というのも，上述の意味で製品に対する警告ないし推奨，セクトへの警告や類似の措置は，実際には常に保護領域に含まれる社

---

27)　この事例については，LG Stuttgart, 23. 5. 1989, NJW 1989, 2257; OLG Stuttgart, 21. 3. 1990, NJW, 2690 参照．

会的相互作用の可能性を実現する機会に目的的に介入するものだからである．

3．国家による警告と社会のコミュニケーション

　もっとも，国家によって行われる公衆に対する情報提供で，社会的相互作用の可能性を実現する機会を悪化させるものすべてが基本権介入であると解することはできない．まず前提は，関連する社会的相互作用に関するネガティブな価値判断の意味での目的的な影響である（これは別の相互作用に関するポジティブな価値判断としても定式化できる）．公共的にアクセスできる——個人関連データまたは営業上の秘密・企業秘密として保護されない——事実を単に伝えるだけでは，それが制御の意図を持って行われたとしても十分ではない．たとえば食料品に含まれる有害物質の測定データが公表された場合，これは食料品の生産者・販売者の職業の自由に介入するものではない．なぜなら，この製品が販売される機会が減るのは，それが事実としてそのような有害物質を内容として含んでいることを示しているという事情から生じるからである．この事実が公衆に対して明かされないことを求める請求権は存在しえない．社会的相互作用の自由，とりわけ市場経済活動の自由には，公共的に入手可能な限りで，判断形成にとって重要なあらゆる事実から認識を得る当事者の自由も含まれる．国家が（市場）主体の判断形成にとって重要な情報を公衆に入手可能にする場合，判断基礎を拡張するのであって，主体の自由を制限するものではない[28]．ここでも事情によっては，ある製品にとって市場での機会（あるいは世界観共同体が信奉者を獲得する機会）が劇的に減少することは，国家行為の予見可能な結果である．しかし，措置それ自体が純粋に情報提供であって，行動を特定の方向に向けるものではないために，情報提供の名宛人の行動は，ここでは国家が求める結果，したがって社会的相互作用の可能性への目的的な介入には分類することができないのである．

　もっとも，実務上，そのような「純粋」な事実の情報提供である例はわずか

---

28) *Lübbe-Wolff* (Fn. 2), S. 2711.

にすぎない．通例，そのような情報提供は国家による明示的な警告ないし推奨と結びついているか，公表のコンテクストからそれが明らかである．したがって通常は，国家が事実について「中立的」に情報提供するのではなく，当該情報提供を一定の社会的相互作用――たとえば一定の製品の購入――を妨げ，または困難にする目標と結びつけていることは，はっきりと認識することができる．

　この通常事例について，基本権の担い手の行動様式あるいは生産物に対して公的に批判するだけでいつでも，社会的相互作用の可能性を実現する機会を減らすという面で自由権の保護領域への介入であるのかどうかが問題となる．連邦行政裁判所はこの問題について適切にも，批判が介入となるのは公式の権威を掲げて行われる場合に限られるという趣旨の回答をしている．これは限定として不可避なものである．それは，職務担当者も社会の公的討議に参加し（なければならず），その際に必然的に基本権により保護される自由権にかかわる事実に関する価値判断を提示するが，その際に議論に参加するすべての国家たらざる者よりも高い正しさと拘束性を主張することはない，という事情を考慮に入れているのである．ここでも，社会的相互作用の可能性を実現する機会が制約されるが，私人が行いうる程度や方法と異なるところはない．国家が他の者と「何から何まで同じように」反転させられるところでは，国家は高権的に介入するものではない．そのような介入たらざる意見表明は，大臣や自治体の首長がインタビューを受けたり討論番組に参加したりする場合や議員が議会の討論において意見表明するような場合がほとんどで，一般的には，国家機関の意見形成がまだ完了しておらず，機関構成員の暫定的な立場表明であることが世間に周知のような場合である[29]．これに対し，公式の権威によって国家が世間に現れるのは，当局がある問題について公式の立場表明を行う場合，国家の委員会が最終報告書を公表した場合，連邦首相が議会で議論としてではなく政府としての宣言をなす場合，大臣が議会の説明要求に答える場合である．そのよ

---

29) Vgl. *Heintzen*, VerwArch 1990, S 352 (547 f.) m. w. N.

うな事例では，公的価値判断は「公式」なものであり，公衆の眼で見れば私人やジャーナリズムにより行われる任意の意見表明とは全く異なる位置価値を有する．国家が職務上，ある行動を批判し，別の行動に賛意を示した場合には，討論の一環という意味でこれを行うのではなく，影響を与えることによる制御の手段として意見表明を用いているのである．

IV．政治的なコミュニケーションの自由と共同作用の自由への介入

　警告や批判によって国家は，自らの意見によれば構成員や信奉者にとって危険が生じると考えるセクトだけでなく，政党やその他の政治的な企図にも対抗しようとしている．一定の政治的意見ないし組織に対して向けられた公的な警告や批判的意見表明を基本権介入と性格づけることができるかどうかは，上述の観点の下で特に慎重な審査を必要とする．というのも，政府は，自己の政策を世間に説明し，公共的な意見闘争において批判に反論することを頼りにしているからである．その際，政府は批判者と批判的な論争をすることが不可欠である．そして逆に市民として，ジャーナリストとして，または政治組織として公共的な意見闘争に参加する者はすべて，批判からなおも守られることを求める権利を持ちえないのである――これは，国家の側も同様であって，国家側のの政策に対抗してそのような参加者自身の公的見解が提示される．意見表明の自由，プレスの自由，政治的活動の自由には，国家機関も参加する批判的な公共的論議が必然的に含まれるのである．

　たしかに，国家機関は政治的意見形成のプロセスにおいて，私的法主体には妥当しない拘束に服する．選挙運動では党派的中立へと義務づけられ，特定政党の選挙広告や他党の論難のために国家の権力手段や税金を用いてはならない[30]．さらに，公共の福祉に定位し，公共的論議において客観的であることを

---

30)　BVerfGE 44, 125 (141 ff.)―「広報活動判決」．

義務づけられる．しかし，批判される者が政府の政策について自己の公的立場を表明したことで批判の契機を与えたような場合には，批判すること，状況によっては極めてはっきりとした劇的な批判を行うことが，先の拘束によって排除されるわけではない．

したがって，一般的に定式化すれば次のことは堅持することができる：国家が一定の政治グループや政治的立場に対して公的批判を行うことは，それが民主的な公共的意見形成プロセスの枠内において，その際に国家機関に妥当する公共の福祉思考，（党派的）中立性，客観性という要請に拘束されることを顧慮して行われている場合には，介入ではない．

これに対し，国家による公式の批判が民主的討議の土台から離れている場合がある．それは，その批判が一定の意見ないし政治的立場を違法ないし民主的に正当でないと性格づけ，それによって民主的意思形成プロセスから排除しようとする場合，したがって実際上それらの意見や立場から，精神的論争における論証によって聞き手を見出し，民主的討議に参加する資格を奪う場合である[31]．これは少なくとも，当該政治的立場ないし組織が公職によって憲法敵対的と批判される場合には当てはまる．というのも，憲法敵対性は，基本法の構想によれば憲法の敵でもあるからである．憲法機関はそのようなものとは論議しない．禁止によらないとしても，政治的手段によってこれと戦う．ある者が憲法敵対的であるとの公的な批判は，単に政治的な意思形成プロセスにおける精神的論争に役立つというものではない．そのような批判はとりわけ，当事者をその政治的立場によってこの意思形成プロセスの外に置くことに資するのである．

一定の政治的見解や運動を克服し排除する機能をとりわけ果たすのが，連邦および各州の憲法擁護報告である．そこでは一定の政治的組織やその他の運動，またそれによって主張される政治的意見が，このために特に設けられた憲法擁

---

31) ここでは論究できないが，政治的共同作用権の事実上の制約に関するその他の可能性については，*S. Herren*, Faktische Beeinträchtigungen der politischen Grundrechte. Diss. St. Gallen 1991.

護庁により公的に憲法敵対的として——報告書の言語慣用では「過激派」と呼ぶことが多い——非難される．これは，当該運動が自由で民主的な基本秩序に反しているとの判断を含意している[32]．憲法擁護報告が明示的にそこで挙げられた運動を「警告」していないとしても，果たした警告の強さは，少なくとも上述の決定の対象となった公職によるセクトの警告に劣るものではない．憲法擁護報告において「過激派」と性格づけられることは，当事者には根本的ともいえるほどに強力な負担となりうるのが通例である．立憲民主主義国家では——深刻な犯罪行為を除いて——ある者が自由な憲法の基本要素を除去することをもくろんでいるとの非難よりも厳しい非難は，考えることがほとんどできないであろうからである．憲法擁護報告は単なる報告，情報提供にすぎないものではない．それ自体「情報提供による憲法擁護」の道具なのであって，報告において挙げられている運動を政治的に撲滅する道具なのである．憲法擁護報告が公衆に送るシグナルは，次のものである：そのような運動に参加してはならない！　そのような運動は政治的討議に参加するな！　それでもなおそのような組織に参加し，またはそれを支持する者は，自らを過激派と評価され，そのように扱われることを覚悟しなければならない．

　公衆の反応はこれと合致する．憲法擁護報告において挙げられた組織は，他の組織よりも構成員を勧誘しにくい．マスメディアでその規模や政治的意義にかなった説明を見る機会はほとんどなく，ましてや中立的な説明や好意的な説明などはなおさらである．メディアは憲法擁護庁の価値判断をそのまま引き受けるのが通例であり，みずから当該組織を——黙殺したり専らネガティブな報道をしたりすることによって——撲滅する．したがって，憲法擁護報告においてある組織を「過激派」と性格づけることは，当該組織にとって，政治的意思形成プロセスにおいて影響力を獲得する可能性を大きく制約されることを意味するのは明白である．まさにこれこそが憲法擁護報告の目標でもあるのである：報告は，過激派の努力が足場を固め，その憲法敵対的目標を実現する可能性を

---

32)　連邦や各州の存続といった憲法擁護法上の他の保護法益についてはここでは顧慮しない．

持たないようにするのに貢献しようとするのである．

　それが憲法擁護の正当な関心であること，そして報告された事実と評価が適切であって公衆の当該通告のための法律上の要件が満たされている場合に報告が適法であるということは，ここでは詳細に根拠づける必要はない．しかし，目をそらしてはならないことがある．それは，公職者が公的に「過激派」の烙印を押すことが，製品や宗教的な運動または外見的に宗教的な運動について上で述べた一切の観点の下で事項的に関連する基本権への介入であり，しかるべき形で正当化されなければならない，ということである．

　このような確認が不可欠なのは，憲法擁護当局ないし憲法擁護報告の担当大臣が実際にもそうであるような運動や政治的見解のみを「過激派」と評価するということが決して確かなものではないからである．自由で民主的な基本秩序の概念は具体化がきわめて必要である．どのような政治的立場が自由で民主的な基本秩序の要素と一致しないのかは，個別の事例で争いとなることがまれではない．憲法擁護当局や担当大臣に，自らの評価に基づいてそして裁判所によるコントロールを受けずにどのような意見が「過激」であってそれゆえ政治的討議の外に置かれるかの決定が委ねられるとすれば，国家による権威的な意見の誘導，望ましからざる政治的競争の撲滅，国家による「ポリティカル・コレクトネス」や党派的選好の実施のために憲法擁護報告の濫用がはびこることになろう．民主主義は自由で同権的な公共的討議によって生きている．基本法は詳細に定められた要件の下で，この討議の基礎を取り除こうとする者を討議から除外することを認めている．憲法擁護当局がその報告によって過激派を締め出そうとする場合，当局は危険な綱渡りをしている：実際の過激派を締め出すことは民主主義に資する．現に自由で民主的な基本秩序と完全に合致する人物，組織，意見を締め出すことは，民主主義に極めて甚大な害悪を加えることになろう．その場合には憲法擁護報告は憲法の保護のための道具ではなく，客観的には憲法の破壊に資することになろう．

　結論として，次のことは確認できる：ある意見ないし運動を憲法敵対的ないし過激派であるととりわけ憲法擁護報告において公式に性格づけることは，国

家による警告および公的批判に関する判例において展開されたあらゆる観点の下で，事項的に関連する自由権に介入する：(1) 憲法擁護報告において過激派と性格づけるのはサンクションとしての機能をもつ（公的な烙印，糾弾）．(2) それは公的な信用低下に役立ち，公的な名声を低下させ（それを目指し），そして当事者に道徳的，事実的な圧力を加える[33]．(3) そのような性格づけにより，当事者が自己の意見ないし政治的確信について他者を獲得し，組織の構成員を勧誘し，機関誌の定期購読者や購読者を得る機会が大きく縮小することになる．このような不利益的効果は予見可能であり，甘受され，また意図されている[34]．

このような認識に，判例はこれまで耳を貸そうとしてこなかった．判例は，政治的意見形成に国家が高権的に影響を与える領域において，1970年代の状況で停止して，警告，推奨等をなお介入と認めなかった．

ここで指導的判決は1975年の連邦憲法裁判所のNPD決定である[35]．連邦憲法裁判所はこの決定において——介入と介入の正当化を区別せずに——次のような見解を主張した．基本法21条に基づく政党の地位の侵害ないし危殆化は存在しない．なぜなら憲法擁護報告において「極右」と性格づけるのは「行政的侵襲」ではなく，政党の違憲性が「法的に主張された」ものではないからである．むしろ問題となる価値判断は，「法的影響が結びつけられるものではない」．そこから生じる「事実上の不利益」に対して，政党は基本法21条によっては保護されない．もっとも，国家によるネガティブな価値判断の制約は，機会均等を求める権利から生じる．この権利は，国家の措置による競争機会の恣意的な制約をすべて禁止し，ある政党を「他事考慮」に基づいて憲法敵対的であるとの疑いをかけることを許さないものである，というものであった．この

---

[33] BVerwG, NJW 1997, 1996 (1998)—「特別委員会」からの観点．
[34] BVerwGE 71, 183 (193 f.); 82, 76 (79); 87, 37 (39 ff.); 90, 112 (119); BVerwG, DVBl. 1996, 807からの観点．
[35] BVerfGE 40, 287 (291 ff.); またすでにBVerfGE 39, 334 (360)—「過激派決定」参照．

ような論証は最近まで下級審が認めてきた[36].〔しかし〕上述の理由からもはや維持することはできない.

憲法擁護報告で過激派と評された場合,ある政党に対し党派的な競争の中で多様な形で持続的な不利益が生じるが,この不利益が国家の法的行為によって政党に賦課されるものではないというのは,たしかに正しい.そのような不利益は,法的規律または法的拘束力ある決定の効果ではない.その点で,ネガティブな価値判断の公表は「法的」介入,すなわち法的規律による介入,命令的介入ではなく,「事実上の」不利益である.しかし,このような事実上の不利益は,上述の基準によれば高権的措置の効果として分類されなければならない.自由の制約が「事実上」行われるものであって,「法的規律により」行われるものではないことは,介入としての性格を排除するものではない.むしろ憲法擁護報告において過激派と評されることは,国家の情報提供行為について通常妥当する基準によれば明らかに(「事実的」)介入である――政党の場合,基本権ではなく,基本法21条の地位権として保護されるが,その構造上基本権に相当する政党の自由への介入である.

1.政党の自由への介入の際の特殊性

連邦憲法裁判所は,憲法擁護報告の価値判断と「法的影響は結びつけられない」と定式化しているが[37],これは少なくとも誤解である:価値判断に加えてさらなる法的な影響が公表から生じるものではないと考えられるのは明らかである.しかし,価値判断の公表それ自体は単なる事実にとどまるものではなく,憲法によって保護される当事者の自由に,したがってそのつど抵触する基本権ないし地位権の保護領域に介入しており,したがって法的に当該権利の介入あ

---

36) BayVGH, 17. 6. 1996, BayVBl. 1996, 631 (632); OLG Münster, 13. 1. 1994, NVwZ 1994, 588 参照;VGH Bad.-Württ., 11. 3. 1994, DÖV 1994, 917 (918); VG München, 9. 7. 1980, BayVBl. 1980, 696 も参照.これに対して OLG Lüneburg, 12. 2. 1991, NJW 1992, 192 (193 f.) は,憲法擁護報告におけるある社団の個人関連データの公表に一般的人格権への介入を見出した.

37) BVerfGE 40, 287 (293).

るいはさらに侵害として影響を与えるのである．

　憲法擁護報告が一義的に介入としての性格を持つにもかかわらず，判例が正反対の主張を頑固に堅持しているのは，基本法21条2項2文の「政党特権」を背景にしてのみ理解することができる．この規定からは，ある政党の違憲性は——制裁の宣告ないし不利益の付加の意味において——連邦憲法裁判所によって禁止される前には法的に主張することができない，ということが帰結する．とりわけ連邦憲法裁判所の判例によれば，ある政党に対して連邦憲法裁判所が禁止を宣告する前に「行政的に侵襲すること」は許されない[38]．政党に対して過激派であるとの非難を含んでいる憲法擁護報告を公表することは，この判例によれば，それが「行政的侵襲」としてそして基本法21条の地位権への介入と性格づけられる場合には，もとより違憲となろう．このような望ましからざる結論を避けるために，介入としての性格が否定されるのである．

　もっとも，国家の情報提供行為について通常当てはまる基本権解釈論から以上のように断絶しなくても，同じ結論に達することはできるであろう．というのも，基本法21条2項2文は法的拘束力ある違憲判断を連邦憲法裁判所に独占させるにすぎない．したがって，一方では連邦憲法裁判所が禁止する前には政党の（事実上の，あるいは政府によって主張される）憲法敵対性とネガティブな法的効果（たとえば国家による政党財政援助の排除）が結びつけられてはならないと連邦憲法裁判所が主張し，他方で政府が憲法擁護報告を含めた政治的手段によって政党とたたかうことは基本法21条2項2文によって妨げられていない，というのは妥当である．そのような政治的手段の投入は実際にいかなる法的効果を定めるものでもなく，したがって基本法21条によって排除されるものではない．しかしこのことは，基本法21条の政党の自由への介入——政党特権によっては禁止されない介入——が問題であるとの想定を妨げるものではない．

　連邦憲法裁判所が用いる「行政的侵襲」の概念は，このような脈絡では明確

---

[38]　BVerfGE 40, 287 (291 f.).

化させるというよりもむしろ混乱させるものである．憲法擁護報告においてある政党を糾弾することも行政的措置である．これを「侵襲」と呼ぶこともできるだろう．なぜなら，ある政党に対して向けられ，それを撲滅することを目的とするからである．しかし非命令的手段による侵襲である．措置の法的性格づけと判断の問題にとって「侵襲」とよぶことは重要ではない．ここでは区別のメルクマールとして用いられるべきではなかろう．

2．意見表明の自由またはプレスの自由への介入としての国家による批判

憲法擁護報告において個々人あるいは政党の地位を持たない組織が過激派と評される場合，上述の理由から，公式の価値判断の公表はそのつど主題的に関連する自由権の保護領域に介入する．そのため，ある者が自ら主張した意見のために過激派と呼ばれる場合には，意見表明の自由への介入が存在する（そして一般的人格権への介入にとどまらない[39]）．過激派と評される雑誌の出版社については，これはプレスの自由への介入である．憲法擁護報告で宗教セクトが憲法敵対的と呼ばれるときにはもちろん基本法4条の保護領域に介入しており，これは憲法擁護報告以外で大臣がセクトに対する警告を行う場合と同様である．

ある個人または組織を「過激派」と総体として評価することのみを介入とみるのは短絡的であろう．憲法擁護報告では，数多くの個別の意見表明がある組織または個人の違憲の目標設定の例として挙げられており，ある組織について憲法擁護当局がまだ厳密にはこれに該当するかどうかを知らない場合に，当該組織が憲法敵対的な目標を追求しているとの疑いをかける「事実上の手がかり」

---

39) この介入は酷評によるネガティブな価値判断に基づいて常に存在する．参照 OLG Lüneburg, Fn. 36（しかも私見ではさらに関連する自由権への介入になる）――一般的人格権の場合には介入と介入正当化の区別を放棄せず，単に公的な名声を正当化できない形で低下させることを介入と呼ぶ点で，BVerfG, NJW 1989, 3289 f. そしてこれについては注12の本文を参照．

として挙げられるところもある．したがって，「事実上の手がかり」として用いられる意見表明は，自由で民主的な基本秩序と合致しないものと性格づけられる．憲法擁護報告において具体的な意見表明をこのように位置づけることから強い誘導作用が生じる．憲法擁護報告において過激派として登場することを避けるためには，そのような意見表明をこれから避けなければならない．サンクションの助けを借りた間接的誘導の側面からも，そのつどの意見表明を理由に社会的相互作用の可能性の実現を目的的に困難にするという側面からも，意見表明の自由への介入が存在する．

V．公的な批判と個人の基本権的地位への不利益

その他の高権的措置と同様に，当局による批判的意見表明は個人の自由を具体的に制約する場合にのみ基本権介入となりうる．これは少なくとも国家による警告が明示的に特定の主体に対して向けられており，したがってたとえば特定のセクトないし企業家が具体的に挙げられている場合には常に当てはまる．逆に，警告や推奨が全く一般的に行われる場合，たとえば水質を汚染する化学物質を家庭では用いないよう推奨する場合，それは特定の基本権主体の基本権に具体的に関連づけられることがないので介入ではない．これに対して警告，推奨または批判が具体的に定式化され，特定の基本権主体の行動ないし製品に関連づけられる場合には，当事者が具体的に挙げられるかどうか重要ではない．たとえば水質を害するためにトイレボールを用いないよう公式に推奨される場合，トイレボールの生産者はすべてこの推奨によって職業の自由に不利益を受ける．憲法擁護報告が一定の政治的意見を特定の組織ないし個人の判断にかかわらず全く一般的に違憲（過激派）と評価する場合，そのような意見を主張する者やこの意見を自己の主張としようと考える者はすべて，意見表明の自由に不利益を受けている．たしかに報告において特に名前を挙げられることのスティグマ効果は，それと結びついた不利益を含め，上記の者すべてに当てはまるものではないが，公式の価値判断が持つ阻止機能はすべての者に当てはまる：

自分の周りで過激派と思われ,あるいは次回の憲法擁護報告において公的に過激派に分類されないようにするためには,そのような意見を表明することを避けなければならない.

C. 基本権に介入する情報提供行為の正当化

　公式の警告,推奨または公的批判が基本権介入であるとすれば,この介入には,すべての基本権介入に妥当する基準に基づく正当化が必要である：まず介入は,授権に関する法律上の根拠を必要とする.当局は権限を有していなければならない.これには特に組織管轄が含まれる.不利益を受ける自由権が有する特別の介入要件があれば,それを尊重しなければならず（基本法5条1項の場合は一般的法律,基本法4条の場合は「憲法内在的制限」のみ），介入は比例原則に反してはならない.これは,憲法擁護報告の際に裁判所が依拠した恣意の基準に基づく最小限の審査よりもはるかに精緻で強力な裁判所の審査に帰着する.

　国家の情報提供行為による基本権介入の正当化の要件は,学説および判例では詳細については非常に争いがある[40].要件はそれ自体1つのテーマである.ここではテーゼとして,何らかの形で他のカテゴリーよりも緩やかに扱われる二級の基本権介入は存在しない,ということを確認するにとどめる.命令的介入から,誘導的な情報提供で多くの場合に有効性において劣らない介入へと切り替えて,しかもそれに対する法的要件が少なくなる可能性が国家に留保されることにより,自由の法治国家的保護は切り崩されてはならない.

---

40) 判例では,望まれる結果のために組織権限を無視して授権に関する法律上の根拠に関する要件を取り去る傾向があるが（これについては連邦憲法裁判所も注12の部会決定により,残念ながら例外ではありえない),この傾向は学説では厳しい批判を受けており,これは正当である.たとえば *R. Wahl/J. Masing*, Schutz durch Eingriff, JZ 1990, 553 ff. およびとくに *Schoch* によるグリコール事件の扱い (Fn. 2) を参照.連邦行政裁判所の近時の判決は法治国家という基礎に回帰し,情報提供による介入についても法律の根拠を要求した.オショー事件 (BVerwGE 90, 112/122) および商品試験判決 (DVBl. 1996, 807).

第3章　基本権介入としての国家による警告，価値評価，批判　159

解　題

　本稿は，1997年にオスナブリュックで行われたドイツ国法学者大会に先駆け，同大会の特集を組んだドイツ行政雑誌（Deutsches Verwaltungsblatt）で発表された *Dietrich Murswiek*, Staatliche Warnungen, Wertungen, Kritik als Grundrechtseingriffe – Zur Wirtschafts- und Meinungslenkung durch staatliches Informationshandeln –, in: DVBl. 1997, S. 1021-1030 である．

　本稿当時，サイエントロジー事件やグリコール事件，オショー事件など，警告や価値判断を伴う情報提供活動の基本権介入性について議論され，また連邦行政裁判所をはじめとする一連の判決が存在したが，グリコール事件，オショー事件についてはまだ連邦憲法裁判所の判決が下されていない状況にあった．そのような中で，*Murswiek* は，法的強制を伴う命令によらない当局による警告・推奨などの「ソフト」な手段による基本権介入の可能性について論じている．

　Murswiek は，現在の経済システムにおいては，望ましい行動をとらせるためのインセンティブ設定による誘導を通じた行動制御が実効的であることが多く，そのような措置が介入であることを承認する．そして，行動制御については，当事者に向けたもの（例えば課税）と第三者に向けたもの（警告等）が存在するとしたうえで，「間接的介入」が真に問題となるのは後者であるとする．その理由は，たとえば製品に対する警告を国家が行う場合，製造業者の基本権への不利益的効果に至るまでには，因果連鎖の中間項として，国家の警告に反応するかどうかについての消費者の自律的決定があるからである．そこでこのような国家の活動について，どのような場合に基本権介入が認められるかの問題が生じる．

　そこで *Murswiek* は，まず当時の「透明性リスト」判決，グリコール判決，オショー判決などを分析し，判例によれば，国家による警告等が基本権介入と認められるのは，①国家の公的権威の主張の下で行われ，かつ②Ａ（ⅰ）保護された自由の領域における行動誘導を意図している（目的指向性）（ⅱ）もしくは第三者の行動誘導を目的とし，その裏面として基本権により保護された基本

権主体の自由の領域に不利益が必然的に発生する（目的指向性との等価性）場合，または②Bその第三者の行動の誘導が保護された自由の領域において重大な（深刻な）不利益をもたらし，これを国家が予見することができ，甘受した場合であるとする．

そのうえで，このような判例の基準の基本的な正当性を論証する．まず，国家が基本権主体にとっての不利益をもたらすことによって自由権の保護領域に影響を与えようとするような目的指向性が認められる場合，そこには命令的介入と同じく，行動制御性が認められ，当該基本権の保護領域への介入が存在することを確認することができるとし，介入の間接性は重要ではないとする．第三者に対する警告はサンクションの機能を持ち，自由に対する不利益効果と結びついているため，基本権介入に該当するとする．第三者に対する警告により，リアクションが予見可能であり，そのリアクションが基本権主体にとって不利益となる場合には，少なくとも基本権介入が認められることになる．

さらに，上記の判例の基準の背後に，「自由権は意思決定の自由とこの自由の活動を保護するのみならず，それぞれ保護される自由の領域における社会的コンタクトの可能性を実現する機会をも保護する」という考えを見出す．*Murswiek* は，自由権が社会的相互作用の存在を前提としており，この可能性を目的的に否定し社会的相互作用の機会の実現を目的的に阻止する場合には，自由を制限することを意味するという形でこの事態を説明する．そして，警告が持つ効果は，いずれにしても，社会的相互作用の可能性を実現する機会への意図的な国家的介入の結果である．

もっとも，国家によって行われる公衆に対する情報提供で，社会的相互作用の可能性を実現する機会を悪化させるもののすべてが基本権介入であると解することはできない．そこで，どのような条件が整えば基本権介入と解することができるかを検討する．まず，関連する社会的相互作用に対してネガティブな方向での目的的な影響を与えることが必要であり，公共的にアクセスできる事実を単に伝える（純粋な情報提供）だけでは，それが制御の意図を持って行われたとしても十分ではないとする．とはいえ，そのような例はわずかであって，

通常は情報提供には警告・推奨が結びつけられている．このような警告・推奨といった価値判断と結びついた情報提供が介入となるのは，公式の権威を掲げて行われる場合に限られるとして，判例の基準を支持する．そして，大臣や自治体の首長がインタビューを受けたり討論番組に参加したりする場合や議員が議会の討論において意見表明するような場合には公式の権威を掲げて行う場合には当たらないとする．これに対し，当局がある問題について公式の立場表明を行う場合，国家の委員会が最終報告書を公表した場合，連邦首相が議会で議論としてではなく政府としての宣言をなす場合，大臣が議会の説明要求に答える場合には，公式の権威を掲げて行う場合にあたるとする．

　以上に基づいて，*Murswiek* は一定の政治的意見ないし組織に対して向けられた公的な警告や批判的意見表明について検討を進める．そこでは，民主的な公共的意見形成プロセスの枠内において，その際に国家機関に妥当する公共の福祉思考，（党派的）中立性，客観性という要請に拘束されることを顧慮して行われている場合には介入に当たらないが，国家による公式の批判が一定の意見ないし政治的立場を違法ないし民主的に正当でないと性格づけ，それによって民主的意思形成プロセスから排除しようとする場合，したがって実際上それらの意見や立場から，精神的論争における論証によって聞き手を見出し，民主的討議に参加する資格を奪う場合には，民主的討議の土台を放棄するものであり，基本権介入性が認められる．そして公職者が公的に「過激派」の烙印を押すことは，製品や宗教的な運動または外見的に宗教的な運動について上で述べた一切の観点の下で事項的に関連する基本権への介入であり，しかるべき形で正当化されなければならない，とする．そしてこのような立場に立って，NPD 決定で示された連邦憲法裁判所の立場を批判している．

　そして最後に，*Murswiek* は，情報提供行為による基本権介入の正当化について，通常の正当化と同じ枠組みが用いられるべきであると指摘する．命令的介入から情報提供行為による介入へと手段が変更されることで「自由の法治国家的保護は切り崩されてはならない」と述べている．

第4章

連邦憲法裁判所と間接的基本権介入のドグマーティク
―2002年6月26日のグリコール裁判とオショー裁判について―

Das Bundesverfassungsgericht und die Dogmatik
mittelbarer Grundrechtseingriffe:
Zu der Glykol - und der Osho -Entscheidung vom 26.6.2002

訳・解題　根森　健

「連邦憲法裁判所と間接的基本権介入のドグマーティク—2002年6月26日のグリコール裁判とオショー裁判[*]について—」

小目次

序

Ⅰ．問題提起

Ⅱ．介入としての警告と批判？
 1．一般的人格権の侵害としての警告的及び批判的表現
 2．これまでの支配的な見解に基づく，個別的自由権への介入としての警告的表現や批判的表現
 3．グリコール事件とオショー事件における個別自由権の適用可能性
 4．警告や批判は，介入と評価されうるか？

Ⅲ．正当化
 1．法律の留保
 2．権　限
 3．実質的な憲法適合性

Ⅳ．情報と不確実性

Ⅴ．国家による情報行動の新たな基本権ドグマーティク？

解　題

---

[*] 連邦憲法裁判所の裁判，2002年6月26日の決定 -1BvR 558/91 及び 1 BvR 1428/91, BVerfGE 105, 252—「グリコール決定」，及び 2002年6月26日の決定 -1BvR 670/91, BVerfGE 105, 279—「オショー決定」．連邦憲法裁判所の当該報道№. 67 と 68/2002 は，NVwZ 2002, 1099 及び 1089 に掲載されている．

序

　国家は，ますます頻繁に，間接的な操作（Steuerung），即ち，警告，推奨，あるいは公の批判といった措置によって，生産や消費の際の人間の自由の行使に，そしてまた，たとえば，信教の自由の領域での人間の自由の行使に影響を与えようと試みるようになっている．いかなる仕方で，このような措置からも，基本権を保護するかは，この十年ほど，文献や判例の間で広範な論議の対象になっている．以下の論攷は，連邦憲法裁判所の2つの新しい裁判を分析し，これらの裁判が基本権ドグマーティク上の明晰さをもたらしているかどうかを問うものである．その答えは，否である．

I．問題提起

　2002年6月26日，連邦憲法裁判所の第1法廷は，2つの訴訟に決着をつけた．1980年代の半ば以来．諸裁判所[1]は，基本権ドグマーティクに関する多数の憲法学上の刊行物に対して素材を提供してきたこの2つの訴訟，すなわち，グリコール事件（Glykol-Fall）とオショー事件（Osho-Fall）[2]に従事してきた．この2つの事件では，政府官庁による警告，もしくは，さげすんだりするような批判が問題となった．グリコール事件では，（警告として理解されうる）不凍剤のグリコールが混入されたワインのリストの公表が問題となったし，オショー事件では，信仰団体であるオショー運動に対する警告と同団体に関する批判的な表現が問題となった．こうした官庁による警告や批判が，異議申立人のワインの樽詰業者によって職業の自由の侵害として，オショー運動によって信教の自由の侵害として非難された．この2つの裁判で問題となったのは，基本権上の保護が官庁による警告や批判に対して及ぶのかどうか，及ぶとしたらどの程度ま

---

1) そして，1991年以来，つまり10年以上，連邦憲法裁判所に係属していた．
2) BVerfGE 105, 252 及び BVerfGE 105, 279.

でなのか，という共通の基本権上の問題であった．これらの事件は，とりわけ主張されている侵害が国家によって行われたのではなく，私的な第三者が国家による行動の推奨に反応したことにあったという点で，基本権ドグマーティク的に関心を引くものであった．すなわち，〔グリコール事件では〕国家は，自らがワインの販売を妨害したのではなく，住民に警告し，その後住民が購買しなかったのであるし，〔オショー事件では〕国家は，オショー運動が自分たちのメンバーを引き留めたり，新しいメンバーを勧誘したりするのを妨げたのではなく，国家による警告や批判が，かなりの人々を退会へと動かしたり，この宗教団体とコンタクトをとるのを思いとどまらせたりしたのであった．要するに，ワインの樽詰業者や宗教団体が被った不利益は，直接にはワイン消費者や宗教団体の現在のメンバーや潜在的なメンバーの行動によるものであった．国家は，これらの行動にただ間接的に，義務を負わせないようなやり方で影響を与えたに過ぎない．このような間接的な影響は，基本権の基準（尺度 Maßstab）ではかりうるのだろうか—はかることが可能だとした場合，どのような仕方でだろうか？この問は，次のような局面において区分けすることができる．すなわち，1. 公的な警告や批判は，基本権への介入（Eingriff）であるのか？ 2. 介入にあたるとして，これらの公的な行為は単純法律（einfaches Gesetz）のうちに授権の基礎というものを必要とするのか？ 3. 連邦がそのような警告に関する，法主体としての団体権限（Verbandskompetentz）を有しているのか，それとも各州なのか？ 4. そのような介入を正当化するためのいかなる客観的・法的要請を，憲法から導き出すことができるか？　この論攷では，第1の問題と，そしてそれとの関連で第2の問題の基本的な局面とにのみ，立ち入って論述するにすぎない．

II．介入としての警告と批判？

1．一般的人格権の侵害としての警告的及び批判的表現

個人の社会的名声（への要求）（Geltungsanspruch），とりわけ良い評判は，

一般的人格権（GG1条1項と結びついた2条1項）によって保護されている．人をさげすんだり，はたまた社会的名声を低下させたりするような働きを有する，高権の担い手による公的な表現は，この基本権を侵害—しかも直接的に侵害する．

　上記2つの事件では，連邦憲法裁判所は，人格権の侵害を審査しなかった．グリコール事件では，その理由は，ある人物（Person）に関する事実に即した情報が，ひとえにその情報の内容のせいで，その人の社会的名声を低下させることに向けられているのではなく，人格権はこうした情報が公表されないように求める権利というものに関わる限りでにすぎないということにあったのであろう．このような権利は，私的領域の情報の場合にはあてはまるが，市場や消費者保護にとって重要な生産品情報の場合にはあてはまらない．要するに，後者の場合には，一般的人格権の保護領域は関係しないのである．オショー事件はこれとは異なる．すなわち，この事件では，少なくとも，非難されている国家による表現のいくつかのものはさげすんだりするような性格を有している（「エセ宗教的 psedoreligiös」「破壊的 destruktiv」「ごまかし的 manipulierend」）．にもかかわらず，何故，当該法廷が，一般的人格権にまともに対応しなかったのかは，その理由付けからは引き出すことができない．単に，当該法廷がそうした表現をさげすんだりするものと評価した時点で，すぐに信教の自由の侵害というものを確認し，それによって，その憲法違反性を，既に，一般的人格権とはほかの法的視点の下で肯定したがゆえに，多分そうしたのであろうと推測されるだけである[3]．ここで問題となっている国家による活動に関する基準としては，以下のように，もはや人格権は取り上げられていない．

---

3)　だが，一般的人格権は，一般的行為の自由とは異なって，個別の（speziell）自由権に対して補充的なものではない．

2．これまでの支配的な見解に基づく，個別的自由権への介入としての警告的表現や批判的表現

連邦行政裁判所は，一連の裁判の中で，国家による警告や国家によるマイナスの影響を及ぼす価値判断が，一般的人格権以外の他の基本権への介入と評価されうるのかどうかという問題に取り組まなければならなかった[4]．これらの判例の成果[5]は，以下のようにまとめられる．すなわち，国家による警告，推奨あるいはまた，公的に表明された批判的な評価は，以下の場合に基本権によって保護された自由の領域（Freiheitsbereich）への介入と評価されうる．すなわち，このような場合とは，そのような警告等が，

―国家の官庁当局（Amtsautorität）の要求の下で行われ，かつ，

―保護された自由の領域内での行動の統制（Verhaltenslenkung）を目指す（規定目的性 Finalität）か，

―または，第三者の統制を目的とし，そのような第三者の行動の核心的な面が基本権主体の基本権によって保護された自由の領域における不利益を必然的に引き起こす場合（規定目的同等性 Finalitätsäquivalent）か，

―あるいはまた，そうした警告等が，保護された自由の領域において，国家が予見し得たり，予見した上でなおそれが起こることもやむなしと甘受したかなりの（重大な）不利益を引き起こす場合である．

支配的な学説の意見全体は，こうした連邦行政裁判所の判断に賛成している．このような基準の適用は，グリコール事件[6]でもオショー事件でも連邦行政裁

---

4) BVerwGE 71, 183 (189ff.)= NJW 1985, 2774 = NVwZ 1985, 900 L―「透明性リスト」; BVerwGE 82, 76 (79)= NJW 1989, 2272 = NVwZ 1989, 873 L.‐TM; BVerwGE 87, 37 (41ff.)= 1991, 1766 = NVwZ 1991, 785 L; BVerwGE 90, 112 (118ff.)= NJW 1992, 2496 = NVwZ 1992, 1186 L; BVerwGE 102, 304 = NJW 1997, 1996―「大学教員への批判」; BVerwG, NJW 1991, 1770 ‐ Osho I (Nichtzulassung); BVerwG, NJW 1996, 3161 = DVBl 1996, 807 ‐ Warentests.

5) 詳細は，*D. Murswiek*, DVBl 1997, 1021 (1023f.). (SV. II 58)（本書第 3 章）の所で報告されている．

6) だが，そこでは，その後，一貫性なく比較衡量〔という方法〕に基づいて，つ

判所が自由権，すなわち，職業の自由や信教の自由への介入を肯定するという結果になった．連邦憲法裁判所は今のところ連邦行政裁判所には部分的にしか従っていない．

3．グリコール事件とオショー事件における個別自由権の適用可能性

a）グリコール事件

　連邦行政裁判所とは対照的に，連邦憲法裁判所は，グリコール事件では，基本法12条への介入を否定した．当該法廷によれば，基本法12条1項は，的確で客観的な節度ある情報――そのような情報が市場参加者の競争関係にとって重要なものであるかもしれないもので，その情報の内容が個々の市場関係者の競争上の地位に不利に作用する場合ですら，そのような情報――の流布から守るものではない（C I 2の第1段落及びe, bb）．このテーゼは結果的に正当である．もっとも，そのドグマーティク上の意義は明確ではない．職業の自由の保護領域には関わらないのか？いかなる介入も存在しないのか？それとも，ひょっとしたら，当該法廷は，そのような情報はたしかに職業の自由には介入しうるものであったが，正当化され，かくして基本法12条1項には違反してはいないと考えたのだろうか？さらに次のテーゼもまた，ドグマーティク的には多義的である．曰く「市場に関係した国家の情報が，国家の情報活動に関する法的規準に応じて市場関係をゆがめることなく，競争上重大な要素へ影響が生じる限りでは，このような情報は，それによって打撃を受けた競争参加者の基本権上の保障領域を侵害するものではない」（C I 2e）．「基本権上の保障領域の侵害」というのは，おそらくは，決して新しい，連邦憲法裁判所によって考案されたドグマーティク上の言葉の綾（Figure）なのではなくて，単にずさんな言い回し（Formlierungen）というものにすぎないであろう．侵害され得ないのは，保障領域ないし保護領域ではなく，単に保護される法益（Gut），この事案では職業活動の自由であるにすぎない．当該法廷が，あるときは「保障領域の侵害」

　まり，正当化の衡量に基づいて，介入が否定された．*F. Schoch*, DVBl 1991, 667 (673) の批判を参照．

について語り，またあるときは「保障領域における侵害」について語り，そしてその際には，小さな言葉の違いが，言語学的には大きな違いであるにもかかわらず，その文脈に基づくと，同じことを考えているということによって，当該法廷はさらに不明瞭さを強めている．〔本来，〕保護領域においては，保護法益が侵害されうるのである．〔これに対して，〕保護領域ないし保障領域の侵害が問題になる場合には，ただ単に保護領域と関わりを持つことが意味されているにすぎないように思われる．

　だが，〔連邦憲法裁判所による〕言葉の選択は，それほど厳密にはなされていない．仮に連邦憲法裁判所がグリコール事件では基本法12条の保護領域は関わりを持たない，つまりテーマ的に当てはまらないという考えであるとすれば，その場合には，それにもかかわらず，なぜに連邦憲法裁判所がこの基本権を審査基準として引っ張り出しているのかが，説明されていないことになろう．〔だが，そうした〕あらゆる疑念にもかかわらず，連邦憲法裁判所が〔実際にも〕そのように考えていたことが，この読み物のもとで読み手に再三繰り返される「[基本法12条の──著者による挿入]基本権上の保障は，競争を規定するような要素への影響からの保護を…含まない」（CⅠ2a）というような言い回しから，遅くともこの決定の最後の箇所では明らかになる．すなわち，そこでは，競争における市場参加者の保護という〔本件で〕判断されるべき問題は，事柄に即すると基本法12条1項の個別的規範によっておそらくは把握されるものとされているであろう（CⅡ3）がゆえに，連邦憲法裁判所は，規準としての基本法2条1項の適用を拒否している．この結論は，この〔12条1項の〕基本権の保護領域に関わるものだという前提から出発する場合には，別に異議無く，単に是認しうるだけである．これと異なる見解は，事柄に即してもほとんど理解され得ないであろう．利益獲得のためのワインの購買は，職業の自由の保護された自由の領域に属するということや国家による措置がこの自由の領域内で影響を及ぼすということには，合理的な疑いを差し挟みうる余地はない．

　ということは，保障領域は侵害されていないという主張は，どのみち，何か別のことを意味していなければならない．連邦憲法裁判所の言葉の選択や論証

は，基本権によって保護された法益——すなわち，保障領域内での自由な活動は，侵害されていないという意見であることを物語っている．したがって，グリコール・リストの公表はたしかに基本法 12 条 1 項の保護領域に関わるものだが，その公表は，保護法益の侵害ないしは介入ではない〔ということである〕．保障領域は侵害されていないという，誤解されやすい言い回しは，おそらくは保護領域（保障領域）へのいかなる介入も存在しない，という普通の言い回しに依拠している．連邦憲法裁判所は，「介入」の代わりに「侵害」について語っている．この概念は，しばしば「介入」と同義で使用される[7]概念だが，ただし，つねに保護法益に，あるいは，要するに「基本権」に関連づけられている（「基本権への介入」の代わりに「基本権の侵害」〔というようにである〕）のであって，保護領域や保障領域には関連づけられない．それだから，従来のドグマーティクの意味では，連邦憲法裁判所の見解は，次のように表現される．すなわち，基本法 12 条 1 項の保護領域における自由は，侵害されていない，それゆえ，いかなる「基本法 12 条 1 項の保護領域への介入」も存在しない（より良い表現としては，「職業の自由」への介入，すなわち，基本法 12 条 1 項の保護領域内にある自由への介入）．

b）オショー事件

連邦憲法裁判所は，官庁当局（amtliche Stellen）によって行われた，オショー運動の「ゼクテ（Sekte）」，「若者宗教（Jugendreligion）」，「若者ゼクテ（Jugendsekte）」，「サイコ・ゼクテ（Psychosekte）」という呼称は，基本法 4 条 1, 2 項の保護領域には関わらない，と明確に述べている．このことは，これらの表現は，いかなる中傷的な描写も歪曲的な描写も含んでおらず，客観的に行われた情報活動の範囲内で振るまっていたということに根拠づけられている（Ｂ I 3a）．それに対して，連邦憲法裁判所は，国家が公的な表現の際に，基本法 4 条 1，2 項から出てくる国家の中立義務に違反する場合には，信教の自由に関わる，と

---

7) たとえば，*B. Pieroth/B. Schlink*, Grundrechte, StaatsR II, 17. Aufl. (2001), Rn. 207f. を参照．

述べている（BⅠ2, 3a, bb 参照）.〔しかしながら,〕このような区別は,納得できるものではない.義務違反という要素は,保護領域との関わりの局面では求められるものは何もない.ある基本権が具体的事件の裁判のための規準として適用できるかどうかは,義務違反や適法性の要素に左右されない.決定的なのは,判定されるべき国家の行動がテーマ上保障された自由の領域に属するかどうかのみである.それだから,たしかに,たとえば,ある宗教団体の役職者（Funktionsträger）の犯罪行為（脱税,子どもの性的虐待）に関する国家による批判的表現は,少しも基本法4条1,2項への介入ではない,と論ずることはできるであろう.というのも,この場合には,宗教に固有（religionsspezifisch）の行為の批判が問題なのではなくて,一般法律違反が問題であり,したがって信教の自由がテーマ的に関わらないからである.これに対して,国家の当局者（Amtsträger）によるある宗教団体の「ゼクテ」とか「若者ゼクテ」という公的な評価は,テーマ的には信教の自由の保障領域に関わるものである.国家が,そのような表示によって,その中立義務に違反するかどうかは,このような表示が侵害的な性格を有する限りでは,それゆえ,単に正当化の問題がありうるだけであって,この基本権の審査基準としての適用可能性の問題ではありえない[8].

c）ここまでの成果

当局による警告や批判的表現は,実質的に被害を被った自由権の保護領域に関わるものである.

---

[8] ここでは,連邦憲法裁判所は,国家の当局者がある宗教団体を「ゼクテ」と呼ぶのを,「客観的」とか「中立的」と評価しているが,そのことには少なくとも問題がないわけではないことを,単に付言だけしておきたい.ドイツ連邦議会の「いわゆるゼクテ及びサイコ集団」アンケート調査委員会の確認内容（BT-Dr 13/10950, S.30）を参照.ゼクテ概念は,その成り立ちや言葉の意味からも差別的な意味を有する.

4．警告や批判は，介入と評価されうるか？

a）グリコール事件

既に述べてきたように，連邦憲法裁判所は，ワインリストの公表は，職業の自由を侵害するものではなかったと考えている．それゆえ，いかなる介入[9]も存在しないし，したがって，基本権上の正当化を必要とするいかなる国家行為も存在しない．〔だから，〕これらの確認の結果は，単に憲法異議には理由がないということでしかありえない．

だが一方で，連邦憲法裁判所は介入の正当化の要素を長々と審査している．なぜだろうか？そのことは，次のような言い回しから明らかになる．すなわち，「介入という特質は，〔ワイン〕リストの公表には認められない．政府は，情報活動の法的限界を守っている．」（CI3）．これらの文章は，「なぜなら (denn)」〔という接続詞〕で結びつけることができる．すなわち，政府は適法に行動したのだから，リストの公表はいかなる介入も意味しないと，ここで，私たちは，再び介入の局面で，オショー事件ではすでに部分的にせよ保護領域との関わりの否定に導いていた論証モデルに遭遇する．法律上の授権の基礎のような正当化の基準の放棄のもとで，介入と介入の正当化との区別は，断念されることになる．おそらく正当化基準の放棄が，その解釈構成の目的であろう．

要するに，連邦憲法裁判所は，自分たちが望んだ結果を手に入れるために法治国家的な基本権ドグマーティクを，目的に基づいて自分に都合良く曲げたのではないか？当該法廷は，この箇所で，何のために自分たちが，政府の行動の適法化を確認された侵害の結果としてではなく，侵害というものの審査の枠内でもくろんだのかについての理由を挙げているのである．これらの理由は，当該法廷の観点からは職業の自由の特質なのであり，これらについてはより詳しく考察する必要がある．

---

[9] それに，オショー裁判での用語法の意味での正当化を必要とするような侵害はそれ以外にまったく存在しない．

当該法廷の論証の要点は，次の文章である．すなわち，「企業家的な職業活動が競争原則に基づいて行われるならば，自由の保護の射程は，競争を可能にし，競争を制限する法的規制によっても規定される．それに対応して，基本権による保障は，競争を規定する要素への影響からの保護というものを含まない」（ＣⅠ2a）．このテーゼは，次のようなものに思われる．すなわち，競争は，一定の形態の職業の自由の行使の前提条件である．競争に参加し，競争という仕方で自己の自由を実現しようとする者は，その場合には競争のルールに拘束されているのであり，このようなルールは自由の侵害とは理解され得ない．このような―極めて問題のある―出発から，当該法廷は，次の一歩を手に入れる．すなわち，「市場で活動する企業」というものは，コミュニケーションに身をさらすと同時に自分の製品の質や自分の行為への批判に身をさらすものである（ＣⅠ2b）．〔第2歩：〕市場は，市場に重要な要素についての市場参加者のできるだけ高度な情報というもの (c)，〔つまり〕市場の透明性 (d) を必要とする．そこから，第3歩において，市場に即した国家情報によって市場関係を歪めることなく競争上重要な要素への影響が生じる場合には，そのような市場に即した国家情報は，それによって打撃を被った競争者の職業の自由を侵害するものではない，という結論が導き出される (e)．

要するにこうである．つまり，単に市場の透明性を回復したり改良したりするような情報の国家による公表は，その他の点で，そうした操作によって (lenkend) 市場のプロセスに影響を与えることが無ければ，職業の自由を侵害しておらず，いかなる意味でも介入には当たらない．このことは，上述のテーゼを正しいと思わない人でも，跡づけうるものである．ではさらに根本的に熟考してみると，連邦憲法裁判所の論証のこうした出発点を正しいと思う人には，競争のルールは職業の自由を制限するものではないのだろうか？ 言うまでもなく，経済的競争の法的枠組みを生み出しているたくさんの規則や禁止は，テーマ的に職業との関連では，職業の自由を制限するものである．このことは，とりわけ不正競争に対する法律やカルテル〔規制〕法律にあてはまる．競争を可

能にするためのそのような規定の必要性は，（職業の自由は，何しろ，それを妨げる法律上の規定が存在しない限り，競争に適さない職業上の活動に対する自由さえ含むのだから，）職業の自由はこれらの規定によって制約されるという想定と矛盾しない．そのような規定の必要性は，その憲法上の正当化を結果としてもたらすものであるが，だからといって，その規定の介入という性格を否定することにはならない．このことは，市場の透明性にも当てはまる．国家による規律と無関係に透明性を命じるようないかなる市場経済上の自然法も存在しない．透明性もまた，それが必要な時には，国家の介入によって，例えば，申告義務（Deklarationspflichten）や表示義務（Kennzeichnungspflichten）によって修復されるのである．

　景気政策から税制関連政策や財政政策を経て経済的基盤の決定や防衛予算に至るまで，市場のできごとに影響を有するが，職業の自由への介入とは評価され得ないような多数の要素が存在するということは，また別のことである．なんらかの形ででも市場の状態を変えることのないような経済的に重要な国家的活動など，おそらくは殆ど存在しないであろう．職業活動へのそのような間接的な影響に関しては，従来の判例は，「職業を規制する傾向（berufsregelnde Tendenz）」という基準に基づいて，基本法12条にとって重要なものを重要でないものから選り分けてきた[10]．この基準に基づいて，目下の事件においても作業をすることができる．

　当該法廷のあまりにも一般的に表現されすぎた出発点は支持できない．これに対して，国家の情報による透明性の修復は何ら介入ではないという，より具体的問題に近づいたテーゼは，その問題のある推論とは関係なく，より詳細な考察を行う価値がある．命令や強制による情報の獲得のための措置—報告義務や申告義務等は，もちろん介入である—ではなく，単に情報の公表が問題であ

---

10) 例えば，BVerfGE 13, 181 (185f.) = NJW 1961, 2299; BVerfGE 46, 120 (137) = NJW 1978, 313; BVerfGE 49, 24 (47f.) = NJW 1978, 2235 を参照．

る限りで，内容的に正当で客観的に表現された，市場にとって重要な情報の，介入の特質に実際に反対する見解，すなわち，判断の形成のために重要で公的に入手できるあらゆる事実を心に留める自由も，市場経済上の活動の自由の一部である，というような見解は存在する．国家が市場主体の判断形成にとって重要な情報を公衆に入手しやすくするのであれば，国家は，市場主体の自由を制約することなく彼らの判断の基礎を拡大する[11]．情報そのものは中立的である．市場参加者が一定の事実の知識を得て一定の方法で行動するであろう，という予見可能な結果を情報がもたらしうる場合でさえ，情報が，市場参加者の行動を一定の方向へ向けるわけではない．それゆえ，たとえば，食品の有害物質の含有量に関する測定データの出版は，食品生産者や食品小売商人の職業の自由への何ら介入ではない．問題の生産品を購入する市場参加者の機会の縮小の責任は，評価的考察のもとでは，データの公表に負わせるべきではなく，生産品が実際にそのような有害物質を含んでいるという事情に負わせるべきである．

　当該法廷の論証（CⅠ2b）にもかかわらず，市場で活動している企業は，コミュニケーションに，その結果，その生産品の品質やその行動の質に関する批判に身をさらしていると言及することは，国家による生産品への警告が介入としての特質をもつことに反対する有用な論拠ではない．もちろん，私人，とりわけマスメディアは，批判の法律上の限界を超えない限り，生産品を批判して構わない．だが，そのことから，国家の権限に関しては何1つ出てこない．国家機関が，自由の行使へ影響を与えることに関して，原則的に正当化を行うことは許される．〔だが，〕介入の特質を有することや正当化を必要とすることについて，私人はそのような影響行使を禁じられていないという論拠で否定することはできない．

---

11) *G. Lübbe-Wolff*, NJW 1987, 2705 (2711); *R. Gröschner*, WuR 1991, 71 (76); これについては，*Murswiek*, (Fn. 5), 1021 (1027) を参照．

〔とはいえ，〕国家の市場関連情報は，何ら職業の自由を侵害しないし，介入でもないという連邦憲法裁判所のテーゼは，それが真の事実の報告のことを指し，しかもその情報が，特定の市場参加者を不利に扱うために差別的に投入されたのではない限りで，賛同に値する．

　確かに，「市場関連情報」の下で理解されるべきものについてもっと明確に述べることは必要であった．まさに，市場参加者は，一般的見解によると，公衆には必要ではない多くのことにも関心を持っている．それゆえ，連邦憲法裁判所のテーゼは，どのみちすでに公衆に入手可能なもので，その結果，多かれ少なかれ骨を折りさえすれば個々の市場参加者も見いだすことが出来るような情報や，市場にある——したがって，もはや生産者の内部的な営業領域に留まっているのではない——生産品を分析することによって獲得することができるような情報だけが問題になるのであり，これとは逆に，国家——例えば，財務管理機関——が，高権的手段を用いて，内部的な営業領域や私的領域へ侵入することによって手に入れたような情報が問題なのではないというように理解されなければならない．

　しかしながら，連邦憲法裁判所は，なによりも，内容的に正確な事実の報告によって市場参加者の決断の自由の情報上の条件を改善すること以外に重要なことはないかのように，「市場の透明性」や「情報」について語っているが，その際に，その情報概念の中にひそかに価値評価を算入することによって[12]，連邦憲法裁判所は，そのテーゼを乗り越えてしまっている．だが，価値評価は，「正しい」ものではないとか「誤り」ではないとかいうことであって，ただそれだけで，真理基準に基づいて，（誤りの場合には）職業の自由を侵害しているとか，（正しい場合には）職業の自由を侵害していないとかと区別することはで

---

12) このことについては，情報が何ら介入とはならないように求められている条件の提示との関連で間接的にしか言及されていない．すなわち，「価値評価は，事実から離れた考慮に基づいて行われてはならない」（C I 2e, bb）というようにである．

きない．価値評価行為は，いかなる場合でも競争中立的ではないのであって，つねに一定の統制作用（Lenkungswirkung）を意図するものである．〔国家によって〕ある生産品に対して警告がされたり，それが健康に有害であるとか環境に有害であるとして批判されたりして，消費者にそれに代わる他の生産品を購入するように推奨される場合には，国家は，統制的に競争に影響を与えるのである．そのような（意図された gezielt）・影響行使・は，基本権ドグマーティク上は別の目標に向けられた情報行動や中立的な情報行動の単なる効果とは異なるものである[13]．

　単にずさんな言い回しなのか，それとも意図的なものなのかどうか――連邦憲法裁判所は，諸カテゴリーをぼやけさせている．その際には，少なくとも，グリコール事件を「純然たる」，したがって競争中立的な，職業の自由を侵害しない事実に関する情報の事例と見なせるかどうかを熟慮してみることができたはずである．これは，実情をどう評価するかという問題であったであろう．実際にもグリコールを含んだ，グリコール含有ワイン・リストの公表は，適切な事実の報告である．行政官庁（Ministerium）が，このような公表に限定し，公衆にこれらのワインに対して警告を行うのではなく，報告された事実からどのような結論を引き出すかを，経済主体，商人，消費者に任せている場合には，何ら介入は存在しない――このように論証することは〔連邦憲法裁判所にも〕できたはずである――．行政官庁が警告を行った場合には，介入である．実情についての叙述から察知しうる限りでは，行政官庁は，実際には警告を述べたのではなく，事実の報告に限定している．しかしながら，連邦憲法裁判所は，リストの内容は，「警告という…結果になった」（C I 3a, aa）と述べている．このような表現によって，単に公表の予見可能な効果だけでなく，文脈から生じる公表の客観的な作用も記述される場合には，このような公表は，市場中立的なものではなく，統制的な特質を有している．その場合には，当該法廷が述べているように，政府が調査結果を知らせることに限定した場合でさえ，汚染されて

---

13) BVerwGE 71, 183 (194) = NJW 1985, 2774 = NVwZ 1985, 900 L――「透明性リスト判決」を参照．

いないワインを購買する機会を促進し，汚染されたワインの購買機会を狭めることを客観的には目指すものである．それだから，やはり従来の議論でも，リストの公表は，もっぱら警告として理解されている[14]．さらに，有害物質や禁止された見知らぬ物質等を含んだ特定の食料品の調査結果の公表は，まさに当該物質による食料品の汚染が公的な心配事の対象であるような具体的な危機状況の中では，客観的な警告作用を有しており，それは，例えば，注意深い消費者には同様の結論に向けさせうるにもかかわらず，あくまで警告作用を持たない事実の報告として理解されうるような，定例の測定結果の公表や環境との共存に関する調査結果の公表とは違っている，ということに賛成する若干のことを，連邦憲法裁判所は述べている．

　ここでは，連邦憲法裁判所は，明確に判断を下さなければならなかったであろう．すなわち，警告機能を根底に置く場合には，すでに措置の目的性（Finalität）のゆえに介入がある，と[15]．具体的な危機状況を伴った文脈にもかかわらず，純然たる事実の報告としてのリストの公表は何ら警告ではないというのを正当化することなどはおそらくはただただ困難であるばかりだろう，と考えるのに反対である人ならば，当該法廷の，職業の自由への介入は存在しないという結論に同意できよう．

　だが，このような結論に達するのであれば，なぜ当該法廷はこの点で終わりにしなかったのかと考えずにはいられない．すなわち，いかなる保護法益の侵害も存在しないのであれば，憲法異議は理由がないのである．しかしながら，当該法廷は，連邦政府が情報公表に関して機関としての権限や〔法主体たる〕団体としての権限を有していたかどうかを詳細に審査している．ところで，たしかに，あらゆる国家機関がその情報活動に際しても権限付与法令（Kompetenzordnung）に拘束されているのはいうまでもない．だが，権限規

---

14) たとえば，BVerwGE 87, 37 (44) = NJW 1991, 1766 = NVwZ 1991, 785 L; *Schoch*, (Fn. 6), 667 (670) を参照．

15) たとえば，*U. Di Fabio*, JuS 1997, 1 (4f.); *C. Gusy*, NJW 2000, 977 (983) を参照．

定は客観法である．それゆえ，憲法異議という枠の中では，具体的事件において主観的権利へ介入が行われ（基本権上の保護法益が侵害され）た場合にのみ，権限違反は判断上重要であるにすぎない．これに対して，グリコール事件では，当該法廷は，権限法令の遵守をいかなる保護法益の侵害（したがって介入）も存在しないための条件とした．そうであるなら，逆の推論を行わなければならないはずである．すなわち，権限を持たない国家機関が，何らかの方法で競争に影響を及ぼす（内容的には正当で競争中立的な）情報を提供するのであれば，それは職業の自由の（必然的に正当化の能力を持たない）侵害なのである，と．〔そうだとすると，〕そのような事件では，だれでも (jemand)，権限のない国家機関の行動の（それ自体は侵害していない）間接的な影響に晒されていること以外に主観的に侵害されていなくても，成功裡に憲法異議を提起できることになろう．このようにして，連邦憲法裁判所は，（きっと不本意ながら）客観的な権限法令の遵守を求める主観的権利というものを作り出したのである．〔もちろん〕そのようなものは，基本法には規定されてはいない．

基本権ドグマーティク的には，連邦憲法裁判所の論証は追体験して理解できるようなものではない．当該法廷は，ひょっとしたら，（この事件で，連邦は権限外であるという学説では支配的な見解[16]を正しい状態に戻すために）権限の審査への介入を確保しておきたかったのかもしれない．連邦憲法裁判所は，あれやこれや述べて，あるときは望んだ結果を得るために，あるときは自分自身の権限と自己の豊富な権力を拡張するために，（周知のように，好き勝手に選んだのではなく，合理的に根拠づけられた法治国家的な要請から結果として生じる）基本権ドグマーティク上の構造を無視したというような印象を受ける．

b) オショー事件

当該法廷は，オショー事件で，介入ドグマーティクの未開拓の地へ分け入っ

---

16) たとえば，*Schoch*, (Fn. 6), 667 (673); *Di Fabio*, (Fn. 15), 1 (3) を参照．

た．差別的な国家の表現のために，メンバーが退会したり，希望者が恐れて入会を思いとどまったりすることによって，オショー運動に生じた間接的・事実的侵害は，当該法廷の見解によれば，たしかに何ら「介入」ではないが，にもかかわらず，基本法4条1，2項は，そのような侵害からも保護する[17]．〔ここでは，〕基本権の保護は，基本法の効力の下で，「伝統的意味での介入」だけでなく，事実上の間接的な侵害にも拡張されているのである．〔他方，〕基本権ドグマーティクにおいては，こうした展開は，間接的で事実上の侵害がその中に加えられるような介入概念の拡張へと至る[18]．当該法廷が，このように介入概念を拡張する代わりに，「伝統的意味での介入」をそれ以外の基本権侵害と概念的に区別しようとするのであれば，さらにそれと共に法律の留保の射程も境界づけられなければならない．〔だが，しようと思えば，〕当該法廷は，そのような概念的な区別化によってと同じくらいうまく，広い介入概念を保持し，そしてその上で，法律の留保が適用されない介入のグループのための基準を展開することもできた筈である．「伝統的な意味での介入」とその他の「侵害」との概念的な区別化は，この問題を解決しない．区別の基準が重要であるが，この点では，当該法廷は，無用な不明瞭さを作り出している．何が「伝統的意味での介入」であるかが説明されていない．もっとも，法律行為—法律行為はまた自由を目的的，直接的，かつ命令的に制限するものでもあるが—だけを指し示すものである「古典的な介入概念」への復帰が考えられているということは排除できるであろう[19]．なぜなら，単純法律による授権の基礎の必要性は，それ以外の介入，たとえば，事実的で目的的な介入に対しても一般的に承認されているのだから．おそらく，この介入概念から除外されるべきなのは，国家の行動の意図されたのではない（非目的的な）事実的・間接的な影響だけであろう．

---

17) B I 3b, c aa (1) (b) (aa).
18) たとえば，*Pieroth/Schlink* (Fn. 7), Rn. 207f., 238ff., insb. 240; *H. Bethge*, VVDStRL 57 (1998), 7 (37ff.); *B. Weber-Dürler*, VVDStRL 57 (1998), 57ff., insb. 74ff., 85ff. を参照．
19) たとえば，*Pieroth/Schlink* (Fn. 7), Rn. 238.

連邦憲法裁判所が法律の留保を適用しないために理由付けに引き合いに出しているものが，そのような影響に当たる．すなわち，そうした国家による行動の民主的で法治国家的な目的が達成されうるか否かが，立法者の認識可能性や行為可能性にもかかってはいるが，その事実的・間接的影響が典型的には規範化を免れている[20]〔，という場合がそれである〕．後者の点は，このような影響が意図されたものではない場合には正しい．だが，その国家による行動がまさにこのような影響を引き起こすことをねらっている場合には，正しくはない[21]．さらに正確にいえば，このことは，あらゆる事例の警告や推奨に当てはまる．すなわち，国家がある生産品やあるゼクテに気をつけるように警告する場合には，国家はまさに，人々がこの生産品を購入しなかったり，そのゼクテに入会しないことを達成しようとするのである．国家がこのような影響を（どうしても必要とあらば強制的に成し遂げる）禁止によってと同じほどの確実性をもって達成しようとするものではないということと，法律による規準設定可能性（gesetzliche Normierbarkeit）とは矛盾するものではない．そのような介入の条件が，命令による介入の条件ほど十分に規定できないわけでもない．それゆえ，連邦憲法裁判所は，その理由付けの文脈から次のように理解せざるをえない．すなわち，あらゆる事実的・間接的な侵害がではなく，非目的的な事実的・間接的侵害だけが，「伝統的な」介入から区別され，そして，単純法律による授権の基礎の必要性から除外されると考えているというようにである．〔実際，〕連邦憲法裁判所は，このことをはっきりと，もっともっと限定的に聞こえるような表現によってではあるが，次のように認めている．すなわち，国家の情報によって引き起こされた間接的・事実的な侵害に関しては，当該措置が「目標設定とその影響に基づいて」，「伝統的な意味での基本権介入」の代用物と評価され得ない場合には，立法者による授権というものは必要ではない，とである．

---

20) すでに，*H. Gallwas*, Faktische Beeinträchtigungen im Bereich der Grundrechte, 1970, S. 94. を参照．

21) そのようなものとして，たとえば，*W. Roth*, Verwaltungswandeln mit Drittbetroffenheit und Gesetzesvorbehalt, 1991, S. 187ff.

残念ながら，何が「伝統的な」介入のそのような「機能的に同等のもの」を形成するのかについて，より厳密に言うことはできない．影響は前もって厳密に確定することはできないのだから，私の考えでは，国家による行動の（客観的な）目標の方向やその予見可能な起こりうる影響が問題なのであって，どのみち，このような影響が確実にないし非常に高い確率で生じることになるかどうかによるのではない[22]．それゆえ，警告や推奨のような統制機能を持ったあらゆる国家による情報活動は，（価値中立的な情報とは違って）「伝統的な」介入の「機能的に同等のもの」として理解されなければならない．そのような情報活動は，なるほど，情報の受取人の行動や間接的に影響を被る者の自由行使の可能性を命令や禁止と同じほど確実に統制するものではないが，そうした情報活動でも，いずれにせよ部分的には命令や禁止の効果を持つような影響を手に入れることができる．もし，実際には決して起こることはないし，いずれにせよ，決して実証され得ないような，〔国家による情報活動の〕完全な影響の同等性が要求されるのであれば，それは憲法上の要請をすり抜けることに対して門戸を開けたままにしておくことになってしまうだろう．

　当該法廷が正しく捉えていたのは，間接的な結果に関して，ある信仰団体の公的な国家による批判は，当該法廷がオショー事件においてそう考えたように，その結果が意図されたものでなく，したがって，介入も目的とはされていない場合でも，信教の自由への介入（この法廷の用語法によれば侵害）である，という点である．にもかかわらず，この事件で，当該法廷が，単純法律による授権の基礎の法治国家的必要条件を放棄したのは，当該法廷がさらなる〔次のような〕必然的な細分化に移行したことに理由がある．すなわち，〔当該法廷によ

---

22) 多くの命令的な介入の影響ですら，正確には予見できないのであるし，そのような介入が，極めて狭められた範囲でしか遵守されなかったり受け入れられなかったりすることもよくある（たとえば，速度制限）．にもかかわらず，その介入は，その規制目標に基づいて憲法的に評価されるのであって，ただ単にその影響によって評価されるのではない．

れば,〕間接的な結果によって影響を被る自由権の保護領域内における当該基本権主体やその主体の行動に対して向けられた批判の間接的な結果は,その内容が基本権の保護領域に関わらないような国家による情報の間接的な結果とは異なるように取り扱われなければならない,と細分したのである.たとえば,(先日,新聞で読むことができたことだが)連邦首相がアメリカ大統領をそのイラク政策を理由に批判し,それに続いて,アメリカの投資家達がドイツから資本を引き揚げる場合[23]や国家の気象庁が悪い天候を予報し,それで週末の旅行客が行楽地の飲食店にやってこない場合には,情報のこのような間接的な影響は,その影響を被った企業の職業上の活動を侵害しているのである.このような侵害を,基本権介入(ないし基本権侵害)として連邦首相や気象庁に責任を負わせることができるかは,もちろん極めて疑わしい.連邦憲法裁判所は,このような事実的・間接的侵害を,影響を被った基本権主体(オショー)に対して向けられた批判の結果生じるような侵害と等値することによって,連邦憲法裁判所はたしかに一方では自由権の潜在的な保障範囲をかなり広く拡張している.だが,他方では,連邦憲法裁判所は,介入の正当化の法治国家的基準を次のような事例に対しても緩和している。すなわち,間接的な結果が,全く別の目標に向けられた国家の行動での望んでもいなかった,しかも殆ど予見し得なかったような付随的な結果たる事例に対してではなく,むしろ,まさに影響を被る者の行為に対して向けられている〔国家の〕行動の(仮に望んではいなかったとしても,どのみちそれを予見できしかも予想もできた)結果である事例に対しても,介入の正当化の基準を緩和している.〔こうして,〕そのような国家行動に関して,介入の条件を規定するという問題が何ら存在しないことになるのである.

c) ここまでの成果

　市場中立的で,適切な事実に関する情報は,(文脈からも)それが(たとえば警告のような)統制機能をもたない場合には,何ら職業の自由への介入で

---

[23]　たとえば,2002年9月21日付けのFAZ 19頁を参照.

はない[24]。ある基本権の保護領域内での自由の行使が侵害されるくらいに（たとえば，警告），それを通して国家が第三者の行動に影響を与えようと試みるような情報は，目的的な保護法益侵害であり，したがって，それが〔与えるのは〕単なる間接的・事実的な影響にすぎないにもかかわらず，法律の留保が適用される侵害なのである。連邦憲法裁判所の見解によれば，国家の情報活動の非目的的な間接的・事実的影響は，たしかに「伝統的な」介入ではないが，しかし基本権侵害である。だが，この基本権侵害は，影響を被った基本権を基準にして判断されるべきものであるのに，これには法律の留保は適用されないというのである。

III．正当化

基本権介入ないし基本権上の保護法益の侵害と判定されるべき国家による情報は，（あらゆる介入と同様に，）そうした情報が憲法上正当化されうる場合にのみ憲法適合的であるに過ぎない。そうした情報も，形式的に憲法に適合していなければならないし，介入を受けた基本権の格別の正当化要求（例えば，特別の法律の留保という要求）並びに比例原則の一般的正当化要求に合致していなければならない。この点に関して，グリコール事件とオショー事件で生じた個別的な問題には，ここではごく簡単に言及されるに過ぎない。

1．法律の留保

既に述べたように，当該法廷の見解によれば，法律の留保[25]は，国家による

---

24) 情報による介入に対する正当性の基準がその他の基本権に転用されうるかは，当該法廷が，それを市場特殊的に根拠づけているので，極めて疑わしい。
25) 当該法廷は「法律の留保」について語っているが，この「法律の留保」についての表現では，個々の基本権に付言された，単純立法者が基本権制限する権限をもっていることを表示するために取りおかれたものに留まってしまうであろう。だがたとえば，基本法4条にはまさに法律の留保は付いていないが，にもかかわらず「憲法に内在する制約」に基づいて正当化されるような制限は，法治国家的

情報の事実的・間接的影響のような基本権侵害には適用されない。その代わり，その侵害に対応する国家任務が直接的に憲法から生じるのであれば，それで十分である。当該法廷は，このような見解を行政官庁（Regierungsamtlich）の情報活動のために〔憲法に〕書かれてはいない「国家指導（Staatsleitung）」という機能から導き出している[26]。当該法廷は，それに関して，連邦行政裁判所の判例[27]や1989年のある部会決定[28]に従っている。その論証は一つ一つ極めて問題である[29]。国家指導機能から導き出される情報任務はどこまで及ぶのか，当該法廷のパターナリスティックな構想（Konzept）は開かれた社会という民主制の着想（Demokratiekonzeption）に順応するのかどうか，順応するとしたらどの程度なのか，そして，当該法廷は，介入の権限に課せられる任務の法治国家違反の結論だという非難を説得的に覆すことに成功しているのかどうかが，もっと綿密に論じられなければならないであろう。

2．権　限

当該法廷の法主体としての団体や機関の権限に関する詳述にも，綿密な論議が必要である。包括的なものとして構想された国家指導のための権限は，情報の領域における連邦と州と基本法上の権限配分を根底から覆しそうである。このような国家指導のための権限は，（全土に広がる情報利害に関しては，）全面的な二重権限に至る。これによると，情報に関しては，連邦はいつでも，連邦に

　　　　な法律の留保を遵守しなければならない。つまり，単純法律上の基礎を必要とするのである。
26)　オショー決定のBⅠ3c; グリコール決定のCⅠ2e.
27)　BVerwGE 82, 76 (79ff.) = NJW 1989, 2272 = NVwZ 1989, 873 L‐TM; BVerwG, NJW 1991, 1770f.‐Osho I.
28)　BVerfG (*1. Kammer des Ersten Senats*) NJW 1989, 3269 (3270)‐TM.
29)　たとえば，*M. Heintzen*, NJW 1990, 1448; *Bethge*, (Fn. 18) 57 (1998), 7 (48); *B. Jeand'Heur/W. Cremer*, JuS 2000, 991 (995 m.w.Nachw.); *Gusy*, (Fn. 15), 977 (980f., 984f.); *M. Ibler*, im: Festschr.f. Maurer, 2001, S.145 (156f.); *C. Engel*, Die staatliche Informationstätigkeit in den Erscheinungsformen Wahrnung, Empfehlung und Aufklärung, Diss. Bochum 2000, S. 203ff. を参照。

は権限がないような地域にも影響を及ぼすことが許されている[30]．統治機能（Regierungsfunktion）と行政機能（Verwaltungsfunktion）との境界も，連邦憲法裁判所によってぼやかされている．グリコール入りワインのリストの公表は，国家指導の機能の1つであって，行政の機能（危険からの防御）ではないということは，殆ど理解できない[31]．いずれにせよ，政府が食料品汚染の回避やさらにまたワインを薄めた粗悪品の製造の回避のためにどのような政策をとるつもりであるのかに関する一般的な情報が問題だったのではなくて，個々の，特に名前を挙げられたワインの樽詰業者の具体的な法律違反が問題であったのである．このような場合に，精密で，説得力のある権限の境界付けの基準が展開されないのであれば，連邦政府は「国家指導」のために統治権限を引き合いに出すことによって，今後はいつでも，州の法主体としての団体権限─州は殆ど常に行政権限を持っている─を発揮できないようにすることができるのである．

3．実質的な憲法適合性

信教の自由への介入は，恣意的な公的目的に基づいては正当化されないのであり，ただ「憲法に内在する制約」に基づいて，要するに，基本法によって予め設定された目的に基づいてのみ正当化される．当該法廷は，この前提条件を無視している．当該法廷は，（任務や権限の論述の後）ただ比例性を審査しているだけである．〔だから，〕「国家指導」という憲法から出てくる直接的な任務から，何の制約なしに保障されている基本権の制限の憲法内在的な正当性がもたらされるというように，〔当該法廷の〕この決定が理解されるのを危惧しなければならない[32]．このことは，致命的なことであろう．国家指導機能のテー

---

30) 反対の見解については，たとえば，*Engel* (Fn. 29), S.56 ff. を参照．
31) 連邦行政裁判所がそれをすでに全く同じように判断していた場合にも，BVerwGE 87, 37 (46ff.)= NJW 1991, 1766 = NVwZ 1991, 785 L; 危険の防御に役立つゼクテの警告に対して，BVerwGE 82, 76 (80ff.)= NJW 1989, 2272 = NVwZ 1989, 873 L; これには批判的なものとして，たとえば，*R. Gröschner*, DVBl 1990, 619 (623f.); *Schoch*, (Fn. 6), 667 (673); *Gusy*, (Fn. 15), 977 (980f.); *Ibler* (Fn. 29), S.145 (156f.) を参照．
32) そのように実際に BVerwGE 87, 37 (45f.)= NJW 1991, 1766 = NVwZ 1991, 785 L は

マ上の無限界さを勘案すれば，これらの基本権が命じている特別の保護が，このようなやり方で破棄されうることになってしまう．その場合には，信教の自由への介入が，第三者の基本権の保護に関してや憲法上の社会的法益の保護のためばかりでなく，（当該法廷が，国家指導的な情報任務を根拠づけている論証の文脈によると，）政府が住民の内に〔宗教上の〕方向付け（Orientierung）の必要性を見い出した場合にも，いつでもすぐに信教の自由への介入が行われうることになるであろう．そして，それと同時に，基本法4条の保障目的が堀り崩されてしまうであろう．すなわち，宗教問題—これは，たとえば，宗教団体の刑法に抵触する陰謀のような問題とは違うものである—において，方向付けの仲介をすることは，国家の任務ではあり得ないのである．宗教上混乱が起こっている場合や当該法廷が言い表してしているように，広い範囲の住民に不安の火種がある場合に，国家が宗教上の方向付けの源泉であるべきであるとか，あるいはまた，国家だけがそれを許されているというような結論は，基本法からは引き出し得ない．憲法内在的制約は，具体的な憲法上の法益からしか明らかにはできないのであるが，それでもやはり，そのような憲法内在的制約は，単なる権限規範[33]や（同じ結果となるが）内容的に空白の任務規範からは明らかにすることはできない．

　幸いなことに，連邦憲法裁判所は，オショー裁判で，情報による間接的・事実的な基本権侵害も，比例原則を基準にして審査されなければならないという

　　引き合いに出しているが，それに対して，連邦行政裁判所は〔また〕，適切にBVerwGE 82, 76 (82f.) = NJW 1989, 2272 = NVwZ 1989, 873 Lでは第三者の法益の憲法内在的な制約として引き合いに出しているし，NJW 1991, 1770 (1772)では憲法上の社会的法益も引き合いに出している．

33) 　たとえば，*E.-W. Böckenförde/E. Mahrenholz*, Sondervotum zu BVerfGE 69, 1 dort 57 (58ff.) = NJW 1985, 1519; *J. Menzel*, DÖV 1983, 805; *Pieroth/Schlink* (Fn. 7), Rn. 328ff., 334; *J. Lücke*, Die Berufsfreiheit, 1994, S.31f. m. w. Nachw. を参照．判例は，これとは異なっている．BVerfGE 28, 243 (260f.) = NJW 1970, 1729; BVerfGE 32, 40 (46) = NJW 1972, 93; BVerfGE 48, 127 (159f.) = NJW 1978, 1245; BVerfGE 69, 1 (21f.) = NJW 1985, 1519 を参照．

ことを明らかにしている（BⅠ3c, とりわけbb）[34]. このことは, 確かに本来当然のことであるが，だがやはり，類似の事案で，恣意統制しか行われていなかった初期の判例に較べると一歩前進である[35]. 自由の侵害という法律によって規定された目的が欠けているために，比例性審査のためのより明確な基準点を欠いているというのは，もちろん問題である．〔というのも，〕侵害をしている表現の引き金となった「きっかけ」をもとにしての比較衡量の方向付けが，規範的には宙に浮いてしまっているからである．――〔その点はさておき，以上をまとめてみると，〕不適切な主張や誹謗・中傷する呼び名が正当化されない，というのは正しい．さらに，当該法廷が，（既存のメンバーの喪失や新メンバーが入ってこないことのような）重大な間接的な不利益が証明されず，ただ単にそのような不利益の生じた可能性がそれをあとづけることによって明らかにしうるにすぎない場合でも，基本権侵害に当たるとするのに十分と見なしているのは，適切である．なぜなら，（いずれにせよ因果関係という点からは）普通は間接的影響が立証され得ないのは，間接的影響というものの性質からして仕方がないことだからである．

Ⅳ. 情報と不確実性

連邦憲法裁判所と共に，真実の伝達は，職業の自由や信教の自由のような自由権を侵害しない[36]，ということから出発する場合には，正確な情報と不正確な情報との区別は，基本権侵害が存在するかどうかという問題にとっては決定

---

34) 同様にすでに，部会決定 NJW 1989, 3269 (3270), 及び BVerwGE 82, 76 (81, 83) = NJW 1989, 2272 = NVwZ 1989, 873 L-TM.

35) BVerfGE 40, 287 (291ff.) = NJW 1976, 38; それについて，より詳しくは，*Murswiek*, (Fn. 5), 1021 (1029). を参照．

36) だが, 真実である事実の伝達は，事情によっては人格権を侵害しうるし，それも，より厳密にいえば，人格権侵害として基本法1条1項と結びついた2条1項によって保護されない場合でも，基本法12条や4条のような特殊的〔個別的〕自由権によって保護されている．さらに顧慮されなければならないのは，上の箇所（脚注番号12のついている本文）で挙げられている制限である．

的に重要である．基本権主体に関する事実の故意に虚偽の主張は介入であるだけでなく，それは介入を正当化することもできない．だが，この両極の中間にあるカテゴリー，すなわち，思い違いによる虚偽の情報や，その真実性が確定していないような事実の主張はどのようになるのだろうか？

連邦憲法裁判所〔の見解〕は，思い違いによる誤った情報はまずは何ら介入ではないが，それがあとから誤りだと判明したにもかかわらず，改めてその誤りであることの情報が広められなかったり，その誤りが修正されない場合には，介入（「保護領域の侵害」）となるというように理解することができるであろう[37]．だから，〔連邦憲法裁判所によれば，〕情報の介入としての特質は，その国家機関が〔正しいかどうかを〕知っていることに依存しているが，基本権ドグマティク上は，そのことは，無意味であろう．ある生産品に関する真正の情報は，市場中立的で，生産者の職業の自由を侵害しないが，不真正な情報は，（それが不利に影響する場合には）侵害であるという前提を基礎とするのであれば，基本権への介入（基本権の侵害）が在るかどうかという問題にとっては，国家が当該情報が正しいかどうかを知っていることは何ら重要ではない．影響を被った者の自由の発展の可能性への情報の影響にとっては，国家機関の〔情報の真偽に関する〕知識はまったく些末なことである．国家がその情報を善いものだと信じて表明した場合でも，虚偽情報は市場の機会を歪めるし，購買の成果を低下させる．つまり，元々，介入が存在するのである．そして，事情次第で思い違いが回避されうるとしても，このような介入は正当化され得ない．

だが，官庁の行動の時点で，実情が信じるにたるほどには全く明らかにされ得ていないのならば，それでは，不確実性を基礎にして，当該国家機関はそれをするかしないかを決断しなければならないのだろうか？〔否，そうではないであろう．〕もし，事実に関する主張の正誤に関する不確実さを考慮して，介入というものが否定されるのであれば，その主張を基本権によって正当化する必要さえないであろう．だが，これは正当ではあり得ない．その主張が誤ってい

---

37) グリコール決定のC I 2e, cc を参照．

るかもしれない可能性を顧慮した上で，当該主張は公共の福祉目的に基づいて正当化されなければならないのである．当該法廷は，この論題に，グリコール決定の傍論で，介入の問題について意見を述べることなく，次のように態度表明を行っている．すなわち，国家権力は，情報の正しさが最終的に未だ解明されていない場合でも，「特別の条件の下で」情報を広く知らせるための権限を与えられている．だから，情報の適法性は，できる限り注意の行き届いた，できるだけ信頼できる実情の解明にかかっているのであり，〔その上で〕なお残された不確実さには市場参加者が注意を払わなければならない，と当該法廷は述べている（C I 2e, bb）．たしかに，これは，適切に実質的な正当化能力を制限するものである．とはいえ，正当化の形式的な「特別の条件」や実質的な「特別の条件」については，広く闇の中に留まったままである．法律上の授権の基礎は，必要ではないのか？疑いの〔段階での〕警告は，いかなる目的に役立つのか？当該法廷は，自分のとるべき行動にとって重要な事情についての市場参加者の解明に対する公的な関心を〔そのような目的として〕挙げている．その際には，当該法廷は，「消費者のリスク」やおそらく生産品のリスクのことを考えている．当該法廷が，たとえば，有価証券ディーラーも市場参加者だと考えるのであれば，その行動にとって，企業の内部事情に関する情報は「重要」でありうるのか？要するに，当該法廷が詳しく述べていることは，生産品に関する警告に対してのみあてはまるだけなのか，それともそれ以上のものにもあてはまるのか？不確実さは，単に保護さるべき法益への生産品の影響に関連づけられるだけでよいのか（たとえば，健康リスクや環境リスク─例：健康の危険は，ワインに含まれている一定の濃度のグリコールによるのか？）それとも，そのような生産品の特性についての不確実さ（ワインはグリコールを含んでいるのか？）やさらに生産者の行動についての不確実さ（彼は，ワインにグリコールを混入させるつもりだったのか？）さえもそれを満たすのか？正しさの確率は，どのくらい高くなければならないのか？裁判所の当該事件によって誘発されたのではないこの〔傍論での〕詳述は，誤解を与えるきっかけを提供するものである．このような詳述を性急に一般化することは許されないし，それは，まずは特殊個別に基本法12条1項に合わせて，

しかもここでのこの詳述は生産品のリスクに合わせて述べられたものと理解するのがよいであろう．不確実さの下での行動の一般的な基本権ドグマーティクには，この裁判は何の寄与もしない．

V．国家による情報行動の新たな基本権ドグマーティク？

　もし，当該法廷が，グリコール裁判とオショー裁判で国家による情報行動の基本権ドグマーティクを提示するつもりであったのなら，このようなもくろみは失敗に終わった．たしかに選択された論証の最初の試み——国家による情報の間接的な影響——は，包括的なドグマーティクの出発点となり得たであろう程に広いものである．だが，そうなるには，必要な細分化が欠けていたか，さもなければこのような細分化が事案と結びつけられた適用の際に失われてしまった．行動の統制に役立ち，確固たる目的をもって自由の行使の諸々の機会に影響を与える (einwirken) ような国家による情報行動と，別の目標に向けられたものだが，ただ単に，意図しない付随的結果として第三者の自由に影響を及ぼす (auswirken) ような国家による情報行動との基本的な区別は，当該法廷によって「伝統的な介入」というものと「機能的に同等のもの」という慣用的表現で，たしかに原則的には認識されているが，十分には厳密に規定されていないし，しかも不当に周辺に追いやられている．〔だが，〕この基本的区別は，理論的な理由からばかりでなく，実践的な理由からも情報行動の基本権ドグマーティクの中心に属するものである．「教師的」な国家は，情報をいっそうしばしば制御道具として動員するのであり[38]，国家がそのような動員を行うところでは，情報は高権的規制の代役を務めている．警告を行う国家機関にとって間接的に影響を被る基本権の担い手の侵害が問題なのではないとしても，生産品に関する警告や宗教上のゼクテに関する警告は，常に目的的な介入であり，それゆえ，法律上の授権の基礎がなくては違憲である[39]．

---

38) このことについて立ち入っているものとして *Di Fabio*, JZ 1993, 689.
39) 目的性の基準について立ち入っているものとして *Murswiek*, (Fn. 5), 1021

第4章　連邦憲法裁判所と間接的基本権介入のドグマーティク　193

　警告の介入の特質よりもっと明白でないのが，公的に言い表された批判の介入の特質である．なぜなら，このような批判は当然に行動の統制を目標とするものではないが，基本権上の保護法益の侵害に結びつくことが予測できたり考えられるたりするからである．連邦憲法裁判所は，この点に，法律の留保の適用されない〔タイプの〕基本権侵害を見いだしている．〔だが，〕それにもかかわらず，この場合でも，情報活動の条件は規範化（normierbar）し得ないというテーゼは，極めて疑わしいように思われる．連邦行政裁判所は，公的に言い表された批判の基本権上の重要性を，国家官庁の権威（staatliche Amtsautorität）を利用して行われた表現に対してのみ肯定してきた[40]．連邦憲法裁判所は，この基準を採り上げなかった．そしてそれとともに，審査基準としての自由権に著しく広いその適用の余地を与えている．このことは自由に役立つようにも思われるが，とはいえ，やはり，職務管理者（Amtswalter）も参加して構わないような自由な精神的な対論の妨げにはなりうるであろう．〔従って，〕上述の基準は，少なくとも，比例性審査の枠組内でもう一度採り上げなければならないであろう．すなわち，大臣があるインタヴューの中でついうっかり言ってしまった批判は，例えば官庁による調査の結果として表明された批判よりは，影響を被った者の自由を侵害しないのである．

　全体として次のように言うことができる．すなわち，連邦憲法裁判所のこれらの決定は多くの古い問題を未解決のままにしておいた上で，新しい問題を提起している．国家による情報行動の基本権ドグマーティクに関する論議は，まだ到底その結末には達していない．

　　（1024ff.）．
40) 　BVerwGE 71, 183 (194f.)= NJW 1985, 2774 = NVwZ 1985, 900 L; BVerwGE 87, 37 (43) = NJW 1991, 1766 = NVwZ 1991, 785 L; BVerwGE 102, 304 (313)= NJW 1997, 1996 を参照．

解　題

　本論文は，Neue Zeitschrift für Verwaltungsrecht（NVwZ），2003（22.Jg.）H.1, S.1ff. 所収の判例評釈　Dietrich Murswiek, Das Bundesverfassungsgericht und die Dogmatik mittelbarer Grundrechtseingriffe. Zu der Glykol- und der Osho-Entscheidung vom 26.6.2002 である．

　2002年6月26日に，連邦憲法裁判所第1法廷は，基本権保障上の新しいテーマ「国家の提供する情報行動による事実的・間接的基本権介入（基本権侵害）」に関わる2つの決定を下した．本論文で Murswiek 教授が採り上げている，これら2つの決定とは，連邦青少年家族健康省による不凍液のグリコールの混入されたワイン・リストの公表の影響を受けて消費者が購入を控えることになったことで，このような政府の情報提供行為がワインの樽詰業者などの職業の自由（基本法12条1項）を侵害したのではないかが問題となった「グリコール事件（Glykol-fall）」と，連邦議会の報告や連邦政府の言動のなかでの，オショー運動という名の信仰団体への警告や侮辱的呼称使用が，既存のメンバーの退会や新たな入団希望者の思いとどまり等に影響を与えたために，オショー運動の信教の自由（基本法4条1・2項）を侵害したのではないかが問題となった「オショー事件（Osho-Fall）」である（ちなみに，本論文中に，たとえば「(CI2e)」のように記されているのは，連邦憲法裁判所の決定文での当該箇所を指示するものである.）．
　この2つの事件において，共通して問題となった国家による警告的ないし批判的な情報の公表行為によってもたらされる基本権侵害問題は，「直接に国家によって目的的（意図的），直接的かつ命令的に法律行為によって加えられる基本権への制限」＝「古典的な意味での介入」とは異なり，そうした公衆に向けての警告的ないし批判的情報の公表という事実行為によって，その情報を受け取った第三者の行動が引き起こした基本権侵害を国家による間接的な侵害と評価して，基本権保護の対象とするかどうかという新しい「国家による事実的・間接的基本権侵害」というテーマを含むものであった．この意味で，Murswiek

が冒頭で述べるように,「基本権ドグマーティクに関する多数の憲法学上の刊行物」の素材となってきたし,教授が本論文を通して緻密な議論で明らかにしているように,連邦憲法裁判所の2つの決定での法理が多分に不明確なものであったこともあり,教授は本論文の末尾をそう結んでいたように,「国家による情報行動の基本権ドグマーティクに関する論議は,まだ到底その結末には達していない」.それは十年以上を経た今も変わらないといえる.とりわけ,基本権ドグマーティク上,日本の「憲法学においては未だ未開拓の問題領域と言ってよかろう.」(斎藤一久「基本権の間接的侵害理論の展開─国家の情報提供行為による基本権侵害を中心として─」憲法理論研究会編『憲法学の最先端〈憲法理論叢書17〉』(敬文堂,2009年,55頁以下)).

Murswiek は,本論文で,「国家による情報行動がもたらす基本権制限への間接的な影響は,基本権侵害の問題として,基本権を基準にして審査しうるのか?審査しうるとしたら,それはどのような仕方でか?」について,表題が示すように,これまでに蓄積されてきた基本権ドグマーティクを切り口に,連邦憲法裁判所のこの2つの決定での理由付けを批判的に考察している.その際には,論ずべき「1.公的な警告や批判は,基本権への介入(Eingriff)であるのか? 2.介入にあたるとして,これらの公的な行為は単純法律(einfaches Gesetz)のうちに授権の基礎というものを必要とするのか? 3.連邦がそのような警告に関する.法主体としての団体権限を有しているのか,それとも各州なのか? 4.そのような介入を正当化するためのいかなる客観的・法的要請を,憲法から導き出すことができるか?」という4つの局面の内から,その1,2を中心に検討している.

Murswiek が連邦憲法裁判所の議論で,基本権ドグマーティク上,とくに問題視しているのは,「介入」と「侵害(Beeinträchtigen)」という用語の用いられる審査段階の違いの無視という点である.とりわけ,事案の性質上,「介入」の有無を厳密に吟味するのが困難なためか,連邦憲法裁判所が,基本権「侵害」の正当化として吟味を行った上で,「介入はない」としている点である.

Murswiek は,このような連邦憲法裁判所の議論の根底には,事実的・間接

的影響の問題である点から,介入の正当化段階で,連邦憲法裁判所が「単純法律による留保」の貫徹を断念するためという意図があると見ている.この関連で,*Murswiek* は,連邦憲法裁判所が,「単純法律による留保」に代えて,憲法に明記されていない「国家指導 (Staatsleitung)」という,その中身を融通無碍に充填しうる概念を引き出した点に,「法律の留保」の換骨奪胎を見抜いている.

　これらの点について緻密に吟味・検討する議論は,まさに *Murswiek* の面目躍如といえるものとなっているように思われる.

第 5 章

基本権ドグマーティクの転換点？
Grundrechtsdogmatik am Wendepunkt?

訳・解題　小山　剛

「基本権ドグマーティクの転換点？」*

小目次

Ⅰ．基本権ドグマーティクの目的と今日的問題
　1．基本権ドグマーティクと自由の保護
　2．適用の前提の拡張とその問題性
　3．基本権ドグマーティクの救助の必要

Ⅱ．第一法廷の基本権判例における新たな解釈学的傾向
　1．参照事例
　2．憲法学説における新しい基本権ドグマーティク上の構想
　3．批　判
　4．新しいドグマーティクによって主張された保障限界を根拠づけることができるか？

Ⅲ．一般的保障限界
　1．保障の限界としての一般的暴力禁止
　2．保障限界としての憲法によって前提とされた法益秩序

解　題

I．基本権ドグマーティクの目的と今日的問題

1．基本権ドグマーティクと自由の保護

　基本権の解釈および適用を制御する一般的ルール（Regeln）の総体としての基本権ドグマーティクの意義は，とりわけ，法素材を合理的に構造化し，法適用のための一般的規準を，形式的および実質的観点において展開することにある[1]．ドグマーティクは，定評のある論証のひな型を摂取し，それを将来の事例の解決のために用立てることである．ドグマーティクは，個別事例の判決の理由づけを容易にし，また同じく，それに対する批判を容易にする．ドグマーティクは，判決をより比較容易にし，それによって法適用の統一性に貢献する．ドグマーティクは，法の合理的な適用と，それにより恣意的または跡づけが困難な判決の回避に寄与する．ドグマーティクは，個別事例の特殊性によってあとは充填すればよいだけの論証の骨格をあらかじめ与えることによって，法適用者をして，法的問題の解決に際しあらゆる個別事例において判決を理由づける全体構造を新たに構築する必要から解放する．ドグマーティクは，裁判所または官庁の決定の予見可能性と予測可能性に奉仕し，それにより法的安定性に奉仕する．

　基本権ドグマーティクの最適化は，最終的には，自由の保障の最適化に仕える[2]．正しい基本権ドグマーティクをめぐる争いは，自由保護の正しい憲法上の構想をめぐる争いなのである．その際，自由の保障の最適化は，単純に自由の空間の拡張を意味するのではない．基本権ドグマーティクは，憲法の一体性を顧慮しなければならない．すなわち，個人的自由は，自由な民主制，法治国

　＊　本稿は，2006年1月30日にミュンヘンの Carl Friedrich von Siemens 財団において行った講演を補充したものである．
　1)　ドグマーティクの機能については，たとえば，*U. Volkmann*, Veränderungen der Grundrechtsdogmatik, JZ 2005, S. 261 (262) を参照．
　2)　本稿は，自由権のドグマーティクに限定し，さらにそれについても，ささやかな，しかし問題全体の中での重要な一部を扱うものである．

家，社会国家，つまり国家性の機能条件一般を顧慮することなしには，保障され得ない．それゆえ，自由の保障の最適化は，最初から，そのような機能条件の維持の下での最適化であり，この機能条件には，とくに他者の自由の保持が含まれる．

ドグマーティクの基本的ひな形は，ドイツにおいては，かねてより確立している．果たして特定の基本権に対する違反が存在するかは，3つの段階で審査される．1．基本権の保護領域に，合憲性が審査されるべき措置はかかわりを持つのか．2．審査されるべき行為（Verhalten）は「制限」（Eingriff）とみなされるか．3．制限は正当化されるか．基本権に対する違反は，この伝統的シェーマに従えば，正当化することのできない制限が保護領域に対して加えられている場合に認められることになる．審査の重点は，通常，第三段階である，制限正当化におかれる．自由を制約する法律の憲法適合性が問題となる場合，そこでは，果たして法律が形式的に憲法に合致するか，果たして特別な法律の留保に適合しているか，果たして比例原則に——その適用はさらに，適合性，必要性，狭義の比例性という多段的に行われるのであるが——合致しているか，が審査される．

2．適用の前提の拡張とその問題性

長年，このシェーマは，比較的争いなく適用され，基本権ドグマーティク上の議論は，この基本シェーマの枠内における個別問題について行われていた．しかし近年，学説では，このシェーマに対する攻撃が次第に増え，連邦憲法裁判所もまた，これまでのドグマーティクの基本構造を今後も維持するつもりがあるのかを疑わせるような，いくつかの判決を下している．

この新しい論争の原因は何であろうか．これを理解するには，基本権ドグマーティクが過去数十年間にたどった全体的な発展に目を向けることが不可欠である[3]．個人的自由の保護をより一層強化しようとする努力の中で，最初の2

---

3) これについて詳細は，たとえば，*E.-W. Böckenförde*, Schutzbereich, Eingriff, verfassungsimmanente Schranken. Zur Kritik gegenwärtiger Grundrechtsdogmatik, Der

つの審査段階は，次第に拡張されていった．すなわち，自由権の保護領域はより広く捉えられ，これによって，それまで個別の自由権により保護されていなかった行動様式（Verhaltensweise）または保護法益が，より高度の保護を受けるようになった．たとえば，信仰の自由は，通説的見解によれば，もはや宗教上の信仰，信仰の告白および宗教的実践を保護するだけではなく，基本法4条の文言を超えて，信仰に動機づけられた行動（Handeln）まで保護する．そして，制限の概念も絶えず拡張された．基本権は，もはや目的的で直接的な，強制により担保された法行為[4]に対抗してのみ保護を供するのではない．概念としては，時の流れの中で，事実上の，意図されない，そして間接的な，強制的性格なき干渉（Beeinträchtigung）もまた制限と評価されるようになった．「現代的」制限概念によれば，制限とは「ある基本権の保護領域に属する各人の行為を，完全または部分的に不可能にする」[5]か，あるいはただ単に阻害する[6]あらゆる国家活動をいうのである．

このような保護領域の拡大と制限概念拡張のコンビネーションにより，自由権は，適用領域を絶えず拡大することになった．自由にとって良いことであると思うかもしれない．また実際に，この拡張は，少なからぬ論者によって自由の保護の成果であると称賛され，これに手を触れることは自由に敵対的な傾向

Staat 42 (2003), S. 165 (170 ff„ 168 ff.); *W. Hoffmann-Riem*, Enge oder weite Gewährleistungsgehalte der Grundrechte?, in: *Michael Bäuerle* u. a. (Hrsg.), Haben wir wirklich Recht?, 2004, S. 53 (62 ff.).

4) 古典的制限概念については，たとえば，*B. Pieroth/B. Schlink*, Grundrechte. Staatsrecht II, 21. Aufl. 2005, Rn. 238 を参照．

5) *Pieroth/Schlink* (Fn. 4), Rn. 240.

6) おそらく *Pieroth/Schlink* (Fn. 4), Rn. 245 は，別の見解であるように思われる．しかし，阻害（Erschwerung）を除外する理由は明らかではない．間接的な行為の制御の全体——たとえば公課を用いた——は，通常，影響を受ける行為を不可能にするのではなく，阻害するものであるが，その制限的性格について争いがない．これと異なるかもしれないのが，意図されなかった阻害である．しかし，これは，いかなる前提条件の下で非目的的な干渉が制限と評価されるかという，個別的な観点から論じられるべきであろう．

を持つため許されないとされた[7]. とはいえ，事はそんなに単純ではない. 基本権ドグマーティクは，その部分部分が相互に依存しあった一つのシステムなのである. ある段階において調節ねじを回せば，それは他の段階に影響する. 最大限の自由の保護は，すべての部分の競演が最適に機能する場合にのみ達成できる. 保護領域および制限概念の拡張が，自動的に個人的自由のよりよい保護をもたらすものではない. 重要なのは，第三段階すなわち正当化の次元において何が起こるかである.

最初の2つの段階における拡張の結果，具体的事案の諸問題が，通常，第三段階において処理されねばならないこととなる. 第一段階では，今日なお支配的な見解によれば，審査されるべき国家の行為に関して，果たして基本権の保護領域がテーマ的に関係するかどうかだけが審査される. 保護領域とは，その内部では各人の行為（または特定の行動様式）が基本権を通じて，国家の制限に対して保護されている生活領域なのである[8]. 保護領域の内における各人の行為は，「基本権の行使」(Grundrechtsausübung) と呼ばれる[9]. 保護領域は，基本権の行使が何かしらの形で妨げられる場合には，常にかかわりを持つ. 第二段階では，果たして干渉が制限とみなされ，国家に帰責されうるかどうか，あるいは，国家の保護義務を引き起こす私人による干渉であるのかが判断される. これらが肯定された場合には，基本権が具体的事案に対して審査規準として適用されることになる. 該当する基本権制限の前提条件を手掛かりにして，果たして制限が正当化されうるかが審査されなければならない.

拡張によって企図された自由の保護の改善は，とりわけ個別的基本権の適用

---

7) たとえば，*W. Kahl*, Vom weiten Schutzbereich zum engen Gewährleistungsgehalt. Kritik einer neuen Richtung der Grundrechtsdogmatik, Der Staat 43 (2004), S. 167 (184 ff., insb. 188); *W. Höfling*, Kopernikanische Wende rückwärts? Zur neueren Grundrechtsjudikatur des Bundesverfassungsgerichts, in: FS Rüfner, 2003, S. 329 (338 f.) を参照.

8) たとえば，*Pieroth/Schlink* (Fn. 4), Rn. 195 を参照.

9) あるいは，„Grundrechtsgebrauch" とも呼ばれる. *Pieroth/Schlink* (Fn. 4), Rn. 197 を参照.

可能性を広げるものであった．これは，次の限りで自由の保護に資することになる．すなわち，個別的自由権が制限の正当化に対してより高い要求を定式化しているため，傾向的に，個別的基本権はより強い保護を提供するのである．そして，制限概念の拡大により，以前はそれに対抗する基本権保護が与えられなかったような国家の行動様式もまた，基本権上の正当化要求に服することになる．基本権ドグマーティクの発展は，問題処理の第一および第二段階から第三段階への次第次第の移行をもたらした．第一および第二段階の前提条件はますます多くの事例において，たやすく肯定されるのである．

　これは，一見するとよいことずくめのようであるが，個人的自由にとって無条件によいことであると見ることはできない．法律による自由の制約が第三者の自由（またはその他の法益）の保護に仕えるものである場合には常に，このことが明らかとなる．他者の法益へと作用する，ある者の自由が拡張されると，その範囲で他者の自由が縮減される．個人の自由の領域を国家が区画整理することにかんがみれば，そもそも，基本権ドグマーティクの目標は，自由の領域をできる限り拡張することではありえない．基本権ドグマーティクの任務は，──立法者の任務も同じであるが──私人の自由の領域を相互に最適に割り当て，両者の間に「実践的整合」を樹立することである．これが，第三段階において最もよくなしうることは，しばしばあっさりと承認されているが，そのことについての全体的な基礎づけは行われていない．

　公共の利益の実現もまた，自由の制限を必要とする．このような制限の必要性は，自由権の適用領域を拡張したからといって程度が低くなるわけではない．反対に，その実現が自由を制限する法律を要求する絶えず新しい公共の福祉の課題が，時とともに追加される．これは，社会の変化と技術の進歩の結果である──たとえば環境保護立法や新しい技術のリスクに対する安全の保障を考えればわかるであろう．

　保護領域の多様な拡張を前にして，避けることのできない公共の福祉の要求は，実務においては，制限が正当化されうる前提条件をも拡張することを通じてのみ，顧慮されうる．基本法が個別の自由権に対する制限について規定した

特別な要求は，次第に液状化したか，あるいは完全に摩滅した．「憲法内在的限界」が，留保なく保障されている基本権についても，特別な法律の留保を付された基本権についても持ち出され，時としてそれが広く解される結果，特別に保護された基本権と単純な法律の留保に服する基本権との間に，実践的にはいかなる差異も認められないようになった[10]．正当化の次元における自由の保護の相対化は，それが，上述した第一・第二段階における保護の拡張と結びついた，いわば過剰なまでの自由保障の代償でしかないという場合，さほど問題とはならない．とはいえ，代償的な後続効果にとどまるのではない．つまり個別の自由権についての特別な保障が液状化し，あるいは広く解された憲法内在的限界によって押しつぶされるようなところでは，このことは，保護の拡張によって初めて当該自由権の適用領域に加えられるようになった事例にとどまるものではない．むしろ今や，制約の前提条件自体が全体として弱体化するのである．すでにかねてより基本権の適用領域に含まれていた自由の活動も，今や，弱められた制限規定の規準に従ってのみ保障される[11]．そしてこれらの自由な活動も非常に弱められた．個別の基本権による保護を受ける諸自由の制約をも立法者に義務づける諸規定だけが，「憲法内在的制約」として引用されるのでは決してなく，自由制約の根拠づけが依拠するところのトポスとして単に使われうる諸規定も，「憲法内在的制約」として引用されるのである．

　個別的自由権の適用前提条件の拡張から生じる総決算は，決してポジティヴではない．そして，この拡張に対して支払わなければならない対価は，高額である．すなわち，個別的な自由の保障の平準化が対価なのである．この対価は，基本権適用に際して正確性，明確性，予見可能性の著しい欠損を生じさせる．基本権適用の結果は，次第に，厳密な構成要件的前提条件にではなく，合理的な尺度が存在しない衡量に左右されるようになったのである．これによって，政治的な重要性は，傾向として民主的正統性のある立法者から，精密な憲法上の尺度なしにほとんど主観的な衡量の観点によって判決する，連邦憲法裁判所

---

10) 同様に，*Böckenförde* (Fn. 3), S. 170. さらに，*Hoffmann-Riem* (Fn. 3), S. 64 も参照．
11) *Hoffmann-Riem* (Fn. 3), S. 63 f. を参照．

へと移行した.

3．基本権ドグマーティクの救助の必要

このように，基本権ドグマーティクの救済を行うべき，重要な理由がある．その際，後戻りという単純な方法は検討の対象とはならない．なぜなら，制限概念の拡張や保護領域の拡張には，よき理由があったためである．両者は，技術・産業社会の発展や国家活動の拡張や変遷から生じた新しい保護の必要性に広く対応するものである．古典的制限概念への後戻りは，正当化されうるものではなく，また，私の知る限り，誰もそれを求めていない．適切であるのは，これに反して，非目的的で事実上のそして間接的な制限に関する「現代的」制限概念の適用前提条件や，法律の留保に関する帰結を精緻化することである．保護領域については，以前は存在しなかったか，――いかなる理由からであれ――問題であるとは見なしていなかった新しい問題状況に対して基本権の保障内容を適用させたものであるため，まったくもって正当な若干の拡張が存在する．その例として，情報自己決定の権利を挙げることができよう．その他の保護領域拡張は，単に基本権に含意されている保障を事柄の新しい局面との関係で展開させたのではなく，憲法の父の意図に従えばその保障が結びついていた領域を超えて，基本権を拡張するものである．これについては，起源への回帰を再検討すべきであろう．いずれにせよ，保護領域を常に広く解釈すべきだ[12]，あるいは常に狭く解釈すべきだ[13]という一般的な基本権解釈上の原則を基礎づけることはできない．とはいえ，個別的自由権の保護領域については，その範囲を一般的自由に対して明確化するために，成立史を顧慮した基本法の指針に従い，可能であるほどに綿密に把握されなければならない，と言うことはできよう．これは，必然的にではないが，傾向として，個々の基本権につい

---

12) そのような傾向として，*Kahl* (Fn. 7), S. 188 f. および *Höfling* (Fn. 7), S. 336 f.
13) 同様に，*W. Hoffmann-Riem*, Grundrechtsanwendung unter Rationalitätsanspruch. Eine Erwiderung auf Kahls Kritik an neueren Ansätzen in der Grundrechtsdogmatik, Der Staat 43 (2004), S. 203 (229); *Volkmann* (Fn. 1), S. 267.

て比較的狭い理解に行きつく．

　それゆえ，そのことがいくらか物語るのは，あまりに広範な保護領域の拡張および大雑把な制限概念の拡大というやりすぎを注意深く訂正することにより，基本権保護の平準化，脱細分化，液状化という問題の全般を解決できないとしても，いくつかの後発問題が取り除かれうるということである．そこに，かなり大きなシステム変更をもたらす近時の試みへの動機づけがある．そのような変更の端緒は，学説にはすでに以前より存在した．いまや，連邦憲法裁判所もまた，そのうちのいくつかを取り上げようとしているように見える．いずれにせよ，連邦憲法裁判所の第一法廷は，基本権ドグマーティクにおけるかなり大きな改革を目指しているように見える．第一法廷は，従来のドグマーティクと断絶する，いくつかの判決を下した．それらの判決は，ドグマーティクにおける一般的変革であると解釈され，何人かの憲法学者からは，自由を縮減する「誤った道」[14]，さらには「後ろ向きのコペルニクス的転回」[15]であると批判された．

II．第一法廷の基本権判例における新たな解釈学的傾向

1．参照事例

　a)　オショー事件において，第一法廷は，ある宗教共同体を「セクト」ないしは「サイコセクト」と呼ぶことは，信仰の自由の保護領域に触れるものではないと判決した．なぜなら，この発言は，中傷的な描写でも歪曲的な描写でもなく，事実に即して行われた情報活動の枠内にあったからである[16]．同様に，サイエントロジーがラント政府により「撲滅すべきもの」と評価されたことも，連邦憲法裁判所によって，具体的な関連において「中傷的でも歪曲的でもない」とみなされ，その結果，この評価への対抗は基本法4条1項，2項により保護

---

14)　*Kahl* (Fn. 7), S. 184 ff., 202.
15)　*Höfling* (Fn. 7).
16)　Beschl. v. 26.6.2002, BVerfGE 105, 279 (295 ff.).

されるものではないとされた[17]．それに対して，法廷の見解によれば，信仰の自由の保護領域がかかわりを持つのは，国家が公的な表明においてこの基本権から生ずる中立性義務に違反した場合である[18]．それゆえ，基本権の適用可能性は，従来理解されてきた保護領域への制限が果たして存在するか否かだけに左右されるのではなく，加えて，果たして国家の行為が義務に違反するか否かにも左右される．

b) 同様に，連邦憲法裁判所は，グリコール事件においても，職業の自由の適用を否定した．この事件では，味覚を向上させるためにジエチレングリコールを添加したワインのリストの公表が問題となった．このようなワインについて公然と警告することは，基本的に問題がないことである．しかし，これには，法律による授権の基礎が欠けていた．連邦憲法裁判所は，――裁判所が言うところの――「保障領域」（Gewährleistungsbereich）への干渉の存在を否定した．従来の解釈学の用語に置き換えれば，おそらくは，保護領域への制限は存在しないという意味であろう．これは，政府はリストの公表に当たって情報活動の法的限界を超えていないという理由で根拠づけられている[19]．オショー事件と同様に，基本権の適用可能性が，従来の解釈学では基本権の適用を前提に制限正当化の段階で審査されてきたような諸事情に左右されているのである．

c) さらに，集会の自由にかかわる二つの事例に目を向けることにしたい．何十万人もが参加するベルリンで行われるテクノ音楽の見世物であるラブ・パ

---

17) 2002年8月16日の部会決定における傍論（NJW 2002, S. 3458 (3459)―「チック・コリア決定」）．そこでは，果たして「保護しない」が保護領域関連性の否定を意味するのかどうかは，言い回しからは必ずしも明らかではないが，オショー決定を援用していることから，おそらくこの想定は適切であろう．
18) BVerfGE 105, 279 (298 f.).
19) Beschl. v. 26.6.2002, BVerfGE 105, 252 (273). 詳しい説明および批判は，*D. Murswiek*, Das Bundesverfassungsgericht und die Dogmatik mittelbarer Grundrechtseingriffe, NVwZ 2003, S. 1 (3 ff.)（本書第4章）で行っている．

レードについて，連邦憲法裁判所は，集会の自由（基本法8条1項）の保護を与えなかった．それは，ラブ・パレードが，公的意見形成に寄与するものではないため，基本法の意味における集会ではないという理由からである[20]．娯楽に向けられた公共の場での大衆パーティは，たとえそれによって特定の生命感が見せつけられたとしても，集会の概念に含まれるものではない[21]．

d) つまり，集会の自由は，初めから集会の目的によって限定される．集会は，公的意見形成に奉仕しなければならない[22]．さらに別の決定において，第一法廷は，保護領域をさらに狭く捉えた．保護されるのは，意見をめぐる精神的闘争への参加だけであり，「自己の要求の強制的なあるいは自救に等しい貫徹」ではない．ジプシーとロマの集団がジュネーブの難民高等弁務官との対話とスイスへの入国を強要しようとしておこなった自動車道の国境通過地点の封鎖は，法廷の見解によれば，基本法8条1項により保護されるものではない[23]．

　これらの事例は多種多様であるが，ある共通点を示している．それは，すべ

---

20) BVerfG（第一法廷第一部会），12.7.2001, NJW 2001, S. 2459 (2460). 同部会は，BVerfGE 69, 315 (343)―「ブロックドルフ原発決定」に依拠している．しかし，このブロックドルフ原発決定では，この問題について判断されてはいない．集会が典型的には公的意見形成に奉仕し，その点でこの基本権には特別な意義があるということは，いまだ，この基本権はもっぱらこの目的に奉仕するのであり，他の目的に奉仕する集会は基本法8条1項の保護を受けない，ということを意味しないのである．確かにブロックドルフ原発決定は，集会を「共同で行われる，コミュニケーションをねらいとした展開」(S. 343) であると呼んでいるが，それによって必ず政治的コミュニケーションでなければならないとは言っていない．

21) BVerfGE 69, 315 (343) は，「単なるい集」と「大衆的娯楽」のみを集会概念から除外している．パーティは，――大規模パーティであっても――十分に共同で行われるコミュニケーションをねらいとしたものでありえ，したがって，BVerfGE 69, 315 (343) の基準を充足しうる．

22) BVerfGE 104, 92 (104)―「第3次座り込みデモ決定」(24.10.2001) も同じく明示している．

23) BVerfGE 104, 92 (105).

ての事例において，従来支配的であった解釈学では，保護領域に対する制約が存在するとされていた．そして，すべての事例において連邦憲法裁判所は，保護領域はかかわりを持たないとし，それぞれの基本権は適用されないと結論づけられたのである．

2. 憲法学説における新しい基本権ドグマーティク上の構想

果たしてこれらの判例が，個別の基本権の保護領域の新解釈を超えて，基本権ドグマーティク上の全般的な転換を意味するのかどうかについては，必ずしも明らかではない．裁判所は，明示的には，裁判を方向づける解釈学上の諸原則を新たに公言してはいない．とはいえ，新しい判例は，保護領域の限定的理解という傾向においても，部分的には用語法においても，近年の学説において呈示されている新しい解釈学上の構想と一致している．おそらく，これらの文献に照らすことによって，判例において起こりかけているように見えるものが何であるのか，そして，目下の基本権ドグマーティク上の論争の対象が何であるのかを，少しは良く理解することができよう．そのため，判例に対する批判を行う前に，二人の論者の構想を紹介することにしたい．それは，連邦憲法裁判所がその論証において部分的に依拠しうるものであり，あるいはむしろ，その構想の側でも，第一法廷の判例を説明し，体系的な関連の中におくものである．E.-W. Böckenförde と，W. Hoffmann-Riem の，――核心において一致した――構想である．

これらの構想は，「保護領域」という解釈学上の形象を新しい形象によって置き換えることを特徴とする．Hoffmann-Riem は，「保障内実」(Gewährleistungsgehalt) という概念で標示した[24]．Böckenförde は，「保障内容」(Gewährleistungsinhalt)[25] という言葉を用いている．二人の論者は，「現実領域」(Realbereich)とも呼ばれる，基本権規範が関連を持つ「事項領域・生活領域」(Sach-

---

24) *Hoffmann-Riem* (Fn. 3), S. 54 ff., 71 ff.; *ders.* (Fn. 13), S. 226 ff.
25) *Böckenförde* (Fn. 3), S. 174 ff.

und Lebensbereich）[26]を，保障の法的内容とを区別する．彼らは，「保護領域」という概念を，誤った空間的な連想を呼び起こすと批判し，支配的な解釈学が保護領域を規範の現実領域と同一視し，各人の行為全体をこのように理解された保護領域の中において保護されていると考えたことを批判する．

　もとより，一致した見解によれば，当該規範がその生活領域の特定の一部分のみが保護されると定めている場合には，保護領域は，基本権によりテーマ化された生活領域よりも狭い．たとえば，基本法8条1項は明文で，集会という生活領域全体ではなく，平穏で武器を携行しない集会のみを保護すると定めている．そのほかに，——典型的な教科書的記述[27]とは異なり——すべての自由権が特定の生活領域における個人の行為を保護するわけではない．相当数の自由権は，別のことを保護法益としている．たとえば，基本法13条は，住居の不可侵を保障する．この基本権は，住居内における各人の行為を保護するのではなく，住居を捜索，侵入，あるいは技術的監視措置に対抗して防護することにより，私的空間を保護するものである．郵便の秘密（基本法10条）あるいは身体の無傷性（基本法2条2項1文）もまた，特定の生活領域における個人の行為を保護するのではない．確かに，すべての自由権によって，個人的自律，すなわち，各人がその都度の法益を自由に処分することのできる権利もまた保護されている．しかし，この決定の自由は，特定の現実領域において任意にふるまうことのできる自由と同一ではない．個別的自由権はテーマ的に限定された分野というだけで一般的行為自由と異ならないとする想定[28]は，それゆえすべての自由権に当てはまることではないのである．

　新たな概念の意義は，さしあたり，次のものである．その規範が関係するすべての生活領域が単純に保護されるのではなく，保護の対象，それとともに法的保障の限界は，すべての自由権ごとに綿密に探求されなければならない．これは，新しいことでもなければ，いわんや革命的なことでもなく，——時とし

26）　「規律領域」（Regelungsbereich）と呼ばれることもある．
27）　たとえば，*Pieroth/Schlink* (Fn. 4), Rn. 199 を参照．
28）　*Böckenförde* (Fn. 3), S. 175 は，支配的ドグマーティクをこのように解釈している．

て忘却される——自明のことなのである．その際，果たして基本権規範の保障内容が——ヴァール[29]に倣ってベッケンフェルデが提案するように——規範が関係する生活領域に関連することを確認したのちに独自の作業段階の中で探求されるべきなのか，すなわち，従来の三段階の審査に代えて四段階の審査を導入すべきなのか[30]，それとも，必要によっては規範の現実領域が関連することの確認を含意しつつ，保障内容を一つの作業段階で決定すべきなのかは，私にとって本質的なことではない．

BöckenfördeとHoffmann-Riemの見解が，これまで支配的であったドグマーティクの支持者に対して行った挑戦は，「保障内容」という概念と結びついた構想が，基本権規範の保護するものは内容上，法的に決定されているということに対して注意を促すという以上のものを意図している．挑戦的であるのは，これが傾向的により狭い保護領域の理解をもたらし，従来はしばしば鷹揚に保護領域を肯定したうえで第三段階に先送りされていた思考上の手順が，すでに審査の第一段階において行われることである．少なからぬ論者は，このようにして基本法の文言が再び厳密に捉えられ，たとえば，宗教的確信に支えられたあらゆる行為ではなく，信仰の行使が基本法4条により保護されるとみなされる[31]ことが，すでに挑戦的だと感じている．さらに挑戦的であるのは，保障されるものの限界が，規範の文言からのみ生じるのではなく，文言中には手掛か

---

29) *R. Wahl*, Freiheit der Wissenschaft als Rechtsproblem, Freiburger Universitätsblätter, H. 95, 1987, S. 19 (31 ff.); *ders.*, Forschungs- und Anwendungskontrolle technischen Fortschritts als Staatsaufgabe? - dargestellt am Beispiel der Gentechnik, UTR 14 (1991), S. 7 (33 ff.).

30) *Hoffmann-Riem* (Fn. 13), S. 215 Fn. 46 も参照．ベッケンフェルデは，従来の二段階審査に代わる三段階審査を論じているが，最初の二つの段階（保護領域と制限）のみを対象としているためである．Der Staat 42 (2003), S. 165 (174)．彼が制限と制限正当化とを二つの異なる次元として区別しなかったのは，おそらくは，この区別が彼のテーマではなかったからだけの理由と思われる．従来のドグマーティクに対する変更を，彼は，保護領域の次元に関してのみ目指していた．同じことは，*Wahl* (Fn. 29, 1991), S. 33 にもあてはまる．

31) *Böckenförde* (Fn. 3), S. 181 ff. の解釈を参照．

りがなくても解釈を通じてつくり出されることである．ラブ・パレードに対して集会の自由を適用しないことは，その例である[32]．

とはいえ，「保障内容」という構想は，従来の「保護領域」のより厳密な輪郭化に尽きるのであれば，まったく新しいものではなかったであろう．しかし，Böckenförde も，Hoffmann-Riem も，保障内容を，その都度の基本権がそれに対抗して保護を提供するものをも顧慮して局限しようとした．Böckenförde は，歴史的・体系的に探求されるべき，基本権の「衝撃方向」(Stoßrichtung) について語っている．これについて彼の挙げる典型事例は，第二法廷の予備審査委員会がすでに以前に判断した，「チューリッヒのスプレー画家」の事件である．グラフィティー画家の Nägeli は，私有や公有の家屋に自己の芸術作品をスプレーしたところ，器物損壊罪で起訴された．問題となったのは，他人の家屋にグラフィティーをスプレーで描くことを処罰することが，芸術の自由に違反するかである．連邦憲法裁判所は，グラフィティーが芸術であることに疑いはないにもかかわらず，芸術の自由に対する制限ではないとした[33]．Böckenförde によれば，芸術の自由の保障は，芸術上の展開への公権力の作用に抗することにのみ向けられている[34]．Hoffmann-Riem は，グリコールとオショーを参照させている[35]．これら二つの事例では，明らかに，職業ないし信仰が関係している．しかし，基本権は問題となっている情報に対抗する保護を提供するものではないとの理由から，保障内容は，かかわりを持たないとみなされたのである．

3．批判

a) 保護領域の狭い理解は一般的に自由を縮減するものか？

新しいドグマーティクに対する最も広範な批判は，これが人間の尊厳の保障

---

32) これについて批判的なものとして，*Höfling* (Fn. 7), S. 337; *Kahl* (Fn. 7), S. 185.
33) BVerfG (予備審査委員会), 19.3.1984, NJW 1984, S. 1293 (1294).
34) *Böckenförde* (Fn. 3), S. 175 f., さらに，S. 179 も参照.
35) *Hoffmann-Riem* (Fn. 13), S. 217 f.

第5章 基本権ドグマーティクの転換点？ 213

に基礎を置く自律性の原理に合致せず[36]，また，権利保護を求める市民の負担のもと自由と裁判所による統制の欠損をもたらす[37]，というものである．これら二つは，広い保護領域理解から保障内容の狭い理解への転換の帰結であるとされる．

この批判は，大げさであり，あまりに十把一絡げである[38]．はたして保護領域を従来よりも狭く解釈することが自由縮減的に作用するかどうかは，個別的自由権のみを問題とするのか基本法2条1項をも関係づけるのかに決定的に依存する．基本法2条1項で保障された「人格の自由な発展」の権利は，判例によって，「一般的行為自由」と解釈された．この一般的自由権は，構成要件の限定なしに，個人の決定自由および行為自由を保護する．狭義の人格発展のみが保護されるとする見解を排したエルフェス判決[39]以来，貫徹した基本法2条1項のこのような解釈によって，連邦憲法裁判所は，基本権理解および基本権の体系性に，重要な転換をもたらした．連邦憲法裁判所は，その判決により，個別の，境界が画された諸自由の保障は憲法制定前の時点に成立したものであり，現代立憲国家にとって自由は一般的原理であるということを考慮した．基本法2条1項によって，個人的自由を保護する法治国家的根本原理が基本権として保障され，主観的権利として貫徹できることになった．あらゆる自由の制約は，理由づけを要し，正当化を要するのであり，法律による授権を基礎に行

---

36) *Kahl* (Fn. 7), S. 184 f.
37) *Kahl* (Fn. 7), S. 185 ff.
38) とりわけ，各人の主体性（Subjektqualität）と自律は，——*Kahl* (Fn. 7), S. 185 とは異なり——個別的自由権の保障内容が体系的・歴史的に探求され，その具体化が各人の好みに委ねられるのではないということによって，何ら害されるものではない．保障内容のこの客観的な具体化は，「自由の審判者」(Freiheitsrichtertum) (*Kahl*, ebd.) と何のかかわりもない．なぜなら，国家は，各人に対して自由をどのように行使すべきかを決めるわけではなく，いかなる自由の行使がどの基本権によって保護されるかを決めるにすぎないためである．カールの批判のうち適切であるのは，基本法2条1項をも内容が限定された個別的自由権としようとする学説に関する部分だけである．
39) BVerfGE 6, 32 (36 f.); 確立した判例であり，BVerfGE 80, 137 (152 ff.)—「森林での乗馬決定」において詳細な確認がなされた．

われなければならない．このことが，自由権の本質であり，基本法2条1項のこのような理解によってもはや部分的にではなく，欠缺なく保障されることになった[40]．

　私がこのことを強調するのは，基本権ドグマーティクの一般原理の設計が，基本法2条1項の解釈についてどのように決断するかに，決定的に依存するためである．この基本権の保護領域を無限定ではなく，いくつかの文献がそうであるように，とくに人格に関連した自由の活動の狭い領域であると理解するならば，——そしてその場合にのみ——個別的自由権の保護領域の限定は，基本権的自由の保障の縮減となる．しかし一般的行為自由という土台の上では，個別的自由権の適用領域についての狭い理解は，自由の保護を減少させないのである．個別的自由権によって保護されないものは，一般的行為自由によって保護される．他方，「受け皿基本権」の存在は，個別的自由権をより厳密に輪郭づけ，それと並行して，個別的自由権の特別な制限前提条件をおろそかにせず，それによってより良い自由の保護を可能にする．

　これとは反対に，一般的行為自由が存在しないとすれば，個人的自由の実効的保護の利益のために自由権の適用領域を傾向的に広く解釈するのも，正しいことであろう．国際的な実務がそのことを確認する．たとえば，ヨーロッパ人権裁判所は，私生活と家族生活の尊重の権利（ヨーロッパ人権条約8条）の中に，文言には含まれない多くの諸自由を詰め込んでおり，この権利は，ほとんど一般的自由権のようになっている．

　中間的結論は次のものである．連邦憲法裁判所が近時の判例において個別的基本権の保護領域を（再び）従来よりも狭く捉えたということだけで，自由縮減的傾向，いわんや自律に敵対的な傾向があるとすることはできない．なぜなら，連邦憲法裁判所は，これまでのところ，一般的行為自由としての基本法2

---

[40]　一般的行為自由として理解される基本法2条1項の意義は，それゆえ，*D. Grimm*, Sondervotum in BVerfGE 80, 164 (167 f.) におけるグリムの反対意見とは異なり，基本権が果たそうとすることからの逸脱ではなく，まさに基本権が果たそうとすることの一般的な現れなのである．

第5章　基本権ドグマーティクの転換点？　215

条1項の解釈を堅持しているためである．これに対向する端緒は生じていない．

　もっとも，新しい判例の主要推進力である第一法廷の判事，Hoffmann-Riemは，基本法2条1項の狭い理解に一定の親近感を示している[41]．基本法2条1項についていかなる解釈を採るのであれ，いずれにせよ，基本法2条1項のシステム全体に対する機能があらかじめ明らかにされていないことには，一般的基本権ドグマーティクを合理的に組み立てることはできない．一般的行為自由のない基本権ドグマーティクは，必然的に，一般的行為自由に基礎を置いたドグマーティクとは別の考慮に基づかなければならない．そしてそれは，自由のためにも，また，国際的な接続可能性のためにも，別の姿をとらざるを得ないはずである．

b)　法治国家的統制と自由の保護の縮減としての受け皿機能の縮減

　一般的行為自由の堅持にもかかわらず，連邦憲法裁判所は，自由の保護のシステムの中に欠缺を生じさせた．その欠缺は，システム上要求されるすべての事例に対して受け皿基本権としての基本法2条1項が適用されているわけではない，ということである．たとえば，連邦憲法裁判所は，グリコール事件において，職業の自由の保護領域に対する制限を否定した[42]が，一般的行為自由に対する制限の審査について，明示的に拒絶している[43]．憲法異議によって提起された競争における市場参加者の保護の問題は，事柄上，個別的基本権規定によって掌握される，とされたのである．このことは，矛盾がある．職業の自由が妨げられていないのであれば，職業の自由は具体的事例を解決するための規準ではない．それゆえ，職業の自由は一般的行為自由を押しのけることはできない[44]．

---

41)　*Hoffmann-Riem* (Fn. 13), S. 214 f.
42)　BVerfGE 105, 252 (265, 276).
43)　BVerfGE 105, 252 (279).
44)　同様のことは，保護領域への制限が否定された限りにおいて，オショー事件にも当てはまる．BVerfGE 105, 279 (295, 311 f.).

この裁判は，もとより学説において広くいきわたった見解と合致するものである．それは，基本法において明文で規定された保護領域の限界については，具体的事例において事項領域・生活領域のみがかかわり，保護領域がかかわらない場合には，基本法2条1項へと立ち戻ることもできない，という見解である．平穏でない集会は，はじめから基本法8条1項の保護を受けないが，この見解に従えば，集会は基本法8条1項の事項領域・生活領域に含まれるものであるため，受け皿的権利である一般的自由権は適用できない[45]．もしこのことが正しいとすれば，一般的行為自由への立ち戻りは，事項領域に比べて狭い保護領域ないし保障内容の理解が明文の規定ではなく，解釈によって明らかにされた場合にも，できないことになってしまおう．しかし，そのような見解は，個別的自由権に対する一般的行為自由のシステム上の位置に反する．一般的行為自由は事項的に限定された保護領域を持つものではなく，行為自由を限定なしに保護するものであるため，個別的規定が適用できない場合には，常に適用しうる[46]．

個別的基本権は，それが結びついた事項領域が関連するというだけで適用されうるものではない．具体的事例を判決するための規準規範として，自由権は，その保護法益が干渉された場合にのみ，適用される．保障内容の審査の結果，保障内容に関係しないとなれば，当該基本権は具体的事例の判決に対する規準ではないという結論になる．その結果，基本法2条1項への依拠が可能である[47]．連邦憲法裁判所のやり方は，自由の保護の周辺的とは言えない縮減をも

---

45) この見解の出典およびこれとは反対の見解につき，*Kahl* (Fn. 7), S. 186 Fn. 113, 114.

46) 判例は，その他の点では首尾一貫していない．ドイツ人に対してのみ妥当する基本権，たとえば，基本法12条が適用されない場合において，判例は，基本法2条1項を適用している．たとえば，BVerfGE 104, 337 (346)—「屠殺判決」（Schächten）を参照．

47) これとは別の問いが，果たして基本法2条1項の適用に際して，個別的自由権の保障内容に関連する制限から明らかになる，憲法制定者の価値判断を顧慮すべきかという問題である．私見では，これは肯定されるべきである．平穏ではない集会の事例において，基本法8条1項から間接的に，そのような集会は保護に値

c) 保護領域に代えての保障内容——合理性と明瞭さの喪失をもたらすのか？

「保護領域」に代えて「保障内容」を審査するという計画に対しては，さらに，それは合理性と明瞭さを喪失させるという反論がある[48]．狭い保障内容論は，評価と衡量を単に保護領域の次元に移すだけであり，それを非公然と行うというものである[49]．

この批判もまた，あまりに十把一絡げで細分化されていない．確かに連邦憲法裁判所は，いくつかの事例において，説得力のない理由づけで保障内容を狭めた．しかし，そのような判例によって解釈学上の端緒が信頼を失うのは，理由づけの欠陥がその端緒の必然的帰結ないしはただ蓋然性のある帰結である場合だけである．しかしそのような事情は明らかではない．法的に限定された保障内容という構想は，従来のドグマーティクにおける第三段階の自由制限の正当化と同様に，合理的な理由づけを要求する．そして反対に，合理性の欠如，透明性の欠如という理由づけの欠陥は，従来のドグマーティクの枠内で制限の正当化を審査する多くの判例でも存在するのである．システムが原因となった合理性の欠陥は，しかし，まさに従来からのドグマーティクに示されている．なぜなら，適切性のコントロールの枠内で行われる衡量に対しては，それが単なる恣意のコントロールではなく包括的な法益衡量として行われる場合には，

せず，それゆえ立法者はこれを禁止しうることが明らかとなる．それゆえ，当該法律上の禁止は，もはや比例原則に照らして審査される必要はない．基本法2条1項に適合するかの審査は，私見では，このような事例においては形式的な憲法適合性に限定されるべきである．とはいえ，このような帰結は，すべての保障内容の限界について当然に可能となるのではない．保障内容の縮減は，単に特定の行為が個別的基本権の特別な——強化された——保護に含まれるべきではないという理由から生じる場合がある．そのことは，その行為は憲法制定者の意思によればまったくもって保護に値しないということを常に意味するわけではない．

48) たとえば，*Kahl* (Fn. 7), S. 189 ff.
49) *Kahl* (Fn. 7), S. 192 m. w. N. 次元の移行という論拠については，Fn. 151.

しばしば，何らの合理的な基準も存在しないか，あるいは極めて不十分な基準しか存在しないためである．論証の合理性を向上させようとする努力が，まさに，保護領域をよりよく輪郭づけ，合理性に欠けた衡量の適用領域を狭めようとすることの一つの理由なのである．

もし新しい解釈学上の構想は，いつもは第三段階で解決される衡量問題を単に第一段階に引き上げただけである，とのテーゼが妥当であるとすれば，基本権審査の合理性にとって，実際のところ，得るものは何もない．しかし，これから述べるように，このテーゼは妥当ではない．

(1) 第一に，基本権構成要件で用いられた概念を手掛かりとした保護法益の決定について．これは，具体化という任務であり，比例性審査の意味における衡量とはかかわりがない．住居の不可侵（基本法13条）を例にしよう．「住居」が何を意味するかは，法学的解釈という方法で明らかにされねばならない．たとえば，判例が事務室を基本法13条の意味における住居であると評価したように，保護領域を文言よりも拡張したとしても，裁判官による保護領域決定の合理性，透明性に対して，誰も根本的には疑問を抱かないであろう．保護領域の新たな具体化が，従来の判例に対して抑制的であるというだけの理由で，根本的に非合理的で不透明だと非難することはできない．

(2) 保護の方向という観点からの保障内容の限定についてはどうであろうか．非合理的な衡量や透明性の喪失なしに，ある個別的自由権は特定のカテゴリーの介入に対して保護を与えるものではないと具体化できるであろうか．

従来のドグマーティクは，何に対抗して基本権は保護するのか，という問いに対して，制限概念を用いて回答した．あらゆる自由権は，制限に対して保護する，という答えである．制限と非制限の区別，すなわち，基本権的に意味のある干渉とそうではない干渉の区別は，形式的な保障範囲について，したがって，具体的事例への基本権の適用可能性について判断する，第二の要素である．

新しいドグマーティクが保護の方向を問う場合，新しいドグマーティクでは，上記の基準は用いられていない．特定のカテゴリーの介入は，たとえそれが明らかに制限であっても，はじめから基本権上の防御請求あるいは保護請求の内容に含まれない――その例は，他人の家屋にラッカーをスプレーすることの禁止である．

これもまた，はじめから決断主義的あるいは非合理的と片づけてはならない．とはいえ，「保護方向」を「保護法益」や「制限」といった解釈学的形象と並ぶ独自の解釈学上の基準であるとするのは誤りである．憲法により保護される法益は，制限に対して保護される．法益に対する特定の作用，いわんや保護法益に干渉することに対して，はじめから――正当化を問われることを要せず――何らの保護も与えられないのであれば，いかなる制限も（法的に重要ないかなる干渉も）存在しなかったことの結果でしかありえない．基本権は何に対して――いかなる種類の介入に対して――保護するのか，という観点から行う保護の縮減は，制限概念の具体化という観点から議論されるべきものである．さもなければ，カテゴリーが混合し，論証が不明瞭になる．何が保護されるのか．保護法益である．何に対して保護されるのか．制限に対してである[50]．

それにもかかわらず，近時の議論において基本権の保護方向という問いが，「保障内容」の次元で議論されている．そのことは，「保護法益」および「制限」の上位概念としてではなく，「保護領域」の代替物であると理解されるところの，何に対して保護されるのかという問いが，ここでの関連では，単に保護法益の具体化の特別な局面へと目を向けさせようとする限りにおいて正当化される――すなわち，重要であるのは，果たして基本法は，保護法益について，特定の行動様式はこの法益に触れるものではないという限定を加えているのかどうかである．

基本法8条1項が示すように，このような保護法益の限定は，その自由が結びついている現実領域ないしはテーマを記述することによってのみ生ずるとは

---

50) ないしは，第一法廷と同様にこの区別をしたいのであれば――BVerfGE 105, 279 (299 ff.)――その他の法的に重要な干渉に対しても，となる．

限らない．限定は，加えて「保障限界」と呼びうるような，自由の行使に対する法的限界によって生じることもある．集会の自由そのものが基本法8条によって保護されるのではなく，平穏で武器を携行せずに集会する自由だけが保障される．ここでは，保護法益は，「集会」というテーマによってだけではなく，同時に，平穏でない集会の排除によって定められている．包含と除外が，一緒に保護法益を決定する．

基本法8条1項が明文で保障の限界が定められた唯一の自由権である[51]ことは，他の自由権について何の保障限界も存在しないことを必然的に意味するものではない．憲法規範の体系的連関から導き出される不文の諸基準は，憲法解釈の日常の業務である．とはいえ，自由権の文言からして，保障内容の次元ですでに自由の限界を主張するのであれば，特に強い論拠が必要である．保護法益——すなわち個別的自由権によって保護された自由——は，はじめから限定された範囲でのみ保障される，という想定は，基本法によれば特定の自由の活動が禁止されうるだけではなく，その活動が原理的に，個別事例に結び付いた衡量を要することなく，保護された自由の領域に帰属しないのだ，という場合にのみ根拠づけることができる．いかなる前提条件の下で，そのような場合に当たり，したがって単なる第三段階から第一段階への問題の移転ではないと言いうるのだろうか．果たして我々が見てきた参照事例からその答えが明らかになるか，確かめることにしたい．

4．新しいドグマーティクによって主張された保障限界を根拠づけることができるか？

a) 封鎖事件における保障限界としての強要？

スイス入国を強要して行ったジプシーらによるアウトバーンの封鎖から始めたい．基本法8条1項は意見の精神的闘争への参加を保護するのであり，「自己の要求の強制的なあるいは自救に等しい貫徹」を保護しないと連邦憲法裁判

---

51) 基本法6条2項の親の権利は純然たる自由権ではない．

所は説いている．基本法8条の保護法益が精神的・コミュニケーション的目的で集う自由であるとすれば，他者に対する強制の行使を禁止することは，保護法益に触れないことになる．論拠とその他の精神的手段を用いて他者に働きかけることの自由は，この禁止によって侵されない．

とはいえ，法廷の見解によれば，基本法8条1項の適用可能性が排除されるのは，集会が「いずれにせよ，第一次的には意見の表明やコミュニケーション的関心事に対する世間の注目を引き寄せることに」奉仕するのではない場合だけである．それと異なるとされるのが，核再処理施設への進入路が封鎖され，参加者が計画に対する抵抗を表現し，核エネルギーの危険について注意を喚起しようとする場合である．建設作業の意図的な中止は，ここでは自己目的ではなく，コミュニケーションの関心事よりも下位におかれた，抗議に対する象徴的支持の手段であり，したがって，公衆におけるコミュニケーション的効果を強化する手段であったとされた[52]．

ここから，次のことが生じる．法廷は，強要を行うことを一般的な保障限界とは見ていない．封鎖事件では，保護領域の狭い解釈の使用例を見ることができたにとどまる．とはいえ，あらゆる狭い解釈は，広い解釈と比較して，構成要件固有の保障限界を創設する．文言には含まれている行為の一部が排除される――本件では，ラブ・パレードの事例のように，精神的コミュニケーションに奉仕しない集会が排除される．

b) オショー事件およびグリコール事件における保障限界

オショー事件では，第一法廷は，国家の機関が基本権の担い手に対し公開で――批判的にも――やりあうことに対して，信仰の自由は保護を与えるものではないとした．解釈学的には，このテーゼをどのように評価することができるであろうか．法廷は，国家機関がオショー運動を「セクト」「新興セクト」「サイコセクト」と呼んだことには，信仰の自由の保護領域に触れるものですらな

---

52) BVerfGE 104, 92 (104 f.).

いと説いた[53]．このテーゼは，「保護領域」として，新しい解釈学の意味における「保障内容」が意図されていると考えない限り，跡づけできない．法廷は，基本法4条1項および2項で保護された自由を限定したのではなく，保護法益がかかわっているにもかかわらず保護を拒絶したのである．

現実には，オショー事件で問題となるのは，保護領域ではまったくないし，保護法益の限定的具体化でもない．問題となるのは，果たして制限が存在したかである．国家が中立性を堅持したうえで宗教共同体について意見を述べることは，その共同体の信仰の自由を制限するものではない，という見解は，中立的表明はポジティヴにもネガティヴにも作用しないということにより根拠づけることができる．干渉的な作用のみが制限とみなされうるとされる．このことは，国家の表明が本当に中立性の命令に適合している場合には，基本法4条1項および2項の非適用をもたらすとされる．法廷がこのように論証したのであれば，法廷のドグマーティクが混乱しているというわけではなく，具体的な判決が誤りだったということである[54]．判決をどのように理由づけたかによって，法廷は我々に，一連の解釈学上の失敗例を見せてくれる．保護領域次元と制限次元を混同すること[55]，制限正当化要素を保護領域の要素として審査すること[56]，あるいは，基本法4条1項，2項の特別な制約前提条件を顧みないこと，

---

53) BVerfGE 105, 279 (295).

54) 「サイコセクト」あるいは単なる「セクト」というレッテルが中立的であるとは，とりわけ，何年か前のセクトに対するヒステリーの頂点においては，何人もまじめには主張しえないであろう．その限りで，BVerfGE 105, 279 (281 f.) で引用された調査委員会は適切である．このことは，チック・コリア事件 (Fn. 17) における「闘争に値する」との評価になおさら妥当する．

55) 中立性という問いは，制限の次元で論じることができる．なぜなら，中立的な表明は，干渉をしないためである．

56) 果たしてある表明が「中傷的」(diffamierend)，「差別的」(diskriminierend) あるいは「歪曲的」(verfälschend) かどうかは，BVerfGE 105, 279 (294) とは異なり，保護領域の問題ではなく，制限の正当化の問題である．同じく，たとえば，*P. M. Huber*, Die Informationstätigkeit der öffentlichen Hand – ein grundrechtliches Sonderregime aus Karlsruhe?, JZ 2003, S. 290 (293).

である．欠点のリストはこれで終わりではない[57]．

　グリコール決定においても論証は同じように非構造的であった．理由づけからは，法廷の見解によればグリコール混入ワインのリストの公表が保護された自由に触れるものではないのか，それとも，かかわりは持つが制限ないしは干渉とみなされないということなのか，明確に認識することができない．いずれにおいても，基本法12条1項は適用されない．しかし，なぜ適用されないのか．基本法12条は「職業遂行」を保護するのに．そして，ワインの瓶詰業者の職業遂行には，ワインの販売が含まれている．彼の商売を台無しにする情報の公表は，疑いなく保護法益にかかわる．古いドグマーティクの用語法では，保護領域に触れる．そして，法廷は，保障の限定を保護の方向という観点，すなわち，基本権は何に対抗して保護するのか，という観点から行った．古典的な回答は次のものである．制限ないしは干渉に対して保護する．法廷の回答は，適切であり事実に即した情報の流布に対抗しては保護しない，というものである．しかし，なぜであろうか．情報が「市場中立的」であったとすれば，それはい

---

[57]　国家行為の間接的・事実上の (mittelbar-faktisch) 作用は法律による規範化を免れるとの想定から法律の留保を縮減することにも問題がある (S. 304)．このことは，少なくともそのように一般的には妥当しない．というのも，作用ではなく，行為が規範化されるべきだからである．同じく，たとえば，*Volkmann* (Fn. 1), S. 269; *Huber* (Fn. 56), S. 294 f. そのほかにも，制限と干渉との（後者には法律の留保は適用されないという帰結を伴う）区別は，具体的事例において成功しているとは言えない．批判として，*Murswiek* (Fn. 19), S. 5 f. und die Nachw. dort S. 6 in Fn. 29 を参照．詳細には，*J. H. Klement*, Der Vorbehalt des Gesetzes für das Unvorhersehbare, DÖV 2005, S. 507 ff. m. w. N. 同じく問題であるのは，次の点である．すでに保護領域の次元で審査されたのと同一の正当化要素を，正当化の次元で改めて審査すること．「国家管理」(Staatsleitung) という機能，すなわち，憲法直接的に——したがって，「伝統的意味における制限」ではなく，その他の干渉である限りにおいて単純法律の根拠なしに——制限を授権する国家管理機能の創作．連邦とラントの間の権限配分を隠すこと．国家管理には「国民の間に不安」(BVerfGE 105, 279 [309]) がありさえすれば連邦政府が宗教的問題についてのオリエンテーションを仲介することも含まれるという，パターナリスティックな想定．そして，それにより政府の権限は果たしてメディアがまさに不安について気遣っているか否かに依存する．

かなる干渉的作用も持たない．そのような情報は，従来のドグマーティクの視点からも，制限とはみなされないであろう．しかし，本件では，干渉的作用は重大であった．

とはいえ，すべての干渉が法的に関連するのではない．帰責の限界が存在するためである．たとえば，連邦宰相のシュレーダーがアメリカのイラク戦争に対する批判を行い，アメリカの企業がそれに反応してドイツの企業との契約を取り消したとしよう．この場合，確かに連邦宰相の表明がドイツの輸出企業の職業遂行を干渉したことになる．しかしこれは，間接的・事実上の干渉である．そして，そのような干渉は，目的的に競争の機会を悪化させた場合にのみ，制限すなわち法的に関連する干渉であると評価される[58]．グリコール事件で議論されたような製品情報は，確かに，基本権上の保護法益に対して間接的・事実上の作用を及ぼす点では同じである．しかし，この場合，職業の自由に対する干渉は，まったく別の目的に向けられた政府の活動の，意図されざる作用なのである．公表が，製品または企業を特定して消費者行動に影響を与えようという目的をもってなされたのであれば，それは目的的な制限である[59]．もしある製品について警告が行われた場合には，常にそれに該当する．そして，グリコールの事例では，法廷はリストの公表を警告であるとみなした[60]．

58) 基準については争いがある．基本権解釈学上の別の選択肢となる基準について，*D. Murswiek*, Staatliche Warnungen, Wertungen und Kritik als Grundrechtseingriffe, DVBL 1997, S. 1021 (1023 ff.)（SV.Ⅱ58）を参照．法廷は，BVerfGE 106, 275 (299) においても不明瞭な言い回しをしている．そこでは，まずはじめに，法定の疾病保険により支払われる医薬品の最高額の決定（定額給付制）が薬品会社の職業の自由の保護領域にかかわるものではないとされた．そして次に，当該法律上の規定は職業規律的な傾向を有するものではなく，そのため，この観点からも，保護領域とはかかわりないとされた．私であれば，次のように表現するであろう．固定額の規律は保護領域にかかわるが（保護法益に対して干渉的に作用する），直接的ではない．そして，事実上・間接的な干渉は，目的性が欠けている（職業規律的な傾向がない）ため，制限ではない．

59) この問題につき，詳しくは，Murswiek (Fn. 58), S. 1025 ff.; ders. (Fn. 19), S. 4 f. m. w. N.

60) BVerfGE 105, 252 (274)．これは，リストの内容からは必然的なものではないが，

おそらく法廷は，市場競争の規律は職業の自由に対してではなく，すでにその保障内容に対して限定を加えたと考えている．市場は透明性を要求する，と法廷は論じる．それゆえ，市場の透明性の確立ないしは改善は，基本法12条により保護された自由に対し，全くかかわりをもつものではない．しかし法廷は，基本法は職業遂行をはじめから市場のルールの枠内でのみ保障していると，説明していないし，説明することもできない．法廷は，そもそも基本法を用いて論証しているのではなく，あっさりと，単純法律上の競争ルールそしてそれどころか，最適な市場の経済的条件が，基本法12条の保障内容を限定することを前提としている．このようにして，制限正当化の審査の結果であるべきものが，基本権の前提条件にされたのである[61]．その際，結果の適当性についての主観的確信が，憲法上の正当化規準を法学的に駆使することに取って代わる[62]．

c) 判例についての中間的結論

果たして，保護法益を特徴づける法概念の解釈から直ちに生ずるのではない保障限界を根拠づけることができるのかは，いまだ明らかにされていない．しかし，連邦憲法裁判所がグリコール事件やオショー事件で試みたようにはいかないということは明らかになった．我々の参照事例を精査すれば，法廷が個別的自由権の保護領域をより厳密に輪郭づけた箇所で，保障内容に関する新しい学説の意味におけるドグマーティクを構築するための有用な端緒を見出すことができる．あるいは，新しいドグマーティクなのではなく，古いドグマーティクの厳しい適用なのだということができるかもしれない．グリコール事件とオショー事件における，保障内容を保護の方向という観点から限定しようとい

　　コンテクストからすれば，至極当然のことである．
61)　この判決に対する批判につき，詳しくは，*Murswiek* (Fn. 19), S. 2 ff. および，たとえば，*Huber* (Fn. 56), S. 292 ff. を参照．
62)　詳しくは，すでに *Murswiek* (Fn. 19), S. 5. さらに，たとえば，*Höfling* (Fn. 7), S. 332 f. を参照．

う試みは完全に失敗に終わった．連邦憲法裁判所がそこで呈示したのは，新しいドグマーティクではなく，概念性の不明確化とあらゆる解釈学的構造の溶解である．

近時の判例には，事項的に保護された自由はいわば外から加えられた一定の境界を踰越してはならないという観点から保障内容を限定したものがない．それゆえ，我われは，そのような形式の保障内容の限定について，学説においてどのような提案がなされているのかを見ることにしたい．私は，最も説得力があると思われる，二つの端緒に絞ることにしたい．

Ⅲ．一般的保障限界

二つの端緒は，私見では，一般的自由権と個別的自由権の関係から展開されたものに相違ない．個別的自由権は，自由そのものを保護するのではなく，特定の対象の法益と特定の事項的に定められた自由の行使を，一般的自由権による保護よりも，よりよく保護するためのものである．研究の自由は，まさに研究という標識を示す自由の行使，すなわち，認識のための体系的努力を保障する．芸術の自由は芸術家が行うことのすべてを保障するのではなく，まさに芸術的造形を保障する．特別な基本権は，特別な保護目的を持つ．このことから，その保障内容についての限界が生じるであろうか？

1．保障の限界としての一般的暴力禁止

ある宗教が，その神に年に一度，人間を生贄として捧げなければならないと命じているとしよう．殺人儀式はひとまず信仰の自由の保障内容に含まれるであろうか．あるいは，医師が実験に応じる人間を見出すことができなかったとする．研究の自由の保護領域は，研究を目的とした身体の不可侵性への強要的な侵襲を含むのであろうか．従来のドグマーティクは，これらの問いを肯定してきた．これに対しては，次のように言わなければならない．自由な立憲国家は，それが国家であり，したがって，市民に対しては一般的な暴力禁止が妥当

し，国家が暴力独占を持つことを前提としている．そして，自由の基本権的保障は，国家が人間相互の交際が自由であることを保障することを前提とする．市民は，相互に，自由と自発性にのみ基づいて行動する．暴力および物理的強要の使用は原理的に禁止されている．これらの禁止は，憲法に明記されていないが，単純法律においては定められている．とはいえ，憲法は，これらの禁止を不可欠のものとして前提としている．国家は基本法上，各人を第三者の暴力的侵襲から保護することを義務づけられているため，もし憲法が暴力の行使を形式的にでも基本権により保護するとすれば，それは憲法が矛盾を抱えることになろう．基本権は，国家がその禁止を憲法上，義務づけられているものを保護することになってしまうためである．憲法はそのように矛盾をはらんでよいものではない．自由権は，自由を保障するが，暴力および物理的強要の行使を授権するものではないのである[63]．

これに対しては，リベラルな自由の構想に従えば自由は原理的に無限定であり，あらゆる制約は法律を要し，正当化を要する，との反論があるかもしれない．したがって，暴力禁止もまた自由の制限なのだ，というものである．しかし，この反論は，個別的自由権の，一般的行為自由との関係には妥当しない．法律上の禁止なしには，暴力禁止は効力を持たない．憲法制定者は，個別的基本権に，特別な法律の留保を付して，あるいはまったく留保をつけずに保障したが，それによって憲法制定者は，妥当するものとして前置されている暴力禁止を打ち破ろうとしたのではなく，国家の平和秩序の枠内で特定の自由権を特別に保護しようとしたのである．したがって，特別な自由権に対して，一般的暴力禁止は，憲法直接的な保障の限界となる[64]．——そのため，殺人儀式を行

---

63) 心理的強制は，当初より保障から除外されると見ることはできないであろう．なぜなら，境界づけが極めて困難であり，許容性の判断が事例に結び付いた具体化と衡量を前提とするためである．参照，*S. Muckel*, Begrenzung grundrechtlicher Schutzbereiche durch Elemente außerhalb des Grundrechtstatbestandes, in: FS Schiedermair, 2001, S. 347 (354 f.).

64) 同様の，しかし，個別的自由権に限定しないものとして，*Muckel* (Fn. 63), S. 353 ff.．一般的行為自由は，私見では，これに関して保護領域的に限定されてはなら

う基本権は結論だけではなく，すでに初めから存在せず，研究目的で当事者の同意なしに人体実験を行う権利も存在しない．

2．保障限界としての憲法によって前提とされた法益秩序

a）財物の使用

一般的暴力禁止は国家性および立憲国家の自明の前提であり，少なくともこの保障限界について最低限のコンセンサスを得ることができるはずである．これを超えて，同様に一般的な保障の限界と考えられる，さらに別の憲法の前提が存在する．それは，対立する利益を，個別事例においてさらに衡量する必要なく，抽象的次元において境界づけることを可能とするものであり，その境界づけは憲法自身によって決定されているためである．私が念頭に置いているのは，憲法により前提とされた法益秩序，とりわけ，基本法14条1項の私有財産制の保障に現れた法益秩序である．基本法は，私有財産制を法制度として保障する．私有財産制は，この制度を規範化し，所有権者に対して自己の所有下にある物についての支配権を与える，私法秩序を前提とする．

それゆえ，「チューリッヒのスプレー画家」の事件において，連邦憲法裁判所は，芸術の自由は他人の所有物の利用を求めるところまでは及ばないと説いた．これは正しいことである．芸術の自由は，芸術的活動の自由を保護する．国家は，芸術のいかなる裁き手となることも禁じられる．仮に Nägeli 氏が，美しくないという理由でグラフィティーのスプレーを禁じられたのであれば，それは芸術の自由に対する制限であったであろう．しかし，彼は，グラフィテ

ない．なぜなら，一般的行為自由は，自由確保のための法治国家的形式原理をまったくもって包括的に保障するという機能を持つためである．自由の制限に対する十分に特定された法律による授権の根拠（ないしは，十分に特定された，直接に自由を制約する法律）は，憲法が国家に対して自由の制約を義務づける場合にも要求される．同じことは，権限配分にも当てはまる．とはいえ，立法者が憲法ゆえにその制定を義務づけられている法律については，自由を制限する法律の憲法適合性審査にあたって，比例性の審査は不要である．憲法自身がすでに法益衝突について決定している場合には，衡量は問題とはならない．

ィーのスプレーを禁止されたのでもなければ，彼が描いたようなグラフィティーのスプレーを禁止されたのでもない．禁止されたのはただ，所有権者の同意なしに他人の家屋にスプレーすることである．彼が芸術をスプレーしたのか芸術でないものをスプレーしたのかは，まったく関係のないことである．芸術の自由は，その自由の行使に必要な物質的な財を，その都度の所有者の同意なしに調達する自由を包含するものではない．画家は，筆と絵の具を買うか，贈ってもらわなければならない．材料を盗むことは許されない．窃盗禁止は，芸術の自由に対する制約ではない．自由権は，財の調達請求権を保障するものではないためである[65]．

他人の財物の使用は，それゆえ，はじめから芸術の自由によって保障されていない．このことは，財の調達プロセスそれ自体が芸術の自由の保障領域に含まれない場合だけではなく，単に芸術を行使する前提である場合も当てはまる[66]．それは，Nägeli事件のように，他人の財の利用が芸術の直接の行使として行われる場合にも当てはまる．芸術の自由は，芸術的造形を保護する．グラフィティー芸術家が壁を必要とするなら，彼は，財産を買い取るか，所有権者の同意を得るかして，自ら調達しなければならない．同意を得ることができなかった場合には，憲法上保護された芸術の自由は関係しない．

連邦憲法裁判所が芸術の自由について判示したことは，他のあらゆる個別的自由権にも相応に妥当しなければならない[67]．個別的自由権の機能は，特別な

---

[65] 自由権は給付権でもタイルハーベ・レヒテでもない．確かに，特別に狭い前提条件の下で，自由権から給付請求やタイルハーベ請求を導き出すことは可能である．しかし，その場合には，自由の請求とは論証責任が逆転する．あらゆる自由の制限が根拠づけと正当化を要求されるのに対し，給付請求・タイルハーベ請求は，はじめから存在するものではなく，例外的にのみ基礎づけられうるものである．D. Murswiek, Grundrechte als Teilhaberechte, soziale Grundrechte, HStR V, 2. Aufl. 2000, § 112 Rn. 86 ff.（本章第2章）を参照．

[66] 絵筆の購入や窃盗は，絵画芸術の行使ではない．とはいえ，画家に対し描画を妨げるために絵筆の購入を禁止することは，芸術の自由に対する制限となろう．

[67] D. Lorenz, Wissenschaft darf nicht alles! Zur Bedeutung der Rechte anderer als Grenze grundrechtlicher Gewährleistung, FS Lerche 1993. S. 267 (271), の見解とは

自由の活動を特に保護することであり，憲法が前提とする財の秩序を変更し，他人の財産に対する使用請求を基礎づけることではない[68]．

一般的法秩序によれば使用者が使用権を有していない財物の使用は，個別的自由権による保護を受けない．このことは，公物にも私有財にも妥当する[69]．個別的自由権（芸術ないしたとえば，学問）の行使の枠内における財物の使用や消費は，当人が，その限りで必要な権限を有していること（所有者としてか，あるいは，権利者の許可，──「自由財」の場合には──財が他の権利者に排他的に帰属しないことにより）を前提とする．立法者が財の帰属を変更した場合には（地下水の公法上の利用規則の確立の場合のように），場合によっては既存の私有財産の問題となることがあるが，他の個別的自由権の問題とはならない．

b) その他の財の使用

財物の使用のみならず，法秩序により絶対的法益として保護され特定の主体

異なり，これは，一般的行為自由には妥当しない．一般的行為自由において「第三者の権利」は，制約であり，保障限界ではない．それが正当なのは，基本法2条1項が自由の制約に対する形式的な法治国家的要請を一般的に保障するという機能をも有しているためである．他人の法益を利用する自由に対する制約も，十分に特定的な法律の根拠を要する．しかし，保護法益が憲法から生じるか，憲法により前提とされている場合には，この法律も，その適用も，他の法益との衡量を必要としない（上述 Fn. 64 を参照）．

68) 参照，*P. Lerche*, Verfassungsrechtliche Aspekte der Gentechnologie, in: Lukes / Scholz (Hrsg.), Rechtsfragen der Gentechnologie, 1986, S. 88 (90 ff.). 賛同するものとして，*Lorenz* (Fn. 67), S. 269, 同じく，*Wahl* (Fn. 29, 1991), S. 7 (34 f.). その結果，レルヒェの見解に対する彼の拒絶（S. 31）は，おそらく現実領域と保護領域との誤解に基づいた同一化に起因している．拒絶的見解として，*S. Mädrich*, Forschungsfreiheit und Tierschutz im Spiegel des Verfassungsrechts, 1988, S. 69.

69) *Lorenz* (Fn. 67), S. 276 を参照．とはいえ，集会の自由は，公道および公共の広場の利用に対するタイルハーベ請求権を与える（宗教が特定の順路を指示している場合における，伝統的な祭礼行進に対する信仰の自由．そのほかの場合における祭礼行進は，基本法8条1項により保護される．参照，*Pieroth/Schlink* [Fn. 4], Rn. 344)．道路使用のタイルハーベ的性格およびタイルハーベに基礎を置いた自由権については，参照，*D. Murswiek*, Grundrechtsdogmatische Fragen gestufter Teilhabe- / Freiheitsverhältnisse, FS Doehring, 1989, S. 647 ff. (SV. II 37); *ders*. (Fn. 65), Rn. 66 f., 103.

に排他的支配権とともに帰属している他のすべての法益の使用が，保障限界として問題となる．そのような法益に含まれるのは，たとえば，――基本法14条の保障領域から生じる権利から始めれば――著作権や特許権である．さらに，各人の身体および生命，遺伝的アイデンティティもそのような法益に含まれる．もし新聞記者が，不利な証拠書類を探し出すことを目的に，ある政治家の住居に立ち入ろうとして妨げられたとする．これは，プレスの自由に対する制限ではない．確かに，プレスの自由は取材する自由を包含するが，他人の住居にその持ち主の同意なしに立ち入る自由は含まない[70]．他の論者とは異なり，私は，立法者により創設されたすべての法益がこのようにして基本権の保障限界になるとは考えておらず，法秩序におけるその存在が基本法により前提とされている法益だけが保障限界をなすと考える[71]．いずれにせよ，基本法自身が自由権の中で保護している諸法益はそれにあたる．

もとより，あらゆる法益侵害を，他人の法益の「使用」と呼んでいるのではない．所有権者ないしはその他の持ち主の排他的権能の否定となり[72]，不法使用となるような法益の利用ないしは法益侵害だけを念頭に置いている．つまり，権利者の同意がなければ原則としてはじめから違法であるような，他人の法益に対する作用だけを問題としている．それゆえ，人格権は，意見の自由の保障限界としては，原則として対象とはならない．名誉が制限として（したがって，保障限界としてではない）基本法5条2項で言及されているだけになおさらである．この権利の商業的部分についてのみ，これとは別のことが当てはまる[73]．それはそうとして，ここでは，意見の自由は，特別な位置にある．なぜなら，意見の自由は，典型的に，第三者の人格的状態への干渉に結びついているため

---

70) 違法な情報調達については，BVerfGE 66, 116 (137) を参照．
71) この区別が，たとえば，*Lorenz* (Fn. 67), S. 270, 275, 277 ff.; *Muckel* (Fn. 63), S. 359 f. には欠けている．*Wahl* (Fn. 68), S. 7 (35) も，「一般的法秩序」に焦点を合わせており，あいまいである．
72) *Lorenz* (Fn. 67), S. 270 f., 273; *Muckel* (Fn. 63), S. 359 f.
73) 同意なしにある人物の画像を広告の中で用いることは，意見の自由や職業の自由によってカバーされるものではないであろう．

である.果たしてここで許容の限度を踰越したかどうかは,個別事例に結びつけてのみ判断できる[74].

c) 要　約

第一法廷が近年のいくつかの判決で生み出した解釈上の辻褄の合わなさをさておけば,近時の判例は,内容および言葉の選択において,Böckenförde や Hoffmann-Riem といった論者が保障内容という構想によってとてもはっきりと述べていた,解釈学上の転換へと成長しうる傾向を認めることができる.新しいドグマーティクは,自由権により明確な輪郭を与え,それらの異なった制限規定に新たな妥当性を与え,規範的に事前に構造化されていない衡量を通じて決定されざるを得ない範囲を縮減する.この点で,法治国家的明晰性と予見可能性を得るところとなる.そして,これによって,「憲法内在的制約」のインフレ的利用から生じる自由の欠損を克服することができる.これが成功するかどうかは,概念上の厳密さと明確さを完全に仕上げることができるかどうかにもかかっている.上述したように,判例も学説も,いくつかの個所でそれに欠けている.すでに「保障内容」という概念がそうである.これは,形式的なものであり,──制限可能性という点で──同じ範囲で実質的に保障されるわけではない.これはさらに,「保障内容」との関係で制限概念はいかなる機能

---

74)　同じことは,芸術の自由による人格権への制限にも当てはまる.同じ理由から,人間の尊厳を,ここで論じている観点の下で一般的保障限界とみなすことができるかは疑わしい.保障限界としての人間の尊厳につき,*Muckel* (Fn. 63), S. 356 f. 人間の尊厳は役に立つ法益ではない(その限りで,一方における *Muckel*, S. 357 と他方における 359 f. は首尾一貫していない).しかし,人間の尊厳に反する他の人間の取扱いは,常に,すでに上述の暴力禁止の観点──時に,人格権という独立した視角の要求という観点──の下,個別的自由権の保障領域から除外されるであろう.なお議論されるべきであるのは,果たして基本権保護義務が一般に──そして,とくに人間の尊厳を保護すべき義務が──保障限界をなすのかどうかである.立法者が憲法上,保護を義務づけられている限りにおいて,憲法は,同時にその保護を禁止することはできない.本稿では,この問題に立ち入ることはできない.なぜなら,保護義務というテーマは特別な諸問題を提起するのであり,その解決には,詳細な論究が必要なためである.

を持つべきか，に続き，「保障内容」と基本権の規準規範としての適用可能性の関係の不明瞭さに至る．判例が傷口を開いた自由の保護の裂け目は，そのことの結果である．とはいえ，そのような不明確さと弱点は，克服することができる．私は，このための一つの貢献を果たすことを試みたのである[75]．

---

75) 本稿は，「保障内容」という構想に関連して生じるすべての問題に立ち入るものではなく，とりわけ，Böckenförde の端緒と Hoffmann-Riem の端緒との間の明らかな差異，とくに，Böckenförde が憲法を枠秩序としている（z. B. Fn. 3, S. 186）のに対し，Hoffmann-Riem が「最適な割り当て」（optimierendes Zuordnen）（たとえば，Fn. 3, S. 59 f.）を強調していることに現れる差異には立ち入らず，また，「基本権の内容形成」の問題や，*Volkmann* (Fn. 1), S. 264 f., が想定するように，果たして Hoffmann-Riem において固有の「保障国家的」基本権構想が現れているのか，そうである場合には，これがリベラルな自由の理解とどのような関係に立つのか，という問題には立ち入っていない．

解　題

a)　ドイツ連邦憲法裁判所は，憲法が保障する個別の自由権（以下，「基本権」と呼ぶ）に対する制約の憲法適合性を判断する際，いわゆる三段階審査と呼ばれる審査手順を採用している．保護領域⇒制限⇒正当化と進むため，三段階審査と呼ばれる．従来の判例は，審査の重点を，このうちの正当化の段階に置いてきた．これに対し，本論文は，三段階の審査における第一，第二段階の審査の実質化を主張するものである．

b)　本論文も指摘するように，一般的な傾向として，連邦憲法裁判所は個別的自由権の保護領域を次第に広く解してきた．また，第二段階の制限についても，「古典的制限」を超えた国家の介入を，間接的制約，事実上の制約として承認してきた．学説も，おおむねこのような傾向を支持してきたが，近年，有力な批判が加えられるようになった．連邦憲法裁判所自身も，オショー決定，グリコール決定において従来の傾向から離れたかに見える論証を行ったことから，学説における議論が加速している．

　詳述する余裕はないが，保護領域（および制限）の段階で絞り込みを行うと，正当化の段階で要求される種々のテストを受けることなく，合憲となる事案が増える．反対に，種々多様な事案の多くを憲法上の権利に対する制限であるとして，実質的な判断を第三段階に委ねると，正当化の審査は事案の多様性に引きずられて，定型を失うことになる．二律背反関係であるが，従来の判例・学説は，正当化のテストを迂回する危険の方を重視してきたということができる．本論文の特徴は，人格の自由な発展の権利を保障した基本法2条1項を一般的自由と解釈することにより，二律背反を避けようとしているところにある．すなわち，個別的自由権の保護領域／制限の段階で実質的な審査を行い，ある程度のしぼりをかけ，そこから漏れ落ちたものは2条1項の一般的自由で受け止める，というものである．こうすれば，漏れ落ちた事案についても一般的自由の保護が及ぶとともに，個別的自由権の問題とされたものについては，比較的

厳格で構造も明確な審査を維持することができる．

c) 本論文の評価をここで行うことは控えるが，日本での応用の可能性について，簡単に言及しておきたい．

乱暴に描写すれば，わが国の学説の基本的傾向は，個別的自由権の保護領域を比較的広く解するものであるように思われる．それにもかかわらず，正当化の段階では，定型的な審査基準を維持しようとしており，そこに無理があるように思われる．反対に，近年の判例は，保護領域についても，制限についても，比較的厳密な判断をしているように思われる．夫婦別姓事件判決（最大判平成27・12・16民集69巻8号2586頁）や国旗・国歌をめぐる一連の訴訟（最判平成23・5・30民集65巻4号1780頁など），さらに，Nシステム訴訟判決（東京高判平成21・1・29判タ1295号193頁）などがこれに当たる．もっとも，判例が，このような厳密さの代償として得ているのは，（立法）裁量だけであるが．

本論文は，もとよりわが国の基本的傾向に対する特効薬を処方するものではないが，憲法上の自由の強化は，個別的自由権と包括的自由権，第一・第二段階と第三段階の配分からなる，システムの問題であるとする視座は，極めて重要である．このような視座から個々の解釈問題を再吟味することは，わが国の基本権解釈論の質を高めるうえで必要な作業であろう．

なお，本論文があえて踏み込んでいない，BöckenfördeとHoffmann-Riemとの間の差異（脚注75参照）については，すでに三宅雄彦『保障国家論と憲法学』（尚学社，2013年）46頁以下に重厚な研究がある．あわせて参照されたい．

第 II 部

環境法
Umweltrecht

第6章

環境法における自由と自主性
―より少ない規制による
より多くの環境保護？―

Freiheit und Freiwilligkeit im Umweltrecht:
Mehr Umweltschutz durch weniger Reglementierung?

訳・解題　玉蟲由樹

「環境法における自由と自主性
　―より少ない規制によるより多くの環境保護？―」

小目次

Ⅰ．序：規制に代わる自主性？

Ⅱ．自由と市民的法秩序
　1．法的規律の二面性
　2．自然状態と法状態
　3．自由保障義務としての基本権保護義務

Ⅲ．個人の自由と自主性
　1．法令に代わる「自主協定」
　2．市民の自己責任
　3．経済的手法による環境保護

Ⅳ．集団利益問題
　1．経済的手法と国家による強制
　2．公共財としての環境財
　3．自由と配分参与

Ⅴ．結び：環境修繕法から環境法へ

解　題

I．序：規制に代わる自主性？

　私たちは誰もが環境汚染者である．私たちは車を運転し，石油で暖房し，プラスティック容器からヨーグルトを食べ，ズボンを化学製品で洗い，私たちの使った柔軟剤によって魚たちまでが柔らかく洗い上げられている．しかし，たとえ私たちがあらゆる贅沢をやめ，最もつつましい生活だけで我慢したとしても，どのような方法でも環境に負荷をかけずに生きることはまったく不可能である．私たちは環境利用者として生まれているのである．私たちは私たちと独立した環境の外側にいるのではなく，私たち自身が生態系の一部であり，その作用構造や生存関係に拘束されている．

　私たちの自由は，それゆえ大部分が環境負荷の自由である．私たちが自由の実現のなかで行うことのきわめて多くが，なんらかの環境侵害的作用をもつ．環境の保護に仕える法規定は環境負荷の自由を制約し，これによって必然的に自由そのもの，つまり基本法が2条1項において保障するような，各人が望むように何かをしたりしなかったりする自由としての行為自由を制約している．環境を実効的に保護するために，このさしあたり無限界に構想された行為自由に対する広範な制約が不可欠であることは，疑いのないところである．

　しかし，私たちの国家は環境政策的に根拠づけられた自由の制約をすでにやりすぎているのだろうか？最近になって著名な憲法学者が，私たちは「あらゆる自由の終焉を意味」しうる環境事前配慮国家（Umweltvorsorgestaat）へと踏み込みつつあるかもしれないとの懸念を表明したのは[1]，環境法の発展におけるある傾向をそのまま将来へと拡大したカッサンドラの予言であった．たとえばドイツの森の面積の50％以上が汚染されている[2]という環境状況を観察する者

---

1) *W. Leisner*, Umweltschutz durch Eigentümer, 1987, S. 158ff., とりわけ 160, 166, 180.
2) Bundesministerium für Ernährung, Landwirtschaft und Forsten, Waldschadenserhebung 1987.

や，動植物の急速な絶滅——毎日1つの種が消えている[3]——を念頭に置く者であれば，そもそも現行法においてこの状況の原因となる者の自由がほとんど無制約なものである必要はないのではないかといぶかしげに問い返すことになる．

しかし，環境の法的保護がより包括的かつより完全なかたちで形成されればされるほど，ますます多くの行為領域とますます多くの人が環境法上の自由の制約を被ることになる．また，法的に命じられる環境保護がより徹底的であればあるほど，環境利用者にとっての自由制限はより深刻なものである．この相関関係を極端に推し進めれば，以下のような確認にいたる：あらゆる環境負荷的な行為の全面的な禁止は，人間の自由を完全に排除せざるをえない．そしてそれだけにとどまらず，私たちの生存の基礎がこれによって失われる．

環境の利用は，人間自身にとっても，他の生命体にとっても，生態学上の必要事項である．環境利用が有害となるのは，生態学上の相互関係がバランスを失うとき，あるいは再生不可能なリソースが過剰に消費されるときである．しかし，ここに今日の私たちの現実的な問題がある．私たちを今日脅かすものは，過剰な環境保護による人間の生存基盤の理論的にのみ考えうる剥奪ではなく，むしろ過少な環境保護によるこの生存基盤の破壊である．全体主義的な環境保護国家による自由の否定という理論的可能性が今日の現実的な問題なのではなく，環境の荒廃が人間の自由にとってももちうる影響が問題なのである[4]．

---

3) *H. v. Ditfurth*, So laßt uns den ein Apfelbäumchen pflanzen, 1985, S. 132 を参照．この傾向は著しく増している．アメリカ合衆国大統領へのレポートである『グローバル2000』（ドイツ語版1980年）689頁以下では，1980年から2000年の間に50万から600万の種の絶滅が見込まれており，これは平均して世界で一日に約70から820の種である．そこまで急速ではないが，いずれにせよ驚異的なドイツでの展開については，Der Fischer Öko-Almanach 84/85, 1984, S.96ff., m.w.N.; *J. Blab* u.a. (Hrsg.), Rote Liste der gefährdeten Tiere und Pflanzen in der BRD, 4.Aufl. 1984; Bundesforschungsanstalt für Umweltfragen (SRU), Umweltgutachten 1987, BT-Drs. 11/1568, Tz.425ff. を参照．

4) このテーマに関する一般的なものとして，たとえば *P. C. Mayer-Tasch*, Ökologie und Freiheit, Universitas 1986, S.1200ff.—より広範な視角につき，たとえば *A. Roß-*

それにもかかわらず，すでに現行の環境法に対しては，自由を必要以上に制限しているという批判がなされている．多く非難される「規範の洪水（Normenflut）⁵⁾」は環境法の規律対象を超えてまで溢れ出ており，70 年代の初頭に公布された多くの法律，法規命令および行政規則は，環境保護における自律的な行動にほとんど余地を残さないようなかたちで，関係者を多数の命令や禁止のなかに無理やり押しこめていると考える者もいる⁶⁾．環境法規定が公布されるにあたって，経済団体が，企業の決定の自由が統制や規制，度を越した官僚支配によっていちだんと狭められ，成人の消費者がその消費判断を管理されるとの非難を上げなかったことはほとんどない⁷⁾．

もちろん誰も現存する環境保護レベルを下げようとはしない．しかし，ある者があらゆる新たに生じた環境問題に際して立法者〔の行動〕を求める声を響き渡らせる一方で，他のある者は，環境保護により有益なのは，個々人のイニシアティブ，生産手段の所有者の責任意識，あるいは企業の自発的な投資準備がさらに展開する可能性をもつときであると主張する．「立法者の介入」は「個人の自由の遮断」および「経済的な力学の遮断」として拒否される⁸⁾．「規制に代わる自主性」が秩序法的なアプローチへの対立観点を示すスローガンであ

---

nagel, Bedroht die Kernenergie unsere Freiheit, 1983.

5) たとえば，*J. Isensee*, Mehr Recht durch weniger Gesetze?, ZRP 1985, S.139ff.; *F. Kirchhof*, Normenflut―Dilemma ohne Ausweg?, in: *R. Scholz* (Hrsg.), Wandlungen in Technik und Wirtschaft als Herausforderung des Rechts, 1985, S.257ff. m.w.N. を参照．

6) たとえば，BDI, Jahresbericht 1977/78, S.145ff.; 1984-86, S.131ff.; Bundesinnenminister Zimmermann, Umwelt 2/85, S.2. を参照．

7) たとえば，予定されていたプラスティック容器の「強制デポジット」についてドイツ産業連盟（BDI）は以下のような態度表明をした：「商取引の自由」と「製品選択に際しての顧客の主権」が侵害される（SZ v. 26. 4. 1988）；あるいはドイツ商工会議所連合会（DIHT）の「企業内部の製品産出構造への統制的な干渉」という警告（Göttinger Tagesblatt v. 12. 4. 1988）もある．

8) Hanns Martin Schleyer 財団は「法の誘因としての技術と経済の変化」に関する会議の招待パンフレット（1984）においてそのように述べる．

る[9]．

 したがって問題は次のようなものである：環境保護をよりよくするためには，さらなる国家の規律が必要なのか？それとも，命令や禁止規範の緩和によって自由を拡大し，同時に環境保護の実効性を高めることが可能なのか？結論においてこの問題は一般的に答えられるものではなく，きめ細かく個々の環境法規と取り組む作用分析を根拠としてのみ答えうるものである．私は本稿でそのような詳細な分析を提示しようとするのではなく，提起された問題に暗黙の裡に含まれる仮定，すなわち自由制約的な規範の廃止によって自由が拡大されるという仮定について論じたいと思う．この仮定は，一般的にも，またとりわけ環境保護においても，適切なのだろうか？たしかに，自由制約的な法律が自由を制約するということほど明確なことはないように思われる．しかし，ここで根拠となる自由の定義は正しいものであるが，それは一面的で不完全なものでもある．この定義は現実の一面のみしか捉えていない．事実的なものと法的なものとの関係は，ひどく複雑なものである．

II．自由と市民的法秩序

1．法的規律の二面性

 「立法者の介入か個人の自由か」という二者択一は，それが，たとえば工場設備が大気を有害物質で汚染する企業の自由のような，環境汚染者の自由のみに対応するものである時点で支持できない．その空気を吸わねばならない人間の不自由は脇に追いやられたままである．

 環境財の汚染や利用は，多くの場合，環境のみを害するのではなく，いわゆる「環境媒体（Umweltmedien）」を通じて人間にも効果を及ぼす．火力発電所が煙突から吐き出す何千トンもの二酸化硫黄は，酸性雨として森に降り注ぎ，あるいは塵に交じって私たちの肺に入る．重金属や，工場排気，汚泥あるいは

---

 9) たとえば，BDI, Jahresbericht 1982-84, S.104ff., 113; 1984-86, S.131ff. を参照.

害虫駆除剤の残留物から生じる有機化合物を私たちは毎日のように昼食のテーブルで食べている．ある者が環境を害したことで，他の者はそれを食べ，飲み，吸い込まなければならない．ある者に利益をもたらすものは，他の者に不利益をもたらすというわけだ．二酸化硫黄や窒素酸化物の放出者の自由は，森林所有者の財産侵害を引き起こす．

　見てきたように，自由は少なくとも2つの側面をもつ．ある者が他者の法益を侵害する自由をもつまさにその分だけ，他者の自由は制限される．つまり，ひとは他の誰かが合法的に引き起こした侵害を防ぐことができないのである．環境汚染によって被害を受けた森林所有者は，たとえば工場の煙突やアウトバーンの橋を木端微塵に吹っ飛ばすことは許されないし，広範囲にわたる産業環境汚染やあるいは自動車の排気ガスに対する訴訟によって貫徹可能な防御請求権ももち合せていない．ある者がしてよいとされている行動に他の者は反対すべきではない．禁じられていない行動については，ひとはそれを甘受しなければならないという仕方で，市民の自由領域が国家の法を通じて相互に限界づけられているのは，なかんずく平和秩序である近代国家のまさに制度的な核心要素に含まれる[10]．それゆえ，環境汚染の被害者は，合法的な環境汚染によって生じた財産の損害，個人的な生活圏への侵害，あるいは有害物質による身体への負荷を，国家の法に基づいて甘受しなければならない．環境汚染の原因者が受忍義務者の法益に影響を及ぼすことを許されるその分だけ，受忍義務者の自由が制限されるというのが，この受忍義務の内容である[11]．

　私は，被害者の自由と加害者の自由とのこうした関係を，私の自由の弁証法に関する第1テーゼ：

　　ある者の自由は他の者の不自由である

---

10)　一般的な実力行使の禁止から生じるこうした受忍義務につき，*D. Murswiek*, Die staatliche Verantwortung für die Risiken der Technik, 1985, S.89ff. (SV. Ⅰ2)m.w.N.

11)　この点につき，*D. Suhr,* Immissionsschäden vor Gericht, 1986, S.126ff ほか ; ders., Grundrechte in sterbender Umwelt, in: *W. Baumann* (Hrsg.), Rechtsschutz für den Wald, 1986, S.45ff. とりわけ S.72f. による批判も参照．

というかたちで要約している.

この基本的な関連性からは国家の立法について何が導出されるだろうか？国家はある者の自由と他の者の自由とを両立可能なものすべきである．これはいかにして可能か？

2．自然状態と法状態

古典的な国家哲学——ホッブズからカント——が，個人の自由要求の対立から生じる基本的な自由問題をどのように解決してきたかを少し思い出してみよう．法律が存在しない人間の共同生活の状態を考えるならば，この状態においては法的に完全に無限定の，この意味で「自然的な」自由，すなわち野生の自由，オオカミの自由が支配する．誰もが自己が欲し，そしてなしうるすべてのことを行ってよい[12]．この「自然状態」[13]においては，弱者は強者のなすがままであり，正直者は腹黒い者の恣意にさらされる．それゆえ，自然状態での自由は，多くの者，おそらくはほとんどの者にとって隷属にまでいたるような不自由を意味せざるをえない．

自然状態での無限定の自由と無限定の不自由は，市民的法状態において解消される．ある市民が他の市民に対していかなる権限をもつかは，いまや国家の法から生じる[14]．これによって自由問題は本質的に市民と国家との関係に縮減される．なぜなら，個々人はもはや隣人を抑えつけるような制約なき自由をもたず，国家の法律が許す限りにおいてのみ隣人の法益に影響を及ぼしうるからである．法律は，第三者による介入からの自由，すなわち私人の強制的・権力的措置に対抗する自由を，「自然的自由」を法的に秩序づけられた自由へと転換することで，つまり「自然的自由」を第三者の法益の保護に必要な限りで制

---

12) *T. Hobbes*, Vom Bürger. Freiheit, 1.Kap. 10., ed. Gawlick, 1959, S.82f

13) *Hobbes*, (Fn. 12); *Kant*, Metaphysik der Sitten, Rechtslehre § 44, Werke, ed. Weischedel, 1964, Bd. 7, S.430; カントはこの概念を Zum ewigen Frieden, Werke 9, S.208f. においても用い，定義している.

14) *Hobbes* (Fn. 12), Staatsgewalt, 6. Kap. 9., S.135; また，*Kant* (Fn. 13), Bd.7, S.430, Bd.9, S.209,210,212 も参照．

約することで保障している．

　このことからは，私の自由の弁証法に関する第2テーゼが生じる：

　自由の制約は自由をはじめて可能にする，つまり私人による介入に対抗するための自由は，法律がこうした介入を禁じているときに，そしてその限りにおいてのみ存在する．

3．自由保障義務としての基本権保護義務

　まさに私たちの環境法上の問題提起にとっていまや決定的に重要なのは，立法者が第三者による介入を禁じることをもどれだけ義務づけられているのかである．国家の権力独占および法定立の独占による自然的不自由の克服は，法律がある市民に他者の身体・生命，名誉あるいは財産への自由な侵害を許す場合，法状態の次元において新たな不自由へと帰着する．それゆえ，自由主義的法秩序にはカントが以下のような抽象的定式で示した実体的要求がなされる：「法はすべての人の自由との調和を条件とする各人の自由の制約であるが，ただしそれは調和が普遍的な法律に基づいて可能となる限りにおいてである」[15]．

　第三者の私的な法益の侵害を禁ずる市民法によって制約されるのは，カントによれば恣意の自由，すなわち無法状態での「野蛮な自由（wilde Freiheit）」[16]のみであり，彼が述べるように，「理性的な自由」[17]は恣意の自由を撤廃する「強制法」によってはじめてもたらされるものである[18]．この――定言的命法に対応する――法律は，自由な人間間の関係を構築し，自由，すなわち「恣意の自由」の制約は，自由，すなわち法律上の「理性的自由」をもたらす，という観点のもとでも有効なものである．市民の自由領域を相互に限界づける法律――これはまずもって民法の規範であり，しかし公法上の環境法の諸規定が増加している――は，カント的な理性の自由との関連で，それが定言的命法に適う限

---

15)　Über den Gemeinspruch, Werke 9 (Fn. 13), S.144.
16)　Werke 9 (Fn. 13), S.212,「無軌道な自由（tolle Freiheit）」(S.209) もである．
17)　Werke 9 (Fn. 13), S.209.
18)　Werke 9 (Fn. 15), S.144f.; (Fn. 13), S.212.

りで，自由制約的ではなく，自由保障的な機能を有している．

　法律に対していかなる要求が定言的になされるかは，今日より具体的には基本権および法治国家的な憲法原理から明らかになる．基本権から生じる国家の保護義務に関する連邦憲法裁判所の判決[19]の帰結は以下のようなものである：国家は，個々人の基本権によって保護された法益を他者による侵害からも保護することを義務づけられている．こうした法益の十分な保護は，法秩序が保護法益の確実に予想できる侵害に対する保護だけでなく，法益の危殆化に対する予防的な保護[20]を行うときにのみ保障される[21]．

　基本権保護義務からすれば，自主的な環境保護という手段によって環境法規範を代替するというような規制緩和には，絶対的な限界が生じる．健康被害を生じる製品製造プロセスや財産侵害的な環境汚染を禁ずることは，原則として放棄されてはならない．

　国家の情報に促され，助成金によって奨励され，あるいはたとえば環境負荷的な行為の高コスト化によって間接的にコントロールされる，自主性を基礎とする環境保護は，危険防御の領域においては原理的に法律上の命令・禁止を代替不可能である．

　憲法上の理由から，自主性モデルは，基本権によって保護された個人の法益

---

19)　BVerfGE 39, 1 (41ff.)—第 1 次堕胎判決；46, 160 (164f.)—シュライヤー決定；49, 89 (141ff.)—カルカー決定；53, 30 (57ff.)—ミュールハイム＝ケルリッヒ決定；56, 54 (73ff.)—航空機騒音決定；BVerfG (Vorprüfungsausschuß), 14. 9. 83, NJW 1983, S.2931 (2932)—環境汚染防止；BVerfG, 29. 10. 87, NJW 1988, S.1651 (1653)—化学兵器．

20)　この点につき，詳しくは，*Murswiek* (Fn.10), S127-199.

21)　基本権保護義務につき，*J. Isensee,* Das Grundrecht auf Sicherheit, 1983; *Murswiek* (Fn.10), S.88-287; *ders.,* Die Pflicht des Staates zum Schutz vor Eingriffen Dritter nach der Europäischen Menschenrechtskonvention, in: *H. J. Konrad* (Hrsg.), Grundrechtsschutz und Verwaltungsverfahren unter bosonderer Berücksichtigung des Aszlrechts. Internationaler Menschenrechtsschutz, 1985, S.213ff. (SV. Ⅱ8); *ders.,* Zur Bedeutung der grundrechtlichen Schutzpflichten für den Umweltschutz, WiVerw. 1986, S.179ff. (SV. Ⅱ17); *G. Hermes,* Das Grundrecht auf Schutz von Leben und Gesundheit, 1987; *G. Robbers,* Sicherheit als Menschenrecht, 1987 を参照．

に直接かかわりをもたないか，あるいはほんのわずかにしかかかわりをもたない場合に限って，環境法上の行為規範にとっての選択肢として考慮されうるにすぎない．このことは，たとえば自然保護法といったいくつかの事項領域や，とりわけ予防原則の表現であるさらに多数の規定に妥当する．予防原則（Vorsorgeprinzip）[22]は，とりわけ，将来の環境負荷に備えるための受容能力——いわゆる「余地（Freiräume）」を準備し，さらにはほとんど評価されていないかあるいは未知のリスクに対する安全余地を創出することに資する．

それゆえ，たしかに環境法上の保護規定の核心要素は自由に処理されるべきものではないが，しかしすでに現行法は，少なくとも自主的解決が現行の秩序法と同程度に実効的である限りで，自主的な解決に有利なかたちでの規定の創設に大きな余地を残している．この条件は環境政策的な要請であるというだけでなく，私の考えでは，予防原則の本質的構成要素，すなわち侵害最小化要請[23]のために，憲法から，つまり私的な法益の侵害が問題となる限りで比例原則から[24]，そしてそれ以外には，環境負荷の許容量が，実質的な理由もなしに，ある環境利用者に環境利用の競合者にとっての排他的効果をもって配分されることを許さない平等原則から生じている．

---

22) この点につき，たとえば *B. G. Feldhaus*, Der Vorsorgegrundsatz des Bundes-Immissionsschutzgesetzes, DVBl. 1980, S.133ff.; *H. -W. Rengeling*, Die immissionsschutzrechtliche Vorsorge, 1982; *E. Grabitz*, Zweck und Maß der Vorsorge nach dem Bundes-Immissionsschutzgesetz, WiVerw. 1984, S.232ff.; *G. Schwerdtfeger*, Das System der im BImSchG, Wiverw. 1984, S.217ff.; *F. Ossenbühl*, Vorsorge als Rechtsprinzip, NVwZ 1986, S.161ff.; *H. von Lersner*, Vorsorgeprinzip, in: Handwörterbuch des Umweltrechts, Bd. II 1988, Sp. 1086ff. m. w. N.

23) この点につき，*Murswiek* (Fn.10), S312f., 318; *ders*., WiVerw. 1986, S.201f. (SV. II 17)（本書第１章）．——この要請が予防原則から生じるかについては，対立がある．私の考えでは，環境汚染防止法においては，同法５条１項１号の保護義務からすでにそれが生じるが，他の考えによれば，同法５条１項１文２号の予防原則からさえも生じないという．*Ule/ Laubringer*, BImSchG, §5 Rdnr. 4 を参照．

24) *Murswiek*, WiVerw. 1986, S.201.

III. 個人の自由と自主性

いかなる条件の下で，自主的な環境保護がより実効的だと，あるいは少なくとも法的な命令・禁止と同程度に実効的だと推測されうるのであろうか？これは，とりわけ経済学・社会学への問いである．私は，自由と自主性との関係を明らかにするために必要な限りにおいてこの問題性を概観するにとどめたいと思う．

環境政策においては，自主的な環境保護による法的環境規範の代替について，以下の可能性が検討されており，一部はすでに実行されてもいる．

(1)「経済的手法」による環境保護，とりわけ正しい行動を財政的に促すことによるもの，

(2) 環境利用者のイニシアティブまたは自己責任に基づいてのみ行われる環境保護，

(3) 国家と産業との間での規範代替的な「自主協定」による環境保護．

1．法令に代わる「自主協定」

しばしば「業界協定（Branchenabkommen）」とも呼ばれる[25]，国家と産業団体との間でのいわゆる「自主協定」とは，「規範代替的な取り決め」[26]，すなわち，産業界が特定の環境にとって好ましい行為——通例は特定の環境汚染行為の禁

---

25) 業界協定一般について，たとえば *J. H. Kaiser*, Industrielle Absprachen im öffentlichen Interesse, NJW 1971, S.585ff.; *D. Nickel*, Abspachen zwischen Staat und Wirtschaft – die öffentlichen Aspekte der Selbstbeschränkungsabkommen der deutschen Industrie, iur. Diss. Hamburg 1979; *G. Hartkopf/ E. Bohne*, Umweltpolitik, Bd. 1, 1983, S.220ff., 451ff.; *E. Bohne*, Informales Verwaltungs- und Regierungshandeln als Instrument des Umweltschutzes, VerwArch. 1984, S.343 (361ff.); *J. Becker*, Informales Verwaltungshandeln zur Steuerung wirtschaftlicher Prozesse im Zeichen der Deregulierung, DÖV 1985, S.1003 (1005ff.); *J. Oebbecke*, Die staatliche Mitwirkung an gesetzesabwendenden Vereinbarungen, DVBl. 1986, S.793ff. を参照．

26) *Hartkopf/ Bohne* (Fn.25), S.223.

止——を承諾し，国家がこれに対する代償として，望ましい行為を法的拘束力をもって定めることを放棄するという，交換取引である[27]．

このような協定は完全に自主的には成立しないのが常である：企業の視点からすれば，「自主的」な承諾の主たる目的は，規範のかたちでの法的ルールが発せられるおそれを回避することにある．たとえば，昨年〔1987年〕，オゾン層に有害なフロン[28]をスプレー缶の噴出剤として利用することの禁止がますます差し迫った要求とされた際，連邦環境大臣はエアゾールの産業団体と「自主協定」に基づいてフロン使用の大幅な削減について合意に達することができた[29]．かつては拷問道具を出して見せることは拷問の第一段階であった[30]．今日では，環境大臣は法令の草案を見せるのである．こうすることで「自主的承諾」の覚悟が生まれる．

国家による環境保護の観点からすれば，「自主協定」はとりわけ以下のようなメリットをもつ[31]：

——法令の実際の施行をしばしば根本的に先送りさせる法的紛争が回避される．自主協定は，速やかな，あるいは時間的に確定された履行の用意を促すし，判断の安全性をも作り出す：不明確な法的問題は，それが問題となっていないがゆえに，未解明のままとしうる．

——経済的には，業界協定は，たとえば特定の期間内での，しかも連邦領域内での利用の全体量に関連する約90％の物質使用の削減といった環境保護目

---

27) しばしば追加的な促進手段が投入される．*Hartkopf/ Bohne* (Fn.25), S.226 を参照．
28) *G. Vonkemann*, Ozon, Fluorchlorkohlenwasserstoffe und das globale Klima, EurUm 3/1987, S.2ff. m. w. N.; Zwischenbilanz der Enquete-Kommission „Vorsorge zum Schutz der Erdatmosphäre" FAZ v. 22. 7. 1988 を参照．
29) Erklärung der Industriegemeinschaft Aerosole e. V. über die Reduzierung des Einsatzes vollhalogenierter Fluorchlorkohlenwasserstoffe (FCKW) in Spraydosen, Schreiben an den Bundesminister für Umwelt, Naturschutz u. Reaktorsicherheit v. 13. 8. 1987. この文書につき，たとえばFAZ v. 18. 8. 1987．
30) *F. Helbing*, Die Totur. Geschichte der Folter im Kriminalverfahren aller Völker, I. Bd., 1926, S.239, 246; Constitutio Criminalis Theresiana (1769) Art. XXXVIII §9.
31) *Hartkopf/ Bohne* (Fn.25), S.228f を参照．

標の達成が,業界全体で目指されうるという利点をもつ.この際,どのような方法でこの目標を達成するか,たとえばどの企業あるいは企業部門においてどれだけの削減がなされるかは,業界に委ねられる.

企業にとって,自主協定はとりわけそれが法的拘束力をもたないというメリットをもつ[32].企業は,自身や産業団体が行政上の強制措置や過料,あるいは刑罰に脅かされることなしに,いつでも団体によって承諾されたことと異なる行動をとりうるのである.

産業界が「自主協定」によってとにかく法令の公布を先延ばししようとする危険があることは,リサイクル瓶のマーケットシェアの維持に関する遵守されていない協定が示すように[33],否定できない.

それゆえ,国家が,環境保護要求を公権的に規律する代わりに,法的拘束力のない「紳士協定」に乗り出す場合には,本当に紳士を相手にしているのかどうかを厳密に審査すべきだろう.しかし,「自主協定」の締結前には,関係する経済利益の分析が,性格分析よりも確実性をもって,協定無視のリスクの大きさについての情報を与えるかもしれない.業界の承諾が履行されること,――言い換えれば――十分な程度の履行蓋然性が法令の放棄を正当化するということを実際に前提とすることが可能であるためには,いかなる枠組み条件が与えられていなければならないだろうか？これまでの経験によれば,この条件が与えられるのは,協定の内容の観点で国家と経済界との間に本質的な利益の一致がある場合,たとえば,いずれにせよ進行中の発展ないし近代化のプロセスがただ加速され,促進される場合,あるいは利益の違いがわずかで,経済界が特別な経済的不利益や競争の歪みの発生なしに要求された行動をとることができる場合である[34].

---

32) *Hartkopf/ Bohne* (Fn.25), S.226f.
33) *Hartkopf/ Bohne* (Fn.25), S.229, 456, 459; Bundesinnenminister Zimmermann, Umwelt Nr. 103 v. 8. 6. 1984, S.17f. 同じく *L. Wicke*, Umweltökonomie, 1982, S.136 は,排気ガス汚染の削減に関する1971年の自動車産業の同様に遵守されない約定を指摘する.
34) 詳しくは,*Hartkopf/ Bohne* (Fn.25), S.457ff. を参照.

中間的な結論としては，法的規律に対する選択肢としての自主協定は事情によっては環境保護の実効性を高めうるが，この事情，つまりこうした協定の経済的な有効性条件は，相対的にまれにしか与えられないということを心にとめておいてよい．

2．市民の自己責任

同様の理由から，生産者や消費者の自己責任，つまり市民の環境意識やイニシアティブに呼びかけることは，ますますもって限られた範囲においてのみ，そして特別な条件の下でのみ成果を上げることができるものである．

私たちはみな，法的に命じられるよりも自主的に環境保護のためになることをより多く行うという可能性をもつかもしれない．私たちは，自家用車で排気ガスや騒音を発生させる代わりに，鉄道やバス，あるいは自転車を使うことができるだろうし，環境に悪い洗剤の代わりに比較的環境にやさしいものを使い，スプレー容器を使うのをやめ，アルミ缶を家庭ごみに出さないようにし，暖房を 2，3 度低く設定し，それ以外にも 100 以上の大小さまざまなことをできるだろう[35]．

私たちの多くはこれらのうちのいくつかを常にあるいは折にふれて守っている．しかし，おそらく私たちみなが自主的にできるすべてのことを行うことはない．なぜないのか？──環境が汚染物質によって害されないために私たちが自主的に行いうる多くの，おそらくはほとんどの，そして最も重要な貢献は，コストやあるいはそれ以外の受け入れがたいことと結びついているからである．ほとんどの人間が，かれらにとって何らかのメリットをもたらすか，あるいは少なくともデメリットをもたないときにのみ，習慣となっている行動を自主的に変えるということを，経験は教えている．

おそらくは，たとえば環境負荷の少ない製品にお金を使うとか，光学的な漂

---

35) これに関しては，たとえば *R. Grießhammer,* Der Öko-Knigge, 1984; *M. Gege* u. a., Das ÖKO-Sparbuch für Hauhalt und Familie, 1986; *H. Brochert,* 1000 ganz konkrete Umwelt-Tips, 1987 のように，有益な手引書がある．

白剤の含まれていない洗剤でのそれほど輝くようではない白さで満足するなど,環境への負荷軽減のために個人的な不利益をも甘受することに積極的な人々も幸運なことに多数存在する.しかし,少なくとも,こうしたデメリットが——たとえば環境にやさしい製品の使用による健康リスクの減少などの——消費者にとって直接個人的に見合うメリットに結びつかない場合には,少数の「理想主義者」だけが環境に対する責任からこのような個人的な犠牲を払うことになる.

しかしここで少し,すべての市民の大部分が,それによって環境への負荷が根本的に緩和されうる場合に,高い代金や快適さの喪失を甘受することに積極的になるくらい,責任感をもっていると仮定してみよう.こうした結論に至った世論アンケートもある[36].どうして,多くの人々が個人的には環境保護のために金銭的その他の犠牲を払う準備があると答えているのに,しかし実際には,誰もそれを邪魔しないにもかかわらず,この犠牲を払わないのであろうか?ある例を示してみたい.

一年のうち決められた日曜日に自動車運転を完全に行わないことが,環境保護にとっての重要な貢献の1つであることに疑いはないだろう.石油危機の最高潮時に日曜日の運転禁止[37]が命じられた際,どれだけ楽園の静けさが街を覆ったことか!省エネ効果や有害物質削減を別にしても,運転禁止には歩行者,遊ぶ子どもたち,あるいは自転車走行者の生活クオリティにとっての特別な利益が結びついていた.

ここで思い起こされるのはもちろん,1980年に環境大臣会合の支持の下,

---

36) *W. Schulz*, Bessere Luft, was ist sie uns wert? Eine gesellschaftliche Bedarfsanalyse auf der Basis individueller Zahlungsbereitschaften (Umweltbundesamt, Texte 25/85), 1985; *H. Kessel,* Stand und Veränderung des Umweltbewußtseins in der Bundesrepublik Deutschland, England und den Vereinigten Staaten (Diskussionpapier IIUG/ dp 83/9, Internationales Institut für Umwelt u. Gesellschaft des Wissenschaftszentrum Berlin), 1983, S.32ff.; SRU (Fn.3), Tz. 50 を参照.

37) Verordnung über Fahrverbote und Geschwindigkeitsbegrenzungen für Motofahrzeuge v. 19. 11. 1973, BGBl. I, S.1676. 日曜日の運転禁止は,1973年11月25日,12月2日,9日,16日に行われた.

自主性を基盤とした自動車なしの日曜日を提案しようとした環境保護団体と政治家たちである[38]．当時，6月8日を自動車なしの日曜日と宣言する多くのプラカードには，「自動車なし——そこには喜びが」と書かれていた．もちろんこれは無駄なことだったに違いないし，自動車雑誌は勝ち誇ることになった：参加者はほとんど統計的に意味のある数にならないほど少なかったのである[39]．

しかし，このことから，自動車運転者の圧倒的多数が自動車のない日曜日に反対していたという結論を導き出すのは完全に誤りであろう：その日は道路が歩行者のものとなる，自動車通行のない静かな日曜日という期待された効果は，自主性を基礎としては実現不可能なのである．個々人は自らの行動によってこの効果を生じさせることができない．彼自身が車を車庫に置いたままにすれば，たしかに有害物質の排出にいくばくかの貢献をできるが，他のすべての者が同じ行動をとるわけではないので，自動車のない日曜日の期待されたメリットを享受することはできない．それゆえ，彼はこの日曜日に自動車に乗るのをやめる合理的な理由を見出さないし，日曜日に自動車のない日曜日に賛成するデモに車に乗って出かけていくときにも，彼はこれによって対抗的な態度をとっているわけではまったくないのである．

---

[38] Umwelt Nr. 74 v. 1. 2. 1980, S.65; Nr. 76 v. 25. 4. 1980, S.1f.; Nr. 77 v. 57. 6. 1980, S.84f. を参照．Das Parlament v. 31. 5. 1980 によれば，――当時，環境保護について権限をもっていた――連邦内務大臣の，1980年6月8日を自動車なしの日曜日と宣言する提案は，環境団体，教会および市民運動団体の広範な支持を得ていた．連邦と諸ラントの第14回環境大臣会合は，1980年2月10/11日に，「今日は車を家に置いて（Heute bleibt das Auto zu Hause）」という標語のもとでの行動を公的に呼びかけることを決議した．1980年1月に行われた EMNID 研究所の世論調査によれば，市民の79％が1日かそれ以上の日曜日に自走者に乗るのをやめるつもりがあると述べている．再実施は1981年9月27日に決まった．Umwelt Nr. 80 v. 16. 1. 1981, S.38f.; Nr. 83 v. 22. 5. 1981, S.3f.
[39] たとえば，1980年6月10日と同年6月9日付の Die Welt 紙のレポートは，「自動車なしは不自由だ（Autofrei ist unfrei）」とコメントをつけている．連邦内務大臣が示したところによれば，交通量はそれでも約10％減っていた．Umwelt Nr. 78 v. 12. 9. 1980, S.4.

一般化していえば，環境が集団的利益として関係している場合，個々人は，その個人的な行動を通じては，環境を実効的な方法では保護できないのである[40]．消費者，アマチュア職人，ドライバーなどとしての個々人の環境保護的な行動は，通例，それが他の個人の多数の同じ方向を向いた集団行動の構成部分である場合にのみ，重要な効果をもつ．しばしば，環境にやさしい行動の期待された効果は，すべての，あるいは大多数の市民の参加が期待されうる場合にのみ保障される．しかし，人びとはせいぜい，その阻止が問題となっている環境負荷的な行動が原因者にとっての重大な不利益と結びついているとき，あるいは個々人が環境にやさしい行動選択肢に対して重大な利益によって報いられるときにこれをなしうるにすぎない．したがって，環境にやさしい行動が個々人にとって個人的な不利益と結びついているのであれば，その行動が法的拘束力をもって定められていない限り，環境のために個人的な犠牲を払う合理的な理由は存在しない[41]．

消費者と同様のことが企業にもいえる．——環境保護のための利益喪失を受け入れることに積極的な，理想的な企業を想定してみよう．その企業は，排気から生じる特定の有害物質を法的な要求値を越えて浄化するために，自主的にフィルター装置を取り付けるつもりだとする．また，このためのコストを負担するつもりでもある．しかし，このコストは収益からだけでは支出されえないだろうから，このことによってその企業の製品はひどく価格が高騰することになるだろう．製品の価格高騰は，この企業がこのようなフィルター装置を使わずに生産を行う競争相手に重大なマーケットシェアを明け渡すという結果にな

---

40) 集団的利益問題—とりわけ「フリーライダー問題」（環境にやさしい行為によるプラスの効果は受けるが，これに何ら貢献せず，あるいはそれどころかますもって自制心なくさらなる負荷を引き起こす第三者による個々人の環境にやさしい行動の阻害）や「囚人のジレンマ」—は，経済学の文献においてしばしば論じられるところである．とりわけ，H. Bonus, Öffentliche Güter: Verführung und Gefangendilemma, in: List Forum 1979/80, S. 69ff.; W. Benkert, Umweltschutz als kollektive Aufgabe, NuR 1987, S.337ff. を参照.

41) SRU (Fn.3), Tz. 60ff. およびとりわけ Kurzfassung Tz. 14; Bonus (Fn.40), S.86 も参照．

らざるをえない．このことは，重大な経済的損失をもたらし，もしかすると企業の倒産を引き起こすかもしれない．それゆえ，企業は，経済的にやむを得ない事情により，環境保護のために自主的にするつもりのある事柄をすることができないのである．これに対して，こうしたフィルター装置の設置が法令によって定められていれば，この企業は（国内での）競争状況の悪化におびえることはなくなるだろう．国家的規律は，この例においては，個々人が，彼が自主的に喜んでしようとすることを環境保護のために行いうるための前提条件をはじめて創出するのである．

以上のように，私たちは，環境保護のための自由な意思が現実的な有効性の限界に，そして現実的な可能性の限界にも突き当たることを見てきた．自由制限的な環境法上の命令規範は，この障害を克服するものである．

それゆえ，私の自由の弁証法に関する第3のテーゼは次のようなものである：
自由の制限は，自由行使の可能性の条件でありうる．

3．経済的手法による環境保護

たしかに，環境規範による自由の制限は，環境保護投資を可能とするための唯一の考えうる条件というわけではない．負荷回避技術への投資や，あるいはたとえば環境によい物質の使用によって環境にやさしい製品に生じる競争上の不利は，他の方法でも取り除くことができる．

1つの可能性は，国家が環境にやさしい製品のために生じるコストを直接的あるいは間接的な助成によって引き受けることにある．消費者の行動もこれによってコントロールされる[42]．本稿では，こうした，通常，原因者負担原則 (Verursacherprinzip) と対立する解決に詳しくは立ち入らないこととしたい．

他の可能性は，市場経済のメカニズムを環境保護のために利用すること，つまりコストないし利潤に向けられた自己利益を環境保護のために利用可能なも

---

42) 間接的な行動コントロールについての，このような，そしてその他の可能性については，たとえば *Hartkopf/ Bohne* (Fn.25), S.194ff.

のとすることである[43]．

このようにして法的規律を無用とすることができるだろうか？「市場経済的」解決によって，自由を制限することなく環境保護を改善することができるだろうか？

基本理念は実に単純である：大気汚染物質，有毒な排水，廃棄物あるいは騒音による環境への負荷が，原因者にとってフィルターや浄化装置を設置することや，モーターをケースに入れること，環境によい物質を使用すること，つまり，環境負荷を回避するコストを支払うことの方がより安価で済むほどに費用のかさむものとなれば，原因者は，たとえそれが法で定められていなくとも，高い蓋然性をもってコストが安い，すなわち環境にやさしい選択肢を選ぶことになる．このことは，企業にとっては，たとえば特定のフィルターの設置を命じる硬直的な法規範よりも広範な選択の自由を意味する．企業は，たとえば環境保護投資を行うのが企業にとってより好ましいか，それとも古い装置をなおも一定期間，防止技術なしに動かして，その後停止するのがより好ましいのかを検討することができる．コストの圧迫が十分に大きければ，環境保護の実効性にとってのメリットは，命令や禁止の助けを借りて得られるよりもはるかに

---

43) これに関しては，幅広い文献がある．たとえば，*L. Wegenhenkel* (Hrsg.), Maktwirtschaft und Umwelt, 1981; *ders.* (Hrsg.), Umweltprobleme als Herausforderung der Marktwirtschaft – Neue Ideen jenseits des Dirigismus, 1983; *M. Kloepfer*, Umweltschutz und Wettbewerb, UPR 1981, S.41ff.; *H. Möller/ R. Osterkamp/ W. Schneider* (Hrsg.), Umweltökonomik, 1982; *B. Schärer*, Ökonomische Wege zur Bekämpfung der Luftschmutzung in den Vereinigten Staaten – Offset Policy, Bubble Policy, Emission Banking, ZfU 1982, S.237ff.; Bundesminister des Innern, Bericht über den Einsatz marktwirtschaftlich orientierter Instrumente inder Lufteinhaltung, Umwelt Nr. 104 v. 24. 7. 1984, S.552; *A. Endres*, Umwelt- und Ressourceökonomie, 1985; *P. Kothe*, Einführung ökonomischer Instrumente in die Lufteinhaltepolitik, ZRP 1985, S.145ff.; *C.-D. Spranger*, Mehr Umweltschutz durch Marktwirtschaft, Umwelt Nr. 4 v. 15. 11. 1985, S.1ff.; *H. Bonus*, Ökologie und Marktwirtschaft – Ein unüberwindbarer Gegensatz?, Universitas 1986, S.1121ff.; *H.-G. Hoffmann*, Rechtsprobleme marktwirtschaftlicher Modellösungen zur Reduzierung der Schadstoffemissionen, in: Rechtsschutz für den Wald (Fn.11), S.75ff.

大きなものとなる．とりわけ，——現行の秩序法と異なり——企業にとっては，環境負荷の防止のための新たな技術や，環境にやさしい製造工程・製品を発展させるという経済的なインセンティブがもたらされる[44]．

より困難なのは，この基本理念を実践に移すことである．このためには，それぞれに欠陥を抱えた，異なるモデルがある．

a) 環境負荷権限の私有化

あるモデルは，環境利用や汚染に関する許可証（Zertifikat）の導入による環境汚染の権限の私有化を企図する[45]：大規模排出者は特定の有害物質の量について，一定期間の経過後に排出量が引き下げられる排出許可証を有していなければならない．排出量引下げによって排出防止の義務が生じる．市場経済上のキーポイントは，許可証が売却可能なことである．許可証が希少であるため，場合によっては，たとえば業務を拡大する，あるいは新規参入の企業が支払うで

---

[44] たしかに現行法は，その時々の「技術水準」によってもっとも可能性の高い事前配慮を要求することで環境保護を推進しようとしているが，企業は，新たなコストのかかる環境保護投資を義務づけられる場合，技術水準をより発展させることに関心をもたない．環境にやさしいテクノロジーの開発のための刺激は，ここでは「環境保護企業」にとってしか存在しない．しかし，このことは統合的な環境保護にとっては好ましくない「エンド・オブ・パイプ・テクノロジー〔製品製造段階等で発生した環境汚染物質を外部に排出される前の最終段階で除去・無害化する技術〕」を促進する．たとえば，*Endres*, (Fn.43), S.66ff.

[45] 許可証モデルについては，たとえばBericht des Bundesinnenministers (Fn.43), III.; *T. H. Tietenberg*, Transferable Discharge Permits and the Control of Air Pollution: A Survey and Synthesis, ZfU 1980, S. 477ff.; *H. C. Binswanger*, Emissionsrechte als Erweiterung der Eigentumsordnung, in: Wegehenkel (Fn.43, 1981), S.87ff.; *H. Bonus*, Emissionsrechte als Mittel der Privatisierung öffentolicher Ressourcen aus der Umwelt, ebd. S.54ff.; *H. Müller-Witt*, Der „Pollution-Rights Ansatz" und seine Auswirkungen auf die amerikanische Lufteinhaltepolitik, ZfU 1981, S.371ff.; *K. R. Kabelitz*, Nutzungslizenzen als Instrument der Umweltpolitik, ZfU 1983, S.153ff.; *ders.*, Eigentumsrechte und Nutzungslizenzen als Instrumente einer ökonomisch rationalen Lufteinhaltepolitik, 1984; *A. Blankenagel*, Umweltzertifikate – Die rechtliche Problematik, in: *E. M. Wenz/ O. Issing/ H. Hofmann*, Ökologir, Ökonomie und Recht, 1987, S.71ff.

あろう高額な代価が獲得されうる．それゆえ，既存の企業にとっては，環境負荷を減らしたり，古い設備の操業を早めに停止したりすることが，これによって不要となる許可証の売却によって得られる金額よりもコストのかからないものである限りにおいて，前者の措置をする経済的なインセンティブが存在する．また，新規参入の企業にとっては，許可証の購入にできるかぎり少ない金額を支払うにとどめるべく，環境負荷を最初から低く抑えることが重大な関心事となる．

b) 秩序法の枠内でのフレキシブルな相殺解決

本稿では許可証モデルのあらゆるバリエーションに立ち入ることはできないが，許可証なしに，秩序法の枠内で様々な工業設備への環境保護投資の間での相殺を可能とすることで，企業の判断に同様の柔軟さを実現しようとするモデルがあることは述べておきたい：ある設備に環境負荷防止のために定められた以上のことがなされ，あるいはある設備の操業が早めに停止された場合には，これについて他の設備に利用することのできる「クーポン (Gutschrift)」が与えられ，他の設備はその時点では相当低い要求を満たすだけでよい．このようにして，環境保護にとっての効果が損なわれることなく，経済活動にとって最も安価であるところに投資がなされうる．前提となるのはもちろん，設備が同じ「作用領域」をもつことである[46]．

c) 環境公課

他の可能性としては，公課 (Abgaben) による解決が考えられる[47]．環境の負

---

46) 相殺解決については，たとえば Bericht des Bundesinnenministers (Fn.43), IV.; *Feldhaus* (Fn.43), S.554f.; *Schärer* (Fn.43); *G. Feldhaus/ H. Ludwig/ P. Davids*, Die TA Luft 1986, DVBl. 1986, S.646 (650). ‐ 1986年の大気汚染防止にかかわるガイドライン (TA Luft) は，Nr. 4.2.10 において古い設備の改修について相殺可能性を定め，Nr. 2.2.1.1b) において，限られた限度内ではあるが，環境汚染値の超過にもかかわらず行われる新たな設備許可の付与の枠内での相殺可能性をも定めている．

47) この点につき，たとえば *B. S. Frey*, Umweltökonomie, 1972, S.15ff.; *M. Kloepfer*, Umweltschutz durch Abgaben, DÖV 1975, S.593ff.; *H. Siebert*, Analyse der Instrumente der Umweltpolitik, 1976, S.21ff.; *K.R. Kabelitz/ A. Köhler*, Abgaben als Instru-

荷について公課が課せられるが，それは，環境負荷を防止する，すなわち防止技術を利用し，環境によい物質を使い，あるいはまた環境負荷的な活動を完全に断念することについての十分に強力な経済的インセンティブが成立するほどに高額でなければならない．

Ⅳ．集団利益問題

1．経済的手法と国家による強制

こうした環境保護の「市場経済的」手法の多様な経済的・法学的諸問題は，範囲の広いテーマそのものであろう．本稿との関連では，経済的手法は，自主性や環境保護についての個々の責任を基礎としては，結局のところ秩序法的手法と同様にほとんど機能しないということが重要である．むしろ経済的手法は，たとえそれが命令によるものではなく，経済的な事実上の強制によるものであっても，行為可能性の自由な選択を制限する限りにおいてしか機能しない．しかし，経済的モデルの不可欠な機能条件としてのこうした経済的強制は，市場自体によってはもたらされえない．まずは国家法が「市場経済的」環境保護のための枠組み条件を創り出さねばならないが，これは，環境にかかわる行為を今度は直接的にではなく，間接的に誘導する新たな命令や禁止にほかならない．環境公課は高権的に定められるものだし，さらには許可証モデルは高権的な定めなしには立ちいかない：少なくとも許可される排出の全体量は定められていなければならず，次いで引き下げ率が確定されなければならない．経済的手法もやはり決してコントロールなしに，「官僚支配」なしには機能しないのである．

それでもなお，経済的手法は，硬直的な秩序法と比べて，企業の判断余地を

---

ment der Umweltschutzpolitik, 1977; *Hartkopf/ Bohne* (Fn.25), S.197ff.; *D. Ewring/ F. Schaffhausen*, Abgaben als ökonomischer Hebel in der Umweltpolitik, 1985; *K. Meßerschmidt*, Umweltabgaben als Rechtsproblem, 1986; *K.-H. Hansmeyer*, Abgaben und steuerliche Instrumente der Umweltpolitik – Wirkungsweise, Erfahrungen und Möglichkeiten, ZfU 1987, S.251ff.; *J. Walter*, Ein (erneuter) Vergleich von Abgaben- und Zertifikatslösungen im Umweltschutz, ZfU 1987, S.197ff.

著しく拡大している．それが実現する問題解決の柔軟性は，自由の利益としての効果を生じる．これに対して，秩序法上の非限定的な自由との比較においては，経済的手法による間接的な行為コントロールも，企業の自由を相当制限しているようにみえる．

環境保護において常に市場経済的な解決に肩入れする経済界の側からは，とりわけ環境公課が非市場経済的な手法として，かつ国家の強制を用いるものとして批判される[48]．

2．公共財としての環境財

こうした批判の出発点は，環境利用のために支払われるべき価格が需要と供給に基づく市場では形成されないという事情である[49]．

しかし，大気や水といった公共財の利用が問題となっているとき，いったい誰がそれを求め，誰がそれを供給しているのだろうか？需要者は環境利用者，つまり有害物質排出などの原因者であり，供給者はその利用が問題となっている環境財を法的に割り当てられた誰かである．大気の私有は不可能であり，いわば事物の本性に基づく集団的利益が問題となっているため，公共の代表者としての国家のみが大気利用についての価格を決定する権限をもった機関である．同様のことは，たとえ水の私有が土地私有と結びついてともかく可能であるがゆえに，同程度に明白でないにせよ，水の管理にもいえる．やはり，土地の境界にとどまり続けることのない，流れる水の環境問題は，私的所有権のレベルにおいて解決されうるものではない[50]．

利用者自身に属するのではない財の利用については権利者によって対価が請求されるというのは，私たちの市場経済システムにおいて自明のことである．その財の利用をいかなる価格で提供するかを権利者が一方的に決めるという状

---

48) たとえば，BDI, Industrie und Ökologie, 1984, S.15; BDI, Jahresbericht 1984-86, S.137f.：投資能力への侵害とされる．

49) たとえば，Wirtschaftswoche v. 12. 10. 1984, S.104．

50) BVerfGE 58, 300 (329)—「砂利採取決定」を参照．

況もまた，完全に市場経済に適合している．問題があるのは，国家が公的な環境財との関連で有し，価格設定の「通常の」調整——他の提供者との競争——を排除する，独占的地位のみである．しかし，この問題は法的手段，つまり環境公課の選択に起因するものではなく，その基礎を考慮の対象となる環境財が不可分であり，私有可能性を欠いているという点にもつ．大気が立法メートルあたりで市民に譲渡され，その上で各人が自ら彼がもつ立法メートルを排出量積み上げ分の対価と引き換えに使用することなどありえない．

したがって，市場経済的な価格形成は，ここでは事情からして不可能である．それでもなお，環境公課の法定によって目論まれる行為誘導は，直接に行為に向けられる命令・禁止よりもはるかに市場経済的な自己統治メカニズムに近い．なぜなら，価格形成以外においては，本質的にあらゆることが「市場経済的に」機能するからである[51]：誰も有害物質用フィルターを設置することを強制されないが，フィルターの設備投資コストや稼働コストが，フィルターがないために生じる環境負荷に対して公課というかたちでかかる価格よりも安い場合には，フィルターを設置することになる．

すべての生産者は彼らにとってもっともコストのかからない解決を模索しうる．環境にやさしい行為へのインセンティブは大きく，それでもなお残る環境侵害については，国家が徴収した資金を害悪の除去，調整措置の策定，環境によい代替策の研究促進などのために用いることができる．それ自体環境負荷的な，ないしは重大な環境負荷のもとで生産された製品はきわめて高価になるため，消費者にとっても，このような製品をできるだけ使わないようにする，あるいはより環境負荷の少ない製品を買うようにするというインセンティブが生じる．このことはより環境負荷の少ない製品の市場機会（Marktchancen）を拡大する．

あなたがたがスーパーマーケットではレジで支払いをしなければならないとして，あなたがたはこのことを——少なくとも私の考える限り——自分の経済

---

[51] *Endres* (Fn.43), S.27 を参照．

的活動の自由の制限だとか,あるいはそれどころか「官僚制的なお節介」だとはみなさないはずである.しかし,企業が公的な環境財の使用に対して支払いをしなければならない場合,この支払義務は「刑罰としての性格」をもつことになる[52].この目的のために煙突や排水溝に測定器が取り付けられたり,国家の役人によって検針が行われたりすると,これは監視国家的な官僚支配だということになるのである![53]

環境公課がこのようにして批判される場合,この批判は,現行法のあり方を特徴づけるような公課の徴収を中止することが市場経済に適合的であり,自由主義的共同体にふさわしいという根本的な誤謬に基づいている.しかし,なぜ無料での環境財の利用が市場経済にとって不可欠なものであることになるのか?事実はまったく逆である:環境負荷が公共にとって莫大なコストを生じる原因であることは,今日,一般に知られている.ドイツでは,環境侵害のコストは年間1000億マルクを超えると算定されている[54].この数字は,1981年のドイツの株式会社の収益総計の13倍である[55].

経済学の用語法では,これは製品の「外部コスト(externe Kosten)」であり,もちろん私たちの環境汚染的消費行動の外部コストでもある[56].たとえば火力

---

52) BDI (Fn.48, 1984); *R. Rodenstock* (BDIの会長である), Wirtschaftsdienst 1984, S.167:「過料としての性質」があるという.

53) たとえば,*Rodenstock* (Fn.52), S.168は,環境公課の賦課と徴収に際しての「官僚による無駄遣い」を批判する.

54) *L. Wicke* (Fn.47), S.9ff., まとめとしてS.122ff., m. w. N. *Wicke*によれば,損失は大気汚染だけで年4800万マルクに上る.この額に,たとえば家屋や鉄骨建築物,森林や最終的にはひとの健康への損害評価が合算される.そうすると,大気汚染が引き起こす呼吸器疾患は,毎年23億から58億マルクと見積もられる(S.55).たとえば聖堂の「石材浸食」やステンドグラスの破壊といった芸術品の損害は,この計算にはまったく含まれていない(S.56f.)—こうした評価とは異なる控え目なものとして,SRU (Fn.3), Abschn. 1.4.2, とりわけTz.228.

55) *Wicke* (Fn.47), S.130.

56) 「外部コスト(外部効果)」あるいは「社会コスト(社会効果)」については,とりわけ*K. W. Kapp*, Soziale Kosten der Marktwirtschaft, 1977; さらにたとえば,*Bonus* (Fn.40), S.85ff.; *Endres* (Fn.43), S.10ff.

発電によるエネルギー生産，鉄鋼生産，あるいは化学製品がもつ環境汚染的な結果やそこから生じるコストは，現行法ではその大部分が，そして多くの領域で完全に，一般市民に転嫁されており，一部では森林所有者といった特定の住民グループに転嫁されている．問題となっているのは，生産者は負担する必要がなく，むしろ私たちみなが，製品から恩恵を受けているか否かにかかわらず，負担しなければならない生産コストである．

一般市民による外部コストの引き受けは，経済的に見れば，環境負荷行為の助成同然である[57]．そして助成は，たとえそれが企業にとって公課よりも好ましいとしても，もはやまるで市場経済の手法ではない．むしろ，市場メカニズムの本質的な要素は，判断権者が自ら——リソースを要求することによって，つまりは環境財に負荷をかけることによって——引き起こした〔環境財の〕欠乏状況をコストとして負担するという点にある[58]．

生産や他の環境負荷的活動から生じる社会的な結果コストを環境公課の助けを借りて内部化[59]することが，ようやく再び市場経済的な自由の基礎条件，すなわちすべての市場参加者の競争機会の平等を作り出す．つまり外部効果の社会化は，経済的競争において環境にやさしい製品や環境にやさしい生産をする企業がもつ可能性を著しく阻害することになるのである[60]．

たしかに，環境公課の結果，国際的な競争での不平等が生じうることが見過ごされてはならない．しかし，このことは，本当に克服しようという気があるのであれば，克服できない障害ではない[61]．

---

57)　*L. Wegehenkel*, in: ders., (Fn.43, 1983), S.221; また，*H. Sendler*, Wer gefährdet wen: Eigentum und Bestandsschutz den Umweltschutz – oder umgekehrt?, UPR 1983, S.33 (41) も参照．

58)　*Endres* (Fn.43), S.3ff., 50.

59)　この点につき，たとえば *B. A. Endres*, Die pareto-opimale Internalisierung externer Effekte, 1976; *H. Bonus*, Neues Umweltbewußtsein – Ende der Marktwirtschaft?, List Forum 1977/78, S.3 (15ff.).

60)　たとえば，*Endres* (Fn.43), S.28 を参照．

61)　この障害を克服するための戦略は，本稿では示すことができない．とはいえ，その出発点は，外部コストの内部化が欠けていることは経済的に見れば製品の助

3. 自由と配分参与

公的な環境財の利用[62]は，公共の財の配分に参与すること (Teilhabe) である[63]．環境利用の自由はその限りで性質上，配分参与の自由である．行為の自由と配分参与の自由との間の解釈学上の違いはよく知られている：行為の自由の国家による制限には根拠が必要であり，限定的にしか許されないのに対して，〔配分参与の場合〕原理的に限定されており，根拠を必要とするのは，配分参与の制限ではなく，むしろ配分参与の要求である．配分参与とかかわりをもつ財は有限性をもつため，無限定の配分参与はありえないのである[64]．

これに対して，環境汚染の自由は，支配的な憲法学説においては経済的な活動の自由，職業の自由，一般的行為自由のあらわれとみなされている[65]．このことは純粋に法技術的に考えれば正しい．それは，誰もが大気や水も人間の環境利用の激しさによって「乏しく」なってきたことを知っているにもかかわら

成なのであって，それゆえ—価値判断として見れば—，国家Aにおける環境保護ではなく，国家Bにおける環境に有害な生産方法に対する助成が競争の歪みを引き起こしているという事実認識でなければならない．—このほか，一部には，競争問題はしばしば述べられるほど深刻なものではまったくない，という意見の一致も見られる．この点につき，*Wicke* (Fn.47), S.146f.

62) 公共財の経済学的理論については，たとえば *Bonus* (Fn.40); *Wicke* (Fn.33), S.38f.

63) したがって，このことは財産権者やその他の利用権者による私有財産に含まれる環境財の利用については妥当しない．しかし，このことによって，私有財産に含まれる環境財（農業経営上利用可能な土壌，ビオトープなど）が，同時に「保護に値する共同財産」であることが否定されるわけではない．*H. Sendler* (Fn.57), S.42 を参照．

64) たとえば，*R. Breuer,* Grundrechte als Anspruchsnormen, Festg. BverwG, 1978, S.89ff.; *K. Stern,* Das Staatsrecht der Bundesrepublik Deutschland, Bd. 1, S. Aufl. 1984, S.933ff. m. w. N. を参照；また *D. Murswiek*, Grundrechte als Teihaberechte, soziale Grundrechte, in: *J. Isensee/ P. Kirchhof* (Hrsg.), Handbuch des Staatsrechts der Bundesrepublik Deutschland, Bd. V (SV. II37) も参照．

65) たとえば，*D. Rauschning,* Staatsaufgabe Umweltschutz, VVDStRL 38 (1980), S.167 (184f.) を参照．財産権も環境汚染の権利の根拠づけに援用される．これに反対するものとして，*Sendler* (Fn.57), S.41.

ず，公的な環境財が相変わらず経済的には「無償財（freie Güter）」——つまり無料のものとして汚し，利用しうる財——とみなされていることが正当であるのと同程度の正しさである[66]．

わずかな財が過剰利用によって使用不能とされれば，この財の利用に対する配分参与の自由ははっきりと終わりを迎える．殺された雌牛からはもはや乳を搾ることはできない．学問上の言説としては，本当は次のようにいうべきであろう：雌牛から乳を搾る自由の可能性は，雌牛が存在し続けて殺されないために必要不可欠な条件づけに依拠している．

それゆえ，現実に「乏しい」財は，法的にももはや「無償財」として取り扱われてはならない．国家は公的な環境財を法的規律に基づいて「管理」しなければならず，そうすることで，実際には常に配分参与であったが，法的には行為自由とみなされてきた自由を維持し続けることができる．このことからは，私の自由の弁証法に関する第4のテーゼが生じる：

配分参与に関する自由の可能性を保持するためには，配分参与に関する自由の制約が必要である．

環境利用の自由の制限は，それに対応する配分参与要求が基本法から導き出しうる場合に，憲法上の限界をようやく見出す．

しかし，環境の破壊が阻止されねばならないだけではない．利用の争いも規律されなければならない．わずかな財の利用をめぐる多くの利用利益が競合する場合には，ある者がその配分参与の自由を他の者の自由を犠牲にして過度に拡大しないように，利用権限の分割と割り当てに関する法的規律が必要となる．それゆえ，自由は配分の公正の問題，つまり平等の問題となる：配分参与の自由は法的に制約されなければならず，そうすることによって可能な限り多くの者の配分参与の自由が最適に実現されうる[67]．

---

66) *Sendler* (Fn.57), S.38 を参照すれば十分である．
67) 市場メカニズムのなかで配分問題の最適な解決を見出すのは当然である．しかし，公共財についての「市場の失敗」に鑑みれば，このことは少なくとも，制度的な予防措置—すなわち自由制約的な法的規律—によって市場メカニズムが機能するため

V. 結び：環境修繕法から環境法へ

　環境修繕法（Umweltreparaturrecht）から実効的な環境法へと至るためには，公的な環境財がその「無償財」という性質をもうそろそろ喪失し，法によって包括的に保護される財という性質をもたなければならない．このためには，こうした財についての国家の包括的かつ排他的な利用・割り当て権限という意味での「国有化」が望まれるわけでも，必要なわけでもないが，原因者負担原則の徹底した適用，すなわち，たとえば環境公課による環境負荷コストの内部化が望まれるし，必要である．

　ここまで見てきたように，このことは新たな法律による規律なしには不可能である．しかし，法律上の規律と自由は必ずしも相互に対立するものでないこともまた見てきた．自由の多元性に鑑みれば，環境保護においては「疑わしきは自由のために（in dubio pro libertate）」という表面的な自由主義の基本命題は，たとえばきれいな空気を吸う自由に対抗する大気汚染の自由のように，自己の環境利用の自由を他の環境利用者の自由に対して貫徹しようとする利益集団にとっての闘争スローガンとしてしか役に立ちえない．

　これに対して，自由主義的法治国家はまさに立法国家として自由実現のための制度体であることが銘記されつづけるべきである．

　国家の法律がもつ自由制限的な機能と自由実現的な機能との間には，常に微妙な関係性がある．共同体の自由さは，法秩序のなかでこの両機能の収支が決算されるときに，どれだけ黒字が大きいかで示される．できる限り黒字決算を達成するという目的を見失わなければ，法治国家的な理由からだけでも，環境保護についての柔軟な経済的手法には硬直的な命令・禁止に対する優位性が与えられねばならないことになる[68]．

　　の前提条件がまずもって作り出されることを前提としている．*Bonus* (Fn.40), S.79, 84ff., 93ff. を参照．
68)　前述Ⅱ.3.での諸条件が満たされる限りにおいてである．

より少ない規制は，——ごく簡単に示唆できたように——相当により効果的な環境保護をもたらしうる．しかし，規制がより少ないことは，実体的な環境保護義務がより少ないことを意味してはならず，環境負荷の減少への原因者の自己利益を作り出す，法律上の秩序枠組みによる自由の制限を意味すべきであって，このようにして環境保護についての自己責任が現実的に可能となり，多くの行為規範をもつ密度の高い規範体系が大幅に不要とされうる．

これに対して，こうような枠組み条件の規律をも規制だと非難し，たとえば公課による解決を強制措置・刑罰措置として拒否する者は，私たちの環境の危機がますます増大することに貢献している．環境の破壊は，見てきたように，私たちの生活基盤の破壊であるだけでなく，それ以前に私たちの自由の基礎の破壊である．

今日，私たちはまだ経済的な，比較的負担の少ない手法によって危機に対抗することができる．しかし，たとえば，土壌汚染や地下水の過剰消費の結果として生じないとも限らないような，著しい飲料水の不足が起こったとしたら，今日まるで考えもしない峻烈な強制的統制措置が不可避となろう．自由の条件はやはり時代的な側面をもつ．

このことからは，私の自由の弁証法に関する第5のテーゼが生じる：

自由の事実上の前提条件を破壊する自由が時宜に即して制約されなければ，自由はその後，いっそう徹底した自由の制約によってしか保護されえなくなる．こうして，自由は自分自身の首を絞めるのである．

環境政策的な視角においては：

環境利用の自由を時宜に即してエコロジーに必要な範囲で制限しない法秩序は，後になって，この自由さの代償をさらなる不自由によって購わなければならない．

解　題

　本稿は，Juristen Zeitung（JZ）43巻21号（1988年）に掲載された，Freiheit und Freiwilligkeit im Umweltrecht —— Mehr Umweltschutz durch weniger Reglementierung? —— と題する論文を訳出したものである．本論文は，著者が1988年5月11日にゲッティンゲン大学で行った着任記念講義の内容を加筆・修正したものとなっている．読み手（聴き手）に非専門家や学部学生などをも想定していたためか，本論文は多くの実例を紹介しながら丁寧に論理を展開しており，論理の明快さに定評のある著者の作品群のなかでも最も読みやすい部類に入る．Murswiek環境法学・環境憲法学を理解する上で，格好の入り口といえよう．また，本論文は著者の基本権論と環境（憲）法論とを架橋する内容ともなっており，本書のⅠ部とⅡ部とをつなぐ役割をもちうる．

　本論文で問題とされるのは，論文タイトルが示すように，環境法の理念や環境保護という政策目標の実現との関係で，「自由や自主性」がいかなる意味をもつかである．環境政策においては，複数の政策実現手段を組み合わせ，それぞれの手段がもつ短所を補いつつ，政策目標の達成を目指す，いわゆる「ポリシーミックス」の有用性が主張される．ポリシーミックスにおいて用いられる主な手段としては，①規制的手法，②経済的手法，③自主協定が挙げられることが多いが，このうち①は法的な介入を意味するため，最も「自由や自主性」からは遠く，②・③と進むにつれ，「自由や自主性」を重んじる手法となるというのが一般的な理解であろう．それゆえ，③の自主協定は，事業者の自主的・自発的な環境保全対策によって政策目標を実現しようとする点で，最も「自由や自主性」に配慮した手法であり，憲法上保障された個人の自由とも折り合いがよいとされるのである．

　しかし，著者はかかる見方に疑念を向ける．「『立法者の介入か個人の自由か』という二者択一は，それが，たとえば工場設備が大気を有害物質で汚染する企業の自由のような，環境汚染者の自由のみに対応するものである時点で支持できない．その空気を吸わねばならない人間の不自由は脇に追いやられたまま」

だというのである．ここで著者は，従来の評価が国家（立法者）と事業者（環境汚染者）との二者間での関係のみを前提とし，環境汚染によって損害を被る者の存在を考慮してこなかったと指摘する．そして，環境問題を捉えるにあたっては，国家／環境汚染者／被害者という法的三極関係が重要であり，「国家は，個々人の基本権によって保護された法益を他者による侵害からも保護することを義務づけられている」という国家の基本権保護義務を前提として，あらためて政策実現手段の評価が行われるべきことを主張している．

さらに著者の疑念は，従来の議論が環境財を「無償財」と理解してきたことや，「環境汚染の自由」を経済活動の自由といった自由権の論理で語ってきたことにも向けられる．著者によれば，環境財はもはや現実的に「乏しい」財であり，「法によって包括的に保護される」べき財であるし，環境利用（汚染）の自由はかかる有限の財を利用するという意味において行為自由ではなく「配分参与の自由」である．かくして，環境問題に取り組む上では「自由と自主性」がそれほど実効的な働きを示さないこと，むしろ，法律による規律が必要であり，それによる適切な範囲での自由の制約を通じてはじめて自由が基礎づけられることが明らかにされる．

本論文で特徴的なのは，こうした論証が著者の「自由」観というかたちでも示されている点である．著者が示す「自由の弁証法（Dialektik der Freiheit）」についての5つのテーゼは以下の通りである．

第1テーゼ：ある者の自由は他の者の不自由である．

第2テーゼ：自由の制約は自由をはじめて可能にする．つまり私人による介入に対抗するための自由は，法律がこうした介入を禁じているときに，そしてその限りにおいてのみ存在する．

第3テーゼ：自由の制限は，自由行使の可能性の条件でありうる．

第4テーゼ：配分参与に関する自由の可能性を保持するためには，配分参与に関する自由の制約が必要である．

第5テーゼ：自由の事実上の前提条件を破壊する自由が時宜に即して制約されなければ，自由はその後，いっそう徹底した自由の制約によってしか保護さ

れえなくなる．こうして，自由は自分自身の首を絞める．

　自由を間主観的に捉える著者の理解はかなり独特のものであり，リベラリズムに立脚する対国家的な自由観とは一線を画す．むしろ，著者は，国家の基本権保護義務論をベースに，国家が自由との関係で果たすべき積極的な役割にかなり高い期待をかけているといえるだろう．かかる理解は，教授資格論文である Die Staatliche Verantwortung für die Risiken der Technik, 1985 や，その後の著書である Umweltschutz als Staatszweck, 1995 でも展開されているものであり，*Murswiek* 基本権論の 1 つの特徴をなしている．

　かかる自由観・基本権観には批判も多く，自由保障との関係で国家，とりわけ立法者に大きな期待をかける点をあまりにも楽観主義的に過ぎると批判することも容易い．しかし，本論文の冒頭や締めくくりで示されたように，著者の理解が，環境（憲）法学・環境政策学においてしばしば見られる「自由制約的な規範の廃止によって自由が拡大される」との楽観論に対する疑念ないし悲観的評価から生まれていることにも留意すべきである．

第7章

科学技術の発展に対する行政法による対処

Die Bewältigung der wissenschaftlichen und technischen
Entwicklungen durch das Verwaltungsrecht

訳・解題　米田雅宏

「科学技術の発展に対する行政法による対処」

小目次

Ⅰ. 序　論

Ⅱ. リスク評価の根拠が不確実な場合における損害予防
　1. 最低限度の安全性水準の具体化においてリスクを考慮に入れる基準
　2. 経験的に十分に裏づけられていないリスクに対処するアプローチ
　3. 試行錯誤
　4. リスク調査
　5. リスク評価の政治的特徴について
　6. リスク評価と手続
　7. 代替案に対する開放性

Ⅲ. プロジェクトを横断する技術的影響の管理

Ⅳ. 社会的影響並びに間接的な技術的影響
　1. 社会的影響
　2. 間接的な技術的影響
　3. 技術に対し包括的に対処することの不可能性

Ⅴ. 結　論

解　題

I. 序　論

　科学技術の発展に対処することが，なぜ法にとって特別な課題となるのだろうか？　その他の規律に伴う問題とは区別された固有の問題を投げかける，科学技術の発展の特徴とは，一体何だろうか．

　現代の科学技術[1]は，とりわけ次のような特徴で示されると言ってよい．

1．第一に，現代の科学技術は，技術哲学者らが科学技術によって世界が形成されるプロセスを"第二の創世記"と名付けるほどに，人間の行為能力や自然に対する影響力，自然的・社会的環境の形成能力を高める[2]．

2．第二に，第一次産業革命以降の技術による世界の具現化プロセスは，世界を変革する技術的能力を持続的に蓄積させるのみならず，とりわけ加速度的な速さで，その革新をも推し進める．我々が今日生きている世界は，我々の祖父母ないし曾祖父母の世界と，それが中世の生活世界と異なるよりもはるかに大きく異なっている．

3．第三に，技術システムに伴う多様なリスク，付随的並びに事後的影響は，もはや伝統的な"生活上の経験"によって評価することはできず，多くの部分において高度の知識を有する専門家によってのみ――しかも個々の専門領域においてのみ――認識可能である．

　もっともこのような傾向を現代の科学技術は今になってはじめて示しているのではない．科学技術が誕生して以来，つまり技術がデカルト自然科学と結び付いて以来，すでに示していたものである．技術とデカルト自然科学のこの結

---

1)　これについてはたとえば，*F. G. Jünger*, Die Perfektion der Technik, 5. Aufl. 1968 ; *H. Freyer/J. C. Papalekas/G. Weippert* (Hrsg.), Technik im technischen Zeitalter, 1965; *H. Freyer*, Gedanken zur Industriegesellschaft, 1970, S. 133ff., 145ff. : *H. Lenk/S. Moser* (Hrsg.), Techne, Technik, Technologie, 1973 ; *L. Mumford*, Mythos der Maschine, deutsch 1974.

2)　*H. Freyer*, Schwelle der Zeiten, 1965, S.162f., 233; たとえば *H. Jonas*, Das Prinzip Verantwortung, 1979, S. 26ff. も参照．

び付きが,産業システムにおいて未だかつてない力を発揮したのである.現代の科学技術に由来する様々な問題に対応することは,19世紀前半から既に法の任務であった[3].憲法レベルでは市民的法治国家の形成が技術的産業的発展を促す市場経済の力を開放する一方,技術的産業的発展を促しつつも,それが公益と親和的な道を進み,第三者の法益を侵害しないよう法的な基盤を補強することは,当初から法治国家的行政法の役割であった.法治国家的行政法ははじめから技術法でもある.石炭鉱業と蒸気機関車は技術革命を促したが,行政法は収用法によって鉄道に道を開き[4],さらに営業法による産業施設の事業許可でもって隣人の法益保護のみならず経営者の存続保護,つまり投資の安全性をももたらした.そしてそれは,民事法上の防御請求権を排除することによってさらに強化された[5].

そしてこのような二面性を,技術を対象にする行政法は今日まで維持し続けている.技術を対象にする行政法は,技術を制限する法であるのみならず,多くの場合技術を促進する法でもある[6].しかし決して技術を防止する法ではない[7].

---

3)　技術法の歴史については,*M. Ronellenfitsch*, Die Bewältigung der wissenschaftlichen und technischen Entwicklung durch das Verwaltungsrecht, DVBl. 1989, S. 851 (856ff.) などを参照.

4)　*E. Forsthoff*, Lehrbuch des Verwaltungsrechts Bd. Ⅰ, 10. Aufl. 1973, S. 318. を参照

5)　これについては,*D. Suhr*, Immisionsschäden vor Gericht, 1986, S. 45ff. を参照.

6)　これを明示するものとして,たとえば原子力法1条1号.イミッシオン防止法における促進目的については,*D. Murswiek*, Die staatliche Verantwortung für die Risiken der Technik, 1985, S. 308ff. (SV. Ⅰ2) を参照.

7)　*C. Degenhart*, Die Bewältigung der wissenschaftlichen und technischen Entwicklungen durch das Verwaltungsrecht, NJW 1989, S. 2435 (2436) も参照.例えばDDTの禁止(DDT法1条)のように,技術を絶対的に禁止することは非常に限られた稀有な例外なのであって,生産領域全体にまで禁止が及ぶというようなことはない.禁止があったとしてもそれはあくまで個々の製品のみを対象とするものであ

技術に対処するということは，行政法にとっては今に至るまで，技術を通じた現実化の過程で生じる影響を法的利益の保護のために適切に限定することを意味する．計画法は別として技術を対象にする行政法は，技術を制御したり構築したりする法などではなく，付随的影響を制限する法なのである[8]．

技術が人間の生活環境を形成すべく広範囲に介入すればするほど，行政法による損害配慮[9]の意味はますます大きくなる．科学技術に関する知識や能力の急速な増大は，同時に我々の無知の領域，厳密に言えば法的に意味をもつ無知の領域を広げる．というのも，我々が技術的手段を通じて世界をより強力に，また広範囲に変更することが可能になればなるほど，僅かな部分しか知り得ない技術的発展を制御するために我々が知らなければならない技術を用いた活動の付随的ないし事後的影響は一層大きく，また広範囲に広がるからである．このため，行政法の予防的機能が特に強く求められるのである．

理事会との申し合わせに従い，私は遺伝子工学を題材にして我々が取り組むべきテーマについて報告しなければならない．遺伝子工学は，一方で生命の生

る．遺伝子工学をヒトに適用することに関しては，すでに比較的広範囲な禁止が存在するが(Fn. 50を参照)，遺伝子工学全体を対象とするような禁止は存在しない．むしろ遺伝子工学は国家によって大規模なレベルで推進されている（1982年以来，連邦研究技術省によって1,400万ドイツマルクが用意された．1990年から1994年までは1,200万ドイツマルクが計画されている．1989年10月18日付けFAZより）．

8) "付随的影響"という概念は生態学における議論では評価が定まっていない．というのも，この概念は些細なものであることを表す概念として誤解される可能性があるからである．私はこの概念を，意図された影響と意図されていない影響とを区別するために用いている．もっともだからといって，技術が本来意図したものと同時に生じる影響が，その効果において意図された影響よりも"より重要"でありうるということを否定するものではない．従って"付随的影響を限定すること"は"付随事項"ではなく，技術を対象とする行政法の"主要事項"である．

9) 行政法の配慮機能ないし予防機能に関して，数ある文献の中から挙げるとすれば，例えば *G. Feldhaus*, Der Vorsorgegrundsatz des BImSchG, DVBl. 1980, S. 133ff.; *P. Marburger*, Atomrechtliche Schadensvorsorge, 1983 ; *F. Ossenbühl*, Vorsorge als

物学的基本構造に手を加えることで技術を通じた世界創造を新たな段階へと導くものであるが，他方で我々が殆ど見積もることのできない多様なリスクをもたらすものでもある．*Ipsen* は，既に第一報告者として技術安全法の規律システムとこれにかかる一般的な問題について報告したため，このテーマに立ち入ることはしない．特に科学技術的イノベーションが持つ動態性に法をダイナミックに適合させることについて触れることはできないが，新しい技術への対処にかかわる二つ目の大きな横断的テーマ，つまりリスク評価の根拠が不確実な場合における損害予防という問題について検討しなければならない．その検討の後，行政法によって技術に対処することの限界にかかわる若干の問題について触れることにしたい．

II．リスク評価の根拠が不確実な場合における損害予防

　危険防御の枠内での伝統的な法益保護は，——技術安全法においてもまたそうであるが——経験，とりわけ技術者の経験と経験的科学の知識に裏付けられた，起こりうる事象の予測に基づいている．しかし科学技術の発展は常に，人がまだいかなる経験も有していない新しい技術や製品を生み出す．この場合において多少とも信頼のおけるリスク評価を行うことは，経験的根拠を持たない以上，不可能である．今日における最も重要な例は，遺伝子工学の発展である．1972年にはじめて遺伝子工学の実験が行われたが，核酸分子を新たに結合し，それを受容器官に注入させることによって作物の遺伝的特徴を技術的に変更することは，今日，日常的に実施されている．連邦共和国だけで800の遺伝子実

Rechtsprinzip im Gesundheits-, Arbeits- und Umweltschutz, NVwZ 1986, S. 161ff.；*E. Denninger*, Der Präventions - Staat, KJ 1988, S. 1ff.；*F. Nicklisch* (Hrsg.), Prävention im Umweltrecht, 1988；*E. Rehbinder*, Vorsorgeprinzip im Umweltrecht und präventive Umweltpolitik, in : *U. E. Simonis* (Hrsg.), Präventive Umweltpolitik, 1988, S. 129ff.

験室がこれまで特別な法的根拠もなく[10]稼働しており[11]，これにかかわる産業界は——諸外国では既に遺伝子組換え作物が市場に出回っているが——我々にもビッグテクノロジーの使用を強く迫っている．

リスク評価のための経験上の出発点[12]は，これまでに一般に行われている安全対策を遵守して遺伝子操作技術の手法を用いた場合に深刻な損害が発生するといった知見は実証されていない，ということによって特徴づけられる．しかし他方で，なお否定されていない，経験上想定しうる多くのリスクが存在する．これは，遺伝子が変更された生物が意図せざる放出により閉鎖された施設の外で示す反応において特に当てはまるが，意図された放出であればなおのこと妥当する．この点において，損害をもたらす事象プロセスを経験によって予測することは制限される[13]．

リスク評価の根拠に関するこの種の不確実な状況において，行政法はどのようにして法的利益を十分に保護することができるだろうか．

---

10) もっとも遺伝子工学にも適用可能な，二，三の規則は散在している．これについては，*A. Pohlmann*, Genetechnische Industrieanlagen und rechtliche Regelungen, BB 1989. S. 1205ff.；*W. Richter*, Genetechnologie als Regelungsgegenstand des technischen Sicherheitsrechts, 1989, S. 69ff. 遺伝子工学のために特別に策定されているのは，連邦研究技術大臣によって制定された"試験管で新たに結合された核酸による危険からの保護に関する指針"（5. Neufassung vom 26.5.1986, BAnz. Nr. 109）のみである．この指針は，遺伝子業務に関する標準的な安全基準を定めているが，しかし法規範としての性質を持たず，連邦研究技術省による補助金交付要件として適用されたり，補助金が支給されない使用者による任意の自己拘束によって，事実上妥当しているにすぎない．*Richter* (Fn. 11)，S. 117f. など参照．

11) 1989年3月3日付け FAZ

12) これについては，特に調査委員会報告"遺伝子工学のチャンスとリスク"を参照．BT-Drs. 10/6775=1/87 特に S. 194.ff.; さらにたとえば，*R. Kollek/B. Tappeser/G. Altner* (Hrsg.), Die ungeklärten Gefahrenpotentiale der Gentechnologie, 1986；*K. M. Groth*, Die gentechnische Herausforderung, KJ 1988, S. 247 (253ff.)；*Richter* (Fn. 11), S. 9ff. など．

13) 遺伝子工学の問題を規律するための法律の政府草案の理由書（BR-Drs. 387/89, S. 20f.）も参照．この草案の第1条は，"遺伝子工学の規律のための法律（遺伝子工学法 GenTG）"を含んでいる．以下では，EGenTG と称す．

1. 最低限度の安全性水準の具体化において
   リスクを考慮に入れる基準

まず問われるのは、最低限度の安全性水準を具体化する際、果たして、経験上不確実な予測根拠に基づくリスクもまた考慮しなければならないのか、特に施設の設置許可や、たとえば遺伝子工学にかかる放出許可を拒否することができるのか、という問題である。この点、まず、いかなるケースにおいても認識されていないリスクについては考慮する必要はない。というのも、それは、連邦憲法裁判所が考えたように[14]"避け難い"から、またしたがって"社会に適合的である"からではなく、これを考慮するための法律上の根拠が一切存在しないからである。

しかし経験上不確実であるのは認識されたリスク、つまり有害な因果関係を仮説として想定することのできるリスクも含みうる[15]。

最低限度の安全性を許可の要件とし、そのために"科学の水準"を参照することを求める法律上の抽象的な安全基準は、一般的な理解によれば、経験によって裏付けられたリスクの認識状況に向けられている。経験というのは、間主観的に審査可能で追体験可能な、リアルな外部世界との唯一の入り口であるこ

---

14) BVerFGE 49, 89 (143)—カルカー決定。連邦憲法裁判所は、"実践理性の閾値を超えた"不確実性と結び付けている。（しかし）連邦憲法裁判所が認めたのとは異なり、この不確実性の原因はいつも人間の認識能力の限界にあるとは限らない。その実現が法的に無視されるほど蓋然性のない、認識されたリスクが問題になっていることもある。ゆえにそれは"避け難い"ものではない。また"避け難い"ものは、認識されていないリスクでさえない。なぜなら、（ほとんど）常に未だ認識されていないリスクが存在し、また新種のテクノロジーの場合、それは極めて大きいものでありうる、ということを経験が示しているからである。我々はこれらのリスクをテクノロジーを使わないことによって回避することができるだろう。しかし、通常我々はそれを望んだりはしない。

15) 理念型には経験に支えられたリスクと"純粋に仮説的な"リスクは区別される。しかし"仮説"は"経験的な認識"と対立するものではない。仮説は、多い程度に、また少ない程度に、経験的に裏付けることが可能だからである。*Murswiek* (Fn.6), S. 388 を参照。

とからも，これは変わることはない．しかしながら，1つの所与の経験的認識から全く異なる法律上の帰結が導き出される．

第1の可能性は，広く行き渡っている見解であるが，危険防御の枠内においてはただ，その実現可能性が経験的に証明されているリスクにのみ注目すべき，というものである[16]．しかしリスク，つまり損害発生の不確実性というのは，損害が発生し得ないと証明されていないところでは常に存在するものである．ゆえに（第二の可能性として）私見によれば，経験的知識に裏付けられた，損害発生の十分な蓋然性があれば，それだけで危険を基礎付けなければならず，この場合たとえば許可を拒否しなければならないこととなる[17]．

第三の可能性は，損害を惹起するリスク源の特徴を経験に基づき証明する立証責任を問題とし，リスク惹起者にこれを要求するというものである[18]．第一の見解によれば立証責任は事実上，リスクの潜在的犠牲者か行政庁が負うことになるが，第二の見解であれば，比例適合性原理に基づく調整を導くことになる．

しかし，経験的な基礎データがいずれにせよ多くの領域において依然全く不十分な，遺伝子工学のような新しい技術の場合，果たしてこのような調整によ

---

[16] たとえばBVerwG, 22. 12. 80, NJW 1981, S. 1393 (1395)；*A. Hanning/K. Schmieder*, DB 1977, Beil.14, S. 5；*H.-J. Papier*, DVBl. 1979, S. 162；*H. Schattke*, DVBl. 1979 S. 657. ヴィール判決において連邦行政裁判所は，"危険の疑い"は危険を意味しないという見解に講学概念的には従っている．しかし原子力法7条2項3号の特殊性を考慮に入れた理由付けであるにもかかわらず，内容的には，危険と同じように仮説的リスクが扱われている．しかし，ここでは紙面の関係上これを批判することはできない．BVerwGE 70, 300 (315f.)

[17] これについて詳細は*Murswiek* (Fn. 6), S. 378ff., 特に388f. など．同じく，たとえば*VGH Mannheim*, 30.3.82, ESVGH 32, 161 (190ff.) —ヴィール判決．

[18] たとえば，原子力法ないしイミッシオン防止法の許可について，*H.T. Schmitz*, Ermessen, Beurteilungsspielraum und Beweislastverteilung im atomrechtlichen Genehmigungsverfahren, in：Erstens Deutsches Atomrechts- Symposium, Hg. v. *R. Lukes*, 1973, S. 269 (283ff.)；*R. Nolte*, Rechtliche Anforderungen an die technische Sicherheit von Kernanlagen, 1984, S. 82f.；*H. Schmatz/M. Nöthlichs/H. P. Weber*, Immssionsschutz. Kommentar zum BImSchG, Stand 1989, §5 Anm.4.1.4. 参照．

って十分な信頼性が確保されるかどうか問われることになる．未だ調査されていない危険が，場合によっては既に経験上証明されたリスクよりも極めて大きいということもありうる[19]．

しかし，リスク源からはいかなる損害も発生しえないことをリスク惹起者が経験に基づき証明しなければならないというような立証責任の転換が問題になることはない．そもそもこのような証明をリスク惹起者が行うことは，認識理論的に見ても不可能だからである[20]．リスク惹起者が可能なのは，せいぜい原因結果関係にかかる具体的な仮説が誤りであることを証明することに過ぎない．これは，新しい技術やその利用を認める許可要件ともなりうるであろう[21]．ここで比例適合性原理を当てはめるならば，次のようになる．審査すべき仮説は十分に説得力あるものでなければならないが，経験によるその誤りの証明は損害が起こりえないことを必ずしも積極的に証明する程度にまで求められる必要はなく，――潜在的な損害との関係において――損害が起こりえないことの"十分な"蓋然性を明らかにする事実が突き止められればそれで足りるとしなければならない，と．

---

19) たとえば，*Groth* (Fn.12), S. 255, 259. 参照．

20) *F. Hansen-Dix*, Die Gefahr im Polizeirecht, im Ordnungsrecht und im Technischen Sicherheitsrecht, 1982, S. 174f. も参照．

21) 現行法はこのような立証責任の分配を，既に，損害ないし危険の排除を許可要件とする規範の適用において要請している．*Schmatz/Noethlichs/Weber* (Fn.18). を参照．例えば環境への有害な影響その他の危険を"惹起しない"ことが"確保"されなければならないとするイミッシオン防止法の許可要件（連邦イミッシオン防止法6条1号，5条1項1号）は，この立証責任の分配という意味において解釈することができる．他方で，遺伝子工学法12条2項4号並びに15条1項3号(Fn.13)における定式は，どちらかというと立証責任の伝統的な分配に有利な素材を提供している．原子力法7条2項3号は，一部の学説では立証責任を申請者に負わせる意味で解釈されている．*Nolte, Schmitz* (Fn.18) 参照．原子力法7条2項3号に関するヴィール訴訟の原告も表面上はそのように解釈しているようである．BVerwGE 72 300 (317f.) これに反対するのは，BVerwGE, 23.11.88, NVwZ 1989, S.670 ; BVerwGE 72, 300 (318). である．しかし，配慮の必要性という問題が科学的論争の存在に還元されることになる，そこで定式化されている反対の論拠は，私の見解によれば誤りである．

2. 経験的に十分に裏づけられていないリスクに対処するアプローチ

以上のような問題に加えさらに，経験的認識が十分でない結果，未知の有害な因果的事象が発生するリスクが非常に大きいことを経験一般が示すような問題状況もまた存在する[22]．これは特に，他の物質とともに相乗的（koergistisch）ないし共同的に作用する影響がしばしばまた多くは未知であるところの環境損害物質に当てはまる．このような知見の欠如という状況に対し行政法は，限界値を設定する際に[23]安全性を上乗せすることが未知のリスクを抑えることになる，ということで対応している．

かくして安全性を上乗せして限界値を設定することは，損害発生の不確実な可能性に対して法的に対処する，考えうる戦略の1つとなる．

その他の戦略としては，一度何も規律せず，どのような損害が発生するかを待ち，この経験に基づいて技術を制限する法を制定する，というものであろう．この試行錯誤による学習は，技術のみならず技術法の古典的な方法である．もっとも立法者は，原子力技術や遺伝子工学の大半の領域においてそうであるように，仮説的リスクが非常に大きいところではこのような方法で満足することはできないし，またしてはならない[24]．

そこでは第三の戦略が適用されなければならない．それは，相応しい手続規則によって，あるいは追加的に実体的なリスク究明義務によって，まずはリスク評価のための十分な経験的データが収集されなければならない，という戦略である[25]．

補完的な第四の戦略は，経験的には確実である因果的事象に伴うリスクに対しても用いられる戦略であろう．それは，特に技術的並びに経済的可能性の基

---

22) たとえば *Rehbinder* (Fn.9), S. 139. 参照．
23) 限界閾問題については，たとえば G. Winter (Hrsg.), Grenzwerte, 1986.
24) たとえば，*Marburger* (Fn.9), S. 68.
25) S. u. 4., auch 6.

準[26)]に基づいたリスクの最小化という意味において，危険閾下においてリスク配慮[27)]を行うという戦略である．

もっともリスクの惹起を絶対的に禁止することによって技術の仮説的リスクや未知のリスクを排除することも考えられるだろうが，これに伴う憲法上の問題は本テーマの対象ではない．

3．試行錯誤

仮に技術安全法という現代法がリスク分析とリスク予防を用いた試行錯誤による学習をできる限り避けようとしても，法律と法律より下位の法から成る安全規則体系が損害防止には不十分であることは実証されている．特別ではないという意味において，技術安全法における実験法律[28)]は異質な類型ではなく，既に通例の現象である．およそ重大な事故は，誇張して言えば施設の修復のみならず異常事象規則の修正をも必要とする．技術的安全システムのみならず法的安全システムも機能しなかったのであり，露呈した弱点は新たな安全措置によって取り除かれなければならない[29)]．

試行錯誤，そして大規模な損害が発生した後の法の修正は，化学製品の領域

---

26) *Murswiek* (Fn. 6), S. 252ff., 337f. m.w.N. 参照
27) これに関しては，*R. Breuer*, Gefahrenabwehr und Risikovorsorge im Atomrecht, DVBl. 1978, S. 829 (836f.) 並びに（Fn. 9）で引用された文献を参照．もっともこの構想は，放射線を最小限なものとするという要請を超え原子炉の安全性にも関連付けられる限りで，原子力法では評価が定まっていない．参照，*Ossenbühl* (Fn.9), S. 168f.
28) これに関しては，*M. Klöpfer*, Gesetzgebung im Rechtsstaat, VVDStRL 40 (1982), S. 63 (91ff.); *R. Stettner*, Verfassungsbindung des experimentierende Gesetzgebers, NVwZ 1989, S. 806ff. m.w.N.
29) 連邦イミッシオン防止法の成立は，営業法16条が対応していなかった大規模な環境損害に負っている（BT-Drs. 7/179, S.21f. 参照）．薬事法はサリドマイド事件への対応である（BT-Drs. 7/3060, S. 43 ; 7/5091, S. 5,7）．セベソ事故（イタリア北部で発生した工場からのダイオキシン汚染）は異常事象命令（StörfallV）の制定を（BT-Drs. 108/80, S. 24.），またサンドス事件（バーゼル近郊で発生したサンドス社の火災によるライン川への有害化学物質の流出事故）は同命令の改正をもたらした（BT-Drs. 585/87, S. 31）．

では常に行われている[30]．この領域では，多くの部分で未知な影響[31]を環境や人間の健康に対して及ぼす，100万以上の化学処理が加えられた45,000を超える化学物質が市場に出回っており，かくして，人間・動物並びに植物を対象とする大規模な実験が継続的に行われている．しかし，実験の条件を統制することは不可能であり，またその影響を突き止めることは疫学的研究によっても極めて難しい．

残存リスクというのは常に存在するものであるため，技術安全法が実験的特徴を帯びることは避けられないのである．したがって，許容されるリスクの受入れを実際上も暫定的なものとして把握すること，すなわち，十分な蓋然性がないとみなされる，また事前に予測することのできない付随的影響に注目して，許容可能な技術を体系的に統制することが一層必要となる．しかしながら特に深刻な損害については，はじめから出来る限り十分予防的戦略によって，つまり予防的リスク調査によって最小限にまで低減されなければならない．

4．リスク調査

例えば化学物質規制法は，新しい物質を用いる際に届出を求めている．またこの届出と同時に，届出られた物質が人間や環境に対して有害な影響をもたらさないことを示す審査証明書が提示されなければならない．したがって製造者は，届出る前に法律に列挙された一連の損害影響に照らして当該物質を審査しなければならない．これによって当局は，得られた情報を元にして必要な場合に禁止ないし制限を課すことが可能となる[32]．薬事法もまた新しい物質を導入

---

30) 化学物質規制法の政府草案の理由書を参照．BT-Drs. 8/3319, S. 16.
31) たとえば，*E. Rehbinder*, in : *E. Rehbinder/D. Kayser/H. Klein*, Chemikaliengesetz, 1985, Einführung Rn. 2 ; *R. Breuer*, Eingriffsmöglichkeiten nach dem Chemikaliengesetz, in : Chemikalienrecht, 1986, S. 155 (167).
32) 実務上最も重要な使い古した物質の危険な特徴を調査し評価するため，製造者並びに輸入者に一連の有害な特徴を文書で報告する義務を課すことを連邦政府に授権する法改正が目下，議会において審議中である．BR-Drs. 200/89.

する前にこのようなリスク調査を求めている[33]．

　これに対し，連邦政府が今年の8月11日に提出した遺伝子工学法案[34]は，遺伝子を操作したり，遺伝子が変更された生物を放出する際において，まだよく知られていないリスクについて何らの事前調査を求めることもなく，既存の経験的知識を用いることで十分としている．これは，その危険性がまさに調査されるべき遺伝子操作や放出を実施しないでこの領域で説得力あるリスク調査を行うことが困難，あるいは不可能であることにその根拠があるのかもしれない．

　したがって，この法案は，遺伝子が変更された生物を扱う際，評価不可能な生物学的リスクや事前に見通すことのできない生物と環境との多様な相互作用に対し，リスクを抑止し縮減する措置によって対処することを試みている[35]．これには特に，閉鎖された施設内でのみ遺伝子操作を実施することの要請も含まれる．これは，未知のリスクに対してはある程度の保護を与えることになるが，しかし放出の場合は同様の適用はない．

　かくして遺伝子工学法もまた，現在の知識水準に基づいて必要とされるあらゆる安全対策を遵守するものであるにもかかわらず，試行錯誤の原則に基づいて遺伝子技術に関する知見を獲得することを可能にする実験法律であるということになる．

　したがって，学説によっていずれの専門領域に対しても立法者に提言されている戦略，つまり継続的な安全調査という戦略を組み入れることは十分に説得的であると言える[36]．これによれば，たとえば，申請者には報告義務とともに――いずれにせよ放出の際には――プロジェクトに付随したリスク調査義務を

---

33)　§22 Ⅱ, 24, 5, 25 Ⅱ Nr. 2, 5 AMG
34)　S. o. Fn. 13.
35)　BR-Drs. 387/89, S. 21. の理由書を参照.
36)　*K. M. Groth*, Die gentechnische Herausforderung, KJ 1988, 247 (261) ; *F. Nicklisch*, Rechtsfragen der Anwendung der Gentechnologie unter besonderer Berücksichtigung des Privatrechts, in : *R. Lukes/R. Scholz* (Hrsg.), Rechtsfragen der Gentechnologie, 1986, S. 112 (126) ; *Richter* (Fn.11), S. 257f., 285f.

課すことができる．もしこれが実行不可能なのであれば，国家は，調査の委託によってであれ特別な施設の設置によってであれ，リスク調査の手はずを整えなければならないであろう．遺伝子工学法は，少なくともそのような調査を実施することを義務付け，それに対する責任を規定すべきであったと言える．

5．リスク評価の政治的特徴について

　行政によって考慮されるべきリスク評価に関し，経験上不確実な評価根拠を伴うリスクの問題は，その他のリスク評価の問題と基本的に異なるところはない．異なっているのはただ，それが，除去することが不可能な損害発生の蓋然性の程度の評価だけでも既に傾向的に大きな不確実性に覆われ，ゆえに広い範囲において主観的評価に依存している，という点のみである．

　法的に——特に許可の要件として——要請された安全性の範囲に関する，技術安全法の核心問題を解決するためには，以上のような予測的評価と並んで，どのようなリスクが"残存リスク"[37]として法律的にもなお受け入れ可能であるかという規範的価値決定を必要とする[38]．たとえば，"科学及び技術の水準に照らして必要とされる，損害に対する事前配慮"（原子力法7条2項3号）や，この水準に照らして"必要とされる安全措置"が講じられなければならない（遺伝子工学法15条1項2号）ことを求める法律上の抽象的な安全基準は，確かに，法的に要請される安全性の具体化が専門家鑑定によって客観的に与えられたデータを収集することによって実現可能であることを示唆するものである[39]．し

---

37)　これに関しては，*D. Murswiek*, Artikel "Restrisiko", in : HdUR Ⅱ, 1988, Sp. 267ff. (SV. Ⅱ25) m.w.N.

38)　たとえば，*H. Sendler*, Ist das Umweltrecht normierbar ?, UPR 1981, S. 1 (12) ; *Murswiek* (Fn.6), S. 375f. m.w.N.

39)　一般的行政規則あるいは技術的規則で規定された具体的基準，たとえば大気汚染防止技術指針（TA Luft）のイミッシオン値に，"予めされた専門家鑑定"としての資格を同指針に付与することによって一定の外部拘束力を与える構想は，このような考えに基づいている．たとえば*BVerwG*, 17. 2. 78, DVBl. 1978, 591 (593f.) ; *OVG Münster*, 12. 4. 78, NJW 1979, 772 (773) ; *R. Breuer*, Direkte und indirekte Rezeption technischer Regeln durch die Rechtsordnung, AöR 101 (1976), S. 46 (82ff.).

かし,自然科学的,技術的な関連性を解明することは,その具体化プロセスの一部に過ぎない.さらにこれに加えなければならないのは,科学的に説得力をもって根拠付けることのできない評価と,特にこれと実際上ほとんど区別することのできない,法的に受入れ可能な残存リスクに関する規範的評価である[40].もしこの判断を科学技術の専門家に委ねるのであれば,法定立権限並びに判断権限を国家に属さない委員会や私人に委ねることと同じことになるだろう.

技術安全法の典型的な規律システムは,技術法を単なる法技術,すなわち具体化プロセスを組織はしているが制御しない,組織と手続規定から成る構造へと空疎なものとしてしまった.その結果,民間の技術者組織や専門家委員会によって策定された技術規範の動態的かつ継続的な受容が,広範なテクノクラシーによる自己規律をもたらすことを可能にしたのである[41].

技術的発展の無条件の肯定や技術にかかる専門的知識に対する信頼が圧倒的多数の人々を支配しているあいだは,技術にかかわる規律の問題は,この問題を内容的に,また従って正しく取り扱うであろう専門家の手にその解答が委ねられるという意味において,"法の外の専門的問題"[42]であるかのようにみえた.(しかし)技術に対する楽観的な基本的コンセンサスの喪失は,このような考えの根を絶ち,十分な安全性をめぐる問題の規範的特徴を暴くこととなった.いずれにせよ今日,この問題に対する決着は,論争の続くキーテクノロジーにとっては極めて政治的な意味を持つのであり,かくしてこの問題の決着は,政治的に責任を負う国家機関によって行われなければならない.

---

40) "予めされた専門家鑑定"構想に対する批判は,このような考えに基づいている.たとえば*H. J. Papier*, in : Bitbürger Gespräche, Jb. 1981, S. 81 (91f.) ; *Murswiek* (Fn.6), S. 375f. m.w.N. 参照.

41) たとえば,*R. Wolf*, Zur Antiquiertheit des Rechts in der Risikogesellschaft, Leviathan 1987, S. 357 (365ff.) m.w.N.

42) たとえば,BVerwGE 61, 295 (299) ; これに反対するものとして,BVerwGE 77, 285 (287).

6．リスク評価と手続

　政治的な決定責任が果たされるようにするためには，手続法上の措置によって，リスク評価において与えられた判断並びに評価の余地が明らかになるように配慮されなければならない．

　特に重要なのは，本報告との関連では，規範を推奨しまたは助言する専門家委員会，たとえば"バイオセーフティー中央委員会（ZKBS）"の委員の構成と決定手続である．

　遺伝子工学法の草案によれば，バイオセーフティー中央委員会は確かに法律上は助言的な機能しか持たないが，公布される法規命令，行政規則並びに許可決定に対して事実上大きな影響力を持っている．しかし決定プロセスの透明性は確保されているとはいえない．助言の透明性や相談結果・相談記録の公表のほか，反対意見の提出権についても考慮されていない．このような不透明性によって，自らが遺伝子工学の利用者である，委員会で多数を形成する構成メンバーは，その価値基準を公表して代替的な評価を対照させることなく，自己の価値基準を貫くことができるようになっている．

　このような状況に対して必要とされるのは，推奨する規範の基礎をなす，科学的に正当化可能なリスク評価が，楽観的受入れから悲観的受入れまでの幅を示し，内容的に可能である限りで異なる評価や判断を基礎にした代替案が作成されることであろう．

　またさらにリスク評価のために，技術に対し批判的な専門家の意見を求めることも必要であろう．つまりそれは，異なる理解を前提とし，科学以前の，ないし科学の外の（vor- bzw. außerwissenschaftlich）立場から，専門家の多数とは異なる評価を行う専門家である．専門家の多数もまた自らの評価をその科学以前の，ないし科学の外の選好に左右されずに行うことなどできないからである．よって批判的な専門家らは，判断，解釈並びに評価に存する幅の存在を暴くために，少なくとも委員会に加わらなければならないか，あるいは委員会によって推奨された規範を批判的に検証するという依頼を引き受けなければならな

い．これによって彼らは，経験的知識を評価的判断から切り離し，執行権の政治的な責任領域をより明確に指し示すことに貢献することができるだろう．

7．代替案に対する開放性

　行政法もまた，我々の時代を支配する科学技術的パラダイムから逃れることはできない．行政法は科学技術の発展に対し，確かに法的価値によって対処することはできるが，認識基準によって対処することは不可能である．ただ新しい技術をめぐる政治的対立というのは，科学技術的パラダイムが自明性を失うことからも生まれる[43]．科学技術的パラダイムは，それが，終わりを見通せない未だかつてない能力の向上に向けて科学技術的に進展する時，増加し続ける人々にとっての自明性を失う．かくして技術に関する意見の対立は，あたかも宗教論争の性格を帯びることとなる．合理的な合意への試みは，それに必要な共通の基礎が失われてしまっているゆえに既に無意味となる．

　受入れ可能なリスクをめぐる争いに敗れた者は，如何なる抵抗権も持たない[44]．しかしこの敗者は，これにより，自己決定に基づいた生活形成を求める固有の権利まで失うものではない．この自由は，技術にかかる多数の者による政治的決定によって必要以上に制限されるべきではない．技術政策における原理的な見解の相違に直面するならば，開かれた社会の行政法は，代替可能な技術構想を不必要に制限せず，技術の利用者や消費者が有利に扱われる技術について自己決定が最大限に可能で，また"ソフトな技術"を利用する機会が均等に与えられるような条件を創出するように形成されるべきである．

　これについては1つだけ例を上げよう．それは，遺伝子工学によって作られた作物の法律上の表示義務である．この表示義務は，消費者に対する潜在的な健康リスクという理由によってのみ手続法上必要とされるのではない．個人の自己決定という理由からも必要とされる．表示義務を規範化することによって，

---

43)　そのような徴候は数多くあるが，そのうちの一つは，F. Capra, deusch 1983. の „Wendezeit"（『ターニングポイント』）の大ヒットである．

44)　J. Isensee, Widerstand gegen den technischen Fortschritt, DÖV 1983, S. 565ff.

行政法は同時に，伝統的な手法によって作られた作物とも公平な競争の機会を得ることができるのである．

Ⅲ．プロジェクトを横断する技術的影響の管理

ところで技術安全法による，具体的な施設と関連付けられたアプローチでは実現することができないものは，プロジェクトないし技術を横断するリスクの最適化である．原子力発電所や遺伝子工学施設の許可手続において，あまりリスクのない技術によってもプロジェクトの目的を達成することができるかといった問いも，リスクを伴って生産された製品をすべて諦めることはできないかといった問いも問題にすることはできない．この種の判断は，慎重に，技術システム，その総数，その生態的・経済的メリットとデメリットの全体的な考察の中で当該技術システムのそれ自体と結びつけてのみ行うことができるのである．

これは，政府レベルや議会によって制度化されなければならない，技術的影響評価の主要な任務である[45]．その評価の結果は，本来，新しい技術の促進や法律によるその条件の形成に関する判断を規律するものでなければならない．

現行の環境法や環境政策の実務では一部で既に実現されているが，なお展開され，また補完されなければならないここで考慮すべき制度に，私は時間の関

---

45) これに関しては，調査委員会 "技術的影響の判断と評価：技術的発展の条件の形成" の報告を参照．BT-Drs. 10/5844；調査委員会報告書並びに推薦書 "技術的発展の形成：技術的影響の判断と評価" を参照．BT-Drs. 11/4606；具体的な技術影響評価の例として，遺伝子工学によって製造された牛成長ホルモンに関する同委員会の報告書．BT-Drs. 11/4607. 膨大な文献の中から挙げるとすれば，たとえば，*T. W. Wälde*, Rechtliche Aspekte von "Technology Assessment", VerwArch 1976, S. 1ff.；*C. Böhret/P. Franz*, Technologiefolgenabschaetzung, 1982；*dieselben*, Die Technologiefolgenabschätzung als Instrument der politischen Steuerug des technischen Wandels？, 1985；*R. Graf von Westphalen* (Hrsg.), Technikfolgenabschätzung, 1988, m.w.N.；これら以外の紹介は，*Ronellenfisch* (Fn.3), Anm.64. にもある．

係上立ち入ることはできない[46]．個々のプロジェクトや作物の基準を規律している，技術システムと直接的に結び付けられた法律は，累積する技術的影響の全パースペクティブを起点とした管理によって補完される必要ある，ということを確認することでここでは十分としなければならない[47]．

IV．社会的影響並びに間接的な技術的影響

1．社会的影響

　技術を対象とする行政法は，技術による有害な影響から個人や公衆の法益を保護することに役立つ．それに対し，技術を対象とする行政法ではほとんどとらえることのできないものは，科学技術の発展の社会生活に対する多様な影響である．我々が生活し，また我々が自由を行使するための現実の条件のすべて

---

46)　例として言及されるべきなのは，環境計画（これに関してはたとえば*W. Hoppe/ M. Beckmann*, Umweltrecht, 1989, S. 89ff.），特に大気汚染防止計画（連邦イミシオン防止法 47 条．これに関してはたとえば *H. H. Trute*, Vorsorgestrukturen und Luftreinhalteplanung im BImSchG, 1989），補償による柔軟な解決方法を通じた老朽施設の改善（TA Luft 1986 Nr.4.2.10）と，一般的な経済的インセンティブの制度の投入（例えば *Bundesminister des Innern*, Bericht über den Einsatz marktwirtschaftlich orientierter Instrumente in der Lufteinhaltung, Umwelt Nr.104 v. 24.7.1984, S. 13ff.；*G. Hartkopf/E. Bohne*, Umweltpolitik Bd. 1, 1983, S. 194ff.；*D. Murswiek*, Freiheit und Freiwilligkeit im Umweltrecht, JZ 1988, 985 (990f.) (SV. II 26)），インフォーマルな行政活動による協働的制度，特に申し合わせ（Absprachen）（たとえば，*Hartkopf/ Bohne*, a.a.O., S. 220ff.），個々のプロジェクトの許可を方向付けるような全体構想の展開（これに関しては BVerwGE *69*, 37 (45) 並びに，たとえば *H. Hill*, Staatliches Handeln bei veränderlichen Bedingungen, in：*T. Ellwein/J. J. Hesse* (Hrsg.), Staatswissenschaften-Vergessene Disziplin oder neue Herausforderung？（間もなく公刊予定））であろう．さらなる指摘として，たとえば *C. Gusy*, Techniksteuerung durch Recht- Aufgaben und Grenzen, in：*H. Donner/G. Magoulas/J. Simon/R. Wolf* (Hrsg.), Umweltschutz zwischen Staat und Markt, 1989, S. 241ff.

47)　*R. Pitschas*, Die Bewältigung der wissenschaftlichen und technischen Entwicklungen durch das Verwaltungsrecht, DÖV 1989, S. 785 (798f.) 並びに *Hill* (Fn. 46). の指摘を参照．

である世界が，歴史的にますます"狭く"なり，技術によって常に広範囲に"形成され"，また現実の生活世界の技術による形成が人間による幾つもの決定の産物であるということが一段と自覚されるようになったため，否応なく技術の社会的な影響を制御することの必要性，特に，新しい技術の社会との親和性が問われることとなる．この問題は，これまでしばしば政治学・社会学における議論の対象となってきた[48]．

　社会的影響の側面では，技術政策は法律上，特に憲法上の問題を投げかける．基本法の枠内で行政法は，社会的影響に対処するためにも基本的に用いられる．もとより，社会にとって親和的であるかどうかの評価を包括的に考慮に入れることは，国家が自由への介入なしに技術的発展を制御し，あるいは影響を及ぼすことができる領域でのみ可能である．そのような領域としては，たとえば国家による技術促進が挙げられるだろう．

　しかしその他においては現行法は，技術の変化による望ましくない社会的影響を，技術を禁止したり技術を形成する規範によって阻止するのではなく，部分的に利用を制限したり空間的に制御したり，あるいは労働法や社会法，経済刺激の手段を講じることによって対処することを試みている．望ましくない社会的影響は，技術を制御することによって阻止されるのではなく，たとえば技術の雇用への影響を例に挙げれば，解雇からの保護，国家によって促される再訓練，新しい仕事に向けた失業手当ないし援助によって，社会的に受け入れられ，また緩和される．技術安全法と社会法を分離することは，まさに自由な経済秩序の構造的な条件である．望ましくない社会的影響を，技術を制御するという手段でもって回避するような試みは，傾向的に国家による包括的な経済管理を招くことになるだろう．したがって行政法による直接的な技術制御を基本

---

48)　たとえば，*U. von Alemann/H. Schatz*, Mensch und Technik, Grundlagen und Perspektiven einer sozialverträglichen Technikgestaltung, 2. Aufl. 1987 ; *H. Jungermann u.a.*, Die Analyse der Sozialvertraeglichkeit für Technologiepolitik, 1986, jeweils m.w.N.; *B. Meier*, Sozialverträglichkeit, Deutung und Kritik einer neuen Leitidee, 1988.

的に法益保護に限定することは，政治システムにおける自由主義にその基礎を置いているのである．

2．間接的な技術的影響

憲法並びに行政法のリベラルな基本構造によれば，行政法による技術的影響の阻止は，通常，技術による直接的な影響のみを対象とし，間接的な影響については，たとえ予測可能な法益侵害が問題となっている場合であっても考慮されることはない．技術システムや製品の利用によってはじめて危険が惹起されるのであれば，その危険は利用者の責任領域にあるとされ，利用について規律する法律によって対処されることになる．

しかし最も大きなリスクというのは，しばしば人間である．技術の乱用や規則に違背した利用を，確実に予測し，人の行為を規律する諸規則や監督，制裁によって十分に阻止することができない場合には，法律によって製品あるいは技術を禁止することも考えられる．

しかし，科学技術の発展による間接的な影響に対処することをも考慮に入れた場合，法は，直ちに実際上の制御可能性の限界にも直面する．このことを遺伝子工学を例に示してみたい．望み通りの特性を備えた品種に改良するために人間の胚道に遺伝的に介入すること，また同様にクローン，つまり遺伝子的に同一の人間を遺伝子操作によって作り出すこと，さらに人間と動物のハイブリッドの生体を作り出すことは，人間の尊厳に反するということを前提とする場合[49]，この種の行為は禁止され処罰の対象とされなければならない[50]．しかし刑

---

49) したがって，たとえば *E. Benda*, Erprobung der Menschenwürde am Beispiel der Humangenetik, aus politik und zeitgeschichte B 3/85, S. 18 (30f.); *C. Starck*, Die künstliche Befruchtung beim Menschen, 56. DJT, 1986, Gutachten A S. 47 m.w. N.; その他の見解として，*P. Lerche*, Verfassungsrechtliche Aspekte der Genetechnologie, in : *Lukes/Scholz* (Fn.36), S. 88 (106f.). "遺伝子工学と人間の尊厳"にかかわる問題については，加えて *E. H. Riedel*, Gentechnoöogie und Embryonenschutz als Verfassungs- und Regelungsproblem, EuGRZ 1986, S. 469 (472ff.); *W. G. Vitzthum*, Gentechnologie und Menschenwürdeargument, ZRP 1987, S.33ff. を参照

50) 以上の点は，現在，胚保護法（Embryonenschutzgesetz-ESchG）の政府草案に

事法上の禁止によってこの種の操作が実際上も阻止されるということはないだろう．

　技術的可能性がともかくも生まれたのであれば，我々は技術によって操作された生物ともいつか直面するだろう．法秩序は通常技術的社会的変化に後追い的に対応することが常であるという文化的遅滞（cultural lag）を，我々法律家がこの局面でも甘受したくないのであれば，直ちに，そこから帰結する多様な法的諸問題，たとえば遺伝子操作によって作り出された人魚は法律上一体どのように位置づけられるべきかといった問題に取り組み始めるべきである．人間か魚か，それがここでの問題である．この問題を扱うアイデアに富んだ博士論文であれば，ひょっとすると折衷説を展開するかもしれない．しかし人間を品種改良する遺伝子操作が実際上も行われることを防ぐことは，そのための前提条件である技術的可能性と科学的知識の発展を阻止することによってのみ可能である．この場合に必要となるのは，この能力の獲得に通じるあらゆる科学技術的営みの禁止であろう．だが遺伝子工学法の草案は――その理由書においても――ミクロの器官や動物に対する遺伝子操作技術の向上によっていつの日か高度の蓋然性でもって人間にもたらすことになる影響に何らまともに対応していない．立法者はここでは前産業時代の手段と同じように，つまりナイフではなく殺人を禁止するといったやり方で対応している．遺伝子工学のケースでは研究の自由があるからそもそも立法者は他に対応を取りえないというのは[51]，全く疑わしいものでありうる．しかし仮に立法者がこれとは異なる対応を行い，たとえ遺伝子操作を一般的に禁止するとしても，人間の尊厳の保護にとって何ら結果は変わらないであろう．問題をはらむこのような手法は，既に外国において行われているからである．禁止という手段は，それが意図しているものを達成するには十分ではない．ドイツ化学産業の国際競争の好機を犠牲にして，

　　　　おいて予定されている．BR-Drs. 417/89, SS 5-7；これに関する理由書については ebd. S. 9f., 24ff. を参照．
51)　これに関してはたとえば，調査委員会"遺伝子工学のチャンスとリスク"Bericht (Fn. 12), S. 284f.；*Lerche* (Fn. 49), S. 89ff. を参照．

また，これと結び付いた国家の経済的社会的給付能力の損失を負担して，立法者に崇高な良心の自覚を得させるほかないだろう．

かくして技術的影響，しかもかなり信頼のある予測が可能な場合でさえ法による対処を奪うような，非常に広範囲に及ぶ影響が生まれることになる．

3．技術に対し包括的に対処することの不可能性

また，そもそも，または多少とも信頼のおける予測が不可能な技術影響も無数に存在する．およそ100年前の自動車の発明において，新しい技術が経済的発展，建築物，災害外科等に対して与える影響を予測した時に明らかになっていたものを，一度だけ想像しさえすればよい．大部分は，当時全く想像することができなかったものである．未来に起きうるあらゆる技術的影響を予測することは，限られる．また新しい認識というものは常に，理論上は後戻り可能だが実際上は不可能である，新たな発展に基づいて築き上げられる．我々が認識しえないものは，制御することもできない．

また，実際上の制御可能性は個々の技術体系を考慮に入れるともはや認識上のレベルで限界に達するため，以上のことはまさに科学技術の発展すべてに当てはまる．科学技術の進歩のプロセスは，これほどまでに包括的であり，人間の全生活世界を圧倒し，その無数の特徴，影響並びに相互作用において非常に複雑であるため，仮に科学技術の発展をプロセス全体としておおよそでも把握するという課題が課せられるのであれば，人間に法外な認識能力が要求されることになろう．したがって，目的志向的に管理したり包括的に制御することによって科学技術の発展に対処するなどといったことは不可能である．しかし行政法が，そのような包括的な制御を試みなかったとしても[52]，それは法に欠陥があるということではない．我々が置かれている状況の必然的な帰結なのである．技術的産業文明からの離脱は考えられない．産業システムは我々の最も重

---

52) 環境計画によって包括的に制御することが実現可能性に乏しいことについては，参照，*W. Hoppe*, Staatsaufgabe Umweltschutz, VVDStRL 38 (1980), S. 211 (254f.)；*R. Breuer*, in：*I. v. Münch* (Hrsg.), Besonderes Verwaltungsrecht, 8. Aufl. 1988, S. 631f.

要な生活の基盤である．現代技術を利用して生活するということはすなわち必然的に，対処することのできないリスクとともに，また目的が明らかでなく，その影響が予測不可能な科学技術の発展とともに生活することを意味するのである．

V. 結　論

　この見通しのきかない状況下における行政法の機能は，ひょっとすると，クセーニエンにある次のようなゲーテの言葉[53]で描き出すことができるかもしれない．

"理性は，心配そうに乏しい知識見守っている．
　理性は，ただ知識を保ち続けるだけで，新しい知識を獲得することには適していないからだ．"

　新しい知識を獲得するのは技術であって法ではない．理性，我々の話で言えば行政法の理性とは，科学技術のプロセスをその個々の具体化の中において規制し，有害な付随的影響や事後的影響をできる限り排除し，認識可能な不利益を最小限に抑え，近く危険にさらされるものを保護し，誤った展開が判明した場合には修正すべく繰り返し介入することにある．したがって，すべてのプロセスは確かに制御されていないが，しかし継続的な努力において，また常に新たなアプローチにおいて，公益と親和的な範囲にとどまることが試みられる．この場合であっても，結果は常に不完全なものでしかない．一方で新しい技術を生み出す可能性やチャンスと他方で認識不可能なリスクや影響の問題との間が大きく開けば開くほど，また発展プロセスの速度が速ければ速いほど，行政法に課された任務も一層より難しくなる．これは，今日の状況においては人々

---

53)　*Goethe*, Werke, Hamburger Ausgabe, Bd. Ⅰ, 13. Aufl. 1982, S. 231.

を不安にさせるものであるが，また同時に法律家にとっても満足のいくものではない．今日においては，法律概念的に対処し，しっかりと構築された秩序に組み入れることが可能な，見通しのよい輪郭が明確な社会的環境など，もはや存在しないのである．存在するのはただ，完結した結果というものをもはや許さない，徐々に速度を上げて移ろうプロセスのみである．解決というものはすべて1つの試みに過ぎない．だからこそ，我々は常に解決を試みなければならないのである．

第 7 章　科学技術の発展に対する行政法による対処　299

解　題

　本稿は，1989 年 10 月 4 日から 7 日にかけてハノーファーで開催されたドイツ国法学者大会における学会報告記録である．本大会では「立憲国家における国家目的―基本法制定から 40 年が過ぎて」が第一テーマとして，また「科学技術の発展に対する行政法による対処」が第二テーマとして設定されたが，Murswiek 教授は第二テーマについて，Ipsen 教授，Schlink 教授らとともに報告を行った．

　1980 年代は，2000 年代以降特に活発に論じられることとなる"リスク"に対する法学的取組みが主題化され始めた時代である．しかし 80 年代最後の年に開催された本大会の各種報告において，その基本的論点はすべて提出されていると言ってよい．中でも"リスク評価の根拠が不確実な中での損害予防"を中心に扱った Murswiek 教授の報告は，リスクに対処する法的戦略を具体的かつ体系的に論じており，自然科学や政治学とも絡み合う問題の法的解決に向け，見通しの良い処方箋を提示するものとなっている．

　本報告を貫くテーゼは，科学技術の発展に行政法で対処することは常に限界が伴い，ゆえに動態的かつ暫定的な法的手段を取らざるを得ないこと，そしてそのことは決して否定的な評価を伴うものではなく，科学技術を生活の基盤とする現代国家では避けられない現象であるとするものである．動態的かつ暫定的な法的手段として本報告が特に挙げるのは"継続的な安全調査が組み込まれた実験法律"であり，また"残存リスクを法的に受入れ可能とする規範的価値決定"である．そして，リスクの受入れを暫定的なものとして捉え，事前に予測できない付随的影響を注視しつつ，許容可能な科学技術を体系的に制御すること，すなわち「科学技術のプロセスをその個々の具体化の中において規制し，有害な付随的影響や事後的影響をできる限り排除し，認識可能な不利益を最小限に抑え，近く危険にさらされるものを保護し，誤った展開が判明した場合には修正すべく繰り返し介入すること」が，行政法が取りうる対応策の全体像として示されている．

本報告で特に興味深いのは，技術安全法の規律システムが科学技術に適用されるべき規範の具体化プロセスを組織はしているが制御しない構造になっていることを批判した上で，法が持つ制御機能を実効化しうる組織ないし手続的仕組みを具体的に提案していることである．法の外で行われる"専門家による支配"ではなく，リスクの受入れにかかる政治的決定をあくまで国家機関に引き受けさせるためには，科学的に正当化可能なリスク評価に幅があることが公にされ，異なる評価や判断を基礎にした代替案が作成されること，またリスク評価のために，技術に対して批判的な専門家の意見が取り入れられることが必要，とする提案がそれである．民主的正統性の観点からの専門家批判ではなく，多数の見解とは異なる意見を持つ専門家の役割に期待している点，また多数の者による政治的決定がなされた場合でもなお，代替技術を利用するといった自己決定が可能な条件を確保すべきことを論じている点も，注目に値しよう．

　さらに本報告で特徴的なのは，行政法の"リベラルな基本構造"を重視して国家による規制の対象を技術による直接的な影響に限定するとともに，社会生活への間接的な影響を考慮に入れた技術そのものの規制については，これを包括的な経済管理を導くとして拒否している点にある．このような結論は，質疑応答で Badura 教授が指摘したように，場合によっては最小国家を構想するものと理解できなくもない．しかし Murswiek 教授がその回答において「私が結論で示したのは，あらゆる国家，とりわけ人間による制御能力そのものに課せられている限界であり，最大国家でも避けられない限界である」と述べたように，教授の主たる問題意識は国家論ではなく認識論にある．教授によれば，現代技術を利用して生活するということは必然的に，対処することのできないリスクとともに，また目的が明らかでなくその影響が予測不可能な科学技術の発展とともに生活することを意味する．人間の認識能力の限界，法の限界を直視した提言は，科学技術と密接不可分な現代国家一般に妥当するゆえ，日独の別を超えて傾聴に値するものと言えよう．

第8章

資源利用料
―賦課金による環境保護の法的問題―

Die Ressourcennutzungsgebühr:
Zur rechtlichen Problematik des Umweltschutzes durch Abgaben

訳・解題　島村　健

「資源利用料―賦課金による環境保護の法的問題―」

小目次

序

Ⅰ．賦課金による環境保護

Ⅱ．バーデン＝ヴュルテンベルク州，ハンブルク州，ヘッセン州における地下水賦課金――規律内容及び法的性格
  1．地下水賦課金――権限に基づかない税，それとも，実体的に憲法に違反する料金？
  2．特別賦課金あるいは権利付与料金（Verleihungsgebühr）構成――憲法上のディレンマからの逃げ道？
  3．結論として，地下水賦課金は憲法違反？

Ⅲ．賦課金法上の給付としての公的な環境資源の利用の容認
  1．料金の基準としての国家の給付
  2．料金の支出との結び付き（Aufwandsabhängigkeit〔以下，「支出依存性」という〕）は，憲法上の与件か？
  3．資源利用料とその憲法上の正当化
  4．支出依存的な対価的賦課金を料金概念から区別することの目的適合性について

Ⅳ．結　語

解　題

序

公的な環境財の利用行為に賦課金を課することは，資源利用の節約及び環境負荷の低減のための経済的な手段による行動統制への一つの方法である．そのような賦課金の法的許容性については争いがある．本稿は，これまでの支配的見解とは異なり，地下水の取水について資源利用料を徴収することができると主張するものである．

I．賦課金による環境保護

過去20年の環境保護立法は，相当の成功を収めたといわなければならない．ドイツ連邦共和国は，二酸化硫黄の年間排出量を，1973年から1987年までの間に385万トンから96万トンへと，75％削減することに成功した[1]．そのような分野の成功は，現行の環境法の実効性を示すものである．しかし，そうだからといって，環境法が，環境危機を全体として克服するのに十分なほど実効的であるとは到底いえない．ただの一例にすぎないが，土壌への環境負荷は，投入された有害物質は蓄積してゆくために減少していない．グローバルな環境問題は私たちの手に負えないものになっている．オゾンホールは，拡大しつづけている．しかし，人類の新たな脅威への対応は遅れており，私たちは，いずれ，ドイツにおいても皮膚がんを免れるために広縁の帽子をかぶるというようなことになる．なぜ，環境法は，そのような問題に対して無力なのだろうか？　それには，いくつもの理由がある．多くの環境問題は国境を超えるスケールをもち，それゆえに，国家の政策の影響可能性が限られている，ということは，それらの理由のうちの1つにすぎない．国際協力が必要でない場合であっても，

---

1) Umweltbundesamt, Daten zur Umwelt 1988/89, S.281; 1990/91, S.247. これに対し，ドイツ民主共和国においては，1975年から1989年までの間に，二酸化硫黄の年間排出量が410万トンから525万トンへと増加している．前掲・1990/91, S.248.

環境法は無力であったのである．

そこには，一つの明快な指導理念がある．それを首尾一貫して実現すれば，環境の状況は，決定的に改善されるはずである：その指導理念とは，費用負担原則として理解されている原因者負担原則である[2]．原因者負担原則は，1971年以来，国家の環境政策の公式の指導原則であったが[3]，今日に至るまで，非常に不完全な形でしか実現されていない．

経済学的な観点からは，以下のようになる：イミッシオンによる，大気，水，土壌といったいわゆる環境媒体への負荷が問題となる場合，それらの環境媒体は，従来，「自由財」とみなされてきた．「稀少」財と異なり，「自由」財は，それを利用することによる費用が生じないものである．費用がかからないものは，際限なく利用される．しかし，環境財の利用は費用を生じさせない，というのは，もちろん，幻想である．財を汚染すること，すなわち，大気，土壌，水を有害物質の処分場として使用することについては，財を利用する者にとってのみ，その利用が無償であるにすぎない．公衆には莫大な費用が発生する．ドイツにおいて毎年発生する環境損害だけでも，年間1000億ドイツマルクを優に超えると計算されている[4]——これは，国民経済上，極めて重大な意味をもつ金額である．その金額については議論があるかもしれないが，——経済学的理由からしても——環境財を無駄使いすべきでないということの根拠が存在している，ということについては争う余地はない．そうこうするうちに，環境財は，エコロジー的にみると稀少財であるということが，一般的な認識となった．資源は，無尽蔵ではなく，負荷を受け入れるキャパシティには限界がある．しかし，有害物質による環境負荷や資源の利用は，個人に費用負担を発生させないかぎり，エコロジー的にみると稀少であっても，経済学的にみると「自由」

---

2) 原因者負担原則について，一般的には，たとえば，*M. Bullinger/ G. Rincke/ A. Oberhauser/ R.-B. Schmidt*, Das Verursacherprinzip und seine Instrumente, 1974; *E. Rehbinder*, Politische und rechtliche Probleme des Verursacherprinzips, 1983.

3) Umweltprogramm der Bundesregierung, BT-Drs. 6/2710, S.11, 13.

4) *L. Wicke*, die ökologischen Milliarden, 1986, S.122ff.

財ということになる．これらの財が，そのような意味で自由（無償）であるかぎり，環境負荷を低減しようというインセンティヴは，ない．企業がその生産活動により，あるいは，個人がたとえば自動車の運転者として生じさせるエコロジー上のコストは，社会一般の負担に帰する．そのような，環境に負荷を与える行為の社会的コストを，それぞれ原因者に課すことができれば，待ち望まれている経済と環境の融和が本質において達成され，原因者負担原則が実現することになる．そのようにして「市場経済的」環境保護と呼ばれるものの前提が創り出されることになる．「市場経済的」環境保護とは，余計な官僚的規制なしに経済活動をエコロジー上の条件に適合させるようなシステムであって，追加的な[5]禁止を必要とせず，個々の経済主体に対し決定の自由を与え，問題状況の変化に対し経済活動がフレキシブルに適応することを許すようなシステムのことをいう．「外部費用の内部化」とは，経済活動のフレキシビリティを損なうことなく，環境の状態を劇的に改善させるという課題を指すキーワードである．

その基本的なアイデアは説得的なものであり，「外部費用の内部化」という考え方は，80年代の初めから，あらゆる政治陣営によって取り上げられ，また，経済界からも熱狂的に歓迎された[6]．それだけに，この考え方が，今日に至るまで，実際には全く実現していないというのは驚くべきことである．もっとも，このような考え方には，有力な異論がある：ドイツにおいて生産活動がもたらす環境上のコストの負担を広い範囲で課される一方，外国の競争相手がそのような負担から自由であるならば，ドイツ経済の国際競争力が失われてしまうか

---

5) 環境負荷行為の禁止・制限は，危険の防止のために欠くことのできないものである．規制法は，賦課金法によって代替できるものではなく，せいぜいそれを補うことしかできない．危険の閾を下回るリスクの低減とか，資源の保護が問題となる事前配慮の領域においてのみ，賦課金という解決策をとる余地があるのである．

6) 様々な立場について概観するものとして，たとえば，*S. Wilhelm*, Ökosteuern, 1990, 特に，S.54-71; *ders.*, Ökosteuern. Ein Bericht über Vorschläge und Absichten der Parteien, BB 1990, S.751ff.

もしれない，というのである．けれども，これは，たとえば EU レベルにおいて，統一的な国際的規制を導入できなかったとしても，克服できる問題であると思われる．しかし，それは別のテーマである．それは，環境保護全般に関わる問題であって，生産活動がもたらす環境上のコストの負担に限った話ではない．

　生産活動がもたらす環境上のコストを原因者に負担させることは，外部費用の内部化に関する議論が示すように，包括的な賦課金制度がないかぎり不可能である．排出許可証モデルのような狭義の市場経済モデルは，一時議論されたように，限られた範囲でしか導入することはできない．なぜなら，通常，保護されるべき環境財のための市場を形成することができないから，あるいは，市場モデルの枠組みにおいて，エコロジー上の目標を確実に達成するということが十分にはできないからである．環境負荷を回避するためのコスト面でのインセンティヴを設定するためには，例外的に他の解決策が検討対象となるような場合を除いて，公共的な組織である国家が，公的な環境財の利用の対価を賦課金という形で決定することが必要不可欠である．環境賦課金による環境保護[7]というのは，一貫した環境政策の要請である[8]．

　新たな賦課金に対して，常に政治的な抵抗があるということは，自明のことである．しかし，賦課金モデルを実現するということは，法的にも難しいこと

---

[7] 財政学的あるいは経済学的観点からみた環境賦課金というテーマについては，たとえば，*H. Zimmermann* (Hrsg.), Umweltabgaben. Grundsatzfragen und abfallwirtshaftliche Anwendung, 1993; *B. Hansjürgens*, Umweltabgaben im Steuersystem, 1992; *D. Ewringmann*, Zum Wirkungspotential von Umweltabgaben, in: *G. Schneider/ R.-U. Sprenger* (Hrsg.), Mehr Umweltschutz für weniger Geld, 1984, S.549ff. を参照．

[8] その際，賦課金という解決策を意味のあるかたちで設けようとすると，経済的・財政的問題に突き当たるということ，また，響導の効果を予測することは困難かもしれないということを，見逃してはならない．そのような問題について，包括的には，*W. Köck*, Umweltabgaben―Quo vadis?, JZ 1993, S.59 (60) 及びそこに掲げられた文献参照．しかし，このことからの帰結は，判明している問題点を克服するために，コンセプトを発展させなければならないということだけであって，原因者負担原則を放棄するということではない．

であるということが明らかになった．少なからぬ論者が，内部化という問題を包括的に賦課金法によって解決するのは，財政憲法上の理由から，あるいは，租税体系上の理由から，不可能であると主張している[9]．

以下では，賦課金の導入によって環境財を経済的な意味でも稀少な財とするという試みに対して，いかなる法的障害があるのかということを，地下水取水賦課金を例として，説明しようと思う．地下水取水賦課金が，ハンブルク州，ヘッセン州，バーデン＝ヴュルテンベルク州においてどのように存在しているかについても説明する．そして，このような障害が乗り越えられるものであること，及び，その方法についても示すこととしたい．

II．バーデン＝ヴュルテンベルク州，ハンブルク州，ヘッセン州における地下水賦課金
——規律内容及び法的性格

地下水賦課金は，とりわけ地下水の倹約的利用のための経済的インセンティヴを設けようとするものである．また，州は，当然，追加的な財政収入を得ようとする．バーデン＝ヴュルテンベルク州においては，収入は，一般会計に充当されるが，ヘッセン州の例では，特別の水域保護のために使途が拘束されている．

取水賦課金の原型は，バーデン＝ヴュルテンベルク州の水料金（Wasserpfennig）である．この水料金は，地下水の取水のみならず，表流水の取水をする際にも徴収される（バーデン＝ヴュルテンベルク州 水法17a条1項）．表流水も徴収対象に含めていることに伴って生ずる特別の法的問題については，本稿では扱わない．バーデン＝ヴュルテンベルク州の賦課金は，実際に取水された水の由来，量，使用目的によって，その額が決まる（同法17a条3項）．公共の水供給のための取水であれば，その額は，1立方メートルあたり0.1ドイツマルク

---

9) たとえば，*F. Kirchhof*, Grundsätze der Finanzverfassung des vereinten Deutschlands, VVDStRL 52 (1993), S.71 (100, 110) を参照．

となる.

　かなりの数の，否，おそらく圧倒的多数の学説は，この賦課金は憲法違反であるとみなしている[10]．環境保護の目的に正統性があることに疑いをさしはさむことはできない．地下水も実際に稀少となった財であり，浪費されてはならないものである．また，エコロジー上稀少な公的な環境財を消費し，汚染し，変質させる行為について，規制法によって制限すること，あるいは，通常はよりマイルドな手段である賦課金の助けを借りて経済的に稀少な財とすることは，原則として憲法上許容されている，ということについても疑いはない．

　それではなぜ憲法上の批判がなされるのか？　この問題に答えるには，背後にある賦課金の法的性質という問題を検討する必要がある．というのも，異なる種類の賦課金には，異なる管轄権限に関する定めが適用され，また，部分的に異なる実体的な憲法適合性の要請が及ぶことになるからである.

1．地下水賦課金──権限に基づかない税，それとも，実体的に憲法に違反する料金？

　管轄の問題を明らかにするためには，まず，地下水賦課金の場合には，税が問題になっているのかどうかを検討しなければならない．すなわち，税の徴収については，基本法105条から108条が詳細な定めをおいている．そこには，税に関する管轄権限──すなわち，立法管轄，行政管轄，（第一次的な）税収の帰属──が定められているが，他の種類の賦課金については定めがない．それらについての立法管轄は，──例外的に，特別の憲法規範に定めがないかぎ

---

10) *J. Pietzcker*, Abgrenzungsprobleme zwischen Benutzungsgebühr, Verleihungsgenühr, Sonderabgabe und Steuer. Das Beispiel „Wasserpfennig", DVBl. 1987, 774 (781); *F. Kirchhof*, Der Baden-Württembergische „Wasserpfennig" NVwZ 1987, 1031 (1036); *R. Hofmann*, Der baden-württembergische Wasserpfennig, VBlBW 1988, 426 (428f.); *F. Bahners*, DStZ 1990, 198 (202); *W. Köck*, Der „Wasserpfennig" und das Abgabenrecht, UPR 1991, 7 (10f.). 反対説である，*R. Hendler*, Zur rechtlichen Beurteilung vom Umweltabgaben am Beispiel des „Wasserpfennigs", NuR 1989, 22 (27) は，バーデン＝ヴュルテンベルク州の水料金を，法的に許容される利用料金に分類する．

り――基本法73条以下の一般的な事項的管轄権限（Sachzuständigkeiten）から導かれる[11]。

税の本質的なメルクマールは，「特別の前提なく課されること（Voraussetzungslosigkeit）」である：税は，それに対応する公共からの対価的給付を考慮することなしに私人に課されるものである[12]。それゆえ，地下水賦課金は，それが特別の公的給付の対価である場合には，税ではなく，受益者負担金（Vorzugslast）である。

地下水賦課金が，受益者負担金――事柄の性質上，負担金（Beitrag）ではなく，料金（Gebühr）のみが検討対象となる――であるとすると，州の立法権限に服する．これに対し，仮にそれが税に分類されるのであれば，連邦が徴収権限と立法管轄を有する消費税の問題となる（基本法106条1項2号，105条2項）[13]。

圧倒的多数の学説は，水料金が，料金（Gebühr）であるとは認めない．これらの学説は，それには，賦課金の納付義務者のための国家の特別の給付がない，という．このような主張の根拠づけには，いくつかのバリエーションがある．

1つ目のバリエーションは，国家からの給付があるというためには，それが費用と結び付いているか，あるいは，国家の資産から何がしかが給付される場合でなければならない，とする[14]。2つ目のバリエーションは，より広義の給付概念を出発点とするが，国家の費用支出をもたらすような給付のみが受益者負担金の徴収を正当化する，と主張する[15]。料金は，行政料金（Verwaltungsgebühr）

---

11) BVerfGE 8, 274 (317); 18, 315 (328); 29, 402 (409); 37, 1 (16f.); 67, 256 (274); 78, 249 (266ff.); 81, 156 (184ff.); 82, 159 (182) を参照。

12) BVerfGE 20, 257 (269); 50, 217 (226) などを背景にして，BVerfGE 55, 274 (298); 67, 256 (274); 78, 249 (267) は，税をそのように定式化する。

13) そのようにいうものとして，たとえば，*F. Kirchhof* (Fn. 10), S.1036.

14) *Pietzcker* (Fn. 10), S.777; *F. Kirchhof* (Fn. 10), S.1034; *F. Weyreuther*, Das Abgabenrecht als Mittel des Umweltschutzes, UPR 1988, S.161 (164); *Köck* (Fn. 10), S.8 を参照。

15) *E. Sander*, Der „Wasserpfennig" – eine Abgabe mit oder ohne staatliche Gegenleistung, DVBl. 1990, 18 (19) を参照。また，料金について，一般的に，BVerfGE 50, 217 (226f.); 82, 159 (178, 181); *D. Wilke*, Gebührenrecht und Grundgesetz, 1973,

と利用料金（Benutzungsgebühr）という2種類しか存在しない，という見解は，この主張に対応するものである．

　今日議論されているところによれば，水料金は，行政料金にも利用料金にもあたらない．水料金は，取水することを許容するための行政コストを支払うために徴収されるものではない[16]．また，料金が，各州の市町村法にいう公の営造物ないし施設の利用にかかるものである必要はないとしても，国家の費用の支出が，利用行為に基礎づけられていなければならない．しかし，水の場合には，それが欠けている．水は，自然の産物であり，国家によってもたらされたものではない[17]．水は，国家によって採掘されたものでもない．賦課金は，井戸や揚水施設の建設費用に結び付けられてはいない．これらの費用は，いずれにせよ取水を行う者によって負担されるものである．賦課金は，そうではなくて，端的に，取水という行為に結び付けられている．

　しかし，ある学説によれば，取水行為もまた，料金を課し得る国家の支出に基づくものである．そのような支出は，水源を維持し，清浄に保ち，監視し，改善するための費用[18]，あるいは，水収支の量的・質的悪化の早期発見や対策を目的とする水源の監視[19]に見出される．しかし，圧倒的多数の反対説は，このような支出は，水の供給に帰せられるものではないとする．このような費用は，むしろ，もっぱら公益のためになされるサービスのために調達されるものであって，賦課金の納付義務者の特別の利益のためのサービスのために調達さ

　　　S.50f. 及びそこに掲げられた文献；*P. Kirchhof*, Staatliche Einnahmen, in: HStR Ⅳ (1990), §88 Rn. 192f.; *H. D. Jarass*, Verfassungsrechtliche Grenzen für die Erhebung nichtsteuerlicher Abgaben, DÖV 1989, 1013 (1015f.).

16)　そのようにいうものとして，たとえば，*Pietzcker* (Fn. 10), S.775f.
17)　そのようにいうものとして，たとえば，*Pietzcker* (Fn. 10), S.775. 排水賦課金については，VGH Kassel, DVBl. 1983, S.950 を参照．自然保護法上の補償賦課金については，BVerwGE 74, 308 (309) を参照．
18)　*P. Kirchhof*, Verfassungsfragen der Gewässerbenutzungsgebühr und der Freistellung von wasserrechtlichen Ausgleichsverpflichtungen. Rechtsgutachten im Auftrag der Landesregierung Baden-Württemberg, 1987, Mskr., S.41ff.
19)　補助的な議論として主張するものではあるが，参照，*Hendler* (Fn. 10), S.27.

れるものではない．料金を徴収するためには，後者の場合であることが必要である[20]．

このような理由から，多くの論者は，水料金は，料金（Gebühr）ではなく，州が徴収権限を有していない税にあたるという結論に達する[21]．1つ目のバリエーション（狭義の給付概念）に基づくならば，この結論は首尾一貫したものである．他方，2つ目のバリエーションを支持する者は，水料金を，本来，料金と分類することになるはずであるが，国家の支出が存在しないために，その実体的な前提を欠いているということになる[22]．

料金の理解に関しては，第3のバリエーションもある．それによれば，行政料金及び利用料金のみならず，権利付与料金（Verleihungsgebühr）なるものが存在する．これは，公法上の法的地位の付与と引き換えに徴収されうるもので，費用の支出とは無関係であるとされる[23]．しかし，水料金は，法的地位の付与ではなく，事実としての取水に結び付けられているため，権利付与料金ではない[24]．かくして，3つのバリエーションの支持者の多くは，水料金は，憲法違反であるという結論に達する．

---

20) *J. Salzwedel*, Rechtliche Aspekte der Erhebung einer Gewässerbenutzungsabgabe. Rechtsgutachten im Auftrag des Ministers für Ernährung, Landwirtschaft, Umwelt und Forsten Baden-Württemberg, 1986, Mskr., S.55f., 62; *Pietzcker* (Fn. 10), S.774 (776); *F. Kirchihof* (Fn. 10), S.1035; 特に詳細なものとして，*Sander* (Fn. 15), S.18 (20ff.).

21) 注10を参照．

22) もっとも，学説においては，多くの場合，賦課金のカテゴリー分けとその正当化が区別されていない．この点に関する批判として，*D. Murswiek*, Die Entlastung der Innenstädte vom Individualverkehr. Abgaben und andere Geldleistungspflichten als Mittel der Verkehrslenkung. Bd. 1: Die Innenstadtzufahrtsabgabe, 1993, S.23, 39f. (SV. Ⅰ6)

23) *P. Kirchhof*, Die Verleihungsgebühr als dritter Gebührentypus, DVBl. 1987, 554ff.; *J. Wieland*, Die Konzessionsabgaben. Zur Belastung wirtschaftsverwaltungsrechtlicher Erlaubnisse mit Abgaben, 1991, S.294ff.

24) *F. Kirchhof* (Fn. 10), S.1035; *Wieland* (Fn. 23), S.33.

2. 特別賦課金あるいは権利付与料金 (Verleihungsgebühr) 構成
——憲法上のディレンマからの逃げ道？

ハンブルク，ヘッセンの立法者は，別のタイプの賦課金を構成することにより，支配的見解の様々なバリエーションから生ずるジレンマ——管轄権限に違反する税，あるいは，憲法に実体的に違反する料金——から免れることを試みた．

a) 権利付与料金としての地下水賦課金？

ハンブルク州の地下水料金法[25]によれば，事実としての地下水の取水ではなく，地下水を取水する権限を認めることと引き換えに，料金が徴収される（同法1条1項）．料金は，実際に取水した水の量ではなく，許可通知に定められた最大取水量に基づいて算定される．それゆえ，第3のバリエーションの意味における権利付与料金の問題となる[26]．

しかし，ハンブルク州が，このような解決策によって問題を回避するためには，権利付与料金の徴収について憲法上の疑義がないということが前提となる．しかし，そうとはいえない．

権利付与料金は，賦課金による環境保護のための手法としても適切なものであると喧伝されるが[27]，このようなタイプの料金を拒絶する憲法上の議論もある：中心的な批判は，仮に，国家が，許可留保付きの禁止によって，国家の給付にかかる権利を認めるということをなしうるとしたら，賦課金徴収の可能性は無限定のものになり，高権的な関心と国庫的な関心が混淆することになってしまうばかりでなく，自由の行使も，そのようなものとして，料金の納付が義

---

25) Gesetz über die Erhebung einer Gebühr für Grundwasserentnahmen (Grundwassergebührengesetz Hamburg – GruwaG) v. 26. 6. 1989, GVBl. S.1115.
26) 同旨，VG Hamburg, 27. 2. 1992, IUR 1992, 235f.
27) そのようにいうものとして，とりわけ，*F. Kirchhof* (Fn. 23); *ders.*, Leistungsfähigkeit und Wirkungsweise von Umweltabgaben an ausgewählten Beispielen, in: Umweltschutz durch Steuern und Abgaben (UTR Bd. 16), 1992, S.101 (112).

務づけられるものになってしまう[28]．

このような理由から，権利付与料金は，それが特別の理由により正当化される場合にのみ許容される．そのような正当化根拠は，権利付与それ自体あるいはそれがもたらす経済的利益には求めえない．さもないと，国家は，自由の行使を商品化できることになってしまう．そうであるとすると，料金を権利付与料金と構成することによって，憲法上の正当化のために得られるものは，何一つない[29]．重要なのは，料金を，そのための国家による費用の支出がないときに徴収しうるか，しうるとしていかなる要件のもとでそれが可能かという問題である．しかし，この問題の答えは，料金が権利付与ないしその他の給付と結び付いているか否かによって決まるものではない．

b) 特別賦課金としての地下水賦課金？

このような問題を回避するために，ヘッセン州においては[30]，地下水賦課金を特別賦課金（Sonderabgabe）と構成する．ヘッセン州は，地下水の取水に対して，地下水を取水する者に賦課金を課しており（ヘッセン州地下水賦課金法4条1項，1条1項），その賦課金は，1年間に取水された地下水の量に基づいて算定される（同法2条）．賦課料率は，公共の水供給については，1立方メートルあたり0.2ドイツマルク，事業用の冷却水供給については，1立法メートルあたり0.5ドイツマルクである．賦課金の目的は，同法1条1項によれば，地下水の取水の削減，地下水資源の保護，保全，改善である．地下水賦課金による収入は，この法律の目的を達成するためにのみ支出されるべく，使途が拘束

---

[28] 参照，*Pietzcker* (Fn. 10), S.774 (777ff.); *K.-H. Friauf*, in: FS der rechtswissenschaftlichen Fakultät zur 600-Jahr-Feier der Universität zu Köln, 1989, S.679 (683f.); *P. Kirchhof*, HStR Ⅳ , § 88 Rdnr. 187.

[29] VG Hamburg (Fn.26), S.235 (236) も権利付与料金を承認しているが，権利付与という点のみならず，料金納付義務者が利用請求権を有していない共有財の利用を許容しているということによって，権利付与料金を正当化しているのである．

[30] Hessisches Gesetz über die Erhebung einer Abgabe für Grundwasserentnahmen (Hessisches Grundwasserabgabengesetz – HGruwAG) vom 17. 6. 1992, GVBl. Ⅰ S.209.

されている（同法6条）．使用されなかった収入は，積み立てられる（同法6条4項）．

　この賦課金は，具体的な課題を達成するために一定の集団から徴収されるという点で，税とは異なる．課題とのこのような連関は，法律の目的規定及び賦課金収入の使途拘束性からすれば，明らかである．ヘッセン州は，税ではない賦課金として，地下水賦課金の拠り所を，事項的管轄権限——ここでは，水管理のための権限——に求めることができる．

　この賦課金に関し，立法者が想定するように，特別賦課金ないし「その他の賦課金」[31]にあたるとすれば，管轄権限の問題は解消される．もっとも，実体的な正当化という問題は解消されていない．

　賦課金が追求する嚮導目的は，それ自体では十分な正統性を有していない．嚮導機能により税と区別され実体的に正当化される純粋な嚮導賦課金というのはありうる．ただし，それは，財政機能を有していないことを前提とするものである[32]．しかし，ヘッセン州の地下水賦課金は，一定の行政目的の遂行のための財政収入の獲得にも資するものである．

　ヘッセン州の地下水賦課金は，（財政目的をも有する）特別賦課金として，この種の賦課金のタイプが受ける根本的な憲法上の疑義にさらされている．そのような憲法上の疑義は，財政からの逃避，すべての市民の負担平等という要請からの逸脱，財政憲法の不適用というキーワード[33]で言い表される．そのような疑義に応えるためには，ヘッセン州の地下水賦課金は，連邦憲法裁判所がこのようなタイプの賦課金について定立した厳格な基準に合致するものでなければならない．このような基準に含まれるのは，特別に関係が近いこと（Sach-nähe），そのことから帰結される，同質的な集団の，一定の課題の遂行のため

---

31) 1992年2月13日になされたヘッセン州議会の環境問題委員会の公聴会の結果も同じ結論であった．Hessischer Landtag, 13. Wahlperiod, UWA/13/9, 特に S.4f. (*Steinberg*), 9, 11 (*Kirchhof*).

32) BVerfGE 67, 256 (277f.); 82, 159 (181).

33) この点につき，たとえば，*P. Kirchhof* (Fn. 28), §88 Rn. 223ff.

の財政的責任，ならびに，当該財政収入を集団の利益となるように支出すること[34)]である．特別賦課金の例外的性格ゆえに，これらの要件は「厳格に解釈，適用される」[35)]．

地下水賦課金の場合，ヘッセン州地下水賦課金法6条・1条において予定されている収入の使途に関して，少なくとも部分的には，そこで挙げられている課題についての賦課金納付義務者の財政的責任を欠いている．それらの課題の多くの部分は，公共の課題であって，その一部は，危険や土壌封じ込め措置の原因者といった他の集団の責任に帰するものである．集団の同質性という要件の存在も疑われるべきものである．というのも，その集団には，市町村の水供給企業も，産業用に水を取水する者も属しているからである．さらに，賦課金収入を集団の利益となるように支出することという要件も欠けている．地下水資源の保護，保全，改善とか，エコロジー上の均衡の確保といったことは，公共の関心事であって，せいぜい間接的にしか地下水取水者の利益にならない[36)]．いずれにしても，それらは，直接的には，圧倒的に公共の利益である[37)]．地下水賦課金が特別賦課金であるとしたら，それは憲法違反である[38)]．

3．結論として，地下水賦課金は憲法違反？

それゆえに，仮に，料金は，費用の支出に対する反対給付としてしかありえ

---

34) BVerfGE 55, 274 (308); 67, 256 (276f.); 82, 159 (181) m. H. auf 72, 330 (423); 73, 40 (94).
35) BVerfGE 55, 274 (308); 82, 159 (181).
36) それで十分であるとする見解として，*K. Meßerschmidt,* Umweltabgaben als Rechtsproblem, 1986, S.251; *ders.*, Sonderabgaben und Bundesverwaltungsgericht, DVBl. 1987, 925 (931).
37) 幾分別の関連での議論ではあるが，参照，*Salzwedel* (Fn. 20), S.45ff.
38) *W. Köck,* Die Sonderabgabe als Instrument des Umweltschutzes, 1991, S.141ff.; *ders.* (Fn. 10), S.10; *P. Selmer,* Finanzierung des Umweltschutzes und Umweltschutz durch Finanzierung, in: *W. Thieme* (Hrsg.), Umweltschutz im Recht, 1988, S.25 (45) は，環境に関係する特別賦課金の正当化の要請を緩和すべきであると主張している．

ない,という通説のアプローチが適切なものであるとしたら,多くの論者の見解によれば,州は,地下水賦課金を,どのような法形式であっても,徴収することはできない,ということになる[39]. 地下水を経済的に稀少なものにするという試みは,失敗することになる.それゆえ,料金の概念に関する通説のアプローチは,批判的に検証する必要がある.

III. 賦課金法上の給付としての 公的な環境資源の利用の容認

1. 料金の基準としての国家の給付

学説においては,地下水賦課金の場合,国家の資産からの給付がなく,あるいは,国家において費用も発生していないことから,給付は存在しないとする見解があるが[40],これは,実体の不適切な理解に基づくものである[41]. 給付は,給付者の側での資産の減少や財政的支出を前提としない. 給付をもたらすという国家の積極的な活動も,必須のものではない. 給付は,不作為の場合にも存在しうる[42]. 賦課金を賦課する理由や額を正当化するために,国家の支出が,給付の基礎になければならないのかどうかは,別の問題である:しかし,税と税以外の賦課金の区別のためには,費用ではなく,給付の有無が問題となるのである[43].

公法上の規範により公的な財の自由な経済的利用が予め禁じられていた場

---

39) *Köck* (Fn. 10), S.10; *ders.* (Fn. 8), S.65 は,特別賦課金として構成することについて,法的に疑義はない,とする.
40) 注14を参照.
41) この点について,詳しくは,*Murswiek* (Fn. 22), S.23, 39f.
42) たとえば,*Wilke* (Fn. 15), S.56; *Salzwedel* (Fn. 20), S.20 を参照. たとえば,道路の特別利用の際のように,公の施設や物の利用と引き換えに徴収される料金は,通常,単なる容認賦課金(Duldungsabgaben)である.参照,*Wilke* (Fn. 4), S.57; *P. Kirchhof*, Die Entgeltlichkeit der Straßenbenutzung, in *R. Bartlsperger* u.a. (Hrsg.), Ein Vierteljahrhundert Straßenrechtsgesetzgebng, 1980, S.225 (227).
43) *Murswiek* (Fn. 22), S.23, 39f. を参照.

合，そのような財の利用を認めることは，「給付」にあたる．許可行為があって初めてその財の利用権限が認められる[44]．もっとも，そのようなものとしての利用権限の付与が，水料金の賦課要件を構成する給付の対象なのではない．ここにおいて，給付は，手を出すことが許された資源の利用を容認すること自体にある．そのようなものとしての利用権限は，たしかに，（許可手続において支払われる行政料金を別とすれば）費用なしで付与される．これに対して，このような権限の行使については，料金の納付が義務づけられる．ここでは，地下水そのもの，もしくは，地下水の取水に存する経済的な利益が給付される．

　地下水賦課金は，特別の国家給付と関係する．法律のコンセプトによれば，地下水は，取水を許可された者に対してのみ，そして，その者が，許可量を実際に利用した範囲で，給付される．したがって，そのような給付は，国家が公衆に対して提供する給付とは明確に区別される．そのため，地下水賦課金の場合には，税ではなく，対価的賦課金の問題となるのである．

2．料金の支出との結び付き (Aufwandsabhängigkeit〔以下，「支出依存性」という〕) は，憲法上の与件か？

　料金（及び負担金）は，国家の費用の支出を基礎にする賦課金であり，その費用をまかなうために賦課金が決定されるものである，というのが一般的な考え方であるが，そのような考え方は，賦課金の実務の見解に基づくもののように見える．伝統的な受益者負担金は，経験的にも，そのような見解によって適切に性格づけられる．費用の補填という目的が，料金法律から明らかであるかぎり，それによって，それぞれの料金の法的基準も記述される．おそらく大部分の料金・負担金は市町村の賦課金であり，各州の市町村の賦課金に関する法

---

[44]　たとえば，*P. Kirchhof*, Verfassungsfragen der Gewässerbenutzungsgebühr und der Freistellung von wasserrechtlichen Ausgleichsverpflichtungen. Rechtsgutachten im Auftrag der Landesregierung Baden-Württemberg, 1987, Mskr., S.39ff. 給付概念に関して，水域が法的に公物として構成されているということが重要である（*R. Hendler*, S.22 (26) はそのように主張する）のかそうでないのか，ということは，ここではオープンにしておくことができる．

律が費用補填原則を規定しているであろうから，そのかぎりにおいて，すなわち，そのような通常の場合について，料金の支出依存性に着目して料金の法的メルクマールが挙げられるのである．しかし，このような，法律による支出との結び付けは，料金制度を設ける立法者自身を拘束しない．支出と結び付かない料金の導入が妨げられるのは，憲法が，立法者がそうすることを禁じた場合のみである．

しかし，憲法上の料金概念は存在しない[45]．憲法が賦課金の分類に関して定めていることは，税と，税以外の賦課金の区別のための基準のみである．税でないならば，財政憲法に関する規定は適用されない．賦課金を徴収するための権限は，財政憲法のほかに特別の財政権限が設けられていないかぎり，事項的管轄権限（Sachkompetenzen）に基づかなければならない．そのほか，税以外の賦課金の憲法上の許容性は，それが，基本権，及び，とりわけ法治国原理，比例原則，明確性の原則といった憲法上の一般原則から生ずる，実体法上の要求に合致しているかにかかっている．それぞれの賦課金は，賦課根拠，賦課額について，これらの実体法上の要求に照らして正当化されなければならない．それゆえ，税以外の賦課金を，様々なタイプの賦課金について一般的な憲法上の与件から導き出される類型的な正当化の基準によって分類することが有益である．

対価的賦課金の憲法上の正当化は，そのような賦課金を税と区別する基準によって，賦課の根拠に基づいて，示される：対価的賦課金は，特別の，まさに賦課金納付義務者に対して提供される，無償ではその者に与えられない給付に対して，代償を支払うものである．受益者負担金は，このような，納付義務者に特別の利益をもたらす特別の給付，あるいは，いずれにしても納付義務者が招来しその者が負担を負うべき特別の給付に対する補償であり，負担平等の原則に反するものではない[46]．税との区別のためには，給付に要した費用の填補

---

45) BVerfGE 50, 217 (225f.); *P. Kirchhof* (Fn. 28), §88 Rn. 185.
46) *K. Vogel*, Vorteil und Verantwortlichkeit. Der doppelgliedrige Gebührenbegriff des Grundgesetzes, in: FS f. Willi Geiger, 1989, S.518 (530f., 536); *J. Wieland*, Konzessio-

のために賦課金を課すことが必要であるというような，追加的な根拠は必要ではない．憲法上の税概念は，特別の給付のみに向けられている．

　費用填補機能を〔税と税以外の賦課金の〕区別のための追加的なメルクマールとするという財政憲法上の理由は他にもない．特別の財政機能がないとしたら，賦課金は，一般的な国家任務の費用の補填に用いられることになるが，それは，税に留保されているはずである，という議論があるが[47]，それは誤りである．なぜなら，そのような議論は，賦課金収入の使途の問題を，賦課金の徴収根拠の問題と取り違えているからである．特別賦課金を別とすれば，税のみならず，税以外の賦課金も，総体的充足の原則（der Grundsatz der Gesamtdeckung：ノン・アフェクタシオンの原則）に基づいて，国家任務全般の財源として用いられる．受益者負担金を税と区別するものは，それを徴収するための特別の理由であって，特別の使途ではない．

　受益者負担金の費用填補原則は，別のレベルで，その役割を果たすものである：税以外の賦課金は，いかなるものであれ，賦課根拠のみならず，賦課額についても特別の正当化の必要がある．受益者負担金の徴収は，それが特別の給付に結びついており，したがって税ではない，ということのみによっては正当化されない．財産権保障（賦課金に対しては，財産権保障は及ばないという立場をとる場合には，基本法2条1項）との関係では，賦課金の負担は，そのような負担を負わせることに実質的な根拠がある場合のみ，正当化される．特別な給付が費用を生じさせたこととか，費用の支出が給付がなされるための前提条件であるといったことは，そのような実質的な根拠となりうるものである：受益者負担金の機能は，そのかぎりでは，給付に要する費用を，給付を受けた者に負担させるということにある．しかしまた，給付が給付を受ける者に経済的利益をもたらすけれども，給付の対象がその者に振り向けられるだけであって，給付を受ける者の資産の増加をもたらすべきではない，という場合にも，受益者負

---

　　　nen und Kozessionsabgaben im Wirtschaftsverwaltungs- und Umweltrecht, WUR 1991, S.128 (133).
47)　そのようにいうものとして，*Sander* (Fn. 15), S.18 (23).

担金は正当化される．その場合には，受益者負担金の機能は，給付により給付を受ける者の資産が増加しないようにすること，すなわち給付されたものの経済的価値を吸い上げることにある．なぜなら，そのような価値を，給付を受ける者に振り向けることは正当化されないし，少なくとも，それが意図されているわけではないからである[48]．料金（Gebühr）が代償（Entgelt）すなわち「特別の利益」の対価と呼ばれることからも明らかなように，利益吸収機能は，料金の古典的機能とさえいえるものである．

　料金が様々な機能を有しうるということは，一般的に承認されていることである．支配的見解及び実務によれば，賦課額を定める原則として，料金を給付の費用をもとにして決めるか，給付の価値をもとにして決めるかは，一定の料金についての事柄の性質ではなく給付の大きさあるいは費用のいずれを志向するのか（「費用原則」－「利益原則」,「費用比例性」－「給付比例性」）という点だけが問題になっているかぎり，立法者の裁量に属する[49]．

　その料金が利益補償料金であるとしたら，賦課金を課す根拠は，利益吸収機能にある．費用志向か利益志向かは，料金納付義務者間の負担の平等という観点の下での，正しい料金の決め方という問題にすぎない．給付が経済的価値をもたらさないような場合のみ，そのような理由により，料金の正当化のために，費用を引き合いに出さなければならない．賦課額の正当化は，賦課根拠に基礎を置くものでなければならない：賦課根拠が利益の補償にあるならば，負担の平等という観点の下で，原則として，給付にかかる費用あるいは給付の価値に

---

48)　*Salzwedel* (Fn. 20), S.66; *R. Mußgnug*, Das Recht des Landes Baden-Württemberg zur Erhebung eines „Wasserpfennigs" für die Entnahme von Grund- und Oberflächenwasser. Rechtsgutachten, 1986, Mskr., S.21f.; *Vogel* (Fn. 46), S.530f.; *P. Kirchhof* (Fn. 28), §88 Rn. 183f. を参照．また，（特別な賦課金のタイプとして分類される）不適合占有課徴金（Fehlbelegungsabgabe〔公的住宅に居住する要件を充足しない賃借人が納付する賦課金〕）の利益吸収機能の正統性に関する BVerfGE 78, 249 (277) も参照．

49)　たとえば，*Wilke* (Fn. 15), S.207f.; *P. Kirchhof* (Fn. 28), Rn. 195; *Vogel* (Fn.46), 530f.; *J. Salzwedel* in H.-U. Erichsen/W. Matens (Hrsg.), Allgemeines Verwaltungsrecht, 8.Aufl. 1988, §44 V, S.475; *ders.* (Fn. 20), S.66.

基づく正当化が可能である；何ら利益はもたらさないが費用は発生させるような給付が行われることが賦課根拠であるならば，負担平等の観点の下で，同様に費用に基づく正当化がなされなければならない．賦課することができる額に関する正当化についても同様である：最初のケースでは，額は，等価原則 (Äquivalenzprinzip) すなわち給付される利益の価値によって制限され，二つ目のケースでは，費用との関係性を是認しうるかという観点から制限される[50]．

料金は，多くの論者によって，支出と結びつくものと考えられているが，それは，実務上，多くの場合に料金と結びついている，たった一つのメルクマールを記述しているだけである．しかし，このメルクマールは，料金の憲法上の正当化のためにすべての場合に必要となるものではなく，通常は，憲法上の根拠があるものでもないのである．実際に，連邦憲法裁判所も，これまでに，理由づけのない傍論において受益者負担金の支出依存性を確認したのみであり，憲法上の検討がなされたわけではない．連邦憲法裁判所は，その際，明らかに，実際上，常に何らかの財政的支出が発生する伝統的な受益者負担金を念頭においていたのであり，受益者負担金の支出依存性を憲法上不可欠なものとしたわけではなく，また，賦課金額の決定のために，それがいかなる場合でも役割を果たさなければならないとしたわけでもない．これが当然にそうならなければならないのかという問題に関して，連邦憲法裁判所がこれまでに扱ったことはない．

もっとも，以下のような点について，時として誤って理解されている判決がある．その判決において，連邦憲法裁判所は，料金は，とりわけ，個々人に帰属することになる公的給付にかかる費用を，全体的もしくは部分的に填補するために設けられるものである，と判示した[51]．もっとも，連邦憲法裁判所は，

---

50) 受益者負担金の支出依存性テーゼの支持者は，個別的な費用補填の原則に依拠するが，この原則は，税と受益者負担金の区別というレベルに置かれるべきものではない．それは，全ての，ではなく，いくつかの料金の正当化に関する限定的な根拠になるものである．

51) BVerfGE 50, 217 (226). 同判決は，それ以前の諸判決を参照する．しかし，それらの判決は，受益者負担金の支出依存性のテーゼを支持するものではなく，個別

このような支出依存性が憲法上の与件であると明確に主張したわけではなく，あっさりと，理由づけもなく，支出依存性が存在しているということを出発点としているのである．同判決の事案において，この問題を検討する理由は明らかになかった．また，この判決は，行政料金に関するものであり，典型的な行政支出（費用原則）を料金の尺度とすれば足りた．その判示は，利用料金に転用することはできない．利用料金については，定着した実務によれば，料金の尺度として給付の大きさ（利益原則）が適用されるためである．同判決の事案では，当該賦課金が料金の性質を有しているということについては問題とされておらず，その額と算定基準が争われていたのであるから，連邦憲法裁判所は，本稿の関心である基本問題について見解を表明したものではなく，この判決においては，基本法3条が，費用補填機能によって特徴づけられる行政料金の額の決定について適用されるとしたものである，という理解を出発点とすべきである．この判決をそのように理解することによってのみ，料金の支出依存性のテーゼが，同じ判決が提示した，基本法は固有の料金概念をもってはいない[52]という——適切な——テーゼとの矛盾を避けることができる．

したがって，料金は，憲法上，支出依存的な対価的賦課金と理解しなければならないというわけではない，という結論を維持することができる．国家の支出に基づかない対価的賦課金もまた，受益者負担金（料金あるいは負担金）と分類されうる；基本法は，このような考え方を妨げない[53]．国家の支出がない場合に受益者負担金の徴収が正当化されるかどうかは，給付が特別の利益を斡旋するものであるか否かにかかっている．それが否定される場合においてのみ，賦課金の許容性に関し，費用の点が必然的に問題となるのである．

的に対価性を確認したものにすぎない．引用された判決のうち BVerGE 18, 392 (396) だけが，かろうじて，そしてそれ以上の理由づけなく——基本法から導かれた理由もなく——，料金は，国家の給付の費用を填補するものである，と述べている．この判決もまた，行政料金にかかるものである．

52) BVerfGE 50, 217 (225).
53) *F. Kirchhof* (Fn.23), S.555; *Hendler* (Fn. 10), S.25 もそのようにいう．

3. 資源利用料とその憲法上の正当化

さて，地下水賦課金の憲法上の正当化については，どうなるだろうか．地下水賦課金は，地下水の取水と引き換えに徴収されるものであるから，私は，これを，資源利用料（Ressourcennutzungsgebühr）と呼ぶこととしたい．資源利用料は，支配的な見解によれば，伝統的な料金のカテゴリーには分類されない[54]．しかし，このようなカテゴリーは体系化機能をもつものにすぎず，資源利用料が伝統的な料金のカテゴリーに分類されないからといって，それが憲法上許されないということにはならない．そうではなくて，それが実体的に正統化されうるものか否かが問題なのである．

そのような実体的な正統化根拠は，利益の吸収機能にある．特に地下水のような公的な環境財の利用ないし消費は，公の施設の利用と同様，経済的な価値を有するものである．このような価値の吸収は，権利付与料金に対してなされた批判が同じようには妥当しないのであれば，――他の全ての利益補償料金の場合と同様に――十分憲法上の正統性を有する．

支出依存性は，料金についての追加的な憲法上の判断基準ではない．憲法上の判断基準となるのは，自由の行使を単に許容することと引き換えに料金を徴収することの原則的禁止である．このような観点から，対価的賦課金の徴収のための憲法上の追加的要求がなされるのである：給付の対象は，あらかじめ禁止されていた自由の行使を単に容認するというようなものであってはならない．給付のために，特別に国家が経費を調達しなければならないような場合には，このような基準は，常に充たされる．しかし，逆に，そのような場合のみ基準が充たされるということはできない．他の根拠によって，基準が充たされ

---

54) *Hendler* (Fn.10), S.24ff. は，この種の料金を，利用料金と分類する．この分類が適切かどうか，あるいは，通説のように，利用料金の概念を，公の施設あるいは営造物の利用，もしくは，国家の財政支出によってもたらされあるいは維持されている物の利用の場合に限定して用いるのが良いのかは，用語法の問題であって，賦課金の法的許容性という問題とは関係がない．

ることもあるのである．

　主観的権利の単なる付与と結びついた料金と資源利用料の本質的な違いは，後者の場合には，経済的な財が給付される，もしくは，経済的な財の利用が許容される，という点にある．公的な環境財の利用は，事柄の性質上，公共の財への持分（Teilhabe）であって[55]，基本権により保護されている防御権的な自由は，そのような財の無制限の利用を，そのような自由が法律によって制限されていないかぎり許容しているものの，それは，単なる自由の行使[56]ではない．基本権により保護されている自由は，原則として無制約のものである；それは，国家の法律によって初めて法的に制限される．これに対して，持分は，財，施設，手続への参加（Partizipation）にほかならない．持分は，初めから，無制約ではありえない．環境財への持分は，このような財の有限性によって特徴づけられている．立法が，公的な環境財へのアクセスの自由を制限する場合，立法は，事実として予め存する資源の有限性を考慮に入れる[57]．さしあたりは事実のレベルで存在するにすぎない資源利用の持分的性格が，法秩序の中に受け入れられる．資源利用の自由の制約は，実体として存在する持分的性格が現実化したものにすぎない．想定しうるいくつもの権利付与料金の場合と異なり，資源利用料によって自由の行使に対して料金の納付が義務づけられることになるのではない．公共に帰属する環境財が，対価と引き換えに，利用に供されるのである[58]．

　それゆえ，権利付与料金に対してなされた批判は，公的な環境財の持分を無

---

55) *D. Murswiek*, Freiheit und Freiwilligkeit im Umweltrecht, JZ 1988, S.985 (992f.). (SV. II 26); *ders.*, Private Nutzen und Gemeinwohl im Umweltrecht. Zu den überindividuellen Voraussetzungen der individuellen Freiheit, DVBl 1994, 77 (81ff.). (SV. II 43).
56) そのようにいうものとして，*Wieland* (Fn.46), S.134.
57) 持分（Teilhabe）について，一般的に，*D. Murswiek*, Grundrechte als Teilhaberechte, soziale Grundrechte, HStR V (1992), §112. (SV. II 37), とりわけ，資源利用については，Rn. 83 参照．
58) 特別の許可行為をそれに先行させ，賦課金の納付義務をそれと結びつけるか否かは，法技術的な解決策の問題にすぎず，賦課金の正当化とは無関係である．

償で請求する権利が憲法から導き出され得ない以上,公的な環境財の利用について徴収される資源利用料には向けなられない.個人が無償で資源にアクセスすることができなくなるという意味での自由の制限は,単に法技術的なものにすぎない.そのような自由の制限は,他の法主体に法的に帰属する物への自由なアクセスを妨げ,そのようにして——そのつどに他者に制約を加える排他的権限である自由の束としての——私的財産を設定する法規範と根本的に異なる機能をもつものではない.

地下水が,国家の公的あるいは私的な財産と位置づけられるならば,地下水の取水を容認することは,料金を課すことができる国家の給付であるということに疑いはない[59].しかし,先に述べたことによると,公的な環境財をまずもって「私有財産化 (privatisieren)」するということは,利用のための地下水の譲渡を,経済的利益の供与すなわち料金を課すことができる給付と理解するために必要不可欠なことではない.利用の容認について料金を徴収するためには,公的な環境財にまず財産権を設定しなければならないという考え方は,そのような場合にのみ「国家の資産からの」給付が存在しているといいうるということを根拠としているが,そのような考え方は,法的に構築された回り道であって,憲法上の正統性に関して得るものは何もなく,まさにそれゆえに,そのような回り道を経ずとも十分な正統性があるということを示しているのである.

財政収入を得るという目的は,すべての対価的賦課金が,利益吸収目的のほかに必然的に追求するものであるが,それも以下のように正当化されうるものである.私的効用のための地下水の使用により,エコロジー上稀少な,法的には公共に帰属する公的なの財が,公共の負担のもとに減少する.それゆえに,公共がそのことに対して対価を求めることは,正当なことである.

このような理由から,州は,地下水取水賦課金を資源利用料として徴収することができる.これまでの支配的見解に反するものであるが,これに対する憲法上の原理的な疑義はない[60].それゆえ,ニーダーザクセン州が,取水賦課金

---

59)　*F. Kirchhof* (Fn. 10), S.1034 を参照.
60)　結論として同じ：*Hendler* (Fn. 10); *Meßerschmidt*, DVBl. 1987, S.932（自然保護法

の規律を料金として構成し，また，そのように名づけている[61]のは適切なことである．

4. 支出依存的な対価的賦課金を料金概念から区別することの目的適合性について

　支出依存性が，前述のように，料金の憲法上の基準として必須のものでないとすれば，料金の概念を，支出依存的な対価的賦課金に限定するか，支出とは独立の対価的賦課金を含むものとするかは，概念上の慣例の問題にすぎない．概念上の伝統という理由から，第一の選択肢をとることもできる：伝統的な受益者負担金は，一貫して支出依存的である．公的な環境財の利用について料金の納付を義務づけることの必要性は，最近のエコロジー上の危機が，そのような財の事実としての稀少性をもたらし，それを保全することの必要性を公衆の意識の中に植え付けた後に初めて生じたものである．それゆえに，このような，新しい，支出と独立の賦課金は，伝統的な概念像には入ってこない．

　これに対して，仮に，支出依存的な対価的賦課金が，憲法上正当化される独立の類型であるならば，法体系上の理由から，支出と独立の対価的賦課金を料金概念から除外するということが求められるであろう．その場合，そのようなものとして料金の概念を構成することができる．そうだとすると，料金概念を，費用の補填によってのみ正当化される賦課金に限定しなければならない．しかし，それは，伝統的な料金概念に合致するものではない．むしろ反対である：費用の填補という機能は，通常，正当化のために何の役割も果たさない．料金の額に関しては，費用填補機能は付随的な役割を果たしうるが，費用填補原則は，憲法上の地位を割り当てられてはいないのである[62]．

　　　上の補償賦課金に関して）．
61)　NWG §§47 ff. i. d. F. des Ges. v. 26. 5. 1993 (Nds. GVBl. S.121).
62)　BVerfGE 50, 217 (226); BVerwGE 12, 162 (167); 13, 214 (222); BVerwG, 28. 9. 79, DVBl. 1980, 279 (280) を参照．判例・学説のさらなる典拠については，*F. Kirchhof*, Die Höhe der Gebühr, 1981, S.100; *Wilke* (Fn. 15), S.272 を参照．

料金は，いずれにしても正当化が必要なものであって，何らかの費用がその基礎にあれば，料金が正当化されるというわけではない．正当化されるのは，その費用の補填に料金が必要不可欠であるという場合に限られる．料金の額がそれを超えてしまうと，いずれにせよ他の正当化が必要となる．通常の場合，それは，利益吸収という側面である；また，たとえば，統制目的も正当化根拠となりうる．逆に，他の目的により正当化がなされるのであれば，費用に立ち戻る必要はない．費用と独立の賦課金であって，特別の公的給付の対価として徴収されるものを料金と呼んでも，法体系上，何の問題もない．

　もし用語法の伝統という理由から，そのような言葉の使い方に従いたくないのだとしても，そのことによって，そのような賦課金に関する憲法上の評価が変わることはない．その賦課金が対価的賦課金であって，特別賦課金でも税でもない以上，それは，「その他の賦課金」と判定されなければならない[63]．しかし，その憲法上の正当化及びその構成に関する憲法上の要求は，料金と呼ばれる賦課金についてここで論じたものと異なるところはない．というのも，これらの要求は，税ではないそれぞれの賦課金の構造に関する憲法上の一般原則及び憲法規範から発展したものであって，憲法上の所与ではない概念上の呼称から発展したものではないからである．地下水賦課金が，「料金」と呼ばれるか「その他の賦課金」と呼ばれるかは，そのかぎりでは意味のないことである[64]．しかし，料金という呼び方に賛成する理由としては，料金という呼び方は，稀少な公的な財の利用に対する対価であるという，賦課金の徴収を正統化する根拠を明らかにするものである，という点がある；伝統的な料金との実体的な相違は，「資源利用料」という概念によってはっきりする．

---

[63]　BVerfGE 67, 256 (274f.); 78, 249 (267); 81, 156 (186f.) を参照．

[64]　*Köck* (Fn.10), S.8ff. は，水料金（Wasserpfennig）を，連邦憲法裁判所の用語法とは異なり，特別賦課金（Sonderabgabe）と呼んでいる．しかし，本稿と同様，賦課の根拠は，公的な環境財の利用にあり，そのような賦課金には，連邦憲法裁判所が特別賦課金に要求する諸要請は妥当しない，という立場をとっている．もっとも，正当化のための追加的条件を充たすことを要求する．本稿において示した私見によれば，それらの条件は不要である．

IV. 結　語

　一見シンプルにみえる環境政策上の理念の実施――原因者負担原則の賦課金による実現――も，複雑な憲法上及び財政法上の考察なくしては，成し遂げられない．しかし，伝統的な財政法の思考の範疇のみに囚われ続ける者は，問題解決のための解を見つけ損なうであろう．公法は，現実の困難の克服に仕えるものである．現実の構造が変化するならば，法も，そのような新しい構造に関係づけられなければならない．かつて自由財であったものが，エコロジー上稀少な環境財となったならば，法律学は，これに対処しなければならない．しかし，法概念を扱うことはガラス玉演戯などではない．現実を認識し，エコロジー上の状況を認知する者は，解決策もまだ見出すことができる．いずれにせよ，憲法は，私がここで一つの例によって示したように，実効的な環境保護の前に立ちふさがるものではない．

解 題

　ドイツにおいて，環境賦課金（環境に負荷を与える行動を控えさせるためのインセンティヴ目的の金銭徴収，あるいは，環境保護事業の財源の獲得を目的とする金銭徴収）は，税，料金ないし負担金，特別賦課金の４つのカテゴリーに（法的に）分類されてきた．ある環境賦課金が，税，もしくは，何らかの公的給付に対する対価の支払いという性格を有する料金・負担金ではなく，特別賦課金に分類される場合，それは，連邦憲法裁判所の判例上，厳格な要件のもとに初めて認められるものとされてきた（島村健「ドイツの環境賦課金への法的アプローチのためのエスキス（1）～（5・完）」環境と正義 2007 年 7=8 月号，11 月号，12 月号，2008年 8=9 月号，10 月号，同「環境賦課金の法ドグマーティク」環境法政策学会誌 12 号（2009年）183 頁以下参照.）．公共水域への排出に際して汚染量に応じて賦課される「排水賦課金」がそのような特別賦課金の例であるとされる．また，いくつかの州においては，地下水等の取水に際して，「取水賦課金」を徴収している．学説の多くは，取水賦課金は，料金，負担金，特別賦課金のいずれにもあたらず，税であるとすると州に徴収権限がないため，違憲であるとしていた．

　ところが，連邦憲法裁判所 1995 年 11 月 7 日第 2 法廷決定（BVerfGE 93, 319. 同判決の紹介として，松本和彦「水資源の保全と取水賦課金制度」ドイツ憲法判例研究会編『ドイツの最新憲法判例』（信山社・1999 年）423 頁以下がある.）は，バーデン＝ヴュルテンベルク州（BW 州）の取水賦課金を合憲と判断した．本論文は，この決定に理論的な裏づけを与えたものと評価しうるものである（連邦憲法裁判所の 1995 年決定に対する Murswiek 教授の評価については，D. Murswiek, Ein Schritt in Richtung auf ein ökologisches Recht, NVwZ 1996, S.417ff. (SV. Ⅱ 53) を参照．なお，同論文を基にした講演録として，ディートリッヒ・ムァスビーク（駒林良則（訳））「賦課金による環境保護」名城法学 48 巻 3 号（1999 年）1 頁以下がある．Murswiek 教授の理論と同判決の意義については，松本和彦「環境汚染の自由の保障？」村上武則ほか編『法治国家の展開と現代的構成』高田敏先生古稀記念（法律文化社・2007 年）307 頁以下の批判的検討を参照.）．本論文は，同決定において，以下にみるように明示的に引

用されている.

　同決定は, 基本法が, 租税を第一次的な財源調達の手段としていることから (租税国家の原則), 租税以外の金銭徴収については, (a) 財源調達以外の目的をもつものであって, 租税と明確に区別され, (b) 租税のほかに当該賦課金を徴収することにつき特別の事由があり (負担平等の観点), (c) 予算完全性の原則に抵触しない場合であることが必要であるが, 料金, 負担金, 特別賦課金の各カテゴリーに包摂されない賦課金であっても許容されるとした.

　同決定は, BW 州の取水賦課金は, 以下のような性格を有するとする.「〔取水賦課金の〕実質的な正当化根拠は, 公法上の利用規律の枠組みにおける利益吸収賦課金という性格から生ずる. 水のような稀少な自然資源は, 公共の財にほかならない. 諸個人が, そのような, 管理 (Bewirtschaftung) に服する資源の利用を許される場合, その者には公共の財に対する持分 (Teilhabe) が与えられるのである (参照, *Murswiek*, NuR 1994, 170 (175)). その者は, 当該財を, 全く, あるいは, 彼らと同じ範囲では利用できないほかの全ての人々に対する関係で, 特別の利益を受ける. そのような利益を, 丸ごとあるいは部分的に吸収することは, 事柄の性質上正当化される. このような, 補償思考は, 料金の伝統的な正当化の基礎となっているものでもある」. このような取水賦課金は, 反対給付に依存しない税と区別される. そして, 取水賦課金は, 納付義務者に生ずる利益 (取水可能性) を吸収するものにすぎないので, 公課の負担平等の要請に反しない. また, BW 州の取水賦課金の使途は, 法律上, 使途を拘束するものではなく, 予算完全性の原則に反しない.

　このように, BW 州の取水賦課金は, (a) 〜 (c) の要件を充たすものであって, 合憲と判断された. 当時の多数説は, 国家の側において発生する何らかの費用と結び付いた私人への給付が存在することをもって料金のメルクマールとしていた. 料金の額が当該費用と結び付けられることによって, 料金の額が正当な範囲に抑えられる (費用充填原則 Kostendeckungsprinzip). 取水賦課金の場合には, そのような費用を観念できない. しかし, *Murswiek* は, そのような費用—給付関係がないような料金が憲法上許されないということにはならない,

と主張した．教授によれば，取水賦課金の場合の国家の「給付」は，地下水の取水を容認することそれ自体にある．水のような公的な環境財の利用は，事柄の性質として，単なる自由の行使ではない．それは，公共の財についてそのうちの幾分かを分け与えられることを意味する．基本権として認められた自由は，原理的に無限定であり，法律によって初めて法的に制限される．しかし，環境財についての持分は，それとは異なり，財の有限性によってはじめから制限されているのである．このような持分の個々人への付与は，特別な利益であり，その価値を超えない範囲で当該利益を吸収することを目的とする料金（資源利用料）は，憲法上許容される．国家の側の費用発生を観念できない（したがって伝統的な料金とはいえない）ことは，憲法上問題とならない．教授は，本論文の結びの部分で「伝統的な財政法の思考の範疇のみに囚われ続ける者は，問題解決のための解を見つけ損なうであろう」と述べている．

Murswiek 教授は，本論文において，伝統的な料金のカテゴリーにあてはまらないことを理由に取水賦課金を違憲とする多数説を批判し，憲法上許される料金のタイプとして，「資源利用料」なる類型を追加することを主張した．連邦憲法裁判所は，資源利用料という言葉こそ使わなかったものの，本論文に概ね依拠したかたちで，判決の論理を組み立てたものと理解される．

第 9 章

損害回避・リスク処理・資源管理
—環境法原則としての保護原則，
事前配慮原則および持続可能性原則の
関係について—

Schadensvermeidung–Risikobewältigung–Ressourcenbewirtschaftung:
Zum Verhältnis des Schutz-, des Vorsorge-
und des Nachhaltigkeitsprinzips als Prinzipien des Umweltrechts

訳・解題　中原茂樹

「損害回避・リスク処理・資源管理
―環境法原則としての保護原則，事前配慮原則および持続可能性原則の関係について―」

小目次

Ⅰ．持続可能性原則の環境法体系における位置付けの難しさ

Ⅱ．環境法の第 1 次的諸原則の機能
　1．損害回避原則および危険除去原則（保護原則）
　2．事前配慮原則
　3．持続可能性原則
　4．諸原則の位置付けおよび限界付け
　5．諸原則の理解の帰結

Ⅲ．結　論

解　題

第9章 損害回避・リスク処理・資源管理　335

Ⅰ．持続可能性原則の環境法体系における位置付けの難しさ

　「持続可能性（Nachhaltigkeit）」は，政治的な流行語となっている[1]．しかし，この語は，概念としての明確さを獲得していない．たしかに，持続可能性は，リオ会議[2]以来，環境政策の基本概念とされており，また，ドイツにおいては夙に，法律用語として定着している[3]．しかし，法形成的な指導原則としては，持続可能性原則は，他の環境法上の基本原則，とりわけ事前配慮原則（Vorsorgeprinzip）に与えられているような承認と実務上の重要性を，まだ有していない．このことは，持続可能性原則の内容的な不確定性によってだけでは説明できない．「事前配慮」，とりわけ法的に要請される事前配慮とは何かについては，持続可能性に劣らず具体化が困難であろう．しかし，持続可能性原則の有効性は，1つには，次のような問題が今なお争われていることに苦しめられている．すなわち，「持続可能な発展」という用語によって表現されているように，環境政策上の持続可能性目標が「発展」という経済的目標によってどの程度相対化されるか，言い換えると，経済に対抗する環境の重さを政治的選好によって量ることが許されるかという問題である．もう1つには，持続可能性原則が，「古典的な」環境法原則，とりわけ事前配慮原則との関係で，どのような機能を有するか[4]，そして，それらの原則と並んで，そもそも独自の存在意義を有する

---

1) 多数の官民の文書があるが，ここでは，連邦政府の「国家的持続可能性戦略」（„Perspektiven für Deutschland. Unsere Strategie für eine nachhaltige Entwicklung", 2002）のみを掲げておく．
2) 1992年6月の環境と開発に関する国際連合会議．特に，環境と開発に関するリオ宣言（リオ宣言）を参照．
3) たとえば，連邦自然保護法1条2号，2条1項2, 4, 5, 6号，3条2項，5条4～6項，23条，26条1項1号，27条1項，30条1項，57条1項，都市計画法2条1項，建設法典1条5項，連邦森林法1条，6条3項，11条，38条，41条2項，連邦土壌汚染防止法1条，17条2項，再生エネルギー法1条，水管理法1a条1項，19g条5項，25b条2項1号f.），25d条3項，環境情報法7条1項3号を参照．
4) 参照，*E. Rehbinder,* Ziele, Grundsätze, Strategien und Instrumente, in: Salzwedel

のかについて，不明確さが存する．第1の問題については，ここで1つの主張をすることで十分である．本稿では第2の問題を検討する．

　私の主張は，以下のとおりである．持続可能性原則は，人間の生活の基盤である天然資源——公的環境財——を，永続的に，世代を超えて確保することを要求する．このことは，将来世代のためにも天然資源の永続的な利用可能性を保持すること（あるいは再生産すること）を含意する．この目標は，それを相対化する経済的・社会的「発展」政策によって，自由に変更されうるものではない．そうではなくて，この目標は，——標準的な考え方によれば——その枠内で政治的・社会的発展がなされるべき，超えることも相対化することもできない枠を設定するものである．すなわち，発展の可能性は，枠——最も外側の限界を画する環境負荷——と実際に生じている環境負荷との間隔が，なお十分な経済的拡大の余地を残す程度の大きさに保たれることにより，維持され，または再生産されなければならない．持続可能な発展（サスティナブル・ディベロップメント）の構想においては，経済的・社会的発展が環境保護やエコロジーより優位に立つことはない．双方の要請は，環境財が保持され，「それにもかかわらず」発展の可能性が維持されるような方法で，調和される．その根底にあるのは，発展は自らの基礎を破壊しない場合にのみ永続できるという認識である[5]．

　そのように理解される持続可能性原則は，ドイツの現行憲法において，基本法20a条の構成要素である[6]．この原則は，従来の環境法上の諸原則に対して，

---

u. a., Grunzüge des Umweltrechts, 2. Aufl. 1997, 04 Rn. 65; Rat von Sachverständigen für Umweltfragen, Umweltgutachten 1994, S.48 (Tz. 12); *R. Streinz,* Auswirkungen des Rechts auf „Sustinable Development " – Stütze oder Hemmschuh, Die Verwaltung 31 (1998), S. 449 (470f.).

5)　この立場については，すでに述べたように，争いがないわけではない．とりわけ「3本柱構想（Drei-Säulen-Konzept）」の主張者について，*D. Murswiek,* „Nachhaltigkeit" – Probleme der Umsetzung eines umweltpolitischen Leitbildes, NuR 2002, S. 641 (642) による紹介を参照．私の主張の詳細な理由付けについては，別稿を予定している．さしあたり，*Murswiek,* NuR 2002, S. 641 (643) (SV. II 71) を参照．

6)　参照，*D. Murswiek,* in: *M. Sachs* (Hrsg.), Grundgesetz, 3. Aufl. 2003, Art. 20a Rn.

どのような関係にあるであろうか．この問題はとりわけ，持続可能性原則と特によく似ているように見える事前配慮原則との関係で，課題となる．国際法のレベルで「持続可能性」として表現されているものはすべて，ドイツではすでに事前配慮原則の内容とされているのではないか，という問題が提起されている．持続可能性原則は事前配慮原則よりも要求が少ないと見る論者もいる[7]．別の論者は，持続可能性原則を，より狭いテーマを扱うものとみなし，事前配慮原則を資源に特化して構成したものが持続可能性原則であると見ている[8]．持続可能性は，良き事前配慮の成果とみなされる[9]．したがって，持続可能性は，事前配慮原則に，その部分的観点として含まれる．逆に，事前配慮は，持続可能性政策の1つの様態とも定式化される[10]．持続可能性原則と事前配慮原則との広範囲に及ぶ重なり合いも確認され[11]，重なり合う領域を重なり合わない内容から厳密に区別することはできない．しかし，持続可能性原則は，独自の，事前配慮原則から独立した言明内容を作り出すことに成功した場合にのみ，独自の原則として主張されうる[12]．

32, 37 f. (SV. II 73)

7) たとえば，*W. Lang / H. Neuhold / K. Zemanek,* Environmental Protection and International Law, 1991, S. 80.

8) たとえば参照．*M. Kloepfer,* Umweltrecht, 2. Aufl. 1998, §4 Rn. 6, 24 およびそこで指摘されている連邦政府の解釈 BT-Drs. 10 / 6028, S. 7 und 11 / 7168, S. 26; *M. Schröder,* „Nachhaltigkeit" als Ziel und Maßstab des deutschen Umweltrechts, WiVerw 1995, S. 65 (74 f.).

9) 参照．*B. Bender / R. Sparwasser / R. Engel,* Umweltrecht, 4. Aufl. 2000, Kap. 1 Rn. 87.

10) *E. Rehbinder,* das deutsche Umweltrecht auf dem Weg zur Nachhaltigkeit, NVwZ 2002, S. 657 (661).

11) たとえば参照．*E. Rehbinder,* Nachhaltigkeit als Prinzip des Umweltrechts: konzeptionelle Fragen, in: *K.-P. Dolde* (Hrsg.), Umweltrecht im Wandel, 2001, S. 721 (740); *ders.* (Fn. 4), Rn. 65.

12) 参照．*I. Appel,* Zukunft- und Entwicklungsvorsorge im demokratischen Rechtsstaat. Zum Wandel der Dogmatik des Öffentlichen Recht am Beispiel des Konzepts der nachhaltigen Entwicklung im Umweltrecht (im Erscheinen), §9 B. II．

持続可能性原則の独自の意味内容を作り出す端緒は，学説[13]に見出される．しかし，環境法体系における持続可能性原則の位置付けを定めるという，この試みは，事前配慮原則との境界線を引くことに限定されている．他の「古典的な」環境法原則や，危険除去原則（Gefahrenabwehrprinzip）を考慮に入れなければ，不完全であり，視野の歪みを生ずる．環境法体系における持続可能性原則の機能は，環境政策上の諸任務を決定する諸原則の全体と関連付けられる場合にのみ，正しく定められうるのであり，そのような諸原則には，事前配慮原則のみならず，危険除去原則（保護原則〔Schutzprinzip〕）も含まれる．これに対し，諸任務ではなく任務履行の方法を決定する諸原則（方法に関する諸原則，すなわち，原因者負担原則〔Verursacherprinzip〕，協働原則〔Kooperationsprinzip〕[14]および欧州共同体条約6条の統合原則〔Integrationsprinzip〕[15]）は，環境保護の目指すべき水準を決定する諸原則に対しては中立に作用する．したがって，それらについては，ここでは考慮の外に置く．

　環境保護の水準を決定する諸原則と方法に関する諸原則とを区別する場合，前者を第1次的諸原則，後者を第2次的諸原則と特徴付けることもできる．第2次的諸原則は，独立して存在するのではなく，第1次的諸原則の実現のためにのみ存在し，第1次的諸原則に対して奉仕的に機能する．持続可能性原則は，危険除去原則および事前配慮原則と同様に，環境法の第1次的原則である．

---

13) とりわけ，*Rehbinder* (Fn. 10), S. 660f. を参照．*ders.* (Fn. 11), S. 740ff.; *Appel* (Fn. 12) も基本的に同旨．

14) これが厳密な概念上の意味における「原則」として性格付けられうるか否かについては，争いがある．私見では，それは，いずれにせよ法原則ではない．この点についての詳細は，*D. Murswiek,* Das sogenannte Kooperationsprinzip – ein Prinzip des Umweltschutzes ?, ZUR 2001, S. 7 ff. (SV. II 67) およびそこに掲げられた文献を参照．

15) これについてはたとえば，*C. Callies,* Die neue Querschnittsklausel des Artikel 6 ex 3c EGV als Instrument zur Umsetzung des Grundsatzes der nachhaltigen Entwicklung, DVBl. 1998, S. 559 ff., insb. 564 ff.

第9章　損害回避・リスク処理・資源管理　339

II．環境法の第1次的諸原則の機能

1．損害回避原則および危険除去原則（保護原則）

　環境法の諸原則として，通常，事前配慮原則，原因者負担原則および協働原則が挙げられ（「三原則〔Prinzipientrias〕」）[16]，それらとともに，時として若干の下位原則が追加され，最近ではさらに持続可能性原則が追加されている．損害回避原則および危険除去原則は，合わせて「保護原則」とも呼ばれるが[17]，法原則として存在することに争いがなく，また，その重要性はまさに環境保護にとっても根本的なものであるにもかかわらず[18]，大抵の場合，基本原則として列挙されない．しかし，それらの原則は，多くの著者から，環境法原則として特に言及する必要がないほど自明のものとみなされているのである[19]．事前配慮原則は，それらの原則の適用を前提としていると考えられている[20]．これが正しいことは疑いがない．なぜなら，事前配慮は，危険除去をやめたところで始められるからである．それゆえ，環境法の諸原則を列挙する際に損害回避および危険除去に言及しないことは，それらの原則が環境法に特有のものではなく，法秩序全体に対して一般的に適用されるということによってのみ，正当化されうる．しかし，それらの原則は，環境法の体系的分析には不可欠である．現行ドイツ環境法は，損害回避原則および危険除去原則を事前配慮原則および持続可能性原則と同様に第1次的諸原則として位置付ける場合にのみ，この法的題材に構造を与える諸原則に応じて，体系的に分析されうる．なぜなら，現

---

16)　すでに 1976 年の連邦政府の環境報告書で述べられている．BT-Drs. 7 / 5684, S. 8 f. 欧州条約 34 条 1 項に記されている 3 つの原則も参照.

17)　たとえば参照，*Rehbinder* (Fn. 4), Rn. 17; *Bender / Sparwasser / Engel* (Fn. 9), Kap. 1 Rn. 79.

18)　参照，*Rehbinder* (Fn. 4), Rn. 18.

19)　たとえば参照，*Kloepfer*, (Fn. 8), §4 Rn. 23; 政策実務につき，*Rehbinder* (Fn. 4), Rn. 18 参照.

20)　*R. Breuer*, Umweltschutzrecht, in: Schmidt-Aßmann, Besonderes Verwaltungsrecht, 12. Auflage (2003), Rn. 7.

行環境法の相当部分は，損害回避原則および危険除去原則の具体化として理解されなければならないからである．損害回避原則および危険除去原則は，事前配慮原則の部分原則として理解することもできない．なぜなら，事前配慮による場合と法的効果が異なるからである[21]．

次に，損害回避原則のみに目を向けてみよう．この原則は，環境侵害（Umweltbeeinträchtigung）によって，法益（Rechtsgut），とりわけ個人的法益に対する損害が惹起されないようにすることを，環境政策に対して課す[22]．特に生命および健康が保護されるが，財産など，それ以外の個人的法益も保護されるし，土地や建物に対する国の所有権のような，集団的法益も保護される．これらの法益は，第1次的には，侵害（Beeinträchtigung）の禁止によって保護される．禁止の名宛人は，環境侵害の原因者である．たとえば民法典823条1項において前提とされている，一般的な法原則である「何人をも害するなかれ（neminem laedere）」，すなわち，他者に損害を与えてはならないという一般的な法的義務は，環境法にも妥当する．環境法の相当部分は，この一般的な法的義務を，環境に特化して，特に環境侵害の特定の種類との関係で，詳細化して形を整えたものである．というのは，環境侵害を原因とする法益の毀損の場合，因果関係が複雑であるため，私法上妥当しているような一般条項は，損害回避のために不十分だからである．

環境侵害によって法益に対して損害を生じさせるのを避けなければならないという第1次的な義務付けは，たとえば，裁判による権利保護の可能性，行政機関による監督，情報提供義務・情報開示請求権，すでに生じた損害の除去，損害賠償請求権といった，第2次的なレベルで効果的に貫徹される．基本権として保障されている法益の保護が問題となっている限りでは，損害回避原則は，基本権保護義務の形で憲法上保障されている．

損害を回避するという目標は，――すでに生じた損害の修復とは異なり――未

---

21) この点については，たとえば，*Rehbinder* (Fn. 4), Rn. 20.
22) このことは，すでに生じた損害は可能な限り除去されなければならないことを含意する．たとえば参照，*Rehbinder* (Fn. 4), Rn. 17.

来志向的であり，予防的である．それは常に，ありうる因果の流れに関する予測に基づいてのみ，実現されうる．しかし，予測には不可避的に不確実性がつきまとう．予防的な法益保護は，懸念される損害が実際に発生するか否かが不確実であるにもかかわらず行われる場合にのみ，可能である．損害発生の十分な蓋然性がなければならない．蓋然性がどの程度大きくなければならないかは，潜在的な損害の大きさに依存する．「Je-desto 公式」によって決定される「十分な蓋然性」は，ドイツ法においては「危険 (Gefahr)」として特徴付けられている[23]．

予防的な原則としての損害回避原則は，必然的に危険除去原則と結びつく．すなわち，法益を害することにつき，確実性を有する行為のみならず，十分な蓋然性のある行為も，原則的に禁止される．危険を惹起しないという一般的な義務は，適切な手段によって効果的に貫徹されなければならない．

この危険除去原則は，憲法上の基本権保護義務によっても同様に保障されている[24]．危険除去原則は，損害回避原則と同様に，環境法にも妥当し，環境法上の多くの法律の規定において形を整えられ，具体化されている．たとえばイミシオン防護法においては，連邦イミッシオン防護法5条1項1号の保護命令が，損害回避原則と危険除去原則を包括した原則と理解されている．保護原則を法定化したものである．

法益に関わる原則としての保護原則は，効果的な法益保護に向けられた環境水準を設定する．法益保護の目的のためにどのような措置が執られなければならないかは，この目標によって定まる．もっとも，危険除去の措置としては，1つまたは複数の特定の危険源に対する措置のみが考慮に入れられる．危険源——たとえば汚染排出施設——と，それによってもたらされる危険のある1つ

---

[23] この点に関する詳細は，*D. Murswiek,* Gefahr, in: HdUR Ⅰ, 2. Aufl. 1994, Sp. 803 ff. (SV. Ⅱ21).

[24] ただし，連邦憲法裁判所は，「重大な危険にさらされていること (erhebliche Gefährdungen)」という語を用いている (*BVerfGE*49, 89 [141] および，たとえば 51,324 [346 f.]; 66, 39 [58])．危険に対する憲法上の保護義務に関する詳細は，*D. Murswiek,* Die staatliche Verantwortung für die Risiken der Technik, 1985, S. 127 ff. (SV. Ⅰ2); *ders.,* Umweltrecht und Grundgesetz, Die Verwaltung 33 (2000), S. 241 (249 ff.)(SV. Ⅱ66).

または複数の法益の損害との間には，因果関係が認められなければならない．したがって，効果的な法益保護は，常に危険除去によって可能であるわけではない．なぜなら，多くの場合——たとえば，小さな，単体では無害のイミシオン寄与分（Immisionsbeiträge）が，多数集積するような場合——，個々のリスク源と危険にさらされている法益との間の因果関係が証明されえないからである．そのようなイミッシオン寄与分の制限に資するような措置は，最終的には効果的な法益保護の保障に資するものではあるが，〔保護原則ではなく〕事前配慮に属する．

これに対し，いわゆる「危険配慮（Gefahrenvorsorge）」，すなわち，実行されると危険を惹起するような活動を予防的に禁止することは，保護原則に含まれる．「危険除去」には，すでに存在する危険を除去することだけでなく，たとえば許可制をとることによって危険を予防することも含まれる．

2．事前配慮原則

保護原則は，環境保護にとっても，依然として根本的な重要性を有する．しかし，保護原則は，以下の理由から，環境および人の健康を保護するには不十分である．

・無害であるか，または，いずれにせよ危険ではないと見られていた環境侵害が，後に，人の健康や他の法益にとって高度に有害なものであると判明することが稀ではない．当時の知識水準に基づく評価の時点では，「危険」と認められない程度にしか現実化の蓋然性がないと見られていたリスクが，後に重大な損害をもたらしたのである．

・単体では無害の，または危険でない環境侵害が，他のイミッシオン寄与分と集積する．環境における様々な有害物質の総合作用（Synergismen）および協同作用（Coergismen）により，予測されていなかった有害な作用が生じる．そのような合算および組合せの作用は，具体的な危険源の評価の際に背景（事前負荷，すなわち，予測可能な，事後的に追加される負荷）として考慮される場合にのみ，危険除去措置によって把握される．したがって，保護原則は，有害

物質排出施設がイミッシオン負荷を著しく高めている「作用範囲」の外部で，多数の小さな，広範囲にわたる気流によっても流入するようなイミッシオン寄与分の集積により，損害が生ずることを阻止するものではない．特に土壌における，時間の経過による有害物質の蓄積も，危険除去によっては阻止されない．事前配慮は，そのような，個々の原因に対して向けられた危険除去手段によっては処理できない危険の発生を予防することに資する．

・保護原則は，法益保護の観点から耐えられる限界——「危険閾値（Gefahrenschwelle）」——まで，汚染物質によって環境に負荷が与えられるのを許容する．あらかじめ汚染されていないAという場所で工場施設の許可が申請され，環境汚染物質Xについて，1㎥あたり100μgのイミッシオン値が危険閾値である場合，当該施設は，保護原則の観点からは，作用範囲内で1㎥あたり100μgまで汚染物質Xによるイミッシオン負荷をもたらしても，許可を受けられる．すなわち，保護原則だけが適用される場合には，1つの施設のみが環境負荷容量の全部を利用でき，その結果，同種の施設がこの場所ではもはや許可を受けられなくなり，あるいは，当該作用範囲にある地域の性質を環境保全地域として保持することは不可能になる．

これらの保護原則の難点は，ドイツにおいて前世紀の70年代に発展した事前配慮原則により，克服される．すなわち，事前配慮原則は，保護原則を補完する．

a) リスク配慮

事前配慮をまずリスク配慮として理解すべきことについては，争いがない．事前配慮は，「危険閾値より下のリスク配慮」を包括する．すなわち，それとして認識されてはいるが，起こりうる損害との関係で非常に小さいと見られるため，危険とは性格付けられないようなリスク[25]に対する事前配慮である．危険除去原則が危険を惹起しないことを求めるのに対し，事前配慮原則は，それ

---

25) リスクの概念については，*Murswiek,* Die staatliche Verantwortung (Fn. 24), S. 81 ff.; *ders.*, Gefahr, in: HdUR Ⅰ, 2. Aufl. 1994, Sp. 803.

ぞれのリスクを惹起しないことには向けられ得ない．すべての環境に影響を与える人間の活動，とりわけ商品生産および交通は，リスクと結びついているため，リスクの回避は実際上不可能である．それゆえ，事前配慮原則は，環境リスクを排除することにではなく，実際上可能な限度まで減少させることに向けられている．技術水準に基づくリスクの最小化は，事前配慮政策の中心的な手段である．

　支配的見解によれば，リスク配慮には，健康に有害であるか否か，あるいは，その他の法益を害するものであるか否かが，学問的知見の水準からは未確定であるような，環境汚染物質その他のリスク源に対する事前配慮も含まれる．その点で，事実に基づく推測のみが存在し，有害性の証明がなされていない場合──たとえば，ある物質の発癌性が，多量を用いた動物実験において証明されているが，そこから，少量で人間に対して発癌性があることについては仮説しか導かれていない場合──，一般的な見解では「危険の疑い（Gefahrenverdacht）」が存するのみで危険が存するとは言えないので，危険除去原則は適用されないが[26]，事前配慮原則は，少なくともリスクの制限を許容する．

　したがって，物質，製品または環境影響の有害性について，事実上の手掛かりはあるが，現在の知見では損害発生の蓋然性の大きさを評価することがまだ全く不可能である場合に，リスク配慮が不可欠となる．

　まとめると，リスク配慮の意味は，保護原則によっては十分に克服できない，因果関係の点における不確実性を克服することである．

　リスク配慮は，通常，法益との関係で理解される．しかし，リスク配慮は，

---

26)　私見はこれに反対であり，「危険の疑い」も，現在の知見に基づき，十分に大きな有害の蓋然性がある場合には，危険として性格付けられるべきである．このことは，具体的な危険状態にある場合のみならず，特定の物質が（ある特定の人の健康に対してではなく）人の健康〔一般〕に対して有害に作用する抽象的可能性がある場合にも妥当する．したがって，「危険の疑い（Gefahrenverdacht）」に代えて「危険が生ずる疑い（Gefährlichkeitsverdacht）」という語を用いた方が良い．重要なのは，損害発生の蓋然性と潜在的な損害の重大性との関係から生ずる，リスクの大きさである．この点に関する詳細は，*Murswiek,* Die staatliche Verantwortung (Fn. 24), S. 378 ff.

法益保護と並んで, 資源保護, すなわち環境財 (たとえばオゾン層) の完全性の維持にも資することができる.

b) 資源配慮

環境国際法[27]および環境欧州法[28]に関して, 判例[29], 実務[30]および学説[31]では, 主として, リスク配慮のみが事前配慮原則と理解されている[32]. このことは, 一般的な有害性が不確実であるリスクを考慮して措置を執ることを正当化する

---

27)　1992 年のリオ宣言の原則 15 を参照. この原則の国際条約における現れの紹介として, *A. Epiney / M. Scheyli,* Strukturprinzipien des Umweltvölkerrechts, 1998, S. 105 f.

28)　欧州条約 174 条 2 項 2 文

29)　欧州法における事前配慮原則に関する判例として, 人の健康に対する潜在的な危険 (BSE) の事案である EuGH Rs. C-157 / 96, Slg. 1998, Ⅰ - 2211 (2259) および Rs. C-180 / 96, Slg. 1998, Ⅰ - 2265 (2298) がある. これに関して包括的には, *H. -W. Rengeling,* Bedeutung und Anwendbarkeit des Vorsorgeprinzips im europäischen Umweltrecht, DVBl. 2000, S. 1473 (1475).

30)　die Mitteilung der Kommission KOM 2000 (1), S. 4 (Nr. 4) und 18 を参照. それによると, 事前配慮原則の援用は, ある現象, 製品または方法により危険な結果の発生を覚悟しなければならず, かつ, リスクを科学的評価により十分な確実性をもって特定できないことを前提とする. この報告書の指針的性格について, *Rengeling* (Fn. 29), S. 1473. 事前配慮原則の資源経済的機能を考慮していないことに対する批判として, *I. Appel,* Europas Sorge um die Vorsorge, NVwZ 2001, 395 (397).

31)　国際法につき, たとえば, *Epiney / Scheyli* (Fn. 27), S.89 ff., 103 ff., zusammennfassend 125 f.; *D. Freestone,* The Precautionary Principle, in: *R. Churchill / D. Freestone* (ed.), International Law and Global Climate Change, 1991, S. 21 ff.; *J. Cameron / J. Abouchar,* The Precautionary Principle : A Fundamental Principle of Law and Policy for the Protection of the Global Environment, Boston College International Law Review XIV (1991), S. 1 (2) 参照. 欧州法につき, たとえば, *J. Jahns-Böhm,* in: Schwarze (Hrsg.), EU-Kommentar, 2000, Art. 174 EVG Rn. 19; *A. Kiss / D. Shelton,* Manual of European Environmental Law, Second edition 1997, S. 40.

32)　これに対し, 資源配慮をも (法益保護に資する限りで) 含める見解として, たとえば, *Lübbe-Wolff* (Fn. 39), S. 55 f.; *Appel,* (Fn. 30); *C. Callies,* in: Callies / Ruffert (Hrsg.), Kommentar zu EG-Vertrag und EU-Vertrag, 2. Aufl. 2002, Art. 174 Rn. 29; *Grabitz / Nettesheim,* in: Grabitz / Hilf, Das Recht der Europäischen Union, Stand: Aug. 2002, Art. 130r EGV, Rn. 39 f.

ために,国際条約においても用いられている英語の用語である「precautionary principle」に,すでに表れている[33]. ただし,欧州法においては,事前配慮原則と欧州条約174条2項2文にいう未然防止原則(Vorbeugeprinzip)との関係が争われている. 両者の原則が同じ内容でないとすれば[34],未然防止原則は危険除去に関するものであるのに対し,事前配慮原則は危険閾値を下回るリスクに関するものであり,上述の保護原則と事前配慮原則との区別が両者の関係に反映されている[35].

ドイツでは,学説のかなりの部分は,事前配慮原則を最初からリスク配慮に限定するのではなく,資源配慮の意味にも解釈している[36]. その際,配慮の目的を考慮して,2つの類型が区別される. すなわち,将来の利用の余地を作る配慮と,法益保護に資する配慮である.

aa)環境利用配慮としての資源配慮

---

33) *Epiney / Scheyli* (Fn. 27), S.105 f. による文献のまとめおよび同書 S. 109 ff. による分析を参照.
34) しかし,たとえば *Grabitz / Nettesheim* (Fn. 32), Rn. 37f. によると,欧州法は危険除去とリスク配慮との区別を知らず,それゆえ,未然防止原則と事前配慮原則は,同義語として用いられ,保護原則に含まれるという. *Böhm* (Fn. 31), Rn. 18 も同様である. この見解が,アムステルダム条約を受けた改正により,未然防止原則に事前配慮原則が明文で加えられた後においても,なお維持されうるのかどうか,疑問である. *Rengeling* (Fn. 29), S. 1477, 1479 は,以下のとおり,国内法と欧州法との間の概念の違いについて,同様の指摘をする. すなわち,最初の欧州法における事前配慮原則の理解は,ドイツ法の理解と異なっており,ドイツ法においては,事前配慮は不確実状態に関わるものであって,危険除去と危険から独立した事前配慮との区別は,連邦イミッシオン防護法5条1項1号および2号から読み取れるように,よく知られている.
35) *Callies* (Fn. 32), Art. 174 Rn. 28.
36) *Bender / Sparwasser / Engel*, Umweltrecht, 4. Aufl. 2000, Kap. 1 Rn. 81, 85; *C. Callies*, Vorsorgeprinzip und Beweislastverteilung im Verwaltungsrecht, DVBl. 2001, S. 1725 (1727); *W. Hoppe / M. Beckmann / P. Kauch*, Umweltrecht, 2. Aufl. 2000, § 1 Rn. 127; *Rehbinder* (Fn. 4), Rn. 30f., 33(「多機能的要請」). システムの違い(計画的・古典的・法律的)による区別について,*Breuer* (Fn. 10), Rn. 8f.

事前配慮を環境利用配慮として理解するための指針になってきたのは，Feldhaus によってイミッシオン防護法に関して展開された「余地テーゼ（Freiraumthese）」である[37]．それによると，事前配慮は，将来の別の環境利用の余地を作り出すために，環境侵害を，保護原則によって求められる程度を超えて，可能な限り削減することにも資する[38]．その際，とりわけ，別の環境侵害的利用が想定されている．しかし，たとえば保養の目的も考慮される．その限りで，事前配慮原則は，計画機能および分配機能を有し，環境利用を顧慮した長期的かつ事前配慮的な都市計画や，環境利用権限の公平な分配を可能にする．

環境に負荷を与える利用の余地を作り出すことは，少なくとも直接には環境保護に資するという目的に関わるものではないにもかかわらず，何故に環境保護および環境法の原則であるべきかが問題となりうる．確かに，この目的は，環境保護規定を破棄したり法律によって緩和したりする事実上の圧力を，経済的拡張によって減少させるので，間接的には環境保護に役立つ．しかし，直接には，環境保護にではなく，環境利用権限の分配に資するものである．平等原則（基本法3条1項）を満たすようにこの分配を規律することは，憲法上の要請であり，合理的資源管理および経済的理性の要請でもある．仮に余地機能が事前配慮原則の構成要素でないというのであれば，それは，環境法の不可欠の指導原則となるはずである．仮に，現行イミッシオン防護法が，技術水準による排出の最小化を事前配慮原則の現れ（連邦イミッシオン防護法5条1項2文）として定式化し，それによって余地テーゼをそこに解釈上位置づけていなければ，余地機能は，独立の原則として定式化されていたかもしれない．

bb）危険除去およびリスク配慮の手段としての資源配慮

危険の負荷限界に対する距離は，2つ目の観点においても保たれなければならない．すなわち，前述のように，ある環境財（たとえば，特定の地域の大気）が，

---

[37] G. *Feldhaus*, Der Vorsorgegrundsatz des Bundes-Immissionsschutzgesetzes, DVBl. 1980, S. 133 ff., insb. 135.

[38] 環境法典委員会草案（UGB-KomE）5条1項，2項2文も参照

1つ1つを取り出すと危険ではない多数のイミッシオン寄与分の集積により，法益に対する危険が生ずる状態に陥らないようにすることを，危険除去によって確保するのは不可能である．とりわけ，時間の経過により生ずる有害物質の蓄積によって差し迫るリスクは，危険除去という道具では克服することができない．そのようなリスクは，Lübbe-Wolff が適切に定式化したように，もはやエコロジー的崩壊か経済的崩壊かの選択しかない段階に至る前に，蓄積の傾向に歯止めをかけることを目的とする，将来を見通した方向転換を必要とする[39]．そのような方向転換は，危険の負荷限界に対する十分な安全距離が保たれている場合にのみ，可能である．安全距離は，一朝一夕には効果を発揮しないような適合化のプロセスを導入する可能性，および，環境親和性の限界が超えられるのを阻止する可能性を政策に与える．

この観点において，事前配慮は，さしあたり，別の手段による危険除去である[40]．しかし，決してそれにとどまるものではない．大事なのは，危険の負荷限界に対する安全距離である．危険の負荷限界は，確かに，例えばイミッシオン限界値として，「危険閾値」の具体化において確定されうるが，しかし，リスク配慮の観点の顧慮の下でも定義されうる．危険の負荷限界に対する安全距

---

39) *G. Lübbe-Wolff,* Präventiver Umweltschutz – Auftrag und Grenzen des Vorsorgeprinzips im deutschen und europäischen Recht, in: *J. Bizer / H.-J. Koch* (Hrsg.), Sicherheit, Vielfalt, Solidalität, 1998, S. 47 (58).

40) 参照，*Lübbe-Wolff* (Fn. 39), S. 51 ff. m. w. N. － 著者は，事前配慮は，全体としての事前配慮原則のための，別の手段による危険除去を目的とするという命題を主張する．危険除去とリスク配慮とで同程度に効果的な法益保護がなされ，その点で手段において区別されるのみであるという趣旨であれば，正当である．目指すべき目標として法益の統合体を確定する場合，危険除去およびリスク配慮の様々な安全水準は，この目標を達成するための手段に過ぎない．しかし，この考察方法は，混乱を招きやすい．リスク配慮は，危険除去に比べて要求の多い安全水準を作り出すことに資する．このことは，特別の手段の投入としてよりも，目標の具体化としての方が理解しやすい．手段の語を用いるのは，それによって特定の保護水準が達成されるような措置が問題となっている場合にすべきである．その他の点では，本文で示したように，事前配慮は，法益に関するリスク保護に限られない．

離を作り出すための資源配慮は，リスク配慮と隔絶されて並立するものではなく，リスク配慮が適用されるところで，リスク配慮と組み合わせられなければならない．資源配慮は，実際には，次のような目標を達成するための手段であって，独立の目標ではない．すなわち，危険除去目標でありうるがリスク配慮目標でもありうる目標であり，また，たとえば危険除去基準または事前配慮基準でありうるイミッシオン限界値によって具体化される目標である．

その時々の危険の負荷限界に対する安全距離がどの程度のものでなければならないかは，抽象的に言うことはできず，負荷状態の具体的状況および負荷要因の政策的制御の可能性によって左右される．安全基準の決定の際には，通常，有害物質に関する因果関係を顧慮するのみならず，安全基準の遵守に資する排出制限その他の措置が十分に効くか否かをも顧慮して，不確実性を克服する．したがって，負荷限界の遵守およびその前にある安全距離に資する環境政策は，リスク管理でもある．それゆえ，それは，現在の知見に基づく十分な安全基準を確定し，集積および蓄積の問題を継続的に克服し，それに加えて，経済的・技術的実現可能性に応じて，リスクのさらなる削減を目指すような，当然の事前配慮政策である．

3．持続可能性原則

持続可能性原則は，環境利用原則である．その目的は，天然資源の存在および利用可能性を，長期間，世代を超えて維持することである．環境財の存在は，まさに人間の継続的な利用可能性をめぐって確保されることになる．持続可能性原則は，一方で，人間が環境財の利用を割り当てられており，他方で，環境利用によって，この財が後に利用不能になるような形で害されうるという認識に対する反応である．すなわち，天然資源の利用が，その持続的な利用可能性が保持され続けるように，制限されることが重要である[41]．それゆえ，持続可能性原則は，資源管理原則としても性格付けることができる．持続可能性原則

---

41) 参照，*D. Murswiek*, „Nachhaltigkeit" – Probleme der Umsetzung eines umweltpolitischen Leitbildes, NuR 2002, S. 641. (SV. II 71)

の観点の下では，環境問題は，希少な財の利用の問題として現れる．持続可能性原則は，この財の希少性をエコロジーの基準を手がかりにして具体化し，それに応じて利用権限を制限することを要求する．このことは，利用権限の分配ルールが作り出されることを含意する．

　持続可能性目標は，以下のとおり，若干の一般的な下位目標ないし行動原則に分類することができ，それらは「マネージメントルール（Managementregeln）」とも呼ばれる[42]．

1．再生可能資源の採取率は，長期的に，自然の成長率ないし再生産率を超えてはならない．
2．環境への有害物質の移入およびエネルギーの解放は，長期的に，自然の受容能力および適合能力を超えてはならない．
3．再生不可能な資源は，同等の機能を有する代替物を利用可能ないし作出可能な場合に，その範囲でしか，消費してはならず（代替原則），

　　かつ／または／少なくとも，

　　再生不可能な資源は，節約しなければならない（節約原則／消費最小化原則）[43]．

42）　参照，Die Industriegesellschaft gestalten. Abschlußbericht der Enquete-Kommission „Schutz des Menschen und der Umwelt " des 12. Deutschen Bundestages, 1994, Rn. 31 f. そこで定式化されたマネージメントルールは，―特に再生不可能な資源に対する代置の必要性に関する変容を伴って―その後の多くの報告書や論文に見られる．たとえば持続可能性の概念につき，参照，Vom Leitbild zur Umsetzung. Abschlußbericht der Enquete-Kommission „Schutz des Menschen und der Umwelt – Ziele und Rahmenbedingungen einer nachhaltig zukunftsverträglichen Entwicklung " des 13. Deutschen Bundestages, 1998, 2.2.2.

43）　4番目のマネージメントルールとして，アンケート委員会（1994, Fn. 42）は，次のように定式化している．それによると，人間による環境への損害または侵害の速度は，環境の回復能力に関する自然のプロセスの速度に見合ったものでなければならない．しかし，これは，私見によれば，自明のルールではない．それは，すでにルール1番および2番の内容に含まれている1つの観点を強調するものに過ぎない．5つ目のリスクに関するマネージメントルールは，環境問題に関する専門委員会（Umweltgutachten 1994, BT-Drs. 12 / 6995, S. 83）によって提案されているように，次のようなものである．すなわち，人間が引き起こす，人間の健康お

第1および第2の原則を顧慮して，持続可能性原則の変換は，理念型として，まず資源の負荷可能性の限界を決定するよう求める．持続可能性目標は，特定の環境財に対して，利用可能性の範囲を画する負荷限界が定められることによって具体化される．利用範囲の決定――有害物質の処理場としての環境財の利用を顧慮すると，負荷量の決定――は，持続可能性原則の具体的な変換にとって特に重要な措置である．特定の――地球規模の，または地域的な――環境財に関して，最大限に引受け可能な負荷量（たとえば地球規模の気候についてトン数で表現される二酸化炭素の排出または二酸化炭素の等価物）が確定している場合には，利用権限は，それに応じて制限または分配されうる．

持続可能性原則から，直接的な行動のルールが生ずるわけではない．行動のルールは，立法者が基準に基づいて持続可能性原則を変換することによって公布されなければならず，持続可能性の考え方のみによって根拠付けられるわけではない．持続可能性原則は，利用量または負荷量によって，許容される総利用量または総負荷量の限界を提示する．そこから個人の行動義務，特に経済主体の環境利用権の制限に対してどのような帰結が導かれるかは，環境政策および経済政策の形成裁量に委ねられる．その点で，持続可能性原則は，最低限の原則である．それは，環境の利用を制限することによって環境を守るが，エコロジー的な負荷限界に至るまでの端緒における利用を制限するに過ぎない．

もっとも，このことは，持続可能性原則が環境侵害を最終的な負荷限界に至るまで法的にも許容することを意味しない．以下の3つの観点において，持続可能性原則は，今日の知見の水準に対応したエコロジー的最低限を超える環境保護を可能にし，または強く要求する

第1に，上述の限界の範囲内で，国家による資源管理が，政策的観点および――他の目的によって決定される――法的観点によって行われる．そこには，

よび環境に対する危険および是認できないリスクは，回避されなければならない．しかし，このルールは，持続可能性原則の具体化には体系的に当てはまらず，目標実現の方法のレベルに属する．それは，先に挙げた4つのルールのすべてに関連しうる．

たとえば国際的な環境利用権限の分配を顧慮しなければならず，特に分配の公正を実現しなければならないような，分配政策が含まれる．持続可能性原則は，負荷量の限界を意識させることにより，以下のような政策の前提条件を作り出す．すなわち，将来の経済成長の余地，環境負荷と結びついた追加的な経済活動の余地を留保する政策であり，追加的な利用を可能にする，負荷可能性の限界に対する十分な距離を保障する政策である．この距離が大きく残されていればいるほど，経済政策はより多くの可能性を有し，私的経済主体の自由な発展はより多くの可能性を有し，環境利用権限が公正な基準により経済主体間に分配される機会がより大きくなる．

　また，最低限の原則としての持続可能性原則は，たとえば将来の住宅団地，自然保護区域あるいは保養地域のための負荷の余地を計画する可能性を，立法者に提供する．立法者は，それぞれの観点において，最低限の原則が要求するよりも広範囲に環境を保護することができる．

　そのような負荷限界に対する距離を守る政策の可能性を利用することは，ある範囲では，持続可能性原則によって要求される．なぜなら，経験によれば，経済およびエコロジーの状況は，静的なものではないからである．持続可能性原則は，非常に長期にわたる環境財の利用可能性の確保，すなわち負荷限界の遵守をも要求する．このことの不可避的な帰結として，将来経済活動を行いたいため，回避不能または回避する意思のない追加的な負荷が生ずることをすでに認識できる場合には，現時点で経済活動によって負荷限界に近付いてはならない．

　さらに，「持続可能な発展」の原則との関連を見過ごしてはならない．確かに，単独で見ると，持続可能性原則は，天然資源の持続的な利用可能性の確保にのみ資する．しかし，「持続可能な発展」の原則は，経済的発展をも確立する努力を強調する．このことは，常に，持続可能性原則が設定する負荷限界の枠内でのみ行われうるので，ダイナミックな経済発展は，経済的な拡張が行われうるような，危険の負荷限界に対する十分な距離――負荷の「余地」――が保たれている場合にのみ，可能となる．意図された拡張が強ければ強いほど，そし

て，そこから生ずる環境への負担が大きければ大きいほど，それに関する「余地」が大きくなければならない．なぜなら，拡張は，持続可能性原則を通じて示される限界によって終了しなければならないからである．自然の生存基盤を維持するのみならず，それを超えてダイナミックな「持続可能な発展」を可能にしようとする政策は，不可欠の余地を維持するように配慮することが，可能であるのみならず義務である．

第2の観点，すなわち，負荷限界によって記述される最低水準を超える環境保護を持続可能性原則が不可欠とするという観点は，環境政策を不十分な知見に基づいて策定する必要性から生ずる．長期的な環境の利用可能性の確保は，不可避的に不確実性がつきまとう予測を常に前提とする．そのほか，現在の状況の判断に関して認識の不確実性，特に環境負荷物質の有害性および作用機序に関する不確実性が存する．この不確実性は，危険の負荷限界に対する安全距離によって計算に入れられなければならない[44]．さもなければ，持続可能な環境利用の効果的な確保は，まったく不可能である．これは，以下のことを意味する．すなわち，持続可能性原則は，現在の認識の水準に対応した負荷限界の遵守を命ずるのみではない．許容される負荷量および利用量を決する負荷可能性の法的限界は，はじめから予測の不確実性および認識の不確実性を含んで決定されなければならない．言い換えると，以下のようになる．持続可能性原則が要求する最低水準は，厳密に言えば，現在の知見および環境状態を基礎として，おおよその確実さをもって決定されうる負荷限界から生ずる水準ではない．そうではなくて，現在の知見により損害の回避および環境財の利用可能性の継続的な保持のために遵守されなければならない上記の限界に対する十分な距離を，知見の不確実性を考慮して確保する負荷限界から生ずる——要求の高い——水準である[45]．

その点で，保護原則との平行線が引かれうる．保護原則は，おおよその確実さで生ずる損害から保護するだけでなく，十分な蓋然性で生ずる損害，すなわ

---

44) 参照，たとえば *Rehbinder* (Fn. 11), S. 742.
45) 参照，*Appel* (Fn. 12), §9 B. Ⅱ. 2.

ち危険からも保護する．保護原則は，まず第1に予防に資するのであって，損害回復のみに資するわけではない．しかし，予防は常に，不確実状態の下での行為である．それゆえ，効果的な予防は，少なくとも危険に対するものでもある．世代を超える継続的な環境財の利用可能性の確保についても，同様のことが言える．将来に向けられた，予防的な任務が重要なのである．その効果的な実現は，不確実性の処理を要求する．それは，リスクを計算に入れなければならず，おおよその確実さで知られている事情しか考慮に入れないのであれば，はじめから挫折すべき運命にあるであろう．

　それゆえ，持続可能性原則も，——おおよそ——確実に生じる損害の回避のみならず，十分な蓋然性のある損害，すなわち危険の回避を要求すると言うことができるであろう．保護原則との違いは，保護原則の場合は個人および共同体の法益に関わるのに対し，環境財およびその利用可能性への危険に関わるという点にあろう．

　それでもなお，持続可能性目標を危険除去目標として特徴付けることには問題があろう．なぜなら，ここでは危険の概念がふさわしくないからである．危険概念は，具体的な因果関係との関連で具体化されうるものであり，——裁判によっても——審査されうるものである．それは，個々の法益の保護に向けられており，広範囲の，あるいは地球規模の資源に対する長期的なリスクの評価には，あまりふさわしくない．ここに存する予測その他の知見の不確実性は，通常，大きなものであって，ドイツ警察法の伝統における行為義務の危険除去法上の具体化は不可能である．確かに，地球規模の環境財に関して明確に認識可能な危険も存在するかもしれない．しかし，我々が通常対処しなければならないのは，——ありうる損害に関する——蓋然性が十分に大きいか否かを判断し，いかなる場合にも越えてはならない限界を定めるために，知見があまりにも少ないような環境問題である．それを十分確実に知ることができないにもかかわらず，その可能性を考慮に入れなければならないため，リスクが我々の想定よりもはるかに大きいことに，我々は対処しなければならない．さもなければ，生存基盤としての環境財の継続的な利用可能性を効果的に確保することは，

人類にとって不可能である．さらに，地球規模の，あるいは地域的な環境財に関する，個々の環境利用は，通常，「危険」と性格付けられない．それにもかかわらず，そのような環境利用は，分配の仕組みに組み込まれなければならない．なぜなら，それによってのみ，上述の意味での最低水準の遵守が確保されうるからである．

まとめると，持続可能性原則は，環境利用および環境負荷の限界を具体化するに際して，知見の不確実性の考慮，すなわち，現時点で危険の負荷限界として認識されうるものに対する十分な安全距離を要求する．

さらに第3に，持続可能性の時間的側面が加わる．すなわち，環境利用の環境親和性は，現在の状況に関してのみならず，長期的・世代超越的にも確保されなければならない．有害物質の蓄積が問題となるところでは常に，危険の負荷限界，すなわち「エコロジー的負担能力」に対する距離が保たれなければならず，それは，時間の経過によっても限界が超えられるのを回避するために，十分に大きな距離でなければならない[46]．

4．諸原則の位置付けおよび限界付け

a）損害回避および利用可能性

aa）様々な保護利益

保護原則（損害回避原則および危険除去原則）と持続可能性原則との違いは，それぞれの主要な保護利益の違いである．保護原則は，個人的法益の保護，および，公の財産や個々の環境財のような具体的な集団的法益の保護，たとえば，動植物や生態系の保護に資する．「環境媒体」（大気，水，土壌），および，地域を超える，特に地球規模の公的環境財（たとえば，大気，大洋，雨林〔個々の森林とは異なる〕，野生種の十分な生存空間の存在〔個々の生存空間とは異なる〕，種の多様性／遺伝子の多様性）は，保護原則によっては，それとして保護されず，具体的な保護利益を保護するための手段として「のみ」保護される．これに対し，持

46）　参照，*Lübbe-Wolff* (Fn. 39), S. 59.

続可能性の主要な保護利益は,「環境媒体」および地球規模の資源を含む公的環境財である. これらは, それとして保護されるが, それら自体のためにではなく, 人間の生存基盤を確保するために保護される. すなわち, 間接的には, それらの保護は, 個々の環境財の保護にも資する.

それゆえ, 標語的には, 以下のように定式化できる. すなわち, 保護原則は法益保護, とりわけ個人的法益の保護に資するのに対し, 持続可能性原則は, 資源保護に資する. 連邦イミッシオン防護法5条1項1号のような法律上の保護要請が, 法益保護のみならず資源保護にも資することは, 上記の定式に反しないとみることが可能である. そうであるとすると, そのような法律上の要請は, 保護原則を具体化するのみならず, 同時に持続可能性原則の転換にも資する. それでもなお, 上記の基準によって両原則を明確に区別することは不可能である. その点で, 類型的な区別のみが可能である. なぜなら, 保護原則は, 個人的法益の保護に限定されず, 公の環境財すなわち環境資源は, 法律によって法益の性格を獲得しうるからである.

さらに, 両者の違いとして, 保護原則は具体的な因果関係のみを対象とする. その保護利益は, 特定の環境侵害に対して, すなわち, 個別化可能な原因者または危険源に対して, 保護される. 保護原則は, 集積作用については, それが個々の排出源, 具体的な原因者とともに損害を引き起こす限りでのみ, 取り扱う. これに対し, 持続可能性原則は, 環境財の統合体にのみ関わるものであり, 具体的な因果関係に関わるものではない. それによって, 持続可能性原則は, 具体的な原因者ないし特定の排出源を原因(の一部)とするのではない損害の回避をも把握する. ここで問題となっているのは, それ自体を取り出すと無害であるが時代を超えて集積する負荷を, その統合体において考慮に入れて, 環境財を保護することである.

bb) 生存保護および生存条件の保護

保護原則と持続可能性原則は, 個人的法益の保護が問題となる場合に, 部分的に重なり合う. その点で, 異なる端緒から部分的に等しい要請をもたらすような, 異なる概念が問題となっている. 個人的法益を環境侵害によって脅かす

ような損害の回避は，通常，同時に，資源の持続可能な保護に資するものであり，また，エコロジー的持続可能性に向けられた政策の不可欠の構成要素である．

しかし，持続可能性原則は，個人的法益の統合体の保護を超えるものである．その目標は，人間の生存の前提条件としての環境財の保護である．それは，環境侵害の除去とは別のものである．保護義務は，たとえば大気汚染物質あるいは汚染された食品によってもたらされる健康の危険の除去を対象とし，酸素供給源としての森林の保護，栄養源としての魚の生息数の維持，農業の基盤としての土壌の保護，種の多様性の保護，等々は対象としない．これらの目標に関わるのが持続可能性原則である．持続可能性原則は，人間の生存が――かつては当然に存在していたが今日では困難になった――自然の環境財の存在，とりわけ，栄養源，製品の原料，自然による健康への危険に対する防護の傘（紫外線との関係でのオゾン層）等に依存しているという認識に対する，概念的な応答である．それゆえ，理念型として，次のように言うことができる．保護原則は，個々の人的な法益，とりわけ生命および健康を，侵害から保護する．持続可能性原則は，生命および健康の前提条件としての自然を保護するものであり，それゆえ，天然資源を独立の保護利益として保護する[47]．それゆえ，たとえば地下資源のような再生不可能な資源を大事に取り扱うことも，保護原則では絶対にテーマとされないのに対し，持続可能性原則には含まれる．

さらに，持続可能性原則は，環境負荷の最大量を示すことにより，資源の合理的で将来を考慮した管理に関する枠組みを作り出し，同時に，この管理の方法に関する指示を送る．その点でも，その内容は保護原則をはるかに超える．

cc) 保護の観点および持続可能性の観点

持続可能性原則が法益保護に資するものであり，保護原則と一部重なり合うものである限り，それぞれの原則が問題を解明する観点において，重要な違いがある．

---

47) この区別については，すでに *D. Murswiek*, Umweltschutz als Staatszweck, 1995, S. 40 ff. (SV. I 7) において詳細に述べた．

保護原則の問題設定は，保護利益への損害を回避するには何をしなければならないか，という点にあるのに対し，持続可能性原則の問題設定は，持続的な――人間の生存基盤としての――環境の利用可能性を保持し続けるためには，どのように環境利用を制限しなければならないか，という点にある．

　その際，当然，人間の健康の諸条件と調和しうる利用可能性が念頭に置かれている．しかし，問題となっている財は，出発点においてエコロジー的にのみ逼迫している．実際には，有害物質による大気や水の負荷可能性は制限されていない．天然資源の採取（木材の伐採，魚の捕獲，等々）という意味での資源利用の場合と異なり，有害物質による負荷という意味での資源利用の場合の持続可能な利用可能性の限界は，はじめから，人間の健康（および有害物質によって危険にさらされるその他の法益）の観点においてのみ決定される．

　その点で，保護原則と持続可能性原則は，同じ関心事に対する2つの異なる観点であるに過ぎない．なぜなら，一方で，環境の利用可能性の保護は，同時に，保護利益の統合体の保護につながり，他方で，環境負荷に対する人間の生命，健康および財産ならびに動植物の効果的な保護は，同時に，環境の持続可能な利用可能性に対しても，良い影響を与えるからである．異なる観点は，異なる問題への意識を鮮明にし，同時に，環境政策による制御に関する異なる可能性への意識を鮮明にする．環境保護は，まず第一に，防御的に理解され，この観点からは，環境侵害は原理的に望ましくないものであるのに対し，持続可能性原則は，一定の環境侵害とも常に結びついている，人間の環境利用の不可欠さを強調し，それゆえ，原理的に環境利用に反対するのではなく，環境利用が持続的に環境親和的であるような条件を作り出すことに向けられる．

b) 損害回避および事前配慮

　この違いは，すでに上記の事前配慮原則の説明（Ⅱ.2.）において述べた．保護原則は，危険除去に限られる．事前配慮原則は，危険閾値を下回るリスク配慮，危険の負荷限界に対する安全距離，および，ドイツ環境法の理解ではそれを超えて，要求の多い環境利用または経済的拡張のための余地の作出によって，

保護原則を補強する．

c) 持続可能性および事前配慮

　持続可能性原則を事前配慮原則と比べると[48]，事前配慮原則の様々な特徴を区別することができる．すなわち，
──リスク配慮，
──危険除去およびリスク配慮の手段としての資源配慮，
──環境利用配慮としての資源配慮である．

　aa) リスク配慮
(1)法益保護としてのリスク配慮
　法益保護としてのリスク配慮は，上述（Ⅱ.2.a）のとおり，危険除去の枠組みでは十分に考慮に入れることのできない，法益保護の際の不確実性を処理することにより，保護原則を補充し，強化する．その点で，事前配慮原則は，保護原則に対する補足原則である[49]．そして，この観点において，持続可能性原則は，事前配慮原則から，保護原則と同じ観点により，区別されうる（Ⅱ.4.a）．

(2)資源保護としてのリスク配慮
　しかし，リスク配慮は，資源との関連でも理解されうるし，また，理解されなければならない．（個人の）法益の保護と同様に，持続可能性原則の対象である環境財の保護は，不確実性を処理しなければならない．上述（Ⅱ.3.）のとおり，総括的な資源に関する概念が特に複雑であるため，なおさらである．

　リスクに関わる資源配慮の観点の下では，事前配慮原則は持続可能性原則と，同一ではないが一部重なり合う．持続可能性原則は，上述（Ⅱ.3.）のとおり，リスクに関わる資源保護をも要求する．その点で，事前配慮は，持続可能性目標を達成するための不可欠の手段である．しかし，持続可能性原則が危険の負荷限界に対する一定の距離，すなわち，保護原則の枠内での危険除去の水準に

---

48) このテーマについては，たとえば *Rehbinder* (Fn. 11), S. 740 ff.; *Appel* (Fn. 12), § 9 B. Ⅱ．

49) 明示的に同旨のものとして，*Rehbinder* (Fn. 4), Rn. 17.

匹敵する最低限の保護のみを要求するのに対し，事前配慮原則は，リスク配慮の最適化（Optimierung）を目指す．その際，最適化は，最大化（Maximierung）を意味するのではなく，現在の知見に基づくリスクの大きさと，リスク削減のための経済的費用および技術的可能性とを考慮して，可能な限りの安全水準を目指すことを意味する．このことは，通常，利用しうる最善の技術（best available technology）の投入，すなわち，「技術水準（Stand der Technik）」による排出回避，排出削減およびリスク最小化の技術の利用を含意する．

　その点で，最適化原則としての事前配慮原則は，資源保護の最適水準ではなく最低水準を定式化する持続可能性原則よりも，要求の多い原則である．もっとも，事前配慮原則が一般的に，持続可能性原則を無意味なものにしてしまうほど要求の多い原則であると捉えるのは，誤りである．なぜなら，持続可能性原則の端緒は，別のものであるからである．持続可能性原則は，いかなる場合にも遵守されなければならない——さしあたり非常に抽象的で一般的であるが，当該資源の特徴に応じた具体化を目指した——環境保護目標を決定する．それは，確かに，最低水準「のみ」を作る．しかし，この最低水準は，——状況によっては——事前配慮原則による最適水準よりも，要求の多いものでありうる．なぜなら，事前配慮原則による最適化は，常に相対的であるからである．それは，技術的および経済的な可能性に依存する．排出削減およびリスク削減の技術的または経済的な可能性がわずかである場合には，事前配慮原則は，状況によっては，一方で保護原則から，他方で持続可能性原則から生ずる，危険の負荷限界が超えられるのを，避けることができない．

　それゆえ，持続可能性原則と事前配慮原則との関係は，資源に関するリスク配慮の観点の下では，保護原則と事前配慮原則との関係と類似のものとして，決定されうる．すなわち，事前配慮原則は，持続可能性原則に対して，競合関係ではなく，補完関係に立つ．事前配慮原則は，特に，最大に利用可能な回避および削減の技術の投入を要求することによって，持続可能性原則によって要求される最低水準を超えて資源に関するリスク配慮を最適化する限り，持続可能性原則を補強する．

保護原則と事前配慮原則との関係に比べて，持続可能性原則と事前配慮原則との関係において危険除去とリスク配慮とを区別することは，あまり明確に行えない．その点で，ここにはより大きな重なり合いがある．

bb）危険除去およびリスク配慮の手段としての資源配慮

持続可能性原則にとっては環境財の保護が重要である．この原則は，その保護のために投入されるべき手段については何も言明していない．その際，危険およびリスクの除去による――直接的な――法益保護にも投入されるのと同じ手段が問題となる．上述（Ⅱ.2.b) bb）のとおり，資源配慮は，集積および蓄積の問題に対する危険の負荷限界の遵守を確保するために投入される，危険除去およびリスク配慮の手段でもある．この事前配慮の機能――危険の負荷限界に対する安全距離の保持――は，持続可能性原則の不可欠の構成要素でもある．なぜなら，持続可能性原則は，――有害物質に対する環境資源の負担能力が問題となる限り――危険の負荷限界として捉えられうる，環境の質の目標を定式化することを求めるからである．その点で，問題は，事前配慮原則との関係で述べたのと異ならない．

この事前配慮の機能は，環境財に関する危険の回避が問題となっている場合には，持続可能性目標の達成のための不可欠の手段であり，危険除去の水準を超える保護の最適化が問題となっている場合には，補強である．

cc）環境利用配慮としての資源配慮

環境利用配慮としての資源配慮は，中長期的な計画政策および分配政策のための前提条件を，その内容を決定することなく，確保する．その点で，事前配慮は，リスクからの保護に資するのではなく，計画目標の実現あるいはさらなる経済的発展の実現に資する「余地」，すなわち，危険の負荷限界に対する距離を作り出す．環境利用権限の公正な分配についての内容的な基準は，国内法上はたとえば基本法3条から生じうるし，国際法上は国家の主権平等の原則から生じうるが，とりわけ，たとえば京都議定書による温室効果ガスの排出に関するような，特別の国際法上の条約から生じうる．

上述（Ⅱ.3.）のとおり，この事前配慮の機能は，持続可能性原則によっても，

それを持続可能な発展の原則とダイナミックに理解する場合には,満たされる.持続可能性原則から環境財の負荷可能性の限界が生じるとすれば,持続可能な発展の原則から追加的に生じる要請として,負荷限界の範囲内で経済的発展およびその他の政策形成とりわけ都市計画の余地が残されていなければならない.エコロジー的な負荷可能性の限界を利用しつくすことを許容するような政策は,動きが取れなくなるに違いない.生存基盤が危険にさらされる——それは持続可能性原則が排除していることであるが——べきでないとすれば,経済の現状が固定されなければならないであろう.つまり,持続可能な発展の原則は不可避的に,経済的発展および計画形成の「余地」の保持または回復という意味での事前配慮を行うことを要求する.

それゆえ,余地配慮としての資源配慮は,持続可能な発展の原則の不可欠の構成要素と言えるであろう.——単独で見た場合の——持続可能性原則は,それを可能にし,持続可能な発展の原則は,それを要求する.

5. 諸原則の理解の帰結

従来ドイツにおいて一般的な考察方法にとどまる場合,事前配慮原則と持続可能性原則との間には,広範に重なり合う領域がある.資源に関するリスク配慮は,持続可能性原則から生ずる諸要請と部分的に重なり合うが,それらを超える.事前配慮原則および持続可能な発展の原則の余地確保機能は,本質において完全に等しいが,持続可能な発展の原則によって,よりよく根拠付けられうる.そして,危険の負荷限界の遵守の確保の手段としての資源配慮は,事前配慮原則の構成要素であり,持続可能性原則の構成要素でもある.

では,持続可能性原則は無意味であろうか? 否,従来の考察方法に基づいても,それは,事前配慮原則と並んで独自の意味を有し,保護原則と並んで,すでに示したように,いずれにせよ,以下のように言える.持続可能性原則は,生存基盤としての環境財,すなわち,人間の健康のような法益の危険とは独立に,人間の生存および健康(並びにその他の法益)の前提条件としての環境財を確保する.持続可能性原則は,環境財に対して,絶対に遵守されなければなら

ず，自由に処分することのできない最低限の保護を保障する[50]．それによって同時に，持続可能性原則は，経済活動およびその他の環境利用を展開しうるエコロジー的な限界を決定する．

　単独で見た場合の持続可能性原則はすでに，資源管理原則である．生存基盤としての環境財の存在は，単独で固定したものではない．環境財の持続可能な利用を保障するためには，積極的な資源管理政策を必要とする．このことは，持続可能な発展というダイナミックな原則の文脈において，より明らかである．持続可能性原則によって示される環境利用可能性の枠は「硬直的」であるので，ダイナミックな発展は，この枠内で十分な資源が利用可能な場合にのみ，可能である．それゆえ，積極的な資源管理は，すべての経済的およびその他の環境利用が，さらなる発展の十分な余地が残る程度でのみ要求されるように，配慮しなければならない．その際，経済的推進力は，常に資源消費の上昇を含意しなければならないわけではない．資源利用の効率性を上昇させたり，現状の利用可能性をより効率的または公正に分配したりすることもありうる．

　つまり，持続可能性原則の課題は，許容される環境利用の限界付けのみならず，積極的な資源管理政策でもある．この理由により，環境利用配慮と理解されている資源配慮については，もはや事前配慮原則としてではなく，今後は，持続可能性原則ないし持続可能な発展の原則としてのみ位置付けることが有意義であると考える．事前配慮原則を環境利用配慮（余地配慮）の意味にも解するドイツの理解は，いずれにせよ国際的には特異なものである．外国や国際法のレベルにおいては，事前配慮原則は，リスク配慮の意味にのみ理解されている　ドイツにおいては，リスク配慮と並んで資源配慮も必要であることが正当に認識された．それについて，かつては特別の名称がなかった．しかし，国際的に，そしてドイツにおいても持続可能性原則が確立されてからは，余地配慮としての資源配慮は，この原則に位置付けるのが自然である．

---

50)　これは，実際に処理されうるよりも厳しく聞こえる．なぜなら，危険の負荷限界の決定は，予測余地およびその他の知見の欠如を考慮して，重大な評価を受けやすいからである．

同様のことは，集積または蓄積の問題を克服するために，危険の負荷限界に対する安全距離を確保することについても言える．ここでは，事前配慮は，目標を与える原則ではなく，他の目標の達成のための手段である．それゆえ，この手段を，目標を定式化し，必要な手段の使用を含意する原則に位置付けるのが自然である．それが持続可能性原則である[51]．人間の生存の前提条件としての環境財の統合体の長期的な確保は，――すでに述べたように――必然的に，集積，潜在または蓄積の問題を効果的に管理しうるような，十分な安全距離の遵守を含意し，持続可能性原則の構成要素である．この任務を事前配慮原則によって二重に基礎付けることは，持続可能性原則の確立により，もはや必要ではないように思われる[52]．

III. 結 論

この提案に従えば，保護原則，事前配慮原則および持続可能性原則は，以下のとおり，より明確に体系的に位置づけられる．

保護原則は，法益保護に資する．持続可能性原則は，とりわけ生存の前提条

---

51) 環境法の諸原則の完全な再構築により，この機能を保護原則に位置付けることも，体系的に可能である．なぜなら，法益保護の手段が問題となっているからである．しかし，その場合，保護原則を警察法上の由来から引き離し，特定の手段（特定の潜在的な損害の原因である危険源に対する危険除去）によって限定されない，純粋な目標原則（効果的な法益保護）として理解しなければならないことになる．その場合，法益保護の手段としての安全距離の確保は，保護原則に位置付けられ，資源保護の手段としてのそれは，持続可能性原則に位置付けられることになろう．両者は非常に広範囲に重なり合うことになり，環境法上の法益保護は，資源保護によって完全に包括されることになる．それゆえ，保護原則を目標を決定するものだけ理解する場合にも，法益および環境財の保護に対する安全距離を確保するという原則を持続可能性原則に位置付けることは，行うに値するように思われる．なぜなら，安全距離は直接には資源保護に資するものであり，法益保護には間接的に資するにすぎないからである．

52) 同旨，*W. Kahl,* Das Nachhaltigkeitgrundsatz im System der Prinzipien des Umweltrechts, in: *H. Bauer* u. a. (Hrsg.), Umwelt, Wirtschaft und Recht, 2002, S. 111 (134 ff.).

件としての環境財の保護，および，その継続的で世代を超えた利用可能性の保持（資源保護）に資する．事前配慮原則は，独自の保護対象を持たず，保護原則および持続可能性原則をリスク配慮によって補強する．すなわち，保護原則に向けては，(個人的) 法益の統合体に関するリスク配慮であり，持続可能性原則に向けては，資源に関するリスク配慮である[53]．保護原則および持続可能性原則は，下回ってはならない最低水準を確保する．事前配慮原則は，特にリスクおよび環境侵害を最小化することにより，保護を最適化する．そして，持続可能性原則は，ダイナミックな経済的発展の長期的な余地が残り，乏しい利用権限が公正に分配されうるように，資源利用を制御することを指導する．

---

53) *Kahl* (Fn. 52), S. 138 で述べられている，事前配慮原則は持続可能性原則よりも低い抽象段階にあり，持続可能性原則の運用方法を明確にすることに資するという解釈は，説得的でないと考える．

解　題

　P. Selmer の 70 歳記念論文集『国家，経済，財政制度』*Lerke Osterloh / Karsten Schmidt / Hermann Weber* (Hrsg.), Staat, Wirtschaft, Finanzverfassung. Festschrift für Peter Selmer zum 70. Geburtstag. (Schriften zum Öffentlichen Recht Bd. 960) Duncker & Humblot, Berlin 2004 に寄稿された本論文は，環境法の諸原則のうち，保護原則（Schutzprinzip），事前配慮原則（Vorsorgeprinzip）および持続可能性原則（Nachhaltigkeitprinzip）の関係を明らかにしようとするものである．特に，持続可能性原則が事前配慮原則との関係で独自の意義を有するか否かについて，従来の議論ではなお解明されていないとして，この問題に取り組む．
　まず，保護原則は，損害回避原則（Schadensvermeidungsprinzip）と危険除去原則（Gefahrenabwehrprinzip）とを合わせたものであり，行政法全体にも共通する自明の基本原則である．次に，事前配慮原則は，リスク配慮（Risikovorsorge），すなわち，危険（十分な蓋然性）の閾値を下回るリスクに対する配慮の原則であるとともに，ドイツにおいては，資源配慮（Ressourcenvorsorge）の原則としても理解されている．しかし，持続可能性原則も，まさに資源配慮の観点を含むから，事前配慮原則と持続可能性原則は，広範に重なり合う．では，持続可能性原則に独自の意味はないのか？　この問題について，本論文は，資源配慮の内容およびそれぞれの原則との関係等を緻密に分析することにより，以下のように結論付ける．
　すなわち，保護原則は，法益保護に資するものであり，持続可能性原則は，生存の前提条件としての環境財（Umweltgut）の保護，および，その継続的で世代を超えた利用可能性の保持(資源保護)に資するものである．事前配慮原則は，独自の保護対象を持たず，保護原則および持続可能性原則をリスク配慮（保護原則との関係では法益に関するリスク配慮，持続可能性原則との関係では資源に関するリスク配慮）によって補強する．保護原則および持続可能性原則は，下回ってはならない最低水準を確保する．事前配慮原則は，リスクおよび環境侵害を最小化することにより，保護を最適化する．そして，持続可能性原則は，経済的

発展の長期的な余地が残され，乏しい資源利用権限が公正に分配されうるように，資源利用を制御することを指導する．

　行政法における古典的課題でもある損害回避と，現代的課題であり特に環境法において重要であるリスク対応および資源管理について，それぞれの相互関係を明らかにするとともに，それらと環境法の諸原則との関係を緻密に分析・解明した点に，本論文の重要な意義があると考える．

第Ⅲ部

国家組織 / 国際法 / 諸原則
Staatsorganisation / Völkerrecht / Grundsätzliches

第 10 章

改正できない憲法原理としての主権国家性の原則

Der Grundsatz der souveränen Staatlichkeit als unabänderliches Verfassungsprinzip

訳・解題　工藤達朗

「改正できない憲法原理としての主権国家性の原則」

小目次

Ⅰ．主権国家性は憲法原理か？

Ⅱ．基本法における主権国家性の原則──リスボン手続における私の立場
　1．主権国家性の原則は改正できない憲法原理である
　2．主権国家性の原則ならびに基本法の開かれた国家性およびヨーロッパに対する友好性の原則
　3．主権国家性の原則の内容的射程範囲
　4．動的プロセスとしてのヨーロッパ国家の生成

Ⅲ．連邦憲法裁判所のリスボン判決における主権国家性の原則
　1．主権国家性は高権的諸権利をヨーロッパ連合へ委譲するについての審査基準である
　2．基本法から主権国家性の原則を導出する
　3．ヨーロッパ統合の限界についての結論

Ⅳ．結　論（Fazit）

解　題

第 10 章　改正できない憲法原理としての主権国家性の原則　373

Ⅰ．主権国家性は憲法原理か？

　連邦憲法裁判所は，リスボン条約についての判決[1]において，主権国家性の原則が憲法原理であり，しかも基本法 79 条 3 項の改正できない憲法的核心に属する原理の 1 つであることをはじめて承認した．この原理に手を触れることができるのは，憲法改正権者（der verfassungsändernde Gesetzgeber）＊ではなく，憲法制定権力の主体である国民だけである．この原理は，ヨーロッパ統合の一層の発展に対して限界を設ける．確かに，この限界は法的に乗り越え不可能なわけではないが，しかし，憲法制定の決定という方法による国民の同意がなければ乗り越えることはできない．それゆえ，これまでブリュッセルの中央司令室は，職業政治家が議決するだけで，権限委譲についてその都度国民の同意を得ようと努める必要もない，条約の改正と解釈による条約の拡張という方法によって，一歩一歩その権限を強化することができたが，このようなやり方でヨーロッパ合衆国を創設することはできないのである．

　主権国家性の原理を承認したことによって，連邦憲法裁判所は，ヨーロッパに対する無制限の開放を主張する者たちから特別に激しく批判された．*C. O. Lenz* は憤慨してこう述べた．「基本法は『主権的』という概念を使っていない

---

1)　BVerfG, Urt. v. 30. 6. 2009- 2 BvE 2/ 08 u. a.- リスボン判決．(BVerfGE 123, 267〔門田孝・自治研究 91 巻 1 号 142 頁，中西優美子『EU 権限の判例研究』（信山社，2015 年）11 頁〕)

＊訳者注
　　Der verfassungsändernde Gesetzgeber は直訳すると憲法改正法律制定者または憲法改正立法者であるが，本稿ではこれを原則として「憲法改正権者」と訳した．基本法 79 条は，「基本法は，基本法の文言を，明文で変更し又は補充する法律によってのみ，これを変更できる」(1 項)，「このような法律は，連邦議会構成員の 3 分の 2 及び連邦参議院の票決数の 3 分の 2 の同意を必要とする」(2 項) と定めており，憲法改正は憲法改正法律という特別の法律を制定することによって行われるので，ドイツでは憲法改正権者を憲法改正法律制定者と呼ぶのであるが，日本では憲法改正手続も異なり，憲法改正法律の語も一般的ではない．そこで，ここでは日本の議論とのつながりを重視して憲法改正権者と訳すことにした．

のに,連邦憲法裁判所は33回も使った」.こうした断定は法学の素人に強い印象を与えるので,粗野なキャンペーンにおいて好んで繰り返し取り上げられる.このキャンペーンは,ヨーロッパ裁判所の当時の法務官(Generalanwalt)であり,かつてのCDUの連邦議会議員が,FAZに発表した連邦憲法裁判所のリスボン判決に対する弾劾演説[2]によって,開始したとまではいわないが,焚き付けたものである.Lenz も彼の同士も,EU条約に載っていない法概念や法原理を用いて作業することが,ヨーロッパ裁判所の日常的な仕事に属することを気にすることはない.例えば,EG法――またはEU法――の「優位」という言葉は条約の中には存在せず,ヨーロッパ裁判所によって発明されたものであるとか,あるいは,指令の「直接的効力」は,条約の文言によっても指令の条約上の機能によっても存在しないが,ところがヨーロッパ裁判所の裁判によれば存在する.これらのことを彼らは気にかけないのである.さらに,「比例性原理〔比例原則〕」という言葉は基本法には存在しないが,裁判によって適用されても自明のこととして誰からも異議を唱えられることはないし,あるいは,――たった1つだけ例を挙げるにとどめるが――「情報自己決定権」は基本法のテキストとは無縁だが,それでもやはり妥当している.Lenz やその他の無制限のヨーロッパ統合というプロパガンダを仕掛ける人々(Propagisten)にとって,基本法からヨーロッパ統合の限界を導出することは,「ドイツのヨーロッパ政策の封鎖」,「裁判官による統治」,合一したヨーロッパの弱体化,「連邦政府,連邦議会と連邦参議院という国家の政治的諸制度の」[3]弱体化を意味するのである.

　現在の連邦憲法裁判所の批判者たちからは,基本法の文言には存在しないが連邦憲法裁判所によって展開された他の諸原理の話は聞いたことがないし,ヨーロッパ裁判所が,その権限の広範な行使において,ほとんど条約の「解釈」とはいえないようなやり方で,ヨーロッパ共同体の権限を一貫して拡張してきた話など,いよいよもって聞いたことはない.このことは,Lenz のような人々

---

2) *C. O. Lenz*, Ausbrechender Rechtsakt, FAZ v. 8. 8. 2009, S.7.

3) すべて *Lenz* (Fn. 2) からの引用.

にとって重要なことは，真剣な法学的議論ではなく政治的攻撃(ポレミーク)なのだということを物語っている．主権は「変更可能」である，なぜなら基本法の中にこの言葉は存在しないからだ．これは法学的には戯言(たわごと)である．もちろん，基本法のテキストは真剣に受け取らなければならないが，解釈者にとって政治的に都合がよいときだけそうすべきなのではない．テキストを真剣に受け取るとは，そのテキストを正しい方法で解釈することを意味する．それゆえ，真面目な論証はどうなっているのか？ 連邦憲法裁判所の裁判に対する批判が正当なのか，それとも連邦憲法裁判所のテーゼが正しいのか．これは「主権」の言葉が基本法に存在するか否かの問題ではなく，主権国家性の原則が，体系的に考察して，基本法の憲法的根本原理の1つなのかどうかの問題なのである．

本論文はこの問題に捧げられる．私は，リスボン条約についての鑑定書[4]——異議申立人 *Gauweiler* の憲法異議はこの鑑定書に依拠していた——により，また後には訴訟代理人として様々な書面により，主権国家性の原理が改正できない憲法原理の1つであることの論証を提出してきた．以下において，最初に私の論証を上で触れた鑑定書の概要に基づいて記述し（Ⅱ），次にリスボン判決における連邦憲法裁判所の論証を再現する（Ⅲ）．その後で私の総括（レジュメ）を述べることにする．

Ⅱ．基本法における主権国家性の原則
——リスボン手続における私の立場

1．主権国家性の原則は改正できない憲法原理である

主権国家性の原則[5]は，基本法79条3項において明示的に言及されている

---

4) D. Murswiek, Der Vertrag von Lissabon und das Grundgesetz. Rechtsgutachten über die Zulässigkeit und Begründetheit verfassungsgerichtlicher Rechtsbehelfe gegen das Zustimmungsgesetz zum Vertrag von Lissabon und die deutsche Begleitgesetzgebung, 2. Aufl. 2008, www.freidok.uni-freiburg.de/volltexte/6472. (SV. Ⅰ 11)

5) これについて詳しくは，D. Murswiek, Maastricht und Pouvoir Constituant. Zur Bedeutung der verfassunggebenden Gewalt im Prozeß der europäischen Integration,

わけではない.しかしながら,国法学の通説によれば,この原則は改正できない憲法原理の1つであり[6],したがってまた,統合のための授権の限界を形成している[7].

このことは,以下の観点から明らかである.

――ドイツ連邦共和国の国家性は,基本法の基礎として,基本法により前提されている.

Der Staat 32 (1993), S. 161 (162 ff.). (SV. II 39)

6) *J. Isensee*, Staat und Verfassung, HStR II , 3. Aufl. 2004, § 15 Rn. 30 ff., 196; *P. Kirchhof*, Die Identität der Verfassung, in: HStR II , 3. Aufl. 2004, § 21 Rn. 84; *ders.*, Deutsches Verfassungsrecht und Europäisches Gemeinschaftsrecht, EuR 1991, Beiheft 1, S. 11 (13); *A. Randelzhofer*, Stellungnahme, in: Gemeinsame Verfassungskommission, StenBer., 1. Öffentliche Anhörung „Grundgesetz und Europa " v. 22. 5. 1992, S. 15; *ders.*, in: Maunz/ Dürig, GG, Art. 24 I Rn. 204; *M. Herdegen*, EuGRZ 1992, S. 589 (592); *Murswiek* (Fn. 5), S. 161 (162 ff.); *U. Di Fabio*, Der neue Art. 23 des Grundgesetzes. Positivierung vollzogenen Verfassungswandels oder Verfassungsneuschöpfung, Der Staat 32 (1993), S. 191 (199 ff.); *P. M. Huber*, Die Anforderungen der Europäischen Union an die Reform des Grundgesetzes, ThüVBl. 1994, S. 1 (2); *R. Breuer*, Die Sackgasse des neuen Europaartikels (Art. 23 GG), NVwZ 1994, S. 417 (423 f.); *U. Fink*, Garantiert das Grundgesetz die Staatlichkeit Deutschlands ?, DÖV 1998, S. 133 ff.; *R. Streinz*, in: Sachs, GG, 4. Aufl. 2007, Art. 23 Rn. 84; *O. Rojahn*, in: v. Münch/ Kunig, GG Bd. 2, 5. Aufl. 2001, Art. 23 Rn. 15 m. w. N.; *C. D. Classen*, in: v. Mangolt/ Klein/ Starck, GG Bd. 2, 4. Aufl. 2000, Art. 23 Rn. 4; *C. Hillgruber*, Der Nationalstaat in übernationaler Verflechtung, HStR II , 3. Aufl. 2004, § 32 Rn. 41, 108. ――異説としては,たとえば,*R. Scholz*, in: Maunt/ Dürig, GG, Art. 23 (Stand: 1996), Rn. 63; *I. Pernice*, in: Dreier, GG Bd. 2, 1998, Art. 23 Rn. 35, 94; *S. Hobe*, in: Friauf/ Höfling (Hrsg.), Berliner Kommentar zum GG, Art. 23 (Stand: 2008), Rn. 53 f.; *M. Zuleeg*, in: AK- GG, Art. 23 (Stand: 2001), Rn. 51 ff.――このような学説状況に鑑みれば,多くの批判者が現在,連邦憲法裁判所は,リスボン判決において,ヨーロッパ統合の恒常的な進展にストップをかけるために,裁判官の独断で新しい原理を発見したとの印象を呼び起こそうとしていることは,無知であるか意図的に誤解を招こうとしているかのどちらかである.

7) たとえば,*T. Maunz*, in: Maunz/ Dürig, GG, Präambel (Stand: 1977), Rn. 24; *M. Zuleeg*, in: AK- GG, 2. Aufl. 1989, Präambel Rn. 60; *S. Broß*, Verfassungssystematische und verfassungspolitische Überlegungen zum Erfordernis eines nationalen Referendums über die Verfassung der Europäischen Union, in: FS Hablitzel, 2005, S. 55 (57 f., 60); ならびに,前掲注6で引用した,国家性原理の改正不能を肯定する学説を参照.

——テキストでは，この国家性は，基本法20条1項ならびに前文の制定時の構文において表現されており，その命題（Aussage）は，再統一後の前文の改正によっても変更されていない（nicht berührt）．

　基本法が憲法制定権力をドイツ国民に与えている（zuweisen）という事実も，ドイツ連邦共和国の国家性が改正できない憲法原則であることを必然的に推論させる．

——同じく，基本法21条2項も，主権国家性の原則が改正できない憲法原則として保障されていることを示している．

——さらに，主権国家の憲法としての基本法の地位から，主権国家性が憲法改正の方法で廃棄されてはならないという結論が導かれる．

　これらのことを以下においてより詳しく理由づけることにする．

a) ドイツ連邦共和国の主権国家性は法的憲法の前提でありかつ憲法制定者の基本決定である

　ドイツ連邦共和国は，国際法の意味でも，国法の意味でも，一般国家学の意味でも，国家である．憲法は，立憲国家の憲法も含め，国家を対象とするだけでなく，同時に前提とする[8]．国家の創設と憲法の制定は理論的には1つの事に帰することがあり得る．けれども通常は，立憲国家の憲法によって，すでに実在する国家が組織（konstituieren）される．それゆえ，基本法の議決によっても，何か新しい国家が創設されたのではなく，ドイツという国際法上実在する国家が（その一部の領域につき）新しく組織されたのである[9]．このことは基本法の明示的な見解でもある．前文はこのことを次のような言い回し（Formulierungen）で表現した．「その国家的統一性を維持……せんとする意思に満たされて」，かつ「国家生活に新しい秩序を与えるために」，この基本法は議決された，と．国家の実在は基本法の前提なのであり，それ〔実在する国家〕が基本法によっ

---

8) Vgl. *Isensee* (Fn. 6), Rn. 33; *Kirchhof*, Identität (Fn. 6), Rn. 25, 69.
9) BVerfGE 36, 1 (16)——「基本条約判決」

て具体的な立憲国家の形式に仕上げられたのである．

したがって，主権的な国際法主体としてのドイツ連邦共和国の国家性は，基本法の基礎である．それは基本法の制定によって害されるべきではなく[10]，維持され，強化され，同時に形成されるべきものだったのである．

それゆえ，ドイツ連邦共和国の主権国家性は，憲法の事実上の前提であるばかりでなく，つまり，憲法制定の特徴をなしているがゆえに憲法解釈の際に考慮されるべき事実状況の1つにすぎないのではなく，憲法の法的前提なのであって，憲法制定の基本決定の対象なのである．確かに，ドイツ連邦共和国の主権性は，憲法制定者の規律対象ではない．なぜなら，憲法によって作り出されたのではなく，まさに前提とされているからである．しかしそれは，憲法制定の基本決定の基準点かつ中心点である．議会内委員会〔基本法制定会議〕は，国家を組織（verfassen）することを決定したのであって，たとえば保護領（Protektor），行政区域（Provinz）または連邦国家に組み込まれる支分国（Gliedstaat）〔州〕を組織することを決定したのではない．それゆえ，憲法の法的前提としての主権国家性は，憲法制定の基本決定の対象だったのである．

この基本決定は，基本法制定の時点でドイツが置かれていた事実状態と際だったコントラストをなしている．なぜなら，当時ドイツに主権はなく，占領軍の支配下に置かれていたからである[11]．それゆえ，憲法制定者が事実に反してドイツ連邦共和国の主権性から出発したとすれば，それによって憲法制定者がとくに強く表現したのは，憲法制定者が主権国家性を単に事実として前提としたのでなく，事実がその憲法制定意思に合致すること，憲法制定者が決定した憲法は，主権国家の憲法であるべきであること，そして，この国家の実在がその憲法作品全体の法的な基礎でもあることである．

それゆえ，基本法はこのような国家性を出発点とし，それに基づいているのだから，この国家性自体，基本法のテキストに明文の根拠があるか否かにかかわらず，憲法の主要な構造要素の1つに数えられなければならないのであ

---

10)　*Isensee* (Fn. 6), § 15 Rn. 33.

11)　Vgl. *D. Murswiek*, BK, Präambel (Stand: 2005), Rn. 243. (SV. II 84)

る[12]。

ところで，主権国家性についての基本決定を基本法79条3項の諸原則に分類することを可能にする根拠がテキスト上も存在する。基本法は20条1項においてドイツ連邦共和国を民主的かつ社会的連邦国家であると特徴づけている。したがって，この国家構造規定において，民主制，共和制および連邦国家という国家形式原理，ならびに社会国家目標が表現されているだけではなく，同時にドイツ連邦共和国が国家であるとの自己理解が表現されているのである[13]。

このことは決してテキストへの拘泥ではない。むしろ，主権国家性への根本的決定が，憲法改正を禁じられた他の諸規定の中にその基礎を有する，必然的で体系的な根拠からも生じる。とりわけ基本法がその妥当根拠として参照指示している正当性の源泉から生じるのである。基本法は前文が述べているとおり国民の憲法制定権力によって議決されたが，その憲法制定権力とはドイツ国民の憲法制定権力である[14]。そしてドイツ国民は，基本法によって組織された (verfaßt) 秩序の内部においても，すべての国家権力の民主的正統化の源泉である (基本法20条2項1文)[15]。例えば，超国家的な連邦国家への編入によって国家を消滅させるという決定は、同時に国民を消滅させるという決定であろう。これは，基本法20条1項および2項と結びついた79条3項により，──憲法を改正する──立法者〔憲法改正権者〕がなしうる決定ではない。なぜなら，組織された国家権力の主体は，基本法20条2項において改正できないものであることが確定されており，憲法制定権力の主体は、論理的・体系的理由から，

---

12) Vgl. *Kirchhof*, Identität (Fn. 6), Rn. 84; *ders.*, EuR 1991, Beiheft 1 (Fn. 6), S. 11 (13).
13) *Kirchhof*, Identität (Fn. 6), Rn. 84; *ders.*, EuR 1991, Beiheft 1 (Fn. 6), S. 11 (13); *Murswiek* (Fn. 5), S. 161 (162); *ders.*, (Fn. 11), Rn. 243; *Hillgruber* (Fn. 6), Rn. 41.
14) これについて詳しくは，*D. Murswiek*, Die verfassunggebende Gewalt des Volkes nach dem Grundgesetz für die Bundesrepublik Deutschland, 1978, S. 32 ff., 58 ff. (SV. Ⅰ 1)
15) BVerfGE 83, 37 (50 f.)──「市町村の外国人選挙権」

組織された国家権力が自由に処分できる範囲には含まれないのである．したがって，このような決定を下すことができるのは，国民自体だけ——その憲法制定権力によって——なのである．

さらに，主権国家性についての基本決定は，前文の制定時の構文において表現されていた．憲法制定者はそこでこう述べた．ドイツ国民は，憲法制定権力の主体として，「その国民的および国家的統一を維持する意思に満たされて」[16] この基本法を制定した．連邦憲法裁判所はこの言い回しを単なる拘束力のない政治的宣言と評価したのではなく，——再統一命令の構成部分として——憲法上の拘束力ある法義務の性格をそれに認めたのである．このような「保持命令 (Wahrungsgebot)」——国民的および国家的統一を維持する命令——が，ドイツ分割の時代においては，1つの統一国家としてのドイツの実在のなお存在する事実上の基礎と，とりわけ法的な基礎を維持すること（これには，基本法よりも前に存在するドイツ連邦共和国の国家学説(ドクトリン)として，以前は「ドイツ・ライヒ」と呼ばれた国際法主体が継続的に実在することが含まれる）に向けられていたのだから，このことは，全体からなる国家としてのドイツの国家性が最高の憲法価値であったし，今もあるという意味を必然的に含んでいるのである．

そもそも再統一命令[17]は，全体としてみれば，主権国家性の原理を確認する

---

16) たとえば，*Kirchhof*, EuR 1991, Beiheft 1 (Fn. 6), S. 11 (13) も参照．彼は，制定時の構文における基本法前文が，国家性を維持することの委任と合一したヨーロッパへの開放性とをとくにはっきりと区別していたことも指摘している．すなわち，「国民的および国家的統一を維持し，合一したヨーロッパにおける同権の一員として世界の平和に奉仕する」意思に満たされて，この基本法は議決されたのである．国民的統一は——Kirchhof によれば——国家的統一と考えられている．それに対して，合一したヨーロッパに同権の一員として組み込まれるのはドイツ国家である．

17) 再統一命令については，BVerfGE 5, 85 (127)—「ドイツ共産党違憲判決」；BVerfGE 36, 1 (17 f.)—「基本条約判決」；BVerfGE 77, 137 (150) −テソ；再統一命令の法的基礎づけについて詳しいのは，*G. Ress*, Das Wiedervereinigungsgebot des Grundgesetzes, in: Fünf Jahre Grundvertragsurteil, 1979, S. 265 ff. m. w. N.; *D. Murswiek*, Das Staatsziel der Einheit Deutschlands nach 40 Jahren Grundgesetz, 1989, insb. S. 11 ff. (SV. Ⅰ4); *ders.*, Wiedervereinigung Detschlands und Vereinigung Euro-

ものであると理解することができた．連邦憲法裁判所の判例によれば，いかなる憲法機関も「政治目標としての国家的統一の回復を放棄することは許されない」，すべての憲法機関は「その政策においてこの目標の達成に努め，〔…〕かつその政策において再統一を挫折させるであろうすべてのことを行わないよう」[18]義務づけられている．ドイツの国家的統一は国家の根本目標だったのであり，憲法改正権者が任意に処分できるものではなかったのである[19]．そこにはまた，ドイツの国家性を維持するという憲法制定者の意思と，このような国家性を保持する憲法上の義務が表現されているのである．

再統一命令は再統一とともに枯死 (obsolet) した．したがって，再統一との関連において前文は改正された．というのは，――かつてのドイツの東部地区を考慮すれば――再統一はまだ完了しておらず，いまだに領土の要求が唱えられるだろうとの誤った印象を想起させないようにするためである[20]．しかしながら，「保持命令」は枯死してしまったわけではない．それゆえ，国民的および国家的統一を維持し，独立の主権国家としてのドイツの実在を打ち砕くことになるすべてのことを行わないという命令〔はまだ生きているの〕である．確かに，上で引用した，保持義務を表現していた前文の言い回しは，統一条約に同意する法律によって，能動的な再統一政策を義務づけていた言い回しと同じく廃止された．しかしながら，憲法改正権者の明確な規定意図によれば，それによって保持命令を削除するつもりはなかったのである[21]．保持命令の廃止は，

---

  pas – zwei Verfassungsziel und ihr Verhältnis zueinander, in: *D. Blumenwitz/ B. Meissner* (Hrsg.), Die Überwindung der europäischen Teilung und die deutsche Frage, 1986, S. 103 (107 ff.). (SV. II 12)

18) BVerfGE 36, 1 (17 f.).

19) この点の詳細な基礎づけは，*D. Murswiek*, Das Wiedervereinigungsgebot des Grundgesetzes und die Grenzen der Verfassungsänderung, 1999, S. 15-42 (SV. I 10); *ders.*, (Fn. 11), Rn. 180-184; vgl. auch *ders.*, Wiedervereinigung Deutschlands und Vereinigung Europas (Fn. 17), S. 120 f.; *ders.*, Das Staatsziel (Fn. 17), S. 17 ff., 39.

20) 前文の改正は，統一条約が4条で定めた「加盟に条件づけられた基本法改正」の1つである．

21) Vgl. Denkschrift zum Einigungsvertrag, BT-Drs. 11/7760, S. 358; wie hier *Huber*,

——もしもそれが意図されていたとしたら——違憲であったろう．なぜなら，憲法改正の限界を超えてしまうからである[22]．前文のテキスト改正それ自体をすでに違憲であるとみなすのでない限り[23]，前文は，保持命令は依然として妥当しているという趣旨に憲法適合的に解釈されなければならない[24]．国家的統一を維持することは，分離主義的分裂に対してだけ向けられた命令なのではない．そうではなく，この命令は，思考必然的に正反対の方向，すなわち，国家性の廃止に対しても，より大きな統一体へ吸収され消滅することに対しても向けられているのである．

　さらに，*Randelzhofer* が次のように推論しているのは適切である．基本法79条3項によってすでに憲法の核心が憲法改正権者の侵害から遠ざけられているのであれば，ドイツ連邦共和国の国家性の実在はなおさら〔遠ざけられてしかるべき〕である[25]，と．

　基本法21条2項1文もこのような自己理解を表現している．その規定によれば，ドイツ連邦共和国の存立を危うくすることを目指す政党は違憲である．したがって，基本法21条2項は，基本法79条3項において明文で憲法改正が禁じられた自由で民主的な基本秩序を保持することと並んで，ドイツ連邦共和国の存立を保持することを提起している (stellen)．その目標設定を理由とする政党の禁止は，その目標が合法的な方法でも——憲法改正に必要な多数によっても——追求することが許されない場合にのみ正当化されるのである．したがって，基本法21条2項は，ドイツ連邦共和国の独立国としての実在が，「絶対に」保護される基本法の憲法的核心の1つであることを確認している[26]．

---

　　　　in: Sachs, GG, 4. Aufl. 2007, Präambel Rn. 41.
22)　　理由づけについて，*Murswiek* (Fn. 19) の詳細な記述を参照せよ．
23)　　憲法制定者による有権的な言い回しに鑑みてそう述べるのは，*Murswiek*, Das Wiedervereinigungsgebot (Fn. 19), S. 58 f.; ders. (Fn. 11), Rn. 184, 194 f.
24)　　Vgl. *Murswiek* (Fn. 11), Rn. 195; *Huber* (Fn. 21).
25)　　*A. Randelzhofer*, Stellungnahme, in: Gemeinsame Verfassungskommission, StenBer, 1. Öff. Anhörung „Grundgesetz und Europa", 22. 5. 1992, S. 15.
26)　　Vgl. *Murswiek* (Fn. 5), S. 161 (163); *Hillgruber* (Fn. 6), Rn. 41; wohl auch *Huber* (Fn. 21).

したがって，国法学説が圧倒的に，ドイツ連邦共和国をヨーロッパ連邦国家に編入することは基本法 79 条 3 項が（憲法改正）立法者〔憲法改正権者〕に対して設定した限界を超えるものであり，そのためには，国民の憲法を作る力 (pouvoir constituant) としての作用における憲法制定行為が必要であることから出発しているのは正当である[27]．

b）基本法は主権国家の憲法である

基本法は国家の憲法であり，しかも国際法の意味における国家の憲法である．このような「主権」国家は，ドイツ連邦共和国の州 (Bundesland) などの連邦国家の支分国とは全く異なる国際法上および国法上の地位を有する．ドイツ連邦共和国がヨーロッパ連邦国家に加盟することは，ドイツ連邦共和国の地位を根底から変更することになる．ドイツ連邦共和国はその国際法上の法人格を喪失してしまう．独立国家から支分国になってしまう．国際法主体としてのドイツは滅亡する．他のヨーロッパ諸国との融合（フュージョン）により，ないしは，これまで緩やかであった統合がヨーロッパ中央国家へと濃密化することにより，ドイツは上位のヨーロッパ連邦国家のなかで消滅してしまうことになる．

それによって，基本法の憲法としての地位も根底から変更されることになる．しかも，基本法の内容が一字一句そのままであってさえそうなのである．（「主権」）国家の憲法から単なる支分国の憲法になる．その〔支分〕国は国際法上の国家ではもはやなく，国民の運命にかかわる問題に決定を下すことはもはやできず，外から限定された権限をなお有するにすぎない．基本法は，現在ラント憲法が有している地位に押し下げられることになる[28]．基本法は，ヨーロッ

---

27) 前掲注 6 および 7 で引用した文献のほか，たとえば，*C. Tomuschat*, BK, Art. 24 (Stand: 1985), Rn. 46; *K. Stern*, Stellungnahme, in: Gemeinsame Verfassungskommision, StenBer, 1. Öff. Anhörung „Grundgesetz und Europa", 22. 5. 1992, S. 48, Anhang S. 9; *J. Isensee*, Stellungnahme, ebd., S. 49 f.; *A. Rndelzhofer*, Stellungnahme, ebd., S. 15, 52, Anhang S. 3, 4; 異説として，*C. Tomuschat*, ebd., S. 52, Anhang S. 8（BK で主張している見解とは異なる）を参照．

28) *Rndelzhofer*, Stellungnahme (Fn. 25), S. 51; *D. Grimm*, Der Mangel an europäischer

パ連合の憲法の下に置かれる．憲法の下であるだけではない．「連邦法はラント法を破る」の原則によれば，ヨーロッパ連合のあらゆる任意の法律，あらゆる指令または指針は基本法に優先する．確かに，基本法に対する共同体法の優位は現在すでに存在するが，しかしそれは，ヨーロッパ共同体が権限を有する，限定された（経済的）題材に制限されている．

　ある国家が単なる支分国へ転換するような，かくも根本的な地位の変化は，憲法改正とは無関係である．ここで問題なのは，基本法の個々の諸規定の単なる変更なのではなくて，憲法上の地位を全く新しく定めることだからである．基本法はいわば国家の憲法としては失効し，そして同時に支分国の憲法になる．これは単なる憲法改正とは異なった憲法制定行為である[29]．基本法が79条で憲法改正権者に授権しているのは，憲法改正だけ，すなわち，基本法の同一性[30]と抵触しない基本法の個々の〔規定を〕改正することだけなのである．このことは，基本法146条と対比してみるととくにはっきりする．いずれにせよ同条は，その制定時の構文において，基本法を全体として自由な処分に任せていた——もちろん，憲法改正権者の自由処分ではなく，国民の憲法制定権力の自由処分である．基本法79条1項が許容しているのは基本法の改正だけであって，それゆえ，基本法が憲法として存在し続けることを前提としているのである．基本法が組織するのはもはや主権国家ではなく支分国にすぎないとしたら，事態は全く異なってしまう．その場合には，基本法はもはや「この基本法」（79条3項）ではなく，全く別の基本法，つまり地位の低下した単なる支分国の憲法なのである．

　国家の憲法が支分国の憲法に転換することは，それゆえ，単なる憲法改正ではなく，憲法制定行為である．その資格を有するのは，憲法改正権者ではなく，憲法を作る力だけである．憲法改正権者の民主的正当性は，他のすべての組織

　　　Demokratie, Der Spiegel Nr. 43 v. 19. 10. 92, S. 57 (59) もそう述べる．
29)　憲法制定と憲法改正の区別について詳しくは，*Murswiek,* Die verfassunggebende Gewalt (Fn. 14), S. 168 ff. m. w. N.
30)　Vgl. *Kirchhof,* Identität (Fn. 6).

された国家権力の正当性と同じく，憲法の枠内における行為についてはそれで足りるが，憲法そのものの処分については足りない[31]．

それゆえ，ドイツをヨーロッパ連邦国家に編入することは，このような理由から，国民の憲法制定権力による同意を必要とすることになるのである[32]．

2．主権国家性の原則ならびに基本法の開かれた国家性およびヨーロッパに対する友好性の原則

主権国家性の原則の射程を正確に理解するためには，基本法の開かれた国家性とヨーロッパに対する友好性の原則との文脈においてこの原則を理解しなければならない．これらの諸原則から，主権国家性のある程度の相対化と限界づけが帰結する．憲法制定者はこれらの原則を最初から一緒に考えていたのだから，これらの原則は「主権国家性」という改正できない憲法原理を一緒に形作るのである．

憲法制定者は「開かれた国家性」を基本法24条においてはっきりと表現している．同条は，高権的諸権利を国際機関に委譲することを承認し（第1項），連邦が高権的諸権利の制限を伴う相互的集団安全保障制度に加入することを授権している（第2項）．それに対して，ヨーロッパに対する友好性は前文において表現されていた．そこに曰く，「……その国民的および国家的統一を維持する意思と，合一されたヨーロッパにおける同権を有する一員として世界の平和に奉仕する意思に満たされて」，ドイツ国民はこの基本法を議決した．この言い回しが同時に明らかにしているのは，基本法24条における高権的諸権利の委譲についての授権は，まず第一に，ヨーロッパの統一に奉仕するものだということである．基本法24条の「開かれた国家性」は，まず第一に，ヨーロッパ統合のための開放性だったのである．

制定時の前文と基本法24条の言い回しは，憲法制定者の言い回しであり，これが憲法改正の限界を規定する上で重要なのである．前文の新構文，ならび

---

31) *Murswiek* (Fn. 5), S. 161 (164 f.).
32) 同旨，*Randelzhofer*, Stellungnahme (Fn. 25), S.51.

に，今やヨーロッパ統一という国家目標とそれと関連する統合〔のための〕授権について述べている基本法の新23条は，それ自体として解すれば，憲法改正の限界を規定するためにそこから得られるものは何もない．なぜなら，それらは憲法改正権者の作品であって，憲法改正権者は，自分で議決したこれらの規定を後に再び改正することができるからである．それに対して，基本法24条は，最初から主権国家性という改正できない憲法原則（20条1項および前文と結びついた79条3項）を修正した，つまり，そもそも最初に——まさにこの規範によって与えられた限界内においてのみであるが——高権的諸権利の委譲に対して開いた〔開放した〕のである．主権国家性の原理をそれ以上「開く〔開放する〕こと」は，憲法改正権者の権限には属さない．したがって，基本法の新23条のような諸規定または新構文の前文は，委譲権限の拡大にはつながらない．それらは，憲法制定者の改正できない基本決定に照らして解釈されなければならないのである[33]．

それゆえ，基本法は，一面では，ドイツ連邦共和国を主権的国民国家として（そこにおいて「ドイツ国民」が自己にその政治形式を与える国家として）組織するのであり，しかし他面では，固有の高権的諸権利を「国際機関」と集団的安全保障制度のために「委譲」し，「制限」することを授権している．このような委譲は，必然的に，主権の犠牲と結びつく．それゆえ，憲法制定者は，ドイツ連邦共和国をあらゆる点で無制約の対外的・対内的主権性を有する国家として組織しようとしたのではなく，確かに——他のすべての国家と同じく——主権を有するが，その主権的決定により国際的に拘束され，また「高権的諸権利の委譲」によってその主権性の行使を部分的に放棄した国家として組織しようとしたのである．このようにして，主権的国民国家性の原理とヨーロッパに対する開放性の原理は，ヨーロッパに開かれた国民国家性の原理と要約することがで

---

33) 基本法79条3項によれば改正不能とされる，高権的諸権利の委譲の限界を規定するうえで重要なのは基本法24条であって，基本法新23条ではないことの詳しい理由については，*Murswiek* (Fn. 5), S. 161 (176-179).

きる³⁴⁾．主権的国民国家とヨーロッパ統合は，憲法制定者にとって，対立では決してなく，相互に条件づけられているのである³⁵⁾．

　達成しようと努められるべき「合一したヨーロッパ」がどんな組織的構造であるかについて，前文は何も述べていない．前文から引き出されるのは，ヨーロッパが統一した際にもドイツの国家性が維持されていなければならない，ということだけである³⁶⁾．前文は，合一したヨーロッパに自己を編入するが，それによって国家と憲法を廃棄することはしないというドイツの意思を表現している．ドイツは，国家として——つまり，他の国々と「同権の一員」として——ヨーロッパの統一に協力すべきなのである³⁷⁾．その他の点では，前文は，適切な具体的形式（Gestaltungsformen）の選択を政治に委ねている³⁸⁾．このことは統合の目標と統合の程度にも当てはまる．基本法24条は，高権的諸権利を「国際機関」に委譲できることを明確にしている．これにより，憲法制定者は2つのことを明らかにした．1つは，問題とされているのは個々の高権的諸権利の委譲であって，主権を全体として委譲するのではないということであり，もう1つは，高権的諸権利は，国家に委譲されるのではなく，「国際機関」に，それゆえ，そこで主権国家が協力する国際組織に委譲されるということである．統合授権のこのような限界づけは，今やヨーロッパ統合のための特別な授権根拠である基本法23条の新構文によっても拡大されていない．なぜなら，国際的統合，とくにヨーロッパ統合に対して開放することは，基本法79条3項によって保護された主権国家性の原則を修正するものだからである．この修正をなしうるのは，憲法制定者それ自身だけなのである³⁹⁾．前文と，基本法20条1

---

34)　*Murswiek* (Fn. 11), Rn. 245.
35)　*Murswiek* (Fn. 11), Rn.213 ff., insb. 216; Hillgruber (Fn. 6), Rn. 1-3.
36)　*Murswiek* (Fn. 11), Rn. 213 ff., 243, 251.
37)　*P. Kirchhof*, Der deutsche Staat im Prozeß der europäischen Integration, HStR Ⅶ, 1992, § 183 Rn. 23; 賛成するのは，*H. Dreier*, in: ders., GG Bd. 1, 2. Aufl. 2004, Präambel Rn. 50 m. w. N.
38)　Vgl. z. B. *Dreier* (Fn. 37), Rn. 38 f. m. w. N.
39)　これについて詳しくは，*Murswiek* (Fn. 5), S. 161 (166 ff., insb. 176-179).

項と結びついた79条3項によって，ヨーロッパ統合の政治に対して設定された限界は，ドイツの主権国家性を維持することである．

もちろん，このような限界を具体化することは，きわめて困難である．まさに基本法が，高権的諸権利の委譲を明文で授権しており，したがってまた，それと結びついた主権の制限を授権しているからなおさらである[40]．限界確定の諸困難については，以下で立ち入って論じる．

3．主権国家性の原則の内容的射程範囲

主権国家性の原則の正確な射程を規定することよりも，この原則と明らかに一致しないものを規定することはずっと簡単である．

—ヨーロッパ連邦国家を設立すること，しかも，ヨーロッパ連合が国際法の意味における国家になり，構成国は国際法の意味における国家としての（無制限の国際法主体としての）地位を失うという意味における〔ヨーロッパ連邦国家を設立すること〕（その理由について，上述1., 2.を参照）

—憲法制定権力をヨーロッパ連合に委譲すること（その理由については，上述1.aの注14・15の本文，1.bを参照）

—ヨーロッパ連合のために権限・権限〔権限決定権限〕を放棄すること，なぜなら，権限・権限のない組織は，いかなる観点の下でも[41]，もはや独立国家とは解されないからである

—限定された個別的授権の原理[42]を，ヨーロッパ連合の包括的権限によって置き換えること

これらの点については，主権国家性の原則をヨーロッパ統合の改正できない

---

40) これについて詳しくは，*Murswiek* (Fn. 5), S. 161 (168 ff.), und z. B. *Di Fabio* (Fn. 6), S. 191 (200 ff.).

41) Vgl. BVerfGE 89, 155 (194)—「マーストリヒト判決」; *Di Fabio* (Fn. 6), S. 191 (201).

42) 連邦憲法裁判所は，マーストリヒト判決において，この原理に特別の価値を置いた．BVerfGE 89, 155 (192, 209 f.).

限界であるとみなすすべての国法学者の間に一致が存在するといえるだろう．これらの事態のどれ1つとっても基本法と一致しないだろう．憲法改正権者はこのような措置を講じることはできないのであって，国民の憲法制定の決定に基づいてのみ行うことができるのである．

しかし，ここから逆に，これらの事態はどれ1つ生じていない以上，基本法の統合授権に対する改正できない限界はまだ超えられていない，と推論することはできない．主権国家性はナイフのように鋭い限界概念なのではなく，憲法全体との関連性 (Verfassungszusammehang) から具体化を必要とするからである．上述の基準は，いかなる場合にドイツの主権国家性が必ず除去されるのかを語ることができるにすぎず，いかなる前提の下でこの憲法原理が侵害されるのかを包括的に記述するものではない．この原理となお合致するものの限界を具体的に規定することの困難性は，基本法が一面ではヨーロッパ統合のための主権の制限を許容していながら，他面では，ドイツ連邦共和国が主権国家であり続けなければならないという，上述の状況から生じるのである．

それゆえ，私は，まず第一に，上述の基準をひっくり返して，これらの基準の指摘する事態がいまだ生じていない限り主権国家性の原理は守られている〔逆もまた真なり〕といえるのかを審査するという方法で，この問題に接近することを試みることにする．

a) 主権国家性は国際法の意味における国家性か？

基本法は，ドイツ連邦共和国が国際法の意味における国家であることを前提としている[43]．ドイツ連邦共和国がヨーロッパ連合のためにこの地位を喪失することになれば，改正から守られた統合授権の限界が超えられたことになろう．しかし，ドイツ連邦共和国が国際法の意味における国家であり続ける限り，この限界は遵守されていることになるのだろうか？

この問題に答えるには，次のことを想起しなければならない．すなわち，国

---

43) BVerfGE 1, 351 (368 f.); *Murswiek* (Fn. 11), Rn. 243 m. w. N.; *Hillgruber* (Fn. 6), Rn. 40 f.

際法は，諸国家の実在を推定しているために，国家の国際法上の基準を本来的に満たしており，かつ国際社会（Staatengemeinschaft）において国家として承認された諸国家の存続が問題である限り，きわめて「保守的」であるということである．多くの諸国家が1つの（連邦）国家へと融合することは，確かに，それにふさわしい条約を締結した場合には，結合した諸国家の消滅に至る．けれども，諸国家が権限の委譲によって1つの新しい国家を創設するのだということをはっきりと宣言することなく，徐々に一体化する場合には，国際法秩序は，そのことが完全に不合理だという場合でない限り，従来の地位関係の存続から出発する．参加した諸国家が国際法上は引き続き諸国家として登場したいと欲する場合には，それにふさわしい条約を形成することによって，国家性の対外的表章——国家としての標識，国旗，国歌，大統領，国際条約締結権限，大使館等——が諸国家に残るよう配慮することも〔諸国家の〕思いのままである．これらの諸国家は，たとえ独立して行動することがとっくにできなくなっている場合でも，たとえその外交政策上の権限が強く制約され，その外交政策上の組織構造と並んで上位レベルの類似構造がとっくに生み出されている場合でも，そしてたとえ諸国家がその国内的な業務に関してもはや自分自身で決めることができず，すべての本質的な問題について上位の超国家的レベルが決定する場合でも，〔これらの諸国家は〕国際法の意味における国家であり続けるのである．

　国際法の意味における国家であり，かつそのようなものとして国際連合のメンバーである国家は，それゆえ，自立的国家のフィクションであるにすぎないような国家であることもある．なぜなら，その国家は，国家のシンボルを維持してはいるが，それにもかかわらず，国内的な権力も権限も空洞化しており，自国民の運命にとって本質的なすべての決定権限を，国家とは呼ばれていないが国家機能を遂行する超国家的組織に引き渡してしまっているからである．

　基本法が，主権国家性の原則をもって，ドイツ連邦共和国の実在を，上でスケッチしたような形式的にのみ国家であるにすぎない存在であるとは考えていないことは明白である．むしろ基本法は，ドイツ連邦共和国が，国家の形式的

な表章とシンボルを有するだけでなく，機能的に主権的な独立国家であり，かつあり続けることを前提としている．

いずれにせよここから推論されることは，ドイツ連邦共和国が依然として国際法の意味における国家——それゆえ，そのようなものとして他の諸国家から承認され，そしてたとえば国際連合のメンバーでもある——であるか否かだけが問題の焦点なのではない．ドイツ連邦共和国がいつの日にかそのような存在であることをやめてしまったら，統合の限界が超えられたことになろう，たとえまだそうなっていないとしても，限界は超えられているかもしれないのである．これが事実であるか否かは，純粋に形式的な考察によっては確認できない．統合過程においてドイツ連邦共和国にまだ残っている実質的な諸機能の分析に基づいてのみ確認できるのである．

確かに，連邦憲法裁判所がマーストリヒト判決で指摘した[44]「ヨーロッパ合衆国」の正式な設立が，改正できない憲法上の統合の限界を超えていることは明らかだろう．しかしながら，ここから逆に推論して，このような正式の〔設立〕行為（アクト）が実施されていない限り，統合は無制限に許されるとすることは，許されないし，連邦憲法裁判所の意図するところでもない．むしろ，統合のための授権の憲法上の限界は，とっくの昔にすでにそのような行為によって超えられている可能性があるのである．

b) 国法の意味における主権国家性か，一般国家学の意味における主権国家性か？

しかし，このような限界は，いかなる基準に基づいて具体化されるべきなのか．ヨーロッパ統合の改正できない限界としての主権国家性の原則が侵害されているか否かは，基本法によってはっきりと輪郭を描かれた国法上の国家概念が存在するか，あるいは，基本法が援用する一般国家学の争いのない国家概念が存在するのであれば，簡単に決定される．しかし，このことは概念の核心部

---

44) BVerfGE 89, 155 (189).

分についてはその通りだが，概念の周辺部分についてはそうではない．ここで問題となっており，それに関連して限界画定がなされるべきなのは，概念の周辺部分なのである．

　その概念の核心を形成しているのは，〔国家〕三要素説である．領土，国民および国家権力の三要素のうち，決定的に重要なのは第三の要素の具体化である．国家権力が3つの要素を相互に結びつけているのである．国家権力には，対内的および対外的独立性という意味における主権〔という属性〕が帰属する．しかし国家権力は，国家としての性格を失ってしまうことなく，条約の条件に基づいて制限されうる．しかし，三要素説は，目の前の問題にとってもはやそれ以上助けにはならない．なぜなら，この学説は，いかなる権力が多次元システムにおいてなお自律的国家権力と見なされるのかという問題に答えるものではないからである．三要素説は，解決されるべき問題を指摘することができるにすぎない．

　しかし，特定の国家理論または国家の定義を手がかりに，とりわけ特定の連邦国家の学説を手がかりに限界を確定しようとする試みは，いずれも必然的に主観的判断（Subjektivismen）に至ってしまう．というのは，連邦国家の理論家の数とほとんど同じだけ多くの連邦国家の概念が存在するからである．しかし，国家理論の基準が基本法の基準である必然性はないのである．

　ヨーロッパ連合がすでに国家理論の意味における連邦国家なのか，まだそうではないのかという争いは，カテゴリーによる分類や体系の形成について国家理論の関心を引くかもしれないが，ヨーロッパ統合がリスボン条約によって基本法上の統合授権の限界を超えてしまったのか，という問題に答えるにあたって，この争いは〔事態を〕本質的に前進させるものではない．というのは，高権的諸権利のいかなる委譲を基本法はなお許容しているのか〔という問題〕は，国家理論家が基本法の外にある基準に従ってドイツ連邦共和国をなお国家と資格づけるのか，それともヨーロッパ連合をすでに国家と資格づけるのか〔という問題〕とはかかわりがないからである．ヨーロッパ連合は国際法上はまだ連邦国家ではないにもかかわらず，ヨーロッパ連合をすでに連邦国家と見なすこ

とに賛成する理由もあれば，反対する理由もある．結論は，基礎に置かれている連邦国家の概念次第なのである．

しかし，この点に関して，基本法は包摂能力ある〔このような事態に当てはめることのできる〕連邦国家概念を定めてはいない．したがって，限界画定の問題を解決するために概念をめぐる争いに参加しても，事態を前進させる見込みはないように思われる．決定的な問題は，高権的諸権利の委譲後もなお十分な高権的諸権利が連邦共和国に残っているのか否か〔という問題〕について，いかなる基準に従って決定することができるのか，ということである[45]．

c）主権国家性を具体化するための質的項目と量的項目

それゆえ，「国家」と「主権国家性」の概念は，それ自体としてみれば限られた証言力（Aussagekraft）をもつにすぎないのだから，上で（3.の冒頭で）スケッチした核心的要素を超えて，憲法上の統合授権の改正できない限界を具体化することを可能にする若干の基準が基本法から取り出されなければならない．そのための項目は，質的な観点と量的な観点において定式化することができる．

aa）質的項目

(1) 憲法制定権力

憲法制定権力は，前文によれば，ドイツ国民に帰属する．憲法は憲法制定権力に基づく．憲法制定権力が改正できない憲法的核心（基本法79条3項）を組織したのである．立法者も憲法改正権者も，憲法制定権力を自由に処理することはできない．それゆえ，憲法制定権力がヨーロッパ連合に移行することが許されるとすれば，それは国民の憲法を制定する決定に基づく場合だけであって，──憲法改正──法律によることはできないのである．

---

[45] 「連邦国家」等々の古典的概念をヨーロッパ統合のプロセスに適用することの問題性については，*Murswiek* (Fn. 5), S. 161 (168 f.)．ヨーロッパ統合，とりわけヨーロッパ国家性との関連において，実質問題をめぐる争いに代えて概念をめぐる争い〔をすることに反対しているのは〕，auch *S. Haack*, Verlust der Staatlichkeit, 2007, S. 10 ff., insb. 12 f.

ヨーロッパ連合との関係では，次の結論が生じる．すなわち，ヨーロッパ憲法の制定により，憲法制定権力はヨーロッパ連合に委譲されることになるが，このような憲法制定は，基本法の観点からは，構成諸国の諸国民から発する場合にのみ許されるのである．

逆に，憲法制定権力が構成国の国民にある限り，統合の改正できない限界はまだ超えられていないということはできるか？　この問いは，すでに次の理由で否定されなければならない．すなわち，憲法制定権力は，一面では民主的憲法の正統性の源泉を意味するものであるが，他面では憲法制定権力によって正統化された国家にとっては予備的な作用であって，政治秩序の根本的な変革の場合にのみ現実化するからである．

構成国の憲法制定権力は構成国の国民にあり，この憲法制定権力に基づいて高権的諸権利がヨーロッパ連合に委譲されてきたし，今後もされるのだから，ヨーロッパ統合のプロセスにおいて，憲法制定権力の担い手としての国民がそれに関与することなしに，権力構造が広範にずれてしまう〔という事態〕が生じる．──明白な例を2つあげれば──権限・権限がヨーロッパ連合に委譲される場合や，あるいは国際法上第三者に対して代表する権能が，完全に，すなわち構成国を排除して，ヨーロッパ連合に委譲された場合には，たとえ憲法制定権力が構成国の国民に残っていたとしても，憲法上の統合授権の限界が超えられてしまったことは確実であろう．確かに，このような状況において，ヨーロッパ連合は依然として固有の憲法制定権力をもっておらず，固有の権利──ヨーロッパ国民によって正統化された──から固有の憲法を自己に与えることはできないし，そしてドイツ国民は依然としてドイツについて憲法を作る力 (pouvoir constituant) の地位にあるが，ただしこのことはきわめて形式的な意味においてそういえるにすぎない．少なくとも，権限・権限がヨーロッパ連合に移行した場合には，構成国の国民は，実質的にみれば，憲法制定権力を失ってしまったのである．なぜなら，国内憲法に対する連合法の優位に鑑みれば，〔ヨーロッパ〕連合は，実質的にみれば，全ヨーロッパについての憲法制定権力をもつことになるからである．そして，国際法上の代表権が連合に移行する場合

は，構成国は国際法の意味においてもはや国家ではなくなり，その結果，この理由から，構成国の国民に憲法制定権力が残っている場合であっても，統合の限界は超えられてしまっていることになるのである．

それゆえ，憲法制定権力が連合にはいまだ与えられておらず，構成国の国民に残っているという事情から，憲法上の統合授権の限界はいまだ超えられていないと結論することはできない．

(2)「条約に対する支配」

憲法制定権力との密接な関連において，構成国は「条約の主人」なのか，そして基本法は構成国が条約の主人であり続けなければならないと要請しているのか，という問題が存在する．これまで第一次連合法は，国際法上の条約によって構成国の側から制定されてきた——設立条約と，リスボン条約に至る多くの改正条約によって．連合法のこのような制定方法は，構成国の主権国家性という原理に合致している．構成国が「条約に対する支配」を失い，ヨーロッパ連合が固有の権利から第一次連合法を制定できることになれば，そのときはヨーロッパ連合が主権国家であり構成国はもはや主権国家でないことは明白だろう．なぜなら，その場合，連合は固有の立法権によって，あらかじめ構成国から該当する高権的諸権利の委譲という方法で授権されることなしに，構成国に義務を負わせることができるからである．したがって，構成国が「条約の主人」であり，かつあり続けることを連邦憲法裁判所が重視したのは正当である[46]．

しかし逆に，構成国が「条約の主人」である限り，構成国は基本法の意味における主権国家なのか？　この問いも否定されなければならない．構成国が高権的諸権利を広い範囲で連合に委譲し，その結果構成国自体には本質的な高権的諸権利がもはや残っていないとすれば，構成国はもはや主権国家ではない．たとえ，条約の改正により——つまり高権的諸権利を構成国に委譲して戻すことにより——構成国が再び主権国家になることができる場合でさえもそうなのである．

---

46)　BVerfGE 89, 155 (190).

(3) 権限・権限

　連邦憲法裁判所は，マーストリヒト判決において，ヨーロッパ連合が権限・権限を有するか否かという問題に詳しく取り組み，当時の法状態についてこの問題を否定した[47]．連邦憲法裁判所は，正当にも，ヨーロッパ連合に権限・権限が認められることは基本法と一致しないと述べたのである[48]．

　逆に，権限・権限が構成国にある限り，構成国がなお主権国家であることの重要な徴憑である．しかし，徴憑以上のものではない．ここでも，「条約の主人」というトポスについてつい先ほど述べたところが妥当する．たとえ権限・権限がなお構成国にあったとしても，憲法上の統合授権の限界が超えられてしまっていることがあり得るのである．つまり，少なくとも，きわめて多くのまたは重要な高権的諸権利がヨーロッパ連合に委譲され，その結果，構成国の国家性が完全に空洞化してしまった場合はそうである．

(4) 全面的権限／部分的権限

　国家性の1つに数えられるのが，国家共同体の「全権性（Omnikompetenz）」である．その他の人的団体とは異なり，国家は特定の任務の遂行に限られることなく，その任務を自ら設定することができる．国家は，高権的規律の及ぶすべてのことに，──立憲国家においては──「消極的権限規範」としての基本権に反しない限りにおいて，権限を有するのである．

　もちろん，連邦国家においては，権限は連邦とラントに分割されている．全体としての国家だけが全権性を有するのであって，あらゆる個々のレベルはそうではない．同じことは，多次元システムとしてのヨーロッパ憲法結合（Verfassungsverbund）にも当てはまる．

　高権的諸権利の委譲の限界を規定するについて出発点とされるべきことは，基本法がドイツ連邦共和国を，高権的諸権利を国際機関に委譲することのできる主権国家として組織しているのだから，基本法が出発点としている国家モデ

---

47) BVerfGE 89, 155 (194 ff.).
48) BVerfGE 89, 155 (194); 前掲注41も参照：同旨としてたとえば，*Di Fabio* (Fn. 6), S. 191 (201).

ルは，それ自体で原理的全権性——これはドイツでは連邦とラントに分割されている——を有し，個々の高権的諸権利を国際機関に委譲する国家だということである．このことはその総体においてきわめて注目に値するものであるが，けれども基本法の基本コンセプトが侵害されてはならない．全面的な権限（それゆえ個々の高権的諸権利の委譲によってのみ穴が空けられる全権性）はドイツにあり続けなければならず，それに対して，高権的諸権利を委譲される国際機関は，個々の事項領域について分野ごとの権限をもつことができるにすぎないのである．

それゆえ，全面的な権限（原理的全権性）と部分的・分野ごとの権限との区別は，基本法が高権的諸権利の委譲の限界として設定した基準である．

(5) 国家性の核心的機能

国家の任務と機能は歴史的に変遷してきた．しかし，——領域性と権力独占の基準とともに——近代国家を際立たせ，近代国家と必然的に結びついた核心的機能が存在する．核心的機能に数えられるものとして，対外的および対内的安全の確保，司法と法システムがある．国家の権力独占に対応するのが，法の制定と法の実施の独占である．立法者による本源的（他の組織の側で内容をあらかじめ形作られた授権から導き出されるのではない）法の制定，裁判所による拘束力をもった紛争解決，執行権による法の実施，警察による危険防禦は，純然たる国家任務である．これらの任務を自己の責任で遂行することのない（あるいはもはやしない）共同体を国家とみなすことはできない．同じことは対外的な自衛にも当てはまる．外国からの軍事的その他の武力攻撃に対して自己の責任において自衛する権利を放棄した共同体は，その対外的独立性を放棄し，最後はその生存の権利を外国の自由に委ねることになる．議会内委員会〔基本法制定会議〕が基本法を制定し，ドイツを主権国家として新しく組織したとき，議会内委員会は，少なくともこれらの基本機能を包括する国家理解から出発した[49]．それ〔核心的機能〕以外にも多くの機能や任務が存在する．近代国家は

---

[49] 1948 年と 49 年には占領支配と連合国の留保のゆえにこれらの核心的機能を遂行することができなかった限りにおいて，議会内委員会はこのことを——克服され

今日これらの機能や任務を果たしているため，時の経過とともに核心的機能に加えられるべきだとされるが，再び脱落することもあり得る．そうしても国家は国家たる性格を失うことはないのである．これらの付加的機能に関して，単純に，憲法制定者はこれらを不可欠なものとみなしていたと想定することはできない．しかし，上述の核心的機能がなければ，ドイツ連邦共和国は，憲法制定者が組織しようとした主権国家ではなくなるだろう[50]．

　これは，およそ核心的機能の領域においては高権的諸権利の委譲と制限は許されない，という意味ではない．それゆえ，基本法24条2項はまさに相互的集団安全保障制度に加入することを明文で授権している．しかしながら，このような明文の授権ですら，自己責任による対外的自衛という基本的な国家機能の遂行を放棄することはできないのである．むしろ重要なのは，この機能を国際的な枠組において遂行する方が，他の国々との協力によらずに可能であるよりも，より実効的に遂行できることである．しかし，自己責任性は国際的協力においても維持されなければならない．対内的安全に対する配慮は，いよいよもって自己責任的な任務として国家に残らなければならない．自己責任に基づく立法に関していえば，基本法24条1項はいまやヨーロッパ統合との関連で基本法23条1項によって具体化されているが，基本法24条1項から明らかなのは，この〔立法〕権能は限定的な範囲でヨーロッパ連合に委譲することができることである．高権的諸権利を委譲する権能とは，とりわけ立法権能を委譲する権能である．しかしながら，その際，国内法秩序の形成は，全体として見れば，自己責任的な任務としてドイツの立法者に残っていなければならないのである．

(6) 脱退権

　いずれにせよ，構成国がもはや脱退権を有しないならば，連邦国家が存在す

　　るべき——主権の不足であると意識していた．
50)　*Di Fabio* (Fn. 6), S. 191 (201 f.) も，核心的機能を考慮して，「本質的で古典的な国家任務」を取り消しのきかない形で委譲することは憲法上不可能であるとしている．

る．その場合，構成国はその主権を完全かつ最終的に放棄したのである．たとえば，ドイツ連邦共和国のラントは分離独立権（Sezessionsrecht）を有しない．

しかし，逆の推論は可能だろうか？ ヨーロッパ連合の構成国が脱退権をもっているという事情から，構成国はまだ主権国家であると結論することはできるだろうか？ ソビエト連邦の事例はそうではないことを証明する．ソビエト連邦の憲法はソビエト共和国〔ソビエト連邦を構成する共和国〕に脱退権を保障していた．ソビエト共和国の分離独立権が，数十年間，紙の上だけでなく成立していた場合ですら，ソビエト社会主義共和国連邦（UdSSR）が主権国家であり，共和国が主権国家でなかったことは疑う余地がない．

主権的諸国家が1つの新しい全体的国家（Gesamtstaat）に融合し，新しい国際法主体が成立することは，国際法上可能である．合併したこれまでの主権的諸国家は，その国際法上の主体性を喪失する．このことは，新しい国家がこれまでの諸国家に分離独立権を定めている場合でも妥当する．それゆえ，このような場合には，構成諸国は融合によってその国際法主体としての地位を失い，分離独立の際に――憲法上保障された分離独立権の行使において――構成諸国はこのような地位を新しく獲得するのである．

ヨーロッパ連合が連邦国家に発展したのか否かの問題に答えるために，脱退権の存在は国際法上重要ではない．このことは，高権的諸権利の委譲の憲法上の限界が超えられてしまったかどうかの問題に答えるためには，なおのこと妥当しなければならない[51]．問題となりうるのは，ドイツ連邦共和国がヨーロッパ連合から脱退することによって，憲法上許される程度を越えたヨーロッパ法の拘束を免れることができるか否かということではない．そうではなくて，問題なのはただ，委譲された高権的諸権利が委譲されることが許されるものだったのか否か，という点である．基本法が定める程度を超えて高権的諸権利が委譲されていたとすれば，委譲行為は基本法79条3項に違反する．このような違反がヨーロッパ連合からの脱退によって修正されうるからといって――そも

---

51) 同旨，*Broß* (Fn. 7), S. 55 (64).

そも脱退が事実の力に逆らってなお可能であった場合であるが――，基本法違反が存在し，その法的効果〔違憲状態〕が事によっては起こりうる脱退まで続くことを何ら変更するものではない．

bb) 量的項目
(1) 立法権限の量

したがって，立法が問題になる限り，高権的諸権利の合憲的な委譲ともはや合憲的ではない委譲との境界を画定することは，核心的機能とそれ以外の機能の区別に基づき純粋に質的に行われるのではない．そうではなくて，量的な観点にも照準が合わされているのである．いずれにせよ，立法権限が立法テーマの主要な部分についてヨーロッパ連合に委譲されてしまったら，その場合にはもはや，立法と国内法秩序の形成という核心的機能を自己の責任で遂行しているとはいえないだろう．

それに対して，執行権限の量は重要ではない．執行権限は，――ドイツの例を挙げたように――連邦国家においてはより下位レベルにあるのが普通だから，その結果，ヨーロッパ連合には包括的な執行権限が欠けているからといって，ドイツはすでに基本法が許容する以上の高権的諸権利をすでにヨーロッパ連合に委譲してしまったことを否定する証拠にはならないのである．

(2) 国家性の諸要素の量

高権的諸権利の委譲に対して改正不能な限界を規定するために，ヨーロッパ連合がすでに連邦国家として固有の国民によって「設立された」か否かは重要ではない．そうではなくて，ヨーロッパ連合がすでに国家性の多くの要素を有しているため，ヨーロッパ連合をもはや基本法24条1項の意味における「国際機関」とみなすことはできないのではないか[52]，という点が重要なのである．このことをはっきりと理解するならば，この間にヨーロッパ連合が際だたせている個別の国家に典型的な諸要素に鑑みても，量的な分析が命じられるのであ

---

[52] ここで重要なこと，そして基本法23条1項が委譲の授権を拡大することはできなかったことは，上述した (2.)．詳しい理由づけは，*Murswiek* (Fn. 5), S. 161 (176-179) にある．

る．なぜなら，高権的諸権利のあらゆる委譲とともに，古典的国民国家の時代には主権国家に排他的に帰属していたものの若干を国際機関が受け取るからである．とりわけ立法権限の委譲は，国家性の要素の委譲である．基本法24条1項が（および同条項によって設定された枠内において今日では基本法23条1項も）高権的諸権利の委譲を授権する場合，それによって常に国家性の要素の授権が含意されているのである．このことは基本法がそう欲したのであるから，異議を唱えられるべきではない．

その際基本法が設定した限界[53]は，一方では，ドイツ連邦共和国をなお主権国家とみなすことができるほど多くの国家性の要素がドイツ連邦共和国に残っていることであり，そして他方では，ヨーロッパ連合は最大限見積もってなお「国際機関」とみなすことができるほどの国家性の要素を保有するにとどまることである．この観点の下では，立法高権と並んで，対外的権限，貨幣高権，対内的安全のための権限などの諸要素が考慮されなければならない．

それゆえ，基本法は，質的な諸要素と量的な諸要素をともに取り入れた全体的な考察と評価を要請している[54]．量的基準を取り入れることを，「国家結合（Staatenverbund）」または「憲法結合（Verfassungverbund）」のような概念をヨーロッパ連合に適用することによって証明することはできない．これらは基本法の概念ではない．これらの概念は，ヨーロッパ統合の現状を形成しているものを記述するのには適合的であるが，けれども，高権的諸権利の委譲に対して改正できない限界を厳密に規定するには適合的でないのである．

cc）限定された個別的授権の原理は国家性がヨーロッパ連合に移行するのを防止するための基準か？

限定された個別的授権の原理は，学説ではしばしば呪文とみなされており，

---

53) しかも（厳密には），主権国家性の観点の下で．民主制の観点については，vgl. Murswiek (Fn. 4), S. 76 ff.
54) 国家性と〔連邦の〕支分国性〔州〕との流動的な移行を考慮すれば，量的観点とも歩み寄る必要性があることについて詳しくは，Murswiek (Fn. 5), S. 161 (170 ff.).

この呪文の助けを借りると，ヨーロッパ連合の構成国は国家性を維持し，統合が一層進展しても統合授権の憲法上の限界が超えられることはないと確認されるのである．マーストリヒト判決にもこの考えが響いている[55]．実際，限定された個別的授権の原理は，限界画定の重要な基準である．不確定な一般的授権のためにこの原理が放棄されるなら，それは基本法と一致しないだろう[56]．

しかし，逆に，ヨーロッパ連合への権限分配が限定された個別的授権の原理に従って行われる限り，統合の憲法上の限界は超えられることはない，と本当にいえるだろうか．この問いに肯定的に答える人は，限定された個別的授権の原理が，権限の限界を画定するための純粋に形式的な原理であって，権限委譲の範囲については何も述べるものではないことを見誤っている．限定された個別的授権の原理は，多次元システムにおける権限を単なる形式的な原則‐例外図式にしたがって2つのレベルに配分する．権限が特定の領域につき明文で他方のレベル（ここではヨーロッパ連合）に割り当てられていない限り，権限はこちらのレベル（ここでは構成国）にあるのである．それゆえ，ヨーロッパ連合における限定された個別的授権の原理は，ドイツにおいて基本法70条が連邦とラントの間での立法権限の限界画定にとって有する機能と異なる機能をもつものではない．限定された個別的授権の原理が，そのほかに，ヨーロッパ連合に授権された立法権限を十分精密に規定することを要請しているか否かは，──これは国内の立法者に，該当する高権的諸権利の委譲について責任を引き受けることを可能にする[57]──このような関連においては重要ではない．なぜなら，委譲された個別的権限がきわめて精密に規範化され，かつ規範的に限定されている場合ですら，形式的な配分ルールが問題となっていることは，相変わらずそのままだからである．しかし，このような配分ルールは，──基本法24条がこのことを要請し，新しい基本法23条もこの点を変更することはできなかったように──ヨーロッパ連合に委譲されるのは，個々の高権的諸権利だけ，

---

55) BVerfGE 89, 155 (189, 192).
56) BVerfGE 89, 155 (209 f.).
57) Vgl. BVerfGE 89, 155 (191 f.).

すなわち限定された数の高権的諸権利だけであって，圧倒的な数の高権的諸権利では決してないということを保障するものでは全然ない．むしろ，限定された個別的授権の方法で実際にはすべての立法権限がヨーロッパ連合に委譲されてしまい，それゆえ構成国には——ドイツでは連邦とラントには——そもそも何も残されていないということもあり得るのである．このような結果が，主権国家性の観点の下でも，民主制原理の観点の下でも，基本法と一致しないことは完全に明白である．

それゆえ，限定された個別的授権の原理が依然としてヨーロッパ連合にとって重要な権限配分原理であるという事情からは，高権的諸権利の委譲が基本法によれば許される限界を超えてしまったのか超えていないのか，という問題に答えるために，何の結論も出てはこないのである．

これと関連はしているが同一ではない問題は，ヨーロッパ連合はすでに連邦国家なのかという問題であるが，この問題が限定された個別的授権の原理を指示すれば否定されるなどということは，なおさらないである．むしろ，このような権限配分原理は，とくにドイツ連邦共和国の憲法が示すように，連邦国家においてはごく普通のことであり，そこでは立法について（基本法70条）や全国家活動について（基本法30条），この原理は同じく権限配分原理として機能を果たしているのである．

4．動的プロセスとしてのヨーロッパ国家の生成

マーストリヒト判決において連邦裁判所が正当に確認したことは，構成国はマーストリヒト条約によって1つのヨーロッパ国民に基づく国家を設立したのではなく，そして「ヨーロッパ合衆国」の設立は今のところ意図されていないということである[58]．憲法条約によってもこのような国家の設立〔という事態〕になることはないだろうし，リスボン条約によっても同じくそうなることはないだろう．

58）　BVerfGE 89, 155 (188 f.).

ヨーロッパ連合の構成国が近い将来このような国家の設立行為を決心することもありそうにない．これについては多くの政治的理由がある．最も大きな理由は，構成国の国民がその主権国家性を維持することを欲していることである．そして，政治的指導者たちは，同じように〔構成国の主権国家性を〕欲しているか，あるいは確かにヨーロッパ連邦国家に到達しようと努めてはいるが，選挙のことを考えるとはっきりとそういうことができないか，そのどちらかである[59]．多くの政治家たちはむしろ，どうしてヨーロッパ連合がすでに連邦国家にきわめて似てしまったのか，全く無自覚である．国民国家性の対外的表章とシンボルが維持されており，その逆にヨーロッパ連合が自分自身に国家性のシンボルを要求することがなければ，彼らはそれで満足なのである．

ヨーロッパ統合との関連でシンボル政策がいかに大きな意義を有するのか，とくにヨーロッパ憲法条約をめぐる議論との関連できわめて明瞭になった．結局不成功に終わったこの条約に対する批判は，主として国家のシンボル――「憲法」の概念，国歌，国旗，一種のヨーロッパ国民の休日としての「ヨーロッパの日」――を用いることに対する広範な批判であった．リスボン条約は，このようなシンボル性を断念した点で，憲法条約と本質的に異なる．しかし，シンボル性は〔ここでの問題と〕あまり関係がない．国家性の実質的諸前提が存在していないときに，シンボルを用いただけで国家が成立したことにはならないだろう．反対に，国家性の実質的諸前提が存在しているにもかかわらず，シンボルが除去されたら国家は成立しないという結論にもならないのである．

一般市民（Öffentlichkeit）――このことは政治的階級にも広く当てはまる――にとって，シンボルはもちろんきわめて重要である．そして多くの人が，ヨーロッパ連邦国家は，それが正式に「設立」されたときにはじめて成立することになると信じているのは明らかである．構成諸国の諸国民が正式に1つのヨーロッパ国民に組織され，そしてヨーロッパ連合がはっきりとした言葉で（expressis verbis）主権国家と宣言される，そのような設立行為がない限り，ヨー

---

59) *Verheugen* の発言を指摘する *Di Fabio* (Fn. 6), S. 191 (197) の推測を参照．

ロッパ連合を国家と見なすことはできない，そう多くの人は考えているのである．〔しかし〕このような考えは間違っている．たとえ——すでに述べたように——国際法の安定性という理由からすでに，国際法の意味における国家は国家自身が自らをそう呼んだときにはじめて成立しうるとしても〔間違っているのである〕．ヨーロッパ連合が国家性の諸前提を実質的に満たしているか否かという問題にとって，「国家」という名称も正式な設立も外面的なものにすぎず，決定的に重要であるわけではない．

　設立行為に焦点を絞ることは，ヨーロッパ国家の生成が何十年にもわたる動的プロセスであることを見誤っている．ヨーロッパ連合は一回限りの決定によって国家になるのではなく，時の経過とともにますます多くの高権的諸権利としたがってまた国家機能を手に入れたのである——設立条約の改正による場合もあれば，条約に全く定められていないか，あるいはせいぜい漠然と置かれているにすぎない権限を広範囲に要求することによる場合もあった[60]．このような権限の増大は，さらに多くの分野に及んでいる．質的および量的な観点において，この権限の増大が行き着くところは，ヨーロッパ連合が，正式に国家として「設立される」ことなしに，ある日機能的に国家の性格をもつことである．もしかするとすでにそうなっているのかもしれない．いつの日か「ヨーロッパ合衆国」が正式に設立されるべきだとすれば，その設立行為は，実態に従えばすでに以前から生じていたことを形式的に確認するだけの外形的な行為となろう．

　それゆえ，高権的諸権利の委譲の憲法上の限界が超えられて，主権国家性の原則が侵害されているか否かという問題を判断するためには，正式の国家設立行為が存在したか否かは重要ではない．重要なのは，この間にわれわれは動的な統合プロセスのいかなる位置に到達したのか，ということである．

　それゆえ，ヨーロッパ国家の生成は，一回限りの決定で行われるのではなく，無数の小さな歩みからなる何十年にもわたるプロセスにおいて行われるという

---

60) ヨーロッパ統合の動的プロセスのような性格と，その憲法判断にとってそこから生じる結論について，詳しくは，*Murswiek* (Fn. 5), S. 161 (168 ff.).

のが事実に合致しているのだから，このことは，基本法の定める高権的諸権利の委譲の限界が遵守されているかを憲法裁判所が審査するにあたっても一定の帰結をもたらす．連邦憲法裁判所に対する問題提起は，ある特定の条約——ここではリスボン条約——が，何か質的に全く新しいものを作り出したのか，つまり「国家結合」から「連邦国家」を作ったのか，ではありえない．そうではなくて，その問いはこうでなくてはならない．判断されるべき条約〔リスボン条約〕を締結したことによって，統合のプロセスは，高権的諸権利の委譲に対して基本法が設定した限界を超えてしまったのではないか？　それゆえ，今日まで委譲された高権的諸権利，ヨーロッパ連合が明示的な委譲なしに要求した高権的諸権利，そして判断されるべき条約によって追加的に委譲された高権的諸権利の総体は，基本法が委譲を認めた枠内になおとどまっているのか？

　上ですでに述べたように (3.b)，この問題に答えるにあたって，ヨーロッパ連合の概念的分類は重要ではない．とくに，ヨーロッパ連合を「国家結合」[61]と呼ぶか，「連邦国家」[62]と呼ぶか，それとも「部分的連邦国家」[63]と呼ぶかは重要ではない[64]．ヨーロッパ連合がまだ自分自身を主権国家であると宣言して

---

[61] 連邦憲法裁判所がマーストリヒト判決（BVerfGE 89, 155 (190)）で行った概念形成がこれである．

[62] たとえば，*Broß* (Fn. 7), S. 55 (60) はこれを検討している．

[63] 同じく *Broß* (Fn. 7), S. 61, 62 が検討している．

[64] これについて，*Haak* (Fn. 45), S.13:「文献がほとんど異口同音に EU には国家としての性質が欠けていると呪文を述べ，かつ誓っているとすれば，ますます重要なのは，概念を守ることであるが，それは実質的関連になお限定的に適合しうるにすぎない．その概念が内容的になんとなくぴったりしているにもかかわらず，またそうであるがゆえに，その概念は意識的に用いられていない」．*Di Fabio* (Fn. 6), S. 191 (197) は，すでに 1993 年にこう確認していた．「ヨーロッパレベルが国家の決定的な法権力を引き寄せているが，形式的または制度的な理由からヨーロッパレベルには国家としての性質が否認される」という発展プロセスが次第に明らかになってきた，と．同様の指摘が，*S. Broß*, Überlegungen zur europäischen Staatswerdung, JZ 2008, S. 227 (229) にある．「条約締結国は，その表明した意思によれば確かにそれを目指しているわけではないとしていることと，それにもかかわらず，その行為によって実質的に達成していることと」との間には矛盾があると指摘している．

おらず，そして国際法のレベルでまだ国家としてではなく，国家類似の組織として行動する限り，ヨーロッパ連合を「国家結合」と呼んでもよい．しかし，だからといって，上で指摘した高権的諸権利の委譲可能性の限界が超えられることを否定することは決してできない．憲法上重要なのは，「国家」なのか，それとも「非国家」なのかではない．そうではなくて，ヨーロッパ国家が生成し，それに応じて構成国が脱国家化したこと，国家性の諸要素がヨーロッパ連合に蓄積し，構成国の側は国家性の諸要素を喪失したこと，このような国家の生成と脱国家化のプロセスに対して基本法が設定した限界を具体化すること，そしてリスボン条約によってこの限界が超えられたのではないかとの問題に答えることが重要なのである．

Ⅲ．連邦憲法裁判所のリスボン判決における主権国家性の原則

1．主権国家性は高権的諸権利をヨーロッパ連合へ委譲するについての審査基準である

　連邦憲法裁判所は，リスボン判決において，主権国家性の原則が改正できない憲法原理の1つであることから出発し，この原則をリスボン条約に同意する法律を判定するための審査基準として適用した．「基本法は〔…〕ドイツ連邦共和国の国家性を前提としているだけではなく，保障してもいる」[65]．〔連邦憲法裁判所第二〕法廷は，まず第一に，基本法は主権を国際法によって秩序づけられ，かつ拘束された自由ととらえており，そして〔この主権は〕合一したヨーロッパにおける同権の一員として世界の平和に奉仕するとの意思との関連で——それゆえ「ヨーロッパに対する友好性」と平和の確保への委任との関連で——理解されなければならない，と述べた[66]．ヨーロッパ連合へ高権的諸権利を委譲するための授権は広範であるが，主権的立憲国家性が維持されていると

---

65)　BVerfG, Urt. V. 30. 6. 2009, Abs.- Nr. 216.
66)　Abs.- Nr. 222-225.

いう条件の下においてでなければならない[67]．基本法は,「連邦国家に加入することによって，ドイツの国際法上の主権という形態でのドイツ国民の自己決定権を放棄すること」を授権するものではない．このような行為は，新しい正当化の主体へ主権を取り消しのきかない形で委譲することと結び付いているがゆえに，もっぱらドイツ国民が直接表明する意思に留保されている[68]．憲法制定権力の決定によってのみ，ドイツはその主権国家性を放棄することができるのである[69]．

ヨーロッパ連合は，基本法によれば，主権的であり続ける諸国家の国家結合であることができるにすぎない[70]．国際法上の主権と国法上の主権は，立憲的基礎にとってはとくに，他者の意思からの独立性を意味する．ヨーロッパ共同体の権力の源泉は，民主的に組織されたヨーロッパの諸国民である．構成国は「条約の主人」であり続けなければならない．ヨーロッパ連合の機能的憲法は，派生的な基本秩序である[71]．基本法の基準に従えば，ヨーロッパ連合の権力にとって，他者の意思に由来するのではない，したがって固有の権利から組織することのできる，独自の正統化主体なるものは存在し得ないのである[72]．

2．基本法から主権国家性の原則を導出する

基本法から主権国家性の原則を導出することについて，連邦憲法裁判所は多くを語っていない．連邦憲法裁判所は，上（Ⅱ.1.）であげた様々な理由づけの項目（Begründungsansätze）を議論してはいない．裁判所がよりどころとしているのは，これらのうちの1つだけ，つまり，基本法は前文と146条において憲法制定権力を「ドイツ国民」に与えており[73]，そしてドイツ国民は，基本法20

---

67) Abs.-Nr. 226.
68) Abs.-Nr. 228.
69) Abs.-Nr. 179, 263.
70) Abs.-Nr. 229.
71) Abs.-Nr. 231.
72) Abs.-Nr. 232.
73) Vgl. Abs.-Nr. 228, 232, auch 179.

条2項によれば，ドイツにおいて行使される公権力を民主的に正統化する主体であるという項目だけである[74]。ヨーロッパ連合がその正当性を導き出すのはもはや構成国の諸国民からではなく，1つのヨーロッパ連合国民からであるような憲法，そのようなヨーロッパ憲法を形成することは，――連邦憲法裁判所はそう述べている――基本法と一致し得ない[75]。しかし，構成国の諸国民が正当化の唯一の主体である限り，ヨーロッパ連邦国家はありえない。基本法79条3項と結びついた20条1項および2項によって改正から守られた国民主権の保障は，したがって，ドイツ〔という国家〕の主権の保障を間接的に含意しているのである[76]。

連邦憲法裁判所が，民主制原理違反の審査との関連で，主権国家性の原則を基準として導入し，かつ適用したこと，そして連邦憲法裁判所が，国民の憲法制定権力と，国民主権の主体としての国民という，民主制に特有の2つの理由づけの項目を使用し，そうすることで主権国家性が改正できない憲法原理であることを説明したこと[77]，それに対して，連邦憲法裁判所はそれ以外の理由づけの項目には立ち入らなかったこと，これらが手続上の根拠を有することは明らかである。〔すなわち〕憲法異議が適法なものと見なされたのは，公権力の民主的正統化に参加する権利（基本法38条1項）の侵害が主張されたという観点の下においてのみなのである[78]。したがって，主権国家性の喪失の主張は，

---

74) Vgl. Abs.- Nr. 232.――2つの観点について，上の注14と15の本文において〔述べられている〕。――民主的正統化の主体を国民の憲法制定による同意なしに取り替えることの禁止について，詳しくは，*Murswiek* (Fn. 4), S. 112 f.

75) Abs.- Nr. 228, 229, 232, 347.

76) Abs.- Nr.216ではまだ説明されていないために，むしろ最初は唐突に見えるテーゼ，〔すなわち〕「それによって」――つまり，基本法79条3項において民主制原理が改正できないものとして保障されていることによって――基本法は，ドイツ連邦共和国の主権国家性をも保障している，というテーゼは，憲法制定権力と民主的正統化の主体という観点の下で，後に一貫した説得力をもって理由づけられる（vgl. Die Nachw. in Fn. 73, 74, 75）。

77) Abs.- Nr. 248も参照：「民主制原理〔…〕の要請する主権の維持〔…〕」。

78) Abs.- Nr. 172 ff.

それが基本法 38 条 1 項違反につながる限りにおいてのみ審査される．連邦憲法裁判所の見解によれば，このことは，例えばドイツ連邦共和国がヨーロッパ連邦国家の一支分国に改造されることによって，憲法制定権力が基本法 146 条に違反してヨーロッパ連合に委譲される場合にもあてはまる[79]．これに対して，客観的憲法原理の違反は，それが同時に基本法 38 条 1 項を侵害するのでない限り，憲法異議で主張することはできない[80]．理由具備性〔憲法異議に理由ありとして認容されるか否か〕の審査の構成（アウフバウ）〔論理の組み立て〕がこれに続く[81]．これは，基本法 38 条 1 項違反だけを，したがって民主制原理に対する違反だけを取り上げるのであって，基本法 79 条 3 項によって保護されたそれ以

---

79) Abs.- Nr. 179 f.
80) 民主制原理の侵害の主張以外に，連邦憲法裁判所は，社会国家原理の侵害の主張だけを適法なものとみなした．もっとも，連邦議会の民主的な形成可能性がリスボン条約により制約されて，その結果，連邦議会が基本法 79 条 3 項から生じる最低限度の要求をもはや実現することができなくなってしまう，と主張された観点においてのみである（Abs.- Nr. 182）．その限りでは，それ故，結局問題となっているのは，同じく民主制の問題なのである．これに対して，法治国家原理の侵害の主張は，不適法とみなされた（Abs.- Nr. 183）．——しかし，憲法異議の枠内において審査範囲をこのように制約することにより，連邦憲法裁判所は，結局，リスボン判決で述べた見解との矛盾に陥っている．その見解によれば，基本法 146 条と結び付いた基本法 38 条 1 項は，すべての市民が憲法制定権力に参加する権利と，国家機関による改正できない憲法的核心（基本法 79 条 3 項）の尊重を求める権利をも保障しているはずなのである．Abs.- Nr. 179 f. においては，このことは確かに，主権国家性を守ることについてだけはっきりと述べられているに過ぎないが，けれども連邦憲法裁判所は，別の箇所では，基本法 79 条 3 項において改正不能と宣言された諸原理の侵害はどれも，憲法制定権力の侵害（Übergriff）であり（Abs.- Nr. 218），したがってまた，連邦憲法裁判所が承認した個人の参加権の侵害であることを確認している．「選挙権は，国民の憲法制定権力の尊重を含む民主制命令の遵守〔…〕を求める請求権を基礎づける．選挙権侵害の審査は，ここで与えられた訴訟状況においては，基本法 79 条 3 項が憲法の同一性である（vgl. BVerfGE 37, 271 [279] ; 73, 339 [375]〔Solange II 決定——ドイツの憲法判例 I 70・奥山〕）と定めた諸原則への介入にも及ぶ」（Abs.- Nr. 208）．このことは，当然の帰結として，基本法 79 条 3 項のすべての原則に妥当しなければならない．
81) 判決の構成について，*I. S. Pfister/ K. Kaiser*, Das Lissabon- Urteil des BVerfG vom 30. 6. 2009 – Ein Leitfaden für Ausbildung und Praxis, JuS 2009, S. 767 ff.

外の憲法原理に対する違反を審査するものではない[82]．連邦憲法裁判所が主権国家性の原理を民主制概念の構成要素としたのは，この原理を憲法改正権者による改正可能性から奪い取るためであったという見方[83]は，政治的非難(ポレミーク)であり，判決理由の論理の運び（Duktus）の中にいかなる根拠も有しない．正しくはこうだ．〔すなわち〕ドイツ国民が憲法制定の決定によって同意を与えていないのに憲法制定権力をヨーロッパ連合に委譲することも，民主的正統化の主体を交代することも，民主制原理と一致しない．——上で示したように（Ⅱ）——主権国家性の原理が，これとは別に，改正できない憲法原理の1つに数えられるのである．

3．ヨーロッパ統合の限界についての結論

連邦憲法裁判所は，主権国家性の原理の改正できない効力から，ヨーロッパ統合の憲法上の限界について，いかなる具体的な結論を引き出したのか？明確に規定されるべきで，かつ動かすことのできない支柱がいくつか存する (a)．そして，その先〔の領域〕には，憲法上許される高権的諸権利の委譲と，もはや許されない主権国家性の空洞化との間の移行領域が存在しており，そこにおいて基本法の統合授権の限界が具体化されるべきなのであるが，それは難しい (b)．そこで，連邦憲法裁判所は，主権国家性の原理の手続法上の保護に価値を置くのである (c)．

a）ヨーロッパ統合の絶対的限界

連邦憲法裁判所は，主権国家性の観点の下で[84]，以下のような統合授権の絶対的限界について述べた．この限界は，組織された国家権力によってではなく，

---

82) 社会国家原理は，民主制原理の枠内においてのみ——連邦議会の権限の空洞化という観点の下で——審査された，vgl. Abs.- Nr. 257- 259, 392.
83) *Lenz* (Fn. 2) はそう述べている．
84) 憲法の同一性を守るという観点の下では，それ以外の絶対的限界が基本法79条3項から生じる．

国民の憲法制定の決定に基づいてのみ，克服することができる．

1. リスボン判決によれば，基本法 23 条 1 項の統合授権は，ヨーロッパ連邦国家に加盟することを授権するものではない．ヨーロッパ連合は，主権的であり続ける諸国家の連合でなければならない[85]．
2. したがって，構成国は「条約の主人」であり続けなければならない．ヨーロッパ連合の憲法は，自立的な基本秩序であってはならず，構成国から派生した基本秩序でなければならない[86]．
3. ヨーロッパ連合に権限・権限が委譲されてはならない[87]．むしろヨーロッパ連合に認められてもよいのは，原則として，事項的に限定された個別的権限だけである[88]．
4. そこから，連邦憲法裁判所は，ヨーロッパ連合の立法が構成国によって与えられた個別的授権の枠内にとどまっているか否かを決定する権利が構成国の憲法裁判所に残っていなければならない，と結論した[89]．
5. 連邦憲法裁判所は，ヨーロッパ統合の枠内において基本法の不可侵の憲法的核心が守られていることを監視する権限も持ち続けなければならない[90]．そうであってはじめて，主権の中心的構成要素（Baustein）としての憲法制定権力が構成国のレベルにとどまることが確保される[91]．
6. 民主的正統化の主体としてのドイツ国民は，別の正統化主体——ヨーロッパ連合国民——に交換されてはならない[92]．
7. 構成国が脱退する権利は，守られていなければならない[93]．

---

85) Abs.- Nr. 226, 228, 229, 179, 263.
86) Abs.- Nr. 231.
87) Abs.- Nr. 233, 239.
88) Abs.- Nr. 226, 234, 238.
89) Abs.- Nr. 240, 334, 336.
90) Abs.- Nr. 240, 336.
91) Vgl. Abs.- Nr. 235.
92) Abs.- Nr. 228, 229, 232.
93) Abs.- Nr. 233.

b) ヨーロッパ統合の相対的限界

　ヨーロッパ連邦国家の正式な設立またはヨーロッパ連合への権限・権限の明示的な委譲は，議事日程にあがっていないのだから，実践的により重要なのは，主権が構成国にあり続けなければならないとは具体的に何を意味するのか，である．主権は国際法上の完全な独立性と非拘束性を意味するものではなく，国際法による拘束に同意することと矛盾せず，そして基本法の構想によれば，とりわけ「国際機関」（基本法24条1項）に高権的諸権利を委譲すること，とくにヨーロッパ連合（基本法23条1項）に委譲することとも両立する．しかし，ヨーロッパ連合への高権的諸権利の委譲はすべて国家の権限の範囲を縮減するものであるから，主権国家性について空っぽなケースだけが残っているとか，憲法上もはや十分な残余が残っていないという事態になることなく，いかなる範囲で権限委譲を行うことができるのかが問われるのである．

　この問いは，基本法に明確な準則が欠けているために，簡単に答えることはできない．はっきりしているのは，上にあげた統合授権の絶対的限界を守るだけでは十分ではないということである．なぜなら，そうでなければ，その対外的な表章を保持していても主権国家性の完全な空洞化が生じうるからである．しかし，構成国のレベルには，主権国家性についてどれほどの実体が残らなければならないのか，いかなる基準に基づいてそれが決定されるのか？　この点について重要なのは個別的な観点でないことは明白である．むしろ，政治と国家機能の様々な領域を取り入れた全体的考察が必要なのである．このような全体的考察の際，ある分野で権限を喪失しても，他の分野で十分な権限を持ち続けていたり，それどころか強化されていたという場合には，その権限喪失も正当化されるかもしれないから，統合授権の相対的限界が問題になるのである．

　連邦憲法裁判所の見解によれば，「最初から決定可能な高権的諸権利の総和または一定種類の高権的諸権利が国家の手に残らなければ」[94]ならないわけではない．確かに，〔ヨーロッパ〕連合が実現された結果，「経済的，文化的およ

---

94)　Abs.- Nr. 248.

び社会的生活関係を政治的に形成する十分な余地」が構成国に残ら「ない」ことは許されない．このことがとくに当てはまるのは，市民の生活状況にとくに強い影響を与える分野，ならびに，文化的，歴史的および言語的な前提理解をとくに必要とする政治的決定に対してである．民主的形成の本質的領域に含まれるものとして〔連邦憲法裁判所第二〕法廷があげたのは，なかでも，国籍，権力独占，歳入と歳出，刑法上の自由剝奪のような強力な基本権制限，「言語の使用，家族および教育関係の形成，意見表明，プレスおよび集会の自由または宗教的もしくは世界観的な信条告白の取り扱いのような文化的諸問題」である[95]．

それゆえ，刑罰に値する行為に関する決定は，国境を越える一定の事実関係についてのみ，厳格な要件の下で，ヨーロッパで調和させることが許される[96]．戦力の具体的な投入に関する決定は，国内議会の任務にとどまらなければならない[97]．国家財政に関する全体責任が連邦議会から取り上げられてはならない[98]．社会政策の本質的決定についても，国内の立法者が権限を有していなければならない[99]．

「特別繊細な」政治領域の民主的な自己形成能力に関するカタログをもって[100]，連邦憲法裁判所は，統合授権の限界を具体化しようと試みた．その基準は相当厳密な部分もあるが，多くは衡量に対して開かれたままになっている．

まさに，多くの基準が柔軟であることは避けられないことに鑑みれば，主権国家性を守るための決定的問題は，統合授権の限界を拘束力をもって具体化することについて，誰が最終的決定権をもつのか，という問題である．誰が判断するのか？（Quis judicabit?）

---

95) Abs.- Nr. 249, auch 252.
96) Abs.- Nr. 253.
97) Abs.- Nr. 255.
98) Abs.- Nr. 256.
99) Abs.- Nr. 259.
100) Abs.- Nr. 252, näher erklärtert in 253 ff.

c）主権国家性の手続法上の保護

ドイツにおいては，基本法23条1項の統合授権の解釈に関して，連邦憲法裁判所が最終的決定権を有する．この権限は，とりわけ，高権を委譲する条約に対する同意法律を憲法裁判所がコントロールするにあたって重要である．この点に争う余地はない．しかし，ヨーロッパ連合の立法行為が条約の限界を超え，そうすることで国内議会によって与えられた授権の限界を超えたのではないかという問題が扱われているときに，誰が最終的決定権をもつのか？ここで重要なことは，国内憲法の解釈ではなく，第一次連合法の解釈なのであり，それについて権限を有するのは，リスボン条約によれば——従来からすでに（EG条約230条・234条）——ヨーロッパ裁判所なのである（EU運営条約263条・267条）．リスボン条約をめぐる憲法訴訟の中心問題の1つは，ヨーロッパ連合の法的行為に対して，ドイツにおける適用可能性を拒否する権限を連邦憲法裁判所がもつ，あるいは持ち続けるのか否かの問題であった．しかも，ヨーロッパ裁判所が当該法的行為を条約に適合しているとみなした場合でも，その法的行為は条約によってカバーされておらず，したがって権限逸脱（ultra vires）の状態にあるとの理由で，連邦憲法裁判所はヨーロッパ連合の法的行為の適用を拒否する権限をもつかという問題である．それゆえ，見解が異なる場合に最終的決定権をもつのは，ヨーロッパ裁判所なのか，それとも連邦憲法裁判所なのか？

したがって，この問題がこの訴訟の中心にあったのである．なぜなら，ヨーロッパ裁判所は，数十年間，「統合のモーター」として膨張的な裁判を追求し，そして権限問題においては，たいてい，条約による授権の極端な拡張解釈の下で，連合の立法者に権利を与えてきたからである[101]．ヨーロッパ連合が，この

---

101) ヨーロッパ裁判所の膨張的裁判の証拠について，たとえば，*D. Murswiek*, Die heimliche Entwicklung des Unionsvertrages zur europäischen Oberverfassung. Zur den Konsequenzen der Auflösung der Säulenstruktur der Europäischen Union und der Erstreckung der Gerichtsbarkeit des EU-Gerichtshofs auf den EU-Vertrag, NVwZ 2009, S. 481 (484) Fn. 14. (SV. II 103)

裁判所の膨張的裁判の助けを借りて，――アムステルダム，ニースおよびリスボンの条約によって多様に蓄積された多くの個別的権限に由来し――徐々にほとんど全面的な完全権限を，あるいはそれどころか，「柔軟性条項」(EU 運営条約 352 条)，連合の自己資金に関する規定 (EU 運営条約 311 条) または広く把握された構成要件をもったその他の諸規定に基づいて，何か権限・権限に類似したものを手に入れるという事態を危惧すべきである．多くの個別的権限から，膨張的要求という方法で，基本法と一致しない全面的権限が生じるのを回避できるのは，個別的権限の限界がとくに真剣に受け取られる場合だけである．――すでに述べたように――ヨーロッパ裁判所にはその傾向がほとんどない．「限定された個別的授権という構成原理と構想では構成国に帰属するはずの統合責任が超えられてしまう危険が生じるのは，ヨーロッパ連合の機関が，〔…〕外からのコントロールなしに無制約に，条約法がいかに解釈されるかを決定できる場合である」[102]．連邦憲法裁判所はそう確認した．それに加えて，リスボン条約の多くの個別的権限は，リスボン判決によれば，狭く解釈された場合にのみ基本法と一致しうる[103]．連邦憲法裁判所がリスボン条約に同意する法律を合憲であると宣言できたのは，ヨーロッパの機関が限定された個別的授権を超えることはできないことと，連邦憲法裁判所の行った条約の憲法適合的・厳格解釈が達成されうることが確認される場合のみである．

　連邦憲法裁判所がそうしたのは，ヨーロッパ連合の法的行為が同意法律によって与えられた立法授権の限界を超えているか否かの問題を，争いがある場合に最終的な拘束力をもって決定する権限を自分自身に要求することによってであった[104]．

　連邦憲法裁判所が「権限逸脱審査 (Ultra-vires-Kontrolle)」と名付けた[105]権限

---

102)　Abs.-Nr. 238.
103)　Vgl. z. B. Abs.-Nr. 358 ff., 364. 連邦憲法裁判所が多くの箇所で強調したのは，判決の「理由の基準に従って」のみ，条約は基本法と一致しうることである，vgl. Abs.-Nr. 207, 273, 420.
104)　Abs.-Nr. 240, 241.
105)　Abs.-Nr. 240, 241.

第10章　改正できない憲法原理としての主権国家性の原則　417

の要求は,「不可侵性原則に基づく審査 (Identitätskontrolle)」[106] (基本法79条3項に従い憲法の同一性を決定する憲法的核心とヨーロッパの法的行為との一致のコントロール) と同じく, ヨーロッパ法的には問題があるが, 法体系的には主張可能である[107]. この点についてここでは立ち入らない. われわれの関連で決定的なことは, リスボン判決の構想では,「権限逸脱審査」ならびに「不可侵性原則に基づく審査」に関する連邦憲法裁判所の権限は, リスボン条約が主権国家性の原則と一致するための決定的な土台 (Baustein) であるということである. 何が憲法の同一性を決定する核心として不可侵であり続けなければならないかについて, ならびに, どの権限がヨーロッパ連合に委譲され, どの権限は委譲されていないのかについて, 最終的な拘束力をもって決定する権利は, 国家主権の本質的部分 (Essenz) である. 実際には全政治領域に及ぶヨーロッパ連合の膨大な個別的権限に鑑みれば, 権限の限界を画定する最終的決定権が国内の憲法裁判所に残っている場合にのみ, ヨーロッパ連合が徐々に権限・権限を意のままにすることがないことが確保されるのであり, 憲法の同一性を決定する原理に関する最終的決定権を国内の憲法裁判所がもつ場合にのみ, これからも構成国が憲法制定権力をもつことが保障されるのである[108]. 今日, 連邦憲法裁判

---

106)　Abs.-Nr. 240, 241, 332.
107)　この権限に関する理由づけについて, vgl. Abs.-Nr. 331 ff., insb. 339 f., 343.
108)　この自明性は, リスボン条約によって疑問視されることになった. なぜなら, 同条約は, 今や「価値」と名付けられたヨーロッパ連合の諸原理 (EU条約2条) を構成国が尊重することにまでヨーロッパ裁判所の権限を拡大したので (EU運営条約258条・259条・267条), それにより, 国内法——国内憲法を含む——をヨーロッパの諸価値を基準としてコントロールする可能性がヨーロッパ裁判所に開かれたからである. これについて詳しくは, *Murswiek* (Fn. 101), S. 481 ff.——連邦憲法裁判所が要求した「不可侵性原則に基づく審査」は, EU条約2条を構成国に対して実現するためのヨーロッパ裁判所の権限から結果として生じる国内法へ介入する可能性という問題を, もちろん部分的にすぎないが, 排除する. つまり, 改正できない憲法的核心に関して排除するのである. これについて詳しくは, D. *Murswiek*, Vorprägungen nationaler Verfassungen durch Völker- und Europarecht – Probleme für Selbstbestimmungsrecht und verfassunggebende Gewalt des Volkes? (2009年9月11日にフライブルクで開催された日独シンポジウムでの報告であり, 間もなく公刊の予定である)

所はヨーロッパ法に反したコントロール権限を要求していると称して批判している人々は，連邦裁判所が，このような権限を要求することなく，——その独自の理由づけの構想に基づいて——リスボン条約を違憲であると宣言せざるを得なかったかもしれないことを考えておくべきだったろう．

Ⅳ．結 論（Fazit）

　連邦憲法裁判所は，正当にも，主権国家性の原理を国民主権と解きがたく関連させた．民主主義国家において，両者は二つで一体をなしている．連邦憲法裁判所は，それを超えたら必ず主権国家性の原理の侵害となる，明確に規定されるべき統合の若干の絶対的限界を定式化した．すでにヨーロッパ連合に委譲された権限とまだ構成国に残っている権限の範囲の質的および量的な分析を断念することで，連邦憲法裁判所は，高権的諸権能の重点が構成国レベルに残っていなければならないのか否かという問題を回避し，構成国には「経済的，文化的および社会的生活関係の政治的形成について十分な余地」が残っていなければならないという，きわめて一般的な定式で間に合わせた．この定式は，それでも，たとえばきわめて限定された範囲でのみヨーロッパ化することが許される刑法のようなとくに「繊細な」若干の領域を強調することによって，そしてそれに対応する若干の条約規定の厳格解釈によって具体化される．連邦憲法裁判所の構想における主権国家性の原則の保障の中心的構成要素は，連邦裁判所自身が，ヨーロッパ連合に委譲された権限の範囲に関する最終的決定権をもつこと，したがって限定された個別的権限が，条約において構成国が与えた程度を超えず，その法的限界内においてのみ行使されていることをコントロールすることである．そして，連邦憲法裁判所が条約を憲法適合的に解釈し，制限的解釈だけが基本法と一致しうると宣言したところでは，このことは，このような制限的解釈の遵守にまでコントロールが及ぶことを意味する．このような構想において，構成国の主権国家性がリスボン条約に対しても守られている．今や，すべては連邦憲法裁判所が将来リスボン判決において要求した権限を実

際に行使するか否かにかかっている．もし行使しないのであれば，この判決はこの最も中心的な点において反古である．利害関係のある一派はすでに，吠えるイヌは噛みつかないと予言して，メディア・キャンペーンによってカールスルーエの裁判官たちを萎縮させようと試みている．今や憲法は，屈することなく断固として，その核心において正当かつ一貫した決定を下す裁判官を必要とするのである．

解　題

　本論文は，H. Quaritsch の 80 歳記念論文集『近代の主権問題』Hans-Christof Kraus/ Heinrich Amadeus Wolff (Hrsg.), Souveränitätsprobleme der Neuzeit. Freundesgabe für Helmut Quaritsch anlässlich seines 80. Geburtstages, 2010 に寄稿されたものである．本論文は，憲法改正禁止条項（基本法79条3項）を根拠にヨーロッパ統合に歯止めをかけることを主張するもので，その観点から連邦憲法裁判所のリスボン条約判決を評価する．ドイツに特有な議論で，そのような状況にない日本には無縁のようであるが，その論法はきわめて普遍的であり，日本の憲法問題にとっても示唆するところが多い．

　現在のドイツ基本法は，ワイマール憲法がナチスを生み出したことに対する反省から，一方では，憲法の基本原理の改正を禁止する規定を設けて自由で民主的な基本秩序を永久に保障し，他方では，高権的諸権利を国際機関に委譲することができると定め，国際社会に開かれた国家を目指している．両者は相俟って世界平和に寄与するはずであったが，もしこの二つが矛盾した場合，どちらが優先するのか．本論文は，ヨーロッパ統合のためであっても，憲法の基本原理がゆがめられてはならないとするのである．

　本論文は，憲法改正によっても変更することのできない基本原理として，主権国家性の原則をあげた．この原則は基本法79条3項にあげられてはいないが，ドイツ国家が存在しなくなれば，憲法制定権力の主体であるドイツ国民もなくなるわけだから，国家主権は国民主権の前提であるというわけである．ドイツの主権国家性が基本法の前提であり，憲法改正によっても変更不可能であるから，ヨーロッパ統合のための高権的諸権利の委譲によって，ヨーロッパ連合が主権国家となり，ドイツが主権国家でなくなる事態は，憲法上許されないとする．憲法上の限界を超えて国家主権を完全にヨーロッパ連邦国家に委譲することができるのは，憲法制定権力の主体である国民の決定だけであり，憲法改正権者のなしうるところではない．

　なお，日本の通説は憲法改正限界論であり，憲法制定権力の主体の変更は自

殺行為だから許されないとする．これに対して本論文は，憲法制定権力の主体である国民の決定があれば，憲法制定権力をドイツ国民から他の主体に移行することも，ドイツという国家を消滅させることも可能と考えている．この決定には，現在の議会とは別の「憲法制定会議」のような手続が必要なのか，それとも議会が提起した新憲法案に国民投票で同意すれば十分なのかは明らかではない．もちろん，本論文は，憲法改正では許されず，新憲法の制定ではじめて可能だとするのであるが，これは日本の学説から見れば憲法改正無限界説に分類されるべきものであろう．

もしも国家が国民の意思行為によって設立されたものであるとすると，国民の意思行為で消滅することができるのは一貫している．そして，国家の実在が国民の憲法制定権力（国民主権）の前提であるのだから，その結果憲法制定権力の主体である国民の消滅，主体の変更も帰結されることになる．

ヨーロッパ統合がどこまで進んだら主権国家性の原則が侵害され，憲法上の限界を超えたことになるのか，その一線をはっきりと引くことは難しい．そこで本論文は，主権国家性の手続法的保護の重要性を指摘する．ヨーロッパ連合がその権限を逸脱して行為しているか否かが問題となったとき，誰が判断するのか．最終的決定権が国内の裁判所，すなわち連邦憲法裁判所に残っている場合にのみ，国家主権性の原則と国民の憲法制定権力を保護することができるのである．したがって，本論文によれば，すべては連邦憲法裁判所が将来この権限を実際に行使するか否かにかかっているのである．

第11章

訴訟代理人の見地からの ドイツ連邦憲法裁判所のリスボン判決 ―欧州における民主主義と 主権についての考察―

Das Lissabon-Urteil des Bundesverfassungsgerichts aus der Sicht eines Prozessvertreters: Reflexionen zu Demokratie und Souveränität in Europa

訳・解題　中西優美子

「訴訟代理人の見地からのドイツ連邦憲法裁判所のリスボン判決—欧州における民主主義と主権についての考察—」*

小目次

序

Ⅰ．リスボン条約の意義について

Ⅱ．基本法の基準

Ⅲ．原告 *Gauweiler* の訴えの立場
　1．主権国家性の原則の違反について
　2．民主主義の違反について

Ⅳ．連邦憲法裁判所の判決
　1．民主主義的正統性の問題
　2．権限移譲の問題

Ⅴ．リスボン判決は時代遅れかそれとも現代的か？

解　題

第 11 章 訴訟代理人の見地からのドイツ連邦憲法裁判所のリスボン判決 425

序

　公法の国際化と欧州化は，10 年以上にわたり *Rainer Wahl* が特別な関心を寄せていた研究テーマである．リスボン判決は，ドイツ連邦憲法裁判所が止まることなく進んでいく欧州化に明確な境界を示すために鳴らした警鐘であった[1]．国内憲法は，その独自性を維持する．すなわち，法の欧州化は，その枠組みにおいてのみ起こりえ，かつ，そこからはみ出してはならない．リスボン判決は，欧州統合政策にとっての新しい基準を設定し，ドイツと EU における民主主義的正統性に対する基本法の要請を具体化した．連邦憲法裁判所は，確かにリスボン条約が基本法と合致すると判示したが，広範囲での制限をつけてそれを行ったため，政治および EU 法学者の側からの反発は強く，まるで合致判決を行わなかったかのように，一部には極度に攻撃的な，カールスルーエに向けた判決への批判が荒れ狂った[2]．もっとも，このことは，批判が的をえていることを意味するのではなく，ブリュッセルへの権限の移転が進歩であり，それへのあらゆる批判は，欧州敵対の表現と解する EU 熱狂的信者の神経をドイツ連邦憲法裁判所がさかなでたということのみを意味する．

　リスボン条約およびそこで設定されたさらなる欧州化のための基準についての考察は，長年にわたりフライブルクの同僚として関係してきた，*Rainer Wahl* の記念論文集にとって適した寄与になるように思う．本論文は，当該判決の包括的な分析ではなく，また，上述した批判との論争でもない．むしろ，訴訟参加から生起する，この判決への個人的な視点を示したいと考える．私は，連邦議員の *Peter Gauweiler* の訴訟代理人であった．その憲法異議は，確かに

---

*　本論文は，2010 年 2 月 3 日にフライブルク大学で行った講演を基礎にしている．講演内容は録音され，Zentrum für Angewandte Kulturwissenschaft (Hrsg.), Herausforderung Demokratie において公表された．
1)　BVerfG, Urt. V. 30.6.2009, BVerfGE 123, 267-Lissabon.
2)　Vgl. *P. Häberle*, Das retrospecktive Lissabon-Urteil als versteinernde Maastricht II-Entscheidung, JöR N.F. 58 (2010), S. 317 ff.

形式的に見ればわずかであるが，実質的に見れば非常に大部分が成功したと捉えられる．我々は，自分たちが望むものすべてを訴訟で勝ち取ったわけではないが，連邦憲法裁判所が，当該条約で設計された，進んでいく中央集権化への傾向に少なくともブレーキをかけ，構成国の独立国家性（Eigenstaatlichkeit）を保障し，民主主義的正統性（demokratische Legitimation）に関する深刻な欠如の是正に配慮するようにもっていくことに成功した．

以下の順序で述べていきたい．まず，リスボン条約の意義について，つまり，同条約がもたらした新しい面について述べたい．次に，同条約の判断に対して基本法から生じる基準について示したい．さらに，訴訟依頼人および私がリスボン条約について憲法上批判した点について示し，最後に，どのように連邦憲法裁判所が我々の批判に判決の中で対応したかについて提示することにしたい．

I. リスボン条約の意義について

リスボン条約[3]により，EUは広範囲な新しい憲法を手に入れる．フランスおよびオランダにおける国民投票で失敗に終わった憲法条約とは異なり，リスボン条約は確かに形式的な意味においては新しい憲法ではなく，つまり，憲法と呼ばれる文書でない．しかし，内容的には，（リスボン条約による）EU諸条約の改正により，憲法条約が実現しようと考えていたものがほぼすべて実現されている．アムステルダム条約およびニース条約によりEUの権限は相当に拡大したが，今回再び拡大されることになった．EUは，今やほぼすべての政策分野において法定立権限を有している．EUは，経済共同体をはるかに超え，対外政策，対外および対内の安全保障政策，刑法，難民および移民を含む司法，社会政策，研究および技術開発，エネルギー政策，環境保護の分野にまでその権限が及ぶ，国家結合（Staatenverbund）に発展している．健康保護，一般教育

---

3) EU条約およびEC設立条約の改正に関するリスボン条約は，2007年12月13日にリスボンにおいて署名された．ABl. EU 2007, C 306=BGBl. II 2008, 1039.

および職業教育，文化の分野においても EU は限定されてはいるものの一定程度の権限を有している．共通外交政策は，機構的に強化されている．EU は，「対外安全保障政策上級代表」（EU 条約 18 条，27 条）と呼ばれる（リスボン条約は憲法条約からの方向転換で国家の象徴となるものすべてを回避しようとしたため）外務大臣を擁している．EU は，対外行動局（外務省に相当するもの）を創設した（EU 条約 27 条 3 項，EU 運営条約 221 条）．EU は，権限の範囲，機構的構造および外観像からますます国家に類似するものになっている．

EU が中東欧国家の加入により 27 カ国（現在 28 カ国）になった後，決定構造の効率化がリスボン条約の中心になった．このことは，とりわけ理事会の意思決定が原則として全会一致原則ではなく，多数決によって行われることを意味する．すでにアムステルダム条約およびニース条約により多くの立法事項に対して多数決が導入されていた．リスボン条約後，さらに 48 の事項が理事会において特定多数決で決定される．これは，理事会における意思決定，とくに欧州立法決定を相当に容易にする．なぜなら理事会は従来通り EU の主要な立法機関であるからである．構成国は，これらすべての分野において既存の拒否権を喪失する．理事会における政府代表が反対票を投じた時も，構成国および市民は将来欧州立法により拘束されることになるだろう．

EU の側における権限の追加的な獲得と実効性の追加的な獲得には，その代価がある．構成国は，影響を失う形でその代金を支払わなければならない．EU が獲得するものは，—単純化して言うと—構成国が失うものである．それは，初めからマイナスに考えられるべきものではないだろう．最終的に，この条約を締結したのは構成国であり，構成国が総決算をプラスに評価することができなければ，そのようにはしなかったであろう．構成国が権限を失ったことは，構成国にとって完全に損失として記入されなければならないのではなく，これらの権限は，構成国が参加する EU に移譲されたとみなければならない．より高い平面において権限が維持されており，それらが国内平面よりもより効果的に行使されうる多くの分野が存在する．多くの環境問題は国境を越えており，多くのものがグローバル化している．そのような問題は国内平面において

解決されない．また，個々の欧州国家は，国際戦略において政治的および経済的利益を1国では達成できないが，共通の利益を発展させる状況にあるかぎり，EUにおいて1つにまとまって国際政治の場で重要な役割を果たすことができる．この理由からリスボン条約の多くの賛同者は，同条約がEUと構成国にとって「win-win」の状況を生み出すと考え，次のように述べている．EUが構成国から権限に関し得たものを構成国は実際には失わない．なぜなら構成国は，EUにおける構成員としてより高度な平面で再び権限を手に入れるだけでなく，そのうえ同平面で追加的な影響力を得ることになるからである．なぜなら構成国が国内平面で有していない国際的な影響力および国際問題解決可能性を構成国は失うのではなく，むしろ得ることになるであろうからである．

　これは，もちろん非常に単純化されたものの見方である．それは，真実の核を示しているが，当該条約に関する半分の真実も把握していない．なぜなら構成国が—場合によっては国際的な協力を含めた—自らの責任においてそもそも意味のあることを引き受けることができないと語らしめる，政治的な任務はわずかしか存在しないからである．時に，任務の引き受けが国内平面より欧州的平面で効果的であるか否かということのみが問題となる．さらに，それについてしばしば争いがある．また，実効性の確保は，政治的な評価の唯一の基準ではない．市民への近さ，相違ある文化的または政治史的な特徴，地域的または国内の相違ある政治的な特徴も問題となる．そして，最後に個々の自由の保障および政治的な統制の民主主義的正統性が問題となる．これらのすべての面を考慮するときのみ，リスボン条約に対する政治的な評価である総決算に至りうるだろう．

　この論文の目的は，当然のことながら政治的評価ではなく，法的な分析である．リスボン条約への私の批判は，憲法上の批判である．それゆえ，ここで基本法が適用する基準を説明し，なぜリスボン条約がこれらの基準に反しているのか，また，なぜ連邦憲法裁判所の判決がこれらの違反を憲法適合解釈および補償的補足立法の要請により完全にではないが，大部分を矯正したのかを示したい．

II．基本法の基準

EUへの高権の移譲の法的基礎は，高権の移譲に対する前提条件を規定する，基本法23条1項である．

EU自体は，ある一定の憲法上の原則を満たさなければならない．—EUは，民主主義的でなければならず，さらに法治国家的，社会的，連邦的でなければならず，また，補完性原則の遵守も義務づけられている．我々の訴訟との関係においては，EUは民主主義的な要請に適合するというのが最も重要な点であった．

また，基本法23条は，憲法改正法律によって変更されるまたは排除されてはならない（基本法79条），ドイツ連邦共和国の根本にある憲法原則が，EUへの高権の移譲によっても侵害されたり排除されたりしてはならないと定める．これらの諸原則には，民主主義の原則，法治国家の原則，社会国家の原則および基本法79条3項に明示的に定められていない，主権国家性（souveräne Staatlichkeit）の原則も入る．

これらの原則が，欧州統合の憲法上の境界を形成するか否かはこれまで議論の的であった．私は，長い間，これらの原則が変更できない憲法原則に属し，高権の移譲の枠組においても尊重されなければならないという見解をとってきた[4]．基本法から体系的な議論が導出される．ここでは，いくつかのキーワード的なものを示すことで十分であろう[5]．

・ドイツの国家性は，基本法の基礎として基本法により前提とされている．と

---

[4] Vgl. *D. Murswiek,* Maastricht und der Pouvoir Constituant. Zur Bedeutung der Verfassunggebenden Gewalt im Prozess der europäischen Integration, Der Staat 32 (1993), S. 161 (162ff.). (SV. II 39)

[5] このテーマについての詳細は，*D. Murswiek,* Der Grundsatz der souveränen Staatlichkeit als unabänderliches Verfassungsprinzip, in: *H.-C. Kraus/H. Wolff* (Hrsg.), Souveränitätsprobleme der Neuzeit, Freundesgabe für Helmut Quaritsch, 2010, S. 95ff.（本書第10章）．

くに，主権国家の憲法としての基本法の位置付けから，主権国家性は憲法改正によっても放棄されてはならない．なぜならもしそうであれば憲法としての基本法の地位は，完全に変更されてしまうからである．
- 第2に，主権国家性は，文字的には基本法20条1項に表されている．同項は，ドイツが連邦国家，つまり国家であることを述べており，とりわけ，もともとの基本法の前文においては，国家機関に「国家および国内の統一を保つ」義務を課すとされていた．前文は，再統一後変更されたが，その変更には，そこに含まれる国家および国内の統一の維持義務を廃止する目的はなかった[6]．また，この「維持義務（Wahrungsgebot）」は，変更できない憲法の核に属する，憲法制定者の基本的決定の1つである[7]．
- 第3に，基本法は，憲法制定権力の主体として前文におけるドイツ国民を指定している．また，ドイツが主権国家としての地位を失うのであれば—欧州連邦国家へ組み入れられるなどして—，憲法制定権力もこの連邦国家に移ることになるだろう．しかし，憲法を改正する者は，憲法制定権力を意のままにすることはできない．

これらは，重要な諸点であり，そこから主権国家性が前提であり，同時に基本法の変更できない核の1部であることが導出される．連邦憲法裁判所は，リスボン判決において初めてこの立場を正確に確認し，基本法が主権国家性の原則を前提にするだけではなく，それを同時に保障していると判示した[8]．それゆえ，基本法は，EUへの高権の移譲に対し限界を形成する[9]．連邦憲法裁判所は，この関連において基本法の欧州法親和性を強調した[10]．EUへの高権移譲の授権は広範囲であるが，その際主権国家性が維持されるという，条件に服すべ

---

6) Vgl. これについて詳しくは, *Murswiek* (Fn. 5), S. 104f.; *ders*., in: BK, Präambel (Stand 2005), Rn. 243; *P. M. Huber*, in: *M. Sachs* (Hrsg.), Grundgesetz, 5. Aufl. 2009, Präambel Rn. 41.
7) これについての詳細は, *D. Murwiek*, in: BK, Präambel (Stand 2005), Rn. 180-184.
8) BVerfGE 123, 267 (343).
9) BVerfGE 123, 267 (343, 345-349).
10) BVerfGE 123, 267 (insb. 346 f.).

きであるとも判示した[11]．基本法は，「連邦国家への加入によってドイツの国際法上の主権の形であるドイツ国民の自己決定権を放棄する」ことを授権していない．この行為は，自己決定権と結びついた撤回できない，新しい正統性主体への主権の移譲に対しドイツ国民の直接表明される意思にのみ留保されている[12]．つまり，憲法制定権力の決定によってのみドイツは主権国家性を放棄することができるであろうとした[13]．

そこから連邦憲法裁判所は，とりわけ権限権限（Kompetenzkomptenz）がEUの構成国の側にとどまらなければならないことを結論づけた[14]．連邦憲法裁判所の見地からすると，EU法上の権限付与（個別的授権）の原則（Prinzip der begrenzten Einzelermächitigung）は，構成国のアイデンティティを尊重しなければならないという，EU法上の義務（EU条約4条2項1文）と同様に構成国の憲法原則を受容している[15]．

したがって，連邦憲法裁判所は，多くの者によって志向されている，欧州連邦国家の実現という目的に対して常に立ちはだかる壁になっているわけではない．主権国家性を保障する，いわゆる基本法79条3項の永久条項は，規定された国家権力のみを拘束することができるが，憲法制定者を拘束することはできない．それゆえ，連邦憲法裁判所は，欧州統合のこの境界は，国民の憲法制定権力の決定により克服されうると判示している[16]．いつか欧州国民が，連邦国家に統合し，国家主権を放棄する準備があるのであれば，─基本法の見地からはいずれにせよ─可能である．もっとも，それは，非常に基本的で，非常に根本的なものであるので，それは議会の通常の手続方法で決定されえるのではなく，そのためには新しい憲法上の基礎を生み出す国民の憲法制定権力の決定を必要とする．

---

11) BVerfGE 123, 267 (347).
12) BVerfGE 123, 267 (347 f.).
13) BVerfGE 123, 267 (331 f., 364).
14) BVerfGE 123, 267 (349 f.).
15) BVerfGE 123, 267 (350).
16) BVerfGE 123, 267 (331 f., 347 f., 364).

欧州統合の分野において民主主義的な正統性のある立法者に形成可能性が制限され，また，全く遮断されることになるため，欧州統合のさらなる進展のために限界を設定することは民主主義的ではないと連邦憲法裁判所は批判された[17]．

私は，全く違った風に見ている．立法者の民主主義的正統性は，―政府の民主主義的正統性でもあるが―，現行の憲法の枠組みにおいてのみ存在しうる．また，規定されている国家機関―議会および政府―は，基本法が権限を与えている限りでのみ民主主義的に正統化される．この憲法上制限された権限の逸脱に対しては―憲法立法者が自らに留保してきたものであるが―正統性をもたない．憲法制定権力の主体としての国民のみが―それが基本法の考え方であるが―，そのような境界が取り除かれるか否かについて決定することができる．連邦憲法裁判所がここで下した判示は，まさに基本法の民主主義的考え方に相当する．この判示によれば，事前に国民に尋ねることなく，「変更できない」基本法の原則という「障害物」が除去されるべきであるという基本的な決定が政治家によってなされ得ないということになる．国民は，その憲法制定権力によって当該問題を決定しなければならない．

もっとも，憲法を制定する国民決定がどのようになされうるかは[18]，判決がそのままにした問題に属する．現在，その機能が非常に争われている[19]，基本

---

17) Vgl. たとえば C. Möllers, FAZ v. 16.7.2009, S. 27. ドイツの欧州連邦国家への参加と基本法が効力を失うことと同等に扱った際，彼は，他の多くの者と同様に，憲法制定者の決定の要請を欧州連邦国家へのドイツの参加に対する（欧州平面への権限権限，ひいては憲法制定権力の移譲に対する）前提であると，間違って理解した．基本法は，連邦憲法裁判所判決の結果として個々において内容的に不変にとどまりうる．問題となっている憲法制定者の決定は，憲法制定権力者の移行およびEUへの主権の移行への道を開くものとなる．その他の点では，変更されていない基本法は，もはや主権国家の憲法ではなく，ヨーロッパ合衆国の州の憲法になるであろう．

18) Vgl. この問題について，D. Murswiek, in: BK, Präambel (Stand: 2005), Rn. 173 ff., insb. 175 ff. (SV. II 84)

19) Vgl. これについて，D. Murswiek, in: BK, Präambel (Stand: 2005), Rn. 159-172.

法146条への示唆は，もはや傍論ではありえない．

III. 原告 *Gauweiler* の訴えの立場

　基準についてはここまで．次に，リスボン条約に関する我々の批判がどういったものであったか，また，なぜ同条約が高権の移譲の憲法上の境界を越えていると考えたかについて個々に示していきたい．

　核に2点ある．第1に，私は，リスボン条約によりおよびそれ以前の諸条約により基本法23条1項から生じる統合の境界をいまや越えるほど広い権限がEUに移譲されていることを連邦憲法裁判所において示した．第2に，リスボン条約が多くの点で民主主義の原則に違反しているという見解を示した．

1. 主権国家性の原則の違反について

　リスボン条約によって欧州連邦国家が創設されるわけではないことは確かに正しい．しかし，国家であることに相当する象徴および相当する公の印を有し，また，例えば国際連合における一員として受け入れられるという，形式的に欧州の連邦国家として認められるときになってはじめて基本法から生じる統合限界を越えているとして理解されるべきではない．国家の外的な表章がEUによって利用されている否かが問題となる際に，EUが形式的に国家性の閾値より下にとどまっている，つまり，国家ではない，あるいは，まだ国家ではないが，実際の権限に照らすと主権国家に属するすべての機能を行使していることがありうるだろう．そのように多くの高権が移譲され，構成国の権限が完全に空洞化され，最後にはその殻のみが残っているということはあってはならず，形式的にだけでなく，実質的にも構成国が自立した国家であるように，事前に組み入れられる，また，そのことに配慮した，境界が存在しなければならない．

　そこから私は，国家の任務の重点は構成国にとどまらなければならない，──当然EUは限定された権限のみを有し，権限権限は有してはならないという，

という結論を導いた[20]．リスボン条約に関して，私は，追加的な権限の移譲により立法の重点がEUに移る—多くの分野ではすでに長らくEU指令が支配的であり，連邦議会が欧州政策の執行機関になりさがっている—，と述べてきた．EUは，リスボン条約により今や政策のほぼすべての分野において立法権限を有している．もっともこれは，大半において事項においては限定されている．EUは，ある法分野全体に対して包括的な権限を有しているのではなく，ある分野，たとえば公衆衛生政策の分野に権限を有しているときに，公衆衛生政策のある一定の個々の側面に対してのみ権限を有している．他の分野，たとえば環境政策においては，その権限は非常に包括的なものであり，各事項に対してほぼ完全な分野全体にわたる権限が付与されている．

　もっとも，過去数年においては，EU権限が限定された分野に当てはまる個々の事項に依拠するという状況—権限付与（個別的授権）の原則—が，EUが常にさらなる権限を行使し，この限定された規定された事項を越えることを効果的に防いでいないことが示されている．これについては，とりわけ，常に拡大的な性質をもち，条約上の権限の境界を無視している，EU司法裁判所の判例が加担してきた[21]．それゆえ，—連邦憲法裁判所における訴訟での私の主張の重点であったが—，EU司法裁判所の拡大的解釈とともに多くのすべての政策分

20) テーゼへの証拠と合わせて，このテーマについての私の議論の詳細は，in: *D. Murswiek* (Fn. 5). さらに憲法異議が基礎とした意見において詳細なものとして，*Murswiek*, Der Vertrag von Lissabon und das Grundgesetz. Rechtsgutachten über die Zulässigkeit und Begründetheit verfassungsgerichtlicher Rechtsbehelfe gegen das Zustimmungsgesetz zum Vertrag von Lissabon und die deutsche Begleitgesetzgebung, 2. Aufl., 2008, www.freidok.uni-freiburg.de/volltexte/6472.(SV. Ⅰ11) この鑑定書およびさらなる文書は，リスボン条約の手続に関する *K. Kaiser* により編集される文書においても公表される．同文書は，Springer社のBeiträge zum ausländischen öffentlichen Recht und Völkerrecht シリーズにおいて出版される．

21) EU司法裁判所の拡大解釈については，z.B. *D. Murswiek*, Die heimliche Entwicklung des Unionsvertrages zur europäischen Oberverfassung. Zu den Konsequenzen der Auflösung der Säulenstruktur der Europäischen Union und der Erstreckung der Gerichtsbarkeit des EG-Gerichtshofs auf den EU-Vertrag, NVwZ 2009, S. 481 (484) (SV. Ⅱ103).

第 11 章　訴訟代理人の見地からのドイツ連邦憲法裁判所のリスボン判決　435

野を越えて割り当てられた個々の権限の組み合わせにおいて構成国の主権的国家性に対する本来的な危険が存在する．この問題は海における島のイメージとともに説明することができる．海は，主権のある構成国に属するすべての権限の総体である．EUは，島の権限を有するが，それはすべての政策分野，すべての海に広がっていく．そこには，多くの小さな島と多くの大きな島が存在する．そのうちのいくつかは，すでに大陸のように大きい．EU司法裁判所の拡大解釈の助けにより，EUはこれらの島から常に平面的な広がりを要求する．それは，狭いものであるが，予測不可能な広がりとなり，その総計では巨大な範囲になる．その拡大は，カーペット状に広がった石油のように海全体に広がり，最終的にはEUは完全な権限を有する．異議申し立て人の名前において私が請求したことは，条約の文言を越えたEU権限の恒常的な拡大に対して効果的な境界付けを必要とするということであった．

　2番目の点．権限権限のようなものを生み出すためにとっかかりとしてEUが適用しうる，EU諸条約における規定が存在する．これらの規定の中で最も重要なものは，リスボン条約によりEU運営条約352条において規定されている，いわゆる柔軟性条項である．柔軟性条項に基づき，EUは，条約から導ける目的を達成するために，必要だと考える場合に，本来的にはEUが権限を有していない分野において，措置——とくに立法（指令または規則）を採択することができる．EUは，柔軟性条項を用いることによって，自らの権限を拡大することができる．そのような規定は，すでにリスボン条約以前——旧EC条約の中——にも存在した．しかし，それは，共同市場の実現，つまり，基本条約の経済的分野に限定されていた．この限定はなくなり，柔軟性条項は，すべての政策分野においても用いられることができるようになった．

　3番の点．EU条約（2条）においてすべての構成国によって尊重されなければならない，憲法上の基本的価値が存在する．それは，すべての者が確かに良いと考える価値，たとえば，「民主主義」，「法治国家」，「連帯」および「正義」などである．この条文にかかわる問題は，EU司法裁判所の裁判管轄権をこの条文に基づき広げる——これまではそうではなかったが——という状況である．政

策がEU法上規定されておらず，構成国の管轄権に属する分野においても，構成国の国内秩序に対しておよび構成国の政策に対して基本的な価値からどのような要請が生じるかについてEU司法裁判所が判断することができるのであれば，EU司法裁判所が――基本的価値は別として――EUの権限分野ではなく，構成国の内部にのみかかわる，すべての憲法上の問題において判断を下すことができることになり，その結果同裁判所が欧州上級憲法裁判所に発展する危険性が存在する．構成国は，このように憲法上の独自性を失いうる[22]．

それらが，リスボン条約が主権国家性の原則に違反するという，我々の主張の核となったものである．

2．民主主義の違反について

a) ドイツにおける民主主義的正統性への悪影響

民主主義の原則は，欧州統合へ2つの要請をする．1つは，高権の移譲が，国内的にドイツ連邦共和国がもはや十分に民主主義的に正統化されないということに至らしめてはならないということである．このことは，1993年にマーストリヒト判決において連邦憲法裁判所が判示し，この理由から高権の移譲の際には連邦議会に実質的な決定権限がとどまらなければならないとした[23]．連邦議会がもはや実質的に何も議論することができないのであれば，連邦議会の議員を選挙する各有権者の参加権は，完全に空洞化し，その実質が空になり，実質的な価値がなくなる．それゆえ，マーストリヒト判決において連邦憲法裁判所は，連邦議会が維持しなければならない，民主主義的正統性と決定権限の範囲の間の関係を確立した．そのことは，リスボン判決において再確認された[24]．この点において，連邦憲法裁判所の考え方および主権国家性の原則が区別される．この点については，上述した（Ⅲ1）において示されている．

---

22) この問題について詳しくは，*Murswiek* (Fn. 21), S. 481 ff.
23) BVerfGE 89, 155 (182, 186, 171 f.).
24) BVerfGE 123, 267 (341).

b）EU の民主主義的正統性の不足

民主主義の原則の2番目の側面は，欧州平面に関係する．基本法は，EU 自体が民主主義的に正統化されることを求めている（基本法 23 条 1 項 1 文）．

「民主主義的正統性」とは何か．基本法によると，高権の正統化は国民を前提としなければならないとする．基本法 20 条 2 項は，これを明確にしている．EU がこの意味において民主主義的に正統化されるか否かを決定するためには，まず誰が国民なのかを明確にしなければならない．この根本的な問題は，EU の民主主義的正統性についての議論の中でしばしば見落とされている．多くの者は，まるで誰かが投票するところには民主主義がつねに存在するかのように述べる．しかし，投票が民主主義的な投票であるか否かは，誰が正統性の主体であるかということに依存する．誰が民主主義の意味における国民なのか．それは，人間の任意の数ではありえない．さもなければ，各党集会または各常連の会合が民主主義的な主体として構成されることになってしまうであろう．具体的な民主主義の主体に関する明確性が存在するときにのみ，投票が民主主義的正統性を有しているか否かを判断することができる．

すなわち，誰が国民なのか．基本法は，国内的事項に対しては回答している．ドイツ国民であると[25]．

リスボン条約によると誰が国民なのか．同条約は，それについて正確には規定していない．2つの解釈可能性が存在する．EU の民主主義的主体として，すべての EU 市民なのかが問題となる—それは，総計では構成国の国籍保有者になるが—．そうであれば，EU 市民は，連合国民を形成するだろう．それは，EU の考えられうる民主主義的な主体になるであろう．もう1つ考えられるものとしては，構成国の国民が EU の平面において民主主義的な主体であるということ，つまり，民主主義的正統性は構成国の国民を前提としなければならないということである．それは，理論的な区別ではなく，民主主義的組織または民主主義的観点の下で組織におかれなければならないという要請に対して広範

---

[25] Vgl. BVerfGE 83, 37 (50 f.)—「市町村の外国人選挙権」．

な実際の効果を有する.

　この効果について述べる前に条約について述べることにする．条約は，体系と文言から両方の解釈可能性を認める．条約の体系は，2つの理由から構成国の国民がいまなお正統性の主体であることに有利な証拠を提供する.
　――そこを通過せずには，EU立法が採択されない，EUの立法機関は，理事会である．理事会は，構成国の政府代表から構成される．構成国の政府代表の正統性は，各構成国における選挙人により実現される．選挙人は，各議会を選び，各議会が国内政治を選ぶ．もっとも政府が国民により直接選ばれる構成国の場合はこの限りではない．理事会の構成員に対する正統性の出発点は，いずれにせよ第一義的に構成国の国民にある（EU条約16条2項，10条2項2段）．
　――欧州議会は，従来通り国別割り当て数からなる．（欧州理事会の決定に結びついて）条約は，どれだけの欧州議会の議員数がどの国から構成されるかを定めている（EU条約14条2項）.

　他の側面において，EU条約14条2項は，欧州議会は「EU市民の代表」から構成されると規定している．旧条約，つまりリスボン条約以前においては，欧州議会は構成国の国民の代表から構成されると規定されていた．ここに文言上主体の変更が見られる．このことが実際そのように考えられているのかそれとも単に言葉による表面的な変更なのか否かは，事項が変わらない間は，決着がつかないままである.

　私は連邦憲法裁判所において，リスボン条約における具体的な文脈における両方の正統性モデルはEUの民主主義的正統性への基本法の要請を満たさないと主張した.

　我々は，まず構成国の国民はまだ民主主義的な主体であることを前提とした．EU立法の民主主義的正統性は，理事会が全会一致により決定することによって担保されていた．このことは，ある一定の国民の代表が同意しなければ，理事会は関連する構成国の市民に義務づける立法を採択できないことを意味した．その限りにおいて，我々は間接的ではあるが，EU立法の証明可能な正統性を持っていた．構成国の個々の市民により選ばれた国内議会が政府を選び,

政府から派遣される理事会の代表になることで，正統性の連鎖が存在した．この連鎖は，いま途切れている．なぜなら多くの場合において，多数決で決定されるからである．理事会においてある構成国代表がある法案に対して反対票を投じたしても，同法案は多数決により成立する．反対票を投じた代表の構成国国民は，当該法を正統化していない．その限りで，その正統性は，当該構成国の国民を前提としていない[26]．

それゆえ，今や理事会と並んでほぼ対等の立法機関であり，欧州立法が成立するためには，ほぼすべての場合において同様に同意しなければならない，欧州議会を通じて正統性が作り出されうるか否かを検討しなければならない．正統性の主体が実際に変化し，条約が，正統性が欧州連合国民を前提するようになっていれば，そのような場合となりうるだろう．そうであれば，欧州議会は連合国民の代表機関であろう．

2つの理由からこのことは否定されなければならない．ドイツ憲法の観点から正統性主体の変更は基本法と合致しないであろう．基本法によれば，ドイツ国民は民主主義の主体であり，とりわけ憲法制定権力の主体である．ドイツにおいて行使される国家権力すべては，ドイツ国民を前提としている．基本法79条3項によればあらゆる憲法改正から守られ，かつ，それゆえ統合立法者（基本法23条1項3文参照）にとっても不可侵の基本法20条2項は，欧州統合に対しても例外を作らない．民主主義の主体が変換される場合，国民の憲法制定行為を通じてのみ行われる．

それは別として欧州議会が，たとえ主体の変更が起こり，条約により欧州議会が連合国民を代表していることを前提したとしても，十分な民主主義的正統性を体現していない．なぜなら欧州議会は，いわゆる逓減性比例性原則に基づいて形成される，国別配分によって構成されているからである（EU条約14条2項）．このことは，小国は，大国に比べて1人あたりの住民に換算すると議会

---

[26] これについて詳しくは，*Murswiek*, Gutachten (Fn. 20), S. 89 ff. [C.I.3.b]bb]]，und Schriftsatz vom 21.10.2008, Teil 1, C. IV., insb. 2, in der *Kaiser* herausgebenden Dokumentation (Fn. 20).

により多くの議員を送っていることを意味する．たとえば，欧州議会にマルタから1人の議員を送るのには66.000票が必要であるが，ドイツからは859.000票が必要である．つまり，マルタの選挙人の1票は，ドイツ人の約13倍に相当する．すべての市民の平等原則は，民主主義の原則に属する．これは，まさに民主主義の基本原則である．「1人1票」は，ここでは実現されていない．我々は，連邦の割り当ておよび異なる加重された投票をもつ連邦の組み立てをもつ．それは，連邦国家の観点の下で正統化されうるが，統一的な連合国民として理解される民主主義の主体による民主主義の正統性を保障するのに適していない．

c) 将来の条約改正の民主主義的正統性の欠如

とりわけEUの将来的な発展に関係する，正統性の欠如がここでまた関係する．リスボン条約は，すなわち単純化された条約改正手続を規定している．この手続に基づいて，構成国が新たに改正条約を締結することなく，条約，すなわち欧州憲法の一定の改正がなされうる（EU条約48条6項2項）．それには欧州理事会の決定で十分である．その限りで憲法改正権限は，EUに移譲されている．私のテーゼは，それは是認できないというものである．簡素化された改正手続においても国内議会による決定なしにはなされえない[27]．

さらに，EU諸条約においていわゆる橋渡し条項（Passerelle-Klauseln oder Brücken-Klauseln）が存在する．それは，EUが，リスボン条約によるEU諸条約に基づいて理事会が全会一致により決定する分野において，多数決に移行できるというものである[28]．EU条約48条7項における一般的な橋渡し条項が存在し，また，特別な分野に対してはいくつかの特別な橋渡し条項を存在する．全会一致から特定多数決の移行は，構成国および国内議会にとって非常に大きな意味を有する．なぜなら構成国はこれらの分野においても拒否権を失うことになる

---

27) Vgl. *Murswiek*, Gutachten (Fn. 20), S. 103 ff. [C.I.3.d)aa)].
28) このテーマについてより詳しくは，*Murswiek*, Gutachten (Fn. 20), S. 106 ff. [C.I.3.d)bb)].

からである．それゆえ，私は，これらの場合においても，国内議会が明示的に同意することが必要であると主張した．条約には，ただ国内議会が半年以内に異論を申し立てることができると規定されている．国内法上競合的な立法の分野が関わる場合に，連邦議会が異議を唱えるのでは十分でないと，ドイツ立法者は，関連法律を形成してきた．連邦参議院が同意しなければならないまたはいずれにせよ異議を唱えていないことが必要である．このことは，ドイツの関連法律と結びつきEU条約のこれらの規定に基づいて，多くの重要な場合において，欧州憲法がドイツ連邦議会の同意なしに—明示的に表明された意思に反して—改正されることが可能であったこと，また，橋渡し条項の場合に，欧州憲法の改正がドイツ基本法にも影響を及ぼすのにかかわらず，変更されることが可能であったことを意味する．議会の参加なしでの条約改正は，私見では，民主主義原則の古典的な違反である．

相当することが柔軟性条項（EU運営条約352条）による国内議会の参加なしでのEUの権限拡大にも当てはまる．

IV．連邦憲法裁判所の判決

1．民主主義的正統性の問題

a) 条約改正

ドイツ連邦憲法裁判所は，簡素化された条約改正手続と橋渡し条項の民主主義的でない部分において私の批判を完全に認め，この関連において連邦議会および連邦参議院の権利を定めた，ドイツの関連法律を憲法違反であると宣言した．議会は，新しい関連法律を議決しなければならない．このため，連邦憲法裁判所は，議会に，多くの点を改善し，もともとの関連法律の欠陥を補うよう，また，補償的な規定により国内平面で欠陥—つまり（もともとは条約の欠陥であるが）民主主義原則への違反—を除去するように求めた．連邦憲法裁判所は，ドイツが簡素化された条約改正手続においてすべての改正に基本法23条1項

に従った同意法律によってのみしか同意してはならないないと判示した[29]．また，全会一致から多数決への移行のすべての場合に対して関連法律において，理事会におけるドイツ代表が連邦議会の同意に基づいてのみ，つまり原則的に同意法律の形でそのような規定に同意することが規定されていなければならないとドイツ立法者に対して命じた[30]．

連邦憲法裁判所は，柔軟性条項の適用に対しても同じことを判示した．すなわち，理事会がこの条項の適用，つまりこの方法で権限を拡大することを意図した時は，理事会におけるドイツ代表は，同意法律の形でドイツ議会の同意を得たときのみ，その決定に同意を与えることができる[31]．このような方法で権限拡大の民主主義的正統性が確保され，主権の軟化の禁止が組み込まれる．

b) EUの民主主義的正統性

EUの民主主義的正統性の問題について，連邦憲法裁判所は根本的な陳述をした．裁判所は，正統性主体の変換は許容されないとした．基本法は，欧州統合が，構成国の国民は民主主義的正統性の主体であり，そうであり続けるという，道を示している[32]．また，連邦憲法裁判所は，リスボン条約につき，実際には主体の変換は生じていないと解釈した．同条約の文言の中で未解決のまま残されているものは，構成国の国民にとって有利な結果になるように——ドイツ国家機関に対する拘束力をもった——憲法適合解釈により決定される[33]．

連邦憲法裁判所は，欧州議会がどの程度正統性を担保し，この関係において上述した問題，つまり同議会の選挙の際に「1人1票」の原則が妥当しないというものに応じるのかという問題に従事した．連邦憲法裁判所は，まず私と同様に，この平等が民主主義の原則に入ること[34]，また，EUが民主主義の不足の

---

29) BVerfGE 123, 267 (434).
30) BVerfGE 123, 267 (434 ff.).
31) BVerfGE 123, 267 (436).
32) BVerfGE 123, 267 (347-349, 404).
33) BVerfGE 123, 267 (371, 372f., 373f., 375 f., 404)
34) BVerfGE 123, 267 (373).

問題をかかえていること[35]を認めたが，国家結合の特別性のために現在の統合状況においては，ある一定の修正と逸脱は正統化されるから[36]，基本法23条1項の基準に基づくEUの判断の際に，国家の民主主義的正統性への要請と同じ要請がなされえないと考えた．要するに，連邦憲法裁判所は，次のように判示した．欧州議会は，民主主義的正統性を具現化していない，いずれにせよ，基本法が民主主義的正統性に求めるような要請を完全には満たしていないが，EUは国家ではないので，受け入れることができる[37]．同裁判所は，同時に，委員会がさらに発展し，真の欧州政府になるとき，存在する民主主義の不足に関してもはや受け入れることができないだろうとも判示した[38]．さしあたり構成国における民主主義的依存による正統化が体現化されえるだろうし，そうされなければならないともした[39]．

連邦憲法裁判所が判断していない，また，それについて述べていないのは，理事会を通じた欧州立法の正統化の際に，多数決の原則に基づく正統性の連鎖がこわれてしまうという問題である．この中心的な問題については，連邦憲法裁判所は，判決中で何も述べていない．それは，当然のことながら，問題を解決する，方法でもある．

2．権限移譲の問題

リスボン条約が主権国家性，ひいては民主主義的原則（ドイツ議会における実質的な決定権限の所在）の原則の観点のもとで基本法と合致する境界線を越えているか否かという問題に，連邦憲法裁判所は，結果として，リスボン条約は基本法に合致するが，「権限付与（個別的授権）の原則が諸条約に定められる基準を越えて手続上保障される限り」[40]，また，判決理由から生じる条約の制限的な

---

35) BVerfGE 123, 267 (370 ff. insb. 371 ff., 377, 379).
36) BVerfGE 123, 267 (364 f., 371 ff.).
37) Vgl. BVerfGE 123, 267 (371 ff.).
38) BVerfGE 123, 267 (372 f., 380 f.).
39) Vgl. 例えば BVerfGE 123, 267 (373 f., 380 f.).
40) BVerfGE 123, 267 (370).

解釈の基準に従った場合のみ,という「Ja-aber」という回答をした[41].

a) 統合授権の絶対的および相対的境界

ここで連邦憲法裁判所は,質的な基準に基づき統合授権(Integrationsermächtigung)の境界を定めることを拒否した.訴訟の口頭弁論において,EU法の量的な影響に関する非常に異なる主張になったのが,統計であった.元連邦大統領の *Herzog* は,リスボン条約以前の新聞の論評において,法律の約80％がEUにより定められていると述べた.他の者は,この割合をもっと低く捉えている.これは非常に争われている.なぜならどの法律がどの範囲においてEU立法者により影響を与えられているかをどのように測り,どこから知るのかという,方法がすでに議論となっている.連邦憲法裁判所は,量的な分析にかかわっていない.裁判所は,主権国家性の原則が定める境界を全体の50％として定めるという,私の提案を取り入れなかった.境界線は,私の提案では,国家任務の半分以上がEUの権限に移譲されているのであれば,超えていることになるだろうというものであった.裁判所は,代わりに「量的な関係」ではなく,質的な基準,つまり,ドイツにとって「中心的な規定および生活分野に対して実質的な国内の形成可能性が残っているか[42]」否かを問題とした.

この目的のために第2法廷は,新たな統合の進展の際に遵守されなければならない基準,たとえば,構成国の権限権限および脱退権,連邦国家の形式的な創設がなされないこと,欧州の連合国民による独自の正統性がないこと,を形成した[43].また,他の点において,連邦議会に実質的な決定権限が残らなければならないことを示した[44].ある一定の権限分野がEUに移動する場合,これがそのような場合であるかは,個々に考えられるのではなく,どのような他の権限がすでに移譲されているか,あるいは,構成国に残っているか否かという

---

41) Vgl. BVerfGE 123, 267 (339, 369, 436 f., vgl. Auch 379, 406)
42) BVerfGE 123, 267 (406).
43) 詳しくは,*Murswiek* (Fn. 5), S. 139 f.
44) Vgl. BVerfGE 123, 267 (356, 406).

ことに依る．その限りで，統合授権の相対的な境界線が問題となる[45]．ことが曖昧で，司法審査に服するのが困難である概念であるので，―同概念はマーストリヒト判決[46]からきているが，連邦憲法裁判所は，国家主権に対して非常にセンシブルであり，本質的に国内平面に残っていなければならない，いくつかの政治的な事項を明確にしようと試みた．これについては，第2法廷は，刑法，国内の安全保障（つまり警察），対外的な安全保障（軍事），歳入・歳出についての国家予算的な基本決定，生活関係に関する社会国家的形成，文化的に特に意味のある決定，たとえば家族法，学校・教育制度あるいは宗教共同体の取り扱いなどを列挙した[47]．

構成国に十分に任務が残されるよう確保するために，EUが主張できない任務のカタログを定めようとする，試みがなされている．これは，確かに，争うことのできる試みである．当然，人は，問うことができる．家族法にかかわる事項のなかで，無条件に国内にとどまらなければならないのは何か．あるいは，なぜ宗教的な共同体の権利が国家の本質的なものに属するのか．―宗教は国を超える伝統に入るのではないか．次のようにも批判される．連邦憲法裁判所が列挙している事項は，構成国にまだ残っているものか，すでに構成国からEUに移譲されているのではないか．―境界線が恣意的ではないか．それらについて反論する．連邦憲法裁判所がそもそも境界線を引こうとするとき，あるいは，「実質的な任務が連邦議会にとどまるべきである」というような，何も述べていない文などを具体的に述べようとするとき，連邦憲法裁判所は何をすべきか．これまですでに起こったことの分析を基礎にして基準値のみがつくられる．我々が，通貨同盟のためにマーストリヒト条約でもって共通欧州通貨，ユーロのために，すでに決定していなければ，連邦憲法裁判所はおそらく通貨は核となる任務に入る，他方，家族政策は欧州平面でなされうると判示したでしょう．

---

45) *Murswiek* (Fn. 5), S. 141.
46) BVerfGE 89, 155 (207).
47) BVerfGE 123, 267 (359, näher erläutert 359-363).

b）個別的授権権限の狭義の解釈

判決において重要なのは，連邦憲法裁判所が，権限付与の原則が維持されなければならないことを強調し，これが紙の上でだけでなく，実際に守られなければならないことを強調したことである[48]．それが守られるために，連邦憲法裁判所は，リスボン条約のいくつかの重要な規定を解釈し，次のように判示した．これらの規定は狭く解釈されなければならない，また，狭義解釈においてのみ基本法と合致する．これは，特に刑法の分野におけるいくつかの規定に当てはまり[49]，また，防衛に関する規定にも当てはまる[50]．連合の「独自の手段」についての規定（EU 運営条約 311 条）は，その文言からは独自の徴税法に対する基礎としてあるいは権限権限の意味におけるものとして理解されうるが，連邦憲法裁判所は，その規定は単にプログラム的性質をもつものであり，EU の権限を創設するものではないと解釈した[51]．

他の点において，リスボン条約は，連邦憲法裁判所が強調したように，判決の「理由の基準に基づいて」のみ憲法に合致する[52]．同条約は，ドイツの国家機関により，連邦憲法裁判所の解釈に従ってのみ適用されうる．

c）構成国の憲法アイデンティティの擁護および憲法裁判所の「不可侵原則に基づく審査」の留保

連邦憲法裁判所がドイツの憲法アイデンティティが EU 諸条約により影響を受けないよう確保しようとする，とりわけリスボン条約により新たに規定された EU 条約 2 条および 4 条の解釈は，拘束力がある．EU 司法裁判所は，リスボン条約発効後 EU の基本的価値の貫徹のために，国内憲法の争いについて判断を下すことができるという[53]．私見を連邦憲法裁判所は EU 条約 4 条 2 項に

---

48) Vgl. BVerfGE 123, 267 (347, 350, 352).
49) BVerfGE 123, 267 (410 ff., 412 f., 413).
50) BVerfGE 123, 267 (422 ff., insb. 424, 424 f.).
51) BVerfGE 123, 267 (393).
52) BVerfGE 123, 267 (339, 369, 436 f.).
53) s.o. vor (Fn.) 22.

依拠して否定した．第2法廷は，構成国に憲法アイデンティティの維持を保障するこの規定から，憲法の核となる規定の解釈を判断することは，構成国および憲法裁判所の事項であるという，解釈を導き出した[54]．また，この憲法アイデンティティを尊重しない，EUの法行為は，国内的に適用できないとも判示した[55]．

この解釈によって私が投げかけた問題が解かれるか否かは，当然のことながら疑問が残る．なぜなら連邦憲法裁判所は，「憲法アイデンティティ」の維持を基本法79条3項に基づく変更できない憲法原則の維持として解しているからである――ドイツにとって特有で，他の構成国には馴染みのない，また，基本的な憲法原則を保護するのではなく，国家の特別性――つまりEU条約2条に基づいたすべての国家に共通の基本的な原則の国によって特別の差異のある形――をEUの干渉から守るという，EU条約4条2項の意味における考え方には相当しない考え方．連邦憲法裁判所によるこの規定の再解釈は，連邦憲法裁判所が基本的な原則を最終的に拘束力をもって解釈するということを主張することにつながるが，この考え方では，構成国における基本的な原則の適当な実施と適用について判断する管轄権を有するのはEU司法裁判所のままである．――カールスルーへの裁判官が見落としている点である．連邦憲法裁判所は，「不可侵原則に基づく審査」[56]と呼ばれるものを保障した．しかし，同裁判所は，解釈によって，EUの基本的な価値が定めるものの枠組みの中で構成国が国内の多種多様性のために決定できるということの中に存在する，EU条約4条2項1文の特別の保障内容を放棄した．それゆえに，EU司法裁判所が差し控え，この連邦憲法裁判所により開かれた可能性を利用しないことをただただ願うことだけができる．これは，欄外にのみ書き留める．我々の関連で決定的なのは，連邦憲法裁判所が基本法とのリスボン条約の合致性を同条約の特別な解釈によってのみ確立したことである．

---

54) BVerfGE 123, 267 (353 f., 397, 400).
55) BVerfGE 123, 267 (400).
56) BVerfGE 123, 267 (353-355).

d）憲法裁判所の「権限踰越審査」と「不可侵原則に基づく審査」による権限境界の保障

　ここで，次のように問題を設定することができる．連邦憲法裁判所が条約を狭く解釈し，その他の点では，条約が基本法と合致すると拘束力をもって解釈する場合，その後，それはEU司法裁判所にどのような関心を起こさせるか．すべてが無視されるわけではないか．EU司法裁判所は，連邦憲法裁判所が設定したこれらの制限をその拡大解釈により無視しないか．

　条約が基本法と合致するかは，判決の考え方では，連邦憲法裁判所が妨げようとしたもの，それが妨げられうるか否かによる．連邦憲法裁判所は，以下のように述べることによってこの問題を解決した．個別授権が制限的に，また，一部非常に狭く解釈される授権として取り扱われるか否かを，我々─連邦憲法裁判所─が審査することを留保する．我々は，「権限踰越審査」を要求する．我々カールスルーエの裁判官は，リスボン条約後も，EUがいずれかのEU法行為によって，構成国によりEUに付与された権限の境界線を越えていないかについて判断する権限をもつ[57]．連邦憲法裁判所は，権限付与原則の守護者および拡大的なEU司法裁判所の判決による隠れた権限拡大に対するこの授権の狭義解釈の守護者になる．これが，解決案である．それが機能し，つまり，連邦憲法裁判所が公表したコントロールでもってそれに対処し，攻撃的な批判に立ち向かうときに[58]，私は次のように言うことができる．そのときにこの原則が遵守されたことになり，主権国家性の観点の下で了解したと．

　この解決案は，連邦憲法裁判所に激しい攻撃をもたらした．批判家は以下のように述べた．EU諸条約がどのように解釈されるべきかについては，EU司

---

57)　BVerfGE 123, 267 (353-355).
58)　早くから推定された．連邦憲法裁判所は，うるさく吠えるが噛まない犬であると．Vgl. z.B. Abg. *M. Sarrazin*, Deutscher Bundestag, 16 Wahlperiode, Ausschuss für die Angelegenheiten der Europäischen Union, Prot. Nr. 90, S. 118. 法廷がHoneywell決定BVerfG, 2 BvR 2661/06 v. 6.7.2010でもってこの評価を確定したか否かについてはここでは触れられない．Vgl. das Sondervotum des Richters Landau, Abs.-Nr. 94 ff., sowie *D. Grimm*, Die grossße Karlsruher Verschiebung, FAZ v. 9.9.2010, S. 8.

法裁判所の事項であると．この批判は，全く筋が通ったものの要である．なぜならEU司法裁判所は，EU諸条約によるとEU法の第1次法および第2次法の解釈に管轄権を有するからである．その他の点において，EU諸条約は国際条約であり，本来的に国際条約の場合には，条約当事者のコンセンサスにおいてまたは条約当事者により管轄権があると宣言された国際裁判所によって解釈が行われるのであり，ある条約当事者により一方的になされえない．これに対して連邦憲法裁判所は，EU諸条約の特別性，つまり，構成国が拘束されることになる法規，超国家的な立法への広範囲の授権がなされていることを示す．構成国はEUに国際条約によって制限された立法権限を与えた場合—そのように連邦憲法裁判所は考えるが—，明白にこの授権の外側で生じた欧州立法は，構成国に存在する主権に鑑みドイツでは適用不可能になる[59]．それゆえ，EUが構成国からEUに移譲された権限の範囲の境界を越えた場合，構成国の憲法裁判所は干渉することが可能でなければならない．これが，まだ代表される見解である．なぜならEUが権限を越え，その行動は諸条約の対象となっていないからであるである．また，EU司法裁判所の管轄権はEUの管轄権の領域よりも広範囲に広がりえないからである．

　この紛争は，論理的には解決されない．なぜなら何がEUの管轄権に入るかは，諸条約の解釈に依るからであり，これに対してはEU司法裁判所が管轄権を有する．他方，EU司法裁判所は，規定の文言および体系的解釈によってはカバーされない，拡大的な解釈によって，権限の限界を超えることができる．何十年にわたる，EU司法裁判所の拡大的な判決との経験は，かれこれするうちにEUが自由にできるようになった，多くの権限を目の前にして，リスボン条約が基本法の統合授権の境界線を越えたか否かが問題のあるものとして出現させた．権限踰越審査により，EUの側，とくにEU司法裁判所の拡大的な権限要請に立ち向かうことが，判決の理由付けにおいてリスボン条約を合憲であるとして受け入れることをそもそも可能にする，中心的な基礎であった．

---

[59] Vgl. BVerfGE 123, 267 (398, 398 f., 399-402).

裁判所は，裁判所間の大きな紛争にならないように心がけるとされている．連邦憲法裁判所が原則的に EU 司法裁判所に EU 諸条約の解釈に関して最初の言葉を与えているのは確かに正しい[60]．しかし，連邦憲法裁判所が，リスボン条約が基本法と合致すると宣言することができた前提は，EU 司法裁判所が EU 諸条約の解釈に対して必ずしも最後の言葉をもたないことであった．

　連邦憲法裁判所を権限踰越審査および不可侵原則に基づく審査の要請のために激しく批判する者はそのことをよく考えてみるべきであろう．リスボン条約を通過させる，つまり，違憲であると宣言しないための，連邦憲法裁判所の努力は明白であった．もしリスボン条約が基本法と合致しないと判決されていたら，これらの批判者にはもっとお気に召さなかったであろう．

V．リスボン判決は時代遅れかそれとも現代的か？

　最後に公の場で連邦憲法裁判所の判決に対して唱えられたさらなる反論に踏み込みたいと考える．ここでは，若干政治的評価にも立ち入ることにする．政治家によって，しかし法律家によっても言われた言葉．連邦憲法裁判所の判決は，19 世紀の民主主義および国家の理解に依拠しているため，見当はずれで前代未聞であると．この批判が理由のあるものだとすれば，それは私見では基本法に向けられなければならない．なぜなら連邦憲法裁判所が行ったことは，基本法におかれた，国家と EU の共同作業の考え方を発展させたものだからである．この考え方は，欧州に開かれた主権国家性の考え方である[61]．これが 19 世紀の考え方なのか？　独自の国内利益を追求し，国内事項に口を挟ませず，国際的な立法に従う準備のない，主権的民族国家への回帰がここでは問題とな

---

60)　Vgl. BVerfGE 123, 267 (353 f.)，より明確には，BVerfG, 2 BvR 2661/06 v. 6.7. 2010, Abs.-Nr. 60.

61)　これに関して，*Murswiek*, in: BK, Präambel (Stand: 2005), Rn. 245, 213 ff., insb. 216; *C. Hillgruber*, Der Nationalstaat in übernationaler Verflechtung, HStR II, 3. Aufl., 2004, § 32 Rn. 1-3.

っていない．連邦憲法裁判所が，同意法律が違憲であると宣言し，その結果リスボン条約が批准されなかったとしても，我々は19世紀に回帰しなかったであろう．我々は，高度な超国家的組織化されたEUの構成員であろうし，その立法においてEUに広範囲で依存する，統合に組み入れられた国家であるであろう．基本法の考え方が私にはむしろ依然正しく，また，未来示唆的のように見える．欧州の国家は，国内平面では効果的に代表されえず，市民の利益を代表する，強い国家結合に統合する―しかし，構成国は自立した国家のままである．なぜなら，ただ，異なる言語，何百年続く伝統および深く刻印された国の特別性に鑑み，高権力の最適な民主主義的組織が可能であるから．連邦憲法裁判所は，この基本法の考え方を際立たせ，憲法上保障することによって，基本的なかつ道を示す決定を行った．

解　題

　本論文は，*Rainer Wahl* の 70 歳記念論文集『開かれた国家における公法』Ivo Appel u.a.（Hrsg.）, Öffentliches Recht im offenen Staat. Festschrift für Rainer Wahl zum 70. Geburtstag. Duncker & Humblot, Berlin 2011 に寄稿されたものである．

　欧州憲法条約が 2004 年 10 月 29 日に調印されたものの，フランスとオランダにおける国民投票で否決され，未発効に終わった．それに実質的にとって代わったのが，リスボン条約である．同条約は，2007 年 12 月 13 日に調印された．リスボン条約については，アイルランドにおいてのみ国民投票が実施されたが（一度否決され，その後 2 度目の国民投票で可決された），フランスおよびオランダを含め，他の EU 構成国では議会の承認による批准手続をとった．ドイツでは国民投票はないが，重要な案件についてはドイツ連邦憲法裁判所に憲法異議等を通じ付託されることが多い．これまでマーストリヒト条約を批准するにあたって，同裁判所において憲法異議により同条約とドイツ基本法の両立性が問題となった（2 BVR 2134/92; BVerfGE 89, 155.）．

　本稿では，2009 年 6 月 30 日にドイツ連邦憲法裁判所においてリスボン条約がドイツ基本法に合致するか否かの判断が示された，いわゆるリスボン条約判決（2 BvE 2/08, BVerfGE 123, 267; 中西優美子「ドイツ連邦憲法裁判所による EU リスボン条約判決」同『EU 権限の判例研究』信山社　2015 年 11-22 頁参照．）が検討対象となっている．*Murswiek* は，リスボン条約事件に原告側の連邦議員の *Peter Gauweiler* の訴訟代理人として参加した．彼の基本的な立場は，リスボン条約がドイツ基本法と合致しないというものであった．ドイツ連邦憲法裁判所が，リスボン条約がドイツ基本法と合致するとした点では，原告側は敗訴した．しかし，同判決において，*Murswiek* が本稿で述べているように，主権国家性と国家アイデンティティに関して基本法の許容する限界が明確な形で示され，また，民主主義的正統性の観点から簡易条約改正手続，いわゆる橋渡し条項および柔軟性条項の適用の際には，ドイツ連邦議会および連邦参議院の同意が必要

であるとして手続的保障を行い，原告の危惧への配慮が見られる．

　本論文では，①リスボン条約の意義，②基本法の基準，③リスボン条約の問題点，④ドイツ連邦憲法裁判所の判決と4つの部分に分けて，述べられている．特に，3番目のリスボン条約の問題点で指摘されている点は，主に2つである．第1に，EU諸条約により基本法23条1項から生じる統合の境界を越えるほど広い権限がEUに移譲されていること．第2に，リスボン条約が多くの点で民主主義の原則に違反しているという点である．

　前者については，①EU司法裁判所の解釈等により構成国に残された権限が実質的にEUに移譲され，EUが広範囲な権限を有することになってきており，境界づけが必要であること，②柔軟性条項（EU運営条約352条）の適用によりEUが自らの権限を拡大してきたが，リスボン条約によるその文言の変更によりその適用範囲が拡大しうることの問題点，③基本的な価値を定めるEU条約2条によりEU司法裁判所が欧州の上級憲法裁判所に発展することの危険性が指摘された．①の点は，これまで多くの学者たちにより指摘されてきた．②については，*Murswiek* のいうように，「共同市場」という文言が削除されて，一見すると適用範囲が拡大したように見えるが，実際は環境分野など必ずしも共同市場に直接に結びつかない措置の採択にも適用されており，リスボン条約により大きく変更されるわけではない．むしろ，リスボン条約により，欧州議会の同意が必要になり，適用条件が厳格化されたと考えられる．③については，今後のEU司法裁判所の判例を見ていかなければ断定はできないが，もしそのような判断がなされることがあれば確かに問題であろう．ただ，そのような可能性は少ないと考える．

　後者については，民主主義の違反として，①欧州議会の議員の配分数，②特定多数決制度，③簡易改正手続および橋渡し条項の存在が挙げられた．①と②については，リスボン条約により新たに導入されたものではなく，1958年にEEC条約発効時に既に定められていたものである．確かに，リスボン条約により理事会の特定多数決制度が原則となったが，理事会の構成員は構成国の代表（主に各国の閣僚）であり間接的に民主的正統性は担保されていると考える．

①と②については，*Murswiek* のような見解に対し EU 法学者からの反論が多くみられる．③については，連邦憲法裁判所もその指摘を認め，上述したように連邦議会と参議院の同意が必要であると判示した．

　本論文に示された *Murswiek* の見解は，欧州統合推進派の EU 法研究者と対立するものであるが，精緻に組み立てられた，その主張および議論を知ることに大きな意義があると考える．

第 12 章

憲法を保護する憲法上の行為義務
Verfassungsrechtliche Handlungspflichten zum Schutz der Verfassung

訳・解題　畑尻　剛

「憲法を保護する憲法上の行為義務」

小目次

Ⅰ．国家機関の義務としての憲法の保護——１つの問題？

Ⅱ．憲法任務としての憲法の保護
  1．憲法核心の遵守と保護
  2．「絶対的な」保護法益としての憲法の根本原理
  3．「基本価値」としての憲法の根本原理

Ⅲ．憲法機関の義務としての憲法の保護
  1．憲法を保持し擁護する一般的な義務
  2．憲法上の不文の行為義務
  3．憲法を保護する義務と政治的な裁量

Ⅳ．憲法の保護を求める市民の主観的な請求権
  1．民主主義原理の保持を求める主観的な権利
  2．国民の憲法制定権力への参加を求める主観的権利
  3．基本法第20条４項に基づく「他の救済手段」を求める主観的権利

Ⅴ．全体の結論

解　題

I．国家機関の義務としての憲法の保護
―― 1つの問題？

　基本法のもとにある国家ではすべての国家機関――当然ながらとりわけ憲法機関――が，憲法のアイデンティティを特徴づける変更できない憲法の根本原理を遵守するだけでなく，第三者からの制約に対して憲法を保護する義務を負うことを，つい先日まで筆者は自明のことと考えていた．それが誰にとっても自明なことではなく，憲法保護義務の法的な存在に根拠づけが必要であることを筆者が意識したのは，ユーロ危機との関連においてであった――すなわち，民主主義原理と相容れない欧州通貨同盟の動向に対して，連邦政府が対抗措置を講じるのを拒否したときである．筆者がここで言うのは欧州中央銀行（EZB）による問題のある国の国債の買取りのことであり，それによって欧州中央銀行は民主主義原理と相容れない形で，国家予算にとってのリスクならびに欧州横断的な支払流通システム（ターゲット 2）の有効性にとってのリスクを生み出しているのであり，この支払流通システムは欧州中央銀行の施策との相互作用で，当該システム内で発生した他国の債務につき，加盟国がたとえ当該債務の発生に影響を及ぼしておらず責任に同意していなくとも最終的に責任を負わなくてはならないメカニズムであることが明らかとなった．つまり筆者の見解では，ここにおいて EU の領域に移転自動機構または責任自動機構が成立することになるが，この自動機構は，連邦憲法裁判所の判例にしたがえば，連邦議会の予算自律権および基本法第 79 条 3 項に定める民主主義原理の変更できない核心内容と相容れない[1]．ドイツの国家機関ではなく第三者――ここでは超国家的な機関としての欧州中央銀行――が，根本的な憲法原理すなわち民主主義原理

---

1)　Vgl. BVerfG, Urt. v. 7.9.201 1 ―2 BVR 987/10 u. a.―「ユーロ救済の傘」Abs.-Nr.125 ff. = BVerfGE 129, 124 (178 f.);BVerfG，Urt.v. 12.9.2012―2 BVR 1390/12 u.a.―「欧州金融安定メカニズム」Abs.-Nr,211 ff. = BVerfGE 132, 195

が侵害されるような形で，国内の法秩序に影響を及ぼしている[2]．

　むろん連邦政府は，欧州中央銀行の国債購入やターゲットシステムが民主主義原理と相容れないということに反論している．この点で誰が正しいのかという問題は筆者にとって本稿では重要ではない．筆者が民主主義違反であると考える欧州中央銀行の行為を指摘することで次のことを明らかにしたいだけである．すなわち，以下において筆者が理論上の「机上の空論」だけを扱っているわけではなく，変更できない憲法原理への第三者による妨害を前にした連邦政府の不作為が実際にも十分に考えられること——そして筆者の見解ではそれが政治の現実であるということ——，そしてそれゆえに，第三者による制約に対して変更できない憲法の核心を保護する義務を問題とすることが，最高度の時局性と実際上の重大性を有しているということである．すくなからぬアクターが具体的な憲法違反を否定するだけではなく，連邦政府に憲法を保護する義務が存在することまで否定しているがゆえに，なおさら保護義務を問題とすることは重要であるといえる[3]．

II．憲法任務としての憲法の保護

　基本法はワイマール憲法の挫折という背景のもとで誕生した．二度とふたたび憲法が合法的に排除される可能性があってはならない．基本法は，憲法の根本が立法者の思いのままにはならず，憲法を改正する立法者の思いのままにもならないという基本決定によって特徴づけられる．民主的な選挙や，民主的に正統化される議会の決定といった手段によって民主主義を排除したり，自由な

---

[2]　筆者は連邦議会議員 *P. Gauweiler* の訴訟代理人として，連邦憲法裁判所で現在（これを書いているのは 2013 年 3 月である）もなお係属中である欧州金融安定メカニズム／欧州中央銀行手続（2 BvR 1390/12）において，このような抵触を批判して詳細に根拠づけた．特に 2012 年 10 月 11 日付け準備書面の 3 頁以下，22 頁以下，32 頁以下，42 頁以下，48 頁以下．

[3]　たとえば手続 2 BvR 1390/12 における連邦議会の訴訟代理人，2012 年 11 月 14 日の準備書面の 110 頁以下．

選択決定という手段によって自由を排除することが可能であってはならない．したがって，──連邦憲法裁判所の言葉にならえば──基本法の「憲法アイデンティティ」をなしている根本的な憲法原理は，憲法改正という手段で変更することはできない（基本法第79条3項）．

基本法第79条3項は，憲法改正立法者を直接に対象としている．単純立法者が憲法をその細部に至るまですべてを尊重し，その規律内容と原理を遵守する義務を負うのと同じく，憲法改正立法者も，基本法第79条3項から生じる憲法改正の限界を遵守する義務を負う．このようにして憲法の根本原理の合法的な改変，あるいはさらに排除が，基本法第79条3項により不可能とされる．

このことは当然，そうした原理の改変や排除が事実として不可能であることを意味するわけではない．革命は憲法を別の憲法で置き換えることができる；革命は，将来の憲法典の新たな基礎をなす新たな事実を創出する．法的な意味における「革命」は，必ずしも流血をともなう体制転覆とは限らず，憲法上変更できない根本的な憲法原理のあらゆる排除あるいは変更が革命的行為である[4]．

その帰結として憲法を保護する任務が生じる．基本法第79条3項とは相容れないが事実として貫徹されることで妥当性を主張する可能性がある行為に対して，憲法は保護を必要とする．まず基本法第79条3項とは相容れない憲法改正に対して，そして基本法第79条3項により保護される憲法原理の制約につながるその他の法律行為に対して，憲法は保護を必要とする．当然ながら憲法は非合法手段によって，特に暴力の行使によって，変更できない憲法原理のいずれかを排除または制約しようとする企てに対する保護も必要とする．

1．憲法核心の遵守と保護

憲法および特にその変更できない核心を遵守する義務，すなわちその行動全

---

[4] 革命という法概念については D. Murswiek, Die verfassungsgebende Gewalt des Volks nach dem Grundgesetz für die Bundesrepublik Deutschland, 1978, S.17.f. (SV. ⅠI) 参照

般において憲法に違反しない義務をすべての国家機関が負うことは自明である．憲法は，憲法上の国家機関の行為について法的な枠組を形成する基本秩序であるからである；国家機関はそれぞれの権限を憲法に基づいて有しており，その権限は憲法によって制限される．立法権，執行権，および司法権の憲法拘束性は，基本法第20条3項によって明示された言葉で命じられている．すなわちあらゆる国家機関は，特にアイデンティティを規定する根本的な憲法原理を遵守する義務を負う．この遵守義務は，具体化をする単純法律の規定を要することなく，憲法から直接的に生じるものである．

　遵守義務と保護義務は区別しなければならない．これらは，人間の尊厳についての基本法第1条1項で明文をもって規定されている：「これを遵守し，かつ，これを保護することは，すべての国家権力の義務である」．

　保護義務は，第三者によって保護法益が脅かされることを対象とする．「すべての国家権力」は――すなわち，すべての国家機関はそれぞれの権限の枠内において――，第三者による侵害に対して人間の尊厳を保護する義務を負う．第三者とは特に私人であるが，他の国家または国際機構やその機関でもあり得る．保護義務は全体としての国家だけでなく，それぞれ個々の国家機関にも課されるので，国家機構の内部ではそれぞれ他の国家機関も対象となる：それぞれの機関は，他の国家機関の側からの介入に対しても人間の尊厳を保護する義務を負う――むろん，常に既存の権限の枠内においてである．保護義務は権限を拡張する作用をもたない．

　人間の尊厳は，基本法第79条3項により変更できない憲法原理に属している．人間の尊厳はこれらの原理のうち，それについてすべての国家機関の保護義務が明文をもって規律されている唯一のものである．そこから逆に推論して，それ以外の憲法根本原理――特に民主制，法治国家性，社会国家性，および連邦国家性――を保護する義務を国家機関が負わないとすることは，その逆に推論することが遵守義務に関しては明らかに考慮に値しないという理由からしてすでに失当である．憲法制定者は基本法第1条1項2段の遵守義務を特別に強調しようとしているが，これを形成的に規律しようとしてはいない．すべての国

家機関の憲法拘束は，すべての国家機関について拘束的な，これらに権限を付与すると同時に制限する秩序としての憲法の本質からすでに生じ，これに加えて——すでに述べたとおり——基本法第20条3項からも生じる．このように遵守義務について妥当することは，保護義務についても同様に妥当し得るであろう：すなわちそれは，基本法第1条1項2段がその限りにおいて形成的ではなく，もともと全般的に存在する義務をとりわけ人間の尊厳について特別に強調しているということである．ただ，そのことは保護義務については別途の理由づけを必要とするであろう．

裁判所——特に連邦憲法裁判所——が憲法を保護する義務を負うことに関して疑義はない．裁判所は法貫徹機関であり，憲法の妥当要求も貫徹しなければならない．ただし裁判所にはイニシアティブ（権）がない．裁判所は——それが管轄権を有する範囲内において——訴訟法により資格を与えられている原告または申立人の訴えまたは申立をうけて活動できるにすぎない．

固有のイニシアティブに基づいて憲法を保護するために活動できる国家機関としては，特に連邦政府が考慮の対象となる．したがって以下の考察では政府に的を絞る．

2．「絶対的な」保護法益としての憲法の根本原理

基本法は，「自由で民主的な基本秩序」という概念にまとめられる憲法の根本原理の保護のために特別に資する一連の規定を有している：意見表明の自由や出版の自由もしくはその他の特定の基本権を，自由で民主的な基本秩序に敵対するために濫用する者は，基本法第18条によりこれらの基本権を喪失する．政党のうちで，自由で民主的な基本秩序を制約もしくは除去することを目指すものは，基本法第21条2項により違憲である．結社のうちで，その目的もしくは活動が自由で民主的な基本秩序に反するものは，基本法第9条2項により禁止される．この秩序を排除することを企てる何人に対しても，すべてのドイツ人は，他の可能な救済手段が存在しない場合には，基本法第20条4項により抵抗する権利を有する．

これらの規定はいずれも憲法の保護がそれぞれ管轄権を有する国家機関の任務であることを前提としている．このことは，政党禁止や基本権喪失に関して決定を下さなくてはならない連邦憲法裁判所や，結社禁止に関して決定をする行政裁判所だけではなく，禁止や喪失の申立てを行う権限がある国家機関にも妥当する．

ただし禁止規定や喪失規定の意義は，その直接的な規律対象である，政党および結社の禁止を可能にすること，あるいは自由で民主的な基本秩序を保護するために基本権を喪失させることに尽きるものではない．むしろこれらの規定は，根本的な憲法原理が国家機関との関係でのみ有効なわけではなく――その構造，機能，および正統性のみを規定しているわけではなく，そしてこれら国家機関に尊重することを要求するだけでなく――，その妥当要求が絶対的なものであり，したがってこれらの原理を制約しようとする一切の企てに対して擁護されなければならないことをも裏づける．

憲法の根本原理のこうした絶対的な妥当要求は――前述したとおり――禁止規範と喪失規範によって裏づけられるものではあるが，それらの規定において，はじめて形作られたわけではない．それは，法秩序の統一性を形作る最上位の規範レベルとしての憲法の妥当要求に内在している．国家が立法を独占しているがゆえに，現行法の改正は国家の立法手続の枠内でのみ可能である．基本法第79条2項により管轄権を有する憲法改正立法者によってではなく，第三者によって行われる「憲法改正」は無効である．にもかかわらず憲法の根本原理の改変を事実として貫徹しようとする第三者の試みは，革命的行為である．革命の行為が禁止されていないとするならば，法秩序はそれ自体として矛盾を内包することになってしまう．

第三者に対して――すなわち国家機関に対してではなく――向けられる革命禁止が基本法から直接的にもたらされるか否かは，この文脈においては二次的なことである．あらゆる禁止は自由の制約であるから，法治国家原理（自由の制約についての法律の留保，明確性の要請）を根拠とすると，私人についての革命禁止は基本法第79条から生じるのではなく，関連する単純法律から，特に危

険防止法，ならびに暴力の行使，暴力を伴う脅迫，あるいは強要を禁止する刑法規定から生じることになる．

その限りにおいて憲法の根本原理を基本権に比肩することができる．連邦憲法裁判所の判例によれば，基本権は直接的な第三者効を有していないが，国家は基本権に係る保護法益を第三者の介入に対して保護する義務を負う．このような意味において憲法の根本原理にも直接的な第三者効を認めない場合，いずれにせよ立法者は革命的行為が禁止されるように単純法律の法秩序を形成する義務を負う．私人の第三者が強制と暴力なしに憲法原理を無効にすることはできないのであるから，革命禁止は，国家の暴力独占が貫徹されて以来，すなわち厳密に言えば近代国家が存立して以来[5]，あらゆる国家の法秩序の構成要素である強制と暴力の一般的な禁止にすでに含まれている．立法者は私人に対して革命を禁止するように憲法で義務づけられるか否かという問題がたてられたことは，立憲国家の歴史において一度もない．そのような禁止は常にあって，疑問視されることなどなかったからである．しかし，法秩序に内在するこのような禁止は，本稿においては体系上の意義をもつものであるから，ここで，憲法の概念がすでにこうした禁止を前提としていること，そして立法者は革命的行為を許すことを憲法上妨げられているはずであることは念頭においておくべきである．

憲法を有効に保護するための予防的な規定を制定して，たとえば連邦や各ラントの憲法保護法に含まれるような，憲法の根本原理にとっての危険が具体的になる以前の段階で保護措置を講じることを可能にすることも，立法者に義務づけられるか否かは，また別の問題である（狭義の憲法保護立法）．その点に関してここでは立ち入らない．

3．「基本価値」としての憲法の根本原理

連邦憲法裁判所は基本権に「客観的な価値決定」があるとみなし，そこから

---

[5] G. Schmitt, Staat als konkreter, an eine geschichtliche Epoche gebundener Begriff, in: *ders.*, Verfassungsrechtliche Aufsätze, 1958, S.375ff. 参照．

第三者に向けられた基本権の妥当要求について諸帰結を導いている．同裁判所は「客観的な価値決定」というトポスを用いて，まず自由権の間接的な第三者効──私法への「照射効」──を根拠づけ[6]，後には基本権の「客観的内容」から，第三者の介入に対して基本権上の保護法益を保護する国家の義務を導き出している[7]．

従来の理解による自由権は国家の介入に対する防御権として機能するので，「客観的な価値決定」としての位置づけは，──第三者に向けられた──追加的な保護機能を開くとともに，第三者の介入に対して基本権上の保護法益を保護するよう国家機関を義務づけるものとなった．

憲法の根本原理に関して言えば，それが憲法ドグマーティクにおいて国家の介入を防御する機能や国家機関の不作為義務を根拠づける機能だけに限定されたことは一度もない．むしろこれらの原理が立憲国家を形作る．これらの原理が基本決定を表現しており，この基本決定に従って国家が組織され，合法化される．これらの原理はしたがって，「絶対的」に，すなわち，必然的にいかなるものからも保護されるように作用する保護法益として理解されるのである．したがって憲法の根本原理は，憲法上の「基本価値」としても理解することが

---

6) BVerfGE 7, 198 (205f.)―「リュート判決」（確立した判例）．以来；たとえばBVerfGE 34, 269 (280); 81, 242 (254f.)―「代理商決定」も参照．

7) BVerfGE 39, 1 (41, 42ff.)―「第1次堕胎判決」；41, 126 (182)―「敗戦に伴う損害の賠償」；46, 160 (164ff.)―「シュライアー決定」；49, 89 (126ff.)―「カルカー決定」；53, 30 (57)―「ミュールハイム＝ケルリッヒ原発判決」；55, 349 (364)―「ヘス決定」；56, 54 (73 ff.)―「航空機騒音決定」；66, 39 (61)―「軍備増強」；77, 170 (214f., 229f.)―「化学兵器決定」；77, 381 (402ff.)―「ゴアレーベン」；79, 174 (201f.)；さらに，これに準ずる数多くの部会決定がある．たとえばBVerfG (VorprüfungsA), 14.9.1983 - 1 BvR 920/83―, NJW 1983, 2931 (2932)―「イミッシオンの防止」；BVerfG I (1. K), 29.11.1995―1 BvR 2203/95 -, NJW 1996, 651 = EuGRZ 1995, 120―「オゾン」；BVerfG I (2. K), 26.10.1995―1 BvR 1348/95―, NJW 1996, 651 = EuGRZ 1995, 119―「速度制限」；BVerfG I (3. K), 26.5.1998―1 BvR 180/88 -, NJW 1997, 2509 = JZ 1997, 897―「電磁場」（第一次電気スモッグ）；BVerfG I (1. K), 28.2.2002―1 BvR 1676/01―, NJW 2002, 1638―「携帯無線機」（第二次電気スモッグ）；BVerfG I (1. K), 25.8.2005―1 BvR 2165/00, NJW 2006, 595―「一般的人格権侵害に基づく金銭賠償」．

できる．

　ここでは価値概念の問題性や，*C. Schmitt* が巻き起こした価値論争[8]に立ち入るつもりはない．客観的な価値決定として基本権を理解するならば，そのことはいずれにせよ憲法の根本原理についてなおのこと妥当しなければならない――その大きな理由は，憲法の根本原理は基本法によって個々の基本権よりも強力に保護されるからであり，すなわち，これらとは違って変更できないからである．

　なお，憲法の根本原理を「基本価値」と理解することは，EU とその全加盟国の憲法理解にも呼応する．EU 基本条約第 2 条 1 段はそのことを次のように表現している：

「EU が拠って立つ価値は，人間の尊厳の遵守，自由，民主主義，平等，法治国家性，およびマイノリティに属する人々の権利を含めた人権の保持である」．

　ここでは人間の尊厳の遵守や人権の保持だけでなく，国家組織原理である民主主義と法治国家性も「価値」と称されている．

　ただし価値は相対的に――国家機関との関係において――だけでなく，絶対的にも作用する．したがって価値は国家機関により遵守されるだけでなく，第三者による侵害に対しても保護されなければならない．このように国家は，憲法の根本原理をあらゆる制約に対して保護する義務を負う．

III．憲法機関の義務としての憲法の保護

1．憲法を保持し擁護する一般的な義務[9]

憲法を保護するこのような義務は誰に課されるのだろうか？　裁判所が（訴訟

---

[8]　*C. Schmitt*, Die Tyrannei der Wert, 3.Aufl. 2011; これに関して直近では *C. Schönberger*, Werte als Gefahr für das Recht？ Nachwort, in: *Schmitt*, Die Tyrannei der Werte, 3. Aufl. 2011, S.57 (65ff.)

[9]　この項（III.1）は，筆者が連邦憲法裁判所での ESM 訴訟（2 BvR 1390/12）で行った陳述を基にしている．下記 IV. 項も部分的に同様．

法に基づいて，または憲法の管轄権の配分に基づいて）管轄権を有しない限りにおいて，一般的な憲法上の管轄権の枠内で憲法を第三者による侵害から保護するのは，立法機関と執行機関の任務である．すなわち，基本法が特別な権限配分をしていない限りにおいて，一般的な権限配分が有効となる．それが具体的に意味するのは，憲法保護の目的のために法律の制定が必要である場合，立法者が管轄権を有するということである．さらに連邦議会および／または連邦参議院は連邦憲法裁判所で手続を開始することが問題となっていて，これらの機関のうち一方に申立権限がある場合でも管轄権を有する．連邦政府についても同様のことがいえる．それ以外にも連邦政府は，憲法保護の任務が執行の措置を必要としていて，その任務の遂行が下級官庁または各ラントに割り当てられていない場合には常に管轄権を有する．連邦政府はその外交権（基本法第32条1項）に基づき，特に，他の国家の措置または国際機構の機関もしくはEUの措置がドイツ連邦共和国の憲法上の保護法益を侵害する恐れがある場合にも管轄権を有する．

　国家機関はこのような憲法保護の任務を遂行する義務を負う．すでに上記（II.）で論じたとおり，国家は憲法の根本原理を保護する義務を負う．国家はこの義務の履行にあたり，それぞれ管轄権を有する機関を通じて行為する．これらの機関は，憲法保護の任務を履行するか否かに関して裁量を有するのではなく，自身の任務を遂行するよう憲法で厳しく義務づけられている．任務履行の方法に関してのみ，政治的な裁量があり得る．

　憲法を保護する一般的な義務は——すでに上で示したとおり——，憲法の根本原理の絶対的な妥当要求および基本法第20条3項から生じ，ならびに，変更できない憲法の核心の保持に関してはさらに基本法第21条2項，第9条2項，第18条，および第20条4項から生じる．連邦政府については，基本法第56条と関連する第64条2項からも憲法を保護する義務が帰結される．

　基本法第20条3項からは，——立法だけでなく——すべての国家機関の憲法への拘束が帰結される．それによって基本法は立憲国家では自明のことを表現する．立憲国家においてはあらゆる国家権力は，憲法で拘束される国家権力

である．どの国家機関もそれぞれの権限の枠内で憲法秩序を保持するよう任じられている．ある国家機関が個別ケースで自らの権限を踏み越えただけでなく，あるいはそれ以外の仕方で憲法に違反しただけでなく，——たとえば当該国家機関に割り当てられていない権限を行使することによって——憲法への拘束から恒常的に逸脱しているとき，他の国家機関はそれを無為に容認してはならず，それぞれ独自の管轄権の枠内で，憲法に適った状態に原状を回復するために必要な措置を講じなければならない．憲法が自らを執行することはあり得ず，特に，違反に対して自らを保護することはできない．したがって，あらゆる国家機関が憲法に拘束されるという原理は，そしてこのような存在としての憲法の妥当要求からしてすでに，憲法によって憲法執行を任じられているもの——すなわち，それぞれの権限の枠内における憲法機関——は，憲法の妥当要求を自らの行動で否定するものに対して，そのような妥当要求を貫徹する義務を有することを必然的に含意している．

このような義務は，基本法第56条と関連した第64条2項によって前提とされている．連邦政府の構成員は就任宣誓において，「基本法を・・・保持しかつ擁護」すると宣誓する．すなわち彼らは自分が基本法を尊重するだけでなく，第三者による侵害に対してこれを擁護することを宣誓する．このような就任宣誓にそもそも意味があるのは，連邦政府の構成員が当然ながら常にその権限の枠内で第三者——それが他の国家機関であるか，私人であるか，あるいは国際的もしくは超国家的な機構の機関であるかを問わない——による侵害に対して憲法を擁護する義務を負っている場合だけである．

憲法を保護する憲法義務が際立って色濃く特徴づけられるのは，自由で民主的な基本秩序または基本法第79条3項の意味における変更できない憲法の核心に関してである．政党，団体，私人は国家機関とは違ってあくまでも憲法に直接には拘束されておらず，したがって「権力を握った」ときに，すなわち選挙という手段または政変の結果として国家機関の機能を奪取したときに，または職務管理者が憲法に基づく機能を行使するのを暴力もしくは強制によって妨げたときに，初めて憲法を侵害し得るはずである．にもかかわらず，基本法は，

自由で民主的な基本秩序を制約もしくは排除することを目論む政党およびその他の団体に対して予防的な禁止措置さえも定めるとともに，私人に対しては基本権の喪失を定めている．つまり，たとえば暴力を用いて自己の目的を追求しているわけではない政党の予防的禁止が，自由で民主的な基本秩序に敵対するその目標設定だけに基づいて可能だということ，すなわち憲法を具体的に脅かすはるかに前段階で可能だということ，まさにそのことが，基本法の思想における変更できない憲法の核心の保持と擁護がいかに重要であるかを示している．

憲法を保護する予防的措置を講じる権利（Berechtigung）だけでなく義務が基本法からどの程度まで生じるかは，ここでは検証することを要しない．変更できない憲法の核心を厳格に保護して擁護するという基本法の思想からは，いずれにせよ変更できない憲法原理の持続的な侵害が，すでにそれが発生している場合には容認されてはならず，そうした侵害に対してそれぞれの権限の枠内で対処をする国家機関の義務が成立することが帰結される．

このような義務は以上のほかに基本法第20条4項からも生じる．同規定によるとすべてのドイツ人は，変更できない憲法原理のいずれかを除去しようと企てる何人に対しても，他の可能な救済手段がない場合には，抵抗する権利を有している．したがって国家が暴力を独占していること，および法治国家では原理的に国家が法の貫徹を独占していることを考えるならば，変更できない憲法原理が継続して侵害される惧れがあるときに——すでに直接的に差し迫っている企てに対しては抵抗がすでに認められている——，そして憲法の根本原理がすでに継続して侵害されているときにはなおのこと，すべての国家機関がそれぞれの権限の枠内で救済手段を講じる義務を負う．このように基本法第20条4項も，基本法第79条3項の意味において憲法アイデンティティを規定する憲法の核心を擁護するように，すべての国家機関を義務づけている．

2．憲法上の不文の行為義務

すべての国家機関がそれぞれの権限の枠内で憲法を保護する憲法上の義務を

負うというここで主張されている見解に対して，そのような保護義務は基本法に明文をもって規律されていないと反論することはできない．それは第一にいずれにせよ，上で示したとおり，憲法を遵守するだけでなく擁護もするように基本法第56条と関連した第64条2項で明文をもって義務づけられている連邦政府に関しては，当てはまらない．第二に，憲法上の不文の行為義務が存在し得ないと想定する根拠はない．

　不作為義務に関して言えば，連邦政府または立法者の不文の義務を基本法から導き出すことや，新たな基本権（「情報自己決定」，「コンピュータ基本権」）を要求することにさえ，連邦憲法裁判所は問題があるとみなしたことは一度もない．むろん行為義務に関しては，連邦憲法裁判所は比較的慎重な姿勢をみせている．このことは特に立法義務について当てはまる[10]．こうした慎重な姿勢は，不作為義務の存在を憲法裁判所が認定することが，——それが，国家の介入に対する防御権としての機能をもつ基本権によって根拠づけられるように——立法者ないし連邦政府に対して常に個別の具体的措置を禁じているにすぎないという事情の当然の帰結である．つまり立法者または政府は，達成しようとする目的を別途の措置によって追求することを，裁判所の決定によって妨げられるわけではない．憲法違反であると宣告された措置には——必ずではないが頻繁に——憲法に適合した代替案がある．

　国家機関の政治上の形成自由は，特定の措置の違憲性を確認すること（すなわち不作為義務に対する違反を確認すること）によって個々の点においてのみ制約されるにすぎない．それに対して，立法者または連邦政府が特定の行為をするよう義務づけられるとき（すなわち行為義務に対する違反が確認されたとき），特定の行為に対して憲法適合的な代替案をとる道は開かれていない．つまり行為義務に違反するという憲法裁判所の確認は，不作為義務に違反するという確認に比べて，立法者ないし連邦政府の政治上の形成自由をはるかに大幅に制約するように見えるのである．

---

10)　BVerfGE 1, 97 (100f.)；6, 257 (264); 11, 255 (261 f.); 56, 54 (70 f.) 参照

このことはむろん限定的にしか妥当しない．むしろ，不作為義務に違反するという確認によって政治上の形成の余地がどの程度まで制約されるかは，不作為義務が内容的にどう把握されるかに大きく左右される．たとえば特定の目標を実現するために行動する義務を立法者が負っていると連邦憲法裁判所が確認し，目標実現の手段に関してはいかなる準則も示していない場合，立法者は行為するか否かに関してのみ拘束され，目標実現の方法，手段に関しては全面的な形成自由を保持する．そうしたケースでは，不作為義務の場合よりも形成自由が強く制約されることはないであろう．逆に，具体的なケースで憲法に適合した代替案がない場合には，不作為義務は形成自由を大幅に制約する．

このように，行為義務が不作為義務よりもはるかに大きく立法機関や執行機関の政治上の形成自由を制約するという仮定は，一般的に妥当するわけではない．したがってまた，行為付託が基本法で明文で規律されており，その内容と範囲が本質的に画定されている場合にのみ，憲法上の行為義務が存在し得るということを一般的に要請することもできない[11]．立法者または連邦政府の行為義務の憲法裁判所による確認が民主主義原理に反するか否か，どのような範囲で反するかは，その行為義務が憲法テキストに書かれているかどうかに左右されない．むしろ重要なのは，その義務を方法論的に異論のない形で基本法から十分に具体的に導き出すことができるか否かである．そのような義務が存在することが疑わしいのであれば，それは，立法者の形成自由が存在することの証拠になるだろう．

基本権上の保護義務を根拠づけるにあたっても，連邦憲法裁判所はこれとまったく同様の手順を踏んでいる．憲法テキストに書かれている保護義務は，人間の尊厳に関してだけである．にもかかわらず連邦憲法裁判所は正当にも，確立した判例において，それ以外の基本権上の保護法益をも保護する立法者を含めたすべての国家機関の義務を肯定しているが，その際には，どのように保護を与えるのかに関して幅広い形成の余地を立法者に認めている．

---

11) いずれにせよ憲法異議手続については BVerfG, Urt. v. 7.9.2011-2 BvR 987/10 u.a. ―「ユーロ救済の傘」Abs.-Nr.118 = BVerfGE 129, 124 (176)

基本権上の保護義務に関する判例が示すのは，時折表明される主張に反して，連邦憲法裁判所が確立した判例において国家機関の憲法上の不文の行為義務を肯定していることである．憲法の根本原理を保護する義務は，基本権上の保護法益を保護する義務よりもいっそう明確かつ厳密に基本法から導き出すことができる．すなわち，保護義務に関する判例を――いずれにせよ客観的な憲法義務の根拠づけに関して――憲法の根本原理の保護へと拡張しない理由は存在しない[12]．立法者の不作為に対する憲法異議を連邦憲法裁判所が例外的にのみ許容されるとみなした理由は――すなわち，「法律が制定されるべきか否か，どのような内容で制定されるべきかの決定は，一般に裁判官の再検証の外にある経済上，政治上，予算法上の多様な諸条件」に左右される[13]――，憲法を保護する義務に関しては成立しない．その点で基本法は，成文の憲法規範に比べても厳密さで劣ることのない非常に明確な準則を含んでいる．そして，この義務の履行が経済上，政治上，予算法上の諸条件に左右されることはない．

3．憲法を保護する義務と政治的な裁量

　以上の考察から，憲法を保護する義務の遂行にあたって管轄権を有する国家機関にどの程度まで政治的な裁量が与えられるかも明らかとなる．憲法は目標だけを拘束的に設定する：憲法の不可侵性――特に変更できない憲法の根本原理の不可侵性――が保持されなければならない．いずれにせよそれは，これら

---

12)　基本権上の保護義務についての連邦憲法裁判所の判例は部分的にまだ十分練り上げられておらず，あまりにも慎重である；したがってその判例は徹底的な批判に値する．この点に関して詳細は D. Murswiek, Zur Bedeutung der grundrechtlichen Schutzpflichten für den Umweltschutz, WiVerw. 1986, S.179 (190 ff.) (SV. II 17 ―本書第1章); ders., Rechtsprechungsanalyse : Umweltrecht und Grundgesetz, Die Verwaltung 33 (2000), S.241 (244ff.) (SV. II 66)．こうした判例の不十分さと脆弱さに関してここで立ち入るつもりはない．ここで決定的に重要なのは，少なくとも基本権上の保護法益についての保護義務を連邦憲法裁判所が肯定している範囲内では，基本法第79条3項の保護法益についての保護義務も肯定されねばならないということである．

13)　BVerfGE 56, 54 (71) m.Hinw. auf BVerfGE 1, 97 (100f.); 11, 255 (261)

の原理への侵害が受忍されてはならないことを意味する．侵害がすでに発生しているとき，またはすぐ目前に迫っているとき，管轄権を有する国家機関は侵害を阻止するため，またはこれを排除するために行為しなければならない．行為しないことが合法であり得るのは，複数の国家機関が管轄権を有していて，他の機関が必要な措置をすでに講じている場合，または必要な措置がこれから講じられることが担保されている場合に限られる．侵害を阻止または排除するために複数の適切な手段があるとき，管轄権を有する国家機関は選択裁量を有する．しかし，当該国家機関が全く活動しないままであれば，その国家機関は自らの行為義務に違反する．

　予防の分野においては，憲法上の保護法益についての危険が低くなるほど，政治的な裁量の余地がいっそう広くなる．たとえば，禁止しないと当該政党が「権力を掌握する」具体的な危険がある場合においてのみ，申立権限がある機関に憲法に敵対する政党の禁止を求める申立てを行うことを憲法上義務づけることが認められる．それに対して，選挙で過半数を獲得する具体的な見込みが当該政党になく，暴力での政変を準備しているのでもなければ，禁止申立ての不作為は違憲にはあたらない [14]

　以上を要約すると次のように言うことができる：国家機関はそれぞれの管轄権の範囲内で憲法を——特に変更できない憲法原理を——第三者による制約に対して保護するよう厳しく義務づけられている．保護がなされるか否かに関して，国家機関は原則としていかなる政治的な決定の自由も有していない．憲法の根本原理がすでに侵害または制約されているとき，または制約がすぐ目前に

---

14)　その政党に危険がないことを考えると当該政党を禁止することが過剰となる場合であれば，憲法に敵対する政党の禁止が逆に，違憲になる可能性さえある．いずれにせよ欧州人権裁判所の判例はそうなっている．たとえば Urt. v. 30.1.1998 - United Communist Party of Turky and others vs. Turkey, RJD 1998-III, Rn. 61; Urt. v. 13.2.2003, *R. Partisi* u.a. vs. Türkei, RJD 2003-II, Rn. 108 などを参照；上記以外の証明は *S. Theuerkauf*, Parteiverbote und die Europäische Menschenrechtskonvention, 2006, S.216 f., 220f.; *T. Kumpf*, Verbot politischer Parteien und Europäische Menschenrechtskonvention, DVBl. 2012, S.1344 (1345f.)

迫っているとき，国家機関は行為する義務を負う．そのような原理の制約の受忍は常に違憲である．戦略的な待機という意味において何も活動しないことは，保護法益侵害の発生前の有効な行為のために十分に時間がまだ残されているときには，予防の領域において適法であり得る．行為義務が成立していて，保護法益への制約を回避または排除する複数の適切な手段があるとき，管轄権を有する国家機関は，何らかの特定の手段を採用する義務を負うのではなく，考慮の対象となる措置の中から決定することに選択裁量を有する．何らかの特定の手段を採用することの不作為が違憲となるのは，ただ1つの適切な手段しか用いることができないという理由から，具体的な状況において選択裁量がゼロまで収縮している場合に限られる．基本権上の保護義務に関してと同じく，管轄権を有する国家機関が全く活動しないままであるとき，または採用された手段が該当する憲法原理へ制約を防止または排除するのに明らかに不十分であるとき，連邦憲法裁判所は憲法の根本原理を保護する義務への違反を確認することができる．

Ⅳ．憲法の保護を求める市民の主観的な請求権

憲法および憲法アイデンティティを規定する核心内容を擁護する連邦政府の義務は，さしあたり客観的な憲法義務である．これに対応した形でこの義務に従うことを求める個人の主観的な請求権が同時に存在するか否かは，客観的な義務が憲法の存続に関して，もっぱら公共の利益のために存するのか，それとも同時に個人の権利の保持に資するか否か，ないしは客観的な義務の履行を求める主観的な権利を憲法が保障しているか否かに左右される．

基本権上の保護義務[15]においては，連邦憲法裁判所は当初は客観的な国家の

---

15) この点に関してはたとえば *D. Murswiek*, Die staatliche Verantwortung für die Risiken der Technik, 1985, S. 89-224 (SV. Ⅰ2); *J. Isensee*, Das Grundrecht als Abwehrrecht und als staatliche Schutzpflicht, in: HStR IX, 3. Aufl. 2011, § 191; *J. Dietlein*, Die Lehre von den grundrechtlichen Schutzpflichten, 1992; *P. Szczekalla*, Die sogenann-

保護義務を——基本権の客観的な機能から導き出して——確認していたが，その後，これに対応する基本権主体の主観的な保護請求権もあっさりと肯定している[16]．それは容易に予想されることだった．基本権は第一に，個別の基本権法益の保護すなわち当該個人の保護に資するものだからである．

　基本権とは異なり，憲法の根本原理は主観的な権利でもなく，もっぱら客観的な原理である[17]．しかしそのことは，このような原理の擁護を求める主観的な権利を憲法が保障することを排除するものではない．ただ，このような権利は原理そのものから帰結されるのではなく，他の憲法規範からもたらされなければならない．

　客観的な憲法の根本原理の保持を求める主観的な権利は，基本法から3つの側面で読み取ることができる：連邦憲法裁判所の判例によれば，個人は国家権力の民主主義的な正統化への参加を求める権利を有しており (1.)，個人は特に国民の憲法制定権力への参加を求める権利を有している (2.)．さらに基本法第20条4項は，憲法の根本原理の保護を求める主観的な権利を保障している (3.)．

1．民主主義原理の保持を求める主観的な権利

　民主主義原理はそれ自体のために存在するものではなく，また，公共の利益のためにのみ存在するものでもない．むしろそれは同時に，公権力の行使への参加に関わる個人の利益に資するものである．主権者としての国民は，法律上

---

　　　ten grundrechtlichen Schutzpflichten im deutschen und europäischen Recht, 2002, jeweils m.w.N
16)　　BVerfGE 77, 170 (214)—「化学兵器決定」参照：「基本法第2条2項1段が主観的な防御権を保障するのみならず，それと同時に，法秩序のすべての領域について当てはまり憲法上の保護義務を根拠づける憲法の客観・法的な価値決定であることは，連邦憲法裁判所の両方の部の確立した判例で認められている (…)．このような保護義務が侵害されたとき，そこには同時に基本法第2条2項1段に基づく基本権への侵害があり，これに対して該当者は憲法異議を用いて自身を防御することができる」．たとえば BVerfGE 79, 174 (202); *H. H. Klein*, Die grundrechtliche Schutzpflicht, DVBl. 1994, S.489 (493); *Isensee* (Fn. 15), Rn. 321 f. m.w.N も参照．
17)　　人間の尊厳の保障が同時に基本権として理解される場合を除く．

平等な市民の総和で成り立っている．たとえば国民やその議会——国民の代表機関——から権限が剥奪されたり与えられなかったりすることによって民主主義原理が制約されると，そのことは同時に，それぞれ個々の市民の民主主義的な参加権にも影響を及ぼし，個々の市民の権利がこれに応じて縮小される．

　国家権力の民主主義的な正統化への参加を求める各市民の権利は，連邦憲法裁判所の判例によれば基本法第38条1項に含まれている[18]．そこに明文をもって規律されている選挙権は，このようなより一般的な参加権を前提としている．たとえば連邦議会の権限が空洞化することで，選挙によって政治に根本的な影響を与えることができなくなったり，選挙により媒介された民主主義的正統性を欠く主体によって，公共にとって多大な影響力のある決定が下されうるならば，選挙権は空疎なものとなり，その意義が奪われることになる．

　それゆえ，連邦憲法裁判所の判例は，特に連邦議会の権限の空疎化を，同時に，基本法第38条1項および2項に基づく個人の権利への侵害とみなしており，その帰結として，個人は連邦議会の客観的な権限空疎化を主観的権利に基づいて主張することができる[19]．連邦憲法裁判所はリスボン判決ではより一般的な表現をしており，基本法第38条に定める選挙権は「民主主義的な自己決定を求める請求権，ドイツで行使される国家権力への自由で平等な参加を求める請求権，そして国民の憲法制定権力の遵守を含めた民主主義の要請を守ることを求める請求権」[20]を根拠づけるとした．連邦憲法裁判所は，「民主主義を求める市民の」主観的な「請求権」を，「最終的には人間の尊厳に根ざすもの」とまで呼んでいる[21]．このように，客観的な民主主義原理は主観的権利に裏打ちさ

---

18) BVerfGE 89, 155 (171f.)—「マーストリヒト条約」; BVerfG, Urt. v. 30.6.2009 - BvE 2/08 u.a., Abs.-Nr.211 = BVerfGE 123, 267 (341)—「リスボン条約」

19) BVerfGE 89, 155 (172)—「マーストリヒト条約」; Urt. v. 30.6.2009 - BvE 2/08 u.a., Abs.-Nr.173, 175 = BVerfGE 123, 267 (330)—「リスボン条約」; BVerfG, Urt. v. 7.9.2011 - 2 BvR 987/10 u.a.—「ユーロ救済の傘」, Abs.-Nr.98 ff. = BVerfGE 129, 124 (167 ff.); BVerfG, Urt. v. 12.9.2012 - 2 BvR 1390/12 u.a. - Abs.-Nr. 196= BVerfGE 132, 195

20) BVerfG, Urt. v. 30.6.2009 - 2 BvE 2/08 u.a., Abs.-Nr.208 = BVerfGE 123, 267 (340)

21) BVerfG, Urt. v. 7.9.2011 - 2 BvR 987/10 u.a. - Abs.Nr.101 = BVerfGE 129, 124 (169);

れている．

　したがって，民主主義を擁護する国家機関の客観的義務は公共の利益にのみ存するのではない．主観的な「民主主義を求める権利」も，客観的な民主主義原理と同じように憲法およびその変更できない核心内容の構成要素である[22]．それに応じて，連邦政府の構成員の就任宣誓で前提とされている憲法を擁護する憲法義務は，客観的な民主主義原理だけでなく，これに当たる主観的なものも同様に対象としている．

　なお，国家機関の客観的な保護義務は，保護法益の不可侵性についてのその責任を根拠づける．したがって，基本法第38条１項で保障されている「民主主義を求める請求権」を各市民が有しているのであれば，民主主義が第三者によって制約されたときには，保護義務を課される国家機関に対して民主主義の保護を求める請求権も市民が有していなければならない．

２．国民の憲法制定権力への参加を求める主観的権利

　さらに連邦憲法裁判所はリスボン判決のなかで，国民の憲法制定権力への参加を求める各市民の権利を認めたうえで，この権利を基本法第146条に依拠させている[23]．この権利の侵害は，連邦憲法裁判所の見解によれば，基本法第146条と関連した第38条１項に依拠する憲法異議によって訴えることができる[24]．

　基本法第79条３項の憲法の根本原理は，憲法上の国家権力に対して変更できないものとして設定されている．このような憲法制定者の基本的決定を行使できるのは憲法制定権力の主体だけであり，すなわち，憲法制定権力 pouvoir constituant としての機能における国民（基本法前文）だけである．したがって，

　　　すでに類似のものとして BVerfG, Urt. v. 30.6.2009 - 2 BvE 2/08 u.a., Abs.-Nr.211 = BVerfGE 123, 267 (341)
22)　　BVerfG, Urt. v. 30.6.2009 - 2 BvE 2/08 u.a., Abs.-Nr.211 = BVerfGE 123, 267 (341); BVerfG, Urt. v. 7.9.2011 - 2 BvR 987/10 u.a., Abs.-Nr. 101 = BVerfGE 129, 124 (169)
23)　　BVerfG, Urt. v. 30.6.2009 - 2 BvE 2/08 u.a., Abs.-Nr.179 = BVerfGE 123, 267 (332)
24)　　BVerfG, Urt. v. 30.6.2009 - 2 BvE 2/08 u.a., Abs.-Nr.180 = BVerfGE 123, 267 (332)

基本法第79条3項に依拠する法益の制約は，憲法制定権力の単独決定権への介入となる[25]．したがって，それは憲法制定権力への参加を求める各市民の権利をも侵害する．

したがって，変更できない憲法の根本原理を第三者による制約から保護する国家機関の客観的義務は，国民の憲法制定権力への干渉を防止する目的のためにも存在する．したがって管轄権を有する国家機関がその保護義務を怠れば，憲法制定権力への参加を求める権利が侵害される．

3．基本法第20条4項に基づく「他の救済手段」を求める主観的権利

基本法第20条4項は，自由で民主的な基本秩序を排除することを企てる何人に対しても抵抗する権利を保障する．この抵抗権が与えられるのは「他の可能な救済手段がない」場合である．すでに上で論じたとおり，この規定は「他の救済手段」を講じることを，すなわち，管轄権を有する国家機関が自由で民主的な基本秩序を排除しようとする企てに対して有効に対応措置をとることを義務づけられていることを前提としている．

このような国家機関の客観的義務に，各市民の主観的な請求権も対応していなければならない．国家機関が活動しないままにとどまっているとき，市民は——必要な場合には暴力によって——抵抗をする権利を有する．基本法第20条4項は，国家とその憲法のための正当防衛を求める個人の権利という意味において，一般的な暴力禁止からの例外を形作る．その限りで，国家の暴力独占をこのように破ることは，可能な限り限定されたまま維持されなければならない．自由で民主的な基本秩序を排除しようとする第三者に対し，強制と暴力をもって対処をすることを求める権利を個人が有しているならば，なおのこと個人が管轄権を有する国家機関に対して，国家機関にとってそれが可能な限りにおいて，「他の救済手段」を講じることを求める権利も，有していなければな

---

25) BVerfG, Urt. v. 30.6.2009 - 2 BvE 2/08 u.a., Abs.-Nr.218 = BVerfGE 123, 267 (344)

らない.

　憲法の根本原理が国家機関により侵害されているケースでは，各市民が基本法第20条4項に依拠する憲法異議をもって基本法第79条3項の当該保護法益を擁護できることについて，筆者は別のところで詳細に論じたことがある[26]. 上述したテーゼをいっそう詳細に根拠づけるために，筆者はここでも同文献を援用することができる．本論稿では，国家機関は変更できない憲法原理を遵守するだけでなく，第三者の介入に対してこれを保護する義務も負うことを示してきた．基本法第20条4項は，国家機関ばかりでなく第三者の革命的行為に対しても同様に，抵抗する権利を個々の市民に与えているが，それは，第三者が基本法に直接拘束されておらず，その行動に対して憲法異議が可能ではないことを前提とするならば，国家機関が第三者の革命的行為に対して干渉する義務を履行することを求める請求権を個人が有するほかない．この義務に違反することは，基本法第20条4項に基づく個々人の権利を侵害する．個人は憲法異議をもってこれを主張することができる.

V．全体の結論

　管轄権を有する国家機関はそれぞれの管轄権の枠内において，基本法第79条3項に基づく変更できない憲法の根本原理を第三者からの制約に対して保護する義務を負う．この客観的な保護義務に対応するのが，憲法異議によって貫徹することができる各市民の主観的な保護請求権である．

---

26)　*D. Murswiek*, Das Grundrecht auf Achtung des unabänderlichen Verfassungskerns, in: FS für Wilfried Fiedler, 2011, S.251 ff. (SV. II 111)

第 12 章 憲法を保護する憲法上の行為義務　479

解　題

　本稿は，*M. Kloepfer* の 70 歳祝賀論文集に掲載された論文（Verfassungsrechtliche Handlungspflichten zum Schutz der Verfassung, in: Claudio Franzius u.a. (Hrsg.), Beharren. Bewegen., Festschrift für Michael Kloepfer zum 70. Geburtstag (Schriften zum Öffentlichen Recht Bd. 1244), Duncker & Humblot, Berlin 2013, S. 121-138）の全訳である．

　Murswiek は，一連のユーロ救済に関する訴訟（「救済の傘」訴訟：2011 年 9 月 7 日判決（BVerfGE 129, 124），「欧州安定機構（ESM）」訴訟：2012 年 9 月 12 日判決（BVerfGE132, 195），「欧州中央銀行（EZB）」訴訟：2014 年 3 月 18 日（BVerfGE 135,317））において，原告の訴訟代理人そして鑑定人として活動している（これら一連の訴訟における *Murswiek* の主張については，最近刊行された，Die Eurokrise vor dem Bundesverfassungsgericht. „Euro-Rettungsschirm", Europäischer Stabilitätsmechanismus und Rettungsmaßnahmen der EZB. Dokumentation der Schriftsätze und systematische Einführung (SV. I 15) が詳しい．また，*Murswiek* の HP 上の Praxis 参照.）．そしてそこでは，一連のユーロ救済措置が基本法に違反すると主張しているが，本稿は，「欧州中央銀行」訴訟の訴訟代理人としての立場から書かれている．

　Murswiek によれば，欧州中央銀行による債務国の国債の買取りは，連邦議会の予算自律権および基本法第 79 条 3 項に定める民主主義原理の変更できない核心内容に反するものである．にもかかわらず，このような欧州中央銀行の基本法の侵害に対して連邦政府も連邦議会も適切な対応をとっていない．

　そこで *Murswiek* は，本稿において，①憲法機関を含むすべての国家機関は基本法上自らが憲法の根本原理を遵守するだけでなく，第三者からの妨害に対して憲法を保護する義務を負うとともに，②国民は憲法異議手続によってこのような行為義務違反に対処することができると，主張する．

(1) 憲法改正の限界を定める基本法第 79 条 3 項によれば，基本法の「憲法アイデンティティ」をなしている根本的な憲法原理は，憲法改正立法者と単純立法者に対して憲法原理を遵守することを義務づけるだけではなく，憲法改正の限界を超える憲法改正＝憲法原理の侵害に対する保護を必要とする．

基本法第1条1項は人間の尊厳について「これを遵守し，かつ，これを保護することは，すべての国家権力の義務である」として，すべての国家権力が第三者による侵害に対して「人間の尊厳」を保護する義務を負うことを強調するが，国家機関の保護義務の対象は人間の尊厳に限定されない．一連の憲法保護規定（基本権喪失規定，違憲政党の禁止，抵抗権）は，根本的な憲法原理の妥当要求が絶対的なものであり，これらの原理を制約しようとする一切の企図に対して保護されなければならないことを裏づける．憲法の根本原理のこうした絶対的な妥当要求は法秩序の統一性を形作る最高規範としての憲法の妥当要求に内在している．

　連邦憲法裁判所は，一連の判例において基本権を「客観的な価値決定」と位置づけたうえで，第三者の介入に対して基本権上の保護法益を保護する国家の義務を導き出している．*Murswiek* はこの基本権の保護義務論を応用して，憲法の根本原理が憲法上の「基本価値」として理解できるのであれば，その価値は国家機関により遵守されるだけでなく，第三者による侵害に対しても保護されなければならないと主張する．すなわち，国家は，憲法の根本原理をあらゆる制約に対して保護する義務を負うのである．

　以上のように，基本法によれば，それぞれの国家機関は憲法を——特に変更できない憲法原理を——第三者による侵害に対して保護するよう義務づけられている．憲法の根本原理がすでに制約されているとき，または制約がすぐ目前に迫っているとき，国家機関は行為する義務を負う．そのような原理の制約の受忍は常に違憲である．基本権上の保護義務と同様に，管轄権を有する国家機関が全く活動しないままであるとき，または採用された手段が該当する憲法原理への制約を阻止または排除するのに明らかに不十分であるとき，連邦憲法裁判所は憲法の保護義務違反を確認することができる．

(2)　さらに，*Murswiek* は，このような国家の客観的な保護義務から，憲法異議によって貫徹することができる市民の主観的な保護請求権を導き出す．ここでも基本権ドグマーティクが重要な働きをする．

　まず彼は，基本法第38条1項（選挙権）から主観的な保護請求権を導き出す．

すなわち，連邦議会の権限が空洞化され選挙によって政治に影響を行使することができなくなったり，選挙により仲介された民主主義的正統性を欠く主体によって市民にとって重要な決定が下されるならば，選挙権とその前提にある国家権力の民主主義的正統化への参加を求める市民の権利は空洞化する．連邦憲法裁判所の判例は，特に連邦議会の権限の空疎化を，同時に基本法第38条1項および2項に基づく個人の権利への侵害とみなしており，その帰結として，個人は連邦議会の客観的な権限空疎化を主観的権利に基づいて主張することができる．

次に，基本法第79条3項（憲法改正の限界）が根拠としてあげられる．すなわち，国家権力に対して変更できないものとして設定された憲法の根本原理に対する侵害行為は，国民の憲法制定権力の侵害ともなる．したがって，変更できない憲法の根本原理を第三者による制約から保護する国家機関の客観的義務は，国民の憲法制定権力への干渉を防止する目的のためにも存在する．したがって管轄権を有する国家機関がその保護義務を怠れば，それは同時に，国民の憲法制定権力の侵害ともなる．

さらに，抵抗権も根拠とされる．基本法第20条4項によって抵抗権が与えられるのは「他の可能な救済手段がない」場合である．この規定によって，国家機関には自由で民主主義的基本秩序を排除しようとする企てに対して有効に対応措置をとることが義務づけられている．したがって，国家機関が不作為にとどまっているときには，国家機関に対して「他の救済手段」を講じること求める主観的権利が第20条4項から導き出される．

以上のように *Murswiek* は，ユーロ救済問題への対処という極めて実践的な主張を，連邦憲法裁判所の判例法理を応用した緻密な理論構成を通して展開しているのである．

ちなみに，*Murswiek* らがユーロ救済という極めて高度な政治・外交問題を連邦憲法裁判所に提訴したこと，そして裁判所がこれを判断したことについて，国民の多数はこれを支持している．たとえば，ある意識調査（2012年）によれば，ヨーロッパの統合の過程において基本法が空洞化されるというドイツ国民の懸

念は 2009 年の 41% から 51% へと確実に増えている．また，「あなたは，ドイツが高債務国に対する救済措置に参加することによって経済的に負担を引き受けそれゆえに経済的に困難な状況に陥ることになるかもしれないことを懸念しますか．」という問いに対して，63% が，「そう思う」と答えている．と同時に，ユーロ救済の措置について連邦憲法裁判所が「判断すべきである (62%)」が「判断すべきでない (37%)」を大きく上回っていること，また，救済措置についての判断は政治にまかせるべきであるという意見 (17%) に比して，連邦憲法裁判所が判断するほうがよいとする意見が 68% に達していること，さらに憲法裁判所がユーロの金融政策の判断に「十分な時間をかけるべき (59%)」が「迅速に判決を下すべき (26%)」の二倍を超えていることが示され，統合の一つ一つのプロセスが基本法に適合するか否かを連邦憲法裁判所が審査することが求められている（畑尻剛「憲法の規範力と憲法裁判――ドイツの連邦憲法裁判所に対する世論調査を素材として――」法学新報 123 巻 5・6 号 (2016) 731 (742) 頁以下参照)）．

編訳者あとがき

(1) 1) ディートリッヒ・ムルスヴィーク (Dietrich Murswiek) は，1948 年 10 月 11 日にハンブルクに生まれ，エアランゲン，マールブルク，ハンブルクの各大学で法律学を修めた．マンハイムとハンブルクで司法修習の後，ハイデルベルク大学の K. Doehring 教授の下で，博士論文（「連邦共和国基本法による国民の憲法制定権」）を執筆した（1978 年学位取得）．1978 年から 1984 年までは，ザールブリュッケンのザールラント大学の国家法・行政法および国際法研究室の H. Schiedermair 教授の研究助手を努め，1984 年にザールラント大学で教授資格論文（「技術のリスクに対する国家の責任」）によって国家法，行政法および国際法の教授資格を得た．その後は，ザールラント大学およびシュパイヤー行政大学校の講座代理を努め，1986 年から 1990 年に，ゲッティンゲン大学法学部の公法・森林法担当教授に就任した．

1990 年，E.-W. Böckenförde 教授の後任として，フライブルク大学（Albert-Ludwigs-Universität Freiburg i.Br）法学部の国家法・行政法担当教授に就任，1999 年からはドイツ環境法・国際環境法も担当している．1994 年から 95 年には，法学部教授団のスポークスマンを，また，1995 年から 97 年には法学部長を務めている．さらに，1998 年から公法研究所第 3 部（国家法）の代表である．

2) 以上のような大学人としての活動と並んで，たとえば，学術および芸術のヨーロッパアカデミーの会員として，また，1999 年から 2003 年までは，ライプツィッヒ・ハレ環境研究センター（UFZ）の監査役会の構成員として，大学外においても研究者として活発な活動を続けている．また著作一覧にもあるように，いくつかの有力な基本法コンメンタールの執筆者に名を連ね，„JuS-Rechtsprechungsübersicht" の判例分析のレギュラー担当者，そして „Natur und Recht : Zeitschrift für das gesamte Recht zum Schutze der natürlichen Lebensgrundlagen und der Umwelt" と „Zeitschrift für Rechtsphilosophie" の共同編集者でもある．

3) 以上のような大学人・研究者としての活動以上に Murswiek 教授を特徴づけるのは，国家法，行政法および国際法における鑑定人，アドヴァイザーそして訴訟代理人としての顔である．

1980 年代中葉以降，連邦議会の CDU/CSU 会派の国家法・国際法問題のアドヴァイザーを担当している．また他の政党あるいは会派——DIE GRÜNEN, DIE LINKE, ÖDP (die Ökologisch-Demokratische Partei)，die AfD (Alternative für Deutschland) ——のために，鑑定意見や訴訟代理人を引き受けている．

たとえば，トルネード戦闘機の投入によってアフガニスタンの NATO 軍を支援するという 2007 年 5 月 9 日の連邦議会の決定に対して P. Gauweiler 議員と W. Wimmer 議員 (CDU/CSU) が提起した機関訴訟および仮命令発給請求訴訟では，訴訟代理人を務め (2007 年 3 月 12 日第 2 法廷の決定)，またリスボン条約訴訟 (Gauweiler 議員の憲法異議と機関争訟) では，最初は鑑定意見を書き，そのあとで訴訟代理人を務めた (2009 年 6 月 30 日 判決 BVerfGE 123, 267)：第 11 章参照．さらには，一連のユーロ救済に関する訴訟 (「ユーロ救済の傘」訴訟，「欧州安定機構 (ESM)」訴訟，「欧州中央銀行 (EZB)」訴訟など) においても Gauweiler 議員の代理人を務めた (第 12 章解題参照)．

(2) 本書に掲載された諸論稿の概観とその位置づけは，著者自身の簡潔かつ明確な「まえがき」があり，また，個々の論稿については翻訳担当者のそれぞれの「解題」がある．したがって，業績についてここでは簡単な指摘にとどめる．

本書の構成と掲載諸論稿でも明らかなように，教授の主要な研究分野を形成するのが，①憲法，②環境法，そして③憲法と国際法の関係という三和音である．

Murswiek 教授の憲法における重要な業績は，基本権，特に基本権ドクマーティクであり，本書では，第 1 章から第 5 章でこの分野における最重要論文が網羅されている．

また，環境法の分野においては，第 6 章から第 9 章において示されているように，憲法と行政法，ヨーロッパ法と国際法というさまざまな法分野を架橋するすぐれた業績が多数あるが，この萌芽は，すでに，環境法の分野における最

初の教授資格論文となった「技術のリスクに対する国家の責任，憲法上の基盤とイミッシオン防止法上の具体化」（1984年）において表れている．すなわち，本書において Murswiek 教授は国家の基本権保護義務を展開して，これを環境負荷と技術的リスクに対する保護に応用したのである．

さらに，三つ目の研究分野である，憲法と国際法の関係は，彼の鑑定人・訴訟代理人としての活動と密接に関係する．本書の第10章から第12章の諸論稿は，いずれも彼が鑑定人・訴訟代理人として関わった訴訟を背景として書かれたものである．ここでもこれらすべての論文に通底する考えは，すでに1978年の博士論文（「連邦共和国基本法による国民の憲法制定権」）に表れている．この論文で Murswiek 教授は，基本法が憲法制定権力と憲法上の国家権力を理論的に区別することを内包させていることを明らかにし，そこから憲法改正の限界についての諸帰結を導き出す．基本法の永久条項（基本法79条3項）が憲法改正の対象とならないということだけではなく，この条項以外にも憲法改正のさらなる体系的限界が存在することが示されている．

以上のように，Murswiek 教授の主要な関心は，「変遷する諸関係の下でそして新たな脅威に対抗して個々人の自由を守ること，同時に個人の自由を保護する法秩序において人間の自然的生活基盤を保持すること，そして基本的な憲法原理の保護によって国民主権を保障すること」（「まえがき」）である．このような研究対象分野の三和音の上で，Murswiek 教授は，新しい問題関心を，精緻な解釈論に基づいて現実問題へとフィードバックするのである[1)2)]．

---

1) Murswiek の経歴と業績については，ディートリッヒ・ムルスヴィーク（青柳幸一・伊東明子訳）「技術の動態性と法の適応：循環立法」横浜国際経済学8巻1号（1999）209頁以下，ディートリッヒ・ムルスヴィーク（清野幾久子訳）「環境法と基本法」法律論叢75巻5・6号（2003）153頁以下のほか，Murswiek の HP（http://www.dietrich-murswiek.de）参照．
2) Murswiek の論稿の翻訳としては注1で挙げたものの他に，ディートリッヒ・ムルスヴィーク（岡田俊幸訳）「国家目標としての環境保護」栗城壽夫・戸波江二・青柳幸一編著『人間・科学技術・環境』（信山社，1998年）257頁以下，ディートリッヒ・ムァスヴィーク（駒林良則訳）「賦課金による環境保護」名城法学48巻3

(3) 本書の成り立ちについては，「まえがき」にもあるように，2014年3月，慶應義塾大学の小山剛教授と私がフライブルク大学の研究室を訪問して，Murswiek教授に今回の翻訳集の企画についてご提案したことにはじまる．教授は快諾され，そしてご自身で今回の掲載論文の大枠を示された．翻訳担当者には教授にゆかりの方々が適任であろうと思い，交流の深い研究者を推薦いただいた．今回，翻訳の労をお取りくださった先生方はいずれもそのときにご紹介いただいた方々である．

したがって本書の成り立ちからいえば，当然，小山剛・畑尻剛の共編訳になるはずであるが，中央大学比較法研究所の翻訳叢書として刊行されることとなったことから，同研究所の所員である畑尻の単独編集という形となった．

この翻訳集の編集にあたっては，青森中央学院大学経営法学部の太田航平講師，中央大学大学院法学研究科博士課程前期課程の太田信さん，大西哲生さん，そして後期課程の松村好恵さん，菅野仁紀さん，斉藤拓実さん，吉岡万季さんに大変お世話になった．さらに，翻訳担当者でもある新潟大学法学部の土屋武准教授には，編集の面でも多大のご協力を得た．

本書が日本比較法研究所翻訳叢書の一つとして出版されるにあたっては，日本比較法研究所の伊藤壽英所長はじめ所員と職員の皆様には企画の段階から公刊に至るまで多大のご尽力をいただいた．また，中央大学出版部の西田ひとみさんには編集のプロとして細かな点にいたるまで目を配っていただき，無事に本書が成立した．

号（1998）1頁以下，ディートリッヒ・ムルスヴィーク（永田秀樹訳）「ヨーロッパ人権条約による積極的義務」ノモス22号（2008年）83頁以下等がある．

著作一覧（Schriftenverzeichnis）

＊アンダーラインは本書において訳出されているもの
＊本書脚注で Murswieck の著作を参照しているときは，著作一覧の文献番号を（SV.…）と記した．

Ⅰ. Monographien / selbständig publizierte Schriften（単著／著書）

1. Die verfassunggebende Gewalt nach dem Grundgesetz für die Bundesrepublik Deutschland.（Schriften zum Öffentlichen Recht Bd. 343）Duncker & Humblot, Berlin 1978, 276 S.（Dissertation）
2. Die staatliche Verantwortung für die Risiken der Technik. Verfassungsrechtliche Grundlagen und immissionsschutzrechtliche Ausformung.（Schriften zum Umweltrecht Bd. 3）Duncker & Humblot, Berlin 1985, 428 S.（Habilitationsschrift）
3. „Leichtfertigkeit" in der Schadstoff-Höchstmengenverordnung. Verfassungsrechtliche Grenzen der Interpretation dieses Begriffs und der Konkretisierung der diesbezüglichen Sorgfaltspflichten.（Behrs's Schriftenreihe Wirtschaftsrecht: Bd. 4 Schriften zum Lebensmittelrecht）Behr's Verlag, Hamburg 1989, 74 S.
4. Das Staatsziel der Einheit Deutschlands nach 40 Jahren Grundgesetz.（Themen XLV）Carl Friedrich von Siemens Stiftung, München 1989, 51 S.
5. Die Vereinigung Deutschlands. Aspekte innen-, außen- und wirtschaftspolitischer Beziehungen und Bindungen.（Zusammen mit Jürgen Schwarz, Wolfgang Seiffert und Alexander Uschakow）Gebr. Mann Verlag, Berlin 1992, 201 S. [siehe auch II. Nr.]
6. Die Entlastung der Innenstädte vom Individualverkehr. Abgaben und andere Geldleistungspflichten als Mittel der Verkehrslenkung. Bd. 1: Die Innenstadtzufahrtsabgabe. Nomos-Verlag, Baden-Baden 1993, 144 S.
7. Umweltschutz als Staatszweck. Die ökologischen Legitimitätsgrundlagen des Staates.（Studien zum Umweltstaat）Economica Verlag, Bonn 1995, IX, 89 S.
8. Möglichkeiten und Probleme bei der Verfolgung und Sicherung nationaler und EG-weiter Umweltschutzziele im Rahmen der europäischen Normung: Einflußmöglichkeiten der nationalen Politik auf die Ausgestaltung der rechtlichen Rahmenbedingungen von Normungsprozessen auf der Ebene der Europäischen Union. Rechtsgutachten im Auftrag des Deutschen Bundestages, Büro für Technologiefolgen-Abschätzung（TAB）, 1995, 183 S. [als Download verfügbar unter http://www.jura.uni-freiburg.de/institute/ioeffr3/forschung/papers/murswiek/FZUR_UmweltschutzzieleTAB.pdf]
9. Peaceful Change – ein Völkerrechtsprinzip?（Forschungsergebnisse der Studiengruppe für Politik und Völkerrecht Bd. 25）Verlag Wissenschaft und Politik, Köln 1998, 116 S.
10. Das Wiedervereinigungsgebot des Grundgesetzes und die Grenzen der Verfassungsänderung. Ein Beitrag zur Diskussion um die Verfassungswidrigkeit der wiedervereinigungsbedingten Grundgesetzänderungen.（Forschungsergebnisse der Studien-

gruppe für Politik und Völkerrecht Bd. 29) Verlag Wissenschaft und Politik, Köln 1999, 75 S.
11. Der Vertrag von Lissabon und das Grundgesetz. Rechtsgutachten über die Zulässigkeit und Begründetheit verfassungsgerichtlicher Rechtsbehelfe gegen das Zustimmungsgesetz zum Vertrag von Lissabon und die deutsche Begleitgesetzgebung, 2. Aufl. 2008, V, 134 S. [als Download verfügbar unter http://www.freidok.uni-freiburg.de/volltexte/6472/]
12. Die direkte Bankenrekapitalisierung durch den ESM. Sind die geplante Schaffung eines neuen Finanzhilfeinstruments des Europäischen Stabilitätsmechanismus (ESM) sowie die Änderung des ESM-Finanzierungsgesetzes mit Europarecht, mit dem ESM-Vertrag und mit dem Grundgesetz vereinbar? Rechtsgutachten, Stiftung Familienunternehmen, München 2014, 35 S.
13. Das ABS-Ankaufprogramm der EZB. Ist das Asset-Backed Securities Purchase Programme (ABSPP) vom geldpolitischen Mandat der EZB gedeckt? Rechtsgutachten, Stiftung Familienunternehmen, München 2015, 56 S.
14. Informationsansprüche der Bundestagsabgeordneten und Abgeordnetenrechte im Gesetzgebungsverfahren. Dokumentation der Schriftsätze in zwei Organstreitverfahren, 73 S., 2016, DOI: 10.6094/UNIFR/10960, https://www.freidok.uni-freiburg.de/data/10960
15. Die Eurokrise vor dem Bundesverfassungsgericht. „Euro-Rettungsschirm", Europäischer Stabilitätsmechanismus und Rettungsmaßnahmen der EZB. Dokumentation der Schriftsätze und systematische Einführung. 726 S., Nomos Verlagsgesellschaft, Baden-Baden 2016

II. Aufsätze, Artikel, Kommentierungen (論文，辞典，評釈)

1. Die Verfassungswidrigkeit der 5%-Sperrklausel im Europawahlgesetz, in: JZ 1979, S.48-53
2. Zugang zum öffentlichen Dienst und Verfassungstreue in England, in: Verfassungstreue im öffentlichen Dienst europäischer Staaten. Von Karl Doehring u.a. Duncker & Humblot, Berlin 1980 (Schriften zum Öffentlichen Recht Bd. 379), S.57-91 (zusammen mit Hartmut Schiedermair)
3. Deutschland als Rechtsproblem. Rechtslage und nationale Identität, in: Was ist deutsch? Hrsg. von Gerd-Klaus Kaltenbrunner. Herder, Freiburg i.Br. u.a. 1980 (Herderbücherei Initiative 39), S.92-107
4. Anmerkung zu: BVerfG, Beschl. v. 22.5.1979 – 2 BvR 193 und 197/79 – Europawahlgesetz, in: DVBl. 1980, S.123-126
5. Anmerkung zu: BVerfG, Beschl. v. 26.2.1980 – 2 BvR 195/77 – Ruhen der Rentenansprüche von Deutschen in den Oder-Neiße-Gebieten, in: DÖV 1980, S.723
6. Der Umfang der verfassungsgerichtlichen Kontrolle staatlicher Öffentlichkeitsarbeit.

Zum Grundsatz des „judicial self-restraint", in: DÖV 1982, S.529-541
7. Offensives und defensives Selbstbestimmungsrecht. Zum Subjekt des Selbstbestimmungsrechts der Völker, in: Der Staat 23 (1984), S.523-548
8. Die Pflicht des Staates zum Schutz vor Eingriffen Dritter nach der Europäischen Menschenrechtskonvention, in: Grundrechtsschutz und Verwaltungsverfahren unter besonderer Berücksichtigung des Asylrechts. Internationaler Menschenrechtsschutz. Hrsg. von Hans-Joachim Konrad. Duncker & Humblot, Berlin 1985, S.213-242
9. Systematische Überlegungen zum Selbstbestimmungsrecht des deutschen Volkes, in: Gottfried Zieger/Boris Meissner/Dieter Blumenwitz (Hrsg.), Deutschland als Ganzes – rechtliche und historische Überlegungen. Verlag Wissenschaft und Politik, Köln 1985, S.233-260
10. Immissionsschutz und Luftbewirtschaftung. Thesenvortrag, in: Rupert Scholz (Hrsg.), Wandlungen in Technik und Wirtschaft als Herausforderung des Rechts. Hanns Martin Schleyer-Stiftung, Köln 1985, S.67-72
11. Anmerkung zu: VGH Baden-Württemberg, Beschl. v. 3.4.1985 – 9 S 2913/84 (unter dem Titel: Freiheit der Lehre und staatliche Ausbildungsvorschriften), in: Mitteilungen des Hochschulverbandes 1985, S.268f., 330
12. Wiedervereinigung Deutschlands und Vereinigung Europas. Zwei Verfassungsziele und ihr Verhältnis zueinander, in: Dieter Blumenwitz/Boris Meissner (Hrsg.), Die Überwindung der europäischen Teilung und die deutsche Frage. Verlag Wissenschaft und Politik, Köln 1986, S.103-122
13. Die Individualbeschwerde vor den Organen der Europäischen Menschenrechtskonvention – Zulässigkeitsvoraussetzungen, in: JuS 1986, S.8-10
14. Die Individualbeschwerde vor den Organen der Europäischen Menschenrechtskonvention – das Verfahren, in: JuS 1986, S.175-179
15. Entschädigung für immissionsbedingte Waldschäden, in: NVwZ 1986, S.611-615
16. Die Haftung der Bundesrepublik Deutschland für die Folgen ausländischer Nuklearunfälle, in: UPR 1986, S.370-379
17. Zur Bedeutung der grundrechtlichen Schutzpflichten für den Umweltschutz, in: WiVerw 1986, S.179-204
18. Grundgesetz für die Bundesrepublik Deutschland. Kommentar zur Überschrift, in: Kommentar zum Bonner Grundgesetz (Bonner Kommentar). Joachim Heitmann Verlag/Hanseatischer Gildenverlag, Joachim Heitmann & Co., Hamburg 1950 ff. (Loseblattkommentar), [jetzt: Bonner Kommentar zum Grundgesetz, C.F. Müller, Heidelberg], 52. Lieferung Nov. 1986, 46 S.
19. Anmerkung zu: BVerfG, Beschl. v. 25.4.1985 – 2 BvR 617/84 – Deutsche Zentrumspartei (Zum inhaltlichen Kontrollrecht öffentlich-rechtlicher Rundfunkanstalten gegenüber Wahlwerbesendungen), in: ZParl 1986, S.362-367
20. Belästigung, Artikel in: Handwörterbuch des Umweltrechts (HdUR), I. Band. Hrsg.

von Otto Kimminich / Heinrich Freiherr von Lersner / Peter-Christoph Storm. Erich Schmidt Verlag, Berlin 1986, Sp. 193-195. Überarbeitete Fassung in der 2. Aufl. 1994, Sp. 220-222

21. Gefahr, Artikel in: Handwörterbuch des Umweltrechts (HdUR), I. Band. Hrsg. von Otto Kimminich / Heinrich Freiherr von Lersner / Peter-Christoph Storm. Erich Schmidt Verlag, Berlin 1986, Sp. 615-625. Überarbeitete Fassung in der 2. Aufl. 1994, Sp. 803-814

22. Nochmals: Staatshaftung für Waldschäden? in: NVwZ 1987, S.481

23. Umweltschutz – Staatszielbestimmung oder Grundsatznorm? in: ZRP 1988, S.14-20

24. Nachteil, Artikel in: Handwörterbuch des Umweltrechts (HdUR), II. Band. Hrsg. von Otto Kimminich / Heinrich Freiherr von Lersner / Peter-Christoph Storm. Erich Schmidt Verlag, Berlin 1988, Sp. 18-20. Überarbeitete Fassung in der 2. Aufl. 1994, Sp. 1431-1433

25. Restrisiko, Artikel in: Handwörterbuch des Umweltrechts (HdUR), II. Band. Hrsg. von Otto Kimminich / Heinrich Freiherr von Lersner / Peter-Christoph Storm. Erich Schmidt Verlag, Berlin 1988, Sp. 267-272. Überarbeitete Fassung in der 2. Aufl. 1994, Sp. 1719-1724

26. Freiheit und Freiwilligkeit im Umweltrecht. Mehr Umweltschutz durch weniger Reglementierung? in: JZ 1988, S.985-993

27. Technische Risiken als verfassungsrechtliches Problem, in: Raban Graf von Westphalen (Hrsg.), Technikfolgenabschätzung – als politisches Problem –. R. Oldenbourg Verlag, München, Wien 1988, S.309-341; 2. Aufl. 1994, S.309-341 (unverändert)

28. Anmerkung zu: BVerwG, Urt. v. 29.4.1988 – 7 C 33.87 – Feueralarmsirene, in: JZ 1989, S.240-242

29. Grundrechtsdogmatische Fragen gestufter Teilhabe-/Freiheitsverhältnisse, in: Staat und Völkerrechtsordnung. Festschr. f. Karl Doehring. Hrsg. von Kay Hailbronner / Georg Ress / Torsten Stein. Springer-Verlag, Berlin u.a. 1989, S.647-664

30. Ermessenskontrolle/Beurteilungsspielraum/Kontrolle von Prüfungsentscheidungen, in: Entwicklungstendenzen im Verwaltungsverfahrensrecht und in der Verwaltungsgerichtsbarkeit. Springer-Verlag, Wien, New York 1990 (Forschungen aus Staat und Recht 89), S.131-152

31. Die Verfassungswidrigkeit des Wahlrechtsstaatsvertrages (Unter dem von der Redaktion gesetzten Titel „Und alles nur, weil die DSU rein, die PDS aber raus soll..." veröffentlicht), in: Frankfurter Rundschau vom 9. August 1990, S.12

32. Rechtsfragen der Umsetzung des § 19 Abs. 4 WHG in den Ländern, in: NuR 1990, S.289-300

33. Die Bewältigung der wissenschaftlichen und technischen Entwicklungen durch das Verwaltungsrecht, in: VVDStRL 48 (1990), S.207-234

34. Umweltschutz (aus verfassungsrechtlicher Sicht), in: Ergänzbares Lexikon des

Rechts (Loseblattausgabe). Luchterhand Verlag, Neuwied 1990
35. Grundfälle zur Vereinigungsfreiheit – Art. 9 I, II GG, in: JuS 1992, S.116-122
36. Fragen der innenpolitischen Bindungen im Zusammenhang mit der Überwindung der Teilung Deutschlands, in: Dietrich Murswiek u.a., Die Vereinigung Deutschlands. Aspekte innen-, außen- und wirtschaftspolitischer Beziehungen und Bindungen. Gebr. Mann Verlag, Berlin 1992, S.9-80
37. Grundrechte als Teilhaberechte, soziale Grundrechte, in: Josef Isensee / Paul Kirchhof (Hrsg.), Handbuch des Staatsrechts der Bundesrepublik Deutschland (HStR) Bd. V. C.F. Müller, Heidelberg 1992 (unverändert in der 2. Aufl. 2000), § 112, S.243-289
38. Auf dem Weg zu einem ökologischen Recht? (Unter dem von der Redaktion gesetzten Titel „Hoffen auf die große Krise" und redaktionell gekürzt) in: FAZ v. 26.10.1992, S.38
39. Maastricht und der pouvoir constituant. Zur Bedeutung der verfassunggebenden Gewalt im Prozeß der europäischen Integration, in: Der Staat 32 (1993), S.161-190
40. Nahverkehrsabgaben – zulässige Instrumente zur Verringerung des Individualverkehrs. Zu einem Rechtsgutachten über die Entlastung der Städte vom Individualverkehr durch Abgaben, in: Der Nahverkehr Heft 5/1993, S.8-12 [Zusammenfassender Bericht über Nr. I.6.]
41. The Issue of a Right of Secession – Reconsidered, in: Christian Tomuschat (ed.), Modern Law of Self-Determination. Kluwer Academic Publishers (Martinus Nijhoff Publishers), Dordrecht, The Netherlands 1993, S.21-39
42. Die Problematik eines Rechts auf Sezession – neu betrachtet, in: AVR 31 (1993), S.307-332 [erweiterte deutsche Fassung von Nr.]
43. Privater Nutzen und Gemeinwohl im Umweltrecht. Zu den überindividuellen Voraussetzungen der individuellen Freiheit, in: DVBl. 1994, S.77-88
44. Minderheitenschutz – für welche Minderheiten? Zur Debatte um die Einfügung eines Minderheitenartikels ins Grundgesetz, in: Forum für Kultur und Politik, Heft 8 (März 1994), S.1-29 = in: Dieter Blumenwitz / Dietrich Murswiek (Hrsg.), Aktuelle rechtliche und praktische Fragen des Volksgruppen- und Minderheitenschutzrechts. Verlag Wissenschaft und Politik, (Köln) 1994, S.39-61
45. Die Ressourcennutzungsgebühr. Zur rechtlichen Problematik des Umweltschutzes durch Abgaben, in: NuR 1994, S.170-176
46. Freiheit und Umweltschutz aus juristischer Sicht, in: Michael Kloepfer (Hrsg.), Umweltstaat als Zukunft. Juristische, ökonomische und philosophische Aspekte. Ergebnisse des „Ladenburger Kollegs Umweltstaat ". Economica Verlag, Bonn 1994, S.55-67 [im wesentlichen Auszüge aus Nr.]
47. Schutz der Minderheiten in Deutschland, in: Josef Isensee / Paul Kirchhof (Hrsg.), Handbuch des Staatsrechts der Bundesrepublik Deutschland (HStR) Bd. VIII. C.F.

Müller, Heidelberg 1995, § 201, S.663-692
48. Umweltschutz (aus verfassungsrechtlicher Sicht), in: Ergänzbares Lexikon des Rechts (Loseblattausgabe). Luchterhand Verlag, Neuwied 1996 [überarbeitete und ergänzte Fassung von Nr.]
49. Kommentar zu Art. 2 GG, in: Michael Sachs (Hrsg.), Grundgesetz. Kommentar. C.H. Beck, München 1996
50. Kommentar zu Art. 20a GG, in: Michael Sachs (Hrsg.), Grundgesetz. Kommentar. C.H. Beck, München 1996
51. Staatsziel Umweltschutz (Art. 20a GG). Bedeutung für Rechtsetzung und Rechtsanwendung, in: NVwZ 1996, S.222-230 = in: Gesellschaft für Umweltrecht, Dokumentation zur 19. wissenschaftlichen Fachtagung Berlin 1995. Erich Schmidt Verlag, Berlin 1996, S.40-95 (mit Thesen)
52. Souveränität und humanitäre Intervention. Zu einigen neueren Tendenzen im Völkerrecht, in: Der Staat 35 (1996), S.31-44
53. Ein Schritt in Richtung auf ein ökologisches Recht. Zum „Wasserpfennig"-Beschluß des BVerfG, in: NVwZ 1996, S.417-421
54. Minderheitenfragen und peaceful change, in: Dieter Blumenwitz / Gilbert Gornig (Hrsg.), Der Schutz von Minderheiten- und Volksgruppenrechten durch die Europäische Union. Verlag Wissenschaft und Politik, Köln 1996, S.55-68
55. Der praktische Fall – Völkerrecht: Botschaftsbesetzung in Banama, in: JuS 1997, S.153-157
56. Die Nutzung öffentlicher Umweltgüter: Knappheit, Freiheit, Verteilungsgerechtigkeit, in: Rolf Gröschner / Martin Morlock (Hrsg.), Rechtsphilosophie und Rechtsdogmatik in Zeiten des Umbruchs (ARSP Beiheft Nr. 71). Franz Steiner Verlag, Stuttgart 1997, S.207-222
57. Dynamik der Technik und Anpassung des Rechts: Kreislaufgesetzgebung, in: FS für Martin Kriele. Hrsg. von Burkhardt Ziemske u.a., C.H. Beck, München 1997, S.651-676; japanische Übersetzung in: Yokohama Law Review 8 (1999), No. 1, S.209-241
58. <u>Warnungen, Wertungen, Kritik als Grundrechtseingriffe – Zur Wirtschafts- und Meinungslenkung durch staatliches Informationshandeln –, in: DVBl. 1997, S.1021-1030</u>
59. Der europäische Standard des Volksgruppen- und Minderheitenschutzes im Rahmen des Stabilitätspaktes von Paris. Voraussetzung für die Aufnahme ostmitteleuropäischer Staaten in die Europäische Union?, in: Dieter Blumenwitz / Gilbert H. Gornig / Dietrich Murswiek (Hrsg.), Der Beitritt der Staaten Ostmitteleuropas zur Europäischen Union und die Rechte der deutschen Volksgruppen und Minderheiten sowie der Vertriebenen (Staats- und völkerrechtliche Abhandlungen der Studiengruppe für Politik und Völkerrecht Bd. 16). Verlag Wissenschaft und Politik, Köln 1997, S.145-162
60. Technische Risiken als verfassungsrechtliches Problem, in: Raban Graf von

Westphalen (Hrsg.), Technikfolgenabschätzung als politische Aufgabe. R. Oldenbourg Verlag, München, Wien, 3. Aufl. 1997, S.238-265 [überarbeitete und erweiterte Fassung von Nr.]

61. Peaceful change – ein derivatives Völkerrechtsprinzip, in: Wandel durch Beständigkeit. Studien zur deutschen und internationalen Politik. Jens Hacker zum 65. Geburtstag, hrsg. Von Karl G. Kick u.a. (Beiträge zur Politischen Wissenschaft Bd. 102). Duncker & Humblot, Berlin 1998, S.477-494
62. Kommentar zu Art. 2 GG, in: Michael Sachs (Hrsg.), Grundgesetz. Kommentar. C.H. Beck, 2. Aufl. München 1999 [neu bearbeitete Fassung von Nr.]
63. Kommentar zu Art. 20a GG, in: Michael Sachs (Hrsg.), Grundgesetz. Kommentar. C.H. Beck, 2. Aufl. München 1999 [neu bearbeitete Fassung von Nr.]
64. Umweltschutz als Staatsziel, in: Hisao Kuriki u.a. (Hrsg.), Menschen, Technologie, Umwelt. Tokyo 1999, S.257-276 [Titel der Abhandlung und des Buches aus dem Japanischen übersetzt; abgewandelte und aktualisierte Fassung von Nr. in japanischer Sprache]
65. Verfassungsfragen der staatlichen Selbstdarstellung. Anmerkungen zur Staatspflege und zur staatlichen Selbstdarstellung im demokratischen Verfassungsstaat, in: Dietrich Murswiek u.a. (Hrsg.), Staat – Souveränität – Verfassung. Festschrift für Helmut Quaritsch zum 70. Geburtstag. (Schriften zum öffentlichen Recht Bd. 814) Duncker & Humblot, Berlin 2000, S.307-332
66. Rechtsprechungsanalyse: Umweltrecht und Grundgesetz, in: Die Verwaltung 33 (2000), S.241-283; japanische Übersetzung in: Horitsu Ronso. The Meiji Law Review 75 (2003), S.153-213
67. Das sogenannte Kooperationsprinzip – ein Prinzip des Umweltschutzes?, in: ZUR 2001, S.7-13
68. Parlament, Kunst und Demokratie – zum Selbstverständnis und zur Selbstdarstellung des Bundestages am Beispiel des Kunstprojekts Lichthof Nord, in: Dieter Dörr u.a. (Hrsg.), Die Macht des Geistes. Festschrift für Hartmut Schiedermair. C.F. Müller, Heidelberg 2001, S.211-246
69. Was vom Wiedervereinigungsgebot übrig blieb. Zur Neufassung der Grundgesetzpräambel nach der Wiedervereinigung Deutschlands, in: Jörn Ipsen / Edzard Schmidt-Jortzig (Hrsg.), Recht – Staat – Gemeinwohl. Festschrift für Dietrich Rauschning. Carl Heymanns Verlag, Köln u.a. 2001, S.57-72
70. Das Verhältnis des Minderheitenschutzes zum Selbstbestimmungsrecht der Völker, in: Dieter Blumenwitz / Gilbert H. Gornig / Dietrich Murswiek (Hrsg.), Ein Jahrhundert Minderheiten- und Volksgruppenschutz. (Staats- und völkerrechtliche Abhandlungen der Studiengruppe für Politik und Völkerrecht Bd. 19) Verlag Wissenschaft und Politik, Köln 2001, S.83-99
71. „Nachhaltigkeit" – Probleme der rechtlichen Umsetzung eines umweltpolitischen

Leitbildes, in: NuR 2002, S.641-648
72. Kommentar zu Art. 2 GG, in: Michael Sachs (Hrsg.), Grundgesetz. Kommentar. C.H. Beck, 3. Aufl. München 2003 [neu bearbeitete Fassung von Nr.]
73. Kommentar zu Art. 20a GG, in: Michael Sachs (Hrsg.), Grundgesetz. Kommentar. C.H. Beck, 3. Aufl. München 2003 [neu bearbeitete Fassung von Nr.]
74. Das Bundesverfassungsgericht und die Dogmatik mittelbarer Grundrechtseingriffe. Zu der Glykol- und der Osho-Entscheidung vom 26.6.2002, in: NVwZ 2003, S.1-8
75. Die amerikanische Präventivkriegsstrategie und das Völkerrecht, in: NJW 2003, S.1014-1020
76. Umweltrisiken im amerikanischen Recht: Höhere Rationalität der Standardsetzung durch Kosten-Nutzen-Analyse?, in: Jahrbuch des Umwelt- und Technikrechts 2003 (UTR 71). Erich Schmidt Verlag, Berlin 2003, S. 127-184
77. Der Verfassungsschutzbericht – das scharfe Schwert der streitbaren Demokratie. Zur Problematik der Verdachtsberichterstattung, in: NVwZ 2004, S. 769-778
78. Demokratie und Freiheit im multiethnischen Staat, in: Dieter Blumenwitz / Gilbert H. Gornig / Dietrich Murswiek (Hrsg.), Minderheitenschutz und Demokratie. (Staats- und völkerrechtliche Abhandlungen der Studiengruppe für Politik und Völkerrecht Bd. 20) Duncker & Humblot, Berlin 2004, S. 41-57
79. Schadensvermeidung – Risikobewältigung – Ressourcenbewirtschaftung. Zum Verhältnis des Schutz-, des Vorsorge- und des Nachhaltigkeitsprinzips als Prinzipien des Umweltrechts, in: Lerke Osterloh / Karsten Schmidt / Hermann Weber (Hrsg.), Staat, Wirtschaft, Finanzverfassung. Festschrift für Peter Selmer zum 70. Geburtstag. (Schriften zum Öffentlichen Recht Bd. 960) Duncker & Humblot, Berlin 2004, S. 417-442
80. The American Strategy of Pre-emptive War and International Law, in: Finnish Yearbook of International Law Vol. XIII (2002). Martinus Nijhoff Publishers, Leiden/Boston 2004, S. 183-199 [Ins Englische übersetzte, aktualisierte und ergänzte Fassung von Nr.]
81. Meinungsäußerungen als Belege für eine verfassungsfeindliche Zielsetzung. Zu den rechtlichen Anforderungen und zur Praxis der Verfassungsschutzberichte, in: Stefan Brink / Heinrich Amadeus Wolff (Hrsg.), Gemeinwohl und Verantwortung. Festschrift für Hans Herbert von Arnim zum 65. Geburtstag. Duncker & Humblot, Berlin 2004, S. 481-503
82. Der Europa-Begriff des Grundgesetzes, in: Internationale Gemeinschaft und Menschenrechte. Festschrift für Georg Ress zum 70. Geburtstag. Hrsg. von Jürgen Bröhmer u.a., Carl Heymanns Verlag, Köln u.a. 2005, S. 657-684
83. Rechtsprechungsanalyse: Ausgewählte Probleme des allgemeinen Umweltrechts. Vorsorgeprinzip, Subjektivierungstendenzen am Beispiel der UVP, Verbandsklage, in: Die Verwaltung 38 (2005), S. 243-279

84. Kommentar zur Präambel des Grundgesetzes, in: Bonner Kommentar zum Grundgesetz, C.F. Müller Verlag, Heidelberg 1950 ff. (Loseblattkommentar), 119. Aktualisierung September 2005, 262 S.
85. Neue Maßstäbe für den Verfassungsschutzbericht. Konsequenzen aus dem JF-Beschluss des BVerfG, in: NVwZ 2006, S. 121-128
86. Die völkerrechtliche Geltung eines „Rechts auf die Heimat", in: Gilbert H. Gornig / Dietrich Murswiek (Hrsg.), Das Recht auf die Heimat. (Staats- und völkerrechtliche Abhandlungen der Studiengruppe für Politik und Völkerrecht Bd. 23) Duncker & Humblot, Berlin 2006, S. 17-35
87. Taking Politics Seriously – a View from a Public International Law Perspective, in: Thomas Würtenberger (Hrsg.), Rechtsreform in Deutschland und Korea im Vergleich. (Schriften zum Internationalen Recht Bd. 163) Duncker & Humblot, Berlin 2006, S. 165-172
88. Zu den Grenzen der Abänderbarkeit von Grundrechten, in: Detlef Merten / Hans Jürgen Papier (Hrsg.), Handbuch der Grundrechte in Deutschland und Europa Bd. II, C.F. Müller Verlag, Heidelberg 2006, § 28, S. 157-219
89. Grundrechtsdogmatik am Wendepunkt?, in: Der Staat 45 (2006), S. 473-500
90. Kommentar zu Art. 2 GG, in: Michael Sachs (Hrsg.), Grundgesetz. Kommentar. C.H. Beck, 4. Aufl. München 2007 [neu bearbeitete Fassung von Nr.]
91. Kommentar zu Art. 20a GG, in: Michael Sachs (Hrsg.), Grundgesetz. Kommentar. C.H. Beck, 4. Aufl. München 2007 [neu bearbeitete Fassung von Nr.]
92. Zum Grundrecht auf Sicherheit, in: IBZ Internationales Begegnungszentrum der Wissenschaft München e.V., Berichte 2006, München o.J. [2007], S. 32-35
93. Die Fortentwicklung völkerrechtlicher Verträge: verfassungsrechtliche Grenzen und Kontrolle im Organstreit, in: NVwZ 2007, S. 1130-1135
94. Der Verfassungsschutzbericht. Funktionen und rechtliche Anforderungen, in: Janbernd Oebbecke / Bodo Pieroth / Emanuel Towfigh (Hrsg.), Islam und Verfassungsschutz. (Islam und Recht Bd. 6) Peter Lang Verlag, Frankfurt/M. 2007, S. 73-89
95. Der Staat als Rechtszustand. Staatstheoretische Assoziationen, in: ZRph 5 (2007), S. 2-8
96. Freiheitliche demokratische Grundordnung und Extremismus, in: CDU-Fraktion im Thüringer Landtag (Hrsg.), Politischer Extremismus in aktueller und zeitgeschichtlicher Perspektive: Kriterien – Ausprägungen – Analogien, Erfurt 2008, S. 6-12
97. Eine Prämie auf Interventionskriege. Das Kosovo und seine Sezession: Ein Präzedenzfall wofür?, FAZ v. 27.3.2008, S. 8
98. Verfassungsschutz-Mitarbeit als staatsbürgerliche Obliegenheit?, in: Gilbert H. Gornig u.a. (Hrsg.), Justitia et Pax. Gedächtnisschrift für Dieter Blumenwitz. (Schriften zum Völkerrecht Bd. 176) Duncker & Humblot, Berlin 2008, S. 901-925
99. Zu den Grenzen der Abänderbarkeit von Grundrechten, in: Rainer Wahl (Hrsg.), Ver-

fassungsänderung, Verfassungswandel, Verfassungsinterpretation. Vorträge bei deutsch-japanischen Symposien in Tokyo 2004 und Freiburg 2005. (Schriften zum Öffentlichen Recht Bd. 1104) Duncker & Humblot, Berlin 2008, S. 261-270 [Zusammenfassende Darstellung von Nr.]

100. Das Recht auf Sicherheit, in: Rainer Wahl (Hrsg.), Verfassungsänderung, Verfassungswandel, Verfassungsinterpretation. Vorträge bei deutsch-japanischen Symposien in Tokyo 2004 und Freiburg 2005. (Schriften zum Öffentlichen Recht Bd. 1104) Duncker & Humblot, Berlin 2008, S. 357-368

101. Kommentar zu Art. 2 GG, in: Michael Sachs (Hrsg.), Grundgesetz. Kommentar. C.H. Beck, 5. Aufl. München 2009 [neu bearbeitete Fassung von Nr.]

102. Kommentar zu Art. 20a GG, in: Michael Sachs (Hrsg.), Grundgesetz. Kommentar. C.H. Beck, 5. Aufl. München 2009 [neu bearbeitete Fassung von Nr.]

103. Die heimliche Entwicklung des Unionsvertrages zur europäischen Oberverfassung. Zu den Konsequenzen der Auflösung der Säulenstruktur des Europäischen Union und der Erstreckung der Gerichtsbarkeit des EU-Gerichtshofs auf den EU-Vertrag, in: NVwZ 2009, S. 481-486

104. Der Abgeordnete im Organstreit um die Rechte des Bundestages, in: Recht und Politik. Festschrift für Peter Gauweiler zum 60. Geburtstag. Hrsg. von Wolf-Rüdiger Bub u.a., Luchterhand, Köln 2009, S. 225-244

105. Verfassungsschutz durch Information der Öffentlichkeit – Zur Entwicklung der Verfassungsschutzberichte seit dem JF-Beschluss, in: Informationsfreiheit und Informationsrecht. Jahrbuch 2009. Lexxion Verlagsgesellschaft, Berlin 2009, S. 57-104

106. Der Grundsatz der souveränen Staatlichkeit als unabänderliches Verfassungsprinzip, in: Hans-Christoph Kraus / Heinrich Amadeus Wolff (Hrsg.), Souveränitätsprobleme der Neuzeit. Freundesgabe für Helmut Quaritsch anlässlich seines 80. Geburtstages. Duncker & Humblot, Berlin 2010, S. 95-147

107. Art. 38 GG als Grundlage eines Rechts auf Achtung des unabänderlichen Verfassungskerns, in: JZ 2010, S. 702-708

108. Verfassungsrechtliche Probleme klimapolitischer Abgaben, in: Fragen der Freiheit Heft 281, Juli 2010, S. 49-69

109. Schutz der Verfassung als Bürgerrecht, in: JZ 2010, S. 1164-1167

110. Rechtsprechungsanalyse: Ausgewählte Probleme des Allgemeinen Umweltrechts. Subjektivierungstendenzen; Umweltinformationsrecht, in: Die Verwaltung 44 (2011), S. 235-272 (zusammen mit Lena Ketterer, Oliver Sauer, Holger Wöckel)

111. Das Grundrecht auf Achtung des unabänderlichen Verfassungskerns, in: Michaela Wittinger u.a. (Hrsg.), Verfassung – Völkerrecht – Kulturgüterschutz. Festschrift für Wilfried Fiedler zum 70. Geburtstag. Duncker & Humblot, Berlin 2011, S. 251-278

112. Das Lissabon-Urteil des Bundesverfassungsgerichts aus der Sicht eines Prozessvertreters. Reflexionen zu Demokratie und Souveränität in Europa, in: Ivo Appel u.a.

(Hrsg.), Öffentliches Recht im offenen Staat. Festschrift für Rainer Wahl zum 70. Geburtstag. Duncker & Humblot, Berlin 2011, S. 779-801
113. Kommentar zu Art. 2 GG, in: Michael Sachs (Hrsg.), Grundgesetz. Kommentar. C.H. Beck, 6. Aufl. München 2011 [neu bearbeitete Fassung von Nr.]
114. Kommentar zu Art. 20a GG, in: Michael Sachs (Hrsg.), Grundgesetz. Kommentar. C.H. Beck, 6. Aufl. München 2011 [neu bearbeitete Fassung von Nr.]
115. Grundrechte als Teilhaberechte, soziale Grundrechte, in: Josef Isensee / Paul Kirchhof (Hrsg.), Handbuch des Staatsrechts der Bundesrepublik Deutschland (HStR) Bd. IX Allgemeine Grundrechtslehren. 3. Aufl., C.F. Müller, Heidelberg 2011, § 192, S.569-620 [neu bearbeitete Fassung von Nr. 37]
116. Die Bankenkrise als Demokratieproblem, in: Martin Hochhuth (Hrsg.), Rückzug des Staates und Freiheit des Einzelnen. Die Privatisierung existenzieller Infrastrukturen. Duncker & Humblot, Berlin 2012, S. 203-217
117. Schutz der Minderheiten in Deutschland, in: Josef Isensee / Paul Kirchhof (Hrsg.), Handbuch des Staatsrechts der Bundesrepublik Deutschland (HStR) Bd. X. C.F. Müller, Heidelberg, 3. Aufl. 2012, § 213 (S. 265-296) [neu bearbeitete Fassung von Nr. 47]
118. Grundgesetz für die Bundesrepublik Deutschland. Kommentar zur Überschrift, in: Bonner Kommentar zum Grundgesetz. C.F. Müller, Heidelberg (Loseblattkommentar), 158. Lieferung Nov. 2012, 60 S. [Neubearbeitung von Nr. 18]
119. Der Umgang mit verfassungswidrigen Vereinigungen nach dem Grundgesetz, in: Dirk Heckmann u.a. (Hrsg.), Verfassungsstaatlichkeit im Wandel. Festschrift für Thomas Würtenberger zum 70. Geburtstag. Duncker & Humblot, Berlin 2013, S. 775-790
120. Freiheitsrechte, in: Hanno Kube u.a. (Hrsg.), Leitgedanken des Rechts. Paul Kirchhof zum 70. Geburtstag. C.F. Müller, Heidelberg u.a. 2013, § 19 (S. 205-215) = in: Hanno Kube u.a. (Hrsg.), Leitgedanken des Rechts. Studienausgabe. C.F. Müller, Heidelberg 2015, § 19 (S. 205-215)
121. „Euro-Rettung" und Grundgesetz, in: ifo Schnelldienst 7/2013, S. 22-30
122. Offensives und defensives Selbstbestimmungsrecht, in: Gilbert H. Gornig u.a. (Hrsg.), Das Selbstbestimmungsrecht der Völker – eine Problemschau (Staats- und völkerrechtliche Abhandlungen der Studiengruppe für Politik und Völkerrecht Bd. 27). Duncker & Humblot, Berlin 2013, S. 95-120
123. Die inhaltslose Gesetzesvorlage, in: Marten Breuer u.a. (Hrsg.), Der Staat im Recht. Festschrift für Eckart Klein zum 70. Geburtstag (Schriften zum Öffentlichen Recht Bd. 1232). Duncker & Humblot, Berlin 2013, S. 229-236
124. Von der Stabilitätsunion zur Haftungs- und Transferunion. Die Durchbrechung des Bail-out-Verbots als Verstoß gegen das Demokratieprinzip, in: Alexander Bruns u.a. (Hrsg.), Festschrift für Rolf Stürner zum 70. Geburtstag, Bd. II. Mohr Siebeck, Tü-

bingen 2013, S. 1925-1940
125. Weiterentwicklung der Europäischen Währungsunion und demokratische Legitimation, in: ifo Schnelldienst 13/2013, S. 6-11
126. Verfassungsrechtliche Handlungspflichten zum Schutz der Verfassung, in: Claudio Franzius u.a. (Hrsg.), Beharren. Bewegen., Festschrift für Michael Kloepfer zum 70. Geburtstag (Schriften zum Öffentlichen Recht Bd. 1244). Duncker & Humblot, Berlin 2013, S. 121-138
127. Der Vertrag von Lissabon und das Grundgesetz. Rechtsgutachten über die Zulässigkeit und Begründetheit verfassungsgerichtlicher Rechtsbehelfe gegen das Zustimmungsgesetz zum Vertrag von Lissabon und die deutsche Begleitgesetzgebung, in: Karen Kaiser (Hrsg.), Der Vertrag von Lissabon vor dem Bundesverfassungsgericht. Dokumentation des Verfahrens (Beiträge zum ausländischen öffentlichen Recht und Völkerrecht Bd. 242). Springer, Heidelberg u.a. 2013, S. 159-322 [= I. Nr. 11]
128. Erwiderung auf die Stellungnahmen von Bundesregierung und Deutschem Bundestag vom 21. Oktober 2008, in: Karen Kaiser (Hrsg.), Der Vertrag von Lissabon vor dem Bundesverfassungsgericht. Dokumentation des Verfahrens (Beiträge zum ausländischen öffentlichen Recht und Völkerrecht Bd. 242). Springer, Heidelberg u.a. 2013, S. 323-443
129. Erwiderung auf die Erwiderung der Bundesregierung und die Duplik des Deutsches Bundestages vom 28. Januar 2009, in: Karen Kaiser (Hrsg.), Der Vertrag von Lissabon vor dem Bundesverfassungsgericht. Dokumentation des Verfahrens (Beiträge zum ausländischen öffentlichen Recht und Völkerrecht Bd. 242). Springer, Heidelberg u.a. 2013, S. 445-479
130. Stellungnahmen in der mündlichen Verhandlung über den Vertrag von Lissabon, in: Karen Kaiser (Hrsg.), Der Vertrag von Lissabon vor dem Bundesverfassungsgericht. Dokumentation des Verfahrens (Beiträge zum ausländischen öffentlichen Recht und Völkerrecht Bd. 242). Springer, Heidelberg u.a. 2013, S. 1173-1176 [Eröffnungsstatement], S. 1200-1205 [Überblick über verfassungsrechtlich problematische Vertragsänderungen], S. 1252-1255 [Zulässigkeitsfragen], S. 1269 [Zulässigkeit], S. 1280-1287 [Demokratie und souveräne Staatlichkeit als Maßstäbe], S. 1297-1301 [Grenze der zulässigen Kompetenzübertragung überschritten; expansive Kompetenzinanspruchnahme der EU], S. 1304-1305 [expansive EuGH-Rechtsprechung], S. 1327-1328 [Ultra-vires-Vorbehalt als Lösung?], S. 1337-1341 [expansive Kompetenzinanspruchnahme; Ausdehnung der Rechtsprechungskompetenz des EuGH durch den Vertrag von Lissabon und Grundwerte des Art. 2 EUV], S. 1354-1360 [fehlende demokratische Legitimationsstrukturen und mögliche Legitimationsmodelle], S. 1404-1406 [Rechtscharakter des Übergangs zu Mehrheitsentscheidungen nach den Passerelle-Klauseln; Notwendigkeit parlamentarischer Legitimation], S. 1427-1428 [Schlussbemerkung]
131. ECB, ECJ, Democracy, and the Federal Constitutional Court: Notes on the Federal

Constitutional Court's Referral Order from 14 January 2014, in: German Law Journal 15 (2014), No. 2, S. 147-165
132. Das OMT-Programm als Ausdruck expertokratischer Kompetenzanmaßung: Zum EZB-Vorlagebeschluss des Bundesverfassungsgerichts und seinen Folgen, in: ifo Schnelldienst 6/2014, S. 8-12
133. EZB, EuGH, Demokratie und das Bundesverfassungsgericht. Anmerkungen zum Vorlagebeschluss des Bundesverfassungsgerichts vom 14.1.2014, in: studere. Rechtszeitschrift der Universität Potsdam, Frühling-Sommer 2014, S. 4-12 [deutsche Übersetzung von Nr. 130]
134. Kommentar zu Art. 2 GG, in: Michael Sachs (Hrsg.), Grundgesetz. Kommentar. C.H. Beck, 7. Aufl. München 2014 [neu bearbeitete Fassung von Nr.]
135. Kommentar zu Art. 20a GG, in: Michael Sachs (Hrsg.), Grundgesetz. Kommentar. C.H. Beck, 7. Aufl. München 2014 [neu bearbeitete Fassung von Nr.]
136. Demokratie und Minderheiten: Wahlrecht von Minderheiten, in: Gilbert H. Gornig u.a. (Hrsg.), Nationales Wahlrecht und internationale Freizügigkeit. (Staats- und völkerrechtliche Abhandlungen der Studiengruppe für Politik und Völkerrecht Bd. 29) Duncker & Humblot, Berlin 2015, S. 95-115
137. Deutschlands Beteiligung an der europäischen Integration und ihre Kontrolle durch das Bundesverfassungsgericht, in: Nicolò Zanon, Il Controllo preventivo die Trattati dell' Unione Europea. (Università degli Studi di Milano, Studi di diritto pubblico 81). Guiffrè Editore, Milano 2015, S. 80-125 [mit italienischer Synchronübersetzung]
138. Die EZB vor dem Bundesverfassungsgericht – Staatsanleihenkäufe, Target-Kredite und Hans-Werner Sinn, in: Gabriel Felbermayer u.a. (Hrsg.), Hans-Werner Sinn und 25 Jahre deutsche Wirtschaftspolitik. Hanser, München 2016, S. 212-213
139. Nationalstaatlichkeit, Staatsvolk und Einwanderung, in: Otto Depenheuer / Christoph Grabenwarter (Hrsg.), Der Staat in der Flüchtlingskrise. Zwischen gutem Willen und geltendem Recht. Ferdinand Schöningh, Paderborn 2016, S. 123-139
140. Einführung: „Euro-Rettung" und Demokratie, in: Dietrich Murswiek, Die Eurokrise vor dem Bundesverfassungsgericht. „Euro-Rettungsschirm", Europäischer Stabilitätsmechanismus und Rettungsmaßnahmen der EZB. Dokumentation der Schriftsätze und systematische Einführung, Nomos Verlagsgesellschaft, Baden-Baden 2016, S. 23-54

Ⅱ. a) Aufsätze, Artikel, Kommentierungen – Papers und Preprints zum Herunterladen（論文，辞典，評釈—原稿および予稿）
1. The American Strategy of Preemptive War and Public International Law (Papers und Preprints aus dem Institut für Öffentliches Recht, März 2003), Download von http://ssrn.com/abstract=397601 [Ins Englische übersetzte und leicht aktualisierte Fassung von Nr. II. 70]

2. Verfassungsschutz-Mitarbeit als staatsbürgerliche Obliegenheit? (Papers und Preprints aus dem Institut für Öffentliches Recht, 2. Version Dezember 2006), Download von http://www.jura.uni-freiburg.de/institute/ioeffr3/forschung/papers.php
3. Der Verfassungsschutzbericht – Funktionen und rechtliche Anforderungen (Papers und Preprints aus dem Institut für Öffentliches Recht, Januar 2007), Download von http://www.jura.uni-freiburg.de/institute/ioeffr3/forschung/papers.php
4. Ungeschriebene Ewigkeitsgarantien in Verfassungen (Papers und Preprints aus dem Institut für Öffentliches Recht, November 2008), Download von http://www.jura.uni-freiburg.de/institute/ioeffr3/forschung/papers.php
5. The Stealthy Development of the Treaty on European Union into the Supreme European Constitution. On the Consequences of the Dissolution of the Pillar Structure of the European Union and of the Extension of the Jurisdiction of the European Court of Justice to the EU Treaty, Download von http://www.jura.uni-freiburg.de/institute/ioeffr3/forschung/papers.php

III. „Entscheidungsanalysen" im Rahmen der „JuS-Rechtsprechungsübersicht" (「JUS 判例概観」における「判例分析」)

1. EGMR, Urt. v. 28.6.1978 – Fall König, in: JuS 1980, S.59-60
2. EGMR, Urt. v. 13.6.1979 – Fall Marckx, in: JuS 1980, S.219-220
3. EGMR, Urt. v. 6.9.1979 – Fall Klass u.a., in: JuS 1980, S.291-293
4. EGMR, Urt. v. 26.4.1979 – Fall „Sunday Times", in: JuS 1980, S.523-524
5. UN-AMR, Entsch. v. 3.4.1980 – R. 2/8 – Fall Lanza, in: JuS 1980, S.904-905
6. IGH, Entsch. v. 15.12.1979 – I.C.J. Reports 1979, 7 – und IGH, Urt. v. 24.5.1980 – I.C.J. Reports 1980, 3 – Fall des amerikanischen diplomatischen und konsularischen Personals in Teheran, in: JuS 1981, S.55-56
7. EGMR, Urt. v. 24.10.1979 – Fall Winterwerp, in: JuS 1981, S.369-370
8. EGMR, Urt. v. 27.2.1980 – Fall Deweer, in: JuS 1981, S.452-453
9. EGMR, Urt. v. 13.5.1980 – Fall Artico, in: JuS 1981, S.764-765
10. Schweizerisches Bundesgericht, Urt. v. 30.4.1980 – P 707/79 („Auslegende Erklärung" der Schweiz zu Dolmetscherkosten – Art. 64 EMRK), in: JuS 1981, S.839
11. UN-AMR, Entsch. v. 8.4.1981 – R. 8/34 – Fall Landinelli Silva, in: JuS 1982, S.135-136
12. EGMR, Urt. v. 6.11.1980 – Fall Oosterwijck, in: JuS 1982,S. 456-457
13. UN-AMR, Entsch. v. 29.7.1981 – R. 13/56 – Fall Celiberti, in: JuS 1982, S.619
14. EGMR, Urt. v. 13.8.1981 – Fall Young, James und Webster, in: JuS 1983, S.58-59
15. EGMR, Urt. v. 23.6.1981 – Fall Le Compte u.a., in: JuS 1983, S.139-140
16. UN-AMR, Entsch. v. 28.10.1981 – R. 14/63 – Fall Sendic, in: JuS 1983, S.304
17. EGMR, Urt. v. 25.2.1982 – Fall Campbell und Cosans, in: JuS 1983, S.384-385
18. UN-AMR, Entsch. v. 2.4.1982 – R. 14/861 – Fall Hertzberg u.a., in: JuS 1983, S.711
19. OLG Düsseldorf, Beschl. v. 7.3.1983 – 1 Ws 159/83 – und LG Düsseldorf, Urt. v.

10.3.1983 – XII - 10/83 – Fall Tabatabai, in: JuS 1984, S.139-140
20. BVerfG, Beschl. v. 14.4.1983 – 2 BvR 678/81 u.a. – National Iranian Oil Company, in: JuS 1984, S.475-476
21. EGMR, Urt. v. 23.9.1982 – Fall Sporrong und Lönnroth, in: JuS 1984, S.966-967
22. EGMR, Urt. v. 13.7.1983 – Fall Zimmermann und Steiner, in: JuS 1985, S.55-56
23. BGH, Beschl. v. 27.2.1984 – 3 StR 396/83 – Fall Tabatabai, in: JuS 1985, S.474-475
24. BVerfG, Urt. v. 18.12. 1984 – 2 BvE 13/83 – Raketenstationierung, in: JuS 1985, S.807-809
25. EGMR, Urt. v. 26.3.1985 – Nr. 16/1983/72/110 – Fall X und Y gegen die Niederlande, in: JuS 1985, S.905-906
26. UN-AMR, Entsch. v. 20.7.1984 – R. 19/78 – Fall Mikmaq-Stammesgesellschaft, in: JuS 1985, S.986-987
27. EGMR, Urt. v. 21.2.1984 – Fall Öztürk, in: JuS 1986, S.60-61
28. EGMR, Urt. v. 28.11.1984 – Nr. 9/1983/65/100 – Fall Rasmussen, in: JuS 1986, S.727-728
29. EGMR, Urt. v. 28.5.1985 – Nr. 15/1983/71/107-109 – Fall Abdulaziz u.a., in: JuS 1987, S.139-141
30. EGMR, Urt. v. 28.8.1986 – Nr. 4/1984/76/120 – Fall Glasenapp, und EGMR, Urt. v. 28.8.1986 – Nr. 5/1984/77/121 – Fall Kosiek, in: JuS 1987, S.401-402
31. BVerfG (3. Kammer des Zweiten Senats), Beschl. v. 3.6.1986 – 2 BvR 837/85 – (Folgen der völkerrechtswidrigen Festnahme des Beschuldigten für das Strafverfahren), in: JuS 1987, S.901-902
32. BVerwG, Urt. v. 17.12.1986 – 7 C 29/85 – Kernkraftwerk Emsland, in: JuS 1987, S.997-998
33. UN-AMR, Entsch. v. 18.7.1986 – 118/82 – (Streikrecht), in: JuS 1988, S.65-66
34. EGMR, Urt. v. 18.12.1986 – Nr. 5/1985/91/138 – Fall Bozano, in: JuS 1988, S.148-149
35. BVerfG, Beschl. v. 21.10.1987 – 2 BvR 373/83 – Fall Teso, in: JuS 1988, S.563-565
36. VG Hamburg, Beschl. v. 22.9.1988 – 7 VG 2499/88 – „Seehunde in der Nordsee" gegen Bundesrepublik Deutschland, in: JuS 1989, S.240-242
37. BVerwG, Urt. v. 4.7.1988 – 7 C 88/87 – WAA Wackersdorf, in: JuS 1989, S.332-334
38. BVerwG, Beschl. v. 30.10.1987 – 7 C 87/86 (Landesrechtliche Erweiterung der abfallrechtlichen Verantwortlichkeit), in: JuS 1989, S.334
39. BVerwG, Beschl. v. 9.3.1988 – 7 B 34/88 (Nachträgliche immissionsschutzrechtliche Anordnung), in: JuS 1989, S.413
40. BVerwG, Urt. v. 29.4.1988 – 7 C 33/87 – Feueralarmsirenenfall, in: JuS 1989, S.501-503
41. VGH Mannheim, Urt. v. 15.12.1987 – 10 S 240/86 (Begriff des Inhabers einer Abfallbeseitigungsanlage), in: JuS 1989, S.676-677
42. BVerwG, Urt. v. 19.1.1989 – 7 C 82/87 (Beseitigungspflicht bei „wildem Müll"), in:

JuS 1989, S.766-767
43. BVerwG, Urt. v. 19.1.1989 – 7 C 77/87 (Öffentlichrechtlicher Abwehranspruch gegen Sportlärm), in JuS 1989, S.845-847
44. BVerfG, Beschl. v. 30.11.1988 – 1 BvR 1301/84 (Verfassungsrechtlicher Schutz gegen Verkehrslärm), in: JuS 1989, S.1022-1024
45. BVerwG, Urt. v. 20.1.1989 – 4 C 15/87 (Erhebung einer naturschutzrechtlichen Ausgleichsabgabe von der Bundesrepublik Deutschland), in: JuS 1990, S.505-506
46. VGH Kassel, Beschl. v. 6.11.1989 – 8 TH 685/89 (Vorbehalt des Gesetzes für die Genehmigung gentechnischer Anlagen), in: JuS 1990, S.588-589
47. BVerwG, Urt. v. 9.3.1990 – 7 C 21/89 (Planfeststellung für Abfallentsorgungsanlage), in: JuS 1991, S.428-430
48. BVerwG, Urt. v. 31.10.1990 – 4 C 7/88 (Rechtsfolgen der Verletzung des Mitwirkungsrechts von anerkannten Naturschutzverbänden), in: JuS 1991, S.518
49. BVerwG, Urt. v. 15.12.1989 – 7 C 35/87 (Stillegung einer immissionsschutzrechtlich nicht genehmigten Anlage), in: JuS 1991, S.519-520
50. OVG Lüneburg, Urt. v. 8.3.1990 – 3 A 308/87 (Anerkennung eines Naturschutzverbandes), in: JuS 1991, S.612-613
51. BVerwG, Urt. v. 27.7.1990 – 4 C 26/87 (Rechtsschutz gegen umweltbelastende Vorhaben durch „Sperrgrundstück"), in: JuS 1991, S.1067-1069
52. EuGH, Urt. v. 30.5.1991 – Rs C-361/11 – ;
EuGH, Urt. v. 30.5.1991 – Rs C-59/89 –;
EuGH, Urt. v. 28.2.1991 – Rs C-131/88 – (Mangelhafte Umsetzung von Umweltschutzrichtlinien durch die Bundesrepublik Deutschland), in: JuS 1992, S.428-431
53. BVerwG, Beschl. v. 23.5.1991 – 7 C 34/90 – (Standortvorbelastung aus dem Tschernobyl-Unfall), in: JuS 1992, S.439-440
54. OVG Lüneburg, Urt. v. 27.1.1992 – 3 A 221/81 – (Beteiligungsrecht anerkannter Naturschutzverbände), in: JuS 1993, S.519-520
55. VGH Mannheim, Beschl. v. 14.11.1991 – 10 S 1143/90 – (Keine immissionsschutzrechtliche Genehmigung bei unzulässigem Eingriff in Natur und Landschaft), in: JuS 1993, S.520-521
56. OVG Münster, Beschl. v. 24.4.1992 – 7 B 538/92 – (Umfang der Mitwirkung der anerkannten Naturschutzverbände), in: JuS 1993, S.605-606
57. OVG Hamburg, Urt. v. 19.5.1992 – Bf VI 22/88 – (Verfüllen einer Kiesgrube als Eingriff in Natur und Landschaft), in: JuS 1993, S.699-700
58. BVerwG, Urt. v. 9.7.1992 – 7 C 21/91 – (Verpflichtung zur Gestattung der Mitbenutzung einer Abfallentsorgungsanlage), in: JuS 1993, S.874-875
59. VGH Kassel, Beschl. v. 11.3.1993 – 3 TH 768/92 – und VG Gelsenkirchen, Beschl. v. 18.2.1993 – 5 L 3261/92 – (Schädliche Umwelteinwirkungen durch Mobilfunksender – D1-Netz), in: JuS 1993, S.1067-1069

60. BVerwG, Urt. v. 24.6.1993 – 7 C 11/92 – und BVerwG, Urt. v. 24.6.1993 – 7 C 10/92 – (Abfalleigenschaft von unsortiertem Bauschutt und von Altreifen), in: JuS 1994, S.355-357
61. OVG Lüneburg, Beschl. v. 6.12.1993 – 6 M 4691/93 – (Gesundheitsrisiken durch Mobilfunk – D 2-Netz), in: JuS 1994, S.618-619
62. VGH München, Beschl. v. 1.3.1993 – 20 CS 92.2386 – (Verpflichtung des Deponiebetreibers zur Vorlage einer Sanierungsplanung), in: JuS 1994, S.1081-1082
63. BVerwG, Urt. v. 26.5.1994 – 7 C 14/93 – (Abgrenzung zwischen Abfall- und Reststoffrecht [hier: Verfüllung eines Tontagebaus]), in: JuS 1995, S.83-84
64. OVG Lüneburg, Urt. v. 25.4.1994 – 3 K 1315/91 – (Unterschutzstellung eines Landschaftsbestandteils), in: JuS 1995, S.363-364
65. EuGH, Urt. v. 17.5.1993 – Rs. C-41/91 (Frankreich/Kommission) – (Nichtigkeit der Genehmigungsentscheidung zum deutschen PCP-Verbot), in: JuS 1995, S.452-453
66. BVerwG, Beschl. v. 13.4.1995 – 4 B 70/95 – (Staatsziel Umweltschutz als Schranke der Kunstfreiheit), in: JuS 1995, S.1131-1132
67. VGH Mannheim, Beschl. v. 15.11.1994 – 10 S 1769/93 – (Rechtmäßigkeit eines abfallrechtlichen Wertstoff-Bringsystems), in: JuS 1995, 1137-1138
68. BVerwG, Beschl. v. 8.11.1994 – 7 B 73/94 – (Bedeutung der Immissionsrichtwerte in der Sportanlagenlärmschutzverordnung), in: JuS 1995, S.1138-1139
69. OVG Koblenz, Beschl. v. 13.9.1994 – 7 B 11901/94 – (Zulassung einer Kompostierungsanlage), in: JuS 1996, S.80-82
70. BVerwG, Urt. v. 8.6.1995 – 4 C 4/94 – (Klage gegen straßenrechtliche Planfeststellung), in: JuS 1996, S.943-945
71. BVerwG, Urt. v. 25.1.1996 – 4 C 5/95 – (Umweltverträglichkeitsprüfung bei Planfeststellung für Autobahn), in: JuS 1997, S.181-182
72. BVerwG, Urt. v. 21.8.1996 – 11 C 9.95 – (Entscheidungsumfang und Kontrolldichte bei der atomrechtlichen Änderungsgenehmigung – KKW Krümmel), in: JuS 1997, 568-570
73. BVerwG, Urt. v. 6.12.1996 – 7 C 64/95 – (Anspruch auf schriftliche Mitteilung bestimmter Umweltinformationen), in: JuS 1998, S.87-88
74. BVerfG (1. Kammer des Ersten Senats), Beschl. v. 17.2.1997 1 BvR 1658/96 – (Schutzpflicht bezüglich elektromagnetischer Felder), in: JuS 1998, S.184-185
75. BVerwG, Urt. v. 14.1.1998 – 11 C 11.96 – (Ermittlungs- und Bewertungsdefizit bei Genehmigung eines Kernkraftwerks – Mülheim-Kärlich), in: JuS 1998, S.855-856
76. BVerwG, Urt. v. 19.5.1998 – 4 A 9/97 – (Planfeststellung für Ostseeautobahn), in: JuS 1999, S.301-303
77. BVerfG (3. Kammer des Ersten Senats), Beschl. v. 26.5.1998 – 1 BvR 1980/88 – (Keine Entschädigung für immissionsbedingte Waldschäden), in: JuS 1999, S.406-408
78. VGH München, Urt. v. 21.4.1998 – 20 B 91/3253 u.a. – (Planfeststellung für Errich-

tung eines Müllkraftwerks), in: JuS 1999, S.718-720
79. EuGH, Urt. v. 22.10.1998 – Rs. C-301/95 (Kommission/Bundesrepublik Deutschland – Ungenügende Umsetzung der UVP-Richtlinie), in: JuS 1999, S.827-829
80. OVG Schleswig, Urt. v. 17.4.1998 – 2 K 2/98 – (Naturschutzrechtliche Genehmigung einer Stromleitung), in: JuS 2000, S.200-201
81. VGH Mannheim, Beschl. v. 5.8.1998 – 8 S 1906/97 – (Überprüfung einer Wasserschutzgebietsverordnung), in: JuS 2000, S.617-619
82. EuGH, Urt. v. 25.2.1999 – Rs. C-164/97 und C-165/97 – (Schutz des Waldes in der Gemeinschaft), in: JuS 2000, S.619-620
83. BVerwG, Urt. v. 20.12.1999 – 7 C 15/98 – (Anwendungsvoraussetzungen normkonkretisierender Verwaltungsvorschriften), in: JuS 2000, S.927-929
84. BVerwG, Urt. v. 28.10.1999 – 7 C 32/98 – (Freier Zugang zu Umweltinformationen), in: JuS 2000, S.929
85. EuGH, Urt. v. 15.6.2000 – verb. Rs. C-418/97 u. C-419/97 – ARCO Chemie u.a. – (Zur Definition des europarechtlichen Abfallbegriffs), in: JuS 2001, S.85-87
86. EuGH, Urt. v. 23.5.2000 – Rs. C-209/98 – Entreprenørforeningens Affalds (Marktfreiheit und Umweltschutz im europäischen Abfallrecht), in: JuS 2001, S.87-89
87. BVerwG, Urt. v. 27.3.2000 – 7 C 25/98 (Gebühr für Erteilung von Umweltinformationen), in: JuS 2001, S.89-91
88. BVerwG, Urt. v. 27.1.2000 – 4 C 2/99 (Planfeststellung und Flora-Fauna-Habitat-Richtlinie), in: JuS 2001, S.196-198
89. BVerwG, Urt. v. 13.4.2000 – 7 C 47/98 (Andienungspflichten für besonders überwachungsbedürftige Abfälle), in: JuS 2001, S.303-305
90. BVerwG, Urt. v. 15.6.2000 – 3 C 4/00 (Überlassungspflicht für Abfälle zur Beseitigung), in: JuS 2001, S.408-409
91. EuGH (6. Kammer), Urt. v. 7.12.2000 – Rs. C-374/98 – Kommission der EG / Französische Republik (Verhältnis der Vogelschutz-Richtlinie zur FFH-Richtlinie), in: JuS 2001, S.824-825
92. BVerwG, Urt. v. 11.1.2001 – 4 C 6/00 (Naturschutzrechtlicher Artenschutz innerhalb im Zusammenhang bebauter Ortsteile), in: JuS 2001, S.1233-1234
93. EuGH, Urt. v. 7.11.2000 – C 371/98 (Verfahren bei der Auswahl von Schutzgebieten), in: JuS 2001, S.1234-1235
94. BVerwG, Urt. v. 21.6.2001 – 7 C 21/00 (Festsetzung eines höheren Emissionsgrenzwertes für Gesamtstaub), in: JuS 2002, S.94-95
95. VG Frankfurt a.M., Beschl. v. 2.3.2001 – 3 G 501/01 (Einstweilige Anordnung gegen Meldung eines FFH-Gebiets), in: JuS 2002, S.202-203
96. VG Gießen, Urt. v. 31.1.2001 – 6 E 1972/97 (Rechtmäßigkeit dualer Systeme), in: JuS 2002, S.512-513
97. EuGH, Urt. v. 13.12.2001 – Rs. C-324/99 (Abfallbeseitigung im Ausland ohne Einhal-

tung deutscher Standards erlaubt – Daimler Chrysler AG/Land Baden-Württemberg), in: JuS 2002, S.916-918
98. EuGH, Urt. v. 27.1.2002 – Rs. C-6/00 (Bergversatz als Beseitigung oder Verwertung von Abfällen – Abfall Service AG [ASA]/Bundesminister für Umwelt, Jugend und Familie), in: JuS 2002, S.1130-1132
99. VG Düsseldorf, Urt. v. 3.9.2002 – 17 K 1907/02 (Rechtswidrigkeit der Pfandpflicht für Einweg-Getränkeverpackungen), in: JuS 2003, S.202-203
100. VGH Mannheim, Beschl. v. 3.9.2002 – 10 S 957/02 (Sofortige Vollziehung einer bodenschutzrechtlichen Anordnung), in: JuS 2003, S.507-508
101. OVG Münster, Beschl. v. 1.7.2002 – 10 B 788/02 (Nachbarklage gegen Windenergieanlage), in: JuS 2003, S.508-510
102. VGH Mannheim, Beschl. v. 29.11.2002 – 5 S 2312/02 (Naturschutzrechtliche Vereinsklage und Umweltprüfung nach FFH-Richtlinie), in: JuS 2003, S.1034-1037
103. BVerwG, Beschl. v. 17.12.2002 – 7 B 119/02 (Konzentrationswirkung immissionsschutzrechtlicher Genehmigungen), in: JuS 2003, S. 1242-1243
104. BVerwG, Beschl. v. 16.6.2003 – 4 B 37/03 (Auswahl von Vogelschutz- und FFH-Gebieten durch die Mitgliedstaaten), in: JuS 2004, S. 452-454
105. VG Gießen, Urt. v. 29.1.2003 – 8 E 2187/02 (Schädliche Umwelteinwirkungen i.S. des § 3 I BImSchG), in: JuS 2004, S. 638-640
106. VGH München, Beschl. v. 22.9.2003 – ZB 03.1166 und 03.1352 (Ablagerung von Abfall außerhalb einer Deponie), JuS 2004, S. 640-643
107. BVerwG, Urt. v. 11.12.2003 – 7 C 19/02 (Schutzpflicht und Vorsorgepflicht), in: JuS 2004, S. 1026-1029
108. BVerwG, Urt. v. 30.6.2004 – 4 C 9/03 (Zulassungsregime für Windkraftanlagen), in: JuS 2005, S. 189-192
109. EuGH (2. Kammer), Urt. v. 7.9.2004 – C-1/03 (Paul Van de Walle u.a. – Kontaminiertes Erdreich als Abfall), in: JuS 2005, S. 361-363
110. EuGH (2. Kammer), Urt. v. 13.1.2005 – C-117/03 (Società Dragaggi SpA u.a. – Erforderlichkeit von Schutzmaßnahmen nach der FFH-Richtlinie), in: JuS 2005, S. 665-667
111. EuGH, Urt. v. 14.4.2005 – C-6/03 (Deponiezweckverband Eiterköpfe / Land Rheinland-Pfalz – Strengere nationale Regeln für Abfalldeponien), in: JuS 2006, S. 92-96
112. BVerwG, Urt. v. 30.6.2005 – 7 C 26/04 (Emissionshandelssystem für Treibhausgase verfassungsgemäß), in: JuS 2006, S. 280-283
113. BVerwG, Urt. v. 18.5.2005 – 7 C 5/04 (Gewährung von Akteneinsicht nach dem Umweltinformationsgesetz), in: JuS 2006, S. 572-573
114. VG Freiburg, Urt. v. 28.10.2005 – 1 K 1928/04 (Rücknahme einer immissionsschutzrechtlichen Genehmigung für Windfarm), in: JuS 2006, S. 1037-1039
115. BVerwG, Urt. v. 16.3.2006 – 7 C 3/05 (Sanierungspflicht des Gesamtrechtsnachfolgers), in: JuS 2007, S. 276-279

116. VGH München, Urt. v. 18.5.2006 – 22 BV 05.2461 und 22 BV 05.2462 (Überschreitung des Immissionsgrenzwerts für Feinstaubpartikel), in: JuS 2007, S. 676-680
117. OVG Koblenz, Urt. v. 2.6.2006 – 8 A 10267/06 (Umfang des Umweltinformationsanspruchs), in: JuS 2007, S. 770-772
118. BVerfG, Beschl. v. 13.3.2007 – 1 BvF 1/05 (Vereinbarkeit der Erstzuteilung von Treibhausgas-Emissionszertifikaten mit dem Grundgesetz), in: JuS 2007, S. 1052-1056
119. BVerwG, Beschl. v. 29.3.2007 – 7 C 9/06, und BVerwG, Urt. v. 27.9.2007 (Überschreitung des Immissionsgrenzwerts für Feinstaubpartikel), in: JuS 2008, S. 270-274
120. BVerwG, Urt. v. 10.4.2008 – 7 C 39/07 (Anspruch der Nachbarn auf Schutz gegen terroristische Anschläge auf Zwischenlager), in: JuS 2008, S. 831-833
121. BVerwG, Urt. v. 29.8.2007 – 4 C 2/07 (Normkonkretisierende Wirkung der TA Lärm), in: JuS 2008, S. 1022-1024
122. EuGH, Urt. v. 25.7.2008 – C-237/07 (Überschreitung des Immissionsgrenzwerts für Feinstaubpartikel), in: JuS 2009, S. 74-76
123. OVG Berlin-Brandenburg, Beschl. v. 23.6.2008 – 11 S 35/07 (Mitwirkungsrechte von Naturschutzverbänden und immissionsschutzrechtliche Konzentrationswirkung), in: JuS 2009, S. 751-752
124. BVerwG, Urt. v. 11.11.2008 – 9 A 52/07 (Ausgleichs- und Ersatzmaßnahmen), in: JuS 2009, S. 1135-1137
125. BVerwG, Urt. v. 18.6.2009 – 7 C 16/08 (Überlassung von Hausmüll an öffentlich-rechtlichen Entsorgungsträger), in: JuS 2010, S. 564-566
126. BVerfG, Beschl. v. 18.2.2010 – 2 BvR 2502/08 (Grundrechtliche Schutzpflichten – „Schwarze Löcher "), in: JuS 2010, S. 1038-1040
127. EGMR, Beschl. v. 15.5.2009 – Nr. 18215/06 – Greenpeace u.a. / Deutschland (Staubpartikelemissionen durch Dieselfahrzeuge), in: JuS 2011, S. 767-768
128. VG Gießen, Urt. v. 12.5.2010 – 8 K 4071/08 – Marburger Solarsatzung, in: JuS 2011, S. 1145-1147
129. EuGH, Urt. v. 12.5.2011 – C-115/09 – Trianel Kohlekraftwerk (Verbandsklage), in: JuS 2011, S. 1147-1149

IV. Sonstiges (その他)

1. Stellungnahme im Rahmen der öffentlichen Anhörung des Auswärtigen Ausschusses über den Entwurf eines Vertrages zur Gründung der Europäischen Union mit „Thesen zum Entwurf eines Vertrages zur Gründung der Europäischen Union" , in: Deutscher Bundestag, 10. Wahlperiode, Auswärtiger Ausschuß – 712 - 2450 – Stenographisches Protokoll der 52. Sitzung des Auswärtigen Ausschusses am 2.10.1985
2. Stellungnahme zum Entwurf eines ... Gesetzes zur Änderung des Grundgesetzes (Artikel 29 Abs. 7) – BT-Drs. 10/4264 – im Rahmen der öffentlichen Anhörung des Rechtsausschusses am 5.6.1986, in: Deutscher Bundestag, 10. Wahlperiode 1983, 6.

Ausschuß, Protokoll Nr. 87: Stenographisches Protokoll der 87. Sitzung des Rechtsausschusses am Donnerstag, dem 5. Juni 1986, S.46-50, 116 f. (mündliche Stellungnahme) und S.167-185 (schriftliche Stellungnahme)
3. Deutschlands aktuelle Verfassungslage. Bericht über die Sondertagung der Deutschen Staatsrechtslehrer, in: JZ 1990, S.682-686
4. Stellungnahme zu den Entwürfen der neuen Begleitgesetzgebung zum Vertrag von Lissabon, in: Deutscher Bundestag, 16. Wahlperiode, Ausschuss für die Angelegenheiten der Europäischen Union, Protokoll der 90. Sitzung am 26./27.8.2009, A-Drs. Nr. 16(21)910, S. 215-230, http://www.bundestag.de/bundestag/ausschuesse/a21/anhoerungen/90_sitzung/stellungnahmen/murswiek.pdf

Außerdem Buchbesprechungen（その他の書評）in:
ZaöRV 37 (1977), S.334-336; NJW 1980, S.1836; Der Staat 20 (1981), S.616-618; NJW 1981, S.1137; Die Verwaltung 15 (1982), S.379-382; DÖV 1985, S.843f.; DÖV 1985, S.934f.; Der Staat 25 (1986), S.123-126; AöR 111 (1986), S.256-262; DVBl. 1988, S.252f.; NVwZ 1988, S.519; NJW 1988, S.2287f.; DVBl. 1991, S.68f.; Der Staat 32 (1993), S.633-637; AöR 120 (1995), S.339-340; Der Staat 46 (2007), S. 295-300

V. Herausgeber / Mitherausgeber（編集／共同編集）
a) Bücher（本）
1. Aktuelle rechtliche und praktische Fragen des Volksgruppen- und Minderheitenschutzrechts. (Staats- und völkerrechtliche Abhandlungen der Studiengruppe für Politik und Völkerrecht Bd. 13) Verlag Wissenschaft und Politik, Köln 1994, 153 S. (zusammen mit Dieter Blumenwitz)
2. Der Beitritt der Staaten Ostmitteleuropas zur Europäischen Union und die Rechte der deutschen Volksgruppen und Minderheiten sowie der Vertriebenen. (Staats- und völkerrechtliche Abhandlungen der Studiengruppe für Politik und Völkerrecht Bd. 16) Verlag Wissenschaft und Politik, Köln 1997, 196 S. (zusammen mit Dieter Blumenwitz und Gilbert Gornig)
3. Rechtsanspruch und Rechtswirklichkeit des europäischen Minderheitenschutzes. (Staats- und völkerrechtliche Abhandlungen der Studiengruppe für Politik und Völkerrecht Bd. 17) Verlag Wissenschaft und Politik, Köln 1998, 176 S. (zusammen mit Dieter Blumenwitz und Gilbert Gornig)
4. Fortschritte im Beitrittsprozeß der Staaten Ostmittel-, Ost- und Südosteuropas zur Europäischen Union. (Staats- und völkerrechtliche Abhandlungen der Studiengruppe für Politik und Völkerrecht Bd. 18) Verlag Wissenschaft und Politik, Köln 1999, 171 S. (zusammen mit Dieter Blumenwitz und Gilbert Gornig)
5. Staat – Souveränität – Verfassung. Festschrift für Helmut Quaritsch zum 70. Geburtstag. (Schriften zum öffentlichen Recht Bd. 814) Duncker & Humblot, Berlin 2000,

VIII, 721 S. (zusammen mit Ulrich Storost und Heinrich A. Wolff)
6. Die Macht des Geistes. Festschrift für Hartmut Schiedermair. C.F. Müller Verlag, Heidelberg 2001, XIV, 1008 S. (zusammen mit Dieter Dörr, Udo Fink, Christian Hillgruber und Bernhard Kempen)
7. Ein Jahrhundert Minderheiten- und Volksgruppenschutz. (Staats- und völkerrechtliche Abhandlungen der Studiengruppe für Politik und Völkerrecht Bd. 19) Verlag Wissenschaft und Politik, Köln 2001, 200 S. (zusammen mit Dieter Blumenwitz und Gilbert Gornig)
8. Minderheitenschutz und Demokratie. (Staats- und völkerrechtliche Abhandlungen der Studiengruppe für Politik und Völkerrecht Bd. 20) Duncker & Humblot, Berlin 2004, 204 S. (zusammen mit Dieter Blumenwitz und Gilbert H. Gornig)
9. Die Europäische Union als Wertegemeinschaft. (Staats- und völkerrechtliche Abhandlungen der Studiengruppe für Politik und Völkerrecht Bd. 22) Duncker & Humblot, Berlin 2005, 312 S. (zusammen mit Dieter Blumenwitz und Gilbert H. Gornig)
10. Das Recht auf die Heimat. (Staats- und völkerrechtliche Abhandlungen der Studiengruppe für Politik und Völkerrecht Bd. 23) Duncker & Humblot, Berlin 2006, 182 S. (zusammen mit Gilbert H. Gornig)
11. Minderheitenschutz und Menschenrechte. (Staats- und völkerrechtliche Abhandlungen der Studiengruppe für Politik und Völkerrecht Bd. 22) Duncker & Humblot, Berlin 2006, 241 S. (zusammen mit Dieter Blumenwitz und Gilbert H. Gornig)
12. Kulturgüterschutz – internationale und nationale Aspekte. (Staats- und völkerrechtliche Abhandlungen der Studiengruppe für Politik und Völkerrecht Bd. 24) Duncker & Humblot, Berlin 2007, 272 S. (zusammen mit Gilbert H. Gornig und Hans-Detlef Horn)
13. Eigentumsrecht und Enteignungsunrecht. Analysen und Beiträge zur Vergangenheitsbewältigung. Teil 1. (Staats- und völkerrechtliche Abhandlungen der Studiengruppe für Politik und Völkerrecht Bd. 25/1) Duncker & Humblot, Berlin 2008, 322 S. (zusammen mit Gilbert H. Gornig und Hans-Detlef Horn)
14. Eigentumsrecht und Enteignungsunrecht. Analysen und Beiträge zur Vergangenheitsbewältigung. Teil 2. (Staats- und völkerrechtliche Abhandlungen der Studiengruppe für Politik und Völkerrecht Bd. 25/2) Duncker & Humblot, Berlin 2009, 261 S. (zusammen mit Gilbert H. Gornig und Hans-Detlef Horn)
15. Eigentumsrecht und Enteignungsunrecht. Analysen und Beiträge zur Vergangenheitsbewältigung. Teil 3. (Staats- und völkerrechtliche Abhandlungen der Studiengruppe für Politik und Völkerrecht Bd. 25/3) Duncker & Humblot, Berlin 2012, 234 S. (zusammen mit Gilbert H. Gornig und Hans-Detlef Horn)
16. Das Selbstbestimmungsrecht der Völker – eine Problemschau (Staats- und völkerrechtliche Abhandlungen der Studiengruppe für Politik und Völkerrecht Bd. 27). Duncker & Humblot, Berlin 2013, 206 S. (zusammen mit Gilbert H. Gornig und Hans

Detlef Horn)
17. Nationales Wahlrecht und internationale Freizügigkeit. (Staats- und völkerrechtliche Abhandlungen der Studiengruppe für Politik und Völkerrecht Bd. 29) Duncker & Humblot, Berlin 2015, 227 S (zusammen mit Gilbert H. Gornig und Hans-Detlef Horn)

b) **Buchreihen**（叢書）
18. Staats- und völkerrechtliche Abhandlungen der Studiengruppe für Politik und Völkerrecht. Verlag Wissenschaft und Politik, Köln (bis Bd. 19); ab Bd. 20: Verlag Duncker & Humblot, Berlin (zusammen mit Dieter Blumenwitz u.a.)

c) **Zeitschriften**（雑誌）
19. Natur + Recht. Springer-Verlag, Berlin Heidelberg New York (zusammen mit Ulrich Battis, Claus Carlsen u.a.)
20. Zeitschrift für Rechtsphilosophie. Lit-Verlag, Münster (zusammen mit Heinrich Wilms u.a.) [2003-2009]

索　引

事項索引

い

委譲　83, 373, 385〜388, 390, 392〜403, 405〜408, 410〜413, 415, 417, 418, 420
一般的行為自由　210, 213〜216, 227, 266
一般的人格権　139, 156, 167, 168
イミッシオン　7, 9, 12, 26, 29〜36, 38〜41, 43, 45, 46, 304
因果関係　21, 189, 280, 340, 342, 344, 349, 354, 356

う

受け皿基本権　214, 215

え

エミッシオン　32, 33, 35〜40

お

欧州中央銀行（EZB）　457, 458, 479
欧州通貨同盟（EWU）　457
欧州法親和性　430

か

改正できない（unabänderlich）憲法原理　375, 376, 385, 407, 409, 411, 458〜460, 468, 472, 478, 480
外部費用の内部化　305, 306
革命　71, 210, 275, 276, 459, 462, 463, 478
過激派　132, 151〜158, 161

可能性の留保　86, 110, 123, 125
環境汚染の自由　266, 271, 329
環境公課　260〜265, 268
環境財　102, 244, 262〜268, 271, 303, 304, 306〜308, 323〜326, 328, 330, 331, 336, 345, 347, 349, 351〜357, 359, 361〜366
環境侵害（Umweltbeeinträchtigung）　23, 241, 263, 264, 340, 342, 347, 351, 356〜358, 365, 366
環境破壊（Umweltbeeinträchtigung）　6〜8, 10, 36, 41
環境利用権限の分配　347, 352, 361
間接的な（基本権）介入　135, 159, 194
間接的・事実上の干渉　224
間接的（な）行動制御　133, 135, 142

き

危険　6, 7, 14, 15, 17〜24, 26〜31, 33, 37, 39, 41, 75, 123, 124, 127, 131, 149, 152, 187, 191, 221, 234, 248, 252, 278, 281, 282, 284, 286, 294, 297, 299, 315, 338〜344, 346〜349, 352〜362, 364, 366, 397, 416, 435, 436, 453, 462, 463, 472
危険閾値　343, 346, 348, 358
危険除去（原則）（Gefahrenabwehr）　338〜344, 346〜349, 354, 355, 358, 359, 361, 366
危険の疑い　344
危険の負荷限界に対する安全距離　348, 349, 353, 358, 361, 364
危険防御（Gefahrenabwehr）　17〜19, 21, 22, 24, 26, 28, 248, 278, 281
技術法　276, 283, 288

事項索引 513

基本権制約　　　　　　　　138, 139
基本権ドグマーティク　　45, 46, 165, 166,
　　　　173, 178, 180, 181, 190, 192, 193, 195,
　　　　199, 200, 203, 205, 206, 209, 214, 215,
　　　　480
基本権の保護領域　134, 143, 144, 160, 170,
　　　　184, 185, 200〜202, 209, 214
基本権保護義務　6〜8, 17, 23, 26, 33, 34, 38,
　　　　42, 45, 46, 247, 248, 271, 272, 340, 341
客観的な保護義務　　　35, 476, 478, 480
給付請求権　　12, 52, 54, 55, 57〜60, 65〜67,
　　　　86, 90, 93〜95, 98, 103, 111, 113, 114,
　　　　121, 125〜127
行政的侵襲　　　　　　　　153, 155
行政法の予防的機能　　　　　277
競争原則　　　　　　　　　　174
協働原則　　　　　　　　　338, 339
許可証（モデル）　　　　259〜261, 306

け

警告　　131〜133, 135〜140, 143, 145〜149,
　　　　151, 153, 156〜161, 165〜168, 172, 173,
　　　　176, 178, 179, 182〜185, 191〜195, 207,
　　　　224
経済的手法　　250, 257, 261, 262, 268, 270
形式的自由　　　　　　　　69, 70, 75
継続的な安全調査　　　　　286, 299
原因者負担原則　　257, 268, 304, 305, 328
権限移譲　　　　　　　　　　443
権限逸脱審査　　　　　416, 417, 448〜450
権限（・）権限　388, 394, 396, 412, 413, 416,
　　　　417, 431, 433, 435, 444, 446
現在の知見　　　　344, 349, 353, 360
現実的自由　69, 70, 75, 76, 104, 108, 109, 111,
　　　　112, 123, 126
現実領域　　　　　　　209〜211, 219
限定された個別的授権の原理　388, 401〜

　　　　403
憲法異議　23, 36, 173, 179, 180, 215, 375, 409,
　　　　410, 425, 452, 471, 476, 478〜480
憲法委託　　　　　85, 89, 107, 112, 113
憲法改正権者（verfassungsändernder
　　　Gesetzgeber）　　　373, 379, 381〜384,
　　　　386, 389, 393, 411, 420
憲法改正の限界　382, 385, 386, 459, 479, 481
憲法改正立法者（verfassungsändernder
　　　Gesetzgeber）　　　　　459, 462, 479
憲法原則　73, 84, 94, 377, 386, 429, 431, 447
憲法上の行為義務　　　　　　470
憲法制定権力　　373, 377, 379, 380, 384, 385,
　　　　388, 393〜395, 408〜412, 417, 420, 421,
　　　　430〜432, 439, 474〜477, 481
憲法（の）アイデンティティ　　446, 447,
　　　　457, 459, 468, 473, 479
憲法の根本原理　　457, 459, 461〜466, 468,
　　　　471〜474, 476〜481
憲法保護義務　　　　　　　　457
憲法擁護報告　　　　　　132, 150〜158

こ

公共財（産）　　　　　　16, 66, 262
高権的諸権利　　385〜388, 392〜403, 405〜
　　　　407, 411, 413, 420
行動誘導　　　　　　131, 134, 140, 159
国際機関　385〜387, 396, 397, 400, 401, 413,
　　　　420
国民主権　　　　　　409, 418, 420, 421
国民の憲法制定権力　379, 384, 385, 409,
　　　　421, 431, 474〜477, 481
国家指導　　　　　　　186〜188, 196
国家責任　　　　　　　　42, 59, 146
国家の保護義務　　　　24, 202, 248, 473
個別的自由権　101, 168, 203〜205, 210, 213,
　　　　214, 216, 218, 220, 225〜227, 229, 230,

さ

最低限度の生存　　113〜116, 123, 124, 126
最適化　　199, 200, 291, 360, 361, 365, 366
残存リスク　　27, 285, 287, 288, 299

し

資源管理　　347, 349, 351, 363, 367
始源的配分参与権　　58, 96, 104
資源配慮　　345〜347, 349, 359, 361〜363, 366
資源利用料　　303, 323〜325, 327, 331
試行錯誤　　284, 286
事項領域・生活領域　　209, 216
自己責任　　250, 253, 269, 398
自主協定　　250〜253, 270
自主性　　241, 243, 248, 250, 255, 261, 270, 271
自然状態　　246
事前配慮（Vorsorge）　　123, 241, 287, 335, 337〜340, 342〜349, 358〜366
事前配慮原則（Vorsorgeprinzip）　　335, 337〜340, 342〜347, 358〜366
持続可能性（原則）　　335〜339, 349〜366
持続可能な発展　　335, 336, 352, 353, 362, 363
実験法律　　284, 286, 299
自動車のない日曜日　　255
社会的基本権　　54, 58, 59, 60, 71, 76, 77, 79〜90, 107
集積（集積すること）　　342, 343, 348, 349, 356, 361, 364
十分な蓋然性　　19, 22, 33, 281, 285, 341, 353, 354, 366
受益者負担金　　309, 317〜322, 326
主観的な保護請求権　　35, 36, 474, 478, 480
主権　　361, 373, 375, 377〜381, 383〜393, 395〜399, 401, 403〜409, 411〜415, 417〜421, 429〜431, 433〜436, 442〜445, 448〜452, 474
主権国家性　　373, 375, 377〜380, 385〜391, 393, 395, 403〜405, 407〜409, 411, 413〜415, 417〜421, 429〜431, 433, 436, 443, 444, 448, 450, 452
受忍義務　　11, 12, 32, 36, 38, 43, 46, 47, 245
遵守義務　　460, 461
情報提供　　40, 41, 131, 132, 141, 147, 148, 151, 154, 155, 158〜161, 194, 340
条約の主人　　395, 396, 408, 412
職業の自由　　60, 70, 87, 104, 107, 134, 136, 137, 144, 147, 157, 165, 169〜171, 173〜180, 184, 189, 190, 194, 207, 215, 224, 225, 266
信教の自由　　165, 167, 169, 172, 183, 187, 188, 189, 194
審査段階　　195, 201

す

推奨　　131〜133, 135, 136, 140, 143, 146, 148, 153, 157〜159, 161, 165, 166, 168, 178, 182, 183, 289

せ

政党　　61, 62, 72, 75, 80, 97, 101, 121, 149, 153, 156, 382, 461, 462, 467, 468, 472, 480, 484
正当化　　9, 12, 14, 18, 20, 23, 32, 38, 46, 59, 75, 87, 92, 96, 99, 100, 108, 111, 122, 127, 134, 135, 139, 140, 152, 153, 158, 161, 166, 169, 172, 173, 175, 176, 180, 184, 185, 187, 189〜191, 195, 200, 202〜205, 207, 213, 217, 219, 222, 225, 227, 234, 235, 252, 289, 300, 309, 313, 314, 316, 318〜323, 325〜327, 330, 339, 382, 394,

事項索引　515

ゼクテ（Sekte）　408, 409, 411～413
　　　　　　　　171, 172, 182, 192
セクト（Sekte）　131, 133, 138, 143, 146, 149,
　　　　　　　　151, 156, 157, 206, 221
全会一致原則　427

そ

ソフトな技術　290
損害回避（原則）　339～341, 355, 358, 366, 367
損害配慮　277
損害予防　278, 299

た

第1次的諸原則　338, 339
対価的賦課金　317, 318, 322, 323, 325, 326, 327
脱退権　398, 399, 444
単純法律による授権の基礎　181～183

ち

地下水（取水）賦課金　307～309, 312～317, 323, 325, 327
蓄積　29, 30, 32, 195, 275, 303, 343, 348, 349, 355, 361, 364, 407, 416

て

抵抗権　290, 477, 480, 481
手続・組織への配分参与　63, 65
伝統的な意味での介入　181
伝来的配分参与権　58, 92, 95, 97, 102, 128

と

等価原則　321
統合（のための）授権　376, 386, 391
統合授権　387, 389, 392～396, 402, 411～415, 444, 445, 449

に

人間の尊厳　8, 10, 120～122, 127, 212, 294, 295, 460, 461, 465, 470, 475, 480

は

配分参与権　53～65, 67, 68, 71, 74, 75, 77, 86～88, 90, 92～97, 99, 102～105, 107～111, 113, 114, 116, 117, 119, 122, 125～128, 240, 266, 267, 271

ひ

開かれた社会の行政法　290
比例原則　92, 111, 127, 135, 158, 185, 188, 200

ふ

賦課金　303, 306～310, 312～323, 325～331
負荷限界　347-349, 351-353, 355, 358～362, 364
不可侵原則に基づく審査　446～448, 450
プロジェクトを横断する技術的影響の管理　291

へ

変更できない（unabänderlich）

516

——憲法の核心　　　　　458, 466〜468
——憲法（の根本）原理　375, 376, 385,
　　407, 409, 411, 458〜460, 468, 472, 478,
　　480

ほ

法益　　6, 7, 9〜12, 15, 17, 19, 27, 36〜38, 41,
　　45, 59, 63, 65, 68, 113, 119, 120, 136,
　　139, 144, 170, 171, 179, 180, 185, 188,
　　191, 193, 201, 203, 210, 216〜226, 228,
　　230, 231, 245〜249, 271, 276, 278, 292,
　　294, 340〜346, 348, 354〜359, 361, 362,
　　364〜366, 460, 463, 466, 470〜474,
　　476〜478, 480
法益秩序　　　　　　　　　　　　　　228
防御　　7, 10, 12, 15〜19, 21, 22, 24, 26, 28, 35,
　　36, 46, 47, 91, 104, 108, 109, 131, 139,
　　187, 219, 245, 248, 276, 278, 281, 324,
　　358, 464, 469
法治国家原理　　　　　120, 126, 462
法律の留保　181, 182, 185, 193, 196, 200, 204,
　　205, 227, 462
暴力禁止　　　　　　　226〜228, 477
保護義務　　6〜10, 12〜17, 22〜30, 33〜38, 42
　　〜47, 113, 125, 202, 247, 248, 269, 271,
　　272, 340, 341, 357, 457, 458, 460, 461,
　　469〜471, 473, 474, 476〜478, 480, 481
保護原則　　338, 339, 341〜344, 346, 347, 353
　　〜362, 364〜366
保護請求権　　35〜37, 58, 63, 113, 125, 126,
　　474, 478, 480
保護領域　　77, 115, 125, 127, 134, 139, 141,
　　143, 144, 146, 148, 154, 156, 160, 167,
　　169〜173, 184, 185, 190, 200〜203, 205
　　〜219, 221〜223, 225, 226, 234, 235
保障内容　205, 209, 211〜213, 216〜220, 222,
　　225, 226, 232, 233, 447

保障領域　　169〜172, 207, 229, 231

み

水料金　　　　　　307, 309〜312, 317
民主主義原則　　　　　　　　　　　441
民主主義的原則　　　　　　　　　　443
民主主義的正統性　425, 426, 428, 432, 436〜
　　438, 440〜443, 452, 481

も

目的志向性　　　　　　　　　　　　137
持分（Teilhabe）　　　　324, 330, 331

ゆ

ユーロ危機　　　　　　　　　　　　457

よ

予防原則（Vorsorgeprinzip）　　249, 346

り

リスク　　18〜22, 30, 37, 38, 81, 123, 131, 191,
　　192, 203, 249, 252, 254, 275, 279〜288,
　　290, 291, 294, 297, 299, 300, 342〜346,
　　348, 349, 354, 359〜361, 365〜367, 457
リスク調査　　　　　　　　　285〜287
リスク配慮　284, 343〜349, 358〜363, 365,
　　366
リスク評価　22, 278, 279, 283, 287, 289, 299,
　　300
リスク評価の政治的特徴　　　　　287
リスボン条約　77, 373, 375, 392, 395, 403,
　　404, 406, 407, 415〜420, 425〜428, 433
　　〜438, 440, 442〜444, 446〜453

事項索引　517

立憲国家　　　131, 213, 226, 228, 299, 377, 378,
　　　　　　　396, 407, 463, 464, 466
立法義務　　　23, 25, 46, 469
料金　66, 308〜313, 315〜318, 320〜327, 329
　　　　　　　〜331

れ

連邦行政裁判所　　136〜144, 146, 148, 159,
　　　　　　　168, 169, 186, 193
連邦憲法裁判所　　7, 12, 13, 17, 19, 22〜26,
　　35, 52, 61〜63, 106, 107, 112, 113, 121〜
　　124, 126, 139, 153〜155, 159, 161, 165,
　　167, 169〜174, 177〜180, 182, 184, 185,
　　187〜190, 193〜196, 200, 204, 206〜
　　209, 212〜217, 220, 225, 226, 228, 229,
　　234, 248, 280, 314, 321, 322, 329, 331,
　　373〜375, 380, 381, 391, 395, 396, 406〜
　　421, 425, 426, 428, 430, 431〜434, 436,
　　438, 441〜454, 457, 459, 461〜463, 466,
　　469〜471, 473〜476, 480〜482
連邦国家　　　378, 379, 383, 385, 388, 392, 393,
　　　396, 398〜400, 403, 404, 406, 408〜410,
　　　412, 413, 420, 430, 431, 433, 440, 444,
　　　460

わ

ワイマール憲法　　　79, 125, 420, 458
若者宗教　　　171

EU（欧州連合）　　94, 306, 374, 415, 416, 425
　　　　　　　〜431, 433〜454, 457, 465, 466

判例索引

連邦憲法裁判所判例集（BVerfGE）

BVerfGE 1, 97	24, 469, 471
BVerfGE 1, 351	389
BVerfGE 5, 85 「ドイツ共産党違憲判決」	380
BVerfGE 6, 32 「エルフェス判決」	213
BVerfGE 6, 257	23, 469
BVerfGE 7, 198 「リュート判決」	464
BVerfGE 8, 1	23
BVerfGE 8, 28	94
BVerfGE 8, 274	309
BVerfGE 11, 255	23, 24, 469, 471
BVerfGE 12, 139	23
BVerfGE 13, 181	175
BVerfGE 14, 121	97
BVerfGE 18, 315	309
BVerfGE 18, 392	322
BVerfGE 20, 56	97
BVerfGE 20, 257	309
BVerfGE 23, 242	23
BVerfGE 24, 300	97
BVerfGE 28, 243	188
BVerfGE 29, 402	309
BVerfGE 32, 40	188
BVerfGE 32, 273	80
BVerfGE 33, 303 「大学入学定数制判決」	99, 106, 107, 112
BVerfGE 34, 160	97
BVerfGE 34, 269	464
BVerfGE 35, 79	115, 119, 140
BVerfGE 36, 1 「基本条約判決」	377, 380, 381
BVerfGE 37, 1	309
BVerfGE 37, 271	410
BVerfGE 39, 1 「第1次堕胎判決」	14, 248, 464
BVerfGE 39, 258	101
BVerfGE 39, 276	101
BVerfGE 39, 334 「過激派決定」	153
BVerfGE 40, 121	114, 123
BVerfGE 40, 141	36
BVerfGE 40, 287	153, 154, 155, 189
BVerfGE 41, 126 「敗戦に伴う損害の賠償」	464
BVerfGE 43, 154	123
BVerfGE 43, 242	115
BVerfGE 43, 291	99
BVerfGE 44, 125 「広報活動判決」	149
BVerfGE 45, 187	114
BVerfGE 46, 120	175
BVerfGE 46, 160 「シュライアー決定」	14, 15, 28, 36, 248, 464
BVerfGE 47, 198	97
BVerfGE 47, 327	140
BVerfGE 48, 127	188
BVerfGE 49, 24	175
BVerfGE 49, 89 「カルカー決定」	7, 8, 12, 13, 17, 21, 248, 280, 341, 464
BVerfGE 50, 217	309, 318, 321, 322, 326
BVerfGE 51, 324	17
BVerfGE 52, 63	61
BVerfGE 52, 214	17
BVerfGE 52, 369	94
BVerfGE 53, 30 「ミュールハイム＝ケルリッヒ原発判決」	7, 13, 17, 22, 36, 248, 341, 464

BVerfGE 55, 100	94		379, 437
BVerfGE 55, 274	309, 315	BVerfGE 85, 36	99
BVerfGE 55, 349 「ヘス決定」	464	BVerfGE 85, 264	97
BVerfGE 56, 54 「航空機騒音決定」	7, 13, 17, 23, 24, 36, 248, 464, 469, 471	BVerfGE 89, 155 「マーストリヒト判決」	388, 391, 395, 396, 402, 403, 406, 436, 445, 452, 475
BVerfGE 56, 82	24		
BVerfGE 58, 300 「砂利採取決定」	98, 262	BVerfGE 90, 1	140
BVerfGE 60, 68	80	BVerfGE 90, 107	114
BVerfGE 61, 82 「ザスバッハ決定」	22	BVerfGE 93, 319	iii
BVerfGE 61, 256	37	BVerfGE 98, 169	59
BVerfGE 66, 39 「軍備増強」	464	BVerfGE 104, 92 「第3次座り込みデモ判決」	208, 221
BVerfGE 66, 116	231		
BVerfGE 67, 256	309, 315, 327	BVerfGE 104, 337 「屠殺判決」	216
BVerfGE 69, 1	188	BVerfGE 105, 252 「グリコール決定」	164, 165, 207, 215, 224
BVerfGE 69, 37	31		
BVerfGE 69, 92	61	BVerfGE 105, 279 「オショー決定」	164, 165, 206, 207, 215, 219, 222, 223
BVerfGE 69, 257	97		
BVerfGE 69, 315 「ブロックドルフ原発決定」	62, 208	BVerfGE 106, 275	224
		BVerfGE 113, 88	114
BVerfGE 72, 1	94	BVerfGE 115, 25 「ニコラウス決定」	113
BVerfGE 72, 330	315	BVerfGE 123, 267 「リスボン判決」	iv, 373, 430, 431, 436, 442, 443, 444, 445, 446, 447, 448, 449, 450, 452, 475, 476, 477
BVerfGE 73, 40	61, 62, 315		
BVerfGE 74, 9	94		
BVerfGE 75, 40	114, 123, 124	BVerfGE 125, 175 「ハルツⅣ」	114, 121, 122, 123, 124
BVerfGE 77, 84	87		
BVerfGE 77, 137 「テソ」	380	BVerfGE 128, 226 「フラポート判決」	118
BVerfGE 77, 170 「化学兵器決定」	464, 474	BVerfGE 129, 124 「ユーロ救済の傘」	457, 470, 475, 476, 477
BVerfGE 77, 381 「ゴアレーベン」	464		
BVerfGE 78, 249	309, 327	BVerfGE 132, 195 「欧州金融安定メカニズム」	457, 475
BVerfGE 79, 174	464, 474		
BVerfGE 80, 137 「森林での乗馬決定」	213		
BVerfGE 80, 164	214	**連邦行政裁判所判例集（BVerwGE）**	
BVerfGE 81, 156	309, 327		
BVerfGE 81, 242 「代理商決定」	464	BVerwGE 2, 163	95
BVerfGE 81, 347	120	BVerwGE 4, 161	95
BVerfGE 82, 60	114, 121	BVerwGE 4, 342	101
BVerfGE 82, 159	309, 315	BVerwGE 5, 1	95
BVerfGE 83, 37 「市町村の外国人選挙権」		BVerwGE 12, 162	326

BVerwGE 13, 214　　　　　　　326
BVerwGE 14, 307　　　　　　　95, 96
BVerwGE 15, 190　　　　　　　95, 96
BVerwGE 27, 181　　　　　　　101
BVerwGE 27, 360　　　　　　　114
BVerwGE 32, 222　　　　101, 102, 115
BVerwGE 32, 333　　　　　　　97
BVerwGE 34, 278　　　　　　　95
BVerwGE 35, 159　　　　　　　98
BVerwGE 39, 235　　　　　　　91, 96
BVerwGE 44, 72　　　　　　　　95
BVerwGE 45, 51　　　　　　　　19
BVerwGE 47, 280　　　　　　　91
BVerwGE 52, 339　　　　　　　115
BVerwGE 58, 154　　　　　　　115
BVerwGE 61, 295　　　　　　　288
BVerwGE 69, 37　　　　　　　31, 292
BVerwGE 70, 300　　　　　　　281
BVerwGE 71, 183　「透明性リスト判決」
　　　　　　　136, 153, 168, 178, 193
BVerwGE 72, 300　　　　　　　282
BVerwGE 74, 308　　　　　　　310
BVerwGE 77, 285　　　　　　　288
BVerwGE 82, 76　138, 153, 168, 186, 187, 188, 189
BVerwGE 82, 76　「超越瞑想」138, 144, 187
BVerwGE 87, 37　「グリコール事件」137, 144, 153, 168, 179, 187, 193
BVerwGE 90, 112　「オショー事件」138, 144, 153, 158, 168
BVerwGE 91, 135　「ボン・ホーフガルテン」117
BVerwGE 102, 142　　　　　　99
BVerwGE 102, 304　「大学教員への批判」
　　　　　　　　　　　　・168, 193

編訳者・訳者略歴

編訳者

畑尻　剛（Tsuyoshi Hatajiri）
はた じり　　つよし

中央大学法学部教授（憲法学専攻）．1950年生まれ．中央大学大学院法学研究科博士後期課程単位取得退学．1992年，中央大学より博士（法学）号取得．城西大学経済学部教授，中央大学法科大学院法務研究科教授を経て，2005年より現職．主著：『憲法裁判研究序説』（尚学社，1988年）など．

訳者

工藤　達朗（Tatsuro Kudo）
く どう たつ ろう

中央大学法科大学院教授（憲法学専攻）．1956年生まれ．中央大学大学院法学研究科博士前期課程修了．中央大学法学部助手，同助教授および同教授を経て，2004年より現職．主著：『憲法学研究』（尚学社，2009年）など．

小山　剛（Go Koyama）
こ やま　　ごう

慶應義塾大学法学部教授（憲法学専攻）．1960年生まれ．慶應義塾大学大学院法学研究科博士後期課程単位取得退学．2005年，慶應義塾大学より博士（法学）号取得．名城大学法学部助教授，慶応義塾大学法学部助教授等を経て，2005年より現職．主著：『基本権保護の法理』（成文堂，1998年），『基本権の内容形成』（尚学社，2004年），『憲法上の権利の作法（第3版）』（尚学社，2016年）など．

柴田　憲司（Kenji Shibata）
しば た　けん じ

中央大学法学部助教（専任講師）（憲法学専攻）．1976年生まれ．中央大学大学院法学研究科博士課程後期課程修了．2012年，中央大学より博士（法学）号取得．2013年より現職．主著：「憲法上の比例原則について（1）（2・完）」法学新報第116巻9・10号，11・12号（2010年）．「比例原則と目的審査」同120巻1・2号（2013年）など．

島村　健（Takeshi Shimamura）
しま むら　　たけし

神戸大学大学院法学研究科教授（環境法専攻）．1973年生まれ．東京大学大学院法学研究科博士課程単位取得退学．2004年に神戸大学大学院法学研究科准教授，2012年より現職．主な論文としては，「環境法上の原因者負担原則に関する一考察」宇賀克也＝交告尚史編『現代行政法の構造と展開』（有斐閣・2016年）所収，「環境団体訴訟の正統性について」高木光ほか編『行政法学の未来に向けて』（有斐閣・2012年）所収がある．

玉蟲　由樹（Yuki Tamamushi）
たま むし ゆう き

日本大学法学部教授（憲法学・ドイツ公法学専攻）．1970年生まれ．上智大学大学院法学研究科博士後期課程単位取得退学．福岡大学法学部教授を経て，2015年より現職．主著：『人間の尊厳保障の法理―人間の尊厳条項の規範的意義と動態―』（尚学社，2013年）など．

土屋　武（Takeshi Tsuchiya）
つち や　　たけし

新潟大学法学部准教授（憲法学専攻）．1982年生まれ．中央大学大学院法学研究科博士課程後期課程単位取得退学．2013年より現職．共著：『ドイツの憲法裁判〔第二版〕』（中央大学出版部，2013年）など．

中西 優美子（Yumiko Nakanishi）

一橋大学大学院法学研究科教授（EU法専攻）．1969年生まれ．一橋大学大学院法学研究科修士課程修了．同大学院博士後期課程進学後，ドイツ・ミュンスター大学留学．1998年ミュンスター大学より法学博士号取得．専修大学法学部教授を経て，2012年より現職．主著：『法学叢書 EU法』（新世社，2012年），『EU権限の法構造』（信山社，2013年），『EU権限の判例研究』（信山社，2015年）など．

中原 茂樹（Shigeki Nakahara）

東北大学大学院法学研究科教授（行政法学専攻）．1968年生まれ．東京大学大学院法学政治学研究科博士課程単位取得退学．大阪市立大学法学部助教授（准教授）を経て，2009年より現職．主著：『基本行政法〔第2版〕』（日本評論社，2015年）など．

根森 健（Ken Nemori）

神奈川大学法科大学院特任教授（憲法学専攻）．1949年生まれ．早稲田大学大学院法学研究科博士後期課程単位取得退学．埼玉大学教養部・経済学部教授，東洋大学法科大学院教授，新潟大学法科大学院教授を経て，2016年4月より現職．主著：『資料集 人権保障の理論と課題』（尚学社，2002年）など．

松原 光宏（Mitsuhiro Matsubara）

中央大学法学部教授（憲法専攻）．1964年生まれ．中央大学法学部法律学科卒業．早稲田大学大学院法学研究科修士課程修了．ドイツ・キール大学法学博士（Dr. iur）．2007年より現職．最近の論文に「公法による将来形成」自治研究90巻7号（2014）など．

米田 雅宏（Masahiro Yoneda）

北海道大学大学院法学研究科教授（行政法学専攻）．1976年生まれ．東北大学大学院法学研究科博士後期課程単位取得退学．2004年，東北大学より博士（法学）号取得．金沢大学法学部助教授，北海道大学大学院法学研究科准教授を経て，2015年より現職．主著：「現代法における請求権—『客観法違反の是正を求める権利』の法的位置づけ」公法研究78号（有斐閣，2016年）127頁以下など．

ディートリッヒ・ムルスヴィーク論文集
基本権・環境法・国際法
日本比較法研究所翻訳叢書（77）

2017年3月30日　初版第1刷発行

編訳者　畑尻　剛
発行者　神﨑茂治

発行所　中央大学出版部
〒192-0393
東京都八王子市東中野742-1
電話 042 (674) 2351・FAX 042 (674) 2354
http://www2.chuo-u.ac.jp/up/

Ⓒ 2017　畑尻剛　　ISBN 978-4-8057-0378-6　　藤原印刷株式会社

本書の無断複写は，著作権法上での例外を除き，禁じられています．
複写される場合は，その都度，当発行所の許諾を得てください．

日本比較法研究所翻訳叢書

0	杉山直治郎訳	仏蘭西法諺	B6判（品切）
1	F・H・ローソン／小堀憲助他訳	イギリス法の合理性	A5判 1200円
2	B・N・カドーゾ／守屋善輝訳	法の成長	B5判（品切）
3	B・N・カドーゾ／守屋善輝訳	司法過程の性質	B6判（品切）
4	B・N・カドーゾ／守屋善輝訳	法律学上の矛盾対立	B6判 700円
5	P・ヴィノグラドフ／矢田一男他訳	中世ヨーロッパにおけるローマ法	A5判（品切）
6	R・E・メガリ／金子文六他訳	イギリスの弁護士・裁判官	A5判 1200円
7	K・ラーレンツ／神田博司他訳	行為基礎と契約の履行	A5判（品切）
8	F・H・ローソン／小堀憲助他訳	英米法とヨーロッパ大陸法	A5判（品切）
9	I・ジュニングス／柳沢義男他訳	イギリス地方行政法原理	A5判（品切）
10	守屋善輝編	英米法諺	B6判 3000円
11	G・ボーリー他／新井正男他訳	〔新版〕消費者保護	A5判 2800円
12	A・Z・ヤマニー／真田芳憲訳	イスラーム法と現代の諸問題	B6判 900円
13	ワインスタイン／小島武司編訳	裁判所規則制定過程の改革	A5判 1500円
14	カペレッティ編／小島武司編訳	裁判・紛争処理の比較研究(上)	A5判 2200円
15	カペレッティ／小島武司他訳	手続保障の比較法的研究	A5判 1600円
16	J・M・ホールデン／高窪利一監訳	英国流通証券法史論	A5判 4500円
17	ゴールドシュテイン／渥美東洋監訳	控えめな裁判所	A5判 1200円

日本比較法研究所翻訳叢書

18	カペレッティ編 小島武司編訳	裁判・紛争処理の比較研究（下）	A5判 2600円
19	ドゥローブニク他編 真田芳憲他訳	法社会学と比較法	A5判 3000円
20	カペレッティ編 小島・谷口編訳	正義へのアクセスと福祉国家	A5判 4500円
21	P・アーレンス編 小島武司編訳	西独民事訴訟法の現在	A5判 2900円
22	D・ヘーンリッヒ編 桑田三郎編訳	西ドイツ比較法学の諸問題	A5判 4800円
23	P・ギレス編 小島武司編訳	西独訴訟制度の課題	A5判 4200円
24	M・アサド 真田芳憲訳	イスラームの国家と統治の原則	A5判 1942円
25	A・M・プラット 藤本・河合訳	児童救済運動	A5判 2427円
26	M・ローゼンバーグ 小島・大村編訳	民事司法の展望	A5判 2233円
27	B・グロスフェルト 山内惟介訳	国際企業法の諸相	A5判 4000円
28	H・U・エーリヒゼン 中西又三編訳	西ドイツにおける自治団体	A5判 (品切)
29	P・シュロッサー 小島武司編訳	国際民事訴訟の法理	A5判 (品切)
30	P・シュロッサー他 小島武司編訳	各国仲裁の法とプラクティス	A5判 1500円
31	P・シュロッサー 小島武司編訳	国際仲裁の法理	A5判 1400円
32	張晋藩 真田芳憲監修	中国法制史（上）	A5判 (品切)
33	W・M・フライエンフェルス 田村五郎編訳	ドイツ現代家族法	A5判 (品切)
34	K・F・クロイツァー 山内惟介監訳	国際私法・比較法論集	A5判 3500円
35	張晋藩 真田芳憲監修	中国法制史（下）	A5判 3900円

日本比較法研究所翻訳叢書

36	G・レジエ他 山野目章夫他訳	フランス私法講演集	A5判 1500円
37	G・C・ハザード他 小島武司編訳	民事司法の国際動向	A5判 1800円
38	オトー・ザンドロック 丸山秀平編訳	国際契約法の諸問題	A5判 1400円
39	E・シャーマン 大村雅彦編訳	ADRと民事訴訟	A5判 1300円
40	ルイ・ファボルー他 植野妙実子編訳	フランス公法講演集	A5判 3000円
41	S・ウォーカー 藤本哲也監訳	民衆司法―アメリカ刑事司法の歴史	A5判 4000円
42	ウルリッヒ・フーバー他 吉田豊・勢子訳	ドイツ不法行為法論文集	A5判 7300円
43	スティーヴン・L・ペパー 住吉博編訳	道徳を超えたところにある法律家の役割	A5判 4000円
44	W・マイケル・リースマン他 宮野洋一他訳	国家の非公然活動と国際法	A5判 3600円
45	ハインツ・D・アスマン 丸山秀平編訳	ドイツ資本市場法の諸問題	A5判 1900円
46	デイヴィド・ルーバン 住吉博編訳	法律家倫理と良き判断力	A5判 6000円
47	D・H・ショイイング 石川敏行監訳	ヨーロッパ法への道	A5判 3000円
48	ヴェルナー・F・エプケ 山内惟介編訳	経済統合・国際企業法・法の調整	A5判 2700円
49	トビアス・ヘルムス 野沢・遠藤訳	生物学的出自と親子法	A5判 3700円
50	ハインリッヒ・デルナー 野沢・山内編訳	ドイツ民法・国際私法論集	A5判 2300円
51	フリッツ・シュルツ 眞田芳憲・森光訳	ローマ法の原理	A5判 (品切)
52	シュテファン・カーデルバッハ 山内惟介編訳	国際法・ヨーロッパ公法の現状と課題	A5判 1900円
53	ペーター・ギレス 小島武司編	民事司法システムの将来	A5判 2600円

日本比較法研究所翻訳叢書

54	インゴ・ゼンガー 古積・山内 編訳	ドイツ・ヨーロッパ民事法の今日的諸問題	A5判 2400円
55	ディルク・エーラース 山内・石川・工藤 編訳	ヨーロッパ・ドイツ行政法の諸問題	A5判 2500円
56	コルデュラ・シュトゥンプ 楢崎・山内 編訳	変革期ドイツ私法の基盤的枠組み	A5判 3200円
57	ルードフ・V・イエーリング 眞田・矢澤 訳	法学における冗談と真面目	A5判 5400円
58	ハロルド・J・バーマン 宮島直機 訳	法と革命 Ⅱ	A5判 7500円
59	ロバート・J・ケリー 藤本哲也 監訳	アメリカ合衆国における組織犯罪百科事典	A5判 7400円
60	ハロルド・J・バーマン 宮島直機 訳	法と革命 Ⅰ	A5判 8800円
61	ハンス・D・ヤラス 松原光宏 編	現代ドイツ・ヨーロッパ基本権論	A5判 2500円
62	ヘルムート・ハインリッヒス他 森 勇 監訳	ユダヤ出自のドイツ法律家	A5判 13000円
63	ヴィンフリート・ハッセマー 堀内捷三 監訳	刑罰はなぜ必要か 最終弁論	A5判 3400円
64	ウィリアム・M・サリバン他 柏木 昇 他訳	アメリカの法曹教育	A5判 3600円
65	インゴ・ゼンガー 山内・鈴木 編訳	ドイツ・ヨーロッパ・国際経済法論集	A5判 2400円
66	マジード・ハッドゥーリー 眞田芳憲 訳	イスラーム国際法 シャイバーニーのスィヤル	A5判 5900円
67	ルドルフ・シュトラインツ 新井 誠 訳	ドイツ法秩序の欧州化	A5判 4400円
68	ソーニャ・ロートエルメル 只木 誠 監訳	承諾、拒否権、共同決定	A5判 4800円
69	ペーター・ヘーベルレ 畑尻・土屋 編訳	多元主義における憲法裁判	A5判 5200円
70	マルティン・シャウアー 奥田安弘 訳	中東欧地域における私法の根源と近年の変革	A5判 2400円
71	ペーター・ゴットバルト 二羽和彦 編訳	ドイツ・ヨーロッパ民事手続法の現在	A5判 2500円

日本比較法研究所翻訳叢書

72　ケネス・R・ファインバーグ　大惨事後の経済的困窮と公正な補償　A5判 2600円
　　伊藤壽英訳

73　ルイ・ファヴォルー　法にとらわれる政治　A5判 2300円
　　植野妙実子監訳

74　ペートラ・ポールマン　ドイツ・ヨーロッパ保険法・競争法の新展開　A5判 2100円
　　山内惟介編訳

75　トーマス・ヴュルテンベルガー　国家と憲法の正統化について　A5判 5100円
　　畑尻　剛編訳

76　ディルク・エーラース　教会・基本権・公経済法　A5判 3400円
　　松原光宏編訳

＊価格は本体価格です。別途消費税が必要です。